失落的西方语义学史
重建恢宏画卷

李葆嘉　刘慧　殷红伶　著

The Lost History of Western Semantics:
Rebuilding a Magnificent Painting

中国出版集团有限公司
世界图书出版公司
北京　广州　上海　西安

图书在版编目（CIP）数据

失落的西方语义学史：重建恢宏画卷 / 李葆嘉，刘慧，殷红伶著. -- 北京：世界图书出版有限公司北京分公司, 2025. 3. -- ISBN 978-7-5232-2091-7

Ⅰ. H030–09

中国国家版本馆CIP数据核字第2025CA9937号

书　　名	失落的西方语义学史
	SHILUO DE XIFANG YUYIXUE SHI
著　　者	李葆嘉　刘　慧　殷红伶
责任编辑	赵　茜
责任校对	张建民　王　鑫
装帧设计	崔欣晔
出版发行	世界图书出版有限公司北京分公司
地　　址	北京市东城区朝内大街137号
邮　　编	100010
电　　话	010-64038355（发行）　64033507（总编室）
网　　址	http://www.wpcbj.com.cn
邮　　箱	wpcbjst@vip.163.com
销　　售	新华书店
印　　刷	北京建宏印刷有限公司
开　　本	787mm×1092mm　1/16
印　　张	39.5
字　　数	759千字
版　　次	2025年3月第1版
印　　次	2025年3月第1次印刷
国际书号	ISBN 978-7-5232-2091-7
定　　价	168.00元

版权所有　翻印必究
（如发现印装质量问题，请与本公司联系调换）

前言：曲终奏雅

《失落的西方语义学史：重建恢宏画卷》即将付梓，"重建西方语言学史"三部曲，曲终奏雅……

20世纪90年代后期，我踏上西方语言学史探索之旅，不放过蛛丝马迹，寻觅资料，总是爱无中生有，草拟陋文，由此逐渐形成新的思路。2010年，将这一旨趣表述为重建西方500年语言学史。从起初的寻寻觅觅、一意孤行到2010年以后的热热闹闹、结伴同行，分为三段旅程，由今及古，穿插漫游，2016—2018年，三部曲陆续成稿。

第一段旅程，"重建现代语言学史"（19世纪中期到20世纪中期，一手文献50多种）。1998年启动，2010年以来相继参与者有刘慧、邱雪玫、孙晓霞以及叶蓓蕾等。主要论文辑集为《揭开语言学史之谜：基于语言知识库重建历史的21世纪使命》，2021年世界图书出版公司出版。作为三部曲的第一部，该论文集前有总论，所收论文除了现代语言学史专题外，还包括比较语言学史、西方语义学史的最初心得。

第二段旅程，"重建西方语义学史"（19世纪初期到20世纪中期，一手文献80多种）。2002年启动，2010年以来相继参与者有刘慧、殷红伶、祁曼婷，以及邱雪玫、孙晓霞、司联合、李炯英、陈秀利、朱炜等。2016年完成初稿，此后反复修改，终成《失落的西方语义学史：重建恢宏画卷》。

第三段旅程，"重建比较语言学史"（16世纪到19世纪，一手文献90多种）。2007年启动，相继参与者有李艳、邱雪玫、王晓斌、孙晓霞、司联合、殷红伶、孙道功、刘慧、颜明、刘林，以及张高远、袁周敏等。2018年完成初稿，此后三易其稿，主要成果《尘封的比较语言学史：终结琼斯神话》，科学出版社2020年出版。

三本书稿搁笔，思考仍未停息……近几年草成的一系列专论，辑集为《作舟篇：基于西方原典的学术史追溯》（包括比较方法论和文化总体观、现代语言学史论、西方中国语言学史论三组），外语教学与研究出版社2022年出版。

也许，作为教材的语言学史和作为专著的语言学史存在差异，当然也有第三种。一般而言，教材通常是基于所见相关论著编织而成，需要的是慧眼精选、巧手剪裁、交错成纹，乃至融会贯通、一气呵成。教材面向的是课堂，具有学术知识的普及功能，其中的论述一般采自学界通常认为的,几乎无须展示所涉历史上语言学家原著的引文,甚至也不必深究所引内容的真伪。以至于有的语言学史读起来饶有趣味,但其弊在于,多闻高谈阔论,未见原著引文(也许有暗引或转述),则难免令人捉摸不透。甚而至于,向壁虚构,于逻辑言之凿凿,于史实空空如也……

罗宾斯的《语言学简史》(*A Short History of Linguistics*)缺少语义学史的内容,但在批评青年语法学派的"历史主义倾向"时却顺带一笔:

> 保罗的《语言史原理》(1880,第四章)就是如此例证,而布雷亚尔《语义学探索》(1897)的做法更为明显,尽管他可以凭借把如今广泛使用的术语"语义学"(sémantique)引入语言学而载入史册。(Robins 2001:209)

且不论布雷亚尔"历史主义倾向"的证据何在,先查查sémantique首次见于何时。根据文献,1883年,布雷亚尔在法国希腊研究促进协会上的演讲首次公开提出"sémantique"这个术语,题目是《语言的心智规律:语义学简述》(*Les lois intellectuelles du langage: fragment de sémantique*)。尽管布雷亚尔采用历史上的例子来阐述语义的感染和专化定律,但是布雷亚尔的研究旨趣或倾向十分清楚。

> 我们的简述到此结束了,希望有朝一日,如果我们能用少数的例子成功地展示语言心智规律的知识和语义学的重要性,这将令人高兴。(Bréal 1995[1883]:282)

1897年出版的《语义学探索》[Essai de Sémantique(science des significations)],第一部分的标题同样是"语言的心智规律"。在"本书旨趣"(英译本 1900)中,布雷亚尔一再强调"心智取向"。

> 虽然若干世纪以来,人类在语言中已经储存了物质生活和道德生活的大量收益,但是仍然有必要从诉诸心智(the mind)的方面来探索这些。(Bréal 1900:1)
>
> 对我而言,其进步就在于,把所有的次要原因撇在一边,而直接诉诸唯一的真正原因——人类的智慧和意志(human intelligence and will)。(Bréal 1900:6)
>
> 既然我试图提出的定律主要是心理规则(the psychological order),所以我毫不怀疑,它们在印欧语系之外也可以得到验证。(Bréal 1900:8)

显然,布雷亚尔语义学研究的旨趣是"语言的心智规律"(当然涉及语言的历史追溯,但是在共时的看台上观看历史的表演)。由此推测,罗宾斯没有研读过布雷亚尔的论著(尽管有英译本)。与之有别,帕尔默认识到《语义学探索》主要不是谈论意义的发展演变:

> 1897年，M. Bréal 的《语义学探索》在巴黎出版，1900年这本书的英译本问世……鉴于这本书把语义学看作研究意义的"科学"，而且主要不是谈论意义的发展演变，所以是论述我们今天所理解的语义学的最早著作之一。（Palmer 1976：1）

罗宾斯这样的侃侃而谈，难免想当然。至于"历史主义倾向"这种看法的可能来源，见拙著引论第二节之五（失落的历史：对当代英国学界误说的澄清）。不过，我们也无须苛求，因为这本语言学史属于教材类。只是读者对于"别人咀嚼过的馍"要持审慎态度。

与之有别，作为专著的语言学史，虽然也要参考现有语言学史研究论著（二手文献），但更重要的是，只有基于历史上的语言学家原著（一手文献）进行研究，才能有新的发现，从而补漏订讹，甚至颠覆陈说。换而言之，作为专著的语言学史，要努力挖掘或首次披露历史文献，对学术史正本清源，才能建立新的或原创知识体系。

基于一手文献研究学术史，需要在一定框架内呈示原著（外语原文和汉语译文对照方式）。一方面，表明其述评或对其定位言之有据；另一方面，以期读者能从阅读引文中自有心得，避免被语言学史的作者"牵着鼻子走"。当然，原文呈示方式，可能使人觉得冗长。而之所以如此，还因为：一是若干文献都是首次披露（甚至以前闻所未闻），早期文献难以觅见；二是学术史要有"述而不作"的质朴，与其转述或暗引，不如明引。

我们不习惯于自说自话、洋洋洒洒，难免借题发挥，甚至代人立言，而是力求重建历史语境，就原文而识解原意，就学术史线索对其学术定位。作为历史上的学者和当今读者之间的摆渡，拙著要提供的是围绕原著的背景知识（学术氛围、学缘关系、理论来源、疑难注解、学术影响等）和适当的评点和提示，以激发读者共同思考。基于一定框架建构"原著展示—提要述评—读者思考"的学术时空，应是重建学术史的基点。

让我们一起踏上探索西方语义学史之旅……

西溪散人　李葆嘉　谨识
时在2021年冬至

目　　录

凡例　　001

 **引论
走进西方语义学史**

第一节　语言学史的研究轨迹　　004
　　一、中国语言学史的研究轨迹　　004
　　二、欧洲语言学史的研究轨迹　　005
　　三、世界语言学史的研究轨迹　　007
　　四、中国学者的西方语言学史研究　　009
第二节　西方学者的西方语义学史研究　　010
　　一、开拓性专著：戈登的《语义学史》　　010
　　二、丰富化专著：聂利奇的《欧洲语义学理论》　　012
　　三、相关性专著：吉拉兹的《词汇语义学理论》　　013
　　四、早期的勾勒：乌尔曼的"语义学简史"　　014
　　五、失落的历史：对当代英国学界误说的澄清　　018
第三节　中国学者的西方语义学史简介　　025
　　一、贾著的西方语义学史简介　　025
　　二、束著的西方语义学史简介　　026

　　　　　三、张著的西方语义学史简介　　　　　　　　　027
　　　　　四、徐著的西方语义学史简介　　　　　　　　　027
　　第四节　西方语义学史研究的主要内容　　　　　　　　030
　　　　　一、探索创说者及其学术背景　　　　　　　　　030
　　　　　二、倡导群体考察——主线梳理模式　　　　　　030
　　　　　三、译介西方语义学代表论著　　　　　　　　　031
　　　　　四、寻绎语义学传入中国路径　　　　　　　　　031
　　第五节　西方语义学史研究的关键术语　　　　　　　　032
　　　　　一、汉语的"语意"和"语义"　　　　　　　　032
　　　　　二、外语的"语义学"及其研究者　　　　　　　033
　　　　　三、地域："西方"和"欧美"　　　　　　　　034
　　　　　四、时间：19世纪20年代—20世纪60年代　　036
　　第六节　西方语义学史的研究框架　　　　　　　　　　037

第一章
德国语意学的开创及传承

　　第一节　莱斯格开创语意学　　　　　　　　　　　　　042
　　　　　一、莱斯格的语法学三分　　　　　　　　　　　043
　　　　　二、修辞手法是词义变化的途径　　　　　　　　045
　　　　　三、语意学研究的逻辑—历史取向　　　　　　　046
　　第二节　《语意学或语意科学》述评　　　　　　　　　　047
　　　　　一、意义演变的原理　　　　　　　　　　　　　048
　　　　　二、据义选词的原则　　　　　　　　　　　　　063
　　第三节　哈泽的历史—哲学语意学研究　　　　　　　　076
　　　　　一、意义演变的三种途径　　　　　　　　　　　076
　　　　　二、哈泽和莱斯格观点的异同　　　　　　　　　077
　　第四节　赫尔德根的逻辑—历史语意学研究　　　　　　079
　　　　　一、区分形式和功能的语法系统　　　　　　　　080
　　　　　二、语义演变类型和词汇实例分析　　　　　　　080

第二章
德国传统语意学的发展

第一节　语意学研究的心理转向　　　　　　　　　　085
一、民族心理学与意义研究　　　　　　　　　　086
二、赫克特的心理语意学　　　　　　　　　　090
三、海伊的心理语意学　　　　　　　　　　092
四、冯特的心理语意学　　　　　　　　　　093
五、罗森斯泰因的心理语意学　　　　　　　　　　096
六、古斯塔夫·巴利的命名心理学　　　　　　　　　　097

第二节　语义演变的类型及原因　　　　　　　　　　098
一、托布勒的语义演变分类　　　　　　　　　　098
二、波特的语义演变类型和认知语义探索　　　　　　　　　　099
三、托马斯的语义演变类型及原因　　　　　　　　　　101
四、卡尔·施密特的语义演变原因　　　　　　　　　　102
五、斯托克莱因的语义演变三阶段　　　　　　　　　　104
六、斯特恩的语义三角和语义演变理论　　　　　　　　　　107

第三节　不同维度的开拓性研究　　　　　　　　　　112
一、保罗的正统语意学　　　　　　　　　　112
二、魏格纳的交际语意学　　　　　　　　　　116
三、魏兰德尔的理解语意学　　　　　　　　　　119
四、埃德曼的多义性研究　　　　　　　　　　122
五、师辟伯的情感语意学　　　　　　　　　　125
六、琉曼的语义演变矢量及其力量　　　　　　　　　　127

第三章
法国语义学的早期探索

第一节　语言有机体学说和语言自然主义　　　　　　　　　　138
一、本哈迪、施莱格尔、洪堡特、葆朴的论述　　　　　　　　　　138
二、贝克尔的语言有机体学说　　　　　　　　　　140

　　　　三、缪勒、施莱歇尔的语言自然主义　　　　141
　　　　四、生物学对语言学的学术反哺　　　　142
　　　　五、从生物学方法转向心理学方法　　　　143
　第二节　查维的词汇观念学研究　　　　145
　　　　一、基本词语的自然家族　　　　146
　　　　二、词汇学和观念学　　　　146
　　　　三、查维学派与布雷亚尔学派的争论　　　　147
　　　　四、舍瓦莱的语义演变类型及其原因研究　　　　148
　第三节　利特雷的词典语义学研究　　　　148
　第四节　达梅斯泰特尔的词语生命及意义研究　　　　149
　　　　一、语义演变的生物—修辞特性　　　　150
　　　　二、围绕语义学创新的讨论　　　　152

第四章
布雷亚尔再造心智语义学

　第一节　语言心智规律的探索　　　　159
　　　　一、布雷亚尔的早期研究　　　　159
　　　　二、布雷亚尔的中期努力　　　　161
　　　　三、布雷亚尔的晚期集成　　　　162
　第二节　《语言的心智规律：语义学简述》译介　　　　166
　　　　一、表否定的肯定词　　　　168
　　　　二、引导条件的连词　　　　171
　　　　三、表转折义的连词　　　　175
　　　　四、分词的及物力量　　　　176
　　　　五、意义的专化原则　　　　178
　第三节　《语义学探索·研究旨趣》译介　　　　180
　　　　一、试图探索的内容　　　　181
　　　　二、语言研究的目的　　　　182
　　　　三、语言研究的危机　　　　183
　　　　四、语言变革的原因　　　　186

　　　　五、心智规律的普遍性　　　　　　　　　　　　　189
　第四节　《语义学探索》述要　　　　　　　　　　　　190
　　　　一、语言的心智规律　　　　　　　　　　　　　191
　　　　二、词义如何界定　　　　　　　　　　　　　　196
　　　　三、句法如何组构　　　　　　　　　　　　　　205
　第五节　布雷亚尔的学术遗产　　　　　　　　　　　　213

第五章
法国传统语义学的发展

　第一节　社会语义学研究的进展　　　　　　　　　　　217
　　　　一、梅耶的语言和社会结构研究　　　　　　　　217
　　　　二、查尔斯·巴利的风格学与语义研究　　　　　224
　　　　三、尼洛普对语义学观点的梳理　　　　　　　　227
　　　　四、房德里耶斯的语言心理—社会行为研究　　　229
　第二节　心理语义学研究的进展　　　　　　　　　　　233
　　　　一、波朗的心智和语言理论　　　　　　　　　　233
　　　　二、罗德特的语义变化心理分类　　　　　　　　236
　第三节　格拉塞列的完整语义学探索　　　　　　　　　237
　　　　一、语义学的基本观点　　　　　　　　　　　　238
　　　　二、动态语义学、静态语义学和比较语义学　　　239
　　　　三、首次为社会语言学命名　　　　　　　　　　243
　第四节　卡努瓦的语义变化类型研究　　　　　　　　　245
　　　　一、语义变化的三种类型　　　　　　　　　　　245
　　　　二、两种语义变化系统的对比　　　　　　　　　246

第六章
英国传统的语义学研究

第一节　意义语境观的形成　259
　　一、洛克的意义观和符意学　259
　　二、从词源意义观到词语关联意义论　261
　　三、斯马特的符意学与意义语境观　262

第二节　围绕词典的词汇语义研究　265
　　一、加尼特批评"词源义垃圾"　265
　　二、特伦奇的词汇语义研究　266
　　三、穆雷的符意学研究　268

第三节　赛斯的历史语义学　270
　　一、语义变化的类型　270
　　二、语义变化的原因　271

第四节　斯托特的心理语义学　273
　　一、词语意义的相互作用形成句子意义　273
　　二、偶然意义取决于话语域　276
　　三、对韦尔比夫人的影响　276

第五节　马林诺夫斯基的原始语义学　278
　　一、话语行为与情景　278
　　二、原始语义学理论　282
　　三、情景性语境理论　285

第六节　加德纳的意义域理论　286
　　一、言语是情景中的行为　286
　　二、意义域和家族相似性　287

第七章
英国语义学研究的发展

第一节　弗斯的情境—功能语义研究　293
　　一、转向情境中的功能　293

	二、典型语言环境和情境意义	294
第二节	乌尔曼的结构—功能语义学	295
	一、《语义学原理》简介	296
	二、《语义学导论》述评	297
第三节	韩礼德的精密词汇语法	301
	一、语法学家之梦	302
	二、语境组合的变量	305
第四节	英国语境理论的形成与发展线索	306

第八章
美国传统的语义学研究

第一节	德法语义学的早期传入	315
	一、美国的第一位语义学家	316
	二、吉布斯的《语文学研究：以英语为例》	318
	三、《论语言的主要观念》述评	319
第二节	辉特尼基于普通语言学的语义研究	328
	一、语言变化的主要因素	328
	二、语义变化的两种方向	331
	三、对德国语言学的批判	333
第三节	对德法语义学的再次关注	335
	一、威廉斯首次对译 Semantics	336
	二、兰曼关于意义映射的研究	337
第四节	厄特尔宣讲德法传统语义学	344
	一、词态学与语义学	346
	二、词语元素与动态语义理论	347
	三、语义变化的四种类型	348
第五节	沃尔波宣讲英国语境语义学	350
	一、词语意义与语境	351
	二、词语意义的转移模式	352

　　　　第六节　语义悲观情结和其他领域的语义研究　　　　355
　　　　　　一、形式描写主义的语义悲观情结　　　　356
　　　　　　二、哲学领域的通用语义学研究　　　　358
　　　　　　三、翻译学领域的语义描写系统　　　　360
　　　第七节　美国语言学研究的语义转向　　　　365

第九章 俄国传统的语义学研究

　　　第一节　俄国的语义学史研究概况　　　　373
　　　　　　一、西欧语义学传入俄国的途径　　　　373
　　　　　　二、俄国学者对语义学史的看法　　　　374
　　　　　　三、中国学者对俄国语义学史的简介　　　　376
　　　第二节　俄国的早期语义学研究　　　　377
　　　　　　一、波捷布尼亚的词汇语义研究　　　　378
　　　　　　二、博杜恩引进并倡导语意学研究　　　　382
　　　　　　三、亚历山大罗夫的词汇语意学研究　　　　390
　　　　　　四、波克罗夫斯基的历史语意学研究　　　　400
　　　第三节　俄国的中期语义学研究　　　　420
　　　　　　一、彼什科夫斯基的词位和词义成分　　　　421
　　　　　　二、维果茨基的心理语义学研究　　　　422
　　　　　　三、维诺格拉多夫的词汇—语义系统　　　　425
　　　　　　四、斯米尔尼茨基的音义联系约定论　　　　430
　　　　　　五、兹维金采夫的词汇语义研究　　　　433
　　　　　　六、布达哥夫的词汇语义学理论　　　　438
　　　　　　七、阿赫曼诺娃的词义描写分析　　　　450
　　　第四节　词汇学的特色与语义学的曲折　　　　454
　　　　　　一、词汇学的特色及其影响　　　　454
　　　　　　二、关于语义学的两派意见　　　　456

第十章
现代语义学的第一块基石：心智语义场理论

第一节　心智语义场理论的形成过程　466
　　一、伊普森首倡语义场　466
　　二、特利尔的语义聚合场　469
　　三、波尔齐希的语义组合场　471
　　四、魏斯格贝尔阐述场理论　473

第二节　心智语义场理论的学术背景　476
　　一、语言世界观与中间世界论　477
　　二、民族精神论和民族心理学　480
　　三、格式塔心理学的心理场论　481
　　四、澄清索绪尔结构主义的影响　482
　　五、不可回避的时代思想背景　486

第三节　心智语义场的两个经典模式　488
　　一、关于伊普森提出的马赛克模式　488
　　二、关于特利尔提出的星光状模式　493

第十一章
现代语义学的第二块基石：语义解析方法

第一节　词汇语义解析的思想渊源　500
　　一、音素论、原子论和概念基元　500
　　二、义位、义素和内涵形素　502

第二节　基于社会结构—功能的美国流派　502
　　一、关于古迪纳夫的成分分析　503
　　二、戴维斯的基元要素和矩阵图分析　503
　　三、词汇语义分析的天然切入口　509

第三节　基于语言结构—功能的法德流派　510
　　一、鲍狄埃的语义分析　510
　　二、格雷马斯的语义分析　511
　　三、考赛里乌的语义分析　512

第十二章
现代语义学的第三块基石：关系语义学理论

第一节　形式结构主义的关系语义学　　518

第二节　系统意义关系的常见类型　　521
　　一、同义关系　　521
　　二、反义关系　　522
　　三、上下义关系　　523
　　四、部分—整体关系　　525

第三节　系统意义关系的联想本质　　527
　　一、系统意义并非独立于指称意义之外　　527
　　二、系统意义的纯粹结构描写并不存在　　528
　　三、系统意义是特定语义关系的心理联想　　528
　　四、与系统意义类似的其他词汇语义关系　　529

第十三章
西方语义学传入中国的路径

第一节　"师辟伯 Bedeutungslehre →章士钊"的德国路径　　533
　　一、《情为语变之原论·译序》简述　　534
　　二、《情为语变之原论》所涉"语意"　　536

第二节　"安藤正次 semantics →王古鲁"的日本中介路径　　537
　　一、王古鲁将 semantics 译为意义学　　538
　　二、雷通群将 semantics 译为意义学　　539
　　三、张世禄、蓝文海从英语翻译 semantics　　540

第三节　"瑞恰慈 significs →李安宅"的英人来华路径　　541
　　一、瑞恰慈阐述符义学　　542
　　二、李安宅编译《意义学》　　543

第四节　"布雷亚尔 sémantique →高名凯"的法国路径　　545
　　一、高名凯的《中国语的语义变化》　　545
　　二、王力列出的词汇演变三种方式　　546
　　三、傅东华《文法稽古篇》中的"语意"　　547

 **余论**
路漫漫其修远兮

  一、语义学史的忽视原因 551
  二、语义学史的主线梳理 553
  三、语义学史的开拓推进 555

参考文献 560

《西方语义学论著选译》目录 588

人名汉译表 592

后　记 601

凡　例

一、语意学和语义学

在西方语言学界，"意义的科学"主要有两个术语：一是德语的Semasiologie（1825年莱斯格提出，1847年吉布斯对译为英语Semasiology，1881年博杜恩对译为俄语Семасиология）；二是法语的Sémantique（1879年布雷亚尔提出，1893年威廉斯对译为英语Semantics，1901年博杜恩对译为俄语Семантика）。前者今译"语意学"，指古典语义学或德国传统语义学（包括美、俄学者早期引入的德国理论）；后者今译"语义学"，指心智语义学或法国传统语义学（包括英、美学者后期引入的法国理论）。除了依据外语原文术语或必须加以区别的，尤其是两个术语对举时，通常行文仍用"语义学"。

二、学者生卒年附注

1. 有专节介绍的外国学者，在该节开始出现的中文译名后附注外文名+生卒年份，如：莱斯格（C. K. Reisig, 1792—1829）。其余的外国学者，首次出现时在中文译名后附注外文名+生卒年份。中国学者，首次出现时在姓名后附注生卒年份，如：谢启昆（1737—1820）。在世学者一般不附注出生年份。

2. 生卒年份不可考的学者，附注"生卒年未详"，也可在姓名前附加时期，如：清末民初胡元玉的《雅学考》（1891）和黎经诰的《许学考》（1927）。

3. 姓氏相同的外国学者，各汉译全名，如：古斯塔夫·巴利（Gustav Bally）、查尔斯·巴利（Charles Bally）。

三、论著年份夹注

1. 在作者后夹注论著出版年份，如：保罗（1880）阐述了从心理角度分析语言的方法。

2. 在论著后夹注其出版年份，如：贾彦德的《汉语语义学》（1992）。

3. 在译著后夹注译者及其出版年份，如：中译本《十九世纪末以前的语言学史》（黄振华译1960）即据俄译本转译。

4. 在所提内容后夹注作者及其论著出版年份（+页码），如：欧洲的第一本语言学史专著（Eichhorn 1807），晚于中国的第一本语言学史专著（谢启昆1798）；加卡耶夫首次介绍了中国古代语言学研究（Гагкаев 1957：28—36）。

四、外文标题附注

1. 外文论著首次出现时，在中文译名后附注外文标题+出版年份，如：克拉森的《希腊文法学之初》（*De Grammaticae graeca primordiis*, 1829）。上文已交代年份的，不再附注，如：1807年，艾希霍恩出版的《现代语言学史》（*Geschichte der neuern Sprachenkunde*）为西方第一部语言学史专著。

2. 欧洲语言的字母大小写格式是近几百年才形成的，各语言书写传统不同，论著题目格式不可能统一规定。一般而言，拉丁文、法文、德文传统是"句子格式"（题目第一个单词的首字母大写，德语所有名词的首字母大写）。英文传统是"标题格式"（除了第一个单词的首字母大写，其他实词的首字母皆大写），近年来也时有"句子格式"。

3. 一些外语论著有主标题和副标题，主标题之后或用句号、逗号、冒号，译为中文标题可用冒号或逗号。

4. 一些外语论著题目相当冗长（甚至相当于简介或提纲），外国人在提及这些论著时往往截取前段，这些题目在汉语中可以简译或意译。

五、论著年份附注

1. 论著出版年份晚于成稿年份的，成稿年份用"〔 〕"附注，如：Reisig 1839〔1825〕。

2. 本书中所引内容出自再版的，初版年份用"〔 〕"附注，如：Lazarus 1884〔1856—1857〕。

3. 作者同年发表几种的，论著年份后以a、b区分，如：Bréal 1887a，Bréal 1887b。

六、引文外汉对照

1. 基于学术史"述而不作"的旨趣，秉持言之有据，并为读者提供参考，本书中大量引用外国学者的论述。许多论著是罕见文献，许多内容在中国学界首次披露。

2. 这些直接引文多为我们自译，无须附注译者。一般先引出原文（德、法、俄、英等语言），再译为中文。译文虽经反复斟酌，但涉及多种语言以及文本历史语境，难免有所不足。外文与汉译对照，也便于读者辨析其误。

七、其他引文附注

1. 据以往中国学者汉译外语文献，所引论述内容，则附注译者+年份+页码，如：（方如英译 1955：79）。

2. 据以往中国学者论著，转引外国学者论述内容，则附注原引+年份+页码，如：（转引自杨衍春 2010：98）。

八、符号使用说明

1. 符号"＜"表示前者来自后者。如：欧罗巴（拉丁语Europa＜希腊语Ευρώπη＜腓尼基Ereb）的含义是"日落、下沉"，即西方。

2. 符号"→"表示所列举者之间的传递关系。如："师辟伯Bedeutungslehre →章士钊"的德国本土路径。

3. 符号"／"表示所列举者之间是两可关系。如：Onomasiology（命名学／名称学）。

4. 符号"—"表示词语之间的连接关系。如：基于群体考察—主线梳理模式。

5. 符号"*"表示古老形式或构拟形式。如：arriver的词源义是"到达岸边"，源自拉丁语的*ad-ripare（靠岸）。又如：法语的si，在拉丁语中就是*sei*，更老的形式是**svei*。

引论

走进西方语义学史

长期以来，众多西方语言学史著作皆未把"语义学史研究"纳入视野。仅有的两三部西方语义学史专著筚路蓝缕，创获颇多，然有待深入和拓展，尤其是缺少俄罗斯语义学史的内容。中国学者关于西方语义学史的简介（转述），其总体缺失是：对一手文献缺乏掌握；对学史脉络未能梳理；对理论方法背景尚未揭示，且有以讹传讹。李葆嘉（2013c）提出西方语义学史的重建思路：依据主要一手文献，参考重要二手资料，基于"群体考察—主线梳理"模式，澄清长期以来存在的若干谜团，钩稽西方语义学的形成与发展轨迹。

语言学史研究兴起于18—19世纪之交，从世界范围来看，语言学史的研究传统主要有两个：一是中国传统，二是欧洲传统，由此决定了语言学史研究从针对某种或某些语言的个别或地区语言学史研究，逐步扩展到东西方多语种、跨地区的世界语言学史研究。大体而言，总体走向可图示如下：

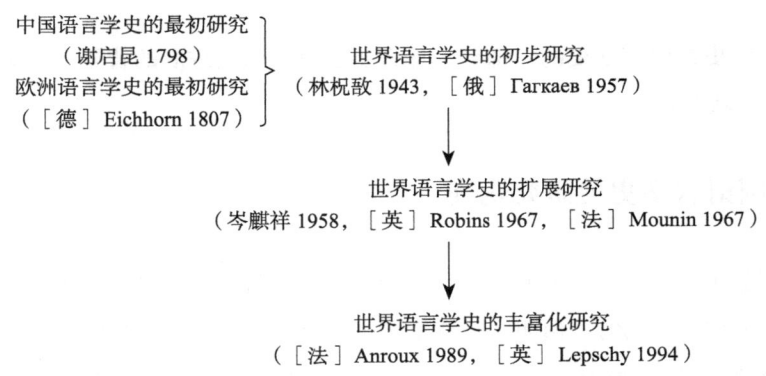

图0-1 世界语言学史研究的总体走向

由此可见：1. 欧洲的第一本语言学史专著（Eichhorn 1807），晚于中国的第一本语言学史专著（谢启昆 1798）；2. 欧洲的第一本世界语言学史专著（Гагкаев 1957），晚于中国的第一本世界语言学史专著（林枫敬 1943）。

一部完整的语言学史，应是各分支学科研究的总体学术史，但翻阅以往的语言学史专著（如Robins 1967），却发觉西方语义学史不在其视野之内。这不仅与西方语义学学科晚出有关，作为独立学科的"语义学"19世纪20年代（Reisig 1825）才建立，而且与此后语义学研究的曲折遭遇有关。尽管19世纪的西方语义学成果丰硕，20世纪20—60年代先后形成现代语义学的理论方法（语义场、语义解析、关系语义），但是20世纪的西方语言学，形式结构主义（Saussure 1916）、形式描写主义（Bloomfield 1933, Harris 1951）、形式生成主义（Chomsky 1957）风行，导致语义研究长期被排斥，语义学史研究也就鲜有人问津。20世纪60年代中期以来，随着"语言学研究的语义转向"，解释语义学、生成语义学等推动着当代语义学的发展。正是在这一学术背景下，语义学史研究才开始引起一些学者的关注。

不了解学术史固然可以从事某些具体研究，但是难免"不知有汉，无论魏晋"。钩稽语义学史，了解该学科的来龙去脉，可以提高理论自觉，明确研究方向，推进学术发展。首先，本引论梳理以往的语言学史研究轨迹，揭出西方语言学史著作未把语义学史纳入视野的状况。其次，梳理西方语义学史的研究现状以及中国学者对它的简介。然后，提出西方语义学史研究的主要内容、关键术语和研究框架等。

第一节 语言学史的研究轨迹

既然语义学史是语言学史的一部分，那么要了解其研究进展的背景，务必先考察以往语言学史的研究状况。

一、中国语言学史的研究轨迹

自西汉刘歆（？—23）《七略》起，中国传统学术就注重流派及其传承。有清一代，史学家章学诚（1738—1801）倡明"辨章学术，考镜源流"。其《校雠通义序》（1779）曰："校雠之义，盖自刘向父子部次条别，将以辨章学术，考镜源流。非深明于道术精微、群言得失之故者，不足与此。"辨，辨别也；章，彰显也；辨别学术，使之彰显。考，考证也；镜，明净也；考证源流，使之明净。其功用在于"即类明学，由流而溯源，庶几通于大道之要"，可谓"盈天地间，凡涉著作之林，皆是史学"。

中国传统语言文字学称"小学"，强调其基础性、应用性。中国第一部小学史或传统语言文字学史专著，首推谢启昆（1737—1802）的《小学考》（1798）。该书收录了秦汉至著者当代有关文字、训诂、音韵、音义著述的全部书目。至于推迹音韵学沿革专书，前有万斯同（1638—1702）的《声韵源流考》（1701），后有莫友芝（1811—1871）的《韵学源流》（约1861）。稽考传统语义学沿革专书，有清末民初胡玉缙的《雅学考》（1891）和黎经诰的《许学考》（1927）。20世纪30年代，深入梳理中国传统小学史的分科专著，相继有胡朴安（1878—1947）的《中国文字学史》（1937）、《中国训诂学史》（1939）和张世禄（1902—1991）的《中国音韵学史》（1938）。

至20世纪60年代，王力（1900—1986）所撰《中国语言学史》（原为讲稿）在《中国语文》（1963）连载，1981年整理为专著出版。此后多部中国语言学史专著问世，其中皆有关于中国传统语义学研究的论述。而李建国的《汉语训诂学史》（1986）、符淮青的《汉语词汇学史》（1996），某种程度上可视为中国语义学史专书。然而，迄今尚未有一部题名"中国语义学史"的专著。

二、欧洲语言学史的研究轨迹

（一）欧洲语言学史的早期研究

欧洲语言学史的研究兴起于德国。1807年，哥廷根大学教授艾希霍恩（J. G. Eichhorn, 1752—1827）出版的《现代语言学史》（*Geschichte der neuern Sprachenkunde*）为西方第一部语言学史专著，主要是对亲属语言比较或非亲属语言对比研究的论述，实际上更像一部"各国语言研究简志"。19世纪20年代以后，出现了一批研究欧洲古典语言学史的专著，如克拉森（J. Classen, 1805—1891）的《希腊文法学之初》（*De Grammaticae graeca primordiis*, 1829）、莱尔希（L. Lersch, 1811—1849）的《古典语言哲学》（*Die Sprachphilosophie der Alten*, 1838, 1840, 1841）。此后，又有斯坦塔尔（H. Steinthal, 1823—1899）的《古希腊和罗马语言学史》（*Geschichte der Sprachwissenschaft bei den Griechen und Römern*, 1863）等。1869年，本费（T. Benfey, 1809—1881）的《19世纪初以来的德国语言学和东方语文学的历史，以及对早期的回溯》（*Geschichte der Sprachwissenschaft und Orientalischen Philologie in Deutschland Seit dem Anfange des 19. Jahrhunderts mit eim Rückblick auf die früheren Zeiten*）出版，此为第一部梳理德国学者语言历史比较研究的语言学史。此后，法国学者伯努瓦（A. Benoist, 1846—1922）的《从巴拉丁到沃热拉斯的法语句法研究》（*De la syntaxe française entre Palsgrave et Vaugelas*, 1877），梳理了法语句法研究史。瑞典学者诺伦（A. Noreen, 1854—1925）的《瑞典语言科学史概述》（*Aperçu de l'histoire de la science linguistque suédoise*, 1883），描述了1652年以来的瑞典语言学史。而英国学者穆雷（J. A. Murray, 1837—1915）的《英语词典编纂的演进》（*The Evolution of English Lexicography*, 1900），则梳理了英国词典编纂学史。（参见姚小平 1995）最新的研究则是英国语言学史家薇薇安·劳（Vivien Law, 1954—2002）的遗作《欧洲语言学史：从柏拉图到16世纪》（*The History of Linguistics in Europe from Plato to 1600*, Cambridge University Press, 2003）。

（二）西方语言学史的通史研究

19世纪末，丹麦学者汤姆逊（V. L. P. Thomsen, 1842—1927）在哥本哈根大学开设"语言学引论"，1902年出版《语言学史：简要回顾》（*Sprogvidenskabens historie, En kortfattet Fremstilling*）。作为西方语言学通史的首部专著，作者历述古印度、古希腊、古罗马、中世纪和文艺复兴，直到19世纪末的语言学研究，彰显了斯堪的纳维亚学者的历史比较研究。1927年，由奥地利学者波拉克（H. Pollak, 1885—1976）译为德文，题名为《十九世纪末以前的语言学史：要点简介》（*Geschichte der Sprachwissenschaft bis zum Ausgang des 19. Jahrhunderts: kurzgefasste Darstellung der Hauptpunkte*）出版。1938年，苏联学者绍尔[①]据此转译为俄文版《十九世纪末以前的语言学史》（*История языковедения до конца XIX в.*），插补了若干俄罗斯语言学史的内容，并另撰附录《从文艺复兴时期到十九世纪末的语言学说史梗概》（*Краткий очерк истории лингвистических учений с эпохи Возрождения до конца XIX в.*）。中译本《十九世纪末以前的语言学史》（黄振华译 1960）即据俄译本转译。

1924年，汤姆逊的弟子裴特生（H. Pedersen, 1867—1953）出版《十九世纪的语言学：方法和成果》（*Sprogvidenskabens i det nittende Aarhundrede, Metoder og Resultater*）。1931年，由美国学者斯帕戈（J. W. Spargo, 1896—1956）译为英文《十九世纪的语言学：方法和成果》（*Linguistic Science in the Nineteenth Century, Methods and Results*）出版。中译本《十九世纪欧洲语言学史》（钱晋华译 1958）来自该英文版转译。中译本书名增加了限定词"欧洲"和后缀"史"，却省略了副标题"方法和成果"，由此导致读者觉得，前五章更像"世界诸语言概述，而不像语言学史"，"7、8两章……似乎才进入正题"（姚小平 1995）。其实，裴特生曾交代，该书内容是"十九世纪：北欧科学家的描绘"（*Det nittende Aarhundrede: Skildret of nordiske Videnskabsmaend*），重在介绍其"方法和成果"，并未作为语言学史来编撰。如果直译为《十九世纪欧洲语言学：方法和成果》，则可避免中文读者徒生误会。

1964—1965年，苏联学者兹维金采夫（В. А. Звегинцев, 1910—1988）主编的《19—20世纪语言学史概述和选读》（*История языкознания XIX и XX веков в очерках и извлечениях: В 2-х частях*）出版，其中包括19世纪以前的印度、阿拉伯语言学研究简述，但未涉及中国传统语言学研究。1979年，苏联学者康德拉绍夫（Н. А. Кондрашов, 1919—1995）的《语

[①] 罗莎莉亚·奥西波芙娜·绍尔（Розалия Осиповна Шор, 1894—1939），苏联著名语言学家、语言学史家和文学史家，俄罗斯（也可能是全世界）第一位女性语言学教授。著有《语言与社会》（*Язык и общество*, 1926）、《语言学导论》（*Введение в языкознание*, 1945）。1933—1938年主编"西方语言学家"丛书，先后翻译出版索绪尔、萨丕尔、房德里耶斯、汤姆逊和梅耶的代表作。

言学研究史：教学参考》（*История лингвистических учений, учебное пособие*）同样如此。估计他们不懂中国语言文献，也未请汉学家参与。

以上这些西方语言学通史研究，虽然涉及欧洲学者熟悉的"东方语言"（如希伯来语、阿拉伯语、波斯语、梵语等）研究史，但是无疑以欧洲语言研究史为主体。也许，明晰的表述应是"以印欧语研究为主体，涉及亚—非某些语言研究的学术史"。

三、世界语言学史的研究轨迹

欧洲学者的早期语言学史研究，从其熟悉的语言研究入手纯属自然。由于缺乏中国语言及其语言学史学养，因此不可能贸然撰写一部"世界语言学史"。然而，欧洲语言学史研究传入中国以后，熟悉欧洲语言的中国学者在编译语言学史时，必然补充中国语言学史内容。由此决定世界语言学史的初步研究，中国学者领先一步。

（一）世界语言学史的早期研究

1943年，林梵敲（1915—1975）出版《语言学史》。该书主要参考彼德生（Pedersen）的《十九世纪的语言学》、耶斯柏森（Jesperson）的《语言的本质、起源和发展》、马克斯·缪勒（Max Müller）的《语言的科学》、杜若（Dauzat）的《语言哲学》及梅叶（Meillet）的《印欧语比较研究导论》[①]。全书分为通史、印欧语学史、非印欧语学史、比较语言学史、一般语言学史、文字学史六编。在通史第一节"古代（五）中国"（11—17页）中，列出《尔雅》以下的训诂类文献、《说文》以下的字书类文献、《广韵》以下的韵书类文献，简述中国传统语言学史。此外，在非印欧语学史的第五节"印支语"（112—117页）中，介绍利玛窦（M. Ricci, 1552—1610）、金尼阁（N. Trigault, 1577—1628）的中国语文研究，以及艾约瑟（J. Edkins, 1823—1905）、武尔披齐利（F. K. Z. Volpicelli, 1856—1932）、商克（S. H. Schaank, 1861—1935）、马伯乐（H. Maspero, 1883—1945）、高本汉（K. B. J. Karlgren, 1889—1978）等的中国古音研究。林梵敲说明，此处对中国传统语言学做简要处理，因为此前已出版中国传统语言学三部分科史。

20世纪30—40年代，苏联对汤姆逊的研究忽视俄罗斯不满，由此激发语言学史的研究兴趣。20世纪50年代，苏联高校设置语言学史课程。1957年，加卡耶夫（К. Е. Гагкаев, 1912—1986）在奥德萨大学开课，印行《语言学史讲义》（*Курс лекций по истории языкознания*），首次介绍中国古代语言学研究（Гагкаев 1957：28—36）。

然而，更为明晰的世界语言学史专著，当推岑麒祥（1903—1989）的《语言学史概

---

① 译名，按林梵敲原文：彼德生即裴特生、耶斯柏森即叶斯柏森、杜若即道扎特、梅叶即梅耶。

论》（1958）。该书由三大部分组成："古代语言学史"介绍希腊和罗马、印度、中国以及阿拉伯的研究成就；"历史比较语言学"阐述历史比较语言学的产生、发展，介绍了世界各语系的历史比较研究；"普通语言学史"讲述从洪堡特到20世纪50年代的语言学流派。

（二）世界语言学史的中期研究

直到20世纪60年代，英法学者才开始撰写世界语言学史。1967年，英国学者罗宾斯（R. H. Robins, 1921—2000）的《语言学简史》（*A Short History of Linguistics*）出版。该书以印欧语研究史为主线，一些章节穿插简介阿拉伯、中国、日本等的古代语言研究。不必说作者对中国语言学史知之甚少，仅就其印欧语言学史内容而言，其明显缺失也有：第一，对史料把握不够严谨，史实方面错误太多，不能列为可信赖的参考书（Koerner 1978：5；转引自姚小平 1995）；第二，对威廉·琼斯（William Jones, 1760—1831）、索绪尔（F. de Saussure, 1857—1913）等学者的评价夸大其词；第三，几乎没有涉及语义学史（李葆嘉、邱雪玫 2013）。

与罗宾斯的《语言学简史》同年，法国学者穆南（G. Mounin, 1910—1993）的《语言学从起源到20世纪的历史》（*Histoire de la linguistique des origines au XXe siècle*）出版。在第一章"古代语言学"中有"古代中国"一节。有趣的是，罗宾斯的语言学史有两个中译本（上海外国语学院外国语言文学研究所译《语言学简史》，1987；许德宝等译《简明语言学史》，1997），而穆南的语言学史却迄今未有中文译本。

1975年，苏联学者阿米洛娃、奥尔乔维科夫、罗兹德斯特文斯基（T. A. Amirova, B. A. Ol'chovikov, J. V. Rozdestvenskij）主编的《语言学史概论》（*Abriß der Geschichte der Linguistik*）出版，在第二章"古代语言理论"中介绍了中国传统。1980年，苏联学者德希尼兹卡亚（А. В. Десницкая, 1912—1992）等主编的《古代世界的语言学说史》（*История лингвистических учений. Древний мир*）出版。中国古代语言学史部分由苏联汉学家雅洪托夫（С. Е. Яхонтов, 1926—2018）撰写，他提出中国古代语言学是唯一的一种在不同于欧语系统基础之上形成的语言学传统，这一传统方法比欧语方法更适合描写一些东亚语言。但其影响仅涉及一些周边国家，没有像印度传统那样对现代语言学的形成发挥促进作用。

1975年，美国符号学家和语言学家西比奥克（T. A. Sebeok, 1920—2001）主编的《语言学的当前趋势》系列丛书的第十三卷《语言学史学》（*Historiography of Linguistics*）出版，从中可了解世界上各民族的语言研究史。其中的"远东"（包括中国和日本语言）部分，为美国语言学家密勒（R. A. Miller, 1924—2014）所撰。密勒认为，中国语言学系统的支柱是中国人独特的世界观，特别是伦理学说和天人感应论。在这一世界观中，宇宙和社会秩序是至高无上的信条,一切语言文字的阐释都必须尊崇于此。总的来说,密勒对中国古代语言研究持消极态度,断言其成果对于现代"真正"的语言学研究没有价值(参见姚小平 1996)。密勒以研究日语和韩语闻名,中国语言学史的知识多来自间接了解。

(三)世界语言学史的近期研究

1989年,法国学者奥鲁(S. Anroux)主编的《语言学思想史·卷一·东方和西方元语言的产生》(*Histoire des idés linguistiques. Tome. I. La naissance des métalangages en Orient et en Occident*)出版,在第六章远东的第一、二节(共26页)叙述中国语言学史。该部分的编者是意大利汉学家卡萨齐(G. Casacchia)。叙述中国的篇幅,远不及独立成章的"印度传统"(共137页)详备。该书前言中说,一部语言学思想史必须描述世界各民族思考语言问题的不同历程,但是又不可能穷尽一切,所以必然有选材问题。作者强调,中国语言学史这部分从简出于实际考虑,与"价值评判"无涉。其实是"丈二和尚摸不着头脑"。

1990年,英国学者莱普奇(G. Lepschy)主编的《语言学史·第一卷·语言学的东方传统》(*History of Linguistics. Vol.1. The Easten Traditions of Linguistics*)出版。第一章"中国语言学"由瑞典汉学家马悦然(G. Malmqvist, 1924—2019)执笔,按照七段(先秦、秦汉、魏晋南北朝、隋唐宋、元、明、清)介绍中国传统语言学史。从中可以看出,参考了中国学者的语言学史论著。

1991年,芬兰学者伊特科宁(E. Itkonen)出版的《语言学通史:印度、中国、阿拉伯、欧洲》(*Universal History of Linguistics: India, China, Arabia, Europe*),设置专章论述中国语言学史(89—121页)。作者在前言中承认自己对汉语一窍不通,只能根据翻译和二手资料,而在导言中却断言:中国语言学只能视为其他语言学传统的陪衬。显然是"手中没有金刚钻,又要揽这瓷器活儿"。

也许,要使西方学术界真切了解中国传统语言学的成就及其价值,首先要基于语言类型与其研究方法的制约观(李葆嘉 2001:279),编撰一部"面向世界的中国传统语言学史",译成英、法、德、俄等几种主要文字发行,才有可能祛迷除妄。

以上语言学史专著,以罗宾斯的《语言学简史》为代表,皆未把"西方语义学史"纳入其研究视野。

四、中国学者的西方语言学史研究

20世纪80—90年代,中国学者出版了三部最有影响的西方语言学史专著:冯志伟的《现代语言学流派》(1987)、徐志民的《欧美语言学简史》(1990)、刘润清的《西方语言学流派》(1995)。冯著第一章"西方古代语言学简介"仅是引子,其修订版

（1999）增加"叶斯柏森的语言学理论"一章，是为独树一帜；增订版（2013）又补充了俄罗斯现代语言学理论、认知语言学、语言类型学、计算语言学等章节。徐著（2005修订版）突出的是洪堡特、索绪尔和乔姆斯基的理论方法。刘著（2013修订版）突出的是索绪尔和乔姆斯基，着力剖析生成语法、系统功能语言学和认知语言学。除了冯志伟的《现代语言学流派》，其余两本几乎没有提及俄罗斯（包括苏联时期）的语言学研究。

2000年以来出版的西方语言学史，主要有王远新的《古代语言学简史》（2006）、王福祥的《语言学历史·理论·方法》（2008）、姚小平的《西方语言学史》（2011）等。王远新该书的特色是将阿拉伯、斯拉夫古代语言学列为专章。王福祥该书的特色是第五章"俄罗斯语言学"。姚小平该书的一些章节，如"语言乌托邦""伯尼特[①]谈语言的起源和发展"等皆有新意。此外，林玉山的《世界语言学史》（2009）资料丰富，若有精到的史论则更为深刻。

与西方学者的语言学史专著一样，中国学者的这些专著也皆未把西方语义学史纳入其研究视野。究其原因：一是未找到西方语义学史外语文献以供编译；二是西方语义学史上的一手文献涉及多种语言，一时难以开展这方面的专题研究。

第二节　西方学者的西方语义学史研究

迄今，西方语义学史研究仍是亟待深入的领域。研究语义学的很多，而研究语义学史的学者鲜见；出版的语义学论著很多，而出版的语义学史专著极少。我们首先关注西方学者撰写的西方语义学史专著，通过检索，我们只发现三部或两部半。

一、开拓性专著：戈登的《语义学史》

1982年，加拿大学者戈登（W. Terrence Gordon）出版的《语义学史》（*A History of Semantics*），是第一本以"语义学史"命名的专著。该书内封在作者姓名下注明：戴尔豪斯大学（Dalhousie University Halifax）。根据网页上对该书的简介，戈登是该大学的荣誉教授，也是哈利法克斯圣玛丽大学的兼职语言学讲师。《语义学史》的简介如下。

在该书中，作者第一次概述了语言学史上关于"意义"研究的发展。从19世纪的莱

[①] 伯尼特即蒙博多（J. Burnett Monboddo, 1714—1799），著有《语言的起源和进化》。

斯格、哈泽、赫尔德根，达梅斯泰特尔和布雷亚尔的开创性工作，到20世纪的学者，如索绪尔、梅耶、卡努瓦、奥格登和理查兹、斯特恩、特利尔、魏斯格贝尔、布龙菲尔德、弗斯、哈利格和瓦特堡、马托莱、奈达、吉罗①，以及最近瓦恩莱希完成的工作。本书讨论的正是这些最重要人物的研究工作。

《语义学史》全书284页，正文分为十九章。

第一章　早期语义学理论
第二章　亚森·达梅斯泰特尔和米歇尔·布雷亚尔
第三章　费尔迪南·德·索绪尔
第四章　安托万·梅耶
第五章　查·凯·奥格登和艾·阿·理查兹的著作
第六章　艾伯特·卡努瓦和古斯塔夫·斯特恩的著作
第七章　约斯特·特利尔与语义场理论
第八章　特利尔与其他场论学者的联系
第九章　布龙菲尔德及其意义问题
第十章　约·鲁·弗斯的语义学著作
第十一章　鲁道夫·哈利格和冯·瓦特堡②的概念系统
第十二章　乔治斯·马托莱③
第十三章　尤金·奈达
第十四章　形态语义场
第十五章　意义的成分分析
第十六章　马丁·朱斯④的著作
第十七章　让·杜布瓦⑤及其音义同构论

---

① 吉罗（P. Guiraud, 1912—1983），法国语言学家，著有《语义学》（*La sémantique*. Paris: PUF. 1955）。
② 哈利格（R. Hallig, 1902—1964）和瓦特堡（Walther von Wartburg, 1888—1971），德国语言学家，合撰《概念系统词典：尝试分类方案》（*Begriffssystem als Grundlage für die Lexikographie; Versuch eines Ordnungsschemas*. Berlin: Akademie Verlag, 1952）。
③ 马托莱（G. Matoré, 1908—1998），法国语言学家，创立了词汇社会学，著有《新词：产生及扩散》（Le néologisme: naissance et diffusion. *Le Françaíse Moderne* 20: 87—92, 1952）、《法语词汇学方法》（*La méthode en lexicologie, Domaine française*. Paris: Didier, 1953）。
④ 朱斯（M. Joos, 1907—1978），英国语言学家，著有《语义学：意义的语言学理论》（Semology: A linguistic theory of meaning. *Studies in Linguistics* 13: 53—70, 1958）。
⑤ 杜布瓦（J. Dubois, 1920—2015），法国语言学家，著有《词典中的复杂语义统一性与中和化概念》（Notion d'unité sémantique complexe et de neutralisation dans le lexique. *Cahlers de Lexicologie* 2: 62—66, 1960）。

第十八章　乌里尔·瓦恩莱希①的语义学
第十九章　瓦恩莱希以后的语义学

可以看出，从第一章到第二章是19世纪的研究。从第三章到第十章是20世纪40年代以前的研究。从第十一章到第十九章是20世纪50—70年代的研究。重点描述的是20世纪的研究。作为草创，该书的主要特点及缺失在于：1. 以语义学家为单元加以描述，尚未建构学术史的研究框架；2. 以德法英美语义学研究为描述对象，缺少俄罗斯语义学研究的内容；3. 对西方早期即19世纪的语义学史研究明显不足。

二、丰富化专著：聂利奇的《欧洲语义学理论》

英国学者聂利奇（B. Nerlich）的《欧洲语义学理论1830—1930：从语源论到语境性》（*Semantic Theories in Europe, 1830—1930: From Etymology to Contextuality*, 1992），简称《欧洲语义学理论》，是一部内容丰富的传统语义学史。导论部分包括：语义学史研究对语言学史的重要性，语义学文献综述，语义学在德国、法国和英国的发展，以及语义学的内部及相关学科的影响。

全书主体三大部分。第一部分"语义学在德国的发展"，包括：莱斯格的开拓性构想；托布勒的词源—逻辑语义学；哈泽的历史—哲学语义学；赫尔德根的逻辑—历史语义学；海伊的心理语义学；语义学中的心理学传统；赫克特的心理语义学；托马斯的语义演变类型及其原因；卡尔·施密特的语义演变原因；冯特的语义演变心理机制；魏格纳的语义与交际；保罗的正统语义学；斯托克莱因的意义和句子上下文；埃德曼的意义复合性；师辟伯的情感语义学；古斯塔夫·巴利的命名心理学；莱曼对师辟伯语义学的超越；斯特恩的意义及演变理论；等等。第二部分"语义学在法国的发展"，包括：意识形态和词汇学；利特尔的语义学和词典学；布雷亚尔向人文科学语义学迈出第一步；达梅斯泰特尔关于语义学的构想；创新和争论的中心；布雷亚尔的《语义学探索》；法国心理语义学；法国社会语义学；从历时分析到共时分析；等等。第三部分"语义学在英国的发展"，包括：斯马特的语符学；加尼特对英语词典学的批判；通往意义的新语文学途径；辉特尼对语义学的贡献；厄特尔重温欧洲语义学；斯托特的思维与语言学说；韦尔比夫人的符义学；奥格登和理查兹的意义之意义；马林诺夫斯基的人类语义学；加德纳的语境论；等等。

聂利奇（1992：13）认为，对语义学史中心人物的展现，戈登完全遵循的是传统套路，

---

① 瓦恩莱希（U. Weinreich, 1926—1967），波兰裔美国语言学家，著有《语义学理论探索》（*Explorations in Semantic Theory. Current Trends in Linguistics* 3: 395—477, 1966）。

而遗漏了一些看似次要、实际上是重大理论的创新者。因此，聂利奇在其书中补充了许多语义学家，特别是早期语义学家。这些梳理，令人对19世纪的语言学研究耳目一新。该书的主要特点及缺失是：1. 采用以国别分块的描述框架，准确地说，是按照语义学家论著的行文语种分块描述；2. 重点描述语义学在德法英的发展，将美国附于英国的研究，但美国的语义学研究与英国传统并无多少关系，俄罗斯语义学研究仍然在其视野之外；3. 时期下限定为1930年，现代语义学理论方法不在其研究之内，而语义场理论在20世纪20年代已经萌发。

三、相关性专著：吉拉兹的《词汇语义学理论》

作为西方词汇语义学理论的综合性和纲领性专著，比利时学者吉拉兹（D. Geeraerts）的《词汇语义学理论》（*Theories of Lexical Semantics*, 2010）是一部力作。该书基于理论语言学和描写语言学的立场，回顾了西方词汇语义学的历史发展。正文分为五章。第一章"历史语文语义学"，包括词汇语义学的诞生、历史语文语义学的意义观、语义变化的类型研究等；第二章"结构主义语义学"，包括结构主义的意义观、词汇场理论、义征分析方法、关系语义学等；第三章"生成主义语义学"，包括卡茨语义学、生成主义语义学的紧张状态等；第四章"新结构语义学"，包括新结构主义的释义分解方法、新结构主义的关系语义研究；第五章"认知语义学"，包括核型性和凸显性、概念隐喻和概念转喻、理想化认知模式和语义框架、词语用法与语义变化、基于语境的认知语义。

虽然该书按照语义学发展的历史顺序排列章节，但是作者指出，其概述重点是词汇语义的理论语言学与描写语言学，并且强调：

> 本书也不是一部关于词汇语义学史的论著。关于这类词汇语义学史略，感兴趣的主要是语言学史家。本书的旨趣并非综合描绘对这个学科做出贡献的所有学者，因此不可能对各个学者的思想历程，或者他们之间的相互影响逐一描述。（Geeraerts 2010：XV）

尽管《词汇语义学理论》重点论述的是认知语义学（全书正文287页，第五章"认知语义学"182—272页，占三分之一），但是我们还是可以将其视为"半部语义学史"。

该书的主要特点及缺失是：1. 把词汇语义学的历史发展分为五个阶段，纲目分明，但是有些阶段或流派概括似可斟酌，如："结构主义语义学""新结构主义语义学"。2. 与前两部语义学史一样，同样疏于俄罗斯语义学的研究。3. 一些论述存在可商榷或缺漏之处。例如：（1）尽管布龙菲尔德（Bloomfield 1933）强调，在语言研究中，语义不是用还是不用的问题，而是如何恰当使用的问题，但是实际上，布龙菲尔德对语义研究怀有"悲观情结"并排斥语义研究；（2）尽管从逻辑上可以推定，语义解析方法可能受布拉格学派音位对立分析法的影响，但实际情况是：美国社会学家戴维斯（Davis 1936, Davis & Warner 1937）首创基元要素分析法，其理论背景是帕森斯（T. Parsons）的社会学结构—功能主义；（3）就基本哲学思想而言，魏尔兹比卡（A. Wierzbicka）的自然语义元语言研究属于基元主义，似乎不应纳入"新结构主义传统"。如果考虑到莫斯科语义学派阿普列相（Ю. Д. Апресян）的语义元语言研究，那么就可另列一章"基元主义语义学"。

另外该书第一章的"拓展阅读"，提供了西方语义学史研究的相关信息。如，克诺布洛赫（C. Knobloch）的《1850年至1920年德国的语言心理观念史》（*Geschichte der psychologischen Sprachauffassung in Deutschland von 1850 bis 1920*, 1988）、施密特尔（P. Schmitter）主编的论文集《语义学史探索》（*Essays towards a History of Semantics*, 1990），以及格里吉尔和克勒帕斯基（M. Grygiel & G. A. Kleparski）的《历史语义学的主要趋势》（*Main Trends in Historical Semantics*, 2007）等。

四、早期的勾勒：乌尔曼的"语义学简史"

在戈登的《语义学史》出版之前，匈牙利裔英国语言学家乌尔曼（S. Ullmann, 1914—1976）在《语义学：意义科学引论》（*Semantics: An Introduction to the Science of Meaning*, 1962）的绪论（1—10页）中，初步勾勒了西方语义学简史。

（一）古代学者对意义问题的研究

西方语言学的两个主要分支——词源学和语义学都与词语相关。在早期希腊哲学中已看到对词源的揣测。[①]古罗马学者瓦罗（M. T. Varro，前116—前27）的《拉丁语研究》（*De Lingua Latina*），将语源学作为语言研究的分支之一。尽管19世纪之前的词源学方法并不科学，但是在语言研究中一直处于核心地位，直到晚近才意识到需要建立独立的语义学。然而，这并不意味着古人对意义漠不关心。现代语义学的大多数议题，古希腊和拉丁学者的论述中已提及，他们感兴趣的主要是反映大众心理变化的语义变化。

古希腊历史学家修西得底斯（Thucydides，前460—前400），据伯罗奔尼撒战争期间的记载，发现一些道德性词语的含义发生变化并呈贬值趋势。古罗马政治家西塞罗（Cicero，前106—前43）追溯了委婉语的趣史，经过一段时间，委婉语就会失去价值。古人的兴趣更多关注词语在言语中的表达含义。古希腊哲学家德谟克利特（Democritus，前

[①] 狄奥尼修斯（Dionysius Thrax，前170—前90）《文法技艺》（*Τέχνη γραμματική*, BC 100）的研究对象已包括解释诗文表达、讲解冷僻词和典故、探究词源。

460—前370）已知一词多义、一义多词；亚里士多德（Aristotle，前384—前322）已识别词语中的隐喻。而罗马修辞学家昆体良（M. F. Quintilianus, 约35—96）已将隐喻引入语义变化研究。希腊哲学家普洛克鲁斯（Proclus, 410—485）不但列出了词义变化的现象并且划分了一些基本类型，如文化变迁的影响、隐喻以及词义的扩大和缩小等。（Ullmann 1962：1—2）

（二）创立语义学学科的动力

乌尔曼提出，语义学出现于19世纪上半叶，主要有两个因素起决定作用，一是比较语文学的影响，二是文学浪漫主义运动的影响。浪漫主义者对古体词和外来词，包括乡村土语和社会俚语都抱有极大热情。更重要的是，他们着迷于词语奇妙而神秘的潜能。（Ullmann 1962：3—4）乌尔曼引用了巴尔扎克（H. de Balzac, 1799—1850）1832年在其哲理小说《路易·朗贝尔》（*Louis Lambert*）开始的一段议论：

> 倘若能把词语的生命与其历险联系起来，写出这样的书该多美妙啊！毋庸置疑，词语从其曾经效力的事件中会形成各种感受，词语从不同的方面可激发不同的观念……所有的词语都会给人留下难以磨灭的印象，词语的生命活力源自人的心灵深处，并通过言语与思维之间不可思议的奇妙作用与反作用，回流到心灵之中……词语通过其特定外形，唤起我们心灵中的创造物，它们不仅仅是事物的外衣……然而，这一主题可能需要一个属于自己的完整学科！（Ullmann 1962：4）

乌尔曼认为，这段议论反映了西欧语义学形成的时代氛围。

然而，史实表明，在巴尔扎克妙语连篇之前，1825年，古典语言学教授莱斯格在哈雷大学已经首创语义学。该学科的创立不仅与比较语文学没有直接关系，而且与英国诗人雪莱（P. B. Shelley, 1792—1822）的诗句、法国诗人雨果（V. Hugo, 1802—1885）的意象以及巴尔扎克的议论等更无牵涉。莱斯格首创语义学，主要基于当时德国的古典学和阐释学氛围，以及前几个世纪的词典学、修辞学和同义词研究的启迪，在一定程度上受到德国浪漫主义思潮的影响。

（三）语义学发展的前两个阶段

乌尔曼认为，语义学的发展分为三个阶段。第一阶段大约延续了半个世纪（从19世纪20年代至70年代），可称为语义学的"地下阶段"。莱斯格的创见得到德国同行的欢迎，但是新思想的传播主要局限于古典学研究领域。最早的两部语义学论著，莱斯格及其弟子哈泽的论著都是在其身后出版的，说明当时对语义问题的兴趣不广。因此几十年后，当法国布雷亚尔（Bréal 1883）开始沿着同样的路线进行研究时，给人的印象是他正在开创一个新学科。（Ullmann 1962：5）

史实表明，19世纪上半叶语义学处于兴起阶段。在英国，斯马特（Smart 1831）发展了洛克的符意学，提出了具有英国传统的"意义语境论"。在法国，查维（Chavée 1843）已着手观念学（即词汇语义学）研究。在美国，吉布斯（Gibbs 1847）已尝试德法式语义学研究。而19世纪下半叶的法国学者，有意无意地回避了德国学者的早期语义学研究。不过，布雷亚尔在《语义学探索》中引用了莱斯格的观点。

乌尔曼认为，语义学发展的第二阶段始于19世纪80年代早期，也持续了近半个世纪（从19世纪80年代至20世纪30年代）。这一时期始于布雷亚尔（1883）在古典学研究期刊上发表的一篇文章。他勾画了这门新学科的计划，同时确定了一个至今最为著名的术语（la SÉMANTIQUE）。与莱斯格一样，布雷亚尔将语义学视为纯粹的历史研究，该取向成为贯穿第二阶段主题的特征。当时的大多数语义学家认为，语义学的主要任务就是研究意义变化以探索其原因，并根据逻辑、心理或其他条件加以分类。如果可能，则提出普遍"定律"以推测语义演变趋势。（Ullmann 1962：6）

依据一手文献，我们看到布雷亚尔的《语言的心智规律：语义学简述》（*Les lois intellectuelles du langage: fragment de sémantique*）是一次演讲，文稿刊于《法国希腊研究促进协会年鉴》。布雷亚尔并不主张，甚至反对纯粹的历史研究，而是强调"词源义的遗忘"，主张研究历史发展中的"现在状态"，凸显的是语义研究的"心智取向"。

乌尔曼认为，19世纪的最后20年是语义学的加速发展时期。这一时期最有影响的论著，就是德国学者保罗的《语言史原理》（*Prinzipien der Sprachgeschichte*, 1880）。在法国有两部重要著作：一部是达梅斯泰特尔的《词语的生命及其意义研究》（*La vie des mots étudiée dans Leurs significations*, 1887），另一部是布雷亚尔的《语义学探索》（*Essai de Sémantique*, 1897）。在20世纪的前30年，语义学家逐渐从修辞学的过时范畴中摆脱出来，而将眼光投向其毗邻学科——哲学、心理学、社会学和文化史，以便充分理解语义变化过程。丹麦学者尼洛普的《法语的历史语法》第四卷（*Grammaire historique de la langue française*, Vol. IV, 1913）专门探讨语义学。这一时期成就最大的，是瑞典学者斯特恩的专著《意义与意义变化》（*Meaning and Change of Meaning*, 1931）。他不但提出了实证性的语义变化分类，而且尝试将其他领域的最新进展与语义学研究结合起来。（Ullmann 1962：7）

史实表明，语义学在19世纪中期以来就开始与心理学、社会学相结合。德国心理语言学家斯坦塔尔（Steinthal 1860）将"统觉"引入语义研究；赫克特（Hecht 1888）提出语义演变的两种心理机制；卡尔·施密特（K. Schmidt 1894）强调只有基于词源义遗忘才能理解语义演变的原因。在法国，帕利斯（Paris 1887）提出语言具有社会功能；梅耶（Meillet 1893）提出语义学研究的重要内容，就在于塑造语言系统或语言结构的社会倾向。

(四)语义学发展的新纪元

乌尔曼认为,语义学历史的第三阶段始于20世纪30年代。特利尔的《智力意义域的德语词汇:语言场的历史》(*Der deutsche Wortschatz im Sinnbezirk des Verstandes:Die Geschichte eines sprachlichen Feldes*, 1931)开启了语义学的新纪元。在索绪尔的《普通语言学教程》(*Cours de Linguistique Générale*, 1916)中有许多大胆的原创观念。而特利尔对德语"知识"名词的研究,首次将索绪尔的原则运用于语义学研究,提出了"语义场理论"。特利尔的论著引起反响,然而其思想的传播却因第二次世界大战而搁置。直到1950年,新的语义学才进一步发展起来。在索绪尔理论的背景下,当代语义学主流在两个重要方面不同于传统学派:一是摒弃了片面的历史语义学研究;二是继续关注语义变化研究,但重点转向描写语义学。(Ullmann 1962:7—8)

根据查考,语言的"共时"和"历时"或"静态"和"动态"划分,并非索绪尔原创。1871年,波—俄语言学家博杜恩在《对语言学和语言的若干原则性看法》(*Некоторые общие замечания о языковедении и языке*)中首次提出语言的静态和动态研究。1908年,法国学者格拉塞列在《语义学的完整探索》(*Essai d'une sémantique intégrale*)中提出动态语义学、静态语义学和比较语义学;瑞士语言哲学家马蒂在《普通语法基础与语言哲学研究》(*Untersuchungen zur Grundlegung der allgemeinen Grammatik und Sprachphilosophie*)中提出描写语义学、遗传语义学和总体语义学。

特利尔在《语言场的老模式和新模式》(*Altes und Neues vom sprachlichen Feld*, 1968)中这样评价:《普通语言学教程》对我很重要,但是索绪尔反对将语言的共时和历时研究联系在一起的做法,我不能苟同。考虑到历史名词的起源,以及对意义相关的复合词、历史同义词的追溯,我无法同意他的观点。(Trier 1968:15)场理论研究的基础是相互依存观,其研究方法和结构主义有关,但是与那种不考虑意义的极端结构主义毫无关系。这种极端结构主义执着于所谓严谨性,而语义场理论针对的就是语言的意义。(Trier 1968:18)

最关键的是,语义场的首创者并非特利尔。1924年,在讨论"东西方语言交会中的迁徙词痕迹"时,为了将母语固有词与历史上通过接触而获得的外来迁徙词相区别,伊普森提出了语义场理论及其马赛克模式。语义场理论的完善和发展者,除了特利尔,还有魏斯格贝尔、波尔齐希,他们都是新洪堡特主义的代表人物。语义场理论基于新洪堡特主义和格式塔理论,而非索绪尔"形式结构主义"的产物。

乌尔曼认为，新语义学的一个显著特征是，自20世纪初风格学[①]诞生以来，就对语义学研究产生了深刻影响。另一显著特征是，将研究兴趣从普遍原则转向特定语言。现代语义学的特征，还表现为关注语言与思维的关系。语言影响思维的观念在语义场理论中已经很突出，最近又从本杰明·沃尔夫（B. L. Whorf, 1897—1941）的论著[②]中得到新动力。最后，语言学与哲学之间的关系最近也已发生了显著变化。哲学语义学成为符号逻辑的一个分支。哲学家与语言学家可以相互帮助，而且还面临许多共同问题。（Ullmann 1962：9—10）

总体而言，乌尔曼的"语义学简史"筚路蓝缕，有所创获，而难免有瑕疵。（1）有些论述未注明出处，如普洛克鲁斯的语义演变类型。（2）有些名著读得不细，对作者的观点有误解，如所言布雷亚尔的历史主义。（3）有些资料没有看到，如静态和动态的区分，误以为索绪尔首创。（4）有些重要理论没有专门追溯，如语义场理论。有趣的是，作为英国大学教授，乌尔曼主要介绍德法语义学史，却没有追溯英国早期语义学研究。在其论述中，既没有弗斯的《语义学技艺》（The Technique of Semantics, 1935），也没有加德纳的《词语与句子的定义》（The Definition of the Word and the Sentence, 1921/1922）和《语言学理论》（Discussion on Linguistic Theory, 1934），更未提到斯马特、特伦奇、赛斯、斯托特、韦尔比夫人以及马林诺夫斯基的语义学研究。

五、失落的历史：对当代英国学界误说的澄清

在英国，乌尔曼"以史为鉴、继往开来"的学风并没有延续下来。20世纪60—70年代几位英国语义学家的论著，对语义学史或全不涉及，或偶有提及而错误丛生，并由此误导中国语言学界，乃至今日仍以讹传讹。

（一）利奇不涉及语义学史追溯

1974年，利奇（G. Leech, 1936—2014）出版《语义学：意义的研究》（Semantics: The Study of Meaning, 1983年增订本）。委婉地说，该书不涉及语义学史追溯；严格地说，作者缺乏语义学史知识。

1987年，李瑞华等翻译的利奇《语义学》出版。书评《推荐一部富有创见的语义学书——浅评杰·利奇的语义学》中写道：

[①] 查尔斯·巴利（Charles Bally, 1865—1947）著有《风格的准确性》（Précis de stylistique, 1905）、《法语的风格规约》（Traité de stylistique française, 1909）等，开创了现代风格学。

[②] 1956年，卡罗尔（John. B. Carroll, 1916—2003）编辑出版《语言、思维和现实：沃尔夫选集》（Language, Thought and Reality: Selected Writings of Benjamin Lee Whorf），传播了沃尔夫的理论。

语义学，这门富有研究意义的学科，虽然有其近百年的历史，但在最初较长一段时间里并未引起人们的重视。后来随着对语言学研究的步步深入，以及其他学科诸如符号学、信息论等的相继发展，语义学遂成了语言研究的焦点。（沐苹 1988：80）

史实表明，从1825年以来，西方语义学研究发表了大批论著。在19世纪，语义学研究在西方是显学。在20世纪，语义学研究虽然受到抑制，但是从未停止。

那么，利奇研究语义学的知识背景，或者他所了解的"语义学""语义学流派""最有名的语义学著作"是什么呢？利奇在序言中提及：

语义学在二十世纪三十年代和四十年代由于"普通语义学"这一流派的发展而流行一时。（李瑞华等译 1987：4）

利奇在"第一章 意义的各种意义"的开头中写道：

Ogden、Richards和他们的后继者

"意义"这个词和它的相应的动词"意指"是英语中争议最多的术语之一，语义学家常常花费很多时间来推敲"意义的各种意义"，认为这是研究语义学的必要前提。1923年C. K. Ogden 和 I. A. Richards 出版了也许是有关语义学的一部最有名的著作，书名就叫《意义之意义》。在这本书的第186至187页上，他们从理论和非理论的不同观点出发，列出了"意义"这个词的二十二种定义。（李瑞华等译 1987：1）

奥格登与理查兹的符号语义学研究，被20世纪30年代兴起的美国通用语义学奉为先驱。

乌尔曼、帕尔默、莱昂斯等几位英国学者的语义学著作，只有利奇的《语义学》有中译本。由于中文书比外文书易得，利奇的以上论述在中国外语学界一些学者中造成了负面影响，他们竟认为"直到C. K. Ogden 和I. A. Richards 1923年发表了著名的 *The meaning of meaning* 一书，语言学范畴里的语义学才开始发展，逐渐形成一个学科领域"（吴一安 2000：F16）。轻松的几句话，西方语义学史就被砍去100年。

（二）帕尔默对语义学术语的误说

1976年，帕尔默（F. R. Palmer, 1922—2019）出版《语义学新论》（*Semantics: A New Outline*）。在其引言"1.1 谈谈两个术语"中提到法语的sémantique和英语的semantics。

The term *semantics* is a recent addition to the English language. (For a detailed account of its history see Read 1948.) Although there is one occurrence of *semantick* in the phrase *semantick philosophy* to mean 'divination' in the seventeenth century, *semantics* does not occur until it was introduced in a paper read to the American Philological Association in 1894 entitled 'Reflected meanings: a point in semantics'. The French term *sémantique* had been coined from the Greek in the previous year by M. Bréal.（Palmer 1976：1）

术语semantics（语义学）是晚近才进入英语的（对该词历史的梳理参见Read 1948）。虽然semantick（意义）曾见于17世纪含有"占卜"意味的惯用语semantick philosophy（意义哲学）中，但是英语中原来并没有semantics一词。直至1894年，在美国语文学会上宣读的一篇题为《映射的意义：语义学的一个观点》的论文才将其引进。法语的这一术语sémantique（语义学），是布雷亚尔在上一年（1893年——引注）基于希腊语新造的。

遗憾的是，帕尔默提到的这两点都有误：（1）布雷亚尔1893年新造sémantique；（2）美国学者1894年引进semantics。

现将史实梳理如下：1879年，布雷亚尔在给意大利学者古贝纳蒂斯（A. de Gubernatis, 1840—1913）的信中已使用sémantique。1883年，布雷亚尔在《语言的心智规律：语义学简述》中，首次公开使用sémantique。1893年，美国学者威廉斯翻译布雷亚尔的《论词源学研究的原则》（1893），首次用英语的semantics对译法语的sémantique。1894年12月27日，美国学者兰曼在美国语文学会上宣读《映射的意义：语义学的一个观点》，再次用到semantics。1900年，亨利·卡斯特夫人将布雷亚尔的《语义学探索》译成英文（*Semantics: Studies in the Science of Meaning*）出版。

帕尔默《语义学新论》的部分章节有中译本。周绍珩译述的《语义学·第一部分　研究语言意义的科学》（1984），对帕尔默此节的后两句译述是：

1893年，法国人M. Bréal借用希腊语词根，新创了sémantique（语义学）。1894年，美国语文学会一篇题为Reflected meanings — a point in semantics（联想意义——语义学中的一个问题）的学术报告，首次引进了这个术语。（周绍珩译述 1984：1）

这段译述有三个问题：（1）sémantique基于希腊语新造属以讹传讹；（2）译述中的"1893年"，是据帕尔默"in the previous year"之误而推算的；（3）美国语文学会的报告人兰曼依然空缺。只能推定，译述者未能查考到相关背景。其后，中国语言学界流传的布雷亚尔"1893年"提出语义学，如贾彦德（1986：4）、汪榕培（2000：F13）等，皆为沿袭"帕尔默误说—周绍珩译述"之误。

帕尔默的这一误说，也见于石安石的《语义论》：

一般认为，语义学的建立以法国学者米歇尔·布勒阿尔（Michel Bréal，即布雷亚尔——引注）1897年7月出版他的《语义学探索》（*Essai de Sémantique*）一书为标记。据考证，法语术语la sémantique，1890年以前已从希腊语借来，很快传播到其他语言，到英语中成了semantics。[1]（石安石1993：3）

作者的注[1]是："见J. Whatmough 1963年为布勒阿尔的书Dover版写的序言，p. xv"。据此，石安石了解la sémantique出现于1890年以前，但由于未见布雷亚尔的《语言的心智规律：语义学简述》（1883），也就不知具体年份。此外，"sémantique从希腊语借来"同样以讹传讹。石安石还写道：

英国学者厄尔曼（Stepuen Ullmann，即乌尔曼——引注）的几部专著代表本世纪中叶西欧学者研究语义的成果。主要有1951年的《词和它的运用》（*Word and Their Use*），1957年的《语义学原理》（*The Principles of Semantics*）；后者1962年扩充为《语义学》（*Semantics*）出版。（石安石1993：6—7）

上引乌尔曼的《词和它的运用》，正确的英文书名是*Words and Their Use*。遗憾的是，石安石没有查阅乌尔曼的《语义学》。不然，他就会看到其书中对布雷亚尔（1883）的介绍，以及莱斯格（1825）提出语义学这门学科的论述了。

（三）莱昂斯对场理论术语的误说

作为一位多产的英国语义学家，莱昂斯（J. Lyons, 1932—2020）的《结构语义学》（*Structural Semantics*, 1963）不涉及语义学史追溯。其《语义学》（*Semantics*, 1977）第一章介绍了一些基本概念与术语，也不涉及语义学史追溯。

在《语义学》第一卷第八章"语义场"（8.4. Semantic fields）中，莱昂斯提到，特利尔用的术语是"词场"（Wortfeld）和"概念场"（Sinnfeld），而"语义场"（Bedeutungsfeld）是伊普森等人使用的术语。

> But first a word of warning about terminology. Trier himself, in different works and in different parts of the same work, employs a variety of terms, and it is not always clear in what sense he is employing them. As Geckeler justly remarks in his critical, but generally sympathetic, discussion of the subject: "The definition of his terms is not exactly Trier's strong point" (1971: 107). In particular, it is uncertain whether "area" ("Bezirk") is synonymous with "field" ("Feld") and how, if at all, lexical field ("Wortfeld") is to be distinguished from "conceptual field" ("Sinnfeld"). Trier himself avoids the term "semantic field" ("Bedeutungsfeld"), used by Ipsen, Jolles and Porzig.

特利尔本人，在不同著作以及同一著作中的不同行文之处，所用术语并不一致，从而他使用的这些术语含义并不总是清楚。正如盖克勒在其对该主题的批评，但总体上谅解的公正评价："界定其术语，确切地说，并不是特利尔的强项"（1971：107）。特别是，"域"（Bezirk）与"场"（Feld）是否同义不明确，并且如果存在"词场"（Wortfeld），那么怎样与"概念场"（Sinnfeld）加以区别。特利尔本人则避开伊普森、乔勒斯和波尔齐希使用的术语"语义场"（Bedeutungsfeld）。（Lyons 1977：250—251）

实际情况并非如此。首先，早年特利尔（1931）接受了伊普森（1924）的语义场概念及其马赛克模式。在《语言场的老模式和新模式》（*Altes und Neues vom sprachlichen Feld*, 1968）中，晚年特利尔回顾：

> Ich suchte nach einer kurzen handlichen Benennung dessen, was mir vorschwebte. Da bot sich mir der von Günther Ipsen 1924 gebrauchte Ausdruck Feld (er sagt Bedeutungsfeld) an. Ipsen sah es mit seinem Feld auf eine besondere Frage, nämlich auf das Verhältnis von Erbgut und Wandergut im Wortschatz ab, ein Gesichtspunkt, der nicht im Mittelpunkt meines eigenen Strebens stand. Auch war Ipsens Feldbegriif imwesentlichen statisch. Dennoch war mir sein Ausdruck Feld eine große Hilfe, ja er wirkte auf mich wie eine plötzliche Erleuchtung. (Trier 1968: 14)
>
> 我试图为心中想到的情况找到一个简洁方便的名称。我想到君特·伊普森1924年用过的表述"场"（feld）——他说的是语义场（Bedeutungsfeld）。伊普森用其"场"考虑一个特殊问题，即词汇中的"传承词"和"迁徙词"之间的关系，这方面不是我努力的重点。并且伊普森的场概念本质上也是静态的。尽管如此，他所表述的"场"仍然给我很大帮助，对我来说，就如同醍醐灌顶。

其次，特利尔论著的标题使用的术语主要是"语言场"（Sprachlichen Feld）：

1. *Der deutsche Wortschatz im Sinnbezirk des Verstandes: Die Geschichte eines sprachlichen Feldes*. Heidelberg: Carl Winter. 1931.

2. Sprachliche Felder. *Zeitschrift für deutsche Bildung*. Bd. 8: 417—427. 1932.

3. Das sprachlichen Feld: eine Auseinandersetzung. *Neue Jahrbücher für Wissenschaft und Jugendbildung*, Bd. 10: 428—449. 1934.

4. Altes und Neues vom sprachlichen Feld. *Duden-Beiträge zu Fragen der Rechtschreibung, der Grammatik und des Stils*, Bd. 34. 1968.

特利尔（1931）在行文中经常使用术语Wortfeld（词场）或Feld（场）。不过，在特利尔看来,"语言场"是指整个语言系统,而"词场"仅指相关的一组词(局部词语的场),众多词场才组成某语言的语言场。至于莱昂斯列出的"Sinnfeld"(概念场)一词,我们在特利尔的论著(1931)中未见,但特利尔(1931)用过Sinnbezirk(意义域/概念域)等。很遗憾,莱昂斯既不了解场理论的创立和发展过程,似乎也未查阅过特利尔原著,参考的仅是盖克勒(H. Geckeler)《结构语义学和词场理论》(*Strukturelle Semantik und Wortfeldtheorie*, 1971),由此难免误说。

(四)罗宾斯对布雷亚尔研究倾向的误说

作为莱昂斯的导师,罗宾斯的《语言学简史》初版及其修订版(1st edn. 1967, 2nd edn. 1979, 3rd edn. 1990, 4th edn. 1997),都没有语义学史的内容。不过,在批评青年语法学派的"历史主义倾向"时,罗宾斯写道:

> 保罗的《语言史原理》(1880,第四章)就是如此例证,而布雷亚尔《语义学探索》(1897)的做法更为明显,尽管他可以凭借把如今广泛使用的术语"语义学"(sémantique)引入语言学而载入史册。(Robins 2001:209)

布雷亚尔的《语义学探索》涉及历史的考察,但并非历史主义倾向,该书第一部分是"语言的心智规律"。布雷亚尔在"本书旨趣"中,一再强调其语义研究是"心智取向"。

> 对我而言,其进步就在于,把所有的次要原因撇在一边,而直接诉诸唯一的真正原因——人类的智慧和意志(human intelligence and will)。(Bréal 1900:6)

与罗宾斯有别,帕尔默认识到该书主要不是谈论意义的发展演变:

> 1897年,M. Bréal 的《语义学探索》(*Essai de Sémantique*)在巴黎出版,1900年这本书的英译本问世,……鉴于这本书把语义学看作研究意义的"科学",而且主要不是谈论意义的发展演变,所以是论述我们今天所理解的语义学的最早著作之一。(Palmer 1976:1)

就罗宾斯误认布雷亚尔属历史主义倾向而言,只能推定他并未细读《语义学探索》。而认为布雷亚尔具有历史倾向的,首先见于乌尔曼所言:

> 从这段清楚地看出,与其之前的莱斯格一样,布雷亚尔将语义学视为纯粹的历史研究(regarded semantics as a purely historical study)。(Ullmann 1962:6)

虽然罗宾斯未把乌尔曼的《语义学:意义科学导论》列为《语言学简史》的参考文

献，但是他对布雷亚尔的误解有可能来自乌尔曼的"语义学简史"。进而推定，《语言学简史》撇开语义学史，可能就是因为罗宾斯的语义学史知识仅限于乌尔曼的这份"语义学简史"，而误以为语义学没有丰富的"史"可言。

（五）新一代对语义学史不置一词

接下来的新一代语义学家，如英国的肯普森（R. M. Kempson）的《语义理论》（*Semantic Theory*, 1977）、克鲁斯（D. A. Cruse）的《词汇语义学》（*Lexical Semantics*, 1986），还有爱尔兰的萨伊德（J. I. Saeed）的《语义学》（*Semantics*, 1997），更对语义学史不置一词。仿佛语义学没有学术史，语义研究是从他们才开始或发达的。

忽视学术史所导致的荒唐，也就是有人居然宣称："十九世纪末到二十世纪前期，语义学还谈不上是个学科。"请见吴一安为萨伊德《语义学》撰写的导读：

> 语义研究最早并非起始于语言学，而是哲学，**可以说没有语言哲学就没有语义学**。语言学范畴内的语义学是个年轻的学科领域，**十九世纪末到二十世纪前期，语义学还谈不上是个学科**，Semantics一词并不常见，偶尔出现在学术著作中，其含义多为词义的历史变迁，**直到C. K. Ogden 和 I. A. Richards 1923年发表了著名的*The meaning of meaning*一书，语言学范畴里的语义学才开始发展**，逐渐形成一个学科领域。（吴一安 2000：F16）

以黑体字显示的三句，皆有违史实：（1）莱斯格1825年开创语义学独立学科，而"语言哲学"20世纪20年代才出现；（2）19世纪到20世纪之交，语义学已经在欧洲广泛流行，以布雷亚尔的《语义学探索》（1897法文版，1900英文版）为标志；（3）奥格登和理查兹的《意义之意义》（1923）显然太晚了，而且并非语言学的语义学研究。遗憾的是，一些学者只知语义学旁系的"英国孙子"（奥格登和理查兹的"符意学"），而不知道语义学的"法国父亲"（布雷亚尔的"语义学"）和"德国祖父"（莱斯格的"语意学"）。

大体而言，20世纪50—70年代的英国语义学研究，早期以乌尔曼为代表（秉承德法传统，基于结构—功能立场），晚期以莱昂斯为代表（趋向于与美国语义学研究合流）。前者注重欧洲传统语义学史，而后者对语义学史几乎不屑一顾（所提及的只言片语还不符史实）。20世纪70年代末至80年代的中国学者，主要从后者那里接受的语义学史知识，难免受其误导。我们应当彻底走出一些英语学者数典忘祖、郢书燕说的误区。

综上所述，西方语义学史研究至少存在三个明显问题：1. 切合该学科形成和发展的研究框架尚未建构；2. 一些重大理论的形成过程及其学术背景尚未揭示；3. 俄罗斯语义学史研究不在其视野之内。

第三节　中国学者的西方语义学史简介

自20世纪80年代以来，国内出版了一批语义学著作，但是没有一部题名"西方语义学史"的专著。其中通行的（或具有代表性的），并涉及西方语义学史简介的著作主要有四部：引进语义学理论方法研究汉语的是贾彦德《汉语语义学》（1992）、张志毅《词汇语义学》（2001），专门介绍西方语义学研究的是束定芳《现代语义学》（2000）、徐志民《欧美语义学导论》（2008）。现就这四部书中关于语义学史简介的部分，加以列举、分析和归纳。关于外国人名以及书名的翻译，仍按这四部书作者的原来行文。

一、贾著的西方语义学史简介

贾著（1992）第一章"语义研究的发展与现状"，将语义研究分为三个阶段。第一阶段"语文学时期及我国的训诂学"。第二阶段"传统语义学（20世纪30年代以前的传统研究）"。1838年（今按：年份有误），莱西希（Reisig，即莱斯格）就主张把词义研究建成一门独立的学科，把这门学科称为semasiologie，但其主张没有受到人们重视。1893年，布雷亚尔首先使用了sémantique这个术语，1897年出版了《语义学探索》。美国描写语言学一直回避语义研究，从布龙菲尔德（L. Bloomfield）到霍凯特（C. F. Hockett），在语义面前都是知难而退。第三阶段"现代语义学的兴起和现状（20世纪30年代以后）"。现代语义学流派主要有：（1）结构语义学。20世纪30年代初，特利尔提出语义场理论。（2）60年代中期，乔姆斯基接受了卡兹（J. Katz，即卡茨）、福德（J. Fodor）等人的意见，形成解释语义学。（3）60年代后期，莱可夫（G. Lakoff，即莱考夫）等提出生成语义学。（4）1966年到1968年，菲尔墨（C. J. Fillmore，即菲尔默）提出格语法理论。（5）70年代蒙塔古（R. Montague）创立蒙塔古语法。

经核查：1. 莱斯格1825年首创语义学，其遗著1839年出版，由此形成德国古典语义学派。2. 语义场理论是由四位德国学者（Ipsen 1924, Weisgerber 1927, Trier 1931, Porzig 1934）创建的，其背景是新洪堡特主义和格式塔心理学场论。3. 第一章中未介绍义素分析，在第三章"义素分析法"中，提到叶姆斯列夫（L. Hjelmslev，即叶尔姆斯列夫）20世纪40年代提出义素分析的设想、美国人类学家50年代提出义素分析法（应是成分分析，英语是：Componential Analysis），以及戴维斯1937年就做过类似的分析，但是未提法国学者60年代的义素分析法（Seme Analysis）。

二、束著的西方语义学史简介

束著（2000）在第一章"现代语义学的特点与发展趋势"中简介语义学史。"1.0引言"开篇即言：

> 英语中现代意义上的"semantics"（语义学）一词最早是由法国语文学家Michel Brëal（法文为Bréal——引注）使用的。1894年，在美国语文学会的一次会议上，Brëal宣读了一篇题为《被呈现的意义：语义学中的一个要点》的论文，第一次使用了semantics这个词。（束定芳2000：1）

经核实：（1）布雷亚尔1879年在书信中已使用法文术语sémantique，1883年在《语言的心智规律：语义学简述》演讲中公开使用。（2）1894年12月，在美国语文学会上宣读论文的是美国语言学家兰曼。（3）1893年，美国学者威廉斯翻译布雷亚尔的《论词源学研究的原则》，首次把法语的sémantique对译为英语的semantics。

在"1.1语义学发展的几个重要阶段"中，作者分为四个阶段加以论述。第一阶段，准备阶段（1825—1880）。提出语义学诞生的两个重要因素，一是历史比较语言学在德国的兴起，二是浪漫主义诗人对词语表现出的特别兴趣。德国学者Reisig曾提出语法的三分说，将语法内容分为符号学（semasiology）、词源学和句法学。第二阶段，词源学阶段（1880—1930）。Brëal在1883年发表的一篇论文把语义学明确规定为研究意义的变化及其原因。该阶段具有代表性的著作有：Darmester（今按：法文Darmesteter）的 *La vie de mots etudiee dans leurs signications*（《从词的意义研究词的生命》）和Brëal的 *Essai de Semantique*（《语义学论文选》）等。20世纪前30年最值得一提的是，瑞典语文学家Stern的 *Meaning and change of meaning*（《意义和意义变化》）。第三阶段，结构主义语义学阶段（1930—1970）。用结构主义研究语义学的杰出代表是德国的Trier，他提出了"语义场理论"。此外，束著在69页和71页提到Porzig（1934）的语义组合关系观。第四阶段，多元化阶段（1970年至今）。

经核实：1. 莱斯格接受的是康德主张的哲学取向和历史取向，其德语术语Semasiologie即"语义学"或"意义的科学"。2. 布雷亚尔的 *Essai de Semantique* 通常译为《语义学探索》，并非"论文选"。法文版 *Essai de Sémantique (Science des Significations)*（Paris: Hachette, 1897），英译本 *Semantics: Studies in the Science of Meaning*（Translated by Mrs. Henry Cust. London: W. Heinemann, 1900）。3. 此处没有介绍义素分析法的由来，在63页提到"最早提出语义成分分析的是丹麦语言学家Hjelmslev"。

总体而言，束著这部分简述来自乌尔曼《语义学》（1962）"绪论"中勾勒的"语义学简史"。

三、张著的西方语义学史简介

张著（2001）在第一章"语义学和词汇语义学简史"中，分为三节加以简述。第一节是"传统语义学"。1825年雷西格（Reisig，即莱斯格）草创"语义学"。1893年布雷亚尔正式创造了术语"语义学"，根据希腊语sēma创造法语词sémantique；1897年出版了第一部专著《语义学探索》。20世纪20年代是传统语义学的成长期，代表作有达尔梅司脱（今按：法文Darmesteter）的《词的生命》（1922）（今按：此年份非初版）、奥格登和查理德（即理查兹）的《意义之意义》（1923）。从雷西格、布雷亚尔，后经弗雷格（F. L. G. Frege）、胡塞尔（E. G. A. Husserl）、保罗、梅耶、奥格登、理查德、艾尔德曼（今按：德文Erdmann，即埃德曼）等人的研究，传统语义学终于形成了一门学科。第二节是"现代语义学"。这一时期产生了现代语义学的第一个流派——结构语义学。1924年伊普生提出"语义场"，1934年特利尔进一步发展了语义场理论模式。20世纪60年代是现代语义学的成长期，产生了解释语义学和生成语义学。70年代是现代语义学的发展期。第三节是"词汇语义学"。词汇语义学是现代语义学的分支。20世纪50年代，乌尔曼把语言符号区分为外部和内部，产生了词汇形态学和词汇语义学、句法形态学和句法语义学。苏联较早产生了词汇语义学，代表作有阿普列祥的《词汇语义学》（1974）。

张著的特色是增加了苏联词汇语义学研究。主要问题是：1. 布雷亚尔不是根据希腊语sēma创造sémantique这一术语的。布雷亚尔（1883）说："sémantique来自古希腊语动词sêmainô。" 2. 达尔梅司脱（即达梅斯泰特尔）的《词语的生命及其意义研究》初版于1887年，不宜列入20世纪20年代的代表作。

四、徐著的西方语义学史简介

徐著（2008）第一章是"语义学的研究对象和发展阶段"，其中第二节"现代语义学的形成和发展"，分三部分介绍西方语义学简史。第一部分，传统语义学。直至19世纪末，古代的语义研究大都附属于哲学、历史学、语文学、修辞学等学科的辅助性研究，并未能够成为一个独立学科。第二部分，现代语义学的开端。1883年，布雷亚尔在《语言的心智规律：语义学简述》中首次使用了sémantique这个术语。1894年，哈佛大学教授C. R. Lanman在美国语文学会所做的题为《意义映射——语义学的一个问题》（*Reflected Meanings——A Point in Semantics*）的报告中首次（今按：并非首次）使用了英语的semantics这个术语。1987年，布雷亚尔的《语义学探索》在巴黎出版。1900年，该书的英译本问世。第三部分，现代语义学的发展阶段。现代语义学在发展过程中形成了几种流派。（1）历史语文语义学。其学术背景，一是心理学思潮，二是历史比较语言学企图把语音规律研究的方法和原则扩展到语义研究领域。保罗在《语言史原理》第二版（1886）中增加了论述语义演变类型和规律的一章。历史比较语言学发展中出现的这种新倾向，是促使历史语文语义学诞生的直接原因。（2）结构语义学和转换语义学。结构语义学自20世纪20—30年代起逐步形成，在30—70年代得以充分发展，其理论基础是索绪尔的结构主义理论。其理论原则和研究方法有语义场理论、语义成分分析、分布分析、词汇感性分析、语义结构组合关系分析等。徐著在第五章介绍了特利尔的语言场、波尔齐希的组合语义场；在第六章介绍了美国人类学家提出的成分分析法。（3）认知语义学。

经核实：1. 语义学这门学科1825年莱斯格已经创建。布雷亚尔首创的是法语术语sémantique。2. 布雷亚尔的《语义学探索》出版于1897年，而不是1987年。3. 首次使用英语的semantics这个术语是美国学者威廉斯（1893）。

现就西方语义学史上一些关键点，将四家简述列表对照如下（灰底部分是讹误或缺漏）。

表0–1　语义学史关键点四家简述对照表

序号	关键点	贾1992	束2000	张2001	徐2008	备注
1	莱斯格首创语义学	提到（无文献）	提到（无文献）	提到（无文献）	未提	《拉丁文语言学讲稿》（1825，出版于1839）
2	德国古典语义学发展	未提	未提	未提	未提	莱斯格—哈泽—赫尔德根三代传承
3	德国心理语义学	未提	未提	未提	未提	斯坦塔尔（1851）、拉扎鲁斯（1856）、罗森斯泰因（1884）
4	布雷亚尔首用sémantique	1893（错）	1894（错）	1893（错）	1883	布雷亚尔书信（1879）、演讲（1883）
5	法国心理语义学	未提	未提	未提	未提	波朗（1886）、罗德特（1921）
6	法国社会语义学	未提	未提	未提	未提	梅耶（1893）、查·巴利（1905，1913）、房德里耶斯（1923）
7	英国语境语义学	未提	未提	未提	未提	斯马特（1831）、斯托特（1891）、马林诺夫斯基（1923）、加德纳（1921，1932）
8	英语首用semantics	未提	提到（错）	未提	提到（错）	威廉斯译布雷亚尔《论词源学研究的原则》（1893）
9	心智语义场创立及其背景	特利尔	特利尔、波尔齐希	伊普生、特利尔	特利尔、波尔齐希	未提魏斯格贝尔（1927），及新洪堡特主义和心理学场论
10	语义场经典模式	未提	未提	未提	未提	伊普森（1924）马赛克模式、特利尔（1968）星光状模式
11	美国戴维斯基元分析法	提到（无文献）	未提	未提	未提	戴维斯（1936，1937）

续表

序号	关键点	贾1992	束2000	张2001	徐2008	备注
12	语义平面可析出内容形素	提到（无文献）	提到（无文献）	提到（有年代）	未提	叶尔姆斯列夫（1943）
13	美国人类学家成分分析法	提到（无文献）	未提	提到古迪纳夫	提到	朗斯伯里（1956）、古迪纳夫（1956）
14	法国义素分析法	未提	未提	提到鲍狄埃	未提	鲍狄埃（1964）、格雷马斯（1966）、考赛里乌（1962, 1964）
15	关系语义学	未提	未提	未提	未提	考赛里乌（1962）、莱昂斯（1963）
16	俄罗斯早期语义学	未提	未提	未提	未提	以亚历山大罗夫（1886）、波克罗夫斯基（1895）为代表
17	俄罗斯现代语义学	未提	未提	阿普列祥（1959）	未提	以莫斯科语义学派为代表

可以看出，这四部书中的西方语义学史简介内容，张著较为系统。总体而言，其不足可归纳为四点。1. 对语义学研究的早期文献涉及太少。2. 对现代语义学三大理论方法的来源和学术背景未能深入揭示。创立语义场理论的背景没有介绍新洪堡特主义，没有寻绎"场"论如何引进语义学领域，未介绍语义场的两个经典模式。戴维斯基于社会结构—功能主义创立基元分析法，仅贾著提到一句。对法国学者的义素分析法，除了张著提到鲍狄埃，其他三本书未置一词。对考赛里乌、莱昂斯的关系语义学，皆无涉及。3. 对俄罗斯语义学的倡导者博杜恩以及创立者亚历山大罗夫、波克罗夫斯基，皆无涉及。4. 除了徐著参考吉拉兹的文献，其余三本书皆为列出西方学者研究语义学史的参考文献。尽管如此，这些专著还是为进一步研究西方语义学史提供了若干知识点。在相关简介中出现失误疏漏，是因为中国学者了解的这些知识主要来自几位英国学者。束著的简述来自乌尔曼（1962）勾勒的"语义学简史"，而乌尔曼简述中就有讹误。至于其他几位英国学者（Leech 1974, Palmer 1976, Lyons 1995）则从未专门梳理过西方语义学史。

此外，关于俄罗斯语义学史的研究，郅友昌主编的《俄罗斯语言学通史》（2009），其第十五章"语义学"第一节为"俄罗斯语义学的历史发展"（352—355页），提及波捷布尼亚、波克罗夫斯基的研究，以及20世纪中叶的兹维金采夫、维诺格拉多夫的语义学思想。另外，赵爱国主编的《20世纪俄罗斯语言学遗产》（2012），其第十章是"语义学"（300—320页），前面也有几页涉及俄罗斯语义学发展简史的内容。不过，这两部书对俄罗斯语义学史的介绍都是蜻蜓点水，未有专题研究作为坚实基础。另外，还有一些中国学者对西方语义学某一理论或学者的研究论文可供参考。

第四节　西方语义学史研究的主要内容

如果不了解学术史，也就不可能准确地评价学术史上的人物或理论，也就不可能清楚地知道某一具体研究是否超越前人。探索西方语义学史的主要任务是：1. 揭示这门学科的形成和发展轨迹；2. 对代表性论著的主要观点、理论方法加以评介；3. 对各自研究之间的相互关系加以联系；4. 基于史实提炼相应的史论。基于以上思考，可以进一步明确西方语义学史研究的具体内容。

一、探索创说者及其学术背景

基于原始文献和历史语境重建，探索其学术背景或思想渊源，揭开语义学史之谜。比如：1. 到底是谁创立了这门"意义的新学科"？其学术背景到底是语言历史比较还是康德哲学，还是别的学科的影响？2. 布雷亚尔再造心智语义学的背景是什么？布雷亚尔的Sémantique与莱斯格的Semasiologie之间存在怎样的关系？3. 语义学这门学科在19世纪的西方（法、英、美、俄等）是如何传播的？美国、俄国的传统语义学研究是如何形成与发展的？4. 德国心智语义场理论的主要学术背景是索绪尔的结构主义吗？格式塔心理场论是通过何种途径被语义学借用的？语义场理论与新洪堡特主义之间存在怎样的关系？5. 语义解析方法最初产生于什么学科的研究之中，其学术背景是什么？美国人类学家的成分分析方法与美国社会学家的基元分析方法之间存在怎样的关系？美国流派的语义分析方法为什么不可能首创于语言学领域，而是最初出现在社会学领域，继而传播到人类学等领域？6. 关系语义理论是如何形成的？语义关系的本质是什么？

二、倡导群体考察—主线梳理模式

基于群体考察—主线梳理模式，进一步建构西方语义学史的研究框架。传统语义学史只有分国别（和研究者的行文语言）研究：德国古典语意学（以19世纪上半叶的莱斯格为代表）—法国心智语义学（以19世纪下半叶的布雷亚尔为代表）—英国语境语义学—美国传统语义学—俄罗斯传统语义学。现代语义学史则重点研究"三块基石"：德国心智语义场理论—美国语义解析方法与法德语义解析方法—英国关系语义学。本研究不包括20世纪60—70年代以来的当代语义学史研究，但是需要关注，20世纪80—90年代以来，认知语言学（包括认知语义学）兴起的渊源。当今学术界，一般只了解它与认知心理学、认知人类学的关系，却不知它与早期语义学或传统语义学的密切关系。吉拉兹曾经指出：在很大程度上，当今语义学的发展反映了对历史语文语义学关注点的回归。认知语义学中阐述的隐喻和转喻性质及其类型，在传统语义学论著中几乎可以逐词逐句看到。（Geeraerts 2010：42, 277）

西方语义学史上一些流派之间的关系也值得深入研究，如：（1）哲学—历史取向的德国流派和心智取向的法国流派；（2）德国心智语义场流派和英国功能—结构语义场、形式结构流派；（3）基于社会功能—结构主义的美国成分分析流派和基于语言功能—结构主义的法德义素分析流派；（4）传统语义学的隐喻研究和当代认知语义学的隐喻研究。

三、译介西方语义学代表论著

要深入研究西方语义学史，首先需要一手文献。一方面，我们将找到的一手文献，建成"西方语义学原著（1830—1960）文库"，共80多种（德语、法语、英语、俄语文本等）。另一方面，编译《西方语义学论著选译》，共收32篇，分成五组：传统语义学、心智语义场、语义解析法、关系语义学、语义学史。

中国学界不仅对19世纪德、法、英、美、俄语义学论著知之甚少，就是20世纪上半叶的英语文献，如戴维斯和瓦尔纳的《亲属关系的结构分析》（*A Structural Analysis of Kinship*, 1937）、古迪纳夫的《成分分析和意义研究》（*Componential Analysis and the Study of Meaning*, 1956）等，也一直尚无译介。因此，中国学者从未听说过的，或听说过而未读过的语义学文献，有必要译介过来。

四、寻绎语义学传入中国路径

1930年，西方传统语义学通过三条路径传入中国："师辟伯Bedeutungslehre →章士钊"的德国本土路径；"安藤正次semantics →王古鲁"的日本中介路径；"瑞恰慈（即I. A. Richards，今通译为理查兹）significs →李安宅"的英人来华路径。但是这些传入或仅提学科名称，或介绍不成系统，对中国语言学界未有触动。1947年，高名凯引进法国语义学理论并用于汉语语义变化研究，西方传统语义学才真正传入中国语言学界，这就是"布雷亚尔sémantique →高名凯"的法国本土路径。至于西方现代语义学的语义场理论、语义解析法等，20世纪60—70年代才断断续续传入中国。

铭记前人研究，借鉴往昔成果，推进新的研究。西方语义学史研究的价值，一方面，通过西方学术史的研究，特别是早期文献的研读，揭示传统语义学对当代语言学的影响；另一方面，中国传统语义学源远流长，但是西方语义学对当代汉语语义研究产生了重要影响，要描述当代中国语义学史，必须以梳理清楚西方语义学史为前提。进而言之，如果要对中国传统语义学史加以梳理，同样需要借鉴西方语义学史的成果。

第五节 西方语义学史研究的关键术语

一、汉语的"语意"和"语义"

"语义"的"义"，本字为"意"。"意"（心意、意思）与"义"（繁体"義"，仪式、仁义）有别。"意"，从心、从音，音为心声。《说文》："意，志也"，心有所记。《春秋繁露·循天之道》："心之所谓意"，即心应感而动者谓之意。"義（义）"，从我（仪仗）、从羊（祭牲），礼仪之状。《说文》："義，已之威仪也。"《墨子·公输》："吾义固不杀人"，含义是"仁义"。"意"为心之领悟，属认知范畴；"義"为威仪、仁义，属礼仪与道德范畴。关于语言文字的"含义、内容"，古代用"意"。南朝刘勰（约465—520）《文心雕龙·宗经》："通乎《尔雅》，则文意晓然。"南宋朱熹（1130—1200）《孟子集注》卷三："此与《大学》之所谓正心者，语意自不同也。"古代汉语就有"意义"一词：① 道理。《春秋穀梁传·襄公二十九年》："殆其往而喜其反，此致君之意义也。" ② 含义、内容。刘勰《文心雕龙·檄移》："管仲吕相，奉辞先路，详其意义，即今之檄文。" ③ 美名。《晋书·缪播传》："播才思清辩，有意义。" ④ 价值。张居正《请申旧章饬学政以振兴人才疏》："其所以敦崇教化，加意人才，意义甚盛。"其中，与现代汉语"意义"（meaning）相近的是义项②，即语言文字表达的内容。此义项②，为"语意"的字形讹作"语义"提供了桥梁。《清史稿》（1914年始撰，1927年完稿）卷一百五十七《志一百三十二·邦交五·德意志》有："既因续订《章程》，德租界内製成货物徵税一條，語義未盡，因與德使葛爾士再訂徵稅新章。"其中的"語義"即"语意"（内容）之讹。

20世纪30年代，语言学家在用"語意"（章士钊译1930，傅东华1939b）、"意義學"（王古鲁1930，雷通群译1931，李安宅1934，张世禄、蓝文海译1937）的同时，也偶尔用"語義"（章士钊译1930，王古鲁1930）、"句义"（傅东华1939b）。20世纪40年代，高名凯（1947）首先使用"語義學"。1956年颁行的《汉字简化方案》将"語義"字形简化为"语义"，"語義學"则为"语义学"。据考证，"義"的简体"义"最早见于元代抄本《京本通俗小说》（藏书家缪荃孙1915年出版）。迄今，在香港和台湾地区以及一些海外华人中，依然沿用"語意""語意學"。

二、外语的"语义学"及其研究者

在西方学术史上，关于"语义学"的术语主要有：德语Semasiologie、Bedeutungslehre，法语Sémantique、Semantik，英语Sematology（符意学）、Semasiology（<德语Semasiologie）、Semantics（<法语Sémantique）。同义或类似术语更多，如：Ideology（观念学）、Semology（意义学）、Sensifics（符义学）、Sensifics（表意学）、Semasy（意思学）、Rhematology（意元学）、Fonctiology（内涵学/功能学）、Glossology（词语学/命名学）和Onomasiology（命名学/名称学）等。（Read 1948：92—93）如果这些术语都译为"语义学"，那么则无从显示各自内涵及差异。因此，有必要译为中文的不同词形。

关于"语言学的意义学科"主要名称：一个是德语的Semasiologie（1825年莱斯格提出；1847年美国吉布斯译为Semasiology，1881年俄国博杜恩译为Семасиология），今译"语意学"；另一个是法语的Sémantique（1879年布雷亚尔提出；1893年美国威廉斯译为Semantics，1901年博杜恩译为Семантика），今译"语义学"。这两个术语在学术史上存在区别，先出现的Semasiologie主要指"历史语义学"及德国传统；后出现的Sémantique主要指"心智语义学"及法国传统。如果中文词形都是"语义学"，在一些情况下（尤其是对举使用）则令人费解。而在无须区别的情况下，本书仍用通行的"语义学"。

19世纪末，关于"意义的科学"已在西方主要国家流播开来。图示如下：

```
                          → Semasiology
                            （美：语意学1847）
                                              → Semantics
                                                （美：语义学1893；英：1900）
Semasiologie    →  Sémantique
Bedeutungslehre      （法：语义学1879）
（德：语意学1825）                                → Semántica
                                                （西班牙：语义学1899）
                          → Семасиология      → Семантика
                            （俄：语意学1881）   （俄：语义学1901）
```

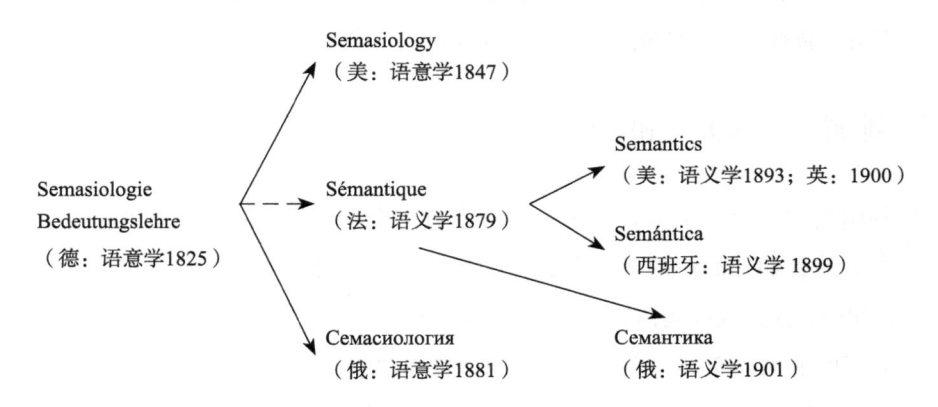

图0-2 西方"意义的科学"的流播轨迹

由于来源及其传播路径不同，因此Sémantique / Semantics常见于法英学者著作中，而德俄学者则多用Semasiologie / Семасиология。20世纪50年代以来，乌尔曼的英文书题名*The Principles of Semantics*（1951），格雷马斯的法文书题名*Sémantique Structurale*（1966）；而克罗纳瑟（H. Kronasser, 1913—1968）的德文书题名*Handbuch der Semasiologie*

（1952），兹维金采夫的俄文书题名 Семасиология（1957）。

　　"语义学"是一个动态概念，并非一开始就界定并划分分支。20世纪50年代以来，逐步流行的"词汇语义学""句法语义学""篇章语义学"①划分法，不适合此前的语义学研究。换而言之，早中期的"语义学"是一个笼统概念，其时的研究，通常基于词汇语义而涉及句法、篇章（文体、风格）语义。换而言之，这门学科并非预先基于"逻辑"的精心规划，再把任务分配给各位学者逐步研究。史实表明，语义学的历史画卷呈示的是历史逻辑——来自不同专业的学者群体或独立学者，基于不同的旨趣和知识背景，从不同角度相继关注语义现象的一种汇聚趋势。语义学的形成与发展有如大自然的江河，曲折蜿蜒，百川汇聚，而非人工开凿的运河。由此决定了语义学史的梳理思路，按照其历史上的自然趋势。

　　语义学是语义学家的研究领域，由此牵涉到何为"语义学家"。能区分"专业"与"非专业、跨专业"语义学家吗？实际上，专业语义学家极其罕见，通常都是不同程度的"兼职或业余语义学家"。语言的本质是语义性，语义问题是复杂的开放性现象。除了语言学家，哲学、文献学、词典学、修辞学、历史学、考古学、心理学、符号学、社会学、人类学、翻译学等领域的学者都可能对之关注。因此，"兼职语义学家"的专业繁多。如果用范畴化理论来观察，即使核型成员，比如语义学的首创者莱斯格，首先是古典语言学家，再如布雷亚尔，本是历史比较语言学家。他们还都是语言学专业背景，至于边缘成员，其专业背景更琳琅满目，有哲学家、心理学家、符号学家、人类学家、考古学家、翻译学家，还有中学教师、律师等。也正是这些"兼职"研究，为语义学提供了新视角、新理论、新方法、新观点，由此充分显示了语义学的跨学科特色。

三、地域："西方"和"欧美"

　　指称外国的"语言学／语言学史"，通常有两个限定词，一个是"西方"，另一个是"欧美"。前者如刘润清的《西方语言学流派》（1995，有"古代印度的语言学"一节），后者如徐志民的《欧美语言学简史》（1990）。

　　中国处于欧亚大陆东部，立足东亚中原，自称"中土"，与西邻对称"东土"②。周秦时期，"西方"指周人故地③。西汉以来，"西域"指玉门关、阳关以西与葱岭、巴尔喀

---

① 20世纪70年代，西方篇章语言学趋于成熟。此后的篇章语义分析，刻画其中各部分内容的语义信息，识别各部分之间的语义关联，进而融合篇章内部信息和外部知识来理解文本语义。
② 《穆天子传》卷三：周穆王与西王母瑶池相会，告别时赋诗："予归东土，和治诸夏"。
③ 《国语卷十·晋语四·齐姜劝重耳勿怀安》："西方之书有之曰：怀与安，实疚大事"，韦昭注："西方谓周。《诗》云'谁将西归'，又曰'西方之人'，皆谓周也。"

什湖以东的区域①,而后世的广义西域,还包括亚洲中西部地区。汉魏以降,佛法西来,"西方"或"西天"("西方天竺"简称)遂成中国人对古印度的代称。五代北宋,已有"西洋"之称②。至于明代,"西洋"意指文莱以西的东南亚地区和印度洋沿岸③。明末,耶稣会会士带来西方地理知识,时人始用"泰西"(大西、最西)指称欧洲④。晚清民国,又用"西洋""西方"特指欧美⑤,所谓"西餐、西服、西医、西乐"皆为此义。

反观处于欧亚大陆西部的地中海(大地中央之海)地区,古代腓尼基人、希腊人、罗马人则立足于爱琴海,依据日出日落,称海之西为西方(欧罗巴)、海之东为东方(亚细亚)⑥。此后,"东方"逐步向远处推移,先延伸到尼罗河流域(古埃及)、两河流域(古巴比伦),再延伸到波斯、阿拉伯、印度(16世纪之后,欧洲出现"东方学"),而再向东则称"远东"。由此可见,欧洲人自称为"西方",与明清以来中国人用"泰西""西方"指欧洲(后指欧美)大体相对。要之,"西方语言学史"和"欧美语言学史"基本等值。

为了避免用"泛西方"(指欧洲全境,美洲的美国、加拿大,大洋洲的澳大利亚和新西兰;或者指欧美、西亚、中亚、印度)来理解"西方",可选用"欧美"这一术语。但是从学术史的立场来看,"英、美"两国可以并列(都使用英语,美国从英国的殖民地独立而来),而"欧洲"与"美国"(除非"美洲")不宜并列。在西方学术史上,欧洲(西欧诸国)本土是主干,美国只是从英国分支上再分叉的树枝(当然,美国学术不完全是英国传统,还存在德国移民学者带去的德国传统,以及美国学者通过留学等途径吸收的德国传统)。就语义学史而言,通过斟酌,我们倾向于用"西方"这一限定词。当然,"西方语义学史"仍是模糊概念,实际上指的是"西方"的德语学者(包括瑞士德语区、瑞典使用德语的人等)、法语学者(包括比利时和瑞士法语区的等)、英语学者(包括英国的、美国的)和俄语学者(包括历史上受沙俄统治的波兰、乌克兰学者等)的语义学

---

① 东汉班固《汉书·西域传》:"西域以孝武时始通,本三十六国,其后稍分至五十余,皆在匈奴之西,乌孙之南。南北有大山。中央有河,东西六千余里,南北千余里。东则接汉,厄以玉门、阳关,西则限以葱岭。"

② 五代蔡永兼《西山杂记》记载:"泉州蒲有良到占城,出任西洋转运使",指东南亚沿岸地区。

③ 明初的"西洋"指文莱以西的东南亚和印度沿岸地区。至郑和下西洋,则以交趾、柬埔寨、暹罗以西,马来半岛、苏门答腊、爪哇、小巽他群岛、印度,以至于波斯、阿拉伯为西洋。

④ 明末方以智《东西均·所以》:"泰西之推有气映差。"又清人爱新觉罗·昭梿《啸亭杂录·善天文算法》:"明中叶泰西人入中国,而算法、天文精于中土。"

⑤ 晚清用"西洋"特指西方国家。民国的"西方"犹晚清的"西洋"。章炳麟《訄书·商鞅》:"故法家者流,则犹西方所谓政治家也,非胶于刑律而已。"

⑥ 欧罗巴(拉丁语Europa<希腊语Ευρώπη<腓尼基Ereb)的含义是"日落、下沉",即西方。与之相对,亚细亚(拉丁语Asia<希腊语Ασία<腓尼基Asu)的含义是"日出、上升",即东方。

史，不可能囊括"西方"所有国家或语种学者的研究（实际上，我们对西方一些国家的语义学研究一无所知）。

历史上最早的语义研究著作，可能来自古印度学者。据介绍，我们能知的此类著作主要有三种。一是据说前7世纪成书而作者难以确定的《尼捷荼》（Nighaṇṭu，意为"词汇表"），该书包括五章：第一至第三章同义词表，第四章同音异义词，第五章诸神之名。由此观之，最早的语义研究可能始于从同物异名、同音异义。二是约前6世纪，[①]雅士卡（Yāska）注释《尼捷荼》的《尼卢致论》（Nirukta，意译《语源学》），他把其前辈娑迦吒衍（Śākaṭāyana）所提"名词皆派生于动词"奉为信条，确立了由动推名的法则。通过缩减至其原始语根，每个词都可追溯其源，只要词义相应，其音同则语源亦必同。（饶宗颐1984）三是约前4—前3世纪，巴尼尼（Pāṇini）的《八章书》（Aṣṭādhyāyī）发扬雅士卡的思想，深入分析梵文的语音、构词、句法和语义。一般而言，古印度语义学的主要成就有：（1）区分词语的外显即时表达和内含永久实体；（2）依靠上下文确定具体词义；（3）句子的语义超过组成其句子的词语词义的总和。这些观点，西方学者在19世纪才明确提出。尽管中国古代曾把古印度称为"西天"，但从具体地域和起讫时间上，古印度语义学研究都不在本专题的研究范围之内。

四、时间：19世纪20年代—20世纪60年代

本专题研究的时间跨度大体上是"19世纪20年代—20世纪60年代"。

首先是上限19世纪20年代，需要说明的是：1. 虽然莱斯格的《语意学或语意科学》（*Semasiologie order Bedeutungslehre*）完成于1825年，但是莱斯格的思考肯定早于此时。2. 虽然可以认为该学科创立于1825年，但是与之密切相关的学术背景，并非没有追溯的必要。3. 法国、英国在引进德国语意学之前，已有其本土的相应学术背景，也有必要适当追溯。

其次是下限20世纪60年代，是此前语义学（传统、现代）与"当代语义学"的衔接期（不排除有另外的划法）。需要说明的是：1. 本研究截止于20世纪60年代，至于此后的延续，可视情况适当提及。2. 卡兹与福德的《语义理论的结构》（*The Structure of a Semantic Theory*, 1963）是现代语义学进入当代语义学的转折，但该文引进的成分分析法可追溯到20世纪30年代。此后的研究属于当代语义学，不在本专题研究范围内。

[①] 没有文字则没有书面文献。据古印度字母的出现时间，《尼捷荼》《尼卢致论》不可能成书于前7—前6世纪，似乎在前5世纪之后。古印度早期婆罗米字母（最早文献可溯源至前4—前3世纪），据说是前5世纪中亚商人带来。犍陀罗地区发现的佉卢字母，最早是前251的《法敕刻文》。它们皆源于阿契美尼德王朝（前550—前330）官方语文的阿拉米字母（<腓尼基字母）。

第六节　西方语义学史的研究框架

　　学术史是学者的学术活动史，语义学史是语义学家的学术活动史。面对历史上的语义学家及其论著，学术史的描述需要按照一定的线索展示，也就是所谓"研究框架"。对于某国别的学术史，通常是时间一维；对于多国别的学术史，通常是空间—时间两维。如果归纳学术流派，则作为第三维。可能还有隐形的第四维，即相关观点的跨时空对比。戈登以时间先后为序，分成十九章。有以阶段为题的（语义学说的开端），有以人名为题的（达梅斯泰特尔和布雷亚尔），有以著作为题的（奥格登和理查兹的著作），有以理论方法为题的（特利尔与语义场理论，意义的成分分析），有以联系为题的（特利尔与其他场论学者的联系），尚未建立明确的研究框架。聂利奇采用的是国别或论著行文语种（德、法、英）框架，而把源自德法传统的美国语义学纳入英国传统，不切学理。吉拉兹按照五大阶段（历史语文语义学、结构主义语义学、生成主义语义学、新结构语义学、认知语义学），所归纳的阶段或流派或有瑕疵。三家共同之处，皆未涉及俄罗斯语义学研究。

　　根据研究对象，我们从总体上一分为二，即"传统语义学研究"和"现代语义学研究"。"现代语义学研究"围绕语义场理论、语义解析法、关系语义学加以描述，相对一目了然。复杂的是"传统语义学研究"，必须逐层划分。首先，按照国别兼顾语种（欧洲有国家不同而语言相同，即国家和语区交错，由此必须兼顾语种）的学术传统，分为德国（德语）传统、法国（法语）传统、英国（英语）传统、美国（美国英语）传统、俄国（俄语）传统五大板块。其次，在国别板块内，按照语义学的形成（或早期萌芽与引进）和发展时序划分阶段。再次，在时间顺序内，根据研究取向适当调整和组合。此外，在具体描述中，注意相关观点的跨时空对比，即上文提及的"隐形的第四维"。

　　在讨论学术史时，人们常常归纳"流派"或"学派"，而根据实际考察，某种新的理论出现以后，随之而来的是若干学者相继投入的趋势，而非立即形成流派。这些学者，通常并非都是出自同门，他们没有固定联系，也没有共同宗旨。即使莱斯格语意学三代传承，似乎也不是严格意义上的学派。布雷亚尔和梅耶是师生，但是他们的研究，前者倡导心智取向，后者主张社会取向。有些同门之间，还可能因取向不同而相互攻讦。此外，还有相当多的是独立学者或"业余"语义学家，他们不属任何学术团体，而有各自的立场和观点。由此可见，在研究学术史时，我们不可能预设一个符合"逻辑"的先验框架，因为鲜活的学术史是不合"逻辑"的，而受制于自身发展规律（自发、随机、模糊等）。

　　由此，只有根据史实或资料，梳理语义学的形成和发展线索，再加上适当的人工协调，才能建构语义学史研究框架。为了便于把握语义学史要点，在国别板块之后，我们附上"语义学沿革一览表",包括四栏:(1)作者;(2)论著;(3)主要观点;(4)传承与影响。这份"语义学史年表",同样是我们探索语义学史的基础工作之一。

学术史是学术人的学术活动史,由此注意考察语义学家的生平和背景,以体现"知人论学"。同样,撰写西方学术史务必研读原著,采取原文和汉译对照并加以评点。避免不见原著,只有空泛议论。原文和汉译对照做法可能显得累赘,感觉不便的读者可跳过原文,直接看汉译。关注语义学家的生平和背景是治史的"人本原则",而研读重要原著是治史的"本真原则"。实际上,我们主张的是——秉持"述而不作"。用中国传统方法(考证、辨析、归纳)研治西方学术史。

总体而言,我们的思路是,依据主要一手文献,参考重要二手资料,基于群体考察—主线梳理模式,钩沉西方语义学的形成与发展线索,重建西方语义学史。语言学史研究不仅要将前人的相关研究加以梳理综合,更重要的是揭橥主线,尤需刊谬补缺,乃至颠覆成说。语言学史之价值,不仅在于描述史实、彰显史论,更重要的在于提供新的线索、引发新的思考,以建构"原著展示—提要述评—读者思考"的学术时空。

第一章

德国语意学的开创及传承

16世纪以来，欧洲哲学思想主要有两种理论：法国笛卡尔（R. Descartes, 1596—1650）发展的理性主义，以及英国洛克（J. Locke, 1632—1704）、休谟（D. Hume, 1711—1776）发展的经验主义。前者认为人类知识来自理性，而后者认为人类认识源于经验。在一定程度上，德国康德（I. Kant, 1724—1804）结合了两者的观点。康德指出，知识是人类同时通过感官与理性得到的。经验对知识的产生是必要的，但不是唯一的。把经验转换为知识，需要天赋理性，人类通过范畴框架获得关于世界的经验，范畴与经验都是获得知识的必要条件。并且人类的范畴中包括可以改变人类对世界形成观念的因素，是人类在建构现实世界。康德的著名论断就是——人为自然界立法，事物的特性与观察者有关。近代西欧人文语言学的渊薮在德国，从17—19世纪，每个世纪都贡献一位语言哲学家。莱布尼茨（G. W. Leibniz, 1646—1716）在《论组合技艺》（*Dissertatio de arte combinatoria*, 1666）中提出，语言是"人类理智"的镜子，有可能构建一份"人类思维字母表"（Alphabet des menschlichen Denkens），以之作为科学、数学和本元学的"普遍语符"（characteristica universalis）。赫尔德（J. G. von Herder, 1744—1803）在《现代德国文学简述》（*Fragmente über die neuere deutsche Literatur*, 1767）中提出：我们在语言中思维，在语言中构筑科学，一定的语言与一定的思维方式相应，民族语言与民族思想、民族凝聚力紧密相关。洪堡特的《论人类语言结构的差异及其对人类精神发展的影响》（*Über die Verschiedenheit des menschlichen Sprachbaues und ihren Eirifluss auf die geistige Entwickelung des Menschengeschlechts*, 1836）则进一步揭示，语言是人们的精神创造，每一种语言都包含一种独特的世界观。

在这样的背景和氛围中，1825年，德国哈雷大学古典语言学教授莱斯格首创关于意义的学科——语意学（Semasiologie）。哈雷大学能够成为催生语意学的摇篮，是因为它是当时德国的古典学和阐释学中心。现代古典学的创始人费里德里希·沃尔夫（F. A. Wolf, 1759—1824）长期在此担任教授（1783—1807）。沃尔夫曾对古典文献的研究做过三种区分：语法的理解、历史的理解和哲学的理解。从莱斯格语意学研究的哲学—历史取向中，可以看出其影响。诠释学之父施莱尔马赫（F. Schleiermacher, 1768—1834）早年在哈雷大学（1787—1790）求学，后来在此担任神学教授（1804—1807）。诠释学的语义分析和历史情境的心理重建法，影响广泛。此外，语法和修辞学家本哈迪（A. F. Bernhardi, 1769—1820）早年在哈雷大学（1786—1790）学习哲学。莱斯格受到本哈迪《语法学》（*Sprachlehre*, 1801, 1803）的影响有迹可循。

西方语义学史上的第一座里程碑，就是莱斯格首创"意义的科学"，并且经历了到其学生哈泽、再到赫尔德根的三代传承。

第一节 莱斯格开创语意学

19世纪20年代，莱斯格（C. K. Reisig, 1792—1829）在拉丁文语言学研究中，意识到词源学和句法学主要强调词源和形式研究，这些传统方法不能解决意义问题，由此在1825年完成的《拉丁文语言学讲稿》（*Vorlesungen über die lateinische Sprachwissenschaft*）中首次提出并阐述了"语意学"这门新学科。

莱斯格1792年生于德国南部的维森塞（Weißensee）。1809年进入莱比锡大学，师从德国古典学者赫尔曼（G. Hermann, 1772—1848），1812年到哥根廷大学继续深造。1813年至1815年，在反对拿破仑的战争中成为一名军人。1817年取得耶拿大学博士学位，1818年任耶拿大学希腊语和拉丁语副教授。1820年歌德（J. W. von Goethe, 1749—1832）来到耶拿，他们见过面。1820年，莱斯格到哈雷大学任副教授，1824年任教授。1829年1月，因病在威尼斯去世，时年36岁。

莱斯格英年早逝，但是他以超人的天赋及魅力，激发其学生对古典语言文献学的热情。他有两个著名的学生——里奇尔和哈泽。里奇尔（F. W. Ritschl, 1806—1876）1825年进入莱比锡大学，1826年来到哈雷投入莱斯格门下。在他眼里，莱斯格是一位年轻的具有卓越天赋的"赫尔曼学派的学者"。莱斯格用其热情感染学生，赠予学生古典研究的稀世珍宝。莱斯格去世后，里奇尔并没有离开哈雷，1829年取得博士学位，在哈雷开始其教学生涯。1829—1833年任哈雷大学教授，1833—1839年任布雷斯劳大学教授。1839年起任波恩大学古典文学和修辞学教授（1854—1865年任波恩大学图书馆馆长）。1865年应邀任莱比锡大学教授，直至去世。

图1-1 莱斯格（C. K. Reisig）

德国古典学在19世纪形成两派：一是以赫尔曼、里奇尔和拉赫曼（K. Lachmann, 1793—1851）为代表的"语言派"（Sprachphilologie）；二是以伯克（P. A. Böckh, 1785—1867）、奥特弗里德·缪勒（K. Otfried Müller, 1797—1840）和雅恩（O. Jahn, 1813—1869）为代表的"文化派"（Sachphilologie）。尽管如此，古典学的基础还是古典语文学。只有经过词汇（词源、语义）、句法、方言、修辞以及校勘、考证、辨伪等训练，才能从事经典文本的阐释。作为"语言派"的代表人物之一，里奇尔培养了19世纪下半叶一大批最重要的德国学者。如，比较语法学家库尔提乌斯（G. Curtius, 1820—1885）、比较语法学家施莱歇尔（A. Schleicher, 1821—1868）、历史学家伊内（W.

Ihne, 1821—1902）、语言学家和哲学家伯奈斯（J. Bernays, 1824—1881）、古典学家吕贝克（J. C. O. Ribbeck, 1827—1898）、古典语言学家瓦伦（J. Vahlen, 1830—1911）、历史学家洛伦兹（O. Lorenz, 1832—1904）、古典学家休布纳（E. Hübner, 1834—1917）、古典学家布谢勒（F. Bücheler, 1837—1908）、考古学家本道夫（O. Benndorf, 1838—1907）、考古学家赫尔比希（W. Helbig, 1839—1915）、古典学家里泽（A. Riese, 1840—1924）、图书馆学家和古典学家齐亚茨科（K. F. O. Dziatzko, 1842—1903）、凯尔特语学家和印欧语言学家温迪施（E. W. O. Windisch, 1844—1918）、比较语法学家布鲁格曼（K. Brugmann, 1844—1919）。此外，还有一直追随里奇尔的古典语文学家、哲学家尼采（F. W. Nietzsche, 1844—1900）。从学缘关系来说，他们都是早期古典学家莱斯格的再传弟子。

一、莱斯格的语法学三分

1839年，哈泽整理出版了《莱斯格教授的拉丁文语言学讲稿》（*Professor K. Reisig's Vorlesungen über lateinische Sprachwissenschaft*）。该书用哥特字母排印，共899页。其中哈泽的"序"1—14页，莱斯格的"引论"3—56页。正文共784页，第一卷《词源学》，56—285页；第二卷《语意学》，286—307页；第三卷《句法学》，308—839页。在莱斯格讲稿中，"语意学"这一学科名称有两个术语。第二卷标题是 *Semasiologie order Bedeutungslehre*（语意学或意义科学）。前者依据古希腊语新造，后者则来自其母语。德语的 Bedeutungslehre 来自 Bedeutungs（意义）+lehre（学说）。

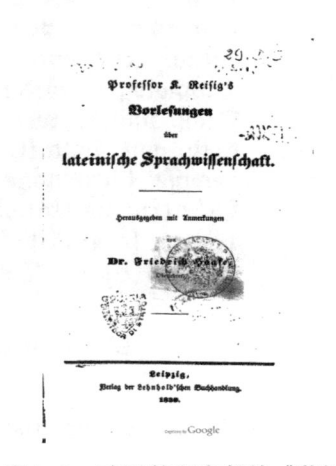

图1-2 哈泽整理出版的《莱斯格教授的拉丁文语言学讲稿》

1881至1890年，《莱斯格教授的拉丁文语言学讲稿》由哈泽的学生们理校，用罗马体字母重排，分三卷陆续再版。第一卷《词形的词源学》（*Etymologie der Wortformen*），由瑞士伯尔尼大学教授哈根（H. Hagen, 1844—1898）理校，1881年付梓；第二卷《拉丁文语意学或意义科学》（*Lateinsche Semasiologie order Bedeutungslehre*），由埃尔兰根大学教授赫尔德根理校，1890年付梓；第三卷《拉丁文句法学》（*Lateinsche Syntax*），由拉丁文法学家施迈茨（J. H. Schmalz, 1846—1817）和兰德格拉夫（G. Landgraf）理校，1888年付梓。

图1-3 赫尔德根理校的《拉丁文语意学或意义科学》

在导论"语法学的划分"(Eintheilung dieser Grammatik)中,莱斯格提出应该增加一个分支,即"语意学":

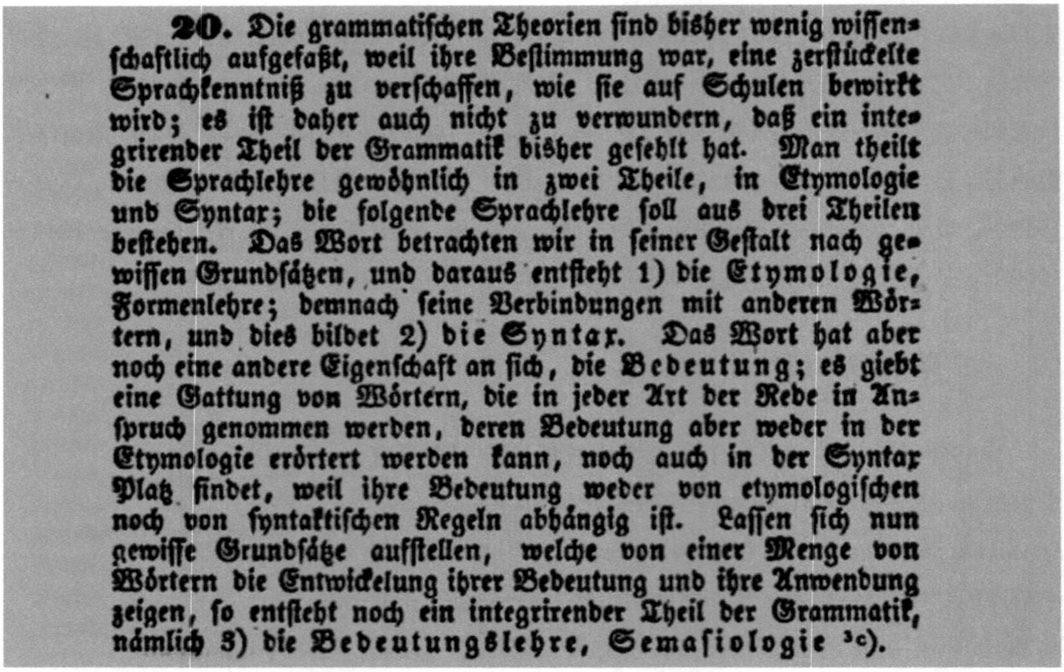

20. Die grammatischen Theorien sind bisher wenig wissenschaftlich aufgefaßt, weil ihre Bestimmung war, eine zerstückelte Sprachkenntniß zu verschaffen, wie sie auf Schulen bewirkt wird; es ist daher auch nicht zu verwundern, daß ein integrirender Theil der Grammatik bisher gefehlt hat. Man theilt die Sprachlehre gewöhnlich in zwei Theile, in Etymologie und Syntax; die folgende Sprachlehre soll aus drei Theilen bestehen. Das Wort betrachten wir in seiner Gestalt nach gewissen Grundsätzen, und daraus entsteht 1) die Etymologie, Formenlehre; demnach seine Verbindungen mit anderen Wörtern, und dies bildet 2) die Syntax. Das Wort hat aber noch eine andere Eigenschaft an sich, die Bedeutung; es giebt eine Gattung von Wörtern, die in jeder Art der Rede in Anspruch genommen werden, deren Bedeutung aber weder in der Etymologie erörtert werden kann, noch auch in der Syntax Platz findet, weil ihre Bedeutung weder von etymologischen noch von syntaktischen Regeln abhängig ist. Lassen sich nun gewisse Grundsätze aufstellen, welche von einer Menge von Wörtern die Entwickelung ihrer Bedeutung und ihre Anwendung zeigen, so entsteht noch ein integrirender Theil der Grammatik, nämlich 3) die Bedeutungslehre, Semasiologie [3c].

图1-4 莱斯格《拉丁文语言学讲稿》(Reisig 1839:18)

20. Die grammatischen Theorien sind bisher wenig wissenschaftlich aufgefaßt, weil ihre Bestimmung war, eine zerstückelte Sprachkenntniß zu verschaffen, wie sie auf Schulen bewirkt wird; es ist daher auch nicht zu verwundern, daß ein integrierender Teil der Grammatik bisher gefehlt hat. Man teilt die Sprachlehre gewöhnlich in zwei Teile, in Etymologie und Syntax; die folgende Sprachlehre soll aus drei Teilen bestehen. Das Wort betrachten wir in seiner Gestalt nach gewissen Grundsätzen, und daraus entsteht 1) die Etymologie, Formenlehre; demnach seine Verbindungen mit anderen Wörtern, und dies bildet 2) die Syntax. Das Wort hat aber noch eine andere Eigenschaft an sich, die Bedeutung; es gibt eine Gattung von Wörtern, die in jeder Art der Rede in Anspruch genommen werden, deren Bedeutung aber weder in der Etymologie erörtert werden kann, noch auch in der Syntax Platz findet, weil ihre Bedeutung weder von etymologischen noch von syntaktischen Regeln abhängig ist. Lassen sich nun gewisse Grundsätze ausstellen, welche von einer Menge von Wörtern die Entwicklung ihrer Bedeutung und ihre Anwendung zeigen, so entsteht noch ein

integrierender Teil der Grammatik, nämlich 3) die Bedeutungslehre, Semasiologie. (Reisig 1839: 18)

迄今为止，能够科学地阐明语法学理论的只是少数学者。不同学派的纲要囿于局部的语言知识，毫不足怪，致使目前的语法学仍然缺少一个组成部分。语言教学通常划分为词源学和句法学两部分，以下提出的语言教学包括三部分。依据一定原则来研究词的构成和形态，由此产生（1）词源学，即形态的科学。此外，依据一定原则来研究词与词的关联，由此产生（2）句法学。然而，词还有另外的属性，即意义。言语中的一些词，其意义在词源研究中既不涉及，在句法研究中也没有它的位置，因为其意义既不受制于词源，也不依附于句法。假如我们能提出一些揭示意义演化的原则，并且以之研究一批词语，构成语法学的另一部分将显示出来，可以称之为（3）意义的科学（*Bedeutungslehre*），即语意学（*Semasiologie*）。

莱斯格认为语法学（相当于后世的语言学）应分为三部分：词源学、句法学和语意学。词意研究束缚在传统词源学和句法学内不能充分展开，只有建立一门新的分支学科"语意学"，才能从逻辑和历史角度充分揭示词意的发展。语意学是研究词语运用和意义演变规律的科学。莱斯格倡导的这门"意义的科学"，一方面体现了康德倡导的人类心智一般规律的哲学取向，另一方面体现了强调拉丁文本研究并考虑罗马人特点的历史取向。基于纯粹哲学的直觉原则，莱斯格还把"感觉"作为人类语言演化的第三种源泉，在一定程度上体现了心理取向。此外，莱斯格还继承了传统文体学的血脉，其语意研究涉及文本中的词语选用，换而言之，在一定程度上体现了语境取向。

二、修辞手法是词义变化的途径

莱斯格提出，词语中的观念发展，其基础是社群观念中的思维联想。在人类的语言表述中，某些观念的联想尤为常见，也就是修辞学长期以来研究的提喻、转喻、隐喻等。这些现象在文学审美和个人使用时，属于修辞学内容。但是，通过这些修辞手法的使用形成该民族的一些言语惯例，从而导致语言的变化，那么就属于语意学研究的内容。换而言之，莱斯格区分了语言表达的修辞法与修辞引起的语言变化，由此提出提喻、转喻、隐喻等有助于语义变化途径的研究。

莱斯格的这一思路可能受到本哈迪的启迪。莱斯格在第一卷"词源学"中提到本哈迪的著作。

A. F. Bernhardi, allgemeine Sprachlehre. Berlin, 1801 bis 1803. 2 Theile. gr. 8., später noch einmal umgearbeitet. Das Buch ist sehr weitläuftig verfasst; es geht darauf hinaus zu zeigen, dass die Interjectionen das erste Product der Sprache sind. (Reisig 1839：18)

奥·费·本哈迪，《总体语法学》。柏林，1801至1803年。两卷。尺寸8号，稍后有修订。这本书的内容非常广泛；关键是要表明感叹词是语言的最初产物。

本哈迪早年在哈雷大学学习哲学，1791年任柏林弗里德里希韦尔德文科中学（Friedrichswerderschen Gymnasium）教师。1799年，本哈迪与浪漫主义作家和诗人索菲·蒂克（Sophie Tieck, 1775—1833）结婚，由此进入浪漫主义社交圈，与施莱格尔兄弟等保持交往。本哈迪的语言学著作主要有《拉丁语法全书》（*Vollständige lateinische Grammatik*, 1795, 1797）、《希腊语法全书》（*Vollständige griechische Grammatik*, 1797）、《语法学》（*Sprachlehre*, 1801, 1803）和《语言科学原理》（*Anfangsgründe der Sprachwissenschaft*, 1805）。本哈迪传承了德国唯理主义和浪漫主义的思想，不仅拥有丰富的普遍语法知识，而且对修辞有着深入的研究。其《语法学》（即莱斯格提及的《总体语法学》）分为两部分：在"理论语法学"（Reine Sprachlehre）中阐述了语言的起源，以及语言、概念和判断之间的关系；在"应用语法学"（Angewandte Sprachlehre）中描述了诗歌语言的效果，研究了意象、象征在科学领域中，理性在概念领域中的语言应用。此外，本哈迪专门讨论了同义词和修辞等问题，阐明了提喻、转喻、隐喻相当于总体性整合的三种不同形式——提喻法对应于主从关系，转喻法对应于引申关系，隐喻法对应于一致关系。本哈迪认为，据此不但能够解释诗歌语言的表达，而且能够解释日常语言的结构。

三、语意学研究的逻辑—历史取向

就当时的德国学术思潮而言，莱斯格的语言学思想主要受到两方面的影响：一是德国唯理主义，其代表人物是康德，在其《纯粹理性批判》（*Critique of Pure Reason*, 1781）中强调时间和空间上的纯粹直觉和语言范畴的理念；二是德国浪漫主义，其代表是施莱格尔兄弟，他们提出思想具有历史性和个体性，强调不同民族的独特个性以及感情、感觉概念，认为语言规律体现了人类思维规律。

莱斯格将唯理主义和浪漫主义融入语言研究中，在第一卷《词源学》中，他提出语言的产生早于语法；语言不是个人的产品，而是民族的产品；语言是在社会互动中，通过人类的想象和激情形成的。语言的普遍规则显示，语言的演变是在语言的使用中产生的。（Reisig 1839：6—7）这一观念为其语意学研究奠定了理论基础。对莱斯格而言，语言和语言的演变是多种因素相互作用的结果，语义演变研究不仅有逻辑取向，而且有历史取向。在一定文化和历史背景下，语言演变的过程如图1-5（转引自Nerlich 1992：36）所示：

语言规律 →**语言演变**←语言使用←社会互动←民族/历史

图1-5　莱斯格的语言演变过程

莱斯格强调语言在交际中使用的重要性，因为人们在交际中交换概念或情感的指称，并且新的指称、新的词语由此产生。

语意学包括语义演变（历时现象）和同义词（共时现象）研究，莱斯格强调同义现象具有重要价值。词的含义不仅由所表达的观念决定，而且也由语言的使用状态及该词的用法决定。在翻译过程中，人们常在相近意义的一些词中选择一个恰当的词，换而言之，同一意义能用几个不同的词表达。莱斯格称此研究为"同义学说"，即以同义现象研究为基础的同义词理论。

总体而言，莱斯格语意学研究的逻辑取向，表现在语义发展遵循逻辑发展的路线，体现为对提喻、转喻和隐喻的研究。莱斯格的取向是二维的：单个词经历的语义演变研究属历时研究，不同词语表达同一概念的研究属共时研究。莱斯格语意学基于传统符号理论，符号或词语表达观念（概念或感觉），即语言表达思想，思想反映外部世界，而思想独立存在于表达它们的语言之外。由此认为，语义演变的研究仅涉及观念或思想发展的研究。

第二节　《语意学或语意科学》述评

作为西方语义学史上的最早文献，《语意学或语意科学》罕为人见。外国语义学史家（Gordon 1982，Nerlich 1992）仅是一些概括性评论，并未基于原始文本进行全面介绍，以寻绎莱斯格语意学思想及其渊源。我们的研究方法是基于原著加以阐述，现翻译全文（一些举例等有删节）并加评点。

所用原著为赫尔德根的理校版（1890），题名《拉丁文语意学或意义科学》（1—38页，以下各节引文不再标注出处及其页码）。[①]全文包括两章：第一章 适用于意义演变的原理（*Grundsätze, welche bei der Entwickelung der Bedeutung gelten*）；第二章 据义选词的原则；同义词的细分，即处理同义词的原则的学说（*Grundsätze, nach welchen die Wörter hinsichtlich der Bedeutung zu wählen sind; eine Unterabteilung dabei macht die Synonymologie*

---

① 该文也被收录于安塔尔（L. Antal，1930—1993）主编的《语义学的理论和历史 1662—1970》（*Aspekte der Semantik, Zu iher Theorie und Geschechte 1662—1970*. Frankfurt：Athenäum Verlag, 1972），21—40页。

aus, d. h. die Lehre von den Grundsätzen, nach welchen die Synonyma zu behandeln sind）。内文标题分别是：意义演变的原理（Grundsätze für die Entwickelung der Bedeutung）；据义选词的原则（Grundsätze über die Wahl der Wörter nach ihrer Bedeutung）。这两章讨论的是词汇语义，莱斯格最后说："以上这些都是属于语意学说的案例；其他细节将在句法论述部分涉及。"由此可见，莱斯格的语意学包括词汇语义演变、词汇语义和句子语义研究。

一、意义演变的原理

171. 词典义项应按历史顺序排列；修辞手段属于语义研究范围[①]

171. Die Entfaltung der Gledankenreihe in betreff der Bedeutung der Wörter ist ein anziehendes, anmutiges Geschäft für einen jeden, der rein menschliches Interesse besitzt. Die Lexica aber sind hierin sehr mangelhaft und unvollkommen, indem bei ihnen an systematische Anordnung und richtige Ableitung der Bedeutungen von einander selten zu denken ist; eine Herleitung der übrigen Bedeutungen von der ersten, logisch und historisch geordnet, ist vielen ganz fremd; denn wer da glaubt, eine richtige Ordnung getroffen zu haben, wofern er 10 oder 12 Bedeutungen hinstellt nach 1, 2, 3, 4 u. s. w., der ist in großem Irrtum; denn die arithmetische Anordnung nach Zahlen ist bloß etwas üüßerliches und kommt gar nicht in Betracht, wenn nicht auch eine innere Ordnung, herrscht. Im Lateinischen hat in dieser Rücksicht vor anderen Lexikographen ein großes Verdienst Forcellini, von welchem Scheller entnahm, wodurch er für seine Zeit glänzte.

对每个充满人文情趣的人来说，词语意义的引申轨迹皆极富魅力且引人入胜。但是在这点上，词典的描述仍然很不完善，因为词典编纂者很少考虑将词语的相关派生意义按照系统排序，即把很多人都不清楚、从本义引申出来的其他语义，按照历史顺序，有逻辑性地排列出来。如果有人认为，将10个或12个含义，按照1、2、3、4条的顺序罗列出来就可以了，则大错特错。不考虑义项之间的内部顺序，仅按序号加以表面的罗列，可以说毫无参考价值。为义项的历史排序做出巨大贡献的第一人，是拉丁语词典的编纂者福尔切利尼（Forcellini）。席勒（Scheller）曾引用过其内容，而使其成就为人所知。

Die Grundlage der Ideenentwickelung in den Wörtern ist die Gedanken-assoziation in der Gemeinschaft der Vorstellungen. ...Es sind gewisse Ideeassoziationeu unter den

---

[①] 原文按照序数排列论述内容，此类节标题是翻译时概括。

menschlichen Vorstellungen vorzüglich gebräuchlich, welche mit gewissen Ausdrücken bezeichnet die Rhetorik sich angeeignet hat, welche aber in gewisser Hinsicht auch in die Bedeutungslehre gehören, nämlich die Synekdoche, die Metonymie und die Metapher. So weit diese sogenannten Figuren auf das Ästhetische hinzielen, gehören sie allerdings der Rhetorik an, auch insofern sich Einzelne derselben bedienen; wofern aber in einer besonderen Sprache nach diesen Redefiguren sich ein Redegebrauch gebildet hat, der dem Volke eigen ist, so gehören diese Figuren hierher. [317]

词语中的观念发展，其基础是社群观念中的思维联想。……在人类的语言表述中，某些观念的联想尤为常见，并且修辞学已用确定的辞格将其纳入研究范围。但在某种意义上，这些辞格，即提喻、转喻、隐喻也属于语意学。不仅在这些修辞格所关注的审美范围中，而且在个人使用的范围内，它们肯定是修辞学的一部分。但是在某一特定语言中，在使用这些修辞手法形成该民族的特异性言语惯例之后，那么对这些修辞手法的研究则属于语意学的研究领域。[317]

【评点】1. 批评通常词典按照序号排列义项。从语意学角度，应从本义到引申义等，按照历史演变顺序，有逻辑性地排列。2. 关于词语的观念变化过程，其基础是人们共同观念中的思维联想。3. 从美学角度来看，修辞手段属修辞学领域。而从语言运用角度来看，修辞手段则属语义研究范围。修辞手段引起语义变化，因此也就是语义演变的途径。

莱斯格创立语意学的源头之一，来自福尔切利尼的《拉丁语词汇全书》。福尔切利尼（E. Forcellini, 1688—1768）是意大利语文学家和词典编纂家。1704年进入帕多瓦（Padua）神学院，跟随法乔拉第（J. Facciolati, 1682—1769）从事词汇语义研究，曾参与修订施雷韦留斯（C. Schrevelius, 1608—1661）的《希腊—拉丁语词典》（*Lexicon Manuale Graeco-Latinum et Latino-Graecum*, 1654）。福尔切利尼编撰的《拉丁语词汇全书》，其最初母本是卡莱皮诺（A. Calepino, 约1440—1510）编撰的用意大利语释义的《拉丁文词典》（*Emilia-Romagna*, 1502）。此后屡经他人增订，出版了包括波兰文、匈牙利文等11种语言的多语《拉丁文词典》（Swiss：Basel, 1590）。1718年，法乔拉第将其改编为七语词典。此后，福尔切利尼改编为《拉丁语词汇全书》。1724年，福尔切利尼担任切内达（Ceneda）神学院修辞学教授和院长。直至1761年，《拉丁语词汇全书》才全部誊清。在其去世后三年，即1771年，《拉丁语词汇全书》（*Totius Latinitatis lexicon, consilio et cura Jacobi Facciolati opera et studio Aegidii Forcellini, lucubratum*. 4 Bände. Padua：Seminarii）出版，被认为是欧洲早期的重要拉丁语词典。

[317][1] Die Figuren waren früher ein Mittel, gedankenlos jeden Unsinn zu verteidigen, indem man ihm den Namen einer Figur beilegte; auch neuerdings ist noch mancher Mißbrauch damit getrieben oder mit anderen ähnlichen Erfindungen, wie der confusio duarum construetionum. Um so nötiger ist es, daß endlich eine umfassende Behandlung dieses Gegenstandes unternommen wird, die schon Morhof de Patavin. Liv. c. 7. wünschte. Kürzlich hat Dissen in seiner Ausgabe des Tibull Hoffnung darauf gemacht, die nun leider durch seinen Tod vereitelt ist. Wenig brauchbar ist, was bisher viele Rhetoriken, Anweisungen zum lateinischen Stil und die Grammatiken in der Syntaxis ornata und figurata darüber gaben.

原注［317］：以往的修辞手法，常被用来以修辞的名义为胡言乱语的潜意识辩护。即使现在，仍然有人乱用修辞手段，或者把它们与其他类似的发明混为一谈，由此导致两种结构的混淆。目前的迫切要求是对其加以全面研究，这也是莫霍夫最终从事的主要研究科目（Patavin. Liv. c. 7）。后来，迪森（Dissen）在《提布尔》中仍然对此寄予希望，可惜随着他的去世而破灭。上面提及的关于修辞、拉丁语风格的许多阐明，以及语法中的句法惯例和修辞手段几乎无人用于相关研究。

【评点】莱斯格创立语意学的又一源头，来自莫霍夫的修辞学研究。莫霍夫（D. G. Morhof, 1639—1691）是德国著名的文学史家和博学者，德国总体文学史的奠基人。1665年，担任基尔大学历史教授和图书馆馆长。著有《德语和诗歌教学》（*Unterricht von derdeutschen Sprache und Poesie*, 1682）、《博学者，神与物的知识或作者的评注》（*Polyhistor, sive de auctorum notitia et rerum commentarii*, 1688）等。这些著作在18世纪的德国知识界影响极其深远。

172. 两种最为常用的修辞现象

172. Nichts ist gebräuchlicher, als daß.

1) von der Bedeutung eines Teiles die des Ganzen ausgeht, oder umgekehrt, daß die Vorstellung des Ganzen die Bedeutung eines besonderen Teiles erzeugt; dies ist die Synekdoche [partis pro toto odertotius pro parte] in der Rhetorik. Hierbei ist wahrzunehmen, wie manche Sprache vorzugsweise einen Teil vor dem anderen gewählt hat, um das Ganze zuerkennen zu geben; so z. B. gebrauchten die Lateiner tectum, limina, um den Sinn des Hauses zu geben, aber Fenster, Treppen, Thüren wurden nicht in gleichem Sinne

---

[1] 此原注与莱斯格创立语意学有关，因此附上。

gewählt. So wird in der Umgangssprache und auch bei Dichtern caput für homo gebraucht, wo wir das Herz setzen, z. B. carum caput, liebes Herz; ··· Wenn aber das Ganze mit einer besonderen Anwendung gesetzt wird, um einen Teil zu bezeichnen, so ist dies die Art zu reden κατ' ἐξοχήν, wie mortales bloß um die Menschen zu bezeichnen, da doch auch das Vieh sterblich ist; oder *aurum* und *argentum* für Gold-und Silbermünzen. Dies ist allgemeiner Sprachgebrauch.

没有比这些现象更为普遍的了。

1. 从整体中的部分语义出发，或者反过来，从某个特定部分的语义中引发整体的观念，这就是修辞学中的借代（从整体到部分，或从部分到整体）。这样我们就能知道，有些语言是如何从整体中选出部分以代表整体的，比如拉丁人曾用tectum（屋顶）、limina（门槛）表示房子（Haus），但是他们没有用Fenster（窗子）、Treppen（台阶）和Türen（门）指代房子。在日常口语和诗歌中，caput（头）可以表示homo（人）；我们把心放在头上，例如carum caput（亲爱的头）表示的是Liebes Herz（亲爱的心肝）。……但是，如果通过整体的特殊用法来表示其一部分，那么可能存在某些限制。比如，κατ' ἐξοχήν（出类拔萃）只能用于人，不可用于牲畜；aurum（金子）和argentum（银子）只能分别表示金币和银币。这些都是语言运用中的常见现象。

2) Die Metonymie ist eine besondere Art der Vertauschung von Vorstellungen, nämlich entweder so, daß das Wort, welches die Ursache bedeutet, zugleich dient, eine gewisse Wirkung auszudrücken, oder daß eine Wirkung gesetzt wird, um den Sinn einer Ursache zu geben. Von der ersten Art ist es, wenn lingua die Sprache bedeutet, das, was durch die Thätigkeit der Zunge entsteht. Die Adjectiva laetus und tristis bekommen den Begriff des froh-und traurigmachenden, z. B. laetae segetes, tristis senectus. Von den Dichtern ist bekannt, wie sie alle Gottheiten gebrauchen für ihre Attribute, für die Wirkungen, die ihnen beigelegt werden oder die Gegenstände, denen sie vorstehen, wie Ceres und Bacchus für panis und vinum, wovon auch manches in die Konversationssprache übergegangen ist, z. B. pinguis Minerva, das selbst sprichwörtlich geworden ist. Von der zweiten Art ist z. B. das Wort pallere, welches oft die Wirkung statt der Ursache angibt, nämlich um die Furcht auszudrücken.

2. 转喻是观念交融的特殊方式。或者用表原因的词语来表结果，或者用表结果的词语来表原因。第一种方式是用原因表结果，如用名词Lingua（舌头）表"语言"，因为舌头有说话的能力。用形容词laetus（高兴的）和tristis（忧伤的）表"使人快乐"

和"令人悲伤",如laetae segetes(喜庆的作物)、tristis senectus(悲伤的晚年)。诗人常用神灵这一象征来凸显其成果,比如用Ceres(谷神克瑞斯)和Bacchus(酒神巴克科斯)分别指panis(面包)和vinum(葡萄酒)。有些用法后来逐渐出现在口语交际中,像pinguis Minerva(丰腴的密涅瓦)已成格言。第二种方式是用结果表原因,比如用pallere(苍白的)表"害怕"和"恐惧"。

Doch nicht bloß diese bestimmten Vertauschungen gehören zur Metonymie, sondern auch andere, was vielen Einfluß auf die Bildung der Bedeutung haben kann. z. B. wenn ein Objekt gesetzt wird statt desjenigen, was ihm angehörig ist, so gehört dies hierher. Durch die Sprache hindurch hat sich dies nicht nur im Lateinischen, sondern auch im Deutschen festgesetzt in betreff des Besitzers einer Wohnung, daß man diesen nennt statt der Wohnung selbst, z. B. est apud me, er ist in meinem Hause ; so zuweilen auch ad me in demselben Sinne.

不仅可以通过这种特定的转换才能形成转喻,而且还有对语义变化发生重大影响的其他方式。举个例子,如果用某一物体的领属者来代替其领属物,那么所指的就是该物体。这种说法不仅见于拉丁语,德语里也有。在谈到房子时,我们会只提及房子的所有者,而不直接说"房子"。如est apud me(他在我①),ad me(送给我②)也是这个意思。

Oder es wird auch das Attribut, das Accidens, gesetzt für das, welchem es angehört; so haben wir ja im Deutschen sehr gewöhnlich den Ausdruck Schwung für einen, der im Laden die Welle schwingt. Im Lateinischen sagt man apex für den Priester, flamen, welcher den apex auf dem Haupte trägt.

或者,某一物体往往由其所包含的特征或东西组成,由此在德语中,通常用Schwung(大摇大摆)指在逛商店的人。在拉丁语中,常把教士称为apex(尖顶帽),是因为这种帽子是教士专戴的。

【评点】1. 借代中的两种,以整体代部分,以部分代整体,都可能引起词义变化。2. 转喻中的两种,用原因表结果,用结果表原因,都可能引起词义变化。3. 此外,领属者代替其领属物,某物体的特征代替其物体,也都可能引起词义变化。

173. 隐喻为思维的转化提供了基础

---

① "我"是"我家"的转喻,即他在我家。
② 即送到我家。

3) Die dritte Figur, welche zu dem Ideenwechsel die Grundlage gibt, ist die Metapher, welche Cicero übersetzt durch translatio. Sie besteht darin, daß entweder Vorstellungen der Idee bezeichnet werden durch Vorstellungen äußerer Dinge, somit bildlich, oder auch darin, daß selbst äußere Dinge nicht mit dem ihnen angehörigen Worte bezeichnet werden, sondern mit einem anderen von einem anderen Gegenstande entlehnten, was wiederum, wie in jenem Falle, ein Bild gibt. Ohne solche bildliche Bezeichnung wäre die Sprache tot und gestaltlos; damit aber erhält sie ein heiteres, buntes Leben.

3. 第三种修辞手段是隐喻，它为思维的转化提供了基础，西塞罗将其称为"转义"。这一基础包括两种情况：一种是通过基于外在事物观念而形成的词语来表达，使得描述的事物形象生动；另一种是无法通过外在事物的词语来表达，必须借用其他物体的词语以表现该事物的形象。如果没有这种形象生动的表述，语言就成了毫无变化的僵死之物。与之相反，语言中包含着丰富多彩的生机勃勃。

Es kann hier nicht der Ort sein, alle möglichen Tropen zu behandeln; das wäre unendlich und für unseren Zweck unpassend; nur gewisse, welche der Nation eigen sind und den Sprachgebrauch erläutern, sind hier zu erörtern. Gewöhnlich kann man in den gangbarsten Tropen etwas Charakteristisches einer Nation erkennen, nämlich gewisse Lieblingsvorstellungen. So z. B. drücken sich die Römer als ein Kriegervolk gern aus mit brechen, schlagen, treten; frangere ist ein Tropus, der bei den Griechen nicht so vorkommt,z. B. fractae vires; so affligere, und auch inculcare, einprägen, eigentlich einstampfen; wir wählen hierbei ein anderes Bild. Ferner erzeugte ihr ländliches Leben manche Tropen, z. B. den eleganten, bei Cicero häufigen Ausdruck cumulus, Haufen, um eine Menge auszudi'ücken, als beneficiorum cumulus, cumulate reichlich, cumulare; ebenso wird auch silva gebraucht für eine Menge, z. B. magna exemplorum silva; auch kommt daher die Anwendung von fructuosus für nützlich, ersprießlich, wo wir nicht fruchtreich gebrauchen; depascere für abhauen, abrupfen, was die Römer selbstvom Feuer sagten, das die Gegend verzehrt, flamma depascit. Ferner gehören hierher die häufigen Bilder des Benetzens und Fließens, z. B. manare und emanare, in dem Sinne von entstehen, entspringen aus Etwas; promanare aber ist ein Wort ohne alle Autorität. Ferner imbuere benetzen, nicht besalben, so daß imbutus aliquare einer ist, der etwas eingesogen hat, damit benetzt ist; s. Festus s. v.

我们不可能研究所有的比喻，因为这个过程将无穷无尽，也不符合我们的旨趣。在此，我们只探讨那些能够解释清楚某个国家和民族语言运用情况的比喻，并且往往能在最常用的比喻中，发现一个民族的特性和喜好的观念。罗马人喜欢用brechen（打碎）、schlagen（打击）和treten（踩踏）等词，把自己形容为"战斗民族"。像frangere（打碎）此类的借喻，希腊人并不常用，如fractae vires（被击溃的实力）、affligere（打击）、inculcare（捣烂）、einprägen（雕刻）等。另一方面，有些比喻会用来描绘田园生活的景象。西塞罗常用优雅的cumulus（云集；堆积的）表达数量之多，如beneficiorum cumulus（许多的善事）、cumulate（丰盛的）、cumulare（积聚的），尽管silva（丛林；大量的）也可表示数量很多。Fructuosus的比喻义指"卓有成效"，而不是"果实累累"。depascere指abhauen（砍下）、abrupfen（拔除），罗马人会把这个词和"火"联系在一起，flamma depascit（像火一样吃）指农夫大吃大喝。此外，还有benetzen（沾染）和fliessen（流淌）的意象，如manare（保留、残存）、emanare（发出、散发、流出）表示从某物中产生。但是promanare（分发）却是个缺少影响力的词。imbuere表"沾湿、浸染"，而不是"涂油"，所以imbutus aliquare表示"吸取某物而被浸染"（s. Festus s.v.）。

Sehr häufig und beliebt sind ferner die Tropen des Anzündens und Auslöschens; so extinguere in mancherlei Verknüpfungen, nicht aber in den Beziehungen, in welchen bei uns der Ausdruck erlöschen vorkommt. Eine Reihe von solchen Tropen, welche im gemeinen Leben gebräuchlich und vom Stadt-und Landleben hergenommen waren, gibt Cic. Or. c. 24. § 81. [de Or. III. c. 38 fgg.] gemmare vites, sitire agros, laetas esse segetes, luxuriosa frumenta. Wenn nun solche Wörter zusammengesetzt werden mit anderen Ausdrücken, so ist die bildliche Vorstellung immer zu bewahren. Vielerlei Mißgriffe sind in dieser Art geschehen bei dem Worte finis in der Bedeutung Zweck; dies heißt das Wort nicht, außer in gewissen Verbindungen, wie eum in finem, sondern immer ist es das außer dem Subjekte befindliche Objektive, wogegen der Zweck nur eine subjektive Idee ist; folglich sind unlateinisch Redensarten wie *finem habere, eligere* und dergl.; eiu großer Zweck ist auch nicht *magnus finis*, sondern *magnum consilium*. So auch wenn *gradus* in der Bedeutung Stufe, Höhe gebraucht wird, so muß das Epitheton oder Prädikat demselben Bilde akkommodiert sein, also z. B. *summus*; unpassend wäre *perfectus, magnus*. Aber nicht bloß für Vorstellungen oder Ideen werden bildliche Begriffe gebraucht; selbst äußere Vorstellungen werden durch ein anderes Bild bezeichnet; denn es ist nicht nötig, daß die Metapher immer fortgesetzt werde, woraus endlich eine Allegorie entsteht; so kann z. B. die Flamme verglichen werden mit einem Strome; Catull. [LI, 8.] tenuis sub artus flamma dimanat Doch dies gehört mehr in die Rhetorik und Poetik.

除此之外，为人熟知的还有anzünden（点燃）和auslöschen（熄灭）的比喻。extinguere（熄灭）这个词会出现在多种组合中，但是不会出现在烛火的erlöschen（熄灭）中。这样的一系列比喻，在日常生活中比比皆是，不仅见于城市生活，在乡村生活中也有其影子。比如西塞罗作品（Cic. Or. c. 24. 81/die Or. III. c. 38. fgg）中的例子：gemmare vites（宝石似的藤蔓）、sitire agros（干旱的土地）、laetas esse segetes（收获的快乐）、luxuriosa fruta（茂盛的作物）。把这样的词和其他相关的表达联系在一起，就构成了一幅生动的农作画面。关于finis（终结，死亡，目标）这个词，常常有很多误解。finis可以表示目标，但在某种联系中，如eum in finem（到底）中则表示"结束"。这种情况表达的是处于主体之外的客体，而"目标"只是一种主观想法。由此有一些表达方式，如finem habere（有目标的）、eligere（挑选的）和dergl（类似的），不属于拉丁语的范围。我们不用magnus finis表示"伟大的目标"，而是用magnum consilium来表示。同样，当gradus（程度）用作"等级、高度"时，其修饰语或谓语也就表示"等级"或"高度"，如summus（最高级）。但是perfectus（最完美的）和magnus（最大的）就不必如此。形象的概念不仅适用于表达内部观念或思维，同样也适用于表达外部事物。我们没有必要仅仅拘泥于在观念或思维中才运用隐喻，也不必仅仅拘泥于从观念或思维中才产生出寓意。表达外部事物的Flamme（火焰）也可以比作Strome（河流），见卡图卢斯（Catullus LI, 8）tenuis sub artus flamma dimanat（细微的火焰在流淌）。这些都属于修辞学和诗学的范围。

【评点】1. 隐喻中的两种：一是基于外在事物形成观念的形象生动词语；二是借用其他物体的词语以表现该事物的形象。2. 语言并非毫无变化的僵死之物，语言中充满生机。3. 往往能在最常用的比喻中，发现一个民族的特性和偏爱的观念。4. 不同的比喻用来描绘不同的生活景象。5. 比喻或词语组合具有限制性。6. 形象的概念不仅适用于表达内部观念或思维，同样也适用于表达外部事物。没有必要拘泥于在观念或思维中才运用隐喻，以及从观念或思维中才产生寓意。

174. 动词的及物和不及物语义相反相成

174. Eine andere Art von Verwandlungen der Begriffe liegt außerhalb der bisher genannten, nämlich bei Verbis, wo die transitive und die intransitive Bedeutung oft neben einander bestehen. Gewöhnlich hat man dies dadurch zu erklären gesucht, daß man bei der intransitiven Bedeutung eine Ellipse, wie se, annahm; daß dies aber nicht im Volksgebrauch begründet ist, kann man durch Vergleichung unserer Muttersprache sehen; wir gebrauchen

z. B. rollen transitiv und intransitiv, und man denkt, wenn man sagt: der Donner rollt, keineswegs an eine Ellipse: er rollt sich. Diese Vertauschung findet sich besonders bei Wörtern der Bewegung, und wofern diese Bewegung nicht körperlich ist, so ist sie doch in der Idee vorhanden. Beispiele hiervon s. bei Ve ebner Hellenol. p. 59—79. wie vertere, volvere, rotare, erumpere, prorumpere; daher selbst das ptcp. vehens von dem gebraucht, welcher gefahren wird; s. Ernesti clav. Cic. s. v. ···Dasselbe ist bei variare, augere der Fall, denn auch diese haben den Sinn der Bewegung; augere wachsen machen; intransitiv ist es wachsen. S. Sallust bei Gesner thesaur. II. p. 537. ignoscendo populi Romani magnitudinem auxisse; noch eine andere Stelle ist bei Sallust, wo es durch Emendation wieder herzustellen ist. ··· Aber von ruere kann man nicht gleichfalls die transitive Bedeutung nachweisen, und das kann einen Grund haben in der Anwendung; denn corruere wird mit acervus verbunden: einen Haufen aufschütten; aber ruere acervum kann man deshalb nicht sagen, weil darin der Hauptbegriff von con fehlt, wodurch eben der Begriff der Sammlang, des Zusammenlegens, gegeben wird. Darum ist bei Hör. Sat. II, 5, 22: unde divitias aerisque ruam die, augur, acervos, das ruere mit Unrecht von Heindorf gegen Schräder verteidigt; dort ist struam zu setzen.

  我们还没有讨论概念转化的另一种形式，这一形式的关键在于动词的及物和不及物语义相反相成。为了弄清这一点，我们常常在使用动词的不及物语义时有所省略，如省略se（他自己）。但是由于拉丁语使用省略的情况并不多，所以这一方法没有大众基础。我们必须用自己母语的例子来比较。举个例子，rollen（打雷）有及物和不及物的用法，当我们说Der Donner rollt（雷声传来），就会想到这句话的省略形式：er rollt sich（推出）。这样的转化常用于表"移动"的词，只要这种移动不是身体的移动就可以省略。再如：vertere（掉头、变动；见Vechner Hellenol. p. 59—79）、volvere（转动）、rotare（折起）、erumpere（翻转）、prorumpere（出击、迸发），其中也可以包括我们骑马的动作（Vehens），参见埃内斯蒂（Ernesti clav. Cic. s.v.）……variare（变化）和augere（增加）也同样适用于以上情况，因为augere也有移动之义，作不及物动词时表示"成长"。萨勒斯特（Sallust）在《格斯纳知识宝典》（Gesner thesaurus II. p. 537）中写道：ignoscendo populi Romani magnitudinem auxisse（原谅伟大的罗马人）。在另一处，萨勒斯特通过校勘再次确认。……但是我们无法立即确定动词ruere（vi.刮风；赶紧；跑；流动）的及物含义，因为corruere（倒下，变成）和acervus（堆）联系，表示"堆在一起"。我们不能说ruere qcervum，因为其中缺少"一起"这个主要概念，所以ruere不能表"堆积""放在一起"的概念。在贺拉斯（Hör. Sat. II, 5, 22）中有：unde divitias aerisque ruam dic augur, acervos（我该把这堆钱放在哪儿？）。海因道夫曾和施拉德争论过ruere（争夺）的用法，这个词可以与struam（堆起，积累）搭配。

Nichts aber ist gebräuchlicher in den Sprachen, als die Vertauschung der Grundformen sinnlicher Anschauungen, d. h. die Vertauschung von Raum und Zeit; daher ist in einer Menge von Wörtern, in welchen die Bedeutung des Raums die erste ist, die der Zeit die zweite, z. B. bei ubi; selbst spatium wird so gebraucht in Zusammensetzungen, wie temporis spatium. Dazu gehören alle Präpositionen, wie später in der Syntax durchgeführt werden wird. Auch im Griel chischen findet sich dieser Wechsel, z. B. Bei ἵνα und ὅπου, wo, und zu welcher Zeit.

在语言中，没有什么比感官体验基本形式的转化更为常见，这也可被称作"时间和空间转换"。这些词语的本义表示空间，引申义用来表示时间，如ubi（何处，何时）。甚至spatium（空间，地区）也会用在这样的搭配里，如temporis spatium（时间的区域，即时期），其中包括了在句法中出现的介词。希腊语中也有这样的转化，如ἵνα（何处）和ὅπου（何时）。

【评点】1. 概念转化的另一种形式，是在使用动词的不及物语义时有所省略。2. 表"移动"的词，只要不是身体的移动就可以省略。3. 语言中的空—时转换现象，本义表示空间词语，引申义表示时间。

175. 前加介缀de

175. Eine gewisse Gattung von Wörtern, nämlich die Präpositionen, nicht einzeln, sondern in Zusammensetzungen mit verbis, sind hier noch zu betrachten, indem durch sie gewisse eigentümliche Modifikationen entstehen für die Bedeutung des verbi selbst, weil es zusammengesetzt ist.

我们还需注意词类中的介缀，这里指的不是独立的词，而是附加在词上的前缀成分。当与动词搭配在一起时，前置介缀的语义会因动词的语义而发生特定变化。

De. Die Grundbedeutung dieser Präposition ist: von oben herab, z. B. naves deprimere, Schiife versenken; descendere u. s. w. Daraus entsteht zuerst die Bedeutung eines vorzüglichen, eines hohen Ranges u. dgl., z. B. decedere magistratu, abtreten von der Stufe des Magistrats- amtes; decedere iure ［Gronov. und Drakenb. zu Liv. III, 33. a. E.］, wobei das ins als etwas Erhabenes gedacht wird; und darin liegt der Grund, warum von den Provinzialmagistraten, welche aus ihrer Provinz abgingen, nie discedere, sondern decedere gesagt wurde, provincia decedere, weil sie von einer höheren Stufe herabstiegen, was in discedere nicht liegt.····In derselben abgeleiteten Bedeutung liegt auch der Sinn von deesse: fehlen zum Nachteil, weil nämlich etwas vorzüglich Erforderliches abwesend ist; es fehlt von oben. Diesen Unterschied im Gegensatz von abesse hat Cicero Brut. § 276. dargelegt: wenn es keinen Nutzen hat, abest: wenn es Nutzen hat, nötig ist, deest.

　　前加介缀de，本义是"从上往下"，如naves deprimere（沉船），descendere（从……下来）等。由此派生的语义却是"优等""级别高"等，如decedere magistratu指"高官卸任"，decedere jure指"退出权力"（Gronov und Drakenb zu Liv. III, 33. a. E.），这里的"权力"被看作是某种显赫的事物。这也是为什么描述一个省级高官离职要用decedere（离开、卸任），而不是discedere（分离）的原因，如provincia decedere（省级高官卸任）。因为他是从较高级别卸任的，用discedere则不合适。……同样，由此派生出的语义还有某个必要成分的deesse（缺少）。西塞罗（Cicero Brut. § 276）曾指出该词和abesse（丢失）的区别，没有用处的事物用abest（丢失），还有用处的事物就用deest（缺少）。

　　Aus derselben ersten Bedeutung entsteht in vielen compositis der Sinn des Verstärkens, Vermehrens; z. B. deposco ich fordere stark; s. Drakenb. zu Liv. II, 13, § 7. 294XXI, 10, I § 6. Ebenso depostulo; demiror ich wundre mich stark; depopulor ich verheere stark; deperdo ich verliere ganz und gar, so daß kein Teil von der Sache mehr übrig bleibt; also sind scripta deperdita solche, wovon garnichts mehr übrig ist. ···Es ist also nothwendig, zu sagen litteris se dedere, studiis se dedere, wenn man nicht ein bloßer Dilettant sein will. ···Der gegebenen Bedeutung von dedere zufolge ist hier und da in den Editionen eine Stelle zu berichten: z. B. Cic. p. Rosc. Amer. c. 7. § 18. quum se rei familiari vitaeque rusticae dedisset, wo zu setzen ist dedidisset. Am meisten kommt das se dare vor in Verbindung mit vergänglichen Dingen, als voluptati, otio und dgl., was sich aus dem genannten Begriffe schon von selbst ergibt, da es ein bloßes Hingeben ist ohne Ernst und Eifer. Aber es kann doch auch dedere so vorkommen bei diesen Begriffen, wo es das ganze Büngeben anzeigt, und dann auch selbst mit totum, z. B. se totos libidinibus dedere, den Lüsten fröhnen, Cic. Tusc. I, 30. § 72. daher auch sich den Feinden hingeben, sich gefangen geben se dedere heißt; s. Bentley zu Hör. Od. III, 5, 33.

　　有很多复合词，前加介缀de表"增强、增加"。如deposco（迫切需要）（Drakenb zu Liv. II, 13, 7. XXI.10, 6），类似的还有depostulo（很需要）、demiror（非常想要）、depopulor（严重破坏）、deperdo（死亡，彻底丧失）。如：Ich verliere ganz und gar, so dass kein Theil von der Sache mehr übrig bleibt（我彻底失去一切，以至于一无所有），其中的含义就是deperdita（毁灭）。……此外，还有dedita opera（有意地）、dedere（专心地），是勤奋和认真致力于某事。费斯图斯（Festus）用valde data（数量多）来形容dedita（忠诚），也用totum（整个）来表示强调。……当我们不想只当个浅薄的涉猎者时，要说litteris se dedere, studiis se dedere（为知识和研究献身）。……关于dedere（献出）的含义，这些版本中有些地方需要更正。例如，西塞罗（Cic. p. Rosc. Amer. c.7. §18）quum se rei familiari vitaeque rusticae dedisset（当他有一个温馨质朴的生活），应该用dedidisset。se dare（付出）常和表短暂情况的词语搭配，如voluptati（愉快）、otio（和平）等，仅表示付出，不含努力和认真之义，se dare是从上述概念中自发产生的。但是，也可用dedere（献出）一词，把它与totum（整体）连接在一起表全部献出的过程，如se totos libidinibus dedere "醉心于兴趣"（Cic.Tusc.I, 30. §72）。se dedere还有"投靠敌人""被捕"的含义（s. Bentley zu Hor. Od. III, 5, 33）。

Aus der zuerst genannten Bedeutung von de ergibt sich in einigen compositis noch ein anderer Sinn, daß es nämlich ein Entfernen ausdrückt, aber nicht schlechtweg, sondern eines Dinges, welches sich schon in Berührung mit etwas gesetzt hatte. Das ist z. B. der Fall in deterrere, abschrecken, in bezug auf denjenigen, der sich schon genähert hatte; dagegen aber, wer sich nicht genähert hat, sondern vor Schrecken immer in der Entfernung geblieben ist, für den gilt absterrere; z. B. hoc me absterruit, das hat mich in Entfernung gehalten. Hör. Sat. I, 4, 128: Sic teneros animos aliena opprobria saepe absterrent vitiis.

除了以上提到的语义之外，de在复合词中还有其他含义，表"移开、清除"。但不是完全移除，而是将某物从与之有联系的其他物体中移开，比如deterrere（吓退），用在某个靠近自己的人身上。但是如果受惊吓后并未与之保持一定距离，而是远离，就要用动词absterrere（吓走），如hoc me absterruit（我把他吓跑）。表示某物与我保持一定距离的例子，如：Sic teneros animos aliena opprobria saepe absterrent vitiis（他人的耻辱可以防止自己的恶习）（Hor. Sat. I, 4, 128）。

【评点】前加介缀de，本义是"从上往下"等，由此派生的语义却是"优等""级别高"等。在很多复合词中，前加介缀de又用于表"增强""增加"。此外，de在复合词中还有其他含义，表"移开、清除"。

176. 前加介缀ad（接近）、cum（附带）

176. Ad, welches zuerst eine Annäherung bedeutet, gibt in verbis compositis mancherlei

bildliche Bezeichnungen, nämlich besonders die Bezeichnung einer Handlung in geringerem Grade, wie wir es wohl durch: etwas ausdrücken. Z. B. adamare ist nicht lieben, sondern nur in gewisser Hinsicht lieben, daher es nicht von der eigentlichen Liebe im engeren Sinne zu sagen ist, sondern von dem, was man als Gewohnheit mit sich führt, von gelinderer Neigung. [Gerade umgekehrt Seneca epist, 71: Haec si persuaseris tibi et virtutem adamaveris, amare enim parum est, quicquid illa contigerit, id tibi faustum felixque erit.] Addubitare heißt etwas zweifeln; Cic. de N. D. I, 6, § 14. Profecto eos ipsos, qui se aliquid certi habere arbitrantur, addubitare coget doctissimorum hominum de maxima re dissensio.

前加介缀ad，其基本含义是"接近"，在动作复合词中有多种生动的表达，尤其是在对与之相比较低一方的行为表达中。如adamare（嗜好）不是喜爱，只是对某一方面的偏好。当我们用这个词时，表达的并不是严格意义上的真爱，而是指已成习惯的嗜好。［正好相反，塞内卡（Seneca epist.71）有：Haec si persuaseris tibi et virtutem adamaveris, amare enim parum est, quicquid illa contigerit, id tibi faustum felixque erit（如果你觉得受到其吸引，并说服自己仅有爱的力量是不够的，尽管出于侥幸，这将是你的幸运和福气）。］addubitare指怀疑某事，西塞罗（Cic. de N. D. I,6, §14）有：Profecto eos ipsos, qui se aliquid certi habere arbitrantur, addubitare coget doctissimodum hominum de maxima re dissensio（实际上，即使是那些认为自己拥有确定信仰的人，在众说纷纭的信条中也心存疑惑，这将驱使人类前进。）。

Anders hat sich die Bedeutung gestaltet bei attinet in der Redensart *quod ad rem attinet*, was wohl zu unterscheiden ist von *pertinet*. Durch *attinet* ist eine subjektiv gefaßte Annäherung bezeichnet, da die Erwähnung der Sache und ihre Einführung eben von der Wendung des Subjekts ausgeht; dagegen *pertinet* drückt aus ein Durchgehen der Sache durch ein gewisses Gebiet, ein Durchdringen, somit eine objektive Beziehung, die Notwendigkeit des Angehörens zu Etwas: denn es wird von denjenigen Dingen gebraucht, die ein integrierender Teil von Etwas sind: *quae ad hanc rem pertinent* heißt: was in der That mit dieser Sache in Beziehung steht, wo es nicht mehr eine subjektive Verknüpfung im Vortrage ist, wie bei attinet.

在quod ad rem attinet（就此而言）的表达里，attinet的语义发生了变化，这里的attinet（就，涉及）应和pertinet（延伸，属于）加以区分。attinet表示主观上的接近，从主语出发提及或引入某事。而pertinet与此相反，表示贯穿某一领域或渗透在某物之中，是一种客观关系，描述的是属于某物的必要性。pertinet一般用于描述某个不可缺少的部分，quae ad hanc rem pertinent表达的是"实际上和某物有关联"。与attinet不同，pertinet并非主观的联系。

  Cum in Zusammensetzungen drückt sehr häufig eine Gemeinschaft der Teile aus oder der Dinge, welche durch das verbum simplex affiziert werden. Consumere heißt nicht: verzehren mit einem Male, sondern entweder nach und nach in einzelnen Teilen, oder es heißt: mehrere Dinge neben einander verzehren. Mit einem Male verzehren wird durch absumere ausgedrückt, z. B. durch eine plötzliche Feuersbrunst mit einem Male verschlungen heißt incendio absumptum.

  通过简单激活，前加介缀cum（附带）在词组中经常表示部分之间或事物之间的联系。consumere（消耗）不是指"突然吞下"（大吃一顿），而是有两种意思：逐渐分解；消耗某些事物。"突然吞下"可以用absumere（吞噬）来表达，如incendio absumptum"大火吞噬"。

  Dieselbe Gemeinschaft liegt in cohortari, zusammenermahnen［d. h. von allen Seiten, alle Kräfte Jemandes in Anspruch nehmen oder alle Gründe aufbieten; dagegen adhortari teils zu einem bestimmten Zweck hin antreiben, teils die schon vorhandene Neigung noch mehr anfeuern; exhortari aufwecken aus der Unthätigkeit］.

  同样的关联也出现在cohortari（共同促使）中。［指某人动用各种力量，用各种理由从各方面提出要求。与此相反，adhortari（鼓动）一方面表示为达到某一目的而唆使某人，另一方面指鼓励（anfeuern，欢呼）已经存在的倾向。exhortari（激励）指将某人从心灰意冷的状态中唤醒。］

  Eine zweite Bedeutung ist die einer gegebenen Gelegenheit, des Beiläufigen, in der Verknüpfung mit anderen Dingen, z. B. *spero confore*, couibuit, es beliebte gelegentlich［Hör. Sat. I, 3, 6.］, commonstrare, commonere gelegentlich erinnern, commemini; condiscere gelegentlich lernen; auch condolescere, z. B. corpus condoluit, von einer einzelnen Gelegenheit gesagt, von einem zufälligen Erkranken eines Teiles.［Hor . Sat. I, 1, 80.］

  co第二个含义是，一个特定情况下，偶然附带与其他事物有关联。如spero confore（希望）、collibuit（曾经喜欢）（Hor. Sat. I, 3, 6.），以及commonstrare（清楚表明）、commonere（偶然想起）、commemini（准确想起）、condiscere（偶然学会）、condolescere（感到疼痛）。再如corpus condoluit（疼痛的身体），可能与一次偶然事件或意外病情有关。（Hör. Sat. I, 1, 80）

【评点】1. 前加介缀ad（接近）在动词复合词中有多种生动表达，从而可能引发动词的词义变化。2. 前加介缀cum（附带）在词组中经常表示部分之间或事物之间的联系。3. 前加介缀co有共同的含义，还有偶然附带与其他事物有关联的含义。注意到前加介缀ad、cum、co在组合中的语义演变。

177. 前加介缀e或ex（由内而外）、ab（远离某处）

177. E oder Ex, welches eigentlich ausdrückt: aus dem Innern, gibt in manchen Zusammensetzungen die Beziehung auf etwas Geistiges; so z. B. emori heißt entweder sterben, so daß auch die Wurzel, der Urstoff, ausgerottet ist, oder, was mehr hierher gehört, geistig sterben, bei lebendigem Leibe, z. B. vor Lachen sterben, emori prae risu. Wenn nun das politische und gesellschaftliche Leben betrachtet wird als etwas Geistiges, wodurch eine Sprache in Bewegung gesetzt wird, so kann man auch von den sogenannten toten Sprachen sagen: linguae emortuae, wo das geistige Prinzip der Sprache nicht mehr lebt. Einige wollten lieber sagen linguae intermortuae, welches aber heißt: halbtote Sprachen. Hierher gehört ferner auch ex- istimare und elaborare. Existimare ist aber: schätzen nach dem inneren Gehalt einer Sache; wer das thut, ist ein richtiger Abschätzer, existimator. Dagegen heißt aestimare überhaupt nur irgend einen Wert für eine Sache bestimmen, welches ganz von subjektiven Ansichten abhängt;

前加介缀e或ex，其含义是"由内而外"，与之搭配的是精神领域的一些词语。如emori，一是指"耗尽"，可以是树根的枯萎和材料的用尽；二是指"死亡"，如emori prue risu（大笑而亡）。如果将语言视为政治和社会生活的精神领域现象，那么可以用linguae emortuae（死语言）来称呼那些"丧失了精神准则的语言"，也有人用linguae intermortuae（濒死语言），但这个词语指"正在消失的语言"。这两者之间还是有区别的。此外还有existimare（鉴定）和elaborare（描述，制作），existimare是根据所谓内容来测定，干这行的称之为existimator（鉴定人）。相反，aestimare（评价）只是确定东西的价值，很大程度上取决于主观看法。

Ab, welches eigentlich eine Entfernung von einem Orte ausdrückt, gibt in manchen compositis zugleich den Nebenbegriff der Entfernung vom Rechten; so ist abortus eine Fehlgeburt; abuti einen Fehlgebrauch machen; jedoch ist in diesem Worte nicht immer das Rechte dasjenige, von wo man die Entfernung denkt, sondern zuweilen ist nur das Natürliche der Maßstab, so daß abuti heißt: sich von dem natürlichen Gebrauche entfernen und einen künstlichen Gebrauch machen.

事实上，前加介缀ab表示的是"远离某处"。在有些复合词中，还附带表达"远离权利"这一概念。如abortus（流产）、abuti（滥用），在这些词中远离的并非"某处"。ab表示"远离某处"，也可以表示远离实际标准，因此abuti可以指远离真实的事物，也可指远离虚拟的事物。

【评点】1. 前加介缀e或ex（由内而外），与之搭配的是精神领域的一些词语。2. 前加介缀ab（远离某处）用法的变化，注意到这些前加介缀在组合中出现的语义偏离。莱斯格此处讨论的语义演变原理，主要包括两大类型，一是修辞手段引发的语义演变，二是句法组合引发的语义演变。也可以认为，一是基于概念联想的心理活动，二是基于话语表达的连接关系。

二、据义选词的原则

178. 优美辞令都基于语义的词语选择原理

178. Von der Wahl der Wörter rücksichtlich ihrer Eedeutung nach gewissen Grrundsätzen, dem delectus verborum, geht alle Beredsamkeit aus, welches selbst *Caesar de Analogia lib. I.* urteilte, woraus Cicero Brut. 72. § 253 den Gedanken anführt: verborum delectum originem esse eloquentiae. Die allgemeinsten Grundsätze darüber in Beziehung auf eine Sprache, die nicht mehr unter uns lebt, und zum Teil auch auf die lebende, sind folgende: 1) Die Wahl der Wörter ist nicht zuerst nach dem Zeitalter zu bestimmen, sondern nach Begriffen, nämlich unter Voraussetzung eines richtigen grammatischen Gepräges. 2) Unter mehreren Wörtern Eines Begriffes entscheidet das Zeitalter. 3) Unter mehreren Wörtern Eines Begriffes, wenn sie durch das Ansehen des Zeitalters und der Schriftsteller bewährt sind, entscheidet die Gattung des Vortrags.

所有的优美辞令都基于语义的词语选择原理，这句话出自恺撒的《论类比法》（de Analogia lib. I）。后来，西塞罗在《布鲁图斯》（Brutus. 72. § 253）中也引用了这句话：口才来自选词。与我们语言联系的普遍适用原则，不仅存在于我们之中，而是已经成为我们生活的一部分。这些原则如：1. 词语的选择不是根据时期来决定，而是以正确的语法特征为前提，根据概念来选词。2. 对同一概念中的某些词语的选择，时代可能发挥决定作用。3. 对同一概念中不同词语的选择，如果已经证实其时代和作者，那么起决定作用的就是言谈的风格。

Ad 1. Wollte man sich einer Sprache bedienen nur in so weit, als gewisse Gegenstände behandelt sind von guten Schriftstellern in dieser Sprache, weil durch diese die erforderlichen Begriffe in der Sprache gegeben und gehandhabt worden wären, so hieße dieses, den Gebrauch der Sprache beschränken, ja sogar die Geistesthätigkeit hemmen; denn dann müßte vorausgesetzt werden, daß Keiner in dieser Sprache neue Begriffe zu Tage fördern könnte, was doch nöthig ist, da die Sprache nur die Zeichen der Begriffe geben soll; daher kann ein Zeitalter der Sprache nicht binden, wenn in diesem die erforderlichen Begriffe nicht vorhanden waren. Somit sind manche frühere Zweifel ängstlicher Sprachgelehrten zurückgewiesen; denn diese gingen in ihrer Pedanterei so weit, daß sie selbst die Frage aufwarfen, ob man sagen könne: amo deum, da ein solches religiöses Verhältnis den Heiden fremd war; aber ein Römer als Christ mußte so reden; oder ob man sagen könne: Europae doctissimus, welches bei den Römern nicht vorkommen konnte, weil nach ihren Vorstellungen Europa nicht als ein geographisches Ganzes betrachtet wurde; sie sagten orbis terrarum doctissimus, welches auch nachzuahmen ist; will man es aber im Gegensatz von Amerika gesagt haben, so muß man sagen Europae doctissimus, obwohl kein Römer es gesagt. Auch bleibt dabei die Rede im ganzen immer lateinisch, ebenso wie die philosophische Sprache des Cicero immer als lateinisch galt, wenn schon Kombinationen darin gemacht waren, die dem Volke fremd waren. Dadurch sind wir denn geführt auf die Frage, wie man sich ausdrücken solle bei empirischen Gegenständen, die erst in neuerer Erfindung ihren Grund haben, z. B. Kanonen, Flinten, Musketen; vergebens lachte man über diejenigen, welche vorschlugen canona, flinta, musqueta; die Römer selbst würden nicht anders gesagt haben, wenn sie die Barbaren sich jener Ausdrücke hätten bedienen hören. Tacitus Germ. c. 6. gibt hier ein Beispiel, wornach man sich richten kann, wo von dem Speereisen der Deutschen die Rede ist, indem er den Ausdruck framea gebraucht: hastas, vel ipsorum vocabulo frameas, gerunt, welches Wort wahrscheinlich zu derselben Wurzel gehört als der Pfriem des Schuhmachers; freilich muß man, da es kein lateinisches Wort ist, bei solchem Ausdrucke notwendig bestimmen, zu welcher Gattung der Begriff gehört. So haben die Römer in der gebildetsten Zeit gesagt ambubajae, welches ein syrisches Wort ist. [*Hor. Sat.* I, 2, 1.]

第一点，人类运用语言，难道只是为了让优秀作家采用这种语言准确地描述某些事物吗？在作家笔下，语言中的某些概念的确能够用得更精确和更成功。但是正因为如此，也就限制了语言的使用，甚至阻碍了精神力量的发展，如果语言的精确使用必须以不断出现的新概念为前提。更重要的是，语言只应给出概念的标志，如果某一时期这个概念没有必要存在，那么就不可能与当时的语言联系起来。因此，曾有部分早期语言学家惶惶不安，但他们的怀疑都被驳斥了，原因是他们过于拘泥。有人甚至提出这样的问题——是否可以说amo deum（我爱上帝）？这种宗教关系对异教徒十分陌生，但是罗马的基督徒必须这么说。或者有人提出，是否可以说Europae doctissimus（欧洲文化）？罗马人不会这样说，因为在他们看来，欧洲在地理上并不是一个整体。他们会说orbis terrarum doctissimus（世界文化），这也是模仿的说法。但是反过来，如果是美国人，就必须用Europae doctissimus来表述，尽管罗马人没有这个说法。同时，这些言谈都是使用的拉丁语，西塞罗的哲学用语也一直用拉丁语，尽管其中已经混合了不为人熟知的其他语言。由此，我们最终面临这样一个问题：那些源于实践、通过新发明产生的事物，如kanonen（加农炮）、flinten（火枪）、musketen（滑膛枪）等应该如何称呼呢？在此之前，人们还会嘲笑那些建议用"canona（加农炮）、flinta（火枪）、musqueta（滑膛枪）"来称呼这些武器的人，至于罗马人听到那些没有教养的人这么说，也没有表示任何异议。塔西佗在《日耳曼尼亚志》（Germ. C. 6）中有一个典型的例子，人们常用framea来称呼德国人的"长矛"：hastas, vel ipsorum vocabulo frameas, gerunt（矛，或者是其剑的名称，穿过）。framea这个词，和鞋匠的"锥子"来自同一词根。但它不是来自拉丁语的词，因此我们必须确定这一表达属于概念上的何种来源。罗马人在教育最盛行时期说的ambubajae（荡妇），其实是个来自叙利亚语的词。（*Hor. Sat.* I, 2, 1）

【评点】1. 词语选择三条准则：概念准则，时代准则，风格准则。2. 语言的精确使用，必须以不断出现的新概念为前提。作家笔下的某些概念的精确而成功的使用，也就限制了语言的使用，甚至阻碍了精神力量的发展。3. 吸收外来词作为新词语。

179. 演讲首先需要正确地把握其思想

179. Ad 2. Erst wenn derselbe Begriff durch einen Ausdruck aus einem gebildeten Zeitalter gegeben werden kann, ist es die größte Verkehrtheit, einen Ausdruck aus der gesunkenen Latinität zu entnehmen; wie wenn man z. B. solummodo gebraucht statt tantummodo; dies Wort ist gänzlich zu verwerfen und für alle Zeiten) in den Orkus hinabzusenden, zumal da es sogar falsch gebildet ist; s. die Syntax［§ 248］. Ebenso obiter, wovon s. oben［§ 132. Anm. 241］.

第二点，在罗马人的教养盛行时期，对一些新出现的概念，人们还在采用逐渐消亡的古典拉丁语来表达，由此导致严重错误。人们用solummodo（只是）来代替tantummodo（只要），而前者应该彻底抛弃，尤其是其结构方式是错的，参见《论句法》（*die Syntax*, §428）。同样，obiter（通过）也是如此，参见上文（§132. Anm. 241）

Ad 3. Endlich ist die Gattung des Vortrags sorgfältig zu scheiden, nicht bloß Prosa und Poesie, sondern auch die Gegenstände in der Prosa und Poesie. Der wahre Vortrag eines Gegenstandes entsteht zugleich mit der richtigen Erfassung des Gedankens. Einfache Dinge geschmückt und pomphaft darzustellen, ist knabenhaft: res tenues ornate dicere est puerile, nach Ciceros Urteil〔de Ein. III, C. 5. a, E.〕; für diejenigen, welche nach Schmuck jagen in kleinlichen Dingen, gelten Goethes Worte:

Wenn es euch Ernst ist was zu sagen,

Was braucht ihr Worten nachzujagen?

Übrigens ist schon in der allgemeinen Einleitung〔§ 43.〕gesagt, daß die Römer schon in früher Zeit eine Scheidung machten zwischen Wörtern der Poesie und der Prosa, die später in der gesunkenen Latinität nicht gemacht wurde; bei einigen Wörtern ist dies für eine gewisse Zeit nachzui weisen, z. B. innumerus ist zu Ciceros Zeit ein poetisches Wort, das er nie in Prosa gebraucht, sondern dafür nur innumerabilis.

第三点，我们最终必须仔细挑选说话的风格，不仅考虑散文体和诗歌体，还要考虑散文和诗歌所描述的对象。针对其内容，名副其实的演讲，首先需要正确地把握思想。用繁复手段和豪华排场来包装简单事物则显得太过稚气。用西塞罗的话说，"用浅薄的优雅说出来的只是幼稚"（de Fin. III, c. 5. a. E.）。歌德有句名言，也十分适用于那些只追求辞藻雕琢的人：

要说就直说，何必咬文嚼字？

顺便提及，我在引言（§ 43.）中提到罗马人早期就区分了散文词语和诗歌词语，后来随着古典拉丁语的消亡也就不再延续。但是，我们仍能从某些时期的词语中找到若干痕迹。如innumerus（无数的），在西塞罗时期是个充满诗意的词语，它从不用在散文中，散文中只用innumerabilis（数不尽）。

【评点】1. 对一些新出现的概念，有人采用逐渐消亡的古典拉丁语来表达，由此导致严重错误。2. 必须仔细挑选演讲的体裁，不只是考虑散文体和诗歌体，还要考虑散文和诗歌所描述的对象。莱斯格强调新词语（新概念、新语义）的重要性，一是以不断出现的新概念创造新词语，二是吸收外来词作为新词语。如果限制语言的使用，也就阻碍了精神力量的发展。

180. 同义词研究

180. Synonymologie, d. h. die Lehre von der Synonymik, nicht die Synonymik selbst, soll hier gegeben werden, Grrundsätze, welche über Synonymik überhaupt stattfinden

können.［S. Anm. 419. b.］

  Das Synonymische in den Wörtern ist behandelt nach vielen Seiten von Laurentius Valla in den elegantiarum libris.［Hand, Lehrb. des lat. Styls pag. 159. führt ferner an: Hieron. Cingularii Synonymorum Collectanea. Colon. 1522. Rud. Goclenii Observationes linguae latinae. Lichae 1598. und oft wiederholt bis Lips. 1624. Bernh. Widemannus de proprietate et differentiis verborum libri IV. Antverp. 1606.—c. additamentis J. Fr. Hekelii. Lips. 1694. c. Ad. Dan. Richteri. Dresd. 1741.］Ein Werk neuerer Zeit ist von dem Franzosen Gardin-Dumesnil［Synonymes latins et leurs différentes significations avec des exemples tirés des meilleurs auteurs ä l'imitation des synonymes français de l'Abbé Girard. Ouvrage revu-par N. L. Achaintre. Nouvelle edition revue. Paris, Delalain. 1827. 46 Bogen. 8. und quatrieme edition revue, corrigee et augmentee par J. P. Jannet. Paris, Maire-Nyon. 8. ebenfalls 1827.］verdeutscht von Joh. Chr. Gottlob Ernesti［Versuch einer allgemeinen lat. Synonymik. Aus dem Französischen des Hrn. Gardin Dumesnil］Leipzig 1799. 4 Th. Doch ist noch vieles zu thun übrig.

  同义词学说，亦即同义词研究，研究的并不是同义词本身，而是在同义词中发挥作用的准则。（S. Anm. 419.b.）

  我们参照塞滕·劳伦丘斯·冯·瓦拉[①]研究词语中同义词的《优雅的书》（手稿，拉丁语，风格，159页）。［进一步的研究有辛古拉（Hieron. Cingularii）[②]的《同义词杂录》（Colon. 1522）、苟克冷（Rud. Goclenii）[③]的《拉丁语考察》（Lichae 1598. Lips. 1624.），接下来有伯恩（Bernh. Wide mannus de proprietate et differentiis verborum libri IV. Antverp. 1606）、赫凯利（c. additamentis J. Fr. Hekelii. Lips. 1694）、里克特利（c. Ad. Dan. Richteri. Dresd. 1741）的书］。还有法国加尔丹-杜迈尼[④]最近出版的《拉丁语同义词及其不同含义》［Ouvrage revuepar N. L. Achaintre. Nouvelle edition revue. Paris. Delalain, 1827. 46；Bogen. 8. Quatrieme edition revue, corrigee et

---

 ① 瓦拉（L. Valla, 1405—1457），意大利人文主义学者，西方考证学（Textkritik）的创始人。《优雅的拉丁语》（*Elegantiae Linguae Latinae*, 1471）是上古晚期的第一本拉丁文语法教科书。
 ② 希罗尼穆斯·辛古拉留斯（Hieronymus Cingularius, 1465—1558），德国经院哲学家。辛古拉（Hieron. Cingularii）是简称。
 ③ 鲁道夫·苟克冷纽斯（Rudolph Goclenius, 1547—1628），德国经院哲学家，以1590年发明"心理学"（Psychologie）一词而知名。苟克冷（Rud. Goclenii）是简称。
 ④ 加尔丹-杜迈尼（J.-B. Gardin-Dumesnil, 1720—1802），18世纪的法国人文主义作家。哈科特学院修辞学教授，后任路易·勒·格兰德学院院长。

argumentee par J. P. Jannet. Paris, Marie-Nyon. 8. 1827〕。埃内斯蒂[①]的德文本《拉丁语同义词集锦》1799年第四次刊于莱比锡。关于同义词研究，还有许多工作要做。

【评点】瓦拉（1471）、辛古拉留斯（1522）、苟克冷纽斯（1598）等人的同义词研究，是莱斯格创立语意学的又一个来源。

Der Ausdruck Synonymon kann in einer engeren und in einer ausgedehnteren Bedeutung genommen werden; in der engeren, wenn es sich bezieht auf Wörter, welche ganz dasselbe bezeichnen, ohne irgend einen Unterschied; solche können in einem und demselben Zeitalter einer Sprache unter den einheimischen Wörtern nicht statt finden, mit Ausnahme der Deklinations-und anderen Flexionsendungen ohne Rücksicht auf den Stamm des Wortes. Verschiedene Stämme desselben Zeitalters unter den einheimischen Wörtern können nie als ganz gleichbedeutend betrachtet werden. Gewöhnlich aber nimmt man Synonymon in der zweiten, weiteren Bedeutung, und dann versteht man darunter Wörter, welche denselben Hauptbegriff miteinander gemein haben, aber im einzelnen anders modifiziert sind. Diese Modifikation ist entweder eine logische, oder eine ästhetische, oder beides zugleich. Einseitig wäre es, wenn man den Unterschied von Wörtern immer nur logisch suchen wollte; denn manche Wörter sind nur durch das Gefühl geschieden; so im Deutschen Jungfer und Jungfrau, Pferd und Roß; im Lateinischen uxor und conjux, wie Weib und Gattin; parens und pater, ersteres im höheren Stil mit dem Ausdruck der Würde. Hierher gehört auch dasjenige, was durch seinen Klang eine flüchtige Nebenidee von etwas Unanständigem erregen könnte, z. B. intercapedo, wofür intervallum gesagt werden kann; im Nominativ ist es höchst unanständig wegen des obscönen pedo, farzen; in den casibus obliquis ist es nicht anstößig und wird gebraucht.

同义词可从狭义和广义两方面来理解。从狭义上，同义词描述的是同一种情况，词语之间没有任何区别。在本土词语中，这样的词不会存在于同一时期。除了在不考虑词干的情况下，才会有其他的变格和屈折词尾。在本土词语中，同一时期内的不同词干不能视为意义相同。通常情况下，我们会把同义词理解为广义的同义，这时就会发现，这些词语的基本概念是相通的，但是它们各自有所变化。既可以是逻辑变化，也可以是情感变化，或兼而有之。当我们仅仅试图从逻辑上找出这些词语的差别，无疑会失之偏颇，因为有些词语只能通过情感的不同来区分。因此德语里有Jungfer

---

① 埃内斯蒂（J. C. G. Ernesti, 1756—1802），德国古典语言学家。

（小姐）和Jungfrau（少女）之分，拉丁语里有uxor（妇女）和conjux（夫人）之分。parens和pater都指"父亲"，但前者更具尊严感。还有一些词，会因其发音让人产生不正经的联想而被同义词替换，如intercapedo（中断）常常会让人联想到pedo（放屁）这个有伤风化的词，所以用intervallum（中断）代替。但可以用在特例中，不会显得有伤风化。

【评点】1. 同义词可从狭义和广义两方面理解。狭义同义词描述的是同一种情况，词语之间没有区别。广义同义词的基本概念是相通的，但它们各自有所变化。既可以是逻辑上的变化，也可以是情感上的变化，或兼而有之。2. 当仅仅试图从逻辑上找出广义同义词之间的差别，无疑会失之偏颇，因为有些词语只能通过情感的不同来区分。

同词的连续复用（Wiederholung desselben wortes）
181. 同词复用属于修辞学范畴

181. Über die Wiederholung desselben Wortes in fortlaufender Rede sind zwar einige Bestimmungen der Rhetorik angehörig; allein da der Genius der Sprache selbst etwas Eigentümliches hierbei angenommen hat, so darf dies wegen seiner Allgemeinheit hier nicht ganz ausgeschlossen werden. Die Griechen sind weit weniger bemüht, als die Römer, denselben Ausdruck nicht bald wieder zu gebrauchen; dies ist aus einem gewissen Selbstgefühle des großen Sprachschatzes bei den Griechen hervorgegangen, wodurch es ihnen leicht ward, sich anderer Wörter zu bedienen, wenn sie wollten.

在连续发出的话语中，重复使用相同的词语属修辞范畴。语言本身具有奇妙风格，也正因为这种普遍性，重复使用现象不会完全消失。希腊人没有罗马人那么性急，不会立即再次使用相同的表达，这源自希腊人对其巨大语言财富的自信。希腊人只要愿意，使用其他的词语其实轻而易举。

1) Beim Wiederholen desselben Wortes in kurzen Zwischenräumen ist zu unterscheiden, ob die Wiederholung eines dem Begriffe eigentümlichen Ausdrucks oder eines bildlichen Ausdrucks stattfindet; denn wird der eigentümliche Ausdruck wiederholt, so kann dies nicht so sehr auffallen wie bei dem bildlichen, weil in dem letzteren eine gewisse Abweichung von der Wahrheit statt findet. Hauptbegriffe, welche der Gegenstand einer Abhandlung sind, müssen nothwendig öfter erwähnt wer den, und auch bildliche Ausdrücke können in diesem Falle bei der Wiederholung nicht auffallen.

1. 在连续发出话语的短时内使用相同词语，我们首先要分清，重复的是某概念的既定表达，还是生动的形象表达。既定表达没有形象表达那么突出，因为后者有一定程度的偏离现实。作为一篇文章的研究对象，主要概念必须多次提及。在此情况下，即使重复的形象表达也不会那么引人注目。

2) Anders sind gangbare und anders seltene Ausdrücke zu betrachten. Ein seltenes Wort fällt schon das erste Mal auf; wird es wiederholt, so kann es dem Leser nicht entgehen, daß es wiederholt sei, und dies mißfällt. Aber einzeln thut ein seltenes Wort eine gute Wirkung; dies bemerkt z. B. Cic. de Or. III. c. 38. von rebar und opinabar et alia multa, quibus loco positis grandior atque antiquior oratio saepe videri solet. Damit muß man also sparsam sein. Die Redensart tantum abest, die bei den Alten selbst nicht sehr oft vorkommt, so daß die Beispiele bei Cicero leicht zu zählen sind, wird von den Neueren so häufig gebraucht, daß sie in einem einzigen Buche öfter vorkommt, als in dem ganzen Altertum. Solche Ausdrücke fallen auf und können Stichworte werden für gewisse Schriftsteller. Auch das Wort lex, wofern es nicht in juristischer Bedeutung, also bildlich gebraucht wird, ist von den Alten spärlich angewendet worden, kommt aber bei den Neueren zu oft vor; es kann nicht so gebraucht werden wie unser Gesetz; wenn wir oft leges für Gäesetze in der Wissenschaft, in der Grammatik, gebrauchen, so ist dies unrichtig; die Alten sagen dafür gewöhnlich praecepta. Dagegen sind die gangbarsten Ausdrücke, die in einer jeden Bede vorkommen, nicht allzu sorgsam wegen der Wiederholung zu vermeiden; bei Cicero wird man solche in zwei Sätzen hintereinander angebracht finden, ⋯ Allein auch hier kann man bei Cicero wahrnehmen, daß er wenigstens die Wiederholung derselben Klänge vermied; ⋯ Die lateinische Sprache hat gewisse Wörter, deren sie sich so vielfältig bedient, daß sie in keiner Rede fehlen können; z. B. res, was notwendig ist zur Periphrasis eines neutralen Begriffs. ⋯ Genus zur Periphrasis eines Verbal-Substantivs, z. B. genus scribendi für scriptura oder scriptum; so genus loquendi u. s. w. Ferner ratio, welches überhaupt jede innere Beschaffenheit ausdrückt, speziell einen inneren Grund, da causa als Grund nur eine äußere, reale Erscheinung ist, welche aus dem inneren Grunde hervorgeht. Modus ist in seiner Bedeutung richtig aufzufassen; falsch ist die Erklärung von Art und Weise, welches es nur in gewissen sehr bestimmten Redensarten ausdrückt. Die erste, die Grundbedeutung ist: Maß, und in Verbindung mit einem genitivus verbi kann nur diese Bedeutung gedacht werden; z. B. modus puniendi ist das Maß, welches bei Strafen angewendet wird, Cic. offic. I, 11. § 33. Auch dicendi modus ist nur ein gewisses Maß, das man für seine Rede wählt hinsichtlich des Schmuckes und dgl. Cic. de Gr. III, c. 10.

§ 37.

2. 对于那些较为罕见词语的重复表达，则要另眼看待。一个罕见词语在第一次出现时就会引人注意，那么当它被重复时也不会引起读者的反感，但是这样的使用效果并不很好。西塞罗在《论雄辩家》（De Oratore, III. c. 38）中提到"我想，如果把这些词用在合适的地方，那么演讲会变得更为庄重而典雅"，所以我们必须慎用词语。老年人不太会用Tantum abest（迄今为止）这一习语，年轻人用得较多。西塞罗收集了很多这样的例子，在面向年轻人阅读的书中，这个词的出现率比适用于所有人群阅读的书中要高一些，它会引人注意并成为某些作者笔下的关键词。同样还有lex（法律上的建议），如果这个词的语义不是用于法律方面，那么老年人很少用到，倒是年轻人经常会用这样的形象表达，而这时候表示的就不再是"法律上"的语义。我们把leges（规定）用于法律知识和语法描述其实是错误的用法，老年人常用的是praecepta（法定）。有些最流行的表达会出现在每次谈话中，而我们不必小心翼翼地避免这些词语的重复表达。西塞罗在其作品中，也曾将同一个词用在前后相连的两句中……人们从西塞罗的作品中感觉到，他至少尽量避免重复使用同音的词。……拉丁语有一些词以多种方式使用，以至于在任何演讲中都不能缺少。如res（方式）用于中性概念的委婉说法。genus（方式）与动名词搭配，如genus scribendi（书写方式）表示scriptura、scriptum（书写），或如genus loquendi（说话方式）等。此外还有ratio（原因），可以表示任何内在特性和内部原因，相反，causa（起因）只能表示由内部原因导致的外在原因和真实现象。modus（表情，程度，方式）的语义很容易理解，有人认为它表示方式其实错了，只有在某些极其特殊的情况下才有这个语义。modus的基本语义是"范围，程度"，如果和第二格的词联系在一起，就只能是这一语义，如modus puniendi指"惩罚力度"，见于西塞罗《论责任》（De Officiis. I, 11, 33）。dicendi modus（富于表情的，演讲的）也是人们为了修饰言辞而选用的某种范围，参见西塞罗《论雄辩家》（De Oratore. III, c. 10. §37）。

Die Dichter, namentlich die des Augusteischen Zeitalters, vermieden die Wiederholung von Wörtern, die auf einander folgen, sorgfältig, mehr als die älteren; jedoch Tibull, ein sehr einfacher Dichter, trägt kein Bedenken, dasselbe Wort, wenn es auch eben nicht gewöhnlich war, bald wieder zu gebrauchen. [So z. B. II, 6, 11. Magna loquor, sed magnifice mihi magna locuto Excutiunt clausae fortia verba fores, s. das. *Broukhus.*]

这些诗人，具体指奥古斯都时期的诗人，会比先前的诗人更小心翼翼地避免在前后句中重复使用相同的词语。但提布鲁斯（Tibullus）对此却没有顾虑，他是一位非常朴素的诗人，哪怕这种用法并不常见，他也不会避免重复。［So z. B. II, 6, 11. Magna loquor, sed magnifice mihi magna locuto Excutiunt clausae fortia verba fores, s. das. *Broukhus*.］

【评点】1. 提出同词复用属于修辞学范畴。对于较为罕见的重复表达，则要另眼看待。2. 词语的选用，存在老年人和年轻人的差异。3. 西塞罗会尽量避免重复使用（词干）同音词。奥古斯都时期的诗人会避免在前后句中重复使用相同的词语，而提布鲁斯不避免重复。

丰富的演讲（Fülle der Rede）

182. 丰富的演讲具有美学价值

182. Soweit dieser Gegenstand etwas Aesthetisches ist, gehört er ebenfalls in die Rhetorik; allein in gewisser Beziehung gehört er hierher, um sich die Verbindung der Bedeutungen klar zu denken. ［Vgl. Hand, Lehrb. des lat. Stils p. 363—374.］

就演讲的丰富性是审美对象而言，它也属于修辞学。但在某些情况下，应该清楚地阐明语义之间的关系。［Vgl. Hand, Lehrb. des lat. Stils p. 363—374］

Es ist bekannt, daß eine Art der Redefülle, obschon eine untergeordnete, darin besteht, daß eine und dieselbe Hauptvorstellung durch mehrere verbundene Wörter ähnlicher Bedeutung ausgedrückt wird, um sie als Hauptvorstellung desto tiefer einzuprägen, welches man lateinisch geminatio nennt. Hier ist aber das Verhältnis der verbundenen Begriife so, daß entweder:

1) ein eigentlicher und ein uneigentlicher oder bildlicher Ausdruck verbunden werden, wie z. B. *veri inquisitio atque investigatio* bei Cic. de offic. ［I, 4. § 13. wos. s. Beier, der den Unterschied der beiden Wörter angibt］; spoliare ac depeculari Cic. in Verr. III, 17. § 37. zu stärkerer Bezeichnung des Raubes; oder

2) es werden ein spezieller und ein allgemeiner Ausdruck verbunden, z. B. indem man mancus und debilis verknüpft; mancus betrifft speziell die Lähmung der Hand, debilis die Lähmung aller Glieder. ［S. Cic. p. Eabir. perduell. c. 7. mancus et membris omnibus captus ac debilis; sonst ist die einfache Zusammenstellung beider Adjectt. sehr häufig; s. Plaut. Merc. III, 4, 45. Cic. p. Mil. 9, § 25. Liv. VII, 13, 6. Andere Verbindungen s. bei Buenem. zu Lactant. institt. VI, 9, 12.］ Oder

3) es werden ein Vorhergehendes und ein Folgendes miteinander verknüpft, z.

B. frangere und debilitare, wo bald das eine, bald das andere vorausgeht;［fractum debilitatumque Cic. ad fam. V, 13. § 5. frangere aut debilitare, post red. in Sen. 15, § 36. umgekehrt debilitari frangique p. Marcello 3, § 8. Tacit. Dial. 39. 2.］Oder

4) es sind zwei bildliche Ausdrücke mit einander verbunden, wie delere, eigentlich vom Vertilgen der Schrift gesagt, und extinguere vom Feuer.［Cic. Divin. in Caecil. 8, § 26. de harusp. resp. c. 4. a. A. Vgl. Quintil. IX, 3, § 49.］

众所周知，丰富多彩的演讲方式是次要的，关键在于，用语义相似的相连词语表达同一个主要观点，以便让主要观点更深入人心，这在拉丁语中称为geminatio（加倍）。但是在这里，相连概念的关系应当是下列情况之一：

1. 实际表达和修饰或形象表达相结合。如西塞罗《论责任》（Cic. de offic.）中的 veri inquisitio atque investigation（询问与调查）［I, 4. §13。贝尔指出这两个词之间的区别］。西塞罗连用spoliare ac depeculari（抢劫和夺走）（Cic, in Verr. III, 17. §37），这样做是为了更强地描述"抢劫"。

2. 特殊表达和一般表达相结合。如将mancus（脆弱）和debilis（无力）用在一起，mancus特指手部麻痹，debilis特指全身瘫痪。［参见西塞罗《英仙座》（Pro Rabirio Postumo. perduell. c. 7. mancus et membris omnibus captus ac debilis）。更为常用的是将两个形容词连用，参见普劳特的《商人》（Mercator. III, 4, 45.）、西塞罗的《米洛》（Pro Milone. 9, §25. Liv. VII, 13, 6）。其他组合参见布恩嫩（Buenem zu Lactant. institt. VI, 9, 12）。］

3. 前文提过和后述表达相衔接。如frangere（打破）和debilitare（受伤），前者先出现，后者紧随其后。［西塞罗《致友人书》（Epistulae ad Familiares V, 13. 5）中有fractum debilitatumque（挨打受伤）。frangere aut debilitare（打破或受伤）（post red. In Sen.15, §36），反过来也有debilitare frangique（受伤被砸）（p. Marcelle 3, §8. Tacit. Dial. 39.2）。］

4. 两个形象表达相互联系。如delere是擦去字迹，extinguere是熄灭火焰。［见西塞罗《论占卜》（De Divinatione. in Caesil. 8, § 26. de harusp. resp. c. 4. a. A.Vgl. Quintil. IX , 3. § 49）］。

Es kann übrigens nicht unterlassen werden von dem ciceronianischen Geiste zu bemerken, daß diese Art von Kedefülle ihm nur etwas Untergeordnetes ist, und daß die höhere Redefülle bei ihm auf einem anderen Grunde steht; sie läßt sich nämlich auf den Grundsatz der Sparsamkeit zurückführen, so daß man nämlich nicht alle Ausdrücke auf einmal ausschütte, sondern sie allmählich weise und mit Geschmack verteile und manches für das Folgende aufspare, im Fall länger von dem Gegenstande geredet wird; das ist eine größere Kunst. Diese höhere Art der Redefülle läßt sich mit der rednerischen Figur der ζξεργασία bezeichnen, d. i. Ausführung der einzelnen Teile, und der *partitio*, daß nämlich, indem ein Begriff einem Ganzen gemeinschaftlich st, und da ein Ganzes seinen Teilen gleich ist, die Teile statt des Ganzen genannt und diese dann variiert werden.

除此之外，我们不能忽略西塞罗风格的精神：演讲的丰富性只是次要的，对他而言，更高层次的丰富性另有所指。这要追溯到节俭原则，我们不必一下子把所有的表达都倾吐出来，而是要分配好任务以逐步展开。有些话要留到后面再讲，以免过于纠结于一个话题。这才是更高层次的说话艺术。这样的演讲方式被称作雄辩辞采，即逐步阐述各个部分。"分配"的含义是，将一个概念的整体划分成若干部分，演讲时从部分而非整体出发，并注意各部分有所变化。

【评点】1. 演讲的丰富性富有美学价值，属于修辞范畴，但要清楚地阐明语义关系则属于语义范畴。2. 观点"增强"方式要通过用语义相似的相连词语表达同一个主要观点，相连的概念关系有四种情况。3. 演讲的节俭准则要求"分配"任务，将一个概念的整体划分成若干部分，演讲时从部分出发，并注意各部分富有变化。

值得注意的是，莱斯格（1825）在这里提到语言的节俭原则。关于语言"省力／经济原则"的提出者，以往的说法有四种：（1）省力观最早可能发端于法国，法国语音学、国际语音协会创始人帕西（P. Passy, 1859—1940）在1890年提出语言演变的经济原则；（2）丹麦叶斯柏森（O. Jespersen）提出省力说，见于《语言的性质、发展和起源》（*Language, Its Nature, Development, and Origin*, 1922）；（3）第一个明确提出省力原则的是美国齐夫（G. K. Zipf, 1902—1950），著有《人类行为和省力原则：人类生态学导论》（*Human Behavior and the Principle of Least Effort: An Introduction to Human Ecology*, 1949）；（4）语言经济原则最早是法国马尔丁内（A. Martinet）提出的，著有《语音演变的经济原则》（*Économie des Changements Phonétiques*, 1955）。其实，1876年，波俄语言学家博杜恩在《普通语言学教学大纲》（*Программа чтений по общему курсу языковедения*）中已经将追求简洁或省力列为语音变化的首要原因。在《关于语言变化的一般原因》（*Об общих причинах языковых изменений*, 1890）中，博杜恩还将追求简洁的语音变化分为三个维度，或在三个阶段中的言语行为。在语音接收阶段是简化听力；在神经中枢阶段是节省记忆；在发音阶段是肌动省力。这三个维度上的节省行为常常相互交叉。（李葆嘉、叶蓓蕾 2018）现在看到，莱斯格1825年已经提出节俭原则，尽管突出的是说话内容的分配。莱斯格强调，语意学研究包括词语意义的巧妙使用。也就是说，语义研究并非就语义研究语义，而是要面向应用，研究话语中的语义表达和语义组织。

183. 不同语言对事物的描述方式

183. Es ist aber den alten Sprachen der Griechen und Eömer eine gewisse Darstellungsart eigen, welche dem Begriffe nach derjenigen der neueuropäischen Sprachen geradezu entgegengesetzt ist. Diese Darstellungsart der Alten ist eine ideelle, indem ein Prädikat gewählt wurde, welches nicht als das materielle angesehen werden kann, sondern nur als Etwas in der Idee zu fassen ist; der neueuropäischen Darstellung dagegen ist es eigen, das Materielle zu nennen. Es kann nämlich ein und derselbe Gegenstand auf zweierlei Weise wirken, entweder durch Position, was die materielle Wirkung ist, oder durch Negation, und das ist die ideelle Vorstellung; denn die Negation beruht bloß in der Idee. 80 legen denn die Alten zuweilen einem Objekte das Prädikat zu, welches aus der Negation des Objekts entspringt; z. B. die Sonne verdunkelt die Erde: materiell ist dies nicht wahr; denkt man aber die Negation der Sonne, so ist es richtig. ［Cic. de N. D. II, c. 19. sol ita movetur, ut cum terras larga luce compleverit, easdem modo his, modo illis ex partibus opacet.］ So kann man sagen: die Spange löset das Kleid, nämlich wenn sie weggenommen wird; solvit jam fibula vestes bei Valer. Flacc. Argonaut. I, 434. Beispiele aus dem Griechischen und Lateinischen sind gesammelt in der Enarratio ad Soph. Oed. Col. v. 864. Jedoch ist diese Art zu reden nicht unter allen Bedingungen angewendet; denn es würde z. B. unbegreiflich sein, wenn man sagte: die Dummheit macht die Menschen klug; sondern entweder ist es nur in speziellen Fällen gesagt, wo man sich die Negation des Objekts leicht hineindeuten kann, oder es ist so gestellt, daß Gegensätze entstehen, z. B. wie Hör. carm. saec. V. 9. Alme Sol, *curru nitido diem qui promis et celas.*

Dieses nun sind Fälle, welche zur Bedeutungslehre gehören; anderes Einzelne wird in der Syntax vorkommen.

新兴的欧洲语言与古希腊语和古罗马语特有的描述方式完全不同。这种古老的描述方式是理想主义的，它选择的并非表达物质的，而是在精神层面上能被理解的谓语。与之相反，新兴欧洲语言描述方式的特点在于列举物质。相同的物体可以用两种方式发生作用：一是物质作用的定位，二是思想观念的否定。因为否定只能以思想观念为基础，所以古人有时会给谓语加上宾语，而这个宾语就是被否定的客体。如"太阳使地球变暗"，从物理层面来说这是不可能的，但是如果我们设想从太阳的角度加以否定,那么这句话就可以成立。(Cic. de N. D. II, c. 19. 太阳在移动,阳光普照大地,但是仅适合那些被照到的部分)因此当别针被取下来时,我们可以说"裙子上的别针松开了"。又如"衣服扣子被瓦莱尔解开了"(Flacc. Argonaut. I. 434)。但是,这样的描述方式并非在任何条件下都可行,如果有人说"愚蠢使人聪明"则匪夷所思了。对客体的否定,只有在容易让人理解的特殊情况下,或如"闪亮的战车炫耀和隐藏"(z. B. wie Hör. carm. saec.v. 9. Alme Sol.),在对立的情况下才能采用这种方式。

以上这些都是属于语意学说的案例;其他的细节将在句法论述部分涉及。

【评点】1. 不同语言对事物的描述方式有别。古希腊—罗马语的描述方式是理想主义的,所选择的不是表述物质,而是在精神层面上能理解的描述。新兴欧洲语言描述方式的特点在于列举物质,相同的物体可以两种方式发生作用:一是物质作用的位置,二是思想观念的否定。2. 话语的成立取决于理解的角度。话语的理解要依据具体的情况。最后交代,句法部分也涉及语义研究。

依据莱斯格的文本,可以看出他创立语意学的三个直接来源:1. 福尔切利尼的词典学、词源学和词汇学研究;2. 莫霍夫的修辞学研究;3. 瓦拉、辛古拉留斯、荀克冷纽斯等人的同义词研究。总体而言,莱斯格奠定了德国语意学的两块基石:第一块是区分了修辞手法与修辞导致的语言变化之间的差异,提出了研究词义演变的途径;第二块是意义,是一种心理表征,表达之间相互关联的特定类型是意义演变形成的原因。

第三节 哈泽的历史—哲学语意学研究

莱斯格首创的语意学主要由哈泽承传。哈泽(F. Haase, 1808—1867)先在哈雷大学追随莱斯格研究古典语言学,莱斯格去世后,他又到格雷夫斯瓦德(Greifswald)大学和柏林大学继续求学。1840年起任布雷斯劳大学古典语文学教授,1858—1859年担任布雷斯劳大学校长。

一、意义演变的三种途径

除了莱斯格,哈泽还受到洪堡特、葆朴(F. Bopp, 1791—1867)和格里姆(J. Grimm, 1785—1863)等学者的影响。他的《拉丁文语言学讲稿》(*Vorlesungen über lateinische*

Sprachwissenschaft)沿用了与其师著作同样的书名。在哈泽去世（1867）后，由他在哈雷大学的同门艾克斯坦（F. A. Eckstein, 1810—1885）和彼得（H. Peter, 生卒年未详）编辑出版。第一卷刊于1874年；第二卷刊于1880年。

《拉丁文语言学讲稿》的前言（1—70页）包括：语法学的概念和方法（Begriff und Methode der Grammatik）、以往研究（Vorarbeiten）、语言的起源和构成（Entstehung und Bestandtheile der Sprache）。正文第一卷包括两章：词源学（Die Etymologie, 72页）、语意学（Die Bedeutungslehre, 73—220页）。词源学仅为存目，下注"未及时记录"。

语意学这一章包括三节。第一节"通过形式确定意义"（Bestimmung der Bedeutung durch die Form, 75—126页），主要讨论意义与原始词干的关系，意义与词族形成的关系。第二节"意义与思维的关系"（Verhältniss der Bedeutung zum Denken, 127—210页），主要讨论一词多用、一义（概念）多词，以及词语在其他条件下的使用。哈泽指出，一个词的字面义与该词的常用义之间可能不一致，其原因在于：1. 由于概念不断发展，词的意义本身可能发生改变；2. 因为表达的特殊原因，该词转为指称另一个概念，词的意义发生相应变化；3. 由于相关概念的互换，比如窄义与宽义的互换、原因与结果的互换等，从而导致词义的改变。这些现象可以称为转喻或提喻。语义演变的其他原因还有同义、冗余、省略等。第三节"通过词语组合确定意义"（Bestimmung der Bedeutung durch die verbindung mehrerer wörter, 210—220页），主要讨论并列组合关系、非并列或主从组合关系。哈泽区分了形容词、副词和连词含义的确定方法。连词的意义，通过该词周围的其他词来确定。有人认为这属于句法问题，而并非语义问题。但是后来的语言学家发现，这其实是语义演变的重要因素之一。

换而言之，哈泽区分了意义变化的三种途径：1. 基于意义和形式之间的关系；2. 基于意义和思维（或概念）之间的关系；3. 基于该词和与之联系的其他词词义之间的关系。

二、哈泽和莱斯格观点的异同

哈泽传承了莱斯格的语意学，但是并没有拘泥于其中，而是有着自己的独特观点。

第一，语法观的不同。哈泽的语法研究是历史的，其目的是要发现词语意义变化的规律。在《拉丁文语言学讲稿》（1874：1—2）中，哈泽以图1-6显示了历史语法在其研究体系中的重要地位。

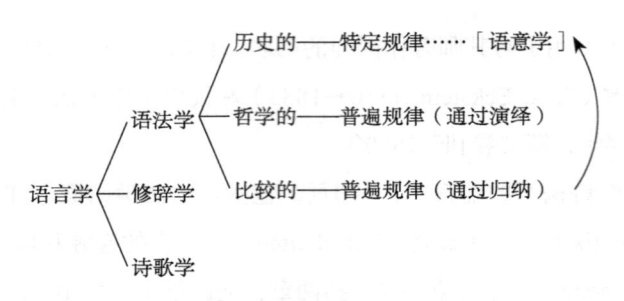

```
                          ┌─ 历史的──特定规律……［语意学］┐
              ┌─ 语法学 ──┼─ 哲学的──普遍规律（通过演绎）  │
语言学 ──────┤          └─ 比较的──普遍规律（通过归纳）  │
              ├─ 修辞学                                     │
              └─ 诗歌学                                     │
                                                            ↑
```

图1-6 哈泽的语言学分支学科

莱斯格传承的是18世纪和19世纪初的德国学术传统，坚持康德的古典哲学思想，其语法观更倾向于心智普遍规律的哲学取向。哈泽受到19世纪上半叶历史比较语言学家葆朴和格里姆，以及人文语言学家洪堡特的影响，其语法观更倾向于语言演变的历史取向。哈泽认为，发现人类如何用语言表达以及语言如何进化的规律，比发现语法规则中的心智普遍规律更为重要。

第二，符号观的不同。莱斯格认为符号或词语表示人的观念，语言反映外部世界，而思想独立于语言之外。与之有别，哈泽的语言符号观具有双重性。词语的意义或观念不能独立于语言之外，它是词语中不可分割的一部分。

第三，语义演变观的不同。虽然莱斯格和哈泽都致力于研究语义演变规律，但他们所认为的语义演变原因有所不同。莱斯格认为语义演变源于人类心灵的普遍"逻辑"规律；而哈泽认为语义演变显示语言的历史发展。（Haase 1874：128）他还强调，不仅要寻找语义演变的一般规律，而且要探寻人类历史进步的规律，以及语言生命的真正规律。（Haase 1874：172）这些都体现了哈泽的语言历史进步观。

尽管哈泽与莱斯格的观点有所不同，但他们都认为修辞手法与语义研究密切相关。哈泽不仅赞同莱斯格从修辞学中借用这些手法，使之成为语义研究的术语或途径，而且还提出要将修辞手法改造成"意义演变的规律"，这些手法是"在语言中存在的真正生命力"。（Haase 1874：128）相对而言，哈泽的语意学思想比莱斯格更系统。哈泽的语意学研究主要体现在词义变化的途径、语义演变的原因以及相关词语的意义判定三方面。虽然哈泽对语意学的贡献显而易见，但是也有学者指出其不足。比如，有人认为，哈泽混淆了句法学和语意学，将纯粹语言学方法与普通语言学方法，甚至与哲学方法相混淆。（Heerdegen 1878：12）

此外，在莱斯格的学生中，从事语意学研究的还有班纳利（K. A. A. Benary, 1807—1861）。1824年到1827年，班纳利先后在哥廷根大学和哈雷大学学习古典文献学。在哈雷大学期间，他深受莱斯格的影响，获得博士学位，毕业后在柏林文科中学任教。与此同时，他继续从事语言学研究，追随比较语法学家葆朴。1833年到1860年，班纳利在科隆文实中学（Cölnischen Realgymnasium）任教，同时也在柏林大学开设语言学讲座。他的主要研究方向是拉丁语语音学，著有《拉丁语音系的比较研究》（*Die römische Lautlehre sprachvergleichend dargestellt*, 1837）。他在1834年发表的《文法科学，评施特德勒撰写的学术讲座及高中教学手册》（*Wissenschaft der Grammatik. Ein Handbuch zur academischen Vorlesungen, sowie zum Unterricht in den höheren Klassen der Gymnasien von J. C. Staedler*），对德裔美国语义学家厄特尔（H. Oertel）的语意学研究产生了重要影响。

第四节　赫尔德根的逻辑—历史语意学研究

赫尔德根（E. G. F. Heerdegen, 1845—1930），德国古典语文学家。1863—1864年在埃尔兰根（Erlangen）大学学习古典文献学，此后在波恩、柏林、慕尼黑和莱比锡大学继续学习。1889年任埃尔兰根大学拉丁文语意学和词汇学讲座教授。

除了受到莱斯格和哈泽的影响，赫尔德根还受到库尔提乌斯、施莱歇尔、斯坦塔尔等人的影响。他的语意学研究具有逻辑—历史取向，采用的是个体主义和历史主义相结合方法。1875—1881年，赫尔德根的三卷本著作《拉丁语语意学研究》（*Untersuchungen zur lateinischen Semasiologie*）陆续出版。第一卷《语言的一般结构和适用范围，尤其是拉丁语法学，旨在系统介绍拉丁语语意学》（*Üeber Umfang und Gliederung der Sprachwissenschaft im Allgemeinen und der lateinischen Grammatik insbesondere. Versuch einer systematischen Einleitung zur lateinischen Semasiologie*, 1875）；第二卷《拉丁语语意学的目标和方法，旨在确定并概述一般原理》（*Üeber Ziele und Methoden der lateinischen Semasiologie. Versuch einer Bestimmung und Gliederung ihrer algemeinen Prinzipien*, 1878）；第三卷《拉丁语词汇语义的历史发展，词汇研究对拉丁语语意学的贡献》（*Üeber historische Entwicklung lateinischer Wortbedeutungen. Ein lexikalischer Beitrag zur lateinischen Bedeutungslehre*, 1881）。[①]赫尔德根把《拉丁语语意学研究》献给库尔提乌斯。库尔提乌斯较早指出语意学，尤其是对语源学和比较语文学具有重要价值。赫尔德根在莱比锡大学师从库尔提乌斯，而库尔提乌斯是里奇尔的学生，即莱斯格的再传弟子。1891年，赫尔德根发表《关于拉丁词词义发展中的比喻和异常》（*Über Analogie und Anomalie in der Entwicklung lateinischer Wortbedeutungen*）。此前，整理再版莱斯格《语意学或语意科学》（1890）

---

① 赫尔德根的三卷本《拉丁语语意学研究》尚未找到原著。

时，附上所撰《拉丁语语意学基础》（*Grundzüge der lateinischen Bedeutungslehre*）。在导论部分，阐述了拉丁语语意学的任务、语意学与语法学其他分支学科之间的关系。第一或总体部分，包括引言，关于拉丁语词义的历史发展，意义和意义范围的变化，意义和用途。第二或特殊部分，包括引言，意义的转移或转化，意义的缩小或限定，代词的转化和限定，替换和意义的转移。赫尔德根的拉丁语语意学研究，引起当时学界的关注。

一、区分形式和功能的语法系统

与莱斯格和哈泽不同，赫尔德根的语法概念是四重的。首先，他将语法学划分为词汇学和句子学，然后将词汇学划分为语源学和语意学，而将词汇的语音和形态纳入语源学研究。赫尔德根（1875）的语法学系统图示（转引自Nerlich 1992：46）如图1-7：

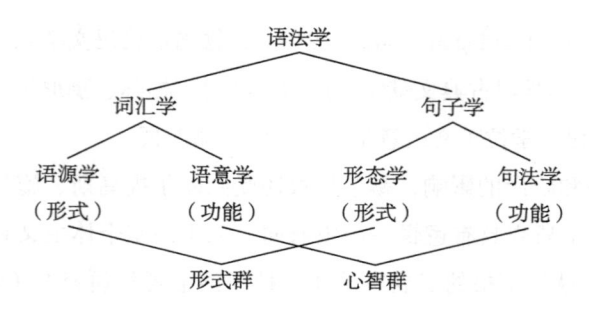

```
              语法学
          ／        ＼
       词汇学        句子学
      ／    ＼      ／    ＼
   语源学  语意学  形态学  句法学
   （形式）（功能）（形式）（功能）
          ＼    ／  ＼    ／
           形式群    心智群
```

图1-7 赫尔德根的语法学系统

在这一语法系统中，赫尔德根区分了形式与功能。词汇学包含语源学（形式）和语意学（功能），句子学包含形态学（形式）和句法学（功能）。简而言之，赫尔德根的语法四分法，涉及语源学、语意学、形态学、句法学，其中语意学研究仅涉及心智群或功能群的词汇学现象。这一形式与功能的区分，无疑受到施莱歇尔（1861）的影响。施莱歇尔区分了形态学（Morphology）与功能学（Funktionslehre）之间的差异。"形态学"这个术语就是由施莱歇尔引入语言学的。

显而易见，与莱斯格、哈泽相比，赫尔德根把语义研究缩小到词语意义的狭窄范围。这与他的个体主义和历史主义方法论分不开。

二、语义演变类型和词汇实例分析

赫尔德根的语意学贡献主要体现在两方面，一方面是建立了语义演变类型，另一方面是对词汇实例进行了分析。

在《拉丁语语意学的目标与方法》中，赫尔德根初次探讨了语义演变分类。在整理出版莱斯格的《语意学或语意科学》中，赫尔德根完善了其语义演变分类研究，把语义演变分为两大类：无条件的语义演变、有条件的语义演变。赫尔德根（1890：60ff）的语义演变类型或原理图示（转引自Nerlich 1992：47）如图1-8：

```
                    语义演变
                   ／      ＼
         无条件的语义演变    有条件的语义演变
              ↓                 ↓
      意义的缩小或专化（限定）  替换（由同义现象等引起）
      语义的引申或转化（同化）  扩大
```

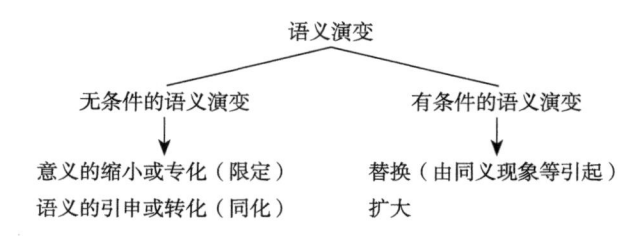

图1-8 赫尔德根的语义演变原理

赫尔德根认为，无条件的语义演变与意义的缩小和引申相关，有条件的语义演变则与代替和扩大相关。在历史语音学中，通常区分两种变化的形式——单独的语音变化与组合的语音变化。赫尔德根的语义演变原理，显示出他受到历史语音研究的影响。

在对词汇实例进行分析时，赫尔德根批评莱斯格和哈泽混淆了句法学、文体学和语意学研究。但是，赫尔德根在分析拉丁语词义，例如orare（祈祷）的语义历史发展时，却一直强调文体的作用，甚至自诩为这是对拉丁语语意学、句法学和文体学的贡献。他的意思是："orare在与不同文体的其他词语组合时，一部分是担任状语（前置的），一部分是作为同义词出现。"（Heerdegen 1881：5）显而易见，对单个词语的语义发展必须考察其语境的影响，但是他却强调语意学的研究对象"是撇开与其他词之间关系的单个词语"（Heerdegen 1890：24），由此表明他主张词语个体主义方法论。此外，他批评莱斯格疏忽了词语的历史演变有利于话语中的词语选择和使用（Heerdegen 1890：24），由此表明他坚持历史主义方法论。

综上所述，从莱斯格、哈泽到赫尔德根，他们的研究对象都是拉丁语，可以称之为拉丁语语意学或古典语意学。

第二章

德国传统语意学的发展

19世纪语言学的发展得益于方法论的变革，继生物学方法以后是19世纪中期的德国心理学方法。1590年，德国经院哲学家苟克冷纽斯（Rudolph Goclenius, 1547—1628）提出"心理学"（*Psychologie*）这一术语。19世纪初，德国哲学家和教育学家赫尔巴特（J. F. Herbart, 1776—1841）将心理学从哲学母体中剥离出来，在《心理学教科书》（*Lehrbuch der Psychologie*, 1816）、《作为科学的心理学》（*Psychologie als Wissenschaft*, 1824—1825）和《心理学研究》（*Psychologische Untersuchungen*, 1839—1840）等论著中创立了研究个体心理的表象心理学。

到19世纪中期，德国哲学家斯坦塔尔、拉扎鲁斯强调研究群体心理，基于"民族精神本质"提出民族心理学（Völkerpsychologie），共同创办《民族心理学及语言学杂志》（*Zeitschrift für Völkerpsychologie und Sprachwissenschaft*）。他们的主要观点是，历史的主体是大众，大众的"整体精神"通过艺术、宗教、语言、神话与风俗等表现出来，而个体意识仅是整体精神的产物。由此进一步主张，要把语言学从逻辑学中解脱出来，从心理学角度来解释语言现象。

斯坦塔尔在《语言学的现状》（*Der heutige Zustand der Sprachwissenschaft*, 1850）和《致波特教授的公开信》（*Offenes Sendschreiben an Herrn Professor Pott*, 1852）等文中，称赞洪堡特是天才的语言哲学家。斯坦塔尔强调，语言并不属于个人，而是属于民族。在研究个人语言时固然要依据个人心理，但是在研究民族语言时更应基于民族心理，以建立语言结构类型与民族思维、精神文化类型之间的联系。此后，斯坦塔尔在《语法、逻辑和心理：它们的原理和相互关系》（*Grammatik, Logik und Psychologie: Ihre Prinzipien und ihr Verhältnis zueinander*, 1855）和《心理学和语言学导论》（*Einleitung in die Psychology und Sprachwissenschaft*, 1881）中，深入探讨了历史、心理、民族和语言的相互关系，建立了基于心理的语言学理论，甚至提出要把语言学改造为"民族心理学"，由此开创了语言学史上的心理流派或"第一代心理语言学"。

第一节　语意学研究的心理转向

所谓"语意学研究的心理转向"，也就是德国学者在语义演变研究领域导入心理学方法，主要体现在从语义演变类型的研究转变为语义演变心理机制的研究。

一、民族心理学与意义研究

斯坦塔尔（H. Steinthal, 1823—1899）是德国哲学家、心理学家、语言学家。早年在柏林大学学习语言学和哲学，他特别关注洪堡特理论，自称洪堡特的学生。1863年，斯坦塔尔被任命为柏林大学助理教授。"青年语法学派"的学者，或者听过他的课，或者看过他的书，几乎都受到其心理学或心理语言学思想的影响。尽管斯坦塔尔终身未被任命为教授，但是其学术影响极其深远。

（一）斯坦塔尔的意义研究

受赫尔巴特和洪堡特学说的影响，斯坦塔尔首先将心理学理论引入语义研究。从赫尔巴特那里，斯坦塔尔引入的重要概念是"统觉"（Apperceptionen）。统觉是一个过程，表达的集合通过这个过程同化了新的材料，或者把较小的成品吸收进更大的系统。这个概念后来为许多语义学家使用。除了《语法、逻辑和心理：它们的原理和相互关系》和《心理学和语言学导论》，斯坦塔尔涉及语义研究的论著主要有《语言的起源》（Der Ursprung der Sprace, 1851）、《语言哲学》（Zur Sprachphilosophie, 1858）、《语言学的主要类型与特征》（Charakteristik der hauptsächlichsten Typen des Sprachbaus, 1860）和《语言学分类》（Abriss der Sprachwissenschaft, 1871）等。

图2-1 斯坦塔尔（H. Steinthal）

斯坦塔尔把认知分为三个层面：感觉、直觉和表象。直觉包含知觉和概念，直觉将感觉与某种复合物结合起来；表象是直觉的直觉，常被视为语言的媒介。斯坦塔尔认为表象等同于词语。他对概念、词语和意义进行了辨析。

> Das Wort bedeutet nun freilich auch noch etwas anderes, was oft sehr fern von dem etymologischen Sinne liegt, den Begriff; woraus doch aber eben folgt, daß das Wort nicht der Begriff ist, sondern nur den Begriff bedeutet. ... Im Begriffe des Bedeutens selbst liegt, daß das Bedeutende und das Bedeutete voneinander verschieden, und nicht bloß dies, sondern auch, daß das Bedeutete abwesend oder versteckt sei. (Steinthal 1855：165)

既然词语也表示别的东西的意思，这些往往与词源义即概念相去甚远。但由此出现这样的结果，词语并非概念，而仅仅表示概念的意义。……意义本身的概念显示，有意义的事物和所表示的意思彼此不同。不仅如此，而且所表示的意思是不出现的或隐蔽的。

概念本身的意义是词源义，词语仅仅表示概念的意义，但是不一定是词源义。

斯坦塔尔认为，意义是语言层面的"内在形式"，语音只是语言内在形式的标记或"外在形式"，语音和表象（词语）之间的联系是"意义"。

> Nicht der Laut, sondern die innere Sprachform, ist das Entscheidende; denn sie ist es, die dem Laut seinen Werth, seine Geltung und Bedeutung gibt: der Laut ist bloß Zeichen der inneren Sprachform. (Steinthal 1855：364)
>
> 具有决定性的并非语音，而是语言的内在形式。因为正是它赋予语音以价值、有效性和意义：语音只是语言内在形式的标记。

在语音和概念之间，斯坦塔尔设置了积贮意义的环节即内在形式，并且也是其外在形式即语音的对应部分。

> Die Bedeutung nämlich der Wörter und Wortformen ist strenggenommen durchaus verschieden von den Begriffen und den Erkenntnissen der Realität, gehört zur Sprache selbst und ist neben dem Laute Apperceptionsmittel. (Steinthal 1858：93)
>
> 严格来说，词语的意义和词语的外在形式，完全不同于概念和现实中的知识，意义属于语言自身，并且是与语音一起发挥作用的统觉手段。

对于语言的内在和外在形式而言，语言都是一种感知手段。内在形式在语言和世界、语言和概念之间进行协调，而概念并非固定在词语或语音之中。

在《语言哲学》中，斯坦塔尔区分了感知的识别力、从属力和创造力。（Steinthal 1858：85）就感知的识别力而言，句子的主语是"被感知的事物"，谓语是"对感知事物的说明"。在独词句中，例如一个孩子哭喊"hunger!"（"饿！"），这个词可以作谓语。即最初所有的词都是谓词，所有的观念都是基于感知的谓语性。（Steinthal 1858：86—87）就感知的从属力而言，一旦通过基于感知的词语来给其他事物下定义，它们可以再次用于其他尚未感知的事物，由此形成意义的扩大。就感知的创造力而言，通过隐喻、想象和比较，尤其是类比等手段，人们会创造新的表达。在这种情况下，意义的演变就是观念演变的体现。（Steinthal 1858：90）

斯坦塔尔反对词语具有生命的观点，将"统觉"用于语言的起源与演变研究，由此认为语言起源与演变就是语义发展的过程。每个词仅有一个含义，一个词"仅是单独反映的表达"（Steinthal 1860：59），不存在同音异义词或异音同义词，因为一个词符只有一个含义，而一个词形可以有几个不同的含义。

每一个表达都可能成为统觉新事物的手段，并且将这些对象通过"被统觉"或"被同化"而进入表达系统。（Steinthal 1860：60）斯坦塔尔认为，词典的任务是通过一个词或一个表达的解释，将一个民族感知到的一切记录在案，其实质是解释词义的心理因素，所以语义演变就是解释其心理过程。

斯坦塔尔将语言演变分为两种情况，一种是基于感知规律对表象的历史研究，另一种是基于语意对词语的历史研究（Steinthal 1851：374），由此区分了表象的历史和词语的历史。他认为，语言演变的动力是人类意识到其思想需要通过语言来表达才能被他人理解——这就是语言的开始。（Steinthal 1871：386）此后，人类开始有意识地使用语言，并且不断创造新的语言成分。对斯坦塔尔而言，语义演变的起因源于简单情感或直觉的表达，如拟声词就是语言创新的源泉。在语言发展的初始阶段，语音和意义或语音和表达之间的联系是基于情感的。在语言进化过程中，情感因素逐渐变弱。（Steinthal 1860：82—83）斯坦塔尔进一步提出语言发展的三大阶段，即拟声阶段、词源阶段和纯粹组合阶段。纯粹组合阶段是语言发展的最高阶段，在这一阶段中，人类可以自由而有意识地使用语言，语言的内在形式被定义为"一种通过感知获得的直觉或精神的任何可能内容，一种用于回忆、保留、复制这些内容的手段。不仅如此，甚至是一种获得或创造新内容的手段"（Steinthal 1860：64）。在这个阶段，基于感知的语言为人们的无限创造提供了可能。语义研究的内容就是语言发展动力中的语言内在形式。（Steinthal 1855：21）斯坦塔尔强调，在语言发展的第三阶段，人类可能失去词语最初的意义，即"词源的遗忘"，从而使词语的音义关系具有任意性。（Steinthal 1860：428ff）

斯坦塔尔不赞成莱斯格这样的语法三分法（词源学、语意学和句法学），他认为意义不仅存在于词源中，也存在于句法中。语意学是词源学和句法学的一部分，而不能将其从中分离出来。（Steinthal 1855：xxii—xxiii）

（二）拉扎鲁斯的意义与理解研究

拉扎鲁斯（M. Lazarus, 1824—1903）是斯坦塔尔的朋友和姐夫，他是一位哲学家。与斯坦塔尔一样，他也受到赫尔巴特和洪堡特等人的影响。拉扎鲁斯涉及语义研究的论著主要有《关于民族心理学的总体思考》（*Einige synthetische Gedanken zur völksychologie*, 1865）和《心智和语言：心理学专论》（*Geist und Sprache. Eine psychologische Monographie*, 1856—1857, Rpt. 1884）等。

拉扎鲁斯提出，民族精神不仅存在于个体思想中，并且由若干个体思想组成。（Lazarus 1865：7）因此，只需要研究个体精神，就可以了解民族精神。在个体心智中，基本要素是相互吸引、排斥或彼此同化的表象，而在集体心智中，基本要素就是个体心智。（Lazarus 1865：9）但是，并非个体心智的任何部分都能形成集体心智，只有将个体心智的一部分进行有意识地强化，才能创造出某个心智联合体。

民族心理学的任务是研究心智系统，语言学的任务是研究语言系统。语言系统源于语言活动的系统性，拉扎鲁斯将其称为"自然的系统性"，而这一系统性源于民族心理或民族精神。（Lazarus 1884［1856—1857］：341）要研究这些系统的发展动力和演变，就要将民族心理学和语言学结合起来。由此，拉扎鲁斯提出要建立"历史语意学"。（Lazarus 1884［1856—1857］：13），因为历史语意学能够揭示"精神的生命"。而与语音演变研究相比，历史语意研究则更为重要。

拉扎鲁斯关于"思想就其本身不可转让"的见解，带来的推论是符号具有语音形象和意义的双面性。

> Denn die Lautanschauung bildet das eigentliche Bindeglied in der Sprache; nur sie, und nicht der Laut selbst, verbindet sich in der Seele mit der Sachanschauung, um die Bedeutung des Lautes zu gründen; und nur sie, nicht die Sachanschauung associiert sich mit der Bewegung des Organismus, um die wiederholte Erzeugung des Lautes zu bewirken. (Lazarus 1884［1856—1857］：104)

> 因为语音直觉形成了语言中的真正联系。仅仅如此，不是语音本身在心智中与事实看法相结合，以确立语音的意义；并且仅仅如此，不是事实看法才将语音本身与有机体运动联系起来，以引起语音的反复产生。

意义通过语音形象与事物相联系，词语并不直接代表事物或思想。这种不确定的联系，在交际过程中不断变化。实际上，听话者通过建构语音形象和意义的渠道来理解语音的感觉，不可能与说话者用来表达思想的语音形象和意义完全吻合。由此决定，词语的意义在语言使用中发生变化不可避免。

拉扎鲁斯认为，在交谈中，说话者想要让听话者接受尚未获得的意义；在教学中，教师必须向学生传递尚未获得的意义。这些都必须依赖上下文和语境来获得话语及其理解之间的匹配，而且这种理解通常在无意识状态下进行。

> Beide haben zu untersuchen, was in uns mit und neben der Sprache zu geschehen hat, damit man, in Worten redend, gleichwohl im Hörer Gedanken hervorruft, welche der Fülle der Anschauung und des Begriffs überhaupt und mindestens derjenigen sich mehr und mehr annähern, welche dem Sprecher selbst an seine Worte sich anschließen. (Lazarus 1884［1856—1857］：372)

以上两种情况都必须考虑，在我们使用语言的周围发生了什么，以便一个人用语言说话，但仍会唤起听话者的想法，这些想法越来越接近一般概念本身的丰富直觉，至少接近说话者的想法、与说的话有联系。

拉扎鲁斯在《心智和语言：心理学专论》中提出，语言不是听话者用来"破译"说话者所说言语的工具。既然思想存在于说话者心中，听话者不能轻易理解，那么交流和理解如何成为可能的呢？拉扎鲁斯认为，在说话者发出的语音与听话者听到的语音之间存在匹配关系。

> Darauf nun antworten wir: deshalb, weil wir selbst mit dem gleichen Laut, wenn wir ihn hervorbringen, denselben Gedanken verbinden, wird der Laut zum Zeichen desselben. Verstehen heißt demnach nichts anderes als: ich verbinde mit einem Laut, den ich höre, denselben Gedanken, welchen ich mit dem gleichen Laut verbinde, wenn ich ihn spreche. (Lazarus 1884［1856—1857］: 23)

> 对此，我们如今回答：因为我们自己在产生想法时将相同的想法与相同的声音联系在一起，因此声音成为想法的标志。因此，理解仅仅意味着：我与我听到的声音产生联系，同样的想法在我说话时与同样的声音产生联系。

然而，尽管同样的语音把说话者与听话者联系在一起，但是他们不一定总能将发出的或听到的语音与同样的思想相联系，这样就产生了语义变化。

在斯坦塔尔和拉扎鲁斯之后，进一步将心理学理论用于语义研究的是19世纪晚期的希腊语语言学家。

二、赫克特的心理语意学

赫克特（M. Hecht, 1857—1947）是德国古典语言学家、心理语意学家。受赫尔巴特、斯坦塔尔和拉扎鲁斯等学者的影响，将心理学理论用于希腊语的语义研究，试图从人们的"精神"中寻找语义演变的原因。赫克特的代表作是《希腊语语意学：古典文献的对象》（*Die griechische Bedeutungslehre. Eine Aufgabe der klassischen Philologie*, 1888）。

在《希腊语语意学：古典文献的对象》一开头，赫克特就提出语意学的学科地位。

> An der Bedeutungslehre nehmen also Sprachwissenschaft und Psychologie gleichen Anteil. Insofern sie nämlich zu Gunsten der Lexikographie die Bedeutungen in zeitlicher Folge ordnet und im Interesse der Etymologie die Gesetze der Bedeutungsänderung aufstellt,

hat sie sprachwissenschaftlichen Wert; soweit sie aber diese Gesetze aus der Natur des Geistes herleitet und eine Geschichte der Vorstellungen gibt—Bedeutungen sind Vorstellungen—, fällt sie auf das Gebiet der empirischen Psychologie; und die Völkerpsychologie gewinnt in ihr ein wesentliches Moment zur Charakteristik des Volksgeistes. (1888：5—6)

因此，语言学和心理学在意义理论中同等重要。按时间顺序排列意义有利于词典编纂，有利于为词源学建立意义变化规律，就此而言，意义理论研究富有语言学价值。但是，这些意义变化规律来自心智本质以及表征（意义即表征）的历史，就此而言，它属于经验心理学领域；从人们的心理状态中获得民族精神特征的基本要素。

从而赫克特认为，语意学研究应达到两个目标：一是语言学目标，二是心理学目标。

Das Wesen derselben hat Steinthal am treffendsten bezeichnet, wenn er "eine Geschichte der Wörter", oder noch besser eine "Geschichte der Vorstellungen, gegründet auf speziellere Gesetze der Apperceptionen" verlangt. Denn ihr ist thatsächlich im allgemeinen ein doppeltes Ziel gesetzt: 1) zwischen je zwei der Entwicklung nach zusammengehörenden Bedeutungen die innere Beziehung, die begriffliche Vermittlung festzustellen; hieraus ergiebt sich dann die eigentümliche Übergangsweise, und die in einer Reihe von Fällen sich gleichbleibende Art der Vermittelung ist Gesetz. ··· 2) sie hat die Geschichte der Wörter nach ihrem Inhalt auf psychologischer Grundlage darzulegen uud die Gesetzmäfsigkeit des Entwicklungsganges aufzudecken. (Hecht 1888：5)

斯坦塔尔在寻找"词语的历史"，或者更准确地说，在寻找"基于更具体的统觉定律的观念史"时，最恰当地描述了这些本质。因为事实上通常设定了双重目标：1. 要在两个一起发展的意义之间建立内在联系，即概念上的协调；这就产生了特殊的过渡方式，并在许多情况下保持不变的协调方式就是定律。……2. 必须在心理基础上根据词语的内容来解释其历史，并揭示其发展过程的规律性。

赫克特将语意学研究方法分为语言学方法和心理学方法。前者又可分为词典学方法（解释语义的历史演变）和词源学方法（提出语义演变的规律）。（Hecht 1888：5—6）后者又可分为实证心理学方法（研究人类的一般心理规律）和民族心理学方法（研究民族的特定心理规律）。从而认为，只有将这两种方法结合起来，才能建立真正的语意学。赫克特给语意学下的定义是：

Die Bedeutungslehre ist ein auf psychologischem Grunde ruhender Zweig der Sprachwissenschaft mit der doppelten Aufgabe, einerseits die Gesetze des Überganges

> darzulegen, andrerseits den Entwicklungsgang der einzelnen Bedeutungen durch das ganze Zeitalter der Litteratur zu verfolgen und die in demselben obwaltende Gesetzmäβigkeit aufzudecken. (Hecht 1888: 6)

> 意义学说是建立在心理学基础上的语言学分支，它负有双重任务：一方面是解释意义的转变规律；另一方面是通过整个时代的文学作品追踪独特意义的发展，来揭示其一般的规律。

赫克特认为，语义演变有两种心理机制：一种是逐渐变化的心理机制，即意义的演变是逐步的；（Hecht 1888：67）另一种是瞬间变化的心理机制，即通过瞬间心理行为而形成新的意义。当某个经验表象与有关系的其他表象联系在一起时，便形成了意义的丰富化。（Hecht 1888：65—66）赫克特写道：

> Vielleicht gelingt es schon nach nicht allzu langer Zeit, die allgemeinen Gesetze der Bedeutungsentwicklung, soweit sie auf einem Akt der Verbindung der Vorstellungen beruht, auf Grund der Apperceptionslehre von Herbart, Lazarus und Steinthal zu veröffentlichen. (Hecht 1888：67)

> 也许不久之后，只要基于将心理行为与观念联系起来，依据赫尔巴特、拉扎鲁斯和斯坦塔尔的统觉理论，有可能建立意义演变的一般规律。

在赫克特的论著中，海伊发现他揭示了三种语义演变类型：1. 客观性语义演变，由个体精神以外的变化引起的演变。更确切地说，指历史或文化变化引起的语义演变；2. 主观性语义演变，由个体精神行为引起的演变；3. 两者演变的混合。（Hey 1894：101f）赫克特基于心理学研究古典语言，推进了德国心理语意学的进程。

三、海伊的心理语意学

海伊（O. Hey, 1866—1911）的心理语意学研究受到赫尔德根、赫克特等学者的影响。作为从逻辑分类转向心理分析阶段的代表人物之一，海伊著有《拉丁语的双重形式和意义区分》（*Doppelformen und Bedeutungsdifferenzierung im Lateinischen*, 1891）、《语意学研究》（*Semasiologische Studien*, 1892）等。

海伊认为语意学属于历史语言学，这门学科是客观的和历史的，而不是主观的和实用的，而且研究的是句子研究范围之外的词语本身。

> Die Semasiologie ist also die Lehre von der Funktion des Wortes als Ding für sich

außerhalb des Satzzusammenhanges. (Hey 1892: 89)

语意学是关于词的功能的学说，即研究词在句子研究范围之外而作为自身的事物。

据海伊的术语"自身的事物"或"事物自身"，等同于事物"个体"。他继续解释道：

Da nun die wissenschaftliche Sphäre der Philologie die Erkenntnis des Individuel-Historischenist, so muß die Aufgabe einer wissenschaftlichen Semasiologie sein: auf ihrem Felde, d. h. mit ihrem Material und mit ihren Mitteln, Erkenntnis des Individuel- Historischen zu erzielen. (Hey 1892: 89)

由于语文学的科学领域是关于事物个体历史的知识，所以科学的语意学的任务必须是：在这一领域中，即用其资料和手段来获得事物个体的历史知识。

人们经常引用瑞士—法国方言学家吉耶龙（J. Gilliéron, 1854—1926）在《语音幻影》（*Mirages Phonétiques*, 1906）中的"每一个词都有其自身的历史"，这一名言与海伊的"获得事物个体的历史知识"相一致，也与赫克特的"必须在心理基础上根据词语的内容来解释其历史"相一致。归根结底，都是受到斯坦塔尔寻找"词语的历史"的影响。

关于语义发展的基本原理，海伊写道："赫尔德根基于语言的影响，尤其是同义因素的影响来理解有条件的语义演变。"（Hey 1892: 91）根据赫尔德根的观点，有条件的语义演变，其结果是意义的扩大，但是海伊补充，通过同义词的分化，意义的缩小也一样常见。（Hey 1892: 91—92）由此可见，语义演变的类型包括意义的扩大、意义的缩小、意义的分化或同义词分化。海伊在《语意学研究》第二部分（Hey 1892: 112ff）详细讨论了同义词分化的语义演变类型。

四、冯特的心理语意学

19世纪晚期，心理学家冯特（W. Wundt, 1832—1920）受莱布尼茨、斯坦塔尔、拉扎鲁斯的影响，也提出要建立"民族心理学"，促进了德国的心理语意学研究。其相关论著有《语言和思维》（*Die Sprache und das Denken*, 1885, Rpt. 1906）、《民族心理学》（*Völkerpsychologie*, Bd.1, 2. *Die Sprache*, 1900, Rpt. 1922）以及《语言学与民族心理学》（*Sprachwissenschaft und Völkerpsychologie*, 1911）等。

（一）心理语意学研究的两方面

冯特的心理语意学研究主要体现在两方面：探究语义演变的心理分类，以及词法和句法对语义演变的重要性。在语义演变的心理研究中，冯特提出了两个目标：阐释语义演变的心理过程和阐释概念演变的规律。前者体现了语义演变对历史语意学的贡献，后者体现了语义演变对心理学的贡献。

> daß die Psychologie der Sprache nicht bloß ein Anwendungsgebiet der Psychologie, sondern selbst eine Hauptquelle allgemeiner psychologischer Erkenntnisse ist. Diesem doppelten Zweck entsprechend läßt sich die psychologische Untersuchung des Bedeutungswandels in zwei Aufgaben zerlegen. Die erste, allgemeinere wird darin bestehen, nachzuweisen, wie überhaupt infolge fortschreitender Veränderungen der Bedeutungen Begriffe entstehen und sich weiterbilden, also aus dem allgemeinen Verlaufe des Bedeutungswandels auf die Gesetze der Begriffsbildung zurückzuschließen. Die zweite, speziellere bezieht sich auf die *psychischen Vorgänge*, die den einzelnen Erscheinungen zugrunde liegen. (Wundt 1922［1900］, II—2：496)

语言心理学不仅是心理学的应用领域，而且也是一般心理学知识的主要来源。与这种双重目标对应，意义变化的心理调查可以分解为两个任务。第一个是更为一般的任务，在于展示作为意义逐渐变化的结果，概念是如何形成和进而发展的，即从意义变化的一般过程中推断概念形成的规律。第二个是更为具体的任务，涉及语义演变及其所基于的个体现象心理过程。

冯特对语义演变的分类如图2-2（转引自Nerlich 1992：78）所示：

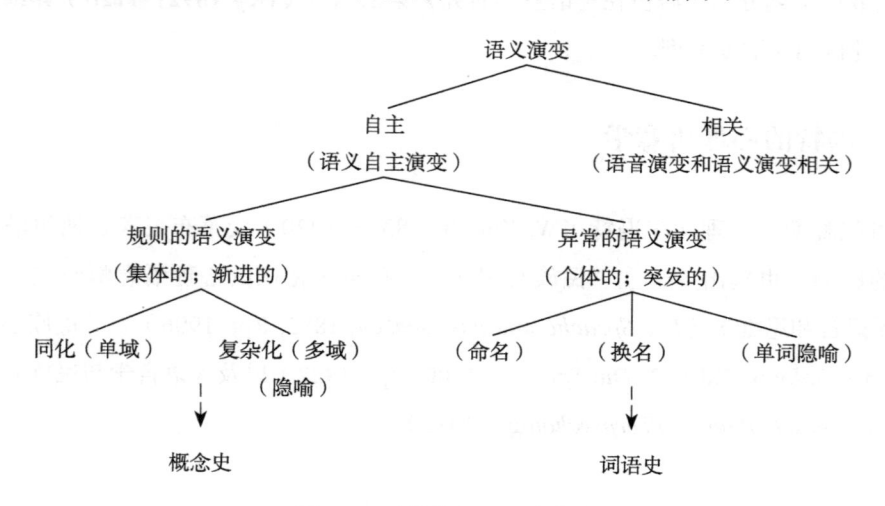

```
                        语义演变
              ┌────────────┴────────────┐
             自主                      相关
         （语义自主演变）        （语音演变和语义演变相关）
      ┌──────┴──────┐
   规则的语义演变      异常的语义演变
   （集体的；渐进的）   （个体的；突发的）
    ┌────┴────┐      ┌─────┼─────┐
  同化(单域) 复杂化(多域) （命名）（换名）（单词隐喻）
              （隐喻）
       ↓                    ↓
     概念史                 词语史
```

图2-2 冯特的语义演变分类

冯特的语义演变分为语义自主演变和语义相关演变，自主演变包括有规则的语义演变和无规则的语义演变。有规则的语义演变是集体的和渐进的，无规则的语义演变是个体的和突发的。语义演变取决于两种因素：一般条件、近似条件或实际原因。语义演变规律基于一般的联想规律，包括相似性联想、时空邻接性联想，以及消除不可调和的元素等。（Wundt 1922［1900］：626）

冯特认为，意义变化总是以与连贯话语的联系为前提，也是总体表征的统觉结构和思维要素的联想关系影响的结果。

> Darin bestätigt sich abermals, daß der Bedeutungswandel trotz seiner Vielgestaltigkeit einen in sich zusammenhängenden Kreis von Prozessen bildet. Auch stimmen diese darin überein, daß sie stets die Beziehung zur zusammenhängenden Rede voraussetzen. In dieser Beziehung ist der Bedeutungswandel das Gegenbild nicht sowohl des Lautwandels, als der Vorgänge der Wortbildung und Satzfügung. Wie die aus diesen entstehende äußere Sprachform auf die Gesetze der apperzeptiven Gliederung der Gesamtvorstellung und der assoziation Beziehungen der Gedankenelement als die entsprechende "innere Sprachform" zurückführt, so ergibt sich der Bedeutungswandel als eine Wirkung der nämlichen psychischen Kräfte.（Wundt 1922［1900］：629）

这再次证实了意义的变化，尽管有多种形式，但形成了一个连贯的循环过程。与之一致，意义变化总是以与连贯话语的联系为前提。在这方面，意义变化与声音变化以及构词和句子组合的过程都相反。正如由此产生的外在语言形式可以追溯到作为相应的"内在语言形式"的总体表征的统觉结构和思维要素的联想关系的规律，所以意义的变化也是相同精神力量影响的结果。

在19与20世纪之交，语言学家越来越重视语言的使用功能，试图寻找语言使用和语言演变的关键，冯特的语义演变心理分类难免被学界冷落。

（二）冯特与斯坦塔尔和拉扎鲁斯的对比

虽然冯特与斯坦塔尔、拉扎鲁斯都研究"民族心理学"，但他们的思想却存在差异。

第一，理论基础不同。斯坦塔尔和拉扎鲁斯反对贝克尔（K. F. Becker）对语言的逻辑分析理论，在心理学研究中，不仅融入赫尔巴特的心理机制，还融入了黑格尔（G. W. F. Hegel, 1770—1831）、洪堡特的心理学观念。而冯特反对赫尔巴特的"知性主义"，在心理学研究中，反而基于贝克尔的思想，强调意愿和行为在心理学中的重要性。此外，斯坦塔尔和拉扎鲁斯反对平行主义理论，而冯特坚持心理—生理平行主义理论，即"心理的"

可以被"逻辑的"取代,"生理的"可以被"语言的"取代。

第二,"统觉"的来源不同。斯坦塔尔和拉扎鲁斯引用的"统觉"源于赫尔巴特,而冯特的"统觉"则来自莱布尼茨。对冯特而言,其术语"统觉"比斯坦塔尔所理解的更具有积极意义。统觉是一种(规范联想的)思想的内在行动(Wundt 1906 [1885]: 307),语言是内在"主动思想"的外在影响。在研究内在行为的外在表现时,冯特试图研究统觉的内部过程。(Wundt 1906 [1885]: 308)

第三,对集体现象的理解不同。斯坦塔尔和拉扎鲁斯将个体心智及其结构和动力视为"集体"思维,而冯特试图通过语言、神话和习俗三方面来研究集体现象的结构和演变。斯坦塔尔想用心理学的观点来研究语言学,而冯特想通过研究语言来理解集体心理现象。冯特在1879年建立心理学研究所,在德国、美国都拥有追随者和支持者,并被奉为"生理心理学"的鼻祖,但是其语义演变心理分类影响甚微。[①]反之,斯坦塔尔和拉扎鲁斯的心理语言学产生了深远影响,但他们始终没有形成自己的学派。

五、罗森斯泰因的心理语意学

作为冯特的学生,罗森斯泰因(A. Rosenstein, 1857—1928)吸收了斯坦塔尔和拉扎鲁斯的心理语言学思想,同时受到辉特尼、达梅斯特尔、布雷亚尔等学者的影响,著有《词义演变的心理状态》(*Die psychologischen Bedeutungen des Bedeutungswechels der Wörter*, 1884)。

当时的德国学者,对语义演变分类研究一直没有突破性进展,罗森斯泰因则试图探究语义演变的心理过程并为之提供解释。(Rosenstein 1884: 3—4)罗森斯泰因认为,大体上,语义演变是表征的融合。基于这一假设,他提出语言中的哪些因素是有利于词语融合的相同表征,以及必须发生哪些过程才能产生这种融合。而在表征心理学的传统研究中,语义演变的研究目标就是要找到各种形式的语义演变的心理条件。(Rosenstein 1884: 5—6)

罗森斯泰因坚信,只有遗忘了语言的内在形式,才能产生语义演变。(Rosenstein 1884: 6)如果一个词只按照某一属性来指称事物,如金子——"黄色的东西",那么这个词的意义将随着知识的增加而改变,对于事物的最终认识及其所有属性将被视为"该词的适合意义"(Rosenstein 1884: 6),尽管根据其语源或内在形式,这种意义可能不适合。因此,遗忘词源义是语义演变产生的条件。

[①] 德国学者、美国耶鲁大学教授厄特尔(H. Oertel)撰有《语言研究讲座》(*Lectures on the Study of Language*, 1902),推崇冯特的语言心理学。

罗森斯泰因提出语义演变的两种类型：感知语义的演变和联想语义的演变。在感知语义的演变中，通过统觉即一种"主动意识行为"致使意义发生改变。随着意义的扩大或缩小，这些意义的情感价值也随之改变。在某种程度上，这种扩大或缩小的现象，也就是语义贬化和语义褒化的简单心理重组。而在联想语义的演变中，却是语义转移的复杂心理重组。一个表征取代另一表征，即通过原有表征共同具有的某种相似性而产生联想。

六、古斯塔夫·巴利的命名心理学

古斯塔夫·巴利（Gustav Bally, 1893—1966）是瑞士心理学家，其父母都是瑞士人（德语区），他出生于德国曼海姆（Mannheim）。他在德国和瑞士接受教育，毕业于苏黎世大学医学专业。1924年去柏林精神分析研究所研修。1932年回到苏黎世，从事精神病学和精神分析工作。1940年任苏黎世大学的心理治疗教授，1947至1956年任圣加仑大学的哲学、心理学和教育学教授。受师辟伯、维尔纳[①]和魏兰德尔等学者的影响，古斯塔夫·巴利基于心理学理论研究语义演变过程，著有《语义变化的心理现象》（*Psychologische Phänomene im Bedeutungswandel*, 1924）。

古斯塔夫·巴利将语义演变过程称为"命名"，仅仅凭借潜意识的反复化和机械化不可能产生新的意义。在语义演变研究中，他提出了"最大联想接受准备状态"和"集体联想准备状态"这两个概念。当说话者说起和听话者听到一个词语时，就激活了一个相似的表征群，说话者和听话者将这个相似的表征群与该词语联系，随之语言才被理解。这种情况则被称为"最大联想接受准备状态"。说话者和听话者没有将其联系，则联想接受准备状态为零。如果整个群体或民族，在不同程度上，将相同表征群与这个词语相联系，这种情况则被称为"集体联想准备状态"。（G. Bally 1924：8—9）

当事物与词语之间没有产生机械的、自动的联系时，说话者必须寻求表达其意义的新方式。由此，古斯塔夫·巴利区分了产生新名称的三种原因：

（1）说话者不知道他想指明的物体的名称；
（2）说话者想避免常见的名称；
（3）已知的名称没有充分表达说话者的主观情绪。（G. Bally 1924：18）

新名称产生的三种原因促使语义创新。古斯塔夫·巴利认为，语义创新有三种途径：隐喻、转喻与委婉。其中隐喻和转喻是传递新意义的两种基本方式。隐喻是一个意象对某

---

① 维尔纳（Heinz Werner, 1890—1964），奥地利心理学家。他与皮亚杰（J. Piaget, 1896—1980）和维果茨基（L. Vygotsky, 1896—1934）被称为20世纪最主要的三位发展心理学家。

一知觉内容的描述与指称。隐喻包括必然隐喻、事物隐喻和情绪隐喻。而当要回避某一指称时，可以采用委婉说法。

受魏兰德尔的启示，古斯塔夫·巴利的语义演变观主要表现为"机械化"概念、不同程度的"联想准备状态"概念、语义创新的三种途径。他强调运用实验方式来探索这三个概念，也就是说，应该探索语义创新机制如何机械化，并成为事物和概念的合适指称；而机械化又是怎样依赖于群体的"联想准备状态"的。毋庸置疑，古斯塔夫·巴利的语义演变观有其独特之处。

第二节　语义演变的类型及原因

德国传统语意学研究，一方面对语义演变进行分类，另一方面探索其演变的内在原因。这方面的研究者，主要有瑞士学者托布勒和德国学者波特、托马斯、卡尔·施密特、斯托克莱因以及瑞典学者斯特恩（受德语区学者影响）等。

一、托布勒的语义演变分类

托布勒（J. L. Tobler，1827—1895），瑞士语言学家。1845—1849年在苏黎世大学研究神学。1849—1851年先后在柏林大学、莱比锡大学学习语言学和哲学，并获得博士学位。1866年任伯尔尼大学普通语言学和德国语文学副教授。1873年任苏黎世大学古代日耳曼语言文学教授。托布勒的研究领域包括古代日耳曼语言和文献、失语症、句法学、意义学等，并与斯托布（F. R. Staub，1826—1896）一起编纂《瑞士的德语方言词典》（*Schweizerischen Idiotikon*，1881）。

托布勒不但是斯坦塔尔和拉扎鲁斯的追随者，而且深受洪堡特、库尔提乌斯的影响。其论文《词源系统初探，尤其涉及民族心理》（*Versuch eines Systems der Etymologie. Mit besonderer Rücksicht auf die Völkerpsychologie*，1860）的研究目标，是为概念之间的转变提供系统原则。他没有接受莱斯格的语意学概念，而是将意义研究称为"词源系统"，即"词源科学"。托布勒提出的语义演变类型逻辑分类，如图2-3（转引自Nerlich 1992：42）所示：

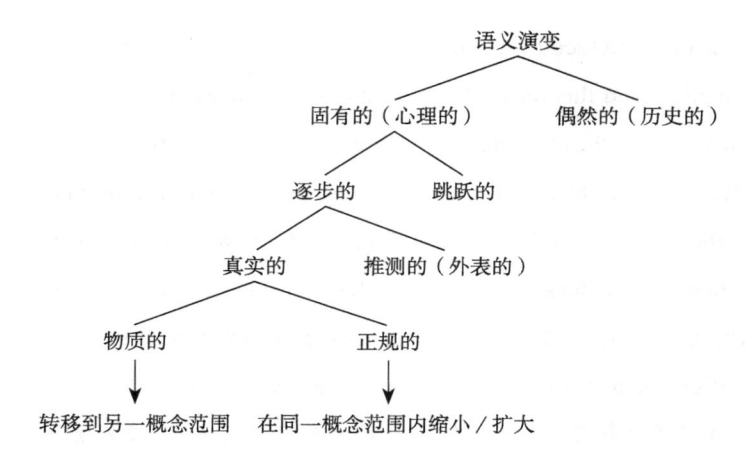

```
                        语义演变
                       /        \
                  固有的(心理的)   偶然的(历史的)
                   /      \
                逐步的    跳跃的
                /    \
             真实的   推测的(外表的)
             /    \
          物质的   正规的
            ↓        ↓
    转移到另一概念范围  在同一概念范围内缩小/扩大
```

图2-3 托布勒的语义演变类型

托布勒强调心理取向，将语义演变的类型划分为四个层级。托布勒认为，其词源科学能建立在概念之间可能转变的体系上，语义研究能揭示语言和民族的内部形式或概念的构造和演变。托布勒的语义演变研究具有心理和历史取向，但他将思想、概念与词义混淆，并没有得出语义演变的真正规律。

二、波特的语义演变类型和认知语义探索

波特（A. F. Pott, 1802—1887），德国历史语言学家。早年求学于哥廷根大学，主要学习语文学、哲学和历史，重点研究希伯来文、希腊文和拉丁文，1827年取得博士学位。因课程学分（尤其是梵文）不够，1827—1830年又到柏林大学跟随葆朴继续学习。1830年以后任教于哈雷大学。

波特的代表作是六卷本巨著《印度日耳曼语系主要形式的词源研究》（*Etymologische Forschungen auf dem Gebiete der indogermanischen Sprachen unter Berücksichtigung ihrer Hauptformen*），初版于1833年。1859—1876年出版增订版，增加了《印度日耳曼语根词词典》。波特在该词典中提出七种语义演变类型，英国语言学家赛斯（A. H. Sayce）在《比较语文学原理》（*The Principles of Comparative Philology*, 1874）中逐一列出：

(1) Words may become defined by either the narrowing or the widening of their meaning. (2) Metaphor is a very common cause of change of signification. (3) The meaning of a word will vary according to its application to persons or things, to what is good or bad or to what is great or small. (4) Words, again, will change their signification according to their use as active and passive, nominative and accusative. (5) It makes a considerable difference

whether an idea is expressed by a compound or by a simple word. (6) The same word may be differently applied, and this relativity of meaning has important consequences. Hence come the idioms which form the characteristic feature of a dialect or language, and make a literal or exact translation impossible. (7) (α) Though change of pronunciation may cause no change of meaning, the converse is often the case. (β) Words or parts of words get lost, necessitating the introduction of new ones with a more or less varying signification. (γ) The vocabulary, and therewith the stock of ideas, may be increased by new formatives or loan-words, which bring about slight changes of meaning in old words. (Sayce 1874：57)

（1）单词可能会因其含义的缩小或扩大而改变定义。（2）隐喻是导致意指改变的最普遍原因。（3）单词的含义会根据对人或物的使用，因其好与坏、大与小而有所不同。（4）单词将根据其用为主动和被动、主格和宾格，而再次改变其意指。（5）一个观念是用复合词还是用简单词来表达，会产生很大不同。（6）同一个词可能会以不同的方式应用，并且意义的相对性具有重要影响。由此形成具有各自方言或语言特色的习语，并使得按字面义理解或准确翻译变得不可能。（7）a. 尽管语音变化不可能导致意义的变化，但相反的情况则常见。b. 词语或部分单词的丢失，有必要引入意指有些变化的新词。c. 积累的观念可能通过新的构词要素或外来词增加词汇量，从而使旧词的含义略有变化。

通过对比，赛斯认为，波特的七种语义演变类型优于辉特尼（1867：110）的两种语义演变类型（限制和扩展）。

1853年，波特发表《来自生命及其身体活动的隐喻》（*Metapher, vom Leben und von körperlichen Lebensverrichtungen hergenommen*），首先引用了让·保罗的名言。

Jede spräche nämlich ist, in rücksicht geistiger beziehungen, nach Jean Paul's treffendem ausdruck, « ein wörterbuch erblasseter metaphern », d. h. metaphern nach unserer, mit verstandesmässiger schärfe unterscheidender, nur in exaltirteren augenblicken z. b. vom dichter verlassenen vorstellung. (Pott 1853：101)

按照让·保罗的恰当表达，就心智关系而言，每种语言都是"一本褪色隐喻的词典"。也就是说，只有在兴奋的时刻，如从费解的过时概念中，才能以清晰的知性识别出隐喻。

在文中，波特举例说明一些事物通常以身体部位的隐喻命名。

Ich gehe absichtlich nicht weiter ein in dies unerschöpfliche thema, sondern breche ab mit der bemerkung, wie derartige personificationen nicht nur verglichene ganze in ihrer ganzheit treffen, sondern auch oft weiter in ihre einzelnheiten (körpertheile—gliedmaafsen u. dgl.) eindringen; z. b.《the hills in Wales are generally denominated by metaphors from some part, of the body》… Welsch: Ael the eye-brow; ael bryn the brow of a hill: also, the skirt or border of a garment, as, ael mantell; ar ael nigh, by near to. (Pott 1853：121)

我故意不进一步探讨这个无穷无尽的主题，而是就此打住，即这种人格化不仅突然意识到被比较的整体，而且经常穿透它们（身体部位—四肢等）的奇特性。例如，"威尔士的山丘通常以身体某部位的隐喻命名。"……威尔士语：ael是眉毛；ael bryn（山的眉毛）是山顶；还有裙子或衣服的镶边，称为ael mantel（外衣的眉毛）；ar ael（眉毛上面）是靠近的，离得不远。

波特的该文，可谓体验主义或认知语义研究的早期探索。

三、托马斯的语义演变类型及原因

托马斯（R. Thomas, 生卒年未详）是一名高中教师。受到莱斯格、赫尔德根、达梅斯泰特尔等学者的影响，致力于研究语义演变的类型及其原因，著有《关于语义演变的可能性》（*Ueber die Möglichikeiten des Bedeutungswandels*）。该书包括两部分：第一部分发表于1894年，仍然立足于逻辑传统，主要研究语义演变的类型；第二部分发表于1896年，已经立足于心理取向，主要研究语义演变的原因。

托马斯提出的立足逻辑传统的语义演变类型，被视为19世纪最合理的语义演变分类之一。如图2-4（转引自Nerlich 1992：69）所示：

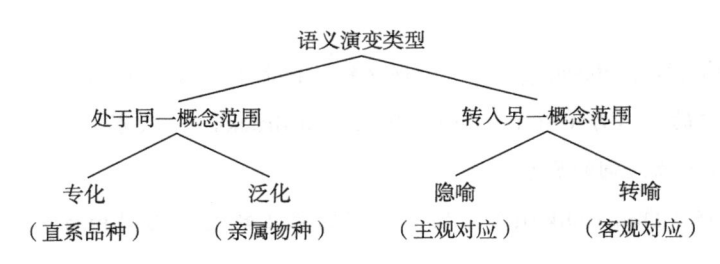

```
                    语义演变类型
              ┌──────────┴──────────┐
         处于同一概念范围          转入另一概念范围
          ┌─────┴─────┐           ┌─────┴─────┐
         专化         泛化         隐喻        转喻
       （直系品种）（亲属物种）（主观对应）（客观对应）
```

图2-4 托马斯的语义演变类型

托马斯认为语义演变类型可以分为两种：一种是处于同一概念范围的语义演变，另一种是转入另一概念范围的语义演变。前者涉及专化和泛化，后者涉及隐喻和转喻。

托马斯把语义演变原因分为三类。

第一类，词义演变是因为旧有词的概念发生变化。如法语的Roman（罗马）。

第二类，词义演变是因为需要一个新的指称，包括三种情况。1. 新概念的需要。2. 旧概念的替换。其原因是：（1）出于简洁的需要，如法语的palais（大楼）成为palais de justice（法院）的简称；（2）出于明晰或更有力表达方式的需要，如法语用assommer（昏死）表达"打得半死、打到断气"。3. 出于避免情感冒犯的需要。

第三类，词义演变是因为受到词语之间的影响，包括两种情况：1. 相关词汇的影响，如语音联想、词源联想、同义词；2. 句子上下文的影响，如法语的否定标志。（Nerlich 1992：69）

托马斯的原因分类，涉及文化、心理和语言等方面，具有较强的操作性，在当时受到广泛的认同。

四、卡尔·施密特的语义演变原因

卡尔·施密特（Karl Schmidt, 1859—1944）也是高中教师，受梅斯泰特尔和布雷亚尔等学者的影响，重点对语义演变原因展开研究，著有《语义演变的原因：语意学试论》（*Die Gründe des Bedeutungswandels; Ein semasiologischer Versuch*, 1894）。

卡尔·施密特提出，所有语义演变都涉及与该词相关概念的扩大或缩小。他进一步将语义演变的具体原因归纳为十种。

1. 需求（Bedürfnis）：语义演变导致新词或复合词的形成。
2. 方便（Bequemlichkeit）：人们立刻查找而没有找到准确的词，用另外一个词来表达。
3. 模仿本能（Nachahmungstrieb）：一些名人以新义运用一个词，引发大众模仿。
4. 影响（Beeinflussung）：一个词受到所在上下文的影响，而改变了含义。
5. 感觉的表达力（Sinnliche Kraft des Ausdrucks）：要求比旧词能传达更多的感觉，而导致偏离该词的原意。
6. 清晰（Deutlichkeit）：因多义词的意义超过其他词和新词，而缩小该词的词义。
7. 世故（Zartgefühl）：赋予情感意义，或采用委婉说法。
8. 气愤和戏谑（Zorn und Scherz）：赋予情感意义。
9. 礼貌和虚荣（Höflichkeit und Eitelkeit）：赋予情感意义。
10. 任意性（Willkür）：任意的用法导致该词偏离原意。（Schmidt 1894：7—44）

卡尔·施密特对语义演变原因的研究，不仅依据心理分析，而且还基于对语言使用情况的观察。他在该文最后写道：

> Was ich erstrebt habe, war Auffindung der Gründe des Bedeutungswandels; was ich erreicht zu haben hoffe, ist Zusammenstellung dieser Gründe. Was, wie mir scheint, erstrebt werden muſs, ist eine Darstellung des Bedeutungswandels für jede Sprache und ihre verschiedenen Epochen, nach Analogie der Lautlehren; vielleicht kann dann die Etymologie aus der Semasiologie gröſseren Nutzen zichen, als es bisher bei vereinzelten, oft willkürlichen Vergleichen möglich war. (Schmidt 1894：44)

我一直在努力寻找意义变化的原因。我希望得到的是这些原因的总体，在我看来，必须寻求的是，遵循语音类比来揭示各种语言及其不同时代的意义变化。也许词源学可以从语意学中获得更多的收益，比以前孤立的、通常是任意的比较要好得多。

继承前辈学者的思想，卡尔·施密特认为，只有基于词源义遗忘才能理解语义演变的原因。

> Dabei ist noch zu bemerken: das Volk weiss in den meisten Fällen natürlich nichts von etymologischer Abstammung und Verwandtschaft oder beachtet sie nicht ... und kennt somit nicht die einem Worte innewohnende Grundbedeutung…; das Volk lernt die Bedeutung eines Wortes nur aus seiner Verwendung kennen, es kümmert sich wenig darum, welche Bedeutung es in früheren Zeiten gehabt hat, es ist ihm gleichgiltig, wenn auch die neugewonnene Bedeutung durch eigentümliche Entwicklung gerade das Umgekehrte von dem aussagt. (Schmidt 1894：6)

还应注意到：当然，在大多数情况下，人们对词源的血统和亲属关系一无所知，或者不关注这些……因此他们不知道一个词内在的基本含义……人们只从使用中了解一个词的含义，他们很少关心其早期含义。即使通过特定发展而新获得的含义恰巧与早期含义相反，这对人们也无所谓。

卡尔·施密特也赞成意义的语境观，与英国斯图尔特和斯马特的观点相似。在卡尔·施密特的论著中，没有提到斯马特，但提到斯图尔特。他写道：

> Die Worte sind dem Volksbewußtsein nur Zeichen, nur Gefässe; sie erhalten ihren Wert durch das, was wir als ihre Bedeutung hineinthun.
>
> Nicht den Dingen an sich und nicht den Worten sieht der Unerfahrene es an, welche Bedeutung sie haben, sondern aus dem Gebrauche lernt er es; eine hochinteressante etrurische

Vase mag der italienische Bauer, cler sie fand, zu gemeinem Zwecke verwenden, ebenso eine unschätzbare Leinwand, bemalt mit Raphaelischen Figuren. (Schmidt 1894：6)

对于人们的意识而言，言语仅仅是符号，仅仅是器皿。它们从我们所赋予的意义中获得价值。

没有经验的人不能理解他们拥有在事物本身或词语上的意义，而是从使用中学到这些。发现这些意义的意大利农民，可能会出于相同目的而使用一个有价值的伊特鲁里亚花瓶，或者一块绘有拉斐尔油画的无价帆布。

Auch der Zusammenhang der Rede lässt den Sachverhalt oft ganz anders erscheinen, als die blutlose, schemenhafte Aufzählung des Wörterbuches. (Schmidt 1894：7)

而说话的语境通常也使事实显得鲜活，与词典中的毫无生气、无序列举的释义大相径庭。

与托马斯的分类相比，尽管卡尔·施密特的语义演变原因分类有些杂乱，但仍然丰富了语意学研究的内容。

五、斯托克莱因的语义演变三阶段

斯托克莱因（J. Stöcklein, 1857—1933），出生和去世都在加塞尔多夫（Gasseldorf），其生平未详。他受到保罗、魏格纳等学者的影响，著有《意义理论研究》（*Untersuchungen zur Bedeutungslehre*, 1897）和《词意的演变》（*Bedeutungswandel der Wörter*, 1898）。

（一）语义演变的理解

在《意义理论研究》中，斯托克莱因认为不可孤立地研究词语。由于词语存在于句子中，所以只有通过研究句子才能理解语义演变过程。

Es handelt sich darum, zunächst das *Wort in seinem ganzen Gebrauch, in allen seinen Verbindungen* zu kennen. Im *Satzzusammenhang* zeigt sich uns die Möglichkeit zu erkennen, wie das Wort sich zu einer neuen Bedeutung entwickelt. (Stöcklein 1897：7)

这是一个首先必须了解该词的所有用法和所有连接的问题。只有在句子的上下文中，我们才有机会认识到该词是如何发展出新意义的。

斯托克莱因认为，为了探究词语新意义的心理成因，不仅应研究这些词语，而且要研究这些词语在句子上下文中的所有使用方法，尤其应注重词语意义的转变研究。（Stöcklein 1897：11）

（二）语义演变的阶段

在《词意的演变》中，斯托克莱因描述了词义在语境中演变的三个阶段。1. 最初阶段，该词在特定语境中与某一观念相联系。2. 转变阶段，该词在特定语境中的反复出现，使得新关联的观念与之密切相关，以至于不在这种语境中也呈现已关联的观念。3. 新意义确立阶段，新的观念变成该词的主要表征，并且其新义可以用于新的组合中。

Eine verschiedene Bedeutung dagegen weist das Wort *Tisch* auf in Sätzen, wie: *Die Familie führt einen guten Tisch. — Der arme Knabe hat bei jenen Leuten freien Tisch* (oder *einen Freitisch*). — *Nach Tisch soll man gehen. — Der Nachtisch besteht aus Obst.* Wenn hier auch die Vorstellung von *Tisch* in der eigentlichen Bedeutung nicht ganz verschwunden ist, so ist dieselbe doch sehr zurückgetreten gegenüber der Vorstellung des Essens, so dass hier eine von der ersten verschiedene Bedeutung konstatiert werden muss. Wie ist nun das Wort in diese neue Bedeutung übergegangen?

Nach unseren vorausgegangenen Erörterungen suchen wir die Erklärung im Gebrauch des Wortes in einem bestimmten Zusammenhang. Dieser selbst ergab sich besonders in gewissen Verbindungen, wie : *einen zu Tisch rufen, laden ; bei Tisch sein, sitzen; zu Tisch kommen; bei Tisch soll man sich so oder so ver halten* u. ä. Der Zusammenhang muss hier in den ersten Fällen des Gebrauches es gewesen sein, durch den sich an das Wort die Vorstellung des Essens, der Mahlzeit knüpfte, damit man verstanden wurde; z. B. es ist zwölf Uhr, komm zu Tisch (scil, zum Essen) ! Durch öftere Wiederholung solchen Gebrauches — und dies ist bei dem speziellen Gerät, wo man die Mahlzeit einnimmt, sehr wohl erklärlich — verband sich die Vorstellung des Essens immer mehr mit dem Worte, so dass dieselbe auch dann dem Worte anhaftete, wenn nicht gerade der Zusammenhang mehr daran erinnerte, wie wir denn thatsächlich jetzt in den genannten Verbindungen auch ohne darauf hinweisenden Zusammenhang das Wort von der Mahlzeit verstehen. Diese Satzverbindungen zeigen uns also den Uebergang des Wortes in die neue Bedeutung. Hatte sich aber einmal in diesen die neue Bedeutung festgesetzt, so lag es nahe, auch in anderen Verbindungen das Wort so zu gebrauchen; die mit demselben sich verknüpfende neue Vorstellung tauchte auch sonst auf, und so drang die neue Bedeutung vor. (Stöcklein 1898: 13—14)

另一方面，"餐桌"（table）一词在以下句子中具有不同的含义：①家庭经营一张好餐桌【译按：指好吃的食物】。②可怜的男孩和那些人有一张免费餐桌【译按：指免费餐】③一个人应该去吃餐桌【译按：指晚餐】④餐桌后【译按：指餐后小吃、甜点】是由水果制成的。即使"餐桌"的概念在其实际意义中并未完全消失，但相对而言，它已经潜隐到"食物"的概念背后。因此在此必须要形成一种与最初不同的意义。那么这个词是如何获得这个新意义的呢？

在以上讨论之后，让我们寻找在特定语境中使用该词Tisch（餐桌）的解释。这种情况尤其出现在某些联系中，例如：叫你到餐桌旁，邀请你；在餐桌边，坐下；来到餐桌旁；在餐桌上应以某种方式用餐等。在起初使用的情况下，必须通过语境将食物、进餐的概念与该词联系起来，以便人们可以理解。比如，"十二点了，到餐桌旁来（吃饭啦）！"通过频繁的反复使用——可以用人们进餐时的特殊设备得到很好解释——食物的概念与该词（餐桌）的联系越来越紧密，以至于其概念被附在该词上。即使没有任何参照，语境也会反复提醒我们，当时实际上如何理解处于上述联系中的该词的膳食义。这些句子的关系向我们展示了该词（餐桌）向新意义的转变过程。然而，一旦在这些情况中确立了新意义，在其他情况下也以这种方式使用该词就很自然；与之联系的新概念也可以出现在别处，于是新意义就渗进了该词。

斯托克莱因接着指出：

> Eine bestimmte Vorstellung, die sich zunächst als Nebenvorstellung durch den Zusammenhang an das Wort knüpft, erstarkt durch häufigen Gebrauch des Wortes in diesem Zusammenhang so, dass sie selbst Hauptvorstellung wird und als solche neue Verbindungen des Wortes ermöglicht. (Stöcklein 1898：15)

某一表征，最初通过上下文作为次要表征与该词语相联系。通过该词语在这种上下文中的经常使用而得到加强，从而使其成为主要表征并允许该词语能够产生新的联系。

词语具有主要表征和次要表征。在语言使用中，随着次要表征转化为主要表征，该词语的意义发生变化。

（三）语义演变的原因

斯托克莱因认为，在词语使用中，词意不是固定的。他在《词意的演变》中提出：

> Das Wort ist also nicht einem toten Begriff mit unwandelbaren, festen Grenzen und gleichbleibendem Inhalt identisch, sondern es ist flüssig und beweglich, indem es sich an den jeweiligen Zusammenhang anschmiegt. Und darin liegt der Grund, warum es sich in seiner Bedeutung verändert. (Stöcklein 1898：12)

因此，词语并非一个不能改变的、有固定边界的和恒定内容的僵死概念，反而它是流动的和灵活的，因为它依附于各自上下文。意义变化的原因就在于此。

斯托克莱因强调的是，词语意义根据不同的上下文发生变化。

斯托克莱因还提出语义演变的一种新类型，这种演变与词语和事物或指称对象之间的联系相关。词与物之间要相互适合，如果词语不足以指称事物的含义，或者事物变得使该词语不再适合指称，语义演变也就随之产生。

六、斯特恩的语义三角和语义演变理论

瑞典学者斯特恩（G. Stern, 1882—1948）是瑞典哥德堡大学教授。其语义研究主要受德语区学者波朗、马蒂、贡珀茨[1]、比勒（K. Bühler, 1879—1963）、卡西尔（E. Cassirer, 1874—1945）、胡塞尔（E. G. A. Husserl, 1859—1938）以及奥格登和理查兹的影响。其代表作《意义和意义的演变，专门针对英语》（*Meaning and Change of Meaning. With special reference to the English language*, 1931）用英语行文，在英语学界具有重要影响。

（一）意义概念的三角图示

奥格登与理查兹（1923）提出的意义三角，即思想、符号与指称对象之间的关系通过图2-5（Ogden & Richards 1985［1923］：11）表现出来。

他们关于意义的指称性定义是：

在说明符号引导和组织、记录和交流的内容之时，我们必须一如既往地区分思想与事物。符号引导和组织的是思想（或我们通常说的指称），符号记录和交流的也是思想。但是，正如我们说"园丁在修剪草坪"，而我们知道实际上是"割草机在修剪"，所以，虽然我们知道符号与思想之间的引导关系，但是我们还是会说，符号记录事件和交流事实。（Ogden & Richards 1985［1923］：9）

---

[1] 贡珀茨（H. Gomperz, 1873—1942），奥地利哲学家，维也纳大学教授。著有《世界观学说》（*Weltanschauungslehre*, 1905—1908）等。

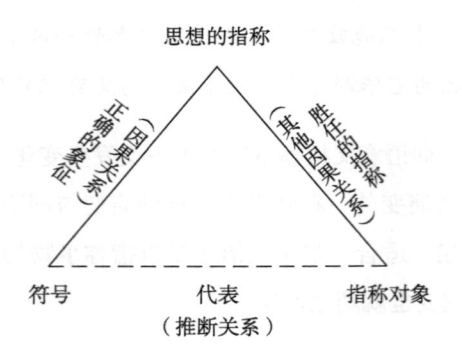

图2-5 奥格登与理查兹的语义三角

然而，如果没有思考者，词语不会指称或代表任何东西。

只有当思考者使用时，词语才代表某些东西，或在某种意义上来说才有"意义"，它们才是工具。（Ogden & Richards 1985［1923］：10）

基于传统语义表象和指称对象，斯特恩明确了意义概念。他所绘制的意义概念三角图（转引自Nerlich 1992：119）将思想、事物与符号之间的关系表现如图2-6：

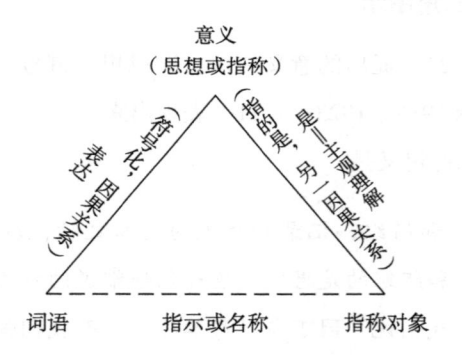

图2-6 斯特恩的意义概念三角

关于语义三角图的蓝本可以追溯到贡珀茨。贡珀茨（1980 II-1：77）的语义或表达内容三角图（转引自Nerlich 1992：119）如图2-7。

在意义概念三角中，斯特恩强调意义研究的三个理论：言语功能、符号理论和指称理论，其中最重要的是指称理论。（Stern 1931：9）他还列举了语言的四个功能：交际功能、表达功能、象征功能和目的功能（或有效功能）。前三个功能都是词语的功能，最后一个功能涉及说话的功能。（Stern 1931：18ff）

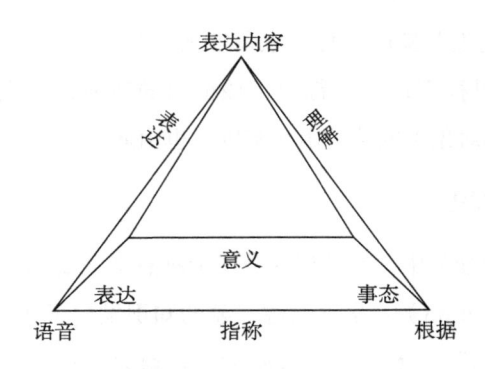

图2-7 贡珀茨的表达内容三角

在《意义和意义的演变》中,斯特恩集中讨论了词语的功能。他认为词语的意义"由词语、指称和主观性三个因素决定"(Stern 1931:45),他对意义的定义如下:

> The meaning of a word — in actual speech — is identical with those elements of the user's (speaker's or hearer's) subjective apprehension of the referent denoted by the word, which he apprehends as expressed by it. (Stern 1931:40)

> 词语的意义——在实际说话中——与语言使用者(说话者或听话者)对词语表示的指称的主观理解的那些因素一致,与说话者的表达依靠这些一样,听话者对词语的理解也是如此。

也就是说,词语的意义与语言使用者对词语指称的主观理解保持一致。同样的一个句子"飞来一只鸟",当用于正在展翅的麻雀、燕子、老鹰等不同情况下,其含义有所不同。尽管词语保持不变,但是词语的意义随着指称对象的变化而变化。(Stern 1931:40)

(二)意义演变的概念

斯特恩认为语义演变是个体差异(或个体对指称对象的主观理解)与社会规范之间,在创新、维持稳定与相互理解之间不断震荡的结果。(Stern 1931:162)他将意义演变定义为:

> When a word is employed to express a meaning which it has not previously expressed, we have, from the point of view of the word, a change of meaning. Often a change of meaning is also a change of referent ... from the point of view of the new referent, we have then a change of name. The former point of view is that of semasiology, the latter that of onomasiology. (Stern 1931:163)

> 一旦该词用来表达它之前从未表达过的意义,从词语角度来看,就出现了意义的演变。意义演变往往也是指称对象的变化……从新的指称对象角度来看,于是出现了名称的变化。前者是语意学角度,后者是命名学角度。

斯特恩分别从词语角度和新的指称对象角度来考察意义的演变，前者与语意学相关，后者与命名学相关。如果很多说话者都使用该词语的新义，那么意义的演变就真正产生了。该词语（有时是指称对象）的传统语义范围，也由此改变。（Stern 1931：163）

（三）意义演变的类型

在《意义和意义的演变》中，斯特恩区分了七种意义演变类型。

1. 语义更替（substitution）：尽管指称对象的知识发生了变化或扩展，但是原先的词语仍然保持不变，如"船""太阳"等常用词。这就是英国语义学家乌尔曼后来提及的"语言的保守性"。

2. 语义类推（analogy）：比如副词的意义发生变化时，所对应的形容词也会改变其意义。

3. 词语缩略（shortening）：一个词承担或吸收了所组合而成的短语的意义。这种情况，布雷亚尔称之为"省略"。

4. 修辞命名（nomination）：通过隐喻或其他修辞手法，有意识地创造名称。

5. 语义的有规则转移（transfer）：意义的无意识转移，基于词的原先指称与新的指称之间的某些相似性，也可以基于隐喻。

6. 语义替换（permutation）：词的原先意义被另一个与之相关的意义所替换。这种情况也可以说是转喻。

7. 语义平移（adequation）：基于说话者的主观理解，关于指称对象实际特性改变而引起的意义改变。词语意义的平移不是发生在观念没有变化之前，而是出现在委婉、反讽、语义转移或替换之后。

（四）意义演变的原因

对于语义演变的原因，斯特恩提供了富有创意的图示（见图2-8）。（Stern 1931：175）

```
1.    外部原因……………………………………    类别1    更替
2.    语言原因
      （1）言语关系中的变化…………………  a.  类别2    类推
                                          b.  类别3    缩略
      （2）指称关系中的变化…………………  a.  类别4    命名
                                          b.  类别5    转移
      （3）主观关系中的变化…………………  a.  类别6    替换
                                          b.  类别7    平移
```

图2-8 斯特恩的语义演变原因

斯特恩把语义演变的原因分为外部原因和语言原因，并与语义演变类型逐一对应。斯特恩认为，第一种是基于外部原因或外部世界的变化，第二到第五种是基于说话者的活动，第六和第七种是基于听话者的活动。（Stern 1931：172ff）

Analogies and shortenings are, primarily, a modification of the verbal relation; substitutions, nominations, and transfer, a modification of the referential relation; permutations and adequations, a modification of the subjective relation. (Stern 1931：169)

类推和缩略，主要是言语关系中的语义变化；更替、命名和转移是指称关系中的语义变化；替换和平移是主观关系中的语义变化。

换而言之，语义演变与词语使用、指称关系和主观理解三个因素相联系。

第一种更替方式是由语言外部原因引发的。与自发演化有别，更替方式是由指称事物变化触发的意义变化。英语artillery最初指一般性武器，主要是像弓、投石器和弹弓之类。由于战争武器变化，该词的现代意义是指军队中的各种枪炮。

第二种类推方式是由语言内部原因引发的变化，涉及形式上相关词语之间的语义影响。英语的形容词fast，一方面有"迅速的"含义，另一方面有"固定的"含义。这两个含义相互矛盾。如果只局限于其形容词词性，要解释fast的语义变化就有难度。但是副词fast的含义，却表明了从"稳固地"经过"活泼地、猛烈地、热切地"，到"迅速地"的历史演化轨迹。由此可见，形容词的含义"迅速的"，是通过与同形副词的含义"迅速地"的类比而来的。也可以说，形容词fast从同源副词fast中借用了"迅速"义。

第三种缩略方式，是与缩略构词法有关的截取。例如：把narcissism（自恋）截取为narcism（自恋癖），或者把private soldier（与军官相对的列兵）截取为private（士兵）。

第四种命名方式和第五种转移方式，不仅包含隐喻、转喻此类意义引申的经典机制，而且也包含委婉、粗直、夸张、曲言等方式。斯特恩还划分了有意识变化和无意识变化。命名方式是有意识变化过程，转移方式是无意识变化过程。

第六种替换方式和第七类平移方式，以使用者解释表达形式与其指称对象之间的关系来描述语义变化。英语的bead最初指"祈祷"，后来才获得"珍珠、珠子"的意义。其变化的基础是：在祈祷时要面对玫瑰花坛，花坛中的珠子标志着对祈祷次数的计算。在to count one's beads（数珠子）之类的表达式中，说话者可能并不清楚bead是指祈祷本身，还是珠子。bead的原先意义"祈祷"被"珠子"所替换。平移方式是在理解个别表达式中的平行移动，但是好像更关注语义变化的次级转移（在一级转移之后的再度转移）。例如：horn原来是"动物的角"，后来作为号角来吹，horn的含义是号角，进一步的变化就是horn用来指一种乐器（喇叭）。

斯特恩基于心理学理论，在语义演变的类型及其原因方面的独到研究，对语义学研究产生了深远影响。

第三节 不同维度的开拓性研究

所谓不同维度的语意学研究，是指从不同视角拓展语意学研究的视野。这方面的研究者，主要有德国学者保罗、魏格纳、埃德曼，瑞典学者魏兰德尔（德语教师和语言学家）、师辟伯（曾任德国科隆大学教授）以及瑞士学者琉曼（就读于德国慕尼黑大学）。

一、保罗的正统语意学

保罗（H. Paul, 1846—1921），德国著名历史语言学家，1874年任弗赖堡大学教授，1893—1913年任慕尼黑大学教授。保罗与布鲁格曼、奥斯特霍夫（H. Osthoff, 1847—1909）等都属于青年语法学派，致力于历史比较语言学研究。保罗是斯坦塔尔的学生，从斯坦塔尔那里了解到赫尔巴特的心理学思想，受赫尔巴特、魏格纳等学者的影响，基于个体心理学理论探讨历史语意学。

保罗的代表作是《语言史原理》（*Prinzipien der Sprachgeschichte*, 1st edn. 1880, 2nd edn. 1886, 3rd edn. 1898, 4th edn. 1909, 5th edn. 1920），被视为青年语法学派最重要的理论著作。英文版《语言史原理》（*Principles of the History of Language*, 1888）据德文第2版翻译。保罗坚信语言学属于历史科学，在理论方法上，这部著作对19与20世纪之交的语言学产生了重要影响。

（一）言语活动研究是语言演变研究的基础

保罗不赞成"民族精神"的说法，他认为这个概念没有现实基础。保罗强调通过个体之间的互动关系，即既从说话者角度，又从听话者角度研究言语活动，才能获得对语言演化的全面理解。他在《语言史原理》（第4版）前言中写道：

> Die Veränderungen der Sprache erfolgen nach ihm [Wundt] durch Veränderungen in der Volksseele, nicht durch solche in den Einzelseelen. Das Problem, welches für mich im Mittelpunkt der Untersuchung steht, die Frage, wie sich die Wechselwirkung der Individuen untereinander vollzieht, ist für Wundt überhaupt kein Problem. Er behandelt daher die

Sprache immer nur vom Standpunkt des Sprechenden, nicht von dem des Hörenden ... . Auf diesem Wege kann meiner überzeugung nach kein volles Verständnis der Sprachentwicklung gewonnen werden. ... Sprechtätigkeit im weitesten Sinne, auch die Spracherlernung eingeschlossen, ist das Gebiet, dem sich die psychologische Forschung zuwenden muss. Hierbei aber wird sie sich auf unmittelbare Beobachtung stützen und bedarf dazu der Sprachgeschichte nicht. (Paul 1909：v—vi)

在他（冯特）看来，语言的变化是通过民族精神变化发生的，而不是通过个体精神变化发生的。这个问题对我来说是考察的重点，个体之间的互动是如何发生的问题，冯特却根本没有考虑。因此，他只从说话者角度，而不从听话者角度来研究语言……我可以肯定，通过这种方式不可能获得对语言发展的全面理解。……在最广泛意义上，言语活动包括语言学习，是心理学研究必须关注的领域。然而，这样做会将基于直接观察，而无须涉及语言史。

在《语言史原理》（2nd edn.）中，保罗强调要研究"言语活动表达的全部"：

Das wahre object für den sprachforscher sind vielmehr sämmtliche äusserungen der sprechtätigkeit an sämmtlichen individuen in ihrer wechselwirkung auf einander. (Paul 1886：2)

语言学家的真正对象，与其说是彼此互动中的所有个体，不如说是言语活动的所有表达。

说话者和听话者之间的言语活动研究，构成了语言演变研究的基础。

（二）通常意义和偶然意义

在语义研究中，保罗所提出的最重要观点是意义可以分为通常意义和偶然意义。

Darin aber verhält sich der bedeutungswandel genan wie der lantwandel, dass er zu stande kommt durch eine abweichung in der individuellen anwendung von dem usuellen, die allmählig usuell wird. Die möglichkeit, wir müssen auch sagen die notwendigkeit des bedeutungswandels hat ihren grund darin, dass die bedeutung, welche ein wort bei der jedesmaligen anwendung hat, sich mit derjenigen niht zu decken braucht, die ihm an und für sich dem usus nach zukommt. Da es wünschenswert ist für diese discrepanz bestimmte bezeichnungen zu haben, so wollen wir uns der ausdrücke usuelle und occasionelle bedeutung bedienen. Man könnte dafür vielleicht auch sagen generelle und individuelle.

> Wir verstehen also unter usueller bedeutung den gesammten vorstellungsinhalt, der sich für den angehörigen einer sprachgenossenschaft mit einem worte verbindet, unter occasioneller bedeutung denjenigen vorstellungsinbalt, welchen der redende, indem er das wort ausspricht, damit verbindet und von welchem er erwartet, dass ihn auch der hörende damit verbinde. (Paul 1886: 66)

然而, 在这种情况下, 意义变化与土地变更以相同方式表现出来, 因为它是通过个人使用中偏离通常用法产生的, 而这种偏离会逐渐成为通常用法。对于这种可能性, 我们还必须说, 意义变化的必然性也许是因为一个词在每次使用时的含义, 并不需要与习惯上的意义相一致。由于期望有针对这种差异的特定术语, 我们建议采用"通常意义"和"偶然意义"这对术语。你也可以称之为"一般意义"和"个别意义"。由此, 根据通常意义, 我们可以理解与语言合作成员的共用词语相联系所陈述的全部内容, 而通过偶然意义, 我们可以理解与说话者通过说出他期望而听话者能联想起的该词语相联系的陈述内容。

"通常意义"或"一般意义"是大家都理解的该词语的内容; 而"偶然意义"或"个体意义"是说话者希望听话者能联想到的与该词语相关的内容。受魏格纳(1885)的启示, 保罗认为, 通常意义是偶然意义的积淀, 偶然意义暗含着说话者的特定意图, 并通过交际活动使词义发生变化。

斯坦塔尔(1860)曾经提出, 所有的词只有单一的确定意义, 而源于这个词源义在其后产生的所有意义, 在某种程度上都是次要的。保罗反对斯坦塔尔的观点, 他认为通常意义可以包含很多意义, 但偶然意义只有一个意义。

偶然意义对语境的依赖有三种方式: 1. 依赖于说话者和听话者共享的感知背景; 2. 依赖于谈话中已经预先存在的词语; 3. 依赖于双方共享的谈话场合。如"把盘子放到厨房里", 之所以能被听话者理解, 是因为听话者知道对话中的那个厨房, 而非其他的厨房。词源义被遗忘后, 不仅不会影响该词语的使用, 而且表明其派生义具有某种独立性。

> Dafür gibt es ein sicheres kriterium, nämlich dass ein wort occasionell gebraucht in dem betreffenden abgeleiteten sinne verstanden werden kann ohne zohülfenahme der grundbedeutung, d. h. ohne dass dem sprechenden oder hörenden dabei die grundbedeutung zum bewusstsein kommt. (Paul 1886: 69)

对此要有一个确定的标准, 也就是, 在相关派生意义上偶然使用的词, 可以在不参照基本义的情况下被理解, 这就意味着说话者或听话者无须意识到其基本义。

保罗赞同词源义遗忘的观点，而认为言语活动中的词义取决于说话者和听话者的理解。保罗还认为，在通常情况下，词语的偶然意义比通常意义具有更丰富的内涵和较小的外延。因此，偶然意义指定的是某一具体事物，而通常意义表示的是某些抽象或普遍事物。（Paul 1886：76）

（三）语义演变的三种类型

在《语言史原理》中，保罗提出语言的历史仅是共时语言使用的副产品，它为语义演变研究提供了潜在观念。

保罗的语义演变类型属于逻辑分类，包括三种类型。第一种是专门化，即意义的外延缩小而内涵丰富。以德语的Schirm（屏蔽物）为例，该词的通常意义指任何可以用作屏遮的事物，在偶然意义中可指消防屏、灯光屏、护眼屏、雨伞、遮阳伞等。但是，Schirm的通常意义表示的是"伞"。第二种是隐喻，这是使词语意义扩大和缩小的基本手段。第三种是转喻，指的是出现在与通常意义存在时空关系或因果关系相联系意义之间的转移。由于保罗未能区分语义演变的过程及其结果，所以其语义演变分类并不完善。

中国学者在词义演变中经常提到的词义的缩小、扩大和转移，一般认为来自保罗的《语言史原理》，或者来自布雷亚尔的《语义学探索》。

（四）词典编纂研究和实践

保罗编纂过一部《德语词典》（*Deutsches Wörterbuch*, 1897）。1894年，在《科学的词典编纂与德语词典的任务》（*Ueber die Aufgaben der wissenschaftlichen Lexikographie mit besonderer Rücksicht auf das deutsche Wörterbuch*）中，他提出了编纂词典的最佳方案。1. 词典对象。词典应该把词语的出现和消失过程绘制成图表，并说明词语使用范围的细节。2. 知识来源。词典知识的最佳来源是母语者的直觉知识或语感。3. 词典释义。词典释义的最好方法是揭示词语意义彼此之间的差异及其如何交叠。4. 词义的历史发展。重要的是，认清具体意义之间的逻辑关系。语义演变分两类：在旧义中添加某个新因素（扩大）；旧义中的某一因素消失了（缩小）。5. 词语及其上下文。要注意一个词可以出现的各种组合，绝不能孤立地研究某个词语。遗憾的是，他编纂的《德语词典》却未能达到他设想的所有标准。

在当时的德国，青年语法学派为主流或正统。保罗的《语言史原理》被奉为青年语法学派的"圣经"。保罗围绕其母语或活语言展开语义研究，他提出的通常意义和偶然意义理论，为德国和其他国家的语义学家提供了借鉴。

二、魏格纳的交际语意学

魏格纳（P. Wegener, 1848—1916）也是一位中学教师。与同是中学教师的托马斯和卡尔·施密特不同，魏格纳没有拘泥于语义演变类型或原因的研究，而是强调语义研究的核心问题，即从交际视角研究语言理解的问题，从而建立了"交际语意学"或"理解语意学"。魏格纳的思想受到拉扎鲁斯和斯坦塔尔的影响，著有《语言生命的基本问题调研》（*Untersuchungen über die Grundfragen des Sprachlebens*, 1885）和《独词句》（*Der Wortsatz*, 1921）。魏格纳的研究主要体现在六个方面：1. 语言是交际互动的工具；2. 语言生命理论；3. 运用"呈示—述语"分析法研究句子；4. 语言理解具有四种情景类型，交流情景具有四种维度；5. 句子是构造意义的工具；6. 词语根据情景被赋予意义。

（一）语言生命理论

语言是交际互动的工具，其目标是相互影响。魏格纳认为，语言是集体名称，代表着特定肌肉运动的抽象概念，而这种运动与某一群体及一定的意义或表征相关联。基于语言知识进行交流的行为被称为"说话"。（Wegener 1921：1）对话中的语言具有自然意向性和目的性，要基于交际理论来研究语言理解问题。

魏格纳的语言生命理论，包括语言习得理论、语言使用理论、语言理解理论和语言演变理论。尽管魏格纳使用了"语言生命"（Sprachleben）这一术语，但是"生命"这个词在其理论中已经失去生物学内涵。他认为语言生命有三个维度：儿童时期的语言产生、成年所用语言的发展、时间长河中的语言成长。在这三个维度中，语言的说话者和听话者都发挥着重要作用。语言生命的研究，要以说话者和听话者的推理、心理过程和类比使用为基础。在语言生命的过程中，起初的语言习得需要幼儿及其母亲付出很大努力，但是到了成年，人们可以自动且机械地使用语言。

此外，在语言习得过程中，情感因素十分重要。魏格纳强调，情感因素是语言习得的主要动力来源。例如，孩子哭了，妈妈以某种方式做出反应——比如给他一杯牛奶。同时，妈妈通过音高或响度，使用特定词语组成句子——比如"牛奶"。通过多次反复，也就使得幼儿学会了使用这类词语。幼儿首先是把词语当作一个句子，然后把词语作为句子的一部分，最终学会了使用完整的句子来说话。

（二）语言理解的情景类型

魏格纳提出了"情景"这一重要概念。

> Die **Exposition** dient dazu, die **Situation** klar zu stellen, damit das logische **Prädicat**

verständlich wird. Die Situation ist der Boden, die Umgebung, auf der eine Thatsache, ein Ding u. s. f. in die Erscheinung tritt, doch auch das zeitlich Vorausliegende, aus dem heraus eine Thätigkeit entsprungen ist, nemlich die Thätigkeit, welche wir als Prädicat aussagen, und ebenso gehört zur **Situation** die Angabe der Person, an welche die Mitteilung gerichtet ist. (Wegener 1885: 21)

呈示有助于阐明情景，以便可以理解逻辑上的述语。情景是一件事实、一个事物等出现的基础或环境，但也是发生该活动，即我们用述语陈述事实这一活动时间之前就存在的状况，并且情景还包括针对信息接收者所发的指示。

魏格纳的situation（情景）与英国学者提出的context（上下文、语境）[①]有所不同。上下文是指该语言成分前后的其他语言成分，理解一个词要根据上下文，理解一个结构或句子也要根据上下文。情景则是指交际过程中预先存在的基础或环境等。受魏格纳的影响，后来马林诺夫斯基（1923: 307）提出两种语境："情景的语境"（context of situation）和"语言的语境"（linguistic context）。

在语言理解问题的研究中，魏格纳提出四种具体情景：1. 说话者对听话者的预期；2. 说话者的手势与腔调；3. 呈示与述语之间的相称关系；4. 表达形式与实际功能之间的一致或不一致。魏格纳还提出交流情景具有四种维度：即时感知、记忆或回忆、意识（说话人的兴趣和目的）以及特定文化情景。（Wegener 1885: 21—27）

魏格纳认为，通常情况下，形式和功能是一致的，但是如果采用陈述或疑问形式来表达命令功能，则存在不一致性。虽然形式和功能不一致，但是从交际角度来说，它们的含义是等同的。魏格纳提出，听话者起初需要从交谈情景中来推定形式和功能的一致性，当这些推断逐步机械化之后，就不再需要推理的帮助。

Sprachformen, die in einer Sprachgemeinschaft automatische, mechanische Mittel ihres Zweckes geworden sind, rufen bei dem Hörenden nur diesen Zweck in das Bewusstsein, man kann sie daher von dem Standpunkte des Sprachverstehens auch congruente Sprachzeichen nennen, —congruent insofern, als der durch sie wirklich bewusst gemachte Vorstellungsinhalt gleich ist dem Vorstellungsinhalte, den sie bewusst machen sollen. (Wegener 1885: 74)

在言语社群中已经变成自动机械化结果的语言形式，听话者只需要唤起这一结果。因此人们也可以称它们是来自语言理解立场的具有一致性的语言符号——只要与

[①] 斯图尔特提出，只有在它们与其他词语保持的连接或关联中才能得出其意义。（Stewart 1810: 156）斯马特提出，正是通过反复听到同一词语与其他词语出现在同一上下文之中，人们才终于获得了该词语的完整知识。（Smart 1831: 181）德语表达上下文的词语是Zusammenhang。

在脑海中实际出现的表征内容一致，就与它们在脑海中想起的表征内容相同。

语言的理解具有机械化的特点。语言形式唤起语言理解的结果。所谓语言理解的一致性符号，也就是在脑海中出现的表征内容，与听到这些符号想起的表征内容相同。

（三）句子是构造意义的工具

在语言理解问题研究中，魏格纳认为词语不仅是语音的承载物，更是交际互动的工具。对说话者而言，句子是构造意义的工具；对听话者而言，意义是基于情景得出的结论或推论。

> Somit bietet die Sprache selbst doch nur ausserordentlich wenig Angaben über das Verhältniss der Handlungscomponenteu zur Handlung ; und gerade diese Beziehung- sweisen bilden einen wesentlichen Teil des Inhaltes der Handlungssätze. Es geht auch hier wie bei den oben behandelten Schlüssen des Hörenden: zunächst verlaufen diese Schlüsse langsam, bis die Gewöhnung sie mechanisiert und bis der Hörende und damit der Sprechende glaubt, die durch Schlüsse gewonnenen Ergänzungen seien in den Sprachworten selbst ausgedrückt, da die mechanisierten Schlussreihen die Schwelle des Bewusstseins nicht mehr überschreiten. (Wegener 1885：114—115)

因此，仅由语言本身提供的有关动作组成部分与动作之间关系的信息极少，而正是这些关系模式构成了动作句内容的基本组成部分。以上所讨论的听话者推论，也同样适用于此：起初，这些推论运行缓慢，直到习惯而变得机械化为止，然后，因为一系列推论的机械化而不再跨进意识的门槛，所以听话者，进而是说话者，都认为通过推理获得的补充是言语自身的词语表达出来的。

魏格纳既提到语言理解的机械化，又强调语言理解的过程，往往把凭借推理获得的补充意义，误认为是言语自身的词语表达出来的意义。

（四）词语根据情景被赋予意义

在交际过程中，魏格纳认为言语的主要因素是"呈示"（Exposition）和"述语"（Prädikate）。"呈示"相当于所谓"逻辑主语"，准确地说法是相当于"话题语"；"述语"相当于通常的"谓语"或"说明语"。呈示是给定的，而述语则是新颖的。在交流情景中，述语也可单独使用，这时的情景作为呈示以确保述语能被理解。

从交际过程来看，句子的呈示是为了确保听话者能理解说话者述语中想要传递内容的协调。如果说话者能够保持呈示与所依赖情景之间的平衡，那么有助于听话者理解述语的内容，即说话者提供的"新信息"。这就是最有价值的交流技能。

在语义演变原因的研究中，魏格纳提出，对隐喻的起初理解，只能是从呈示或情景中得出推断，并以之理解述语的结果。随着这些推断的机械化，隐喻不再通过这种方式来理解，而是隐喻自身变成呈示，即成为语言的正常使用手段。如图2-9（转引自Nerlich 1992：87）所示：

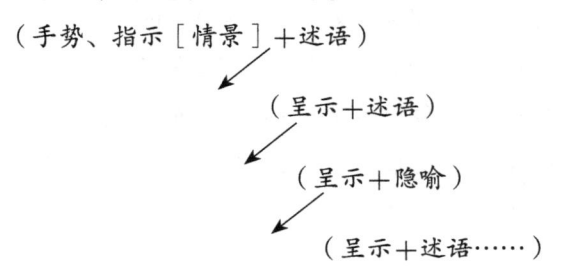

（手势、指示［情景］＋述语）
↓
（呈示＋述语）
↓
（呈示＋隐喻）
↓
（呈示＋述语……）

图2-9　魏格纳的隐喻演变过程

最初的呈示是借助情景或情景中的手势或指示，加上述语形成句子。此后，这一述语成为呈示，再加上其他述语形成另外的句子。当呈示加隐喻（作为述语）形成句子后，该隐喻则有可能作为呈示，加上其他述语形成另外的句子。在这一阶段，隐喻也就成了语言的正常使用手段。

魏格纳强调词语不负载意义，它们根据整体性情景被赋予意义——从情景或说话者的意图和听话者的理解来负载意义。词语只有在被解释为有意义时，才具有真实的含义。用现代术语来说，也就是语用含义是通用意义的源头。

魏格纳基于交际理论对语义展开独到的研究，建立了交际语意学或理解语意学，然而，其研究在19世纪是孤独的，除了保罗为魏格纳的《语言生命的基本问题调研》写过书评，并在《语言史原理》第二版（1886）语义章节里也整合了说话者、听话者和交际情景这三个因素，其他几乎没有产生明显的影响。直到20世纪20年代至30年代，魏格纳的交际语意学才引起人们（英国马林诺夫斯基、加德纳）的关注。

三、魏兰德尔的理解语意学

魏兰德尔（E. Wellander, 1884—1977）是瑞典语言学家。1911年取得乌普萨拉大学哲学博士学位。1918年担任乌普萨拉高等学校德语讲师，1919年成为副教授。1925年担任韦斯特罗斯（Västerås）大学副教授。1926年担任斯德哥尔摩诺拉（Norra）拉丁文法学校副教授。1828年成为斯德哥尔摩大学副教授，1931—1951年担任斯德哥尔摩大学语言学教授。1936年被授予海德堡大学名誉博士学位。1951年成为瑞典皇家科学院成员。魏兰德尔的语意学思想受到瑞典语言学家诺伦的影响，著有《德语意义变化的综合研究》（*Studien zum Bedeutungswandel im Deutschen*，1917，1923，1928），其语意学观点主要体现为：1. 词汇意义和个别意义的区分；2. 语义演变与词语的联想内容相关；3. 语义演变有狭义和广义之分；4. 意义演变是联想的机械化过程。

（一）词汇意义和个别意义

魏兰德尔不但区分了词语的直接意义和间接意义，而且区分了词语的意味意义和默契意义（Wellander 1917：9ff），尤其是词语的词汇意义与个别意义的差异。他认为，词汇意义是一般的意义，即摆脱了差异和变异的抽象化和理想化意义，而个别意义则是包含了变异和偏离的意义。换而言之，词语的词汇意义是泛上下文（包容了该词用于各种语境的特点）的意义，而个别意义则是依赖于上下文的意义。

Die Bedeutung eines Wortes in der gesprochenen Sprache wird bestimmt durch die Gesamtheit aller Verbindungen, in denen wir es kennen gelernt haben ... Diese Verbindungen liefern ebenso viele Elemente, aus denen sich die Bedeutung des Wortes konstituiert, Elemente, von denen bald die einen, bald die anderen im Vordergrund des Bewußtseins stehen, je nachdem der Zusammenhang des Gesprochenen oder Geschriebenen mehr diese oder jene zu reproduzieren anregt. (Wellander 1917：10)

一个词在所说言语中的意义是由我们对它已知所有连接的总和决定的……。这些连接提供了构成该词意义的许多要素，其中某个要素很快，有时是其他要素很快走向意识的前台，这取决于所说或所写内容的语境是否激发了这个或那个要素的再现。

魏格纳关于词汇意义和个别意义的区分，接受了保罗通用意义和偶然意义的影响。

（二）语义演变与词语的联想内容

魏兰德尔认为，语义演变与词语的联想内容相关。如果某个词语经常被反复使用，该词语的语境不仅激活了该词语的某些特征，而且削弱或增强了该词语的某些特征，从而使得其意义改变。

Bei wiederholtem Gebrauch desselben Wortes verknüpft sich in der Seele des Individuums das Wort immer wieder mit den gleichen Vorstellungen, die jedesmal die individuelle Bedeutung bilden. Diese individuellen Bedeutungen sind nicht ganz identisch miteinander; sehr weit können sie aber auch nicht auseinanderfallen, wenn die neuerzeugten Vorstellungen imstande sein sollen, sich mit den älteren zu assoziieren, die früher im Bewußtsein waren. Wächst der Unterschied über ein gewisses Maß hinaus, so treten die älteren Vorstellungen gar nicht ins Bewutsein, geschweige denn, daß sie sich mit den neu hinzugekommenen assoziieren ... In solchem Falle wird das Wort nicht mehr als dasselbe empfunden, sondern wird als ein ganz anderes, neues Wort aufgefaßt, mit einer besonderen Bedeutung. (Wellander 1917：14)

随着重复使用同一个词，该词在个体心灵中与相同的观念一次次发生联系，每次都会形成个别意义。这些个别意义彼此并不完全相同。如果新产生的观念能与早期意识中的旧观念联系起来，那么两者就不可能相差很远。如果差异超过一定程度，那么原有观念甚至不再意识到，它们与新观念的联系更不必提了……在这种情况下，该词不再被认为相同，而被理解为一个完全不同的、具有特定含义的新词。

魏兰德尔对词语新意义形成的解释就是，其"联想内容"的变化导致原有观念被遗忘，该词语的新意义由此产生，从而原词语也就变成了新词语，

（三）狭义语义演变和广义语义演变

魏兰德尔区分了两种语义演变：狭义的语义演变，是由纯粹语言因素引起的；广义的语义演变，是由外部因素引起的。广义的语义演变类型包括：1. 由于所指称事物自身演变而引起的词语"意义转变"（Bedeutungsunterscheibung），斯特恩（Stern 1931）将此称为"更替"。2. 通过向其他语言"意义借用"（Bedeutungsentlehnung）而引发的语义演变。3. 通过说话者有意识地为事物命名（Namensgebung）而引起的语义演变。

魏兰德尔区别了发明新名称的不同途径，如隐喻、夸张或委婉等。他还指出，转变、借用和命名都是有意识的行为，而语义演变本身则是日常语言使用的机械化结果。

（四）意义演变是联想的机械化过程

魏兰德尔认为，起初，词语表征和事物表征之间的联想要经过缓慢而费力的心理运作，随着该词语的经常使用，它们之间的联想变得机械化和即时化。

Die Entwicklung, deren Schlußpunkt beim Individuum die zustande gebrachte direkte Beziehung bezeichnet, vollzieht sich als eine allmähliche Verkürzung der Assoziationsbahn zwischen Wort-und Sachvorstellung, indem die Vorstellungen, die beim ersten Hören des Wortes, bzw. im Falle der crsten Verwendung beim Sprechen, die betreffende Bezeichnung vermitteln, eine nach der andern ausbleiben. Das Anknüpfen der Vorstellungen von der Sache an die Vorstellungen von dem Worte, das zuerst manchmal eine langsame und schwere psychische Arbeit war, vollzieht sich nach zureichender Übung mechanisch und augenblicklich. (Wellander 1917：19)

随着该词与事实概念之间的联想路径逐渐缩短，这一发展的终点是个人建立了两者的直接关系。当初次听到为这个概念创造的该词，或者在最近说话使用的情况下，

表达相同指称的则一个接一个隐退。将事物的观念与词的观念联系起来，起初有时是缓慢而费力的心理运作，但经过充分实践以后，这种联系会机械地和瞬间发生。

在语义演变中，魏兰德尔认为意义不仅与所说的话语相关，而且与听到的话语相关，所以就说话者和听话者而言，各自理解的意义或表征不尽相同。

魏兰德尔将意义的发生和演变解释为机械性过程。在此过程中，"词语陈述"（Wortvorstellung）与"事实呈现"（Sachvorstellung）之间形成直接联系后，该词义与上下文一开始存在的必要联系失去。从必须凭借上下文理解词义，到无须上下文就可以理解。换而言之，词义的演变过程就是，说话者和听话者可通过特定上下文获得某词语的偶然意义，此后在没有这种上下文的情况下也可能理解新的意义。

在《语言史原理》的后期版本中，保罗（1920）极力推荐魏兰德尔的《德语意义变化的综合研究》。魏兰德尔任教于瑞典斯德哥尔摩大学，斯特恩任教于瑞典哥德堡大学。斯特恩（1931）关于语义演变类型和原因的研究，与魏兰德尔（1917，1923，1928）的研究相似，可能受到其影响。

四、埃德曼的多义性研究

埃德曼（K. O. Erdmann, 1858—1931）受魏格纳和布雷亚尔等学者的影响，著有《词语的意义》（*Die Bedeutung des Wortes*, 1901；第二版，1910）。在该书中，埃德曼归纳了词语的三种多义现象，揭示了词语意义内部的多重性，提出词义的中心区域和边界模糊说，并且阐明了词义的上下文理论和交际配合说。

（一）词语的三种多义现象

词语具有多义性，这种多义现象可分为三种。1. 语法形式的多义性，英语中，一般现在时既可以表示行为也可以表示能力。如"他弹钢琴"，既可以表示"他通常弹钢琴"，也可以表示"他会弹钢琴"。2. 相关词语的多义性，需要通过语境来理解。例如，"一张新邮票"，既可以是"新设计的"邮票，也可以是"新得到的"邮票等。3. 某些术语的多义性。（Erdmann 1900：1—2）

埃德曼（1900：12）认为，一词多义是"语言生命"的必然现象。这里的"生命"，不同于生物意义上的"出生、成长和死亡"的生命，而是基于特定变化过程中的"生命"，包括语音演变和语义演变。而在这一过程中，隐喻和转喻所起的作用十分重要。

（二）词语意义内部的多重性

埃德曼强调，词语不仅是多义的和模糊的，而且意义内部具有多重性。他区分了词语意义的三个方面：1. 不同程度上可以确定的概念内容（begrifflichen Inhalt）；2. 附带意义（Nebensinn）；3. 情感价值（Gefühlswerth）或心情内容（Stimmungsgehalt）。（Erdmann 1900：82）其中，词语的概念内容和附带意义是相对稳定的，而情感价值则有摇摆不定的倾向。（Erdmann 1900：105 ff）

埃德曼指出，我们可以从附带意义和情感价值两方面领会词义。附带意义是词语的概念内容的联想意义。"圣诞树"在人们内心引起的联想，不仅是一棵装饰化的树，而且也包括节日气氛、礼物、家庭团聚、一顿特殊的晚餐等。所有这些联想，都包含在关于圣诞树的知识中。即使这些联想性特征，不一定都出现在所有的"圣诞树"上，但是这些特征无疑与典型的"圣诞树"相联系。情感价值指词语中附着的情感色彩。像boozed up（狂饮的）、plastered（烂醉的）之类的词语，比drunk（喝醉的）具有更多的贬义色彩。

（三）词义的中心区域和边界模糊说

在埃德曼的词义理论中，推翻了原有的"表象语义"观，提出"词语表征"尤其具有多义性。

> Besonders vieldeutig ist "Vorstellung." Die einen rechnen die unmittelbaren Sinneseindrücke, die "Wahrnehmungen" oder "Anschauungen" zu den Vorsteuungen. Andere wollen nur die "Reproduktion", die "eingebildeten" Vorstellungen mit diesem Namen belegt wissen. Einige verknüpfen mit dem Worte erkenntnistheoretische Voraussetzungen: das Ding ist von seiner Vorstellung streng geschieden; andere wollen dies gerade vermieden wissen u.s.f. (Erdmann 1900：9)

"词语表征"尤其具有多义性。一些人将直接的感官印象，如"观念"或"直觉"视为预先控制。另一些人则倾向于称之为"复制品"或"想象的"观念。还有一些人，把该术语与认识论的预设联系起来，将事物与其表征严格分离。其他人则只想避开这种情况等。

一词多义是词语的基本特点，词语的意义具有模糊性和灵活性。

> Aber welche Theorien über Wesen Bedeutung und Entstehung der Begriffe man auch vertreten mag, eine ideale Forderung wird man unter allen Unständen an sie stellen: daß sie eine ganz unzweideutige, klare Grenze aufweisen, daß sie einen bestimmten Inhalt und Umfang haben.···Und Begriffe dieser Art werden jedenfalls durch Worte nicht bezeichnet. Worte find vielmehr Zeichen für ziemlich unbestimmte Complexe von Vorstellungen, die in mehr oder minder loser Weise zusammenhängen. (Erdmann 1900：5)

但是，无论关于这些词的内涵、意义和起源的理论可能如何描述，所有大学课程都会提出一个理想化要求：它们非常明确、界定清晰，它们具有确定的内容和范围。……然而这种性质的概念无论如何不能用词语来表达。相反，我们发现词语只是观念复合体的相当不确定符号，这些观念或多或少地松散地联系在一起。

Die Grenzen der Wortbedeutungen sind verwaschen, verschwommen, zerfließend. Treffender aber noch wird meines Erachtens der Sachverhalt gekennzeichnet, wenn man überhaupt nicht von Grenzlinien des Umfangs redet, sondern— wie ich schon oben gethan habe —von einem Grenzgebiet, das einen Kern einschließt. Veranschaulicht man sich gewöhnlich den Umfang eines logisch vollkommenen Begriffs durch eine scharfe Kreislinie, wie sie annähernd ein gutgespitzter Bleistift erzeugt, so kann man sich die Abgrenzung eines Wortumfanges durch einen mehr oder minder breiten, in sich zurücklaufenden Streifen versinnlichen, wie ihn ein in Farbe getauchter Pinsel auf einer Fläche hinterläßt. （Erdmann 1900：5）

词义的界限是模糊的、不清晰的、不确定的。我认为，假如不是简单地讨论（词语的）范围的边界，而是——正如我以上所为——讨论的是包括一个中心区域的有界区域，词义才能得到更充分的描述。如果人们采用突然划界来描绘一个在逻辑上完美的概念的范围，这就近似于用尖尖的铅笔来绘图，通过有点宽度、逐渐变窄的方式描绘一个词语内容的边界，其结果就像一把蘸满油漆的刷子刷出的痕迹。

埃德曼强调，词义是包括一个中心区域的有界区域，而其界限是模糊的、不清晰的、不确定的。一词多义与意义的模糊性和可变性直接相关。

（四）词义理解的上下文理论和交际配合说

埃德曼阐述了词义的上下文理论。他写道：

Die Wortbedeutungen bedingen sich gegenseitig und schränken einander ein. Und es ist ebenso richtig zu sagen, daß der Sinn der gebrauchten einzelnen Ausdrücke vom Sinn des ganzen Satzes abhängig sei, wie daß der Sinn des Satzes von der Bedeutung der gebrauchten Worte abhänge. （Erdmann 1910：43—44）

词义相互依存，又彼此制约。同样正确的说法是，所用的单个表达的含义取决于整个句子的含义，就像句子的含义取决于所用词语的含义一样。

也就是说，埃德曼的词义上下文理论是指对词语意义的理解和句子意义的理解相互作用。

埃德曼进一步强调，交际的理解不仅依赖于上下文，还需要说话者和听话者之间的配合才能实现。

> Insofern heißt "Worte verstehen" soviel wie: ihren Sinn aus dem Zusammenhang erschließen oder erraten. Und dazu bedarf es immer eines gewissen Entgegenkommens: man muß die Ausführungen eines Redners oder Autors auch in seinem Geiste verstehen wollen. (Erdmann 1910：45)

在这方面，"理解词语"的手段无异于：从上下文中发现或揣测其含义。并且总是需要一定的礼貌行为：人们还必须要在自己的心中理解说话者或写作者的陈述。

必须先理解说话者或写作者的一番话，才能理解其中词语的含义。

在交际过程中，上下文将明确该词语的意义，所以词义的模糊性一般不影响交流。但是如果说话者和听话者不配合，或者不想配合，则不能实现交际的理解。

埃德曼提出的三种多义现象、意义内部的多重性、词义中心区域和边界模糊说，对语义研究做出了显著贡献。而他引入的附带意义和情感价值，则促进了情感语意学的建立。

五、师辟伯的情感语意学

师辟伯（H. Sperber, 1885—1963）是瑞典学者，早年在乌普萨拉大学求学。后来到德国工作，曾任德国科隆大学教授。二战期间（1940年以前）移居美国，任美国俄亥俄州立大学教授。师辟伯主要受斯托克莱因和埃德曼的影响，将情感研究融入语义研究，强调情感在语义演变中的重要性。

师辟伯的著作主要有《影响语言变化的情感原因》（*Über den Affekt als Ursache der Sprachveränderung*, 1914）、《意义的发展规律》（*Ein Gesetz der Bedeutungsentwicklung*, 1922）和《语意学引论》（*Einführung in die Bedeutungslehre*, 1923）等。早期语意学家强调运用隐喻和转喻等构建语义演变的逻辑类型，而忽视了语义演变的心理驱动力。师辟伯试图研究语义演变的心理驱动力，以及如何创造使用新意义并最终取代旧意义的过程。

（一）语义演变的情感驱动

师辟伯列举德语的Haupt（头）逐渐被Kopf替代的语义演变过程，并试图揭示其中的演变动力。（Sperber 1923：30—31）德语词Kopf最初多用于军事场合——用军刀砍头，而祈祷时人的头也是向前低下的。在军事场合，Kopf具有比Haupt承担得更多的次要联想和情感价值。因此师辟伯认为，新义取代旧义的动力是情感价值。师辟伯的假设是，新义（斯托克莱因的语义演变第三阶段）和旧义（斯托克莱因的语义演变第一阶段）之间的竞争，其胜负取决于情感能量。换而言之，一个意义被另一意义替换，或一种表达被另一表达替换，由情感能量的大小决定。

词语的语义扩大过程，师辟伯称为"吸引力"（Attraktion）。有名的例子是师辟伯对第一次世界大战中士兵所用隐喻的分析。例如，士兵们用发出"笃笃笃"声音的"缝纫机""咖啡豆研磨机"来指"机关枪"。（Sperber 1923：46ff）师辟伯注意到两者的客观相似性，但只解释了部分原因。更重要的是此类隐喻的情感效果，对家庭工具的联想是形成这个隐喻的意象，隐去了其意象目标"武器"的血腥气。使用该隐喻的动机，不是出于一个有意识的概念表达需求，而是出于一种无意识的情感表达需求，通过"熟悉化"而使一件致命武器的负面价值中性化。这种情感表达需求，本质上是厌战、思乡以及渴望安宁的生活。

师辟伯强调情感因素在语言变化中的作用，其目的是修正布雷亚尔对表达需求的"意志论"。表达需求不仅包括交流思想的理性思考，也可能被无意识的心理刺激所触发——这些词语的使用，都受到情绪的驱动。

（二）语义演变中的规律性

师辟伯认为，在语义演变研究中，要发现类似于语音规律的精密规律是不可能的。人们只能发现语义演变中的某种规律性或"合法性"（Gesetzmäßigkeit）。这种语义演变的情况，似乎定期发生。

> wenn zu einer bestimmten Zeit ein Vorstellungskomplex so stark affektbetont ist, daß er ein Wort über seine ursprüngliche Bedeutung hinaustreibt und es veranlaßt, eine neue Bedeutung anzunehmen ... mit Bestimmtheit zu erwarten ［ist］, daß derselbe Vorstellungskomplex auch andere ihm angehörige Ausdrücke zur Überschreitung ihrer Verwendungssphäre und damit zur Entwicklung neuer Bedeutungen treiben wird.（Sperber 1923：67）
>
> 如果在某一时间，一个观念的复合体受到如此强烈情感的影响，以至于它使一个词超出其原始含义并引发其承担新的含义……可以肯定地预测，同样的观念复合体也会用属于它的其他表达以超出其使用范围，从而推动了新含义的发展。

特定的表征复合体充满了情感。受情感驱动，对表达式的偏离形成新的意义。尽管隶属于表征复合体的词语具有语义变化的一般趋势，但是这个表征复合体只要受情感驱动，就几乎不可能发现所谓语义演变规律。与推测语义演变一般原理的态度相比，师辟伯更专心于研究具体文本，系统分析语义演变的一些个案。

（三）师辟伯的广泛影响

师辟伯的主要贡献在于强调情感研究在语义演变研究中的重要性。他建立的情感语意学，对20世纪初的语义研究产生了广泛影响。师辟伯提出的两个主张：一个是语义演变是由词语嵌入的上下文决定的（该观点来自斯托克莱因）；另一个是情感是语义演变的动力（该观点受埃德曼启发）。第一个主张被普遍接受，而第二个主张更多引来的却是批评。师辟伯的论著受到施魏特英（Schwietering 1925）、柯林森（Collinson 1925）、赫尔曼（Hermann 1925）、弗勒利希（Fröhlich 1926）、斯特恩（Stern 1926）、施普林格（Springer 1938）等学者的评论。

师辟伯的影响并不限于语言学，其方法影响了瑞士心理学家古斯塔夫·巴利，而德国心理学家巴赫曼①则追随古斯塔夫·巴利。奥地利心理学家弗洛伊德（S. Freud）的论著是师辟伯研究灵感的来源之一，而他的作品也给弗洛伊德留下了深刻印象。1986年，法国语言学家阿里夫（M. Arrivé, 1836—2017）在《语言学与精神分析》（*Linguistique et psychanalyse*）中指出，师辟伯的《性冲动对语言起源和演化的影响》（*Über den Einfluss sexueller Momente auf Entstehung und Entwicklung der Sprache*）1912年发表在弗洛伊德创办的《无意识意象》（*Imago*）杂志上。该文主张，最初的词全都代表与性相关的事物，然后失去了这种性意义，引申为与之类似的其他事物和活动。这些观点为弗洛伊德关于语言和象征的研究提供了动力。1954年，心理学家维尔纳在《语义演变：通过实验数据的语义变化过程研究》（*Change in Meaning: A Study of Semantic Processes Through Experimental Data*）中的语义演变实证研究，就是基于师辟伯的观点。

六、琉曼的语义演变矢量及其力量

琉曼（M. Leumann, 1889—1977），瑞士人（德语区），印欧语语言学家。其父恩斯特·琉曼（Ernst Leumann, 1859—1931）是印度学和吐火罗语专家。1922—1926年，琉曼就读于德国慕尼黑大学，1927—1959年任苏黎世大学印欧语语言学教授。受斯托克莱因和师辟伯等学者的影响，琉曼关注语义演变中的情感因素，其代表作是《语义演变机制》（*Zurn Mechanismus des Bedeutungswandels*, 1927）。

---

① 阿民·巴赫曼（Armin Bachmann，生卒年未详），著有《关于语言意义变化的心理学理论》（*Zur psychologischen Theorie des sprachlichen Bedeutungswandels*. München: C. H. Beck, 1935）。

（一）语义演变的矢量

语义演变不依赖个体的词语使用，词语的新义是在不知不觉中产生。琉曼提出，说话者和听话者是语义演变三个阶段的矢量。说话者是语义演变第一阶段的矢量，说话的过程即说话者对于词语的使用。听话者是语义演变第二阶段的矢量，即听话者以新方式来理解这些词语。接下来，当听话者用新方式使用该词语对其他人讲话时，听话者（现在转变为说话者）也就成为第三阶段的矢量。琉曼强调，这是一种理想化状态。实际上，语义演变不依赖个体的词语使用，含有新意义词语的新用法总是在不自觉中产生。

关于语义演变的原因，琉曼认为，正是说话者和听话者之间的这种非连续性，才使词语的误用和变化成为可能。所以具体情境中的误解，才是语义演变的主要原因。（Leumann 1927：108）

（二）语义演变的力量

琉曼认为语义演变有两种力量在起作用。他假设这两种语义演变的基本类型是基于人类认知结构的——隐喻是基于词语之间的认知关系，转喻是基于词语与事物之间的指称关系。

在语义演变规律研究中，他反对仅仅对单一词语的研究，强调句子语境和情景的研究。引发语义演变的因素很复杂，其中类比中的想象和思维发挥着关键作用。

> Die im vorangehenden durchgeführte Erklärung des Bedeutungswandel aus dem grammatischen oder sonstigen Mißverständnis des Gemeinten oder besser aus der Deutung des Gehörten wird dem Vorwurf einer allzu mechanischen Auffassung ... verfallen; man wird den großen Einfluß der Phantasie vermissen. So darf ich es doch noch zum Schluß betonen: die freie Geistestätigkeit, die Phantasie, ist nicht beseitigt als Bewirkerin des Bedeutungswandels; wohl aber ist ihre Wirkung genauer umschrieben: in der Deutung eines gegebenen Wortlautes auf einen nur grob erfaßten Sachverhalt bewährt sie ihre Kraft; diese Deutung ist selbstverständlich insofern analogisch, als sie in den allgemeinen grammatischen Kategorien ihrer Sprachform bleibt, aber insofern frei, als sie nicht die einzelnen Worte betrifft und etymologisch analysiert: maßgebend bei den Deutungsversuchen sind die allgemeinen (syntaktischen, grammatischen) Formen der Sprache, nicht die speziellen (etymologischen) des Wortlauts. (Leumann 1927：118)

以上对语义演变的解释，出于对语法或其他事物的误解。更确切地说，是对所听内容的理解被指责为过于机械……这样人们会错过想象力的巨大作用。最后，我要强调的是，作为意义变化的原因，自由的智力活动、想象力并没有被消除；相反，它的效果更精确地描述为：它证明了在与仅粗略掌握情况相关的给定措辞解释中的能力；当然，这种解释是类推的，因为仍然停留在其语言形式的一般语法范畴中，但就其不涉及单个词语并分析其词源而言，这种解释是自由的：对试图解释该词起决定性作用是语言的一般（句法的、语法的）形式，而不是该词的特定（词源的）形式。

他认为，心智想象力和语法类推是语义演变的力量。换而言之，只要语义演变没有受到所听词语的词源义束缚，则这种解释就是自由的；但是只要依赖于某种语法规则的类推，那么则是非自由的，但是具有系统性。

20世纪20年代，现代语意学研究的帷幕徐徐拉开。1924年，伊普森（G. Ipsen）在《古代东方与印度日耳曼》（*Der alte Orient und die Indo-germanen*）中引进格式塔心理学场论，提出"语义场"理论及其"马赛克模式"。1927年，魏斯格贝尔（L. Weisgerber）在《语意学——语言学的歧途吗》（*Die Bedeutungslehreein Irrweg der Sprachwissenschaft*）中批评德国传统方法，提出意义研究的实质是概念研究，由此将意义科学称为"概念学"。

表2-1 德国语意学沿革一览表

	作者	著作	主要观点	传承或身份
学术背景	费里德希·沃尔夫（F. A. Wolf, 1759—1824）	《荷马导论》（1795）	对古典学的理解：1. 语法的理解；2. 历史的理解；3. 哲学的理解。哲学的理解为最高形式，从逻辑上协调前两者，使意义保持一致。	现代古典学创始人，曾在哈雷大学任教。
	施莱尔马赫（F. Schleiermacher, 1768—1834）	《1809 / 1810年诠释学手稿》、《1819年诠释学讲演纲要》	只有从作者的语境出发才能真正理解和解读文本。语言是思想的表达方式，作者个性化思想的形成和表达，主要受其社会历史情境（包括个体历程）的影响。对作者语境的重建转化为对作者历史情境的重建。"物理重建"不可能，但可进行历史情境的"心理重建"。	诠释学之父。在哈雷大学学习和任教。受康德、沃尔夫、阿斯特的影响。
	本哈迪（A. F. Bernhardi, 1769—1820）	《语法学》（1801, 1803）、《语言科学原理》（1805）	1.讨论同义词、修辞问题。2. 提出提喻法对应主从关系，转喻法对应引申关系，隐喻法对应一致关系。	继承唯理主义和浪漫主义。早年在哈雷大学学习哲学。
形成及其发展	1.莱斯格（C. K. Reisig, 1792—1829）	《拉丁文语言学讲稿》（1825完稿，1839印行）；《拉丁文语言学讲稿·第二卷·语意学或语意科学》（1890）	首创创意学学科。1. 语意学包括语义演变和同义词研究，以及词典学、文体学研究。2. 修辞手法是词语意义的变化途径。提喻、转喻、隐喻是语意的研究方法。3. 语义演变研究的是观念或思想的发展。4. 语意学研究具有哲学取向和心理取向。	直接源头：福尔切利尼的词源学、词汇学研究；莫霍夫的修辞学研究；瓦拉、辛古拉留斯等的同义词研究。

续表

	作者	著作	主要观点	传承或身份
形成及其发展	2.托布勒（L. Tobler, 1827—1895）	《词源系统初探，尤其与民族心理的关系》（1860）	1.提出语义演变类型的逻辑分类。2.提出语源科学，混淆了思想、概念、思维与词义。3.词源系统的任务是揭示内部形式及演变。	斯坦塔尔、拉扎鲁斯的追随者。受洪堡特等的影响。
	3.哈泽（F. Haase, 1808—1867）	《拉丁文语言学讲稿》（1867年之前完稿，1874—1880年出版）	一、词义演变的途径：1.基于意义和形式的关系；2.基于意义和思想或概念的关系；3.基于该词和其他词词义的关系。二、语义演变的原因：1.概念的发展导致意义改变；2.一个不变的意义转指另一概念；3.相关概念的互换；4.同义；5.冗余；6.省略。	师从莱斯格。受葆朴、洪堡特和格里姆等影响。
	4.赫尔德根（F. Heerdegen, 1845—1930）	《拉丁语语意学研究》（三卷，1875—1881）；《拉丁语语意学基础》（1890）；《关于拉丁词词义发展中的比喻和异常》（1891）	一、语意学的对象和方法：1.语法系统四分：语源学、语意学、形态学、句法学。2.语意学的研究对象是撇开与其他词之间关系的单个词语。3.缩小了语意学的研究范围。4.个体主义方法和历史主义方法相结合。二、语义演变原理：无条件语义演变；有条件语义演变。	受莱斯格、哈泽、斯坦塔尔、布雷亚尔等的影响。整理莱斯格的《语意学或语意科学》。
	5.斯坦塔尔（H. Steinthal, 1823—1899）	《语言的起源》（1851）；《语言哲学》（1858）；《语言学的主要类型与特征》（1860）；《语言学的分类》（1871）等	一、语言的起源和发展：1.将统觉用于语言起源与演变理论。2.区分认知的三个层面：感觉、直觉、表象。3.语言的演化可从两方面研究：一是基于感知规律的表象的历史研究；一是基于语意的词语的历史研究。4.提出词源的遗忘原理。二、语言的内部形式和外部形式：1.内部形式在语言和世界、语言和概念之间进行协调，而概念并非固定在词语或语音中。2.语意学描述的是语言发展动力中的语言内部形式。	受赫尔巴特、洪堡特的影响。与拉扎鲁斯一起创立民族心理学，提出"民族精神"，发展了"统觉"理论。
	6.拉扎鲁斯（M. Lazarus, 1824—1903）	《精神的生命》（1856, 1857）	一、符号的双面性：符号具有语音和意义的双面性。二、语义的历史演变：1.因为说者和听者不可能总将他们发出或听到的语音，与同样的思想相联系，因此语义变化不可避免。2.语义的历史演变比语音的历史演变重要。三、语言理解依赖于上下文，获得讲话和理解之间的匹配，这种理解通常在无意识状态下进行。	受赫尔巴特、洪堡特的影响。

续表

	作者	著作	主要观点	传承或身份
形成及其发展	7. 波特（A. F. Pott, 1802—1887）	《来自生命及其身体活动的隐喻》（1853）；《印度日耳曼语系主要形式的词源研究》第二版（1859—1876）增补《印度日耳曼语根词典》	一、从事体验主义或认知语义研究的早期探索。二、提出语义变化的七种类型：（1）缩小或扩大；（2）隐喻；（3）词语用于不同的人和物；（4）词语用于主动或被动、主语或宾语；（5）观念可由复合词或单个词来表达；（6）意义在语境中变化；（7）语音变化引起意义变化。	1827—1830年师从葆朴。1830年到哈雷大学任普通语言学讲师，1833年起任哈雷大学普通语言学教授。
	8. 保罗（H. Paul, 1846—1921）	《语言史原理》（1880）；英文版《语言史原理》（1888）；《科学的词典编纂与德语词典的任务》（1894）	一、主要特点：基于个体心理状态，主张针对母语和活语言展开研究。整合了说者、听者和情景三因素。二、意义的解释：1.意义可分为通常意义和偶然意义。2.语言的历史为解释语言的使用而提供语义演变解释的潜在观念。三、语义演变的类型：1.意义的专门化；2.意义扩大和缩小的基本手段是隐喻；3.与时空或因果关系有相联系的意义之间的转移即转喻。	受赫尔巴特、斯坦塔尔、魏格纳的影响。
	9. 赫克特（M. Hecht, 1857—1947）	《希腊语语意学：古典文献学的对象》（1888）	一、语意学研究的双重目标：1.在一起发展的两个意义之间，寻找到概念上的内在联系；2.基于心理研究基础，描述词语内容的历史。二、语意学的定义和方法：1.语意学是语言学中基于心理研究的分支：一方面描述意义之间的转化规律；一方面通过审视整个时代语言作品的发展以追踪意义的发展，并发现其主导规律。2.语意研究方法可分为词典学方法和词源学方法。三、语义演变的心理机制：1.语义演变的心理原理：客观性语义演变、主观性语义演变、两种演变的混合。2.语义演变的心理机制：通过瞬时心理行为而逐渐形成新的意义；语义演变是表象的逐步转变。	受到赫尔巴特、拉扎鲁斯和斯坦塔尔统觉理论的影响。认为莱斯格以及托布勒和盖革可以称为心理语意学家。
	10. 海伊（O. Hey, 1866—1911）	《语意学研究》（1892）	1.语意学是客观的、历史的。2.语义演变的三种类型：扩大、缩小、意义的分化或同义词分化。3.打破了逻辑分类，将心理因素及文化因素纳入语义演变研究。	受赫克特的影响。从逻辑分类向心理方法转变的过渡人物。

续表

	作者	著作	主要观点	传承或身份
形成及其发展	11. 卡尔·施密特（K. Schmidt, 1859—1944）	《语义演变的原因》（1894）	1. 所有语义演变都可描述为该词概念的扩大或缩小。意义的转化可以归入意义的扩大。2. 语义演变的原因不仅源于心理，也源于语言使用。3. 语义学家的任务是揭出所有语义演变背后的更多民族逻辑，才可发现语义演变原因。	受梅斯泰特尔和布雷亚尔影响。
	12. 托马斯（R. Thomas, 生卒年未详）	《关于语义演变的可能性》（1894, 1896）	1. 立足于逻辑传统研究语义演变类型。2. 立足于心理取向研究语义演变原因。语义演变的分类是19世纪最合理的分类。	受莱斯格、赫尔德根、达梅斯泰特尔的影响。
	13. 冯特（W. Wundt, 1832—1920）	《语言和思维》（1885）；《民族心理学》（Bd.1, 2, 1900）；《语言学与民族心理学》（1911）	1. 语义演变分为自主演变和相关演变，前者包括有规则的和无规则的语义演变。2. 语义演变取决于两种因素：一般条件、近似条件。3. 语义演变规律基于一般联想规律，包括相似联想、时空邻接联想以及消除不可调和的元素。	受拉扎鲁斯和斯坦塔尔、莱布尼茨的影响。
	14. 罗森斯泰因（A. Rosenstein, 1857—1928）	《词义演变的心理状态》（1884）	1. 语义演变研究要找到各种演变的心理条件。将语义演变分为：感知语义的演变；联想语义的演变。2. 坚持只有遗忘词源义，才可掌握语义演变。	师从冯特。受拉扎鲁斯、斯坦塔尔、辉特尼、达梅斯泰特尔等影响。
	15. 莱曼（H. Lehmann, 1860—？）	《法语的意义变化》（1884）	专门研究法语词汇的意义变化。	保罗的追随者，影响了达梅斯泰特尔。
	16. 魏格纳（P. Wegener, 1848—1916）	《语言生活的基本问题调研》（1885）；《独词句》（1921）	一、语言习得、使用、理解的统一理论：语言交际过程建立在策略、程序、图式和模型上，包括说者和听者在情景中的交互作用。二、意义交际说：1. 语言是交际互动工具，对话具有意向性和目的性。2. 交际情景的四维度：即时感知；记忆或回忆；意识；特定文化语境。3. 语言理解的四种情景：说者对听者的预期；手势与腔调；呈示与谓语的相称关系；形式与功能的一致或不一致。三、意义语境说：1. 词语不负载意义，它们根据整体语境赋予意义。2. 句子意义是从语境中得出的推断。	受拉扎鲁斯和斯坦塔尔的影响。影响了保罗、斯托克莱因。英国的马林诺夫斯基、加德纳和弗斯发展了魏格纳的情景学说。

续表

	作者	著作	主要观点	传承或身份
形成及其发展	17. 斯托克莱因（J. Stöcklein, 1857—？）	《意义理论研究》（1895）；《词意的演变：起源和发展》（1898）	1.词语只存在于句子之中，通过句子研究，才能理解语义演变过程。2.语义演变三阶段：最初阶段、转变阶段、新意义确立阶段。3.词义不是固定的，而是变化的和富有弹性的。4.词语与事物之间的合适性引发语义演变，这种演变与词语和事物之间的相互联系有关。	受魏格纳的影响。
	18. 埃德曼（K. O. Erdmann, 1858—1931）	《词语的意义》（1900）	一、中心区域和界限模糊说：词义的界限是模糊的、不清晰的、不确定的。二、词语的概念意义、词语的附带意义、词语的情感价值。三、意义的基本特点：1.词义具有灵活性，一词多义是基本特点。2.意义具有多重性：语法形式的多义性、相关词的多义性、术语的多义性。3.词义的上下文理论，词语的意义相互适应又相互界定，单词的意义依赖于整个句子的意义。句子的意义依赖于其使用的词语意义。	受魏格纳和布雷亚尔的影响。对师辟伯建立情感语意学有影响。
	19. 马蒂（A. Marty, 1847—1914）	《普通语法基础与语言哲学研究》（1908）	区分描写语义学、遗传语义学和总体语义学。提出语义学从起初运用逻辑和历史方法，发展成运用历史和心理方法并形成不同研究途径。	可能受到保罗"历史语法"和"描写语法"的影响。
	20. 师辟伯（H. Sperber, 1885—1963）	《关于语言变化的情感原因》（1914）；《意义的发展规律》（1922）；《语意学引论》（1923）	建立情感语意学。1.一个意义被另一意义替换，取决于情感能量大小。2.语义演变由词语的上下文决定，其动力是情感。只能发现语义演变中的某种规律性，而没有语义演变定律。	受诺伦、斯托克莱因、埃德曼的影响。
	21. 魏兰德尔（E. Wellander, 1884—1977）	《德语意义变化的综合研究》（1917, 1923—1928）	1.意义的演变是机械化过程。2.意义对说者和听者不尽相同。3.提出直接意义和中介意义；意味意义和默契意义；词汇意义和个别意义。4.如果某个词经常使用，其语境不仅激活某些特征，而且削弱或增强某些特征。5.语义演变分为狭义和广义。	受诺伦的影响。

续表

	作者	著作	主要观点	传承或身份
形成及其发展	22.古斯塔夫·巴利（Gustav Bally, 1893—1966）	《语义变化的心理现象》（1924）	1.提出"最大联想接受准备状态"和"集体联想准备状态"。2.新名称形成的三种原因：说话者不知他想所指明的物体的指称；说话者想避免常见指称；已知指称不能充分表达说者的主观情绪。3.语义创新的机制：隐喻、转喻与委婉。	受魏兰德尔的影响。完善了魏兰德尔的语意学理论。
	23.琉曼（M. Leumann, 1889—1977）	《语义演变的机制》（1927）	1.含有新意义词语的新用法总是不自觉地产生。2.语义演变的主要原因是具体情境中的误解。3.语义演变的两种力量：隐喻和转喻。4.只要语义演变活动没有受到词源义束缚，这种活动就是自由的；只要语义演变活动受制于语法，这种活动则是非自由的，然而是有系统的。	受斯托克莱因和师辟伯的影响。
	24.魏斯格贝尔（L. Weisgerber, 1899—1981）	《语意学——语言学的歧途吗》（1927）	1.语意学附属于词典学和词源学，通过比较、分类，对某些语义规律进行心理解释。2.词语是两种成分的统一：语音形式（或名称）和内涵（或概念）。3.研究意义的科学是概念学，意义是词语语音的功能。	受赫尔德、洪堡特、卡西尔、琉曼、哈泽的影响。
	25.斯特恩（G. Stern, 1882—1948）	《意义和意义的演变》（1931）	1.意义研究包括言语功能、一般符号理论及指称论。2.七种语义演变类型：语义的更替、类推、词语缩略、修辞命名、规则转移、语义替换、语义适应。	受波朗、马蒂、奥格登和理查兹、比勒的影响。

第三章

法国语义学的早期探索

法国学者对同义词和修辞转义现象的探讨，可以追溯到18世纪。法国文法学家吉拉德（A. G. Girard, 1677—1748）的《法语的准确性，或通过同义词表达不同含义》（*La justesse de la langue française, ou les Différentes significations des mots qui passent pour synonymes*, 1718）是法国同义词研究的第一部专著，1737年再版时题名《法语同义词》（*Synonymes françois*）。法国哲学家、文法学家杜马尔赛（C. C. Dumarsais, 1676—1756）在《可在同一语言中举出同一单词的比喻或不同含义》（*Des tropes ou des différents sens dans lesquels on peut prendre un même mot dans une même langue*, 1730）和《比喻的规约》（*Traité des Tropes*, 1730）中研究了词语的比喻义和引申义。

法国语义学形成于19世纪中期，但其思想可追溯到18世纪哲学家孔狄亚克（É. B. de Condillac, 1714—1780）。在《论人类知识的起源》（*Essai sur l'origine des connaissances humaines*, 1746）、《感觉论》（*Traité des sensations*, 1754）中，孔狄亚克把洛克的经验主义心理学说发展为感觉主义心理学说，批判了笛卡尔的天赋观念论。孔狄亚克提出，一切观念来自感觉，感觉通过记忆保存下来形成观念，观念可分为单纯观念和复杂观念。人类观念建立在思想的交流基础上，语言是漫长历史演化的结果。人们借助语言符号组成观念，而语言符号与创制环境密切相关。为了准确地理解语词，必须置身于感觉和观察事物的环境中，才可以避免意义模糊。这些思想影响了19世纪中期的法国语义学家，布雷亚尔赞同孔狄亚克的观点——心智和知识的进步与语言的进步密切相关。

仔细考察，19世纪中期的法国语义学思想有两个来源，除了法国的观念学或观念体系（Ideologie）学说，还有德国的语言有机体（Organism）学说。"观念体系"思想植根于18世纪末的法国语言哲学，Ideologie这一术语即由其代表人物特蕾西（D. de Tracy, 1754—1836）在1796年提出，他试图为一切观念的产生提供一个哲学基础——观念科学。1801年出版《观念学原理》（*Les Éléments d'idéologie*）。在"观念体系"中，观念的研究就是揭示词汇语义的变化过程，所以"观念"与"词义"密切相关。在某种程度上，两者甚至是同义语。1840年，文献语言学家阿克曼（P. Ackermann, 1812—1846）在《与法语及其文化形成有关事实的考订》（*Examen de quelques faits relatifs à la formation et à la culture de la langue française*）中，区分了"观念"和"词语"，把语法学分为语音学和观念学。

德国的语言有机体学说是19世纪上半叶生物学影响的产物。1820年，洪堡特对"语言有机体"已有一系列论述。1827年，贝克尔出版《语言的有机体：德语语法引论》（*Organism der Sprache als Einleitung zur deutschen Grammatik*）。1836年，葆朴赞同洪堡特的语言有机体学说。19世纪60年代，马克斯·缪勒（1861, 1866）和施莱歇尔（1861,

1863）进一步倡导语言研究的自然主义，语言学被视为一门自然科学。而社会学家孔德（A. Comte, 1798—1857）、医学实验家伯纳德（C. Bernard, 1813—1878）等，都推崇施莱歇尔将实证主义和经验主义相结合的语言学思想。在法国，早期语义学家查维（1849，1878）受到德国学者的影响，提出语言学是有关思想的"音节生物体"学说，认为语义变化是语言生命和词语交互作用的自然结果。

19世纪中晚期的法国语义学思想，受到德国心理学思潮的影响。以布雷亚尔为代表的学者反对自然主义，以心智主义看待语言现象，提出"语义学"的研究任务，促使语义学转向语言的交际与理解研究。19世纪90年代以后，梅耶等在其研究内容、方法以及语义演变原因等方面融入了社会学理论方法，形成了法国的社会语义学研究。

第一节　语言有机体学说和语言自然主义

19世纪的欧洲语言学，先后受到生物学、心理学、社会学的影响。所谓生物学的影响，主要表现为德国学者倡导的语言有机体学说和语言研究的自然主义。

一、本哈迪、施莱格尔、洪堡特、葆朴的论述

1805年，德国学者本哈迪在《语言科学原理》（*Anfangsgründe der Sprachwissenschaft*）中提出，语言科学的任务就是要把语言有机体刻画清楚。1808年，弗里德里希·施莱格尔（Friedrich von Schlegel, 1772—1829）在《论印度人的语言和智慧》（*Über die Sprache und Weisheit der Indier*）中提出：梵语的结构是有机形成的，与此对立的是机械方式结构。1820年，洪堡特在《论与语言发展不同时期有关的比较语言研究》（*Üeber das vergleichende Sprachstudium in Beziehung auf die verschiedenen Epochen der Sprachentwicklung*）中，对语言有机体有所论述。

> 语言是（人这一）有机生命体在感性和精神活动中的直接表现，所以语言也就很自然地具有一切有机体的本性，即每个成分都依赖于其他成分而存在，所有成分都依赖于一种贯通整体的力量而存在。……即使在一个简单的句子里，只要有语法形式可言，语言也表现为一个完整的统一体。（姚小平编译 2001：13）

一方面，语言的有机体本性来自人类的有机生命体；另一方面，语言的有机体本性就

是每个成分之间的相互依存，表现为一个完整的统一体。这是借用生物学概念"有机体"以强调语言成分的有机构成或完整性。

> 语言的有机体属于拥有智能的人类的生理范围，语言的进一步完善属于人类的历史发展范畴。通过语言有机体的分析，我们可以测定语言的领域，检验人类的语言能力。通过语言进一步完善状态的考察，我们可以认识人类凭借语言达到的一切目的。语言有机体的研究要求我们尽可能广泛地（对各种语言）进行比较，而对语言完善过程的探索则要求我们限制在一种语言中，深入到最细微之处。（姚小平编译 2001：17）

对语言有机体的研究，要求广泛地进行各种语言的比较。在这里，洪堡特暗示了语言的研究犹如物种的研究。生物学要搜集和对比研究大量不同的物种，语言学也需要搜集和对比研究大量不同的语种，甚至人类的所有语言。这是借用生物学"搜集和对比"的基本方法。

> 即使最不开化民族的土语也是大自然的珍贵杰作，我们绝不可以把它一块块任意地分割开来，然后分散零碎地描写。这种土语同样是一个有机的组织，所以我们必须把它当作一个有机体来对待。（姚小平编译 2001：18）

在这里，洪堡特提醒的是对构成语言的成分，要立足于整体性或相互关系之间的描写。这是借用生物学的基本概念"有机组织"。

洪堡特认为，语言的有机体过程表现为Energeia（能力/活力），语言有机体生存于语言创造与使用者的大脑中。只有当语法学家把语言的形式和结构记录下来，使之成为Ergon（产品），才使之固定在不变的状态中。洪堡特由此主张，可以像对待任何自然物那样，对语言这个自在自为的客体加以客观研究。（姚小平译序 1997：43）在其论著中，洪堡特描述语言有机体的过程常用术语是Entwichlung（发育/成长/发展），有时也用术语Evolution（演变/演化/进化）。

Evolution这一术语来自生物学。拉丁文的evolutio含义是"像画卷展开"。1762年，法国生物学家邦尼特（Charles C. Bonnet, 1720—1793）在《关于有机体组织的思考：涉及其起源、发展和繁殖》（*Considérations sur les corps organisés, ou l'on traite de leur origine, de leur développement, de leur réproduction*）中，首次用evolutio表示女性所携后代的"原初形成"（pre-formation）即"胚胎发育"。蒙博多在《语言的起源和进化》（*Of the Origin and Progress of Languag*, 1773）中导入这一术语。但在其理论中，"演化"不仅用来表达人类起源于低级灵长类动物，而且用来表达物种在漫长时期中通过环境适应改变其特性。

根据以上引文，洪堡特的语言有机体学说可以提炼如下：

1. 语言的有机体本性来自人的有机生命体；语言富有生命力（人类的创造力），语言处于不断的发展和进化过程之中。

2. 语言成分之间是有机的构成。

3. 要立足于语言整体性，或语言成分之间的相互关系加以描写。

4. 语言学研究可以借用生物学方法论。

葆朴赞同洪堡特的语言有机体学说，在《元音系统或语言比较综述》（*Vocalismus order Sprachvergleichende Kritiken*）中写道：

> Die Sprachen sind als organische Naturkörper anzusehen, die nach bestimmten Gesetzen sich bilden, ein inneres Lebensprinzip in sich tragend sich entwickeln, und nach und nach absterben, indem sie, sich selber nicht mehr begreifend, die ursprünglich bedeutsamen, aber nach und nach zu einer mehr äußerlichen Masse gewordenen Glieder oder Formen ablegen oder verstümmeln oder mißbrauchen, d. h. zu Zwecken verwenden, wozu sie ihrem Ursprunge nach nicht geeignet waren. (Bopp 1836: 1)

语言应视为按照某些规则形成的自然有机体，以其内在生命原理主导自身的成长，并逐渐消亡。因为它们不再理解自己，而是逐渐成为一种更加表面化的遗弃物，或支离破碎，或滥用四肢，或形成团块，即用于与原本不适合的目的。

以上这些学者之间都有联系。本哈迪和弗里德里希·施莱格尔是浪漫主义的同仁。通过洪堡特的推荐，葆朴1821年被任命为柏林大学的梵文和比较语法教授。洪堡特曾跟葆朴学习过梵文。青年时期的葆朴又与弗里德里希·施莱格尔的兄长奥古斯特·施莱格尔（August Von Schlegel，1767—1845）在巴黎一起学习梵文。

二、贝克尔的语言有机体学说

最早以"语言的有机体"为书名的是德国学者贝克尔。贝克尔（K. F. Becker, 1775—1849）是医师、教育家和语言学家。1794—1799年在哥廷根大学学习医学，1815年成为一名医生。1823年，在黑森州的奥芬巴赫（Offenbach）开办私立学校，由此促使他从事德语语言学研究。著有《德语的构词》（*Deutsche Wortbildung*, 1824）、《语言的有机体：德语语法引论》（*Organism der Sprache als Einleitung zur deutschen Grammatik*, 1827）和

图3-1 贝克尔（K. F. Becker）

《德语的风格》(Der deutsche Stil, 1848）等。

具有医学专业和生理学、生物学知识背景的贝克尔，很容易从跨学科出发，提出语言的有机体学说。《语言的有机体：德语语法引论》第一章的题目是《语言如同属种的有机性表现》(Die Sprache als organische Verrichtung der Gattung)，第十六章的题目是《定语的有机意义》(Organische Bedeutung des Attributivs)。作为语言起源于无意识的代表，贝克尔认为，大自然的一般生命都是有机体，而有机体的发展规律包含于自身之中。作为大自然一般生命的表现，人类就是一个有机体；作为"生命的机能"，语言也是一种有机体。正是由于精神活动的激发，人们才能完成词语的表意功能。人必须说话，因为人在思考，就像被空气包围着的生物必须呼吸一样。贝克尔坚持词语相对独立于思想，思想存在于词语之上，而不是体现在词语之中。思想的发展完全是自身的，而词的发音对思想仅仅是一种装饰。

贝克尔的语言有机体学说，比语言学界时常提起的施莱歇尔（1863）的语言自然主义要早36年。而以往的语言学史家尚未注意到这一史实。

三、缪勒、施莱歇尔的语言自然主义

葆朴的学生马克斯·缪勒（F. Max Müller, 1823—1900）发展了语言有机体学说。1861年4月至5月，缪勒在英国皇家学院发表讲演，其讲稿编成《语言科学讲座》(Lectures on the Science of Language, 1864）出版。第一部分论述语言的躯体（外部），描写语音、音节或词语的起源和形成过程，以及支配这些成分发展和消亡的规律；第二部分论述语言的灵魂（内部），阐述了语言的融合、分化和消亡规律，以及神话研究的原则、语言对思想的影响等。缪勒提出了自然主义语言观——我们可以收集各种语言的材料，将它们加以分类，分析其构成成分，推断出决定各种语言的起源、发展和消亡规律。语言学家研究语言，与地质学家研究矿石和化石、天文学家研究天体、生物学家研究花朵毫无差别。缪勒将语言视为自然界的第四王国[①]，并且把语文学（philology）和语言学（linguistics）区分为不同性质的学科，语文学属于历史科学，而语言学属于自然科学。

作为自然主义学派的创始人，施莱歇尔（A. Schleicher, 1821—1868）自认为是洪堡特学说的继承人，著有《印度日耳曼诸语言比较语法纲要》(Compendium der vergleichenden Grammatik der indogermanischen Sprachen, 1861）、《达尔文理论与语言学》(Die Darwinsche Theorie und die Sprachwissenschaft, 1863）。他写道：

---

① 通常认为，康德在《纯粹理性批判》《批判力批判》《实践理性批判》中分别建立了科学王国（求真）、道德王国（求善）和艺术王国（求美）。

> 语言是自然有机体,在不受人类意志决定的情况下,会按照确定的规律产生、生长和发展,进而衰老和死亡。它们也独特地具有通常被理解为"生命"的一系列表现。语音隶属于语言科学,因此是一门自然科学。一般而言,其研究方法与其他自然科学一样。(Schleicher 1863:3)

施莱歇尔的自然主义不但接受了洪堡特学说的影响和其他学者的自然史学说,而且他就是一位园艺爱好者。

史实表明,19世纪上半叶的语言学家对生物学普遍感兴趣,并且吸收了生物学的方法论,把语言史视为自然史的一部分。这些理论对当时的德法语言学研究,包括语义学研究发生了影响,当然也遭到一些学者的质疑和抨击。

四、生物学对语言学的学术反哺

接下来的问题是,生物进化论的核心思想从何而来?是生物进化论早于语言进化论,还是语言进化论早于生物进化论?是生物进化论影响了语言进化论,还是语言进化论孕育了生物进化论?

苏格兰启蒙运动的先驱、现代人类学的创始人、历史比较语言学的奠基人之一、哲学家蒙博多(Lord James Burnett Monboddo, 1714—1799),在《语言的起源和进化》(*Of the Origin and Progress of Language*, 1773, 1774, 1786, 1787, 1789, 1792)中,基于语言的结构分析和历史比较,首创了语言起源—进化论——人类语言的进化是对其环境变化和社会结构的适应,由此进一步探索与语言密切联系的人类心智,以及作为物种的人类的起源—进化。基于这三个密切相关的起源—进化论,形成了作为哲学思想和科学理论的进化模式——一种全新的世界观。其中的两个核心概念:一是"进化"(evolution),二是"环境适应"(in response to the environment),合起来就是"进化的适应性改变"(evolutionary adaptive change)。(李葆嘉 2014)

此后,进化模式主要在地质学和生物学两个领域交织发展。在地质学领域,现代地质学的创始人哈顿(Hutton 1785)描述了经历深度时间,逐层地质状态的连续变化过程;史密斯(W. Smith 1816)通过考察沉积岩层中的古生物化石确定地层顺序,将生物进化与地质变化结合起来,形成了生物地层学;莱伊尔(Lyell 1830)发展了哈顿的地质均

图3-2 蒙博多(Lord J. B. Monboddo)

变论，并影响了华莱士（Wallace）和查尔士·达尔文（Charles R. Darwin）的生物学研究。在生物学领域，哈顿（1794）将进化模式具体化为繁殖变异原理；查尔士·达尔文的祖父伊拉斯谟·达尔文（Erasmus Darwin 1794, 1803）描述了从微生物到现代生物多样化的进化过程，阐述了环境影响可能改变物种；拉马克（Lamarck 1809）提出了物种演化理论；直至华莱士（1855, 1858）和查尔士·达尔文（1858）生物进化论的论著发表。其中的关键学者，如哈顿、莱伊尔、伊拉斯谟·达尔文、查尔士·达尔文都来自爱丁堡大学，他们基于蒙博多首创的进化模式，在地质学、生物学、人种学领域，利用所搜集的资料使其丰富化，从而形成了各自学科的个别进化论。（李葆嘉 2014）

由此可见，18世纪70年代蒙博多的语言起源—进化论为此后的生物起源—进化论奠定了哲学基础。19世纪的语言有机体学说或自然主义语言观，实际上是生物学对语言学的"学术反哺"。

五、从生物学方法转向心理学方法

18世纪70年代以来，青年语法学派反对把语言的生命分为史前增长期和有史以来衰老期，而是用语音演变定律及类推机制解释语言的变化。他们不再把语言看作自我发展的有机体，而视为语言集团的精神产物。从生物学方法到心理学方法的转向，关键人物是斯坦塔尔，许多青年语法学派的学者都听过他的课。保罗在《语言史原理》中多次提到斯坦塔尔的心理学，阐述了从心理角度分析语言的方法。当然，保罗对其师的民族心理学不甚满意，但从斯坦塔尔那里了解到赫尔巴特的表象心理学。保罗强调：

> Wir scheiden die historischen wissenschaften im weiteren sinne in die beiden bauptgruppen: historische naturwissenscbaften und culturwissenschaften. Als das charakteristische kennzeichen der cultur müssen wir die betätigung psychischer factoren bezeichnen. Dies scheint mir die einzig mögliche exacte abgrenzung des gebietes gegen die objecte der reinen naturwissenschaft zu sein. (Paul 1886：6)

我们将广义的历史科学分为两大类：历史自然科学和历史文化科学。我们必须将心理因素的活动作为文化的特征标记来描述。在我看来，这是该领域与纯粹自然科学对象的唯一可能的精确界限。

> Das psychische element ist der wesentlichste factor in aller culturbewegung, um den sich alles dreht, und die psychologie ist daher die vornehmste basis aller in einem höheren sinne gefassten cultnrwissenschaft. Das psychische ist darum aber nicht der einzige factor;

es gibt keine cultur auf rein psychischer unterlage, und es ist daher mindestens sehr ungenau die culturwissenscbaften als geisteswissenschaften zu bezeichnen. In wabrbeit gibt es nur eine reine geisteswissenschaft, das ist die psycbologie als gesetzwissenscbaft. Sowie wir das gebiet der historischen entwickelung betreten, haben wir es neben den psychischen mit physischen kräften zu tun. Der menschliche geist muss immer mit dem menschlichen leibe und der umgebenden natur zusammenwirken um irgend ein culturproduct hervorzubringen, und die beschaffenheit desselben, die art, wie es zu stande kommt, hängt eben so wol von physischen als von psychischen bedingungen ab ; die einen wie die andern zu kennen ist notwendig für ein vollkommenes verständniss des geschichtlichen werdens. (Paul 1886：6)

心理因素是所有文化运动中最本质的因素，一切都围绕着它出现，因此心理学是从更高意义上所理解的一切文化科学的最崇高基础。然而，心理要素不是唯一的要素；没有纯粹基于心理要素上的文化，因此将文化科学描述为人文科学至少是很不严密的。在工作中，只有一门纯粹的人文科学，那就是作为法律知识的心理学。当我们一旦进入历史发展领域，就面临着心理上和物理上的两方面力量。为了生产出某种文化产品，人类精神总是不得不与人体和周围自然一起工作，就像物理条件一样，其运作和产生方式同样取决于心理条件；要全面了解历史的发展，必须知道这二者。

在青年语法学派形成之前，博杜恩已在《波兰语变格中类推作用的若干现象》（1868）中，强调心理类推机制对语言变化的影响，而这正是青年语法学派的两大原则之一（另一原则是演变规律无例外）。因此，有人把他称为青年语法学派创始人之一，博杜恩这样认为：

如果在一系列问题上他（自指——引注）的观点与青年语法学派观点吻合，那么这只能归功于他们语言观形成的共同基础，即斯坦塔尔著作的影响。（转引自杨衍春 2010：98）

青年语法学派反对语言有机体说，同样是受斯坦塔尔的影响。早在1855年，斯坦塔尔在《语法、逻辑和心理学：它们的原理及其相互关系》中就不赞成语言有机体说，从心理学角度批评贝克尔的《语言的有机体：德语语法引论》，其理由是语言不应与逻辑混淆（贝克尔认为，所有的语言都受制于特定的逻辑和哲学原则，并且比较语文学研究可能通过演绎得出结论）。斯坦塔尔试图用对语言的心理分析取代贝克尔对语言的逻辑和哲学分析。

第二节　查维的词汇观念学研究

在法国观念学与德国语言有机体学说的舞台上，法国语义学登场了。作为法国语义学的最初探索者，查维（H. J. Chavée, 1815—1877）是比利时（瓦隆法语区）人。查维原为比利时那慕尔教区神学院（Namur Diocesan Seminary）培养的神父，19世纪40年代移居巴黎。1846—1848年任教于巴黎斯坦尼斯拉斯学院（Collège Stanislas de Paris）。查维曾师从比利时神学家贝伦（J. T. Beelen, 1807—1884）学习闪米特语。此后，通过进一步自学成为印欧语语言学家，受到葆朴、迪茨[1]和艾希霍夫[2]的影响。

查维侧重于印欧语词汇及其观念学（相当于词汇语义学）研究，主要论著有《词源的哲学探索》（*Essai d'Etymologie philosophique*, 1843, 1844）、《印欧语词汇学：或梵语、希腊语、拉丁语、法语、立陶宛语、俄语、德语、英语等词语科学的探索》（*Lexiologie indo-européenne: ou Essai sur la science des mots sanskrits, grecs, latins, français, lithuaniens, russes, allemands, anglais, etc*, 1849）（以下简称《印欧语词汇学》）、《积极的观念学：印欧语词汇的自然家族理论》（*Idéologie positive. Familles naturelles des idées verbales dans laparole indo-européenne*, 1867）和《印欧语的词汇观念学》（*Idéologie lexiologique des langues indo-européennes*, 1878）。除了历史语言词汇及其意义的重建，他描写过其母语瓦隆语，并长期从事语言教育工作。

图3-3　查维（H. J. Chavée）

可能受葆朴等学者的影响，查维也认为语言是有机体。19世纪40年代，查维倡导语言的自然主义，培养了奥夫拉克（A. Hovelacque, 1843—1896）等一批学者。1867年，创办了法国的第一份语言学刊物《语言学和比较语文学杂志》（*Revue de Linguistique et de Philologie Comparée*）。

---

[1] 迪茨（F. C. Diez, 1794—1876），德国语言学家。波恩大学教授，罗曼语言学的奠基人。著有《罗曼语语法》（*Grammatik der romanischen Sprachen*, 1836—1838）和《罗曼语词源词典》（*Etymologisches Wörterbuch der romanischen Sprachen*, 1853）。

[2] 艾希霍夫（F. G. Eichhoff, 1799—1875），法国语言学家和文学家。里昂大学教授。著有《印欧语普遍语法》（*Grammaire générale Indo-Européenne*, 1867）。

一、基本词语的自然家族

查维在《印欧语词汇学》（1849）中提出语言的"自然家族"理论，试图重建原始印欧语词表，寻找与简单词根对应的概念库与语义原子。

> Pour la science lexiologique, l'étude comparative et approfondie des vocabulaires n'est qu'un moyen d'arriver par l'analyse à la connaissance et à la classification des vocables simples ou primitifs dans chaque système de langues. Ces mots élémentaires une fois trouvés, elles les compare entre eux, sous le double rapport du sens et du son, pour découvrir leurs analogies et les grouper en familles naturelles, etc.（Chavée 1849：x）

对于词汇科学而言，词汇的比较和深入研究，仅仅是通过分析以了解每种语言系统中的简单或原始词项知识和分类的一种手段。一旦找到这些基本词语，从观念和语音两方面对之加以相互比较，以便发现其类似之处并将其组成自然家族，诸如此类。

查维计划通过词表研究，获得基本词语的分类。再通过基本词语的语义和语音比较，发现共同之处而组成印欧语的"自然家族"。

二、词汇学和观念学

在《印欧语的词汇观念学》中，查维把语言学定义为：

> La linguistique est la science des organismes syllabiques de la pensée, lesquels sont entre eux comme les races qui les ont spontanément créés. (Chavée 1878：xi)

语言学是有关思想的音节生物体的科学，并且这些音节生物体，彼此之间就像种族一样自发地创造自己。

首先，查维进一步提出，语言学是人类科学中的最高尚分支；人类科学是自然科学中的最高尚分支；在语言学分支内部，这种语言学又被称为"普通语言学"，对所有已知语言展开研究。

其次，查维区分了语法学和词汇学。词汇学是关于词汇研究的学科，可以再分为语音研究及"观念"或意义研究。关于词汇学或实际上的观念学的定义如下：

> J'ai donné le nom d'idéologie lexiologique ou positive à l'ensemble des lois qui règlent le devenir des idées. en tant qu'elles sont incorporées dans les mots. (Chavée 1878：xiii)

在把观念归入词语的范围时，我已为支配观念演变的所有规律，即词汇学或实际上的观念学确定了名称。

也就是说，查维认为词汇学就是研究支配观念（相当于语义）演变规律的科学。

三、查维学派与布雷亚尔学派的争论

查维学派主张语言研究的自然主义，而布雷亚尔的同事帕利斯（G. Paris）则基于现实主义和人文主义，指出语言是人们合作的产物，具有社会功能。查维学派强调语义研究的生物学方法，语义变化是语言生命和词语交互作用的自然结果，而布雷亚尔则认为，语义变化受人类心智发展的影响。1888年，维克特·亨利在对查维学派的勒尼奥（P. Regnaud, 1838—1910）《语言的起源和哲学，或印欧语言学原理》（*Origine et philosophie du langage ou principes linguistiques indo-européennes*, 1888）的书评中认为，语言学是一门科学，而查维学派在语言起源的生物学研究和原始词根探索中，所采用的所谓实证和归纳完全是主观猜测。1897年，查维学派的代表人物文森（J. Vinson, 1843—1926）从实证主义立场，批评亨利在《二律背反的语言学》（*Antinomies linguistiques*, 1896）中提出的语言起源和本质的观点不具有实证性，属于哲学或本元学范畴，而非语言学范畴。

布雷亚尔《语义学探索》（1897）出版以后，勒尼奥在评《语义学探索》中，批评布雷亚尔的心智主义以及所谓孤立的词语史研究。

> Dès l'instant où il en est tout autrement et où les mots forment des familles dont les membres ont entre eux des liens visibles tant pour la forme que pour le sens. Il y a tout lieu de croire à un développement coordonné et spontané de part et d'autre, c'est-à-dire à une création naturelle des formes et à une attribution *naturelle* des sens qui sont en opposition formelle avec les idées de l'auteur sur l'intervention de l'esprit ou plutôt de la conscience sur le développement du langage. (Regnaud 1898：64—65)

从那一刻起就完全不同，这些词组成家族，其成员在形式和意义上都有明显的联系，有充分理由相信，双方的协调和自发发展，即形式的自然创造和感觉的自然属性，这些与作者的心智干预观点，或更确切地说，关于意识促使语言发展的观点形成正式对立。

在19世纪下半叶的法国，查维的老派语言学思想逐渐被湮没，而布雷亚尔的新派语言学思想影响却越来越大。

四、舍瓦莱的语义演变类型及其原因研究

比查维稍晚，法国早期语义学研究的先驱还有古典学家舍瓦莱（A. d'Abel de Chevallet, 1812—1858）。他在《法语的起源和形成》（*Origine et formation de la langue française*, 3 Vols., 1853, 1857, 1858）中基于语义演变与观念演变相联系，参考杜马尔赛（1730）的观点，区分了语义演变的提喻、隐喻、转喻和替代四种类型（Chevallet 1853：196）。舍瓦莱进一步提出了语义演变的三个原因：1. 出于生动的想象力；2. 出于表达简洁的需要；3. 在缺乏符号时，需要为表征寻找语言符号。

也许，舍瓦莱的研究是法国学者在语义演变类型及其原因领域的最早探索。其语义演变类型根据修辞手段区分，这是早期古典语义学研究的一般做法。但是其语义演变原因的揭示，已经考虑到心智联想、节省原则以及命名机制。

第三节　利特雷的词典语义学研究

19世纪60年代，利特雷（É. Littré, 1801—1881）已经开始研究语言的演变。利特雷是一名医生、政治家、词典学家和实证主义思想家，在学术上受到英国地质学家莱伊尔以及德国语言学家洪堡特、斯坦塔尔等人的影响。其代表作有《法语词典》（*Dictionnaire de la Langue Françaisa*, 1859—1872）、《法国历史语言学：中世纪词源、语法、方言、韵律和语音研究的缘起》（*Histoire de la langue française：Etudes sur les origines, l'etymologie, la grammaire, les dialectes, la versification et les lettres au moyen âge*, 1863）和《口语病理学，或某些词语在使用过程中的病态》（*Pathologie verbale ou lésions de certains mots dans le cours de l'usage*, 1880）等。

利特雷独撰的四卷本《法语词典》，被后人称为《利特雷法语词典》（*Littré-Dictionnaire de la Langue Françaisa*）。该词典于1859年开始印刷，直至1872年出齐，前后历经13年之久。作为19世纪最伟大的语言工程之一，《法语词典》的出版堪称法国文化史上的盛事。深受历史语言学影响的利特雷，对收录的每个词都要追根溯源，并从各时代著作中精选反映该词用法的实例。在编排义项时，以词义的历史演变线索为准。利特雷认为，基于语义变化的词典编排体例是语义研究的进步。

利特雷认为，为了保证新思想的表达，语言总是处于演变之中。利特雷主张通过对词源学研究的改进，来解释语言结构与语言演变。但在《口语病理学，或某些词语在使用过

程中的病态》中却提出，词语意义的改变是语言的畸变，而不是正常"变化"。这篇文章只是梳理了口语使用中的异常例子，并没有涉及语义演变理论的研究。然而利特雷的这些描述，在达梅斯泰特尔和布雷亚尔的思想中却留下了深刻的印象。1888年，该文出版单行本，布雷亚尔为其写序，并题名为《词语如何改变了意义》（*Comment les mots changent de sens*, 1888）。

虽然利特雷信奉观念体系（受特蕾西观念体系学说的影响）和自然主义（受莱伊尔地质均变论的影响），但是他并不是一个纯粹的自然主义者，他将语言视为一种"制度"，而不是"生物体"。在《法国历史语言学：中世纪词源、语法、方言、韵律和语音研究的缘起》中，基于作为自然史的语源概念，他认为语言最显著的特点是绝不可能固定不变。为了准确表述新思想，语言随时在变化与发展。就像任何其他制度一样，语言也总是处于演化之中。（Littré 1863：25—26）其后，美国学者辉特尼（Whitney 1867）也提出语言是一种社会制度。

第四节　达梅斯泰特尔的词语生命及意义研究

达梅斯泰特尔（A. Darmesteter, 1846—1888）是希伯来语学者、词典编纂者和普通语言学家。他的语言学思想不仅受到利特雷、布雷亚尔、达尔文和施莱歇尔等学者的影响，同时也影响了众多学者。

1875年，在为谢涅特（A. E. Chaignet, 1818—1901）《语言的科学哲学与词语构造研究》（*La philosophie de la science du langage étudiée dans la formation des mots*）撰写的书评中，达梅斯泰特尔提出语言为何变化以及语言学家肩负的责任。1886年，达梅斯泰特尔的《作为观念符号的词语的生命》（*The Life of Words as Symbols of Ideas*）英文版印行。次年发行法文版，题为《词语的生命及其意义研究》（*La vie des mots étudiée dans Leurs significations*, 1887）。这是法国的第一本语义学专著。达梅斯泰特尔的语义学思想受到三方面的影响。首先是施莱歇尔的自然主义；其次是利特雷、布雷亚尔、辉特尼的观点。此外还吸收了莱曼（H. Lehmann, 1860—？）在《法语的意义变化》（*Über den Bedeutungswandel im Französischen*, 1884）中提出的观点。

达梅斯泰特尔强调，正是语言的不完美促使人们要努力理解说话人的思想。

　　Si le langage était l'expression adéquate de la pensée, et non un effort plus ou moins heureux vers cette expression, il n'y aurait pas d'art de bien dire. Le langage serait un fait naturel comme la respiration, la circulation, ou l'association des idées. Mais grâce à cette imperfection, on fait effort à mieux saisir sa pensée dans tous ses contours. (Darmesteter 1887：72)

如果语言是思想的充分表达，而不是朝着充分表达的一种或多或少令人满意的努力，那么也就没有完美的说话技艺。语言应是一个自然事实，就像呼吸、血液循环或观念的联想。正是由于这种不完美性，人们努力通过所有轮廓以更好地理解其思想。

语言不完美的原因在于语言不是思想的简单复制。如果语言是思想的完美表达，则语言就不可能改变，也就不存在语义演变研究。正是因为语言的发展总是滞后于思想的变化，思想总是超前于语言的发展，所以语言才会变化。语言学家有责任探寻语言如何变化以及为何发生变化。

一、语义演变的生物—修辞特性

达梅斯泰特尔认为，语义演变具有生物性和修辞性。语言和词语都是有机体，它们处于不断进化之中。语言具有生理和心理特性：生理特性是物质的，体现在语音变化中；心理特性是理智的，体现在语法（类推变化）和词语（新词）的变化中。隐喻和转喻等手法则是语义变化的重要过程。（Darmesteter 1887：62）

Le langage est une matière sonore que la pensée humaine transforme, insensiblement et sans fin, sous l'action inconsciente de la concurrence vitale et la sélection naturelle. (Darmesteter 1887：27)

语言是人类思想在生存竞争和自然选择的无意识作用下，不知不觉地、永无休止地进行转化的声音材料。

《词语的生命及其意义研究》包括三部分：第一部分，词语是如何产生的（Comment naissent les mots）；第二部分，词语之间是如何生存共处的（Comment les mots vivent entre）；第三部分，词语是如何死亡的（Comment les mots meurent）。

词语的产生有两种方式：创造新词和创造新义。（Darmesteter 1887：31）创造新词是由于产生新事物需要新指称。创造新义有两种情况：一是在逻辑条件、心理行为和语言条件的影响下，一些词语改变了其意义；二是通过隐喻和转喻产生新词义。（Darmesteter 1887：62）。

他不仅将这些修辞手法运用于语义演变的逻辑解释，而且提出词源的遗忘是这些修辞手法有效运行的前提。他将隐喻的形成描述为两个阶段：

> le processus de la métaphore comprend deux moments: l'un où la métaphore est encore visible, et où le nom, en désignant le second objet, éveille encore l'image du premier; l'autre où. par oublie de la première image, le nom ne désigne plus que ie second objet et lui devient adéquat. (Darmesteter 1887：63)
>
> 隐喻的形成过程包括两个阶段：第一阶段在给后一物体名称时，仍然可以唤起前一物体的形象，隐喻痕迹依然可见；第二阶段这个名称单独给后一物体并适合使用，前一物体的形象已经遗忘。

达梅斯泰特尔提出语义变化有两种过程——辐射和串联，并强调"适合"在其中的重要性。辐射（rayonnement）这一语义变化过程是：

> Le rayonnement se produit quand un objet donne son nom à une série d'autres objets, grâce à un même caractère commun à tous. Le nom rayonne de l'objet primitif à tous les autres. (Darmesteter 1887：73)
>
> 当一个对象将其名称给予其他一系列对象时，就会发生辐射，这要归功于这些对象共享相同的特性。该名称从原始对象辐射到所有其他对象。

达梅斯泰特尔给出辐射的两种图示（Darmesteter 1887：74, 75）如图3-4。

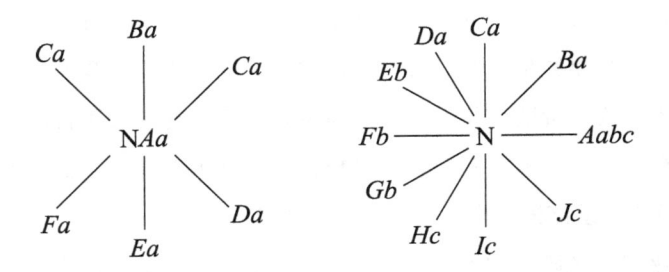

图3-4　达梅斯泰特尔的语义变化辐射过程

串联（enchaînement）这一语义变化过程被描述如下：

> Dans l'enchaînement, le mot oublie son sens primitif en passant au deuxième objet; puis le nom passe du deuxième objet à un troisième à l'aide d'un caractère nouveau qui s'oublie à son tour, et ainsi de suite. (Darmesteter 1887：76)
>
> 在词语串联之中，该词语传递给第二个客体时遗忘了其原始义；然后，借助于新特点的依次遗忘，将这个名称从第二个传到第三个，依次类推。

达梅斯泰特尔给出的串联图示（Darmesteter 1887：76）如图3-5：

$$N\frown aAb\frown bBc\frown cCd$$

图3-5　达梅斯泰特尔的语义变化串联过程

在语义演变中，隐喻等属于共时现象；辐射与串联属于历时现象。语义演变原因与"心理行为"息息相关。基于语言社群的历史和思想史以及大众心理，他将语义变化原因分为客观（外部）原因和主观（内部）原因。达梅斯泰特尔强调词语生命及其交互作用，阐述了语义之间的感染以及同义词之间的生存竞争。生存竞争导致一些词语的死亡，以及另一些词语的幸存。词语死亡主要由于该词的指称对象消失，或该词被另一个更好的或更适合的词语取代。达梅斯泰特尔的语义观不仅强调要研究词语之间的交互作用，而且强调要研究语言使用者之间的相互关系以及语言演变的过程，包含了交际语义学或理解语义学的初步探索。

二、围绕语义学创新的讨论

达梅斯泰特尔的语义学研究受到许多学者的关注。布雷亚尔、帕利斯和亨利分别为达梅斯泰特尔的专著撰写书评，由此围绕语义学的创新展开讨论。

（一）布雷亚尔：重要的是人类心智与说话主体

1887年，布雷亚尔发表书评《词语的历史》（L'histoire des mots）。布雷亚尔强调，在语义演变研究中，重要的是人类心智与说话主体。词语不是在我们心中形成一致，而是与我们的思想形成一致。听话者与说话者都很重要，语言交际和语言演变都是"协同的过程"。语言自身有其缺点，不能完美表达思想，为了理解对话，对话者不必知道他们所使用词语的词源，只要知道该词语当时表示的意义即可。

此前，布雷亚尔在《语言的潜在观念》（Les idées latentes du langage, 1868）中已经提出，语言总能被说话双方所理解的前提是心智胜于物质，说话双方应掌握所谓的内部语法。在《词语的历史》中，明确指出语言与人类心智发展密切相关。

> Il semble que la linguistique moderne confonde l'intelligence avec la réflexion. Pour n'être pas prémédités, les faits du langage n'en sont pas moins inspirés et conduits par une volonté intelligente. (Bréal 1887a：209—210)
>
> 现代语言学似乎将智力与反映混为一谈。即使没有预先谋划，语言的事实也仍然受到心智意图的激发和驱动。

布雷亚尔反对当时盛行的自然主义观点，认为语言随着心智的发展而发展，强调心智对于语言演变来说至关重要。

（二）帕利斯：语言具有社会功能

帕利斯（G. Paris, 1839—1903）是达梅斯泰特尔的导师。帕利斯一生专著众多，其语言学思想主要受布雷亚尔和魏格纳的影响。在其《词语的生命——对达梅斯泰特尔（1887）的书评》（"La vie des mots." Review of Darmesteter［1887］）中，帕利斯强调语言具有社会功能；新的意义源于发起者的个体意图；"词语的生命"是一个神话。

首先，语言不可能存在于孤立的个体中，语言是说话者与听话者合作的产物，语言具有社会功能，语言演变具有社会性。语义演变要基于会话研究，关注说话者和听话者之间的不断互动。每次对话都是一个心灵到达另一心灵的系列试验，是为了知晓对话者给另一个人语音的感觉，也是在他心中产生的最初希望的心理状态。（Paris 1887：286）

其次，新的意义源于发起者的个体意图，产生于个体表达观念的需要，但是其前提条件是新意义与原意义之间存在逻辑和联想关系。

> mais pour que l'initiative de l'individu soit suivie de succès, il faut qu'il y ait dans le sens existant du mot un rapport logique et facilement concevable avec le sens qu'on veut y ajouter. Il suffira souvent alors du contexte dans lequel on encadrera ce mot pour faire comprendre le sens nouveau où on le prend. (Paris 1887：286—287)
>
> 但是，要使个人的主动性取得成功，就必须在该词的现有意义与个人想要添加的意义之间存在合乎逻辑且易于联想的关系。这个词所在的上下文，通常要能足以解释它带有的新含义。

最关键的是，帕利斯反对达梅斯泰特尔关于"词语的生命"的观点。他试图用语义演变的"现实主义"和"人文主义"的概念，来终结"词语生命"的神话，并将法国语义学研究推向新的发展阶段——交际与理解的真实语义学。

（三）亨利：心智的生命

维克特·亨利（Victor Henry, 1850—1907），1880年取得法学博士学位，任里尔（Lille）市立图书馆馆长。1883年，其论文获沃尔尼大奖（Prix Volney），为他赢得杜埃（Douai）大学古典文献学的助教职位。1888年，接任巴黎人文学院（索邦大学）贝盖格涅（A. Bergaigne, 1838—1888）的梵文和比较语法教席。亨利的语义学研究主要受帕利斯、布雷亚尔和梅斯泰特尔的影响。撰有《对达梅斯泰特尔（1887）的书评》（*Review of Darmesteter*［1887］）、《对勒尼奥（1888）的书评》（*Review of Regnaud*［1888］）和

《二律背反的语言学》(*Antinomies linguistiques*, 1896)等。

亨利反对语言的自然主义，与"语言的生命"不同，他提出"心智的生命"。在为达梅斯泰特尔撰写的书评中提出：

> Il est bien clair en effet que l'antinomie signalée doit se résoudre en une synthèse supérieure et dès à présent entrevue: le mot, phénomène phontétique, n'a d'existence qu'au moment précis de l'articulation et de l'audition; mais le mot en tant que concept fait partie de notre organisme mental et vit de notre propre vie. (Henry 1887: 282)

实际上很明显，上述提到的二律背反必须在已经清楚的更高综合中加以解决：作为语音现象的该词，只存在于发音和听音的那个恰切时刻；但是作为概念的该词，是我们心智有机组织的一部分，并且与我们的生活息息相关。

在语音层面上，词语的存在是短暂的；而在概念层面上，词语是人类心智的重要组成部分。只有心智才促使语言不断发展。

（四）斯维德琉斯：语义演变原因

斯维德琉斯（C. Svedelius，1861—1951）是瑞典学者，曾在乌普萨拉和斯德哥尔摩任法语和英语教师。30岁时来到巴黎，接触到许多语言学家。1890年，在巴黎语言学会上做了题为《语义学研究》(*Etude sur la sémantique*, 1891)的演讲，试图为法语提供共时性和功能性解释。但此后离开巴黎，其著作出版后几无反响。直到20世纪30年代，其成果才受到布拉格学派的关注。

斯维德琉斯受到很多语义学家的影响，但形成了自己的特色。斯维德琉斯反对达梅斯泰特尔的自然主义，他认为语义学是一门历史科学，其研究对象是词语意义的演变。语义学包括两部分：语义演变模式和语义演变原因。语义演变的原因不在于词语本身，而主要源于人类心理和人类历史，在语义演变中，这两个方面相互作用。基于组合关系和指称功能的转喻，语义演变原因可以分为外部和内部。外部原因包括历史性的和非历史性的：前者受社会习俗、社会制度不断发展的影响；后者受语言自身结构与使用情况的影响。语义演变的外部原因归纳为四种：1. 由于引入相同意义的外来词，而导致本土词的意义演变；2. 外来词的意义演变；3. 由于频繁使用该词语，而导致其原有意义丧失；4. 意义演变源于人和象征符号之间的关系，源于该表达及其起源之间的关系，最终源于同时存在的词语之间的关系。

关于语义演变的内部原因，主要是用于指称抽象事物的隐喻。一旦这些隐喻被有效地创造与使用，则会产生语义演变。斯维德琉斯引用了帕利斯（1887）的观点——剧院和杂志是创造与使用隐喻，并引起语义演变最多的地方。斯维德琉斯分析了隐喻的六种类型：1. 表示头部的隐喻；2. 将感官知觉词指称思维活动的隐喻；3. 来自动物的隐喻；4. 来自植物的隐喻；5. 来自职业活动（如战争、狩猎、农业生产等）的隐喻；6. 来自航海用语的隐喻。在此过程中，还区分了死喻（Métaphores mortes）和活喻（Métaphores Vivantes）。（Svedelius 1891：39—47）

斯维德琉斯认为，这两种语义演变原因的不同之处在于，人类在其过程中投入的意识程度不同。

> En examinant les mots de la première catégorie, on trouvera que la cause extérieure (soit un fait historique, soit le fréquent usage, soit les rapports entre deux notions) a toujours—pour ainsi dire—pris la pensée au dépourvu, ce qui n'aurait pas été possible, si cette cause n'avait pas agi peu à peu et successivement. Aussi l'activité de l'intelligence humaine est—elle ici assez inconsciente.— Dans la seconde catégone, la pensée, elle-méme, prend l'initiative. Avec une conscience entière, elle choisit librement ce qui lui plaît, en faisant le premier pas dans la voie qui peut aboutir à ce qu'on appelle un changement de sens. Voilà la différence fondamentale. (Svedelius 1891：49—50)

> 通过考察第一种类型的词，我们会发现外部原因（无论是历史事实、频繁使用，还是两个概念之间的关系）总是——可以说——出乎意料地带来某种想法。如果这个外部原因没有逐渐和连续地起作用，你们这是不可能的。所以人类的智力活动——在这里相当无意识。在第二种类型的词中，人们的想法自身带有主动性，并且充分意识到自由选择的是喜爱的内容，在可能导致语义演变方向的道路上迈出了第一步。这是根本的区别。

斯维德琉斯认为，外部原因不受人类意识的控制，而受历史发展等原因的影响。内部原因受人类意识的控制，根据人类意识需要而引发语义演变。总之，在语义演变原因研究方面，斯维德琉斯超越了达梅斯泰特尔。

第四章

布雷亚尔再造心智语义学

布雷亚尔（M. J. A. Bréal, 1832—1915）是法国著名语言学家，1868年至1915年任巴黎语言学会终身秘书，堪称巴黎语言学会的灵魂。布雷亚尔出生于巴伐利亚王国（Königreich Bayern）[①]的兰道（Landau），其父母是犹太人。他的母语是德语，5岁开始学法语。布雷亚尔早年在法国维桑堡（Wissembourg）、梅茨（Metz）和巴黎求学。1852年进入法国巴黎高等师范学院学习。1857年进入德国柏林大学，师从葆朴和韦伯（A. F. Weber，1825—1901）学习比较语法和梵文。

1862年回国后在法国国家图书馆东方手稿部工作。1864年到法兰西学院执教比较语法学，1866年晋升为教授。他是用法语讲授德国比较语法学的第一位法国语言学家。

图4-1　布雷亚尔（M. J. A. Bréal）

第一节　语言心智规律的探索

布雷亚尔的语义学研究，大致可以分为三个阶段：早期研究（1864—1878），主要从事神话词语的语义演变、语言功能以及潜在观念的研究；中期研究（1879—1886），提出sémantique，主要从事语言的交际和理解、语义演变的同义和类比研究；晚期研究（1887—1898），汇总以前的研究成果，最终完成专著《语义学探索》。

布雷亚尔的语言学思想主要体现在以下方面：1. 人类主体论和语言进步观。他反对将语言视为有机生命体，坚持语言是人类心智的创造。2. 语言不是思想的精确复制，形式追随功能。3. 语言中的潜在观念是表达新思想的手段。4. 运用心智和意志原理阐释语言现象，揭示语义演变的心智规律。

一、布雷亚尔的早期研究

布雷亚尔的早期研究，见于《海格力斯和凯克斯：神话比较研究》（*Hercule et*

[①] 1805年，巴伐利亚选侯国成为巴伐利亚王国，王权由维特尔斯巴赫家族掌控。1871年，德意志地区统一成为德意志帝国，巴伐利亚王国成为新帝国的下属邦国，仅次于普鲁士王国。

Cacus, études de mythologie comparée, 1863）、《神话和语言学的融合》（*Mélanges de mythologie et de linguistique*, 1877）。其旨趣在于，通过分析神话的起源和历史，以发现符号的普遍演变规律。要了解神话的意义，需要研究赋予众神名称的词语，并追询这些词语为什么具有这些含义，人们为什么创造和使用它们。就像语言本身一样，这些名称是民众的创造，而非诗意激发的产物。（Bréal 1877［1863］：5）这些词语起初相当透明，但是随着原始义的渐渐遗忘，语义变化的大门敞开了。一旦某个词语用来特指某种自然力，像"太阳"，也就变成了神的名称。随着神话的流传可能出现许多同义名称，这些名称的原始用法被遗忘，并再次导致词义发生变化——神话就这样被创造出来。（Bréal 1877［1863］：13）人们在理解过程中的偏离，会引起这些神话的再次改变。以至于当名称的来由变得完全不清时，人们则试图重新阐释，并为此创造一个新神话。

  Le peuple est un philologue qui veut se rendre compte des noms qu'il entend, et qui, grâce à son imagination, trouve aisément une histoire pour expliquer un non propre. (Bréal 1877［1863］：16)

  民众才是语言学家，他们想要意识到所听名称的意义，并且幸亏他们的想象力，很容易编出一个故事来解释一个特定名称。

  这些研究不仅表达了布雷亚尔关于神话起源和演变的新观点，而且为其语言演变观奠定了基础。语言是由民众创造并改变的，而语言学家只是将这些描述出来。不但语义演变的必要条件是词源遗忘，而且语义演变研究的必要条件也是词源义遗忘。布雷亚尔感兴趣的是语义演变过程，而非"寻找遗忘的原始义"。

  当布雷亚尔将德国比较语法引入法国时，他发表了两个革命性的"关于意义的宣言"，以倡导基于历史原理和心理原理的语义研究，奠定了布雷亚尔未来语义学研究的基石。这些内容见于《词语的形式和功能》（*De la forme et de la fonction des mots*, 1866）和《语言的潜在观念》（*Les idées latentes du langage*, 1868）。一些德国语言学家，甚至葆朴都受到他的批评。布雷亚尔不主张"就语言本身及为语言本身"而研究语言，他要研究的是语言中的人类地位与影响。语言存在于人类心智中，存在于自己与他人的社会关系中，并且所有这些都处于特定的历史场景中。人类才是语言演变背后的真正力量，而并非作为生物体的语言生命。

  针对当时语言学家偏爱形式或形态研究，忽视功能或意义研究，以及认为语言演变是语言衰退的观念，布雷亚尔强调，语言研究不仅应有形式研究，更应注重功能研究。在功能研究中，人类的心智发展是其核心。语言学主要有两个传统——希腊传统和印度传统。前者注重语言功能，强调语言与思想、逻辑之间的关系；后者注重语言形式，认为语言就像化学过程。布雷亚尔认为，应将两者结合起来，形成新的历史语法，"其目的是要在人类心智中找到语言演变的原因"。（Bréal 1868：7）这就是未来语义学的发展方向。

在《词语的形式和功能》中，布雷亚尔写道：

> Il ne faut pas que la description du langage humain nous fasse oublier l'homme, qui en est à la fois le principe et la fin, puisque tout, dans le langage, procède de lui et s'adresse à lui. (Bréal 1866：67)
>
> 对人类语言的描述决不允许我们遗忘人，人既是语言的原则，也是语言的目的。因为语言中的万事万物，不是从人出发，就是针对人。

语言是根据心智的发展需要而发展的。语言的历史不仅是其自身的历史，也是与政治、文化和社会密切相关的历史。"语言是最古老、最自然和最经久不衰的人类创造物。"（Bréal 1866：71）布雷亚尔重申，是人类心智的发展在促进语言的不断创新与完善，语言中并不存在命中注定的规律，应当通过心智和意志理论来阐释语言。

布雷亚尔在《语言的潜在观念》中提出，普遍语法研究认为，语言有言外之意或省略之意，语言的形式或句子中被省略而实际存在的信息就是人们的"潜在观念"。这方面的研究可以追溯到洪堡特、波特和库尔提乌斯，但是，布雷亚尔提出人类语言中的"潜在观念"是表达新思想的手段。说话者在表达意图时，并不能将其信息全部传递给听话者。语言不是思想的精确复制，词语的形式和意义不必完全相符，形式中可能存在不妨碍意义理解的缝隙，而人类智慧能够弥补。

与当今"主流学派"认为句法是先天具有的不同，布雷亚尔则强调，人类最初是依靠心智理解初步的句法，随着心智和语言的不断发展，句法或语法机制才逐渐形成。语义学不仅包括词语的语义研究，而且包括形态和句法的语义研究。与施莱歇尔的语言衰退论不同，布雷亚尔提出，并非所有的语言变化都引起语言衰退，相反，语言演变不仅能够促进人类心智的发展，而且使得语言在丰富性和精密性方面不断发展。

正是布雷亚尔的倡导，法国语言学家才开始关注被形式主义所忽略的语言功能和潜在观念，强调通过心智研究来理解话语意义。法国语义学由此转向交际和理解的语义学研究。

二、布雷亚尔的中期努力

1879年，布雷亚尔在写给古贝纳蒂斯（A. de Gubernatis, 1840—1913）的书信中，使用了sémantique这一术语。古贝纳蒂斯是意大利古典学家，1862年任佛罗伦萨大学梵文教授，

1891年任罗马大学教授。古贝纳蒂斯与布雷亚尔有着共同的求学经历，19世纪50年代都在柏林研习古典文献语言，二人也有着共同的志趣，19世纪70年代都热衷于神话研究——古贝纳蒂斯撰有《动物的神话》（*Zoological mythology*, 1872）和《植物的神话》（*La mythologie des plantes*, 1878）——而神话研究与语义研究关系密切。

1879年，布雷亚尔在《语言科学》（*La science du langage*）中提出语言分化有规律可循。一是同义分化规律，即最初的同义符号，逐渐演变为具有不同意义的词；二是类比分化规律，即一旦某一符号被用于表达某种观念，人们就可以在所有类似的情况中使用该符号来表达这一观念。这两种演变规律后来成为《语义学探索》中的主要理论。

1883年，在法国希腊研究促进协会上，布雷亚尔做了题为《语言的心智规律：语义学简述》（*Les lois intellectuelles du langage: fragment de sémantique*）的演讲，在公开场合第一次使用了sémantique这一术语。正如演讲题目表示，布雷亚尔的语义学研究重点在于揭示语言的心智规律。他举例阐述了感染所引起的语义演变以及专化规律。

三、布雷亚尔的晚期集成

晚期的布雷亚尔，主要就同义、多义、类比、省略等现象，围绕语义演变的心智规律展开研究。这一时期撰有《词语的历史》（*L'histoire des mots*, 1887a）、《语言如何补救语法的弱点》（*Comment les langues réparent les points faibles de leur grammaire*, 1887b）等。不是语言本身的词语或句子能让人类理解，而是人类心智能将词语或句子的意义进行整合而获得理解。这种心智整合机制，布雷亚尔称之为"内部语法"。所谓语言的理解，就是词语或句子的意义与心智结构中的思想达成一致。因此，听话者与说话者只有掌握了内部语法才能相互理解，而且心智机制对交际与理解十分重要。

最终，在1897年布雷亚尔出版了《语义学探索（意义的科学）》。作为其语义学研究的集成之作，《语义学探索》的理论基础主要源于两方面，一是法国的观念体系思想，二是心智和知识的发展与语言的进步密切相关的观点。与孔狄亚克、特蕾西一样，布雷亚尔也将"观念体系"用于语义学研究，但是用历史的观点取代了纯粹哲学的观点。

> Nos pères de l'école de Condillac, ces ideologues qui ont servi de cible, pendant cinquante ans, à une certaine critique, étaient plus près de la vérité quand ils disaient, selon leur manière simple et honnête, que les mots sont des signes. (Bréal 1897a：277)
>
> 我们的孔狄亚克学派先贤，那些五十年来一直被某一批判主义作为靶子的观念主义者，当他们用朴实的方式说出词语就是符号时更接近真相。

布雷亚尔支持孔狄亚克的观点，即词语概念是符号。但是，反对达梅斯泰特尔等将词语视为有机体。心智和知识的发展与语言的进步密切相关，这是18世纪的语言学主题。布雷亚尔认同孔狄亚克的这一理论。而19世纪中期，施莱歇尔却认为语言的演变就是语言的衰退。布雷亚尔用孔狄亚克的语言进步观批评施莱歇尔，但是并不赞成孔狄亚克将词源学作为研究词语真实意义的工具。在布雷亚尔看来，语言的进步与词源义毫无关系，要从词源义中解放出来。

《语义学探索》的主要观点包括三个方面：1. 语义学的研究重点不是词语的词源义，而是与词语相关的心智机制。布雷亚尔试图通过人类的心智规律来探索语义演变现象。2. 语言的本质是人类相互交际和共同理解的工具，研究语义学的目的是探寻语义发展规律。语义学应该研究语言如何服务于人类的交际与理解，如何在人类交际过程中逐渐进化。3. 只有了解词语使用的历史、词语所指称的事物、词语的实际意义以及在特定时间内的语言状态，人们才能真正理解词语的意义。在语言的历史分析中，布雷亚尔更强调共时状态下的历史研究。词语的意义是由历史决定的，但不是由词语的历史来源决定的，而是由历史上的词语语境及其使用状况决定的。

早期布雷亚尔（1866，1868）已经试图研究人类心智在语言演变中的作用，晚期布雷亚尔重申了类似的观点：

> Si la linguistique s'est appliquée à observer les modifications subies par le mécanisme grammatical, elle n'a pas cherché avec le même soin les causes intellectuelles pour lesquelles ce mécanisme se modifie et se renouvelle. ... Cependant, en renonçant à une telle recherche notre science serait incomplète. Les langues seraient, en quelque sorte privée de leur premier moteur. "Non seulement le besoin a créé le langage, mais c'est lui aussi qui le transforme."
> (Bréal 1887 b：233)

> 如果语言学已经致力于观察由语法机制引发的所经历的改进，那么还没有同样谨慎地寻找改进和更新这一机制的心智原因。……然而，如果放弃这样的研究，我们的科学将不完整。在某种程度上，语言将被剥夺其主要引擎。"不仅创造语言需要它，而且改变语言也需要它。"

语言演变的根源是人类心智的发展以及人类表达思想的需要。语言形式不会自主改变，而是出于不同的使用目的才改变，以适用于不同的功能。心智在语义演变研究中占据重要地位，无论涉及形式和意义的演变，还是仅仅涉及意义的演变，它们都源于特定的心智取向，源于追求进步的心智驱动，源于从历史发展中获得语言的整合性或丰富化。在语言发展中，存在三个重要的语义演变途径，即类比、一词多义和语言的主观性。

类比是为了更清晰地表述意义，通过辨析词语的相对和相似之处，使之符合旧的或新的规则。语言受其规则支配，但语言规则源于人类的创造。创造新规则的主要方式就是类比。

一词多义是语义学的研究重点。词语的新义源于词语的使用，通过扩大、缩小、隐喻等途径形成。新义和旧义同时存在就形成一词多义。

> Le sens nouveau, quel qu'il soit, ne met pas fin à l'ancien. Ils existent tous les deux l'un à côté de l'autre. Le même terme peut s'employer tour à tour au sens propre ou au sens métaphorique, au sens restreint ou au sens étendu, au sens abstrait ou au sens concret... A mesure qu'une signification nouvelle est donnée au mot, il a l'air de se multiplier et de produire des exemplaires nouveaux, semblables de forme, mais différents de valeur. (Bréal 1897a：154—155)

> 无论如何，新的意义也许都不会结束旧的意义，它们几乎彼此并存。同一个词可以轮流用于本来义或隐喻义、缩小义或扩展义、抽象义或具体义上。……随着一个词被赋予新的意义，该词似乎不断衍生并产生新的副本，虽然形式相似，但价值不同。

布雷亚尔把这种语义增多现象称为"多义性"。词语的多义性表明，意义不从属于形式，只有意义才是语言进化的力量。一词多义是语言演变的关键，它用原有形式指称新事物，这是人类心智和社会进步的标志，从而丰富了语言和思想。在交流过程中，人们如何能准确理解一词多义，布雷亚尔认为，语境促使人们选择正在谈论的那个意义，提出交流情景和语境决定意义的理解，区分了词语的"意义"和"价值"。尽管词语可能有多种"意义"，但对于说者与听者而言，在交谈中的该词语只有一个意义，即其"价值"。

布雷亚尔认为，省略现象是单词、形式词、结构体和句子的潜在观念，促使一词多义的产生。例如，Chambre des communes（下议院）省略为Chambre（房子），Chambre则成了一词多义。（Bréal 1897a：Chap. XV）在理解省略和一词多义时存在两种方式：一种是依靠听话者的创造性和理解力来领会其意义；另一种是通过语境来推理其意义。词语只是符号或催化剂，仅靠词语和句子是不可能准确传递意义的，会话者只有依靠激活大脑中的储备知识，依靠情景与语境，才能理解对话中省略的部分或一词多义的准确意义。

> Ainsi le langage, partout où on l'examine de près, montre une pensée qui reste entière pendant que l'expression se resserre et s'abrège. En dépit des soubresauts auxquels ces ellipses exposent l'histoire des mots, il y faut voir le travail normal et légitime de l'intelligence. (Bréal 1897a：172)

因此，语言无论在什么情况下进行仔细研究，都显示出一种观念，该观念在限制和节略表达时仍然保持完整。尽管这些省略致使词语的历史发生巨变，但是我们必须认识到心智在其中发挥的正常而合理的作用。

正如他早年所言："心智洞察语言的瑕疵，并填补其裂缝。"（Bréal 1868：31）布雷亚尔认为，话语行为渗透到语言的方方面面。在命令或祈使语气中，语言的主观因素发挥强烈的作用。

Il nous reste à parler du mode où l'élément subjectif se montre le plus fortement : l'impératif. Ce qui caractérise l'impératif, c'est d'unir à l'idée de l'action l'idée de la volonté de celui qui parle. Il est vrai qu'on chercherait vainement, à la plupart des formes de l'impératif, les syllabes qui expriment spécialement cetle volonté. C'est le ton de la voix, c'est l'aspect de la physionomie, c'est l'altitude du corps qui sont chargés de l'exprimer. (Bréal 1897a：261)

我们还有待讨论主观因素最强烈表现的模式——命令式。命令式的特征就是将说话者的意图想法和行为想法结合在一起。实际上，人们在命令式的许多形式中寻求专门表达这种意愿的音节必然徒劳无益。命令式靠的是嗓音腔调，靠的是面部表情，靠的是表达导致的身体姿势。

布雷亚尔反对语言仅是表达思想和逻辑的观点，他认为语言的最初用途是表达欲望、宣布命令等。

On doit commencer à voir à quel point de vue l'homme a agencé son langage. La parole n'a pas été faite pour la description, pour le récit, pour les considérations désintéressées. Exprimer un désir, inlimer un ordre, marquer une prise de possession sur les personnes ou sur les choses — ces emplois du langage ont été les premiers. (Bréal 1897a：264—265)

我们必须开始明白人们从什么立场安排其语言。说话不是为了描述、为了讲故事、为了谈论事不关己的想法。为了表达欲望、表达禁令、表达对人或物的占有——这些都是语言的最初使用。

而早在1877年，布雷亚尔就表达过类似的观点：

Certes la logique et la grammaire doivent toujours vivre en bonne intelligence; mais ces deux sciences ne sont pas identiques. La grammaire renferme une quantité d'idées que la logique ne connaît. Darts la logique, la pensée se présente toujours sous la forme d'un jugement: Pierre est homme, Pierre est mortel. Voilà comme parle la logique. Mais le langage, outre les jugements, contient des voeux, des doutes, des ordres, des interrogations, des exclamations. C'est une entreprise stérile de réduire toutes ces phrases a la forme simple du jugement. (Bréal 1877：361—362)

当然，逻辑和语法必须永远和睦相处，但这两门科学并不完全相同。语法包含了逻辑不知道的一些观念。在逻辑中，思想总是以判断形式出现：彼得是人，彼得是会死的，这是逻辑方式的讲述。但是语言除了判断之外，还包括愿望、怀疑、命令、质疑和感叹。如将所有句子都简化为简单的判断形式，那是徒劳无益的。

十年之后，在为达梅斯特尔撰写的书评中，布雷亚尔又提出："语言不是仅仅陈述理由，而是要传递想法、说服对方和取悦他人。"（Bréal 1887：194）

第二节　《语言的心智规律：语义学简述》译介

为了进一步了解布雷亚尔的语义学思想，接下来译介布雷亚尔在法国希腊研究促进协会上题为《语言的心智规律：语义学简述》（*Les lois intellectuelles du langage*：*fragment de sémantique*，1883）的演讲。此处依据的文本载于《比较语法和语义学：布雷亚尔1864—1898年发表的论文》（1995：267—282，以下各节引文不再标注出处及其页码）。

Pourquoi ne serait-il pas possible d'écrire sur le langage en une langue claire et intelligible? Les faits qu'on a à exposer ne sont pas d'une telle profondeur qu'il faille y appliquer les formules d'une haute et abstraite philosophie. Cet outil dont se sert l'humanité depuis les premiers Jours où elle est née à elle-même, ressemble à toutes les inventions de l'homme: si, partant de notre temps, nous remontons le cours des âges, nous voyons l'instrument s'expliquer de lui-même et se dépouiller de ce qu'il a de mystérieux. Sans doute nous n'atteindrons pas les premiers commencements: mais sur quel autre champ de l'activité pouvons-nous nous flatter de toucher aux origines? Il suffira que nous supposions dans le passé le plus lointain l'existence des mêmes lois dont nous aurons observé l'action durant la période qui est ouverte à nos regards.

为什么不能用一种清晰易懂的行文描述语言呢？我们必须揭示的事实并非那么深奥，以至于有必要用高深而抽象的哲理规则来描述。这个工具，人类自诞生之初就一直使用，类似于人类的所有发明：如果从我们的时代向前追溯往古，我们就会知道，这一工具能解释自身并祛疑解惑。毋庸置疑，我们不可能追溯到最初开端，但是在语言活动的其他什么领域，我们可以触及其起源而感到满意呢？我们只要假设在最遥远的过去存在相同的定律，我们睁开眼睛能观察到它们在某个时期的活动，这就满足了。

L'étude où nous invitons le lecteur à nous suivre est d'espèce si nouvelle qu'elle n'a même pas encore reçu de nom. En effet, c'est sur le corps et sur la forme des mots que la plupart des linguistes ont exercé leur sagacité: les lois qui président à la transformation des sens, au choix d'expressions nouvelles, à la naissance et à la mort des locutions, ont été laissées dans l'ombre ou n'ont été indiquées qu'en passant. Comme cette étude, aussi bien que la phonétique et la morphologie, mérite d'avoir son nom, nous l'appellerons la SÉMANTIQUE (du verbe ［sêmainô］) c'est-à-dire la science des significations.

我邀请听众关注的是我们研究的一个新学科，它甚至还没有命名。实际上，大多数语言学家将其精力用在讨论词的载体和形式上：对意义的转变、新表达的选择、短语的产生和消亡规律，都晾在一边或仅顺便提及。既然这项研究，与语音学和形态学一样，应当有其名称，那么我们就称之为语义学（la SÉMANTIQUE，源于希腊语动词 sêmainô "符号表示、意味"），即意义的科学。

Il est difficile d'adopter un ordre rigoureux au milieu de faits de toute nature qui se croisent. Aussi nous paraît-il préférable de nous jeter au milieu de notre sujet: quand nous aurons fait une certaine partie du chemin, les grandes lignes se dessineront d'elles-mêmes.

在各种错综复杂的事实中，很难采用严格的研究程序。从而更为可取的似乎是，我们应该首先投入我们的学科：当我们完成此方法的部分工作时，大致轮廓将自行形成。

La première loi que nous étudierons — non qu'elle soit la plus importante, mais parce qu'elle est des plus faciles à observer — c'est la contagion. On considère trop les mots isolément: il est si aisé de prendre un mot à part et d'en retracer l'histoire, comme s'il n'avait pas été compris, mis en relief, légèrement nuancé ou tout à fait transformé par les autres mots du vocabulaire, au milieu desquels il se trouve placé et dont il ressent l'influence voisine ou lointaine. Prendre un mot à part, c'est une méthode presque aussi artificielle que de donner, comme on est obligé de le faire en phonétique, l'histoire d'une voyelle ou d'une consonne. Les lettres n'ont d'existence que dans les mots, les mots n'ont d'existence que dans les phrases. On va s'en rendre compte par un exemple que nous prendrons aussi tangible, aussi élémentaire que nous pourrons.

我们要研究的第一条定律是感染——不是因为它最重要，而是因为它很容易观察到。我们太过于孤立地考察词语：将一个词选出来并追溯其历史，这比较容易做到。就好像它没有被词汇中的其他词挤压过、凸显过、形成微殊或彻底改变一样，而位于言语中的词，会受到句子中的毗邻或更远词语的影响。将某个词拿出来单独研究似乎是人为规定的方法，就像历史语音学中不得不做的那样，研究某个元音或辅音的历史。实际上，音素仅存在于单词中，而单词的意义存在于句子中。我们将通过一些例子来阐述这一定律，并且将尽可能将其视为可实证的基本定律。

一、表否定的肯定词①

Il y a en français une série de négations qui étaient, à l'origine, des mots affirmatifs: pas, point, rien, plus, aucun, personne, jamais. Ils servaient à renforcer la seule négation véritable que nous ayons, à savoir ne. Je n'avance pas (*passum*). — Je ne vois point (*punctum*). — Je ne sais rien (*rem*). — Je n'en connais aucun (*aliquem unum*). — Je n'en veux plus (*plus*). — Il n'est personne (*persona*) qui l'ignore. — Je ne l'oublierai jamais (*jam magis*). Ces mots, par la longue habitude qu'ils ont contractée avec la négation, sont devenus eux-mêmes négatifs: "Qui va là? —Personne." Ils le sont si bien devenus, que l'Académie française, dans son Dictionnaire, fait ordinairement passer le sens négatif avant tous les autres. "AUCUN, dit l'édition de 1878, adj. Nul, pas un." En quoi nous n'avons pas l'intention de blâmer l'Académie, car elle rend fidèlement l'impression que ces mots font aujourd'hui sur l'esprit, et qu'ils faisaient déjà au XVIIe siècle Quoi, vous le soutenez? — En aucune façon. (Femmes savantes, II, 6.)

法语中有一系列的否定词，从词源上来说都是肯定词：pas, point, rien, plus, aucun, personne, jamais。它们有助于强化我们仅有的真正否定词ne。如：

Je n'avance *pas* (*passum*)②. 我不往前走了。

Je ne vois *point* (*punctum*). 我一点都看不见。

Je ne sais *rien* (*rem*). 我什么事情都不知道。

---

① 译文中的小标题是笔者在翻译中提炼的。
② 与法语词对应的拉丁语词。

Je n'en connais *aucun* (*aliquem unum*). 我不认识其中任何人。

Je n'en veux *plus* (*plus*). 我什么都不想要。

Il n'est *person ne* (*persona*) qui l'ignore. 任何人都不认识他。

Je ne l'oublierai *jamais* (*jam magis*). 我永远不会忘记他。

原来表肯定的词，由于长期习惯于用在否定句中，这些词也就变成了可以表否定，如：

Qui va là? 谁在那里？

Personne. 没人。

这些词的否定功能已经通用，因此在法兰西学院编撰的《法兰西学院词典》中通常将否定含义列在所有其他含义之前。如：

Aucun, adj. Nul, pas un.（1878年版）

任何的：adj. 没有；没有一个。

在这点上，我们不打算指责《法兰西学院词典》，因为它如实传达了这些词如今在人们心中留下的印象，而且这种否定义在17世纪已经出现。

Quoi, vous le soutenez? 怎么，你支持他？

En *aucune* façon. 绝不会。（《女才子》II，6）。

Nous recommandons au philosophe aussi bien qu'au linguiste de lire successivement dans le Dictionnaire de l'Académie et dans celui de Littré quelques-uns de ces articles, pour observer la différence entre les explications que suggère le sentiment présent d'une langue et celles que fournit l'histoire. " Rien, dit l'Académie, néant, nulle chose. Dieu a créé le monde de rien. " Ecoutons maintenant Littré: " Rien, quelque chose. Je vous envoie des vers que je Os il y a trois ans... Faites-moi l'honneur. s'il vous plaît, de me mander si c'est rien qui vaille. Voiture, *Lettrés*, 196. " Ainsi l'acception que l'Académie met en première ligne est la plus moderne: les sens qu'elle rejette au dernier plan sont les sens étymologiques et primitifs. En général, si l'on veut trouver dans les dictionnaires d'usage quelques données pouvant servir à l'histoire, c'est à la fin des articles, parmi les emplois dits rares ou exceptionnels qu'il les faut chercher. Pour revenir au mot *rien*, le sens négatif y a pénétré de bonne heure, car nous le trouvons dans le *Roman de la Rose*: Car de rien fait-il tout saillir,Lui qui a rien ne peut faillir.

为了能够发觉在一种语言中，当前感觉所联想到的释义与历史上提供的释义之间的差异，我们建议哲学家，还有语言学家，依次查阅《法兰西学院词典》和利特雷《法语词典》中的一些词条。比如Rien，《法兰西学院词典》的释义是：

Rien, néant, nulle chose. Dieu a créé le monde de **rien**.

Rien：没有什么，没有东西。例：上帝从无到有创造了世界。

现在让我们倾听利特雷的释义：

Rien, quelque chose. Je vous envoie des vers que je Os il y a trois ans... Faites-moi l'honneur. s'il vous plaît, de me mander si c'est **rien** qui vaille.（Voiture, *Lettrés*, 196）

Rien：毫无价值。例如，三年前我给您寄了几首诗……深为荣幸。请告诉我，是否毫无价值。

由此可见，《法兰西学院词典》列在第一行的意义是最现代的：该意义掩盖了背景中的词源和始源义。一般而言，如果你想要在常用词典中找到用来考证某词历史的一些资料，那就在释义内容的末尾，你才能找到所谓罕见或特殊的例子。再回到Rien这个词，其否定含义很早就出现了。因为我们在中世纪的《玫瑰传奇》中找到了它：

Car de rien fait-il tout saillir, Lui qui a **rien** ne peut faillir.

因为他看破一切，也就无法失去什么。

Mais dans quel dessein la langue a-t-elle adjoint à la négation *ne* ces mots qui ont pris petit à petit en sa société la signification négative? Par un besoin naturel à l'esprit de renforcer la pensée et de la rendre sensible à l'aide de quelque image. Pour avoir une collection d'exemples il suffirait d'écouter autour de soi les gens au parler un peu vif. Il existe une thèse présentée à l'école des Chartes sur les synonymes du mot *rien*, chez les écrivains du moyen âge.(Schweighæuser.) On ne se contentait pas de dire, par exemple, qu'un homme n'a ni sou ni maille: quantité d'autres mots, tels que *gant, botte, éperon, chiffon, clou, rave, châtaigne, prune*, viennent à l'occasion prendre la place de *rien*. Seulement leur emploi n'a pas été assez constant pour donner lieu à la contagion. N'ont été atteints que les mots cités plus haut, auxquels l'usage moderne a joint la locution *du tout*.

然而，语言究竟出于何种设计，将这些在其社会中逐渐具有否定意义的词加到否定词ne上的呢？可能出于心中的自然需要以强调其想法，并在某些意象的帮助下使其更易理解。要收集这方面的例句，只要听听你周围的人说点活泼的话就足够了。碑铭学院有一篇研究中世纪作家使用rien（一无所有）的同义词的论文（见施维豪斯尔①）。例如，人们不满足于说qu'un homme n'a ni sou ni maille（身无分文的人），还有很多其他词：gant（本义手套）、botte（本义靴子）、éperon（本义马刺）、chiffon（本义抹布）、clou（本义钉子）、rave（本义根茎）、châtaigne（本义栗子）、

---

① 施维豪斯尔（J. G. Schweighaeuser, 1776—1844），法国古典学者、语言学家。

prune（本义李子）浮现在脑海中，可能有机会替代rien。只是它们的这种用法并不经常发生，不足以引起感染。上面所引用的词，仅仅是在现代用法中添加短语du tout（根本）。

二、引导条件的连词

Prenons maintenant un exemple de la contagion dans les langues anciennes. L'idée du conditionnel, que nous marquons par le mot *si*, n'était pas facile à exprimer : comment faire dire à un mot que telle chose sur l'existence de laquelle nous ne voulons rien affirmer, est un instant supposée par nous comme réelle ? C'est pourtant ce qu'indiquent *si*, [ei], *if*, ces petits mots qui suffisent à changer le sens d'une phrase, et qu'un linguiste a ingénieusement comparés aux substances presque impalpables dont une pincée change le goût et l'arôme d'un mets. (Qu'on songe seulement aux emplois si divers et si importants de la particule anglaise but, ou encore de la particule [an] en grec.) L'histoire de la langue peut seule nous faire comprendre ce problème.

现在让我们举古代语言的例子来说明"感染"。我们法语中用si（假如）引导条件从句，这一想法不易解释：我们怎么能用一句话，说我们不想肯定的某事存在并暂时被我们认为是真实的？然而，这正是法语的si、拉丁语的ei、英语的if在起作用。那些微不足道的小词足以改变一句话的含义。语言学家巧妙地将其与几乎无形的物质进行比较，即使加入一点点也能改变一盘食物的味道和香气。（只要想想英语小词but的多样化和重要用途，乃至希腊语中的小词[an]。）只有语言的历史才能帮助我们理解这个问题。

Si, en vieux latin, est *sei*, plus anciennement encore *svei (osque *svai* ou *svae*, ombrien *sve*), c'est-à-dire un locatif comme *domei, humei*. Il veut dire "de cette façon, en cette manière". Cette signification est restée dans *sei-c, si-c*, qui n'est pas autre chose que le locatif *sei*, suivi de l'enclitique *-ce, -c*. Nous retrouvons encore cette signification dans la conjonction *si-ve... si-ve....* qui veut dire: "Ou en cette manière... ou en cette manière..." Comment, dans un locatif ayant une signification purement démonstrative, la langue a-t-elle fait entrer l'idée de condition? Pour répondre à cette question, il est bon de laisser un instant le latin, dont les monuments littéraires sont d'époque trop récente, pour nous adresser au grec.

法语的si，在古代拉丁语中是sei，更早期的形式是*svei（osque svai ou svae，翁布里亚语sve）。就像domei、humei那样的方位词，含义是"走这条路、以这种方式"。

这个意思保留在sei-c、si-c中，与方位词sei没有什么不同，只是跟有非重读后接成分-ce、-c。我们仍然可在连词si-ve…si-ve…中找到这个意思，含义是："以这种方式……或以那种方式……"。为何一个具有纯粹指示义的方位词，能在该语言中引入条件的概念呢？要回答这个问题，我们最好暂时离开拉丁文，因为拉丁文的文学作品年代太近了，而要关注的是希腊文。

En grec, la conjonction correspondante est *ei*, dorien. *ai*. Hésychius nous a conservé la forme ［*baikan = ei ken*］, laquelle montre encore le ［*we*］ ou digamma qui se trouvait anciennement en tête du mot. La forme complète était ［*sFai*］, mais le ［*s*］ initial s'est perdu de bonne heure, comme il s'est perdu à la tête du pronom ［*i-dios = sFi-dios*］. Si maintenant. nous examinons les plus anciens emplois de ［*ei*］ dans Homère, nous le trouvons. habituellement suivi de l'optatif. (Il ne saurait être question de donner ici la théorie de la particule *ei* et de ses divers emplois. Nous voulons seulement faire comprendre comment, à l'origine, elle est arrivée à sa signification de conjonction exprimant un conditionnel). En voici quelques exemples: Hector (Il., VI, 9-84), exprimant son ressentiment contre Pâris, s'écrie que s'il le voyait descendre dans l'Hadès, il en oublierait ses propres chagrins : ［*Ei keinon ge idoimi katelthont'Aidos eisô Phaièn ke phrên'aterpou oizuos eklelathesthai.*］①

在希腊语中，与拉丁语sei对应的词是ei，多利安方言是ai。希腊文法学家赫希其俄②为我们保留了［bai kan = ei ken］。这种形式仍能显示，［we］或古希腊字母F，它以前处于这个词的前端。完整的形式是［sFai］，但是首字母［s］很早以前就脱落了，就像在代词中前端的F，如［i-dios=sFi-dios］，也消失了一样。如果现在我们查考荷马作品的［ei］，我们可以找到古老用法，通常后面接的是可选的内容。（这里给出的小品词ei的理论及其各种用途都不成问题，我们只想从源头上解释它是如何形成表达条件连词的含义的。）这里举几个例子，在《伊利亚特》（VI, 9—84）中，赫克托为了表示对帕利斯的怨恨，大声叫喊：如果他能看到帕利斯坠入地狱，他的心将忘掉自己的悲伤。［*Ei keinon ge idoimi katelthont'Aidos eisô Phaièn ke phrên'aterpou oizuos eklelathesthai.*］

Quels sont ici les mots exprimant l'idée conditionnelle? Sans doute ce sont ［*ei*］ et ［*ke(n)*］, mais ils ne sont eux-mêmes que les jalons servant à mieux marquer la construction de

---

① 布雷亚尔把希腊语转写为意大利斜体并加上方括号。
② 赫希其俄（Hésychius）是5世纪时亚历山大里亚的文法学家、希腊语词典编辑家。

la phrase et le mouvement de la pensée. La véritable expression du conditionnel se trouve dans le mode du verbe. Supprimons la conjonction [*ei*] ; au fond, l'idée sera la même, car il restera l'expression d'un voeu. "Puisse-t-il descendre dans l'Hadès et mon coeur aura oublié ses propres chagrins ! "

什么词在此表达条件的观念呢？毫无疑问，它们是[ei]和[ke(n)]。但是它们本身只是用来更好标记句子结构和思想活动的重要标杆。真正表达条件观念的，可以在动词模式中找到。去掉连词[ei]，表达的想法大体上相同，因为这句话本身包含意愿的表达："愿他坠入地狱，我的心将忘掉自己的悲伤！"

Voici un passage tout semblable, où la conjonction manque. Minerve, après avoir décrit à Télémaque comment était fait son père Ulysse, dit que s'il survenait au milieu des prétendants, ceux-ci verraient s'abréger leurs jours et se gâter leur fiançailles: [*Toios eon mnêstèrsin omilèseien Odusseus Pantes k'ôkumoroi te genoiato pikrogamoi te.*]

这里有一个类似的段落，也是省略了连词。密涅瓦在向忒勒玛科斯①描述其父尤利西斯的遭遇后说，如果尤利西斯出现在求婚者当中，他们将看到他们的日子不长和婚约破灭：[*Toios eon mnêstèrsin omilèseien Odusseus Pantes k'ôkumoroi te genoiato pikrogamoi te.*]

L'optatif se montre ici dans son emploi primitif, qui est d'exprimer un fait regardé comme souhaitable, ou comme simplement possible. L'addition de [*ei*] ne ferait que souligner ce qui est déjà suffisamment indiqué par le mode du verbe. Or, c'est pour avoir figuré longtemps dans des phrases où le verbe se trouvait à un mode exprimant un souhait ou une supposition, que [*ei*] a paru gouverner ce mode, et a attiré à lui une partie de l'idée conditionnelle.

在此，用其原始方式呈现这种可选择式，即表达的是自己希望的，或可能发生的事。添加[ei]仅仅是为了强调通过动词模式已经充分表明的内容。此时，因为[ei]长期存在于动词表达愿望或假设模式的句子中，它似乎掌控了这种模式并吸收了表达条件的部分含义。

Voici un autre exemple, tiré de *l'Iliade* (XVI, 623) Deux guerriers se provoquent, et l'un

---

① 忒勒玛科斯是尤利西斯（对应希腊神话中的奥德修斯）和珀涅罗珀的儿子。奥德修斯远征特洛伊失踪后，珀涅罗珀拒绝所有求婚者，一直等待丈夫归来。最终，忒勒马科斯协助其父杀死了向珀涅罗珀求婚的人。

s'écrie que, s'il touchait son adversaire en pleine poitrine, la gloire serait pour lui et la vie de son ennemi pour Pluton: [*Ei kai egô se baloimi tuchôn meson oxei chalkôi Aipsa ke, kai traieros per eon kai chersi pepoithôs Euchos emoi doiês, psuchên d'Aidi klutopôlôi.*]

以下是见于《伊利亚特》（XVI, 623)中的另一个例句。两位战士相互挑衅，其中一位大声喊叫：如果他刺穿对手的胸部，荣耀将归于他，他的敌人的生命将归于冥王。[*Ei kai egô se baloimi tuchôn meson oxei chalkôi Aipsa ke, kai traieros per eon kai chersi pepoithôs Euchos emoi doiês, psuchên d'Aidi klutopôlôi.*]

C'est la même construction, toujours jalonnée par [ei] et par [kein]. Mais, au fond, nous avons ici moins l'expression d'une condition que celle d'une série de souhaits. "Puissé-je te percer de mon javelot... tu me donnerais la gloire, ta vie serait à Pluton!"

这与上面所举例句的结构相同，总是用 [ei] 和 [kein] 标记条件式。但总体而言，我们看到的条件式表达比一连串的意愿式表达要更少。"愿我用我的标枪刺穿你……你会给我荣耀，你的性命将归于冥王！"

Nous allons donner maintenant un exemple où [ei] se trouve dans le second membre de phrase. Ulysse, déguisé en mendiant, parle des prétendants (*Od.*, XVI, 102): [*Autik'epeit'ap'emeio karê tamoi allotrios phôs Ei mè égô keinoisi kakon pantessi genoimên.*] "Qu'un autre homme me tranchât aussitôt la tête, si je ne devenais pas pour eux tous (les prétendants) la cause de leur perte." On sent encore dans cette phrase la valeur démonstrative de [ei]. La signification est qu'Ulysse consent à perdre sur le champ la tête, comme il est vrai qu'il ne tuera pas les prétendants.

我们现在举另一类例子，其中 [ei] 出现在第二个短语中。伪装成乞丐的尤利西斯，对那些求婚者说道(*Od.*, XVI, 102): [*Autik'epeit'ap'emeio karê tamoi allotrios phôs Ei mè égô keinoisi kakon pantessi genoimên.*] "让另一个人立即砍掉我的头，如果我没有成为他们所有人（求婚者）毁灭的原因。"我们仍然在这句话中感受到 [ei] 的指示价值。此句的含义是奥德修斯当场以砍掉自己的头作为赌注，因为他不会杀死求婚者是真的。

Revenons à présent au latin. De l'optatif, le latin n'a gardé qu'un petit nombre de formes, telles que *sim*, *velim*, *faxim*. En général, il a remplacé l'optatif par le subjonctif. Mais, sauf cette différence, ce que nous avons dit de [ei] s'applique à *si*. On a d'ailleurs conservé des exemples de la construction avec l'optatif. Dans la vieille formule: *si hæc ita faxitis*, nous avons le pendant exact de la construction grecque. L'explication du sens conditionnel est la même. Il n'est pas plus nécessaire en latin qu'en grec de mettre la conjonction. Voici, par exemple, la formule d'un voeu emprunté aux Actes des frères Arvales: *Jupiter optime maxime, quæ in verba tibi bove aurato vovi esse futurum, quod hoc die vovi, ast tu ea ita faxis, tunc tibi donum auri pondo XXV, argenti pondo IV ex pecunia fratrum Arvalium nomine eorum positum iri voveo.*（Henzen, *Act. Fratrum Arvalium*, p. 101.）Le membre de phrase *ast tu ea ita faxis* exprime la condition par la seule force de l'optatif.

现在让我们回到拉丁语。在表达可选式方面，拉丁语仅保留了少量形式，如sim、velim、faxim。一般而言，拉丁语用虚拟式代替了祈愿式。而除了这个区别，我们所说的关于［ei］的用法也适用于法语的si。此外，我们还找到了祈愿式结构作主语的宾语补足语的实例。在拉丁语的古老形式中还存在si hæc ita faxitis（如果你这样做），我们有这种形式的希腊结构语的精确对应物。对于条件意义的解释也是一样，只是与希腊语相比，连词对拉丁语不再必要。这里有一个例子，是阿瓦莱斯兄弟会规定使用的惯用誓词：最伟大的朱庇特，我用言语向你发誓，会有一头金牛。我在这一天发誓，如果你喜欢这样做，那么我发誓，为你奉上25磅黄金的礼物，并以阿瓦莱斯兄弟会的名义献上4磅白银。（Henzen, *Act. Fratrum Arvalium*, p. 101.）仅用短语ast tu ea ita faxis（如果你喜欢这样做），就通过祈愿式的专门力量表达了条件。

On voit que l'étymologiste ferait fausse route s'il pensait devoir trouver dans la conjonction *si* une idée de condition explicitement énoncée. Elle signifie simplement "en cette manière"；mais une fois que par contagion elle fut devenue l'exposant de l'idée conditionnelle, elle put, en cette qualité, se faire suivre même de l'indicatif.

我们看到，如果词源学家认为他必须在连词si中找到一个陈述条件的明确观念，那么势必误入歧途。因为si仅仅意味着"以这种方式"，但是在语言感染的情况下，一旦si变成了条件观念的代表，才可能具有这种职能。那么它的后面甚至可以跟陈述式。

三、表转折义的连词

Une observation analogue pourrait être faite sur les mots qui signifient "mais", en latin, en grec, en français. L'opposition que marquent ces particules tient à l'emploi, non à l'étymologie. Prenons le latin, qui possède plusieurs conjonctions de cette nature. *Verum* et *vero* veulent dire "à la vérité"；*autem* était un adverbe purement affirmatif; *at* (anciennement *aut*) est une particule de liaison qui, en osque, signifie "et" (cf. *at-que*). Celle qui a le plus de force par elle-même est la conjonction *sed*, laquelle signifie "à part cela, au demeurant"; *ast* est probablement pour *at sed*. Aucun de ces mots ne possède en lui la force adversative que nous croyons y percevoir: mais, comme ils se trouvaient habituellement en tête d'une seconde proposition qui, sans nier la vérité de la première, apportait une affirmation qui la limitait, l'antithèse est venue se condenser dans la conjonction. Laissons à présent ces sortes de mots pour montrer l'effet de la contagion dans une règle importante de la grammaire française. (Des remarques analogues pourraient être faites sur les mots qui signifient "quoique": à l'origine, ce sont des mots qui exagèrent la concession, pour faire d'autant plus ressortir l'affirmation ultérieure tenue en réserve. La force antithétique, qui a fini par entrer dans les mots signifiant "quoique", vient donc du mouvement de la phrase.)

我们还可以观察到一些类似现象，比如希腊语、拉丁语以及法语中具有mais（但是）含义的一些词。这些表转折关系的特殊含义，只存在于语言运用中，而不存在于词源意义中。以拉丁语为例，其中有许多带有这种特殊含义的词。verum和vero的含义是"事实上说"。autem是一个表肯定的词。at（更古老的形式是aut）是一个特殊的连词，在意大利古老的奥斯克语（osque）中的含义是"等等"（参见：at-que）。就其本身而言，具有更重要价值的是连词sed，其含义是"除此之外"，ast很可能等同于 at sed。在这些词中，没有哪一个词本身就有我们所发现的这种表转折含义，但是它们通常位于第二分句的句首。这个分句虽然并不否定第一分句的含义，但是对第一分句的肯定义带来某种约束，那么转折义就在这些连词中应运而生了。（我们也可以对含义是"虽然"的词quoique进行类似的讨论：这些词原本是表让步关系的夸张用法，以更加突显随后的备用肯定。转折关系的表达最终进入含义"虽然"的词quoique，是因为来自句子的移动。）

四、分词的及物力量

La règle qui veut qu'on écrive avec accord: "Les auteurs classiques que j'ai lus" et sans accord: "J'ai lu les auteurs classiques", n'est point aussi artificielle qu'on pourrait le croire. Il nous serait impossible d'entendre, sans être choqué: "Les lettres que j'ai écrit", et nous ne serions pas moins blessés de: "J'ai écrites mes lettres." La cause de cette anomalie apparente est un fait de contagion. La phrase que nous avons citée en dernier lieu eût été régulière, il y a quatre siècles. Mais, en français moderne, le participe, quand il est ainsi construit, prend part, dans notre esprit, à la force transitive qui vient de l'auxiliaire "avoir". Cela est si vrai, que nous pouvons dire en langage télégraphique: "Reçu mauvaises nouvelles. Pris la ligne directe." Tout le monde croira sentir en ces participes passifs des mots à force transitive.

我们同意的书写规则：

Les auteurs classiques que j'ai *lus* (加s). 古典作家我读过的。

我们不同意的：

J'ai *lu* (本该加s没加) les auteurs classiques. 我已读过的古典作家。

但是并不像人们认为的那样显得不自然。

Les lettres que j'ai *écrit* (本该加s). 我写的信。

听到这句话时，我们会觉得别扭。而当看到：

J'ai *écrites* (不该加s) mes lettres. 我写了我的信。

我们同样有不顺之感。产生这种明显异常的原因就是语言感染，我们上面引用的那句话在四个世纪前就已是正常的了。但是在现代法语中，参与者这样构造时，在我们的意识中加入了来自助动词avoir（相当于英语to have）的及物力。这的确是真实存在的，在电报用语中，我们可以这样说：

Reçu mauvaises nouvelles. 收到坏消息。

Pris la ligne directe. 采取直线电话。

每个人都会相信，在这些被动分词中，他们意识到的是具有及物力的言辞。

D'où vient cependant que nous continuons de dire "La maison que j'ai construite. Les lettres que tu as écrites ?" C'est que la construction de la phrase est un peu différente. Il a suffi de ce léger changement pour arrêter la force de la contagion. De même qu'à peu de distance des grandes routes, à quelques kilomètres des voies ferrées, on retrouve les vieux costumes et les anciens usages, de même il suffit d'un tour un peu différent pour que les principes de l'ancienne grammaire française reparaissent.

然而，我们一直在说：

La maison que j'ai construite.（这座房子我建造的。）

Les lettres que tu as écrites?（你写的信？）

这种说法来自哪里？就是因为这个句子的结构稍有不同，需要的只是这个轻微变化来阻止感染的力量。就像在离主要大路不远，在离铁路线几公里的地方，我们会发现古老的服装和古老的习俗，所以只需稍有不同的转向，古老的法语语法原则就会重现。

五、意义的专化原则

Au principe de *contagion* se rattache étroitement le principe de *spécialité*.

Nous appelons ainsi une loi du langage qui a pour effet de départir à un seul mot la fonction qui était plus anciennement remplie par tous les mots de même espèce; d'habitude, le mot privilégié paie le choix dont il a été l'objet par la perte de son indépendance personnelle: il n'est plus qu'un exposant grammatical.

与意义感染原则密切相关的是意义的专化原则。我们称之为一种语言定律，具有以某个词替换以前由更多同类词所完成功能的作用；在通常情况下，这一特权词通过失去自身独立性以作为被选择的代价：它仅仅成为一个语法要素。

Les adjectifs, autrefois, exprimaient la gradation au moyen du comparatif et du superlatif. Les suffixes qui servaient à cet usage étaient nombreux et variés: ainsi le comparatif pouvait s'exprimer par les suffixes *ra*, *tara*, *jans*, le superlatif par *ma*, *tama*, *ista*, *istama*. Ces suffixes deviennent peu à peu moins nombreux: d'abord; c'est *ra* qui s'éteint; puis, le latin perd le comparatif en *tara*, pour ne garder que la forme en *jans* (latin *ios*, *ior*). Au superlatif, le latin perd les suffixes *ma*, *ista* et *tama*, pour ne garder que *istama* (*issimus*). Le vieux français avait encore quelques comparatifs, héritage du latin: *forçor*, *hauçor*, *juvenor*, *greignor*, *ancienor*, *gencior*. Il avait aussi quelques superlatifs: *bonisine*, *cherisme*, *grandisme*, *hautisme*. Tout ce mécanisme a disparu du français, non pas, comme on l'a dit, par suite de l'altération phonétique, mais par l'action de la loi de spécialité. Un seul comparatif a assumé la fonction de tous les autres: en français, c'est le comparatif *plus* (= latin *plus*, *ploius*), comme en espagnol, c'est le comparatif *mas* (= latin *magis*). Le même mot a servi aussi pour le superlatif, au moyen de l'article dont il s'est fait précéder. Les seules exceptions sont quelques comparatifs si ancrés dans l'usage, comme *meilleur*, *pire*, *moindre*, qu'il a été impossible de les déraciner. Partout ailleurs, *plus* a fait le vide, et il nous tient lieu de tout un ancien et savant outillage.

形容词采用比较级和最高级表示等级。用于此的后缀不但众多且各式各样：用后缀 ra、tara、jans 表示比较级，用后缀 ma、tama、ista、istama 表示最高级。这些后缀的数量逐渐减少：首先消失的是 ra，然后拉丁语的 tara 退出比较级，只保留了 jans 的形式（拉丁语 ios, ior）。在最高级中，拉丁语失去后缀 ma、ista 和 tama，只保留了 istama (issimus)。古法语还有若干比较级后缀：forçor, hauçor, juvenor, greignor, ancienor, gencior，此外还有几个最高级后缀bonisine、cherisme、grandisme、hautisme，这些都是拉丁语的遗产。所有这些方式最终都从法语中消失了，正如我们所说，不是由于语音变化，而是由于专化规则的作用。只有一个比较级承担了所有其他比较级后缀的功能：在法语比较级中是plus (=拉丁语 *plus, ploius*)，同样，在西班牙语比较级中是mas (= 拉丁语*magis*)。这同一个词也用于最高级，借助于它前面的冠词。例外的仅仅是一些在用法上固定的比较级，比如meilleur、pire、moindre，以至于不可能将它们彻底根除。这就在其他地方造成了更多的真空，plus这个词取代了全部古老而熟知的手段。

Il faut donc voir dans ce comparatif le survivant d'une espèce perdue, qui, à lui seul, remplace tous ses frères. Mais il n'a plus, dans des constructions comme *plus grand*, *plus* fort, d'existence personnelle: il sert à l'expression d'une relation grammaticale. Il est l'équivalent de la désinence -*ior*, si bien que par lui-même il est simplement l'annonce d'un autre mot.

因此，我们在这个比较级中应该看到一个已消失物种的幸存者，它本身取代了所有的兄弟。但在plus grand（更大）、plus fort（更有力）结构中，它已经失去了其自身意义：被用于语法关系的表达。它相当于词尾-ior，因此仅仅是另一个词出场的通知。

A mesure que les langues avancent en âge, la loi de spécialité prend plus d'importance. En voici un exemple tiré de la langue anglaise. Le verbe *do*, suivi d'un infinitif, se charge d'exprimer les différentes idées de temps, de mode, de personne, que chaque verbe était autrefois obligé de marquer pour son propre compte. Il est devenu le verbe par excellence. Si on le laissait faire, tous les autres passeraient bientôt à l'état de mots invariables. Il est si prêt à tous les usages, qu'il se sert d'auxiliaire à lui. même: How *do you do*? Mais il paie l'universalité de ses aptitudes du prix de sa physionomie propre. Il n'est plus qu'un exposant grammatical. Dans un dialogue comme celui-ci : *Does he come*? *does* est l'équivalent d'une désinence de la troisième personne.

随着语言在时代中的进步，专化法则变得更加重要。这是一个来自英语的例子。动词 do 后接不定式，负责表达时态、语态和人称的不同观念，以至于各个动词以前使用时都必须加它做标记，因此do就变成了一个非常重要的动词。如果我们任其泛滥，那么许多其他词很快就会转身为无形态变化。它已为之准备好助动词用法，相同的是：How do you do? （你好吗？）但它以牺牲自己的特性，为功能广泛性付出了代价。它只不过成了一个语法结构要素。在这样的对话中Does he come? （他来了吗？），仅相当于第三人称词尾。

Ces faits, qui sont connus de tous, peuvent nous aider à comprendre une des parties les plus obscures de l'histoire de nos langues. La lutte qui s'est établie entre la déclinaison et les prépositions n'est peut-être qu'une application de la loi de spécialité. Si l'on compare le sanscrit *apa*, qui marque l'éloignement, avec *api*, qui exprime le mouvement vers un endroit, l'on entrevoit les restes d'une flexion plus archaïque et plus simple. Il en est de même pour ［peri］ et ［para］,［eini］ et ［ana］. Ce sont ces anciens mots fléchis qui ont fini par détruire toute déclinaison, après l'avoir d'abord rendue inutile. Mais ils doivent eux-mêmes leur signification à cette 'déclinaison dont on aperçoit encore sur eux la marque plus ou moins visible.

这些众所周知的事实，可以帮助我们了解人类语言历史中的最隐晦部分。发生在变格和介词之间的竞争，也许只是专化法则的运用。如果我们把梵文表示距离的apa与表示移动到某处的 api 进行比较，可以看到一个更古老而简单的屈折变化孑遗。希腊语的［peri］（在周围）与［para］（在旁边）、［eini］（在之中）与［ana］（在之上）也是如此。正是这些古老的屈折词最终摧毁了所有的变格，起初是使其变得毫无用处。但这些词语本身的意义归因于这种衰退，在其身上仍可看到不同程度的残存痕迹。

Nous arrêtons ici ces notes, heureux si nous avons réussi à montrer, par un petit nombre d'exemples, quelle sera un jour, pour la connaissance des lois psychologiques du langage, l'importance de la *sémantique*.

我们的简述到此结束了，希望有朝一日，如果我们能用少数的例子成功地展示语言心智规律的知识和语义学的重要性，这将令人高兴。

《语言的心智规律：语义学简述》是布雷亚尔语义学理论方法的第一次正式表述。接下来，就是他向着这一目标的长途跋涉。从《语义学探索》中可以感受到布雷亚尔探索的艰难。

第三节　《语义学探索·研究旨趣》译介

在介绍《语义学探索》（1897）的精要之前，我们首先阅读其"研究旨趣"（Idée de ce Travail）。[①]

---

① 本节译自1897年法文版 *Essai de Sémantique (science des significations)*，1—9页（以下引文不再标注出处及其页码），并参照其英文版（1900）。译文中的小标题是笔者在翻译过程中提炼的。

一、试图探索的内容

　　Les livres de grammaire comparée se succèdent, à l'usage des étudiants, à l'usage du grand public, et cependant il ne me semble pas que ce qu'on offre soit bien ce qu'il fallait donner. Pour qui sait l'interroger, le langage est plein de leçons, puisque depuis tant de siècles l'humanité y dépose les acquisitions de sa vie matérielle et morale: mais encore faut-il le prendre par le côté où il parle à l'intelligence. Si l'on se borne aux changements des voyelles et des consonnes, on réduit cette étude aux proportions d'une branche secondaire de l'acoustique et de la physiologie; si l'on se contente d'énumérer les pertes subies par le mécanisme grammatical, on donne l'illusion d'un édifice qui tombe en ruines; si l'on se retranche dans de vagues théories sur l'origine du langage, on ajoute, sans grand profit, un chapitre à l'histoire des systèmes. Il y a, ce me semble, autre chose à faire. Extraire de la linguistique ce qui en ressort comme aliment pour la réflexion et — je ne crains pas de l'ajouter — comme règle pour notre propre langage, puisque chacun de nous collabore pour sa part à l'évolution de la parole humaine, voilà ce qui mérite d'être mis en lumière, voilà ce que j'ai essayé de faire en ce volume.

　　比较语法的书籍连篇累牍，既有供学生使用的，也有适合大众阅读的，而在我看来，提供的知识必须是大众确实需要的。对于那些善于质疑的人，可以感到语言中充满了人类经验。虽然若干世纪以来，人类在语言中已经储存了物质生活和道德生活的大量收益，但是仍然有必要从诉诸心智的方面来探索这些。如果我们仅仅局限于元音和辅音的变化，那么这一研究则降低为声学和生理学的次要分支。如果我们满足于列举语法手段所经历的脱落过程，那么给人的错觉就是语言像一片坍陷的废墟。如果我们把自己束缚在有关语言起源的含混假说中，那么只是在把无益的阶段塞进系统的历史。在我看来，这方面还有其他事情要做，我们可以从语言学中汲取值得反思的养分——我不怕增加这些养分——作为我们自己语言的规则，既然我们每个人都在人类语言的进化中相互协作，所以语言规则值得彰显，而这就是我要在本书中试图探索的内容。

　　【评点】19世纪的术语"语法"，相当于"语言学"。布雷亚尔认为，仅仅研究语音变化降低了语言学的研究价值，必须从心智方面来研究语言的意义，以发现语言的演变规则。

二、语言研究的目的

Il n'y a pas encore bien longtemps, la Linguistique aurait cru déroger en avouant qu'elle pouvait servir à quelque objet pratique. Elle existait, prétendait-elle, pour elle-même, et elle ne se souciait pas plus du profit que le commun des hommes en pourrait tirer, que l'astronome, en calculant l'orbite des corps célestes, ne pense à la prévision des marées. Dussent mes confrères trouver que c'est abaisser notre science, je ne crois pas que ces hautes visées soient justifiées. Elles ne conviennent pas à l'étude d'une oeuvre humaine telle que le langage, d'une oeuvre commencée et poursuivie en vue d'un but pratique, et d'où, par conséquent, l'idée de l'utilité ne saurait à aucun moment être absente. Bien plus : je crois que ce serait enlever à ces recherches ce qui en fait la valeur. La Linguistique parle à l'homme de lui-même: elle lui montre comment il a construit, comment il a perfectionné, à travers des obstacles de toute nature et malgré d'inévitables lenteurs, malgré même des reculs momentanés, le plus nécessaire instrument de civilisation. Il lui appartient de dire aussi par quels moyens cet outil qui nous est confié et dont nous sommes responsables, se conserve ou s'altère.... On doit étonner étrangement le lecteur qui pense, quand on lui dit que l'homme n'est pour rien dans le développement du langage et que les mots — forme et sens — mènent une existence qui leur est propre.

就在不久之前，语言学还受到贬低，就是因为它没有服务于某些实用目的。语言学也被认为仅为自己存在，而不再注意普通人可能从天文学家预测潮汐的天体运行轨道计算中获得益处。即使我的同仁认为这样会降低我们科学的水平，我也不相信这些高级目标合情合理。对于研究诸如语言这样的人类创造物，他们的目的是不合适的。作为一种创造物，语言从一开始到此后的继续，就一直考虑实用目的，因此任何时候从不缺少实用的理念。此外，还有更多的不合适目的：我认为这将使这项研究失去价值。语言学表达的是人类自身——显示人类如何克服各种障碍，构建这一最必需的文明工具并使之日益完善，尽管有过不可避免的停滞，甚至是暂时的周折。语言学还应当有权利要求，我们用什么方式信赖此工具，并且我们对此负有保护和改进的责任……当我们告诉正在思考的读者，人类与语言的发展无关，而词语的形式和意义——生存在其特有的生命之中时，我们说的这些话一定会使他感到莫名的惊诧。

【评点】语言从一开始，就一直考虑实用目的。语言学并非自然科学，对自然科学的要求不适合语言学。语言学的任务是用一定的方式解释语言，语言学家对语言的保护和改进负有责任。词语没有特有的生命，人类与语言的发展密切相关。

三、语言研究的危机

L'abus des abstractions, l'abus des métaphores, tel a été, tel est encore le péril de nos études. Nous avons vu les langues traitées d'êtres vivants : on nous a dit que les mots naissaient, se livraient des combats, se propageaient et mouraient. Il n'y aurait aucun inconvénient à ces façons de parler s'il ne se trouvait des gens pour les prendre au sens littéral. Mais puisqu'il s'en trouve, il ne faut pas cesser de protester contre une terminologie qui, entre autres inconvénients, a le tort de nous dispenser de chercher les causes véritables ［1］.

抽象的滥用、隐喻的滥用，仍然是我们面临的语言研究危机。有人把语言视为生物体——我们一直听到的是词语的出生、竞争、传播与死亡。如果并非按照字面意义解释，这种表述也无伤大雅。然而，既然有人信以为真，那么对这些术语的批评也就不会停止。除了其他缺失，这些术语还会误导我们，以至于无法找到语言演变的真实原因。［1］[①]

【评点】布雷亚尔反对当时流行的语言生物体学说。关于词语的生命，仅仅是隐喻。如果信以为真，也就会使我们无法找到语言演变的真实原因。

Les langues indo-européennes sont condamnées au langage figuré. Elles ne peuvent pas plus y échapper que l'homme, selon le proverbe arabe, ne saurait sauter hors de son ombre. La structure de la phrase les y oblige : elle est une tentation perpétuelle à animer ce qui n'a

---

[①] 原注［1］: En écrivant ceci, je pense à toute une série de livres et d'articles tant étrangers que français. Le lecteur français se souviendra surtout du petit livre d'Arsène Darmesteter, *la Vie des mots*. Il est certain que l'auteur a trop prolongé, trop poussé à fond la comparaison, de telle sorte que par moments il a l'air de croire à ses métaphores, défaut pardonnable si l'on pense à l'entraînement de la rédaction. J'ai été l'ami, leur vie durant, des deux Darmesteter, ces Açvins de la philo logie française, j'ai rendu hommage à leur mémoire, et je serais désolé de rien dire qui pût l'offenser. (Voir à la fin de ce volume mon article sur *la Vie des mots*.) 含义是：写到此处，我想起一系列著作和文章，包括法国的和外国的。法国读者尤其会想到达梅斯泰特尔的《词语的生命及其意义研究》。可以肯定，作者将二者相提并论的时间太久和印象太深，以至于有时他似乎就对其隐喻信以为真。如果我们考虑写作技巧，这是可以原谅的缺陷。我与达梅斯泰特尔终身为友，长期被誉为法国语文学的双马童，这些回忆使我对他深怀敬意。如果我的评论（见本书末尾评论《词语的生命及其意义研究》的文章）可能冒犯他，我会深感抱歉。译注：双马童是婆罗门教及印度教中的双子神。《语义学探索》1897印行时，达梅斯特尔已去世10年。

pas de vie, à changer en actes ce qui est un simple état. Même la sèche grammaire ne peut s'en défendre : qu'est-ce autre chose qu'un commencement de mythe, quand nous disons que ἐνέγκω *prête ses temps* à φέρω, ou que *clou prend un s* au pluriel? Mais les linguistes, plus que d'autres, devraient être en garde contre ce piège....

印欧语言被认为是比喻性语言。据阿拉伯格言"一个人不可能跳出自己的影子"，以印欧人相比，印欧语则无法从比喻中逃逸。句子结构迫使他们这样做——能使无生命的事物充满活力，能把简单的状态化为行动，这是永恒的诱惑。甚至枯燥无味的语法也无法抵抗——当我们谈到φέρω从ἐνέγκω那里借用时态，或者clou添加s为复数时，这种现象除了从神话开始，又能始于其他何处呢？然而，语言学家比其他人更应当警惕"比喻"的陷阱……

Ce n'est pas seulement l'homme primitif, l'homme de la nature, qui se prend pour mesure et pour modèle de toute chose, qui remplit le ciel et l'air d'êtres semblables à lui. La science n'est pas exemple de cette erreur. Prenez le tableau généalogique des langues, comme il est décrit et même dessiné en maints ouvrages : n'est-ce pas le produit du plus pur anthropomorphisme? Que n'a-t-on pas écrit sur la différence des *langues mères et des langues filles*? Les langues n'ont point de filles : elles ne donnent pas non plus le jour à des dialectes. Quand on parle du proto-hellénique ou du proto-aryen, ce sont des habitudes de pensée empruntées à un autre ordre d'idées, c'est la linguistique qui conforme ses hypothèses sur le modèle de la zoologie. Il en est de même pour cette langue indo-européenne proethnique que tant de linguistes ne se lassent pas de construire et de reconstruire : ainsi faisaient les Grecs quand ils imaginaient, pour rendre compte des différentes races, les ancêtres *Æolus, Dorus, Ion* et *Achæus*, fils ou petit-fils d'*Hellen* [2].

无论原始人，还是自然人，都视其为万物之尺度和范型，并用与他相似的生物充实了天空与周围，而且科学也未能幸免于难。在许多书中描绘的语言谱系，难道不是纯粹的拟人化产物吗？关于母语和子语之间的差异，还有什么没写过？但是语言既不会生育子语，子语也不会生育方言。在我们谈论原始希腊语或原始雅利安语时，借用的是另一类概念系列的思维习惯，把动物学模型的假设强加于语言学。同样的情况也见于关于印欧语史前人种的揣测，许多语言学家不知厌倦地构造和重建人种谱系——因此，当他们揣测希腊人的来源时，把不同种族的祖先埃俄罗斯、多鲁斯、伊翁和阿

凯乌斯，都解释为赫楞①的子孙！［2］②

【评点】布雷亚尔继续批评语言生物体学说。比喻性语言有可能误导人们，语言学家应当防范"比喻"的陷阱。在谈论语言关系时，语文学家借用的另一类概念系列的思维习惯，把动物学模型的假设强加于语言学之上。

> Il y a peu de livres qui, sous un mince volume, contiennent autant de paradoxes que le petit livre où Schleicher donne ses idées sur l'origine et le développement des langues. Cet esprit habituellement si clair et si méthodique, ce botaniste, ce darwinien, y trahit des habitudes de pensée qu'on aurait plutôt attendues chez quelque disciple de l'école mystique. Ainsi l'époque de perfection des langues serait située bien loin dans le passé, antérieurement à toute histoire : aussitôt qu'un peuple entre dans l'histoire, commence à avoir une littérature, la décadence, une décadence irréparable se déclare. Le langage se développe en sens contraire des progrès de l'esprit. Exemple remarquable du pouvoir que les impressions premières, lesidées reçues dans l'enfance peuvent exercer!［3］

很少有这么薄的书包含这么多的悖论，比如施莱歇尔在一本小册子中提出的语言起源与发展的思想。这位植物学家和达尔文主义者，虽然他平时头脑清醒且有条不紊，但这本书泄露了他近乎神秘学派信徒的思维习惯。［3］③按照他的说法，把语言的完美时期置于远古洪荒，在所有历史之前——一旦有一个人走进历史，文学也就开始了，语言的衰落不可挽回地就出现了。实际上，与之相反，语言的发展促进了人类心智的进步。儿童时代培养的是人们获得最初印象和观念的能力，这就是明显的例证！

【评点】批评施莱歇尔的自然主义语言观。语言并非在不断衰落，而是语言的成熟促进了心智的进步。布雷亚尔坚持语言进步观、语言促进心智发展观。

---

① 他们都是希腊神话中的人物。赫楞（Hellen）被认为是希腊人的祖先，与俄耳赛斯（Orseis）育有埃俄罗斯（Aeolus）、克苏托斯（Xuthus）和多鲁斯（Dorus）。克苏托斯与克瑞乌萨（Creusa）育有两子，其中，伊翁（Ion）是爱奥尼亚人先祖，阿凯乌斯（Achaeus）是阿卡亚人先祖。

② 原注［2］：Je signale à l'attention de mes lecteurs le récent travail de M. Victor Henry, qui, d'un point de vue différent, combat la meme erreur: *Antinomies linguistiques*.含义是：我想引起读者的注意是维克托·亨利先生的近作《语言学的二律背反》，他从不同角度，与同样错误的观点做斗争。

③ 原注［3］：Schleicher avait d'abord été destiné à l'état ecclésiastique. Il avait ensuite été hégélien. 含义是：施莱歇尔起初从事教会神职工作，后来成为黑格尔派哲学家。译注：施莱歇尔早年在莱比锡大学攻读神学，后来到蒂宾根教会工作，转而研习黑格尔哲学，攻读闪米特语、梵语和波斯语。布雷亚尔提到的"一本小册子"指施莱歇尔的《达尔文学说和语言学》（1863）。

四、语言变革的原因

Laissant de côté les changements de phonétique, qui sont du ressort de la grammaire physiologique, j'étudie les causes intellectuelles qui ont présidé à la transformation de nos langues. Pour mettre de l'ordre dans cette recherche, j'ai rangé les faits sous un certain nombre de *lois* : on verra plus loin ce que j'entends par *loi*, expression qu'il ne faut pas prendre au sens impératif. Ce ne sont pas non plus de ces lois sans exception, de ces lois aveugles, comme sont, s'il faut en croire quelques-uns de nos confrères, les lois de la phonétique. J'ai pris soin, au contraire, de marquer pour chaque loi les limites où elle s'arrête. J'ai montré que l'histoire du langage, à côté de changements poursuivis avecune rare conséquence, présente aussi quantité de tentatives ébauchées, et restées àmi-chemin.

把生理语法所负责的语音变化放在一边，我研究掌控我们语言变革的心智原因。为了使这一研究井井有条，我把这些事实按照一定的定律排列。稍后我们将明白我所谓的定律，不应该从势在必行的意义上理解。这些定律既不是无一例外，更不是盲目定律[①]，即使我们相信一些同仁研究的语音定律都是如此。与之相反，我注意给各条定律加以限制。通过追踪变化和合理推论，我已经解释了语言的历史，也发表了许多探索性概述，并且仍在继续努力之中。

Ce serait la première fois, dans les choses humaines, qu'on trouverait une marche en ligne droite, sans fluctuation ni détour. Les oeuvres humaines, au contraire, se montrent à nous comme chose laborieuse, sans cesse traversée, soit parles survivances d'un passé qu'il est impossible d'annuler, soit par des entreprises collatérales conçues dans un autre sens, soit même par les effets inattendus des propres tentatives présentes.

这将是人类事件中的第一次，我们沿着直截了当的路线前行，既不拐弯抹角，也不迂回绕行。与之不同，人类的创造物，语言要向我们展示的是艰难曲折，它不断地被来回穿越，或者是无法挽回的过去残存，或者是以另一种感觉构想的附带承诺，或者甚至是自己尝试实现的意想不到的结果。

【评点】布雷亚尔主张研究影响我们语言变革的心智原因。演变定律不必势在必行，要给各条演变定律加上限制。

---

① 所谓盲目定律（lois aveugles），就是在语言生活中发挥作用且无例外的定律。布雷亚尔的观点是，任何定律都是有限制的。

Ce livre, commencé et laissé bien des fois, et dont, à litre d'essai, j'ai fait paraître à diverses reprises quelques extraits [4], je me décide aujourd'hui à le livrer au public. Que de fois, rebuté par les difficultés de mon sujet, me suis-je promis de n'y plus revenir!... Et cependant cette longue incubation ne lui aura pas été inutile. Il est certain cpie je vois plus clair aujourd'hui dans le développement du langage qu'il y a trente ans. Le progrès a consisté pour moi à écarter toutes les causes secondes et à m'adresser directement à la seule cause vraie, qui est l'intelligence et la volonté humaine.

如今，我终于决定出版这本书，尽管从开始至今有过多次放弃的念头。其中的一些内容，在试探性研究的基础上，我已经发表过一些要点。[4]①但是我的这一主题的艰巨性，一次又一次地挫败我，我甚至发誓再也不想完成这本书了！……然而，这种漫长的孕育过程并非没有用处。可以肯定的是，对于语言的发展过程，如今我比三十年前理解得更加清晰了。对我而言，其进步就在于，把所有的次要原因撇在一边，而直接诉诸唯一的真正原因——人类的智慧和意志。

【评点】语言演变研究的唯一真正原因，就是人类的心智和意志。三十年前，布雷亚尔发表《海格力斯和凯克斯：神话比较研究》，做过《词语的形式和功能》《语言的潜在观念》的演讲，以倡导基于历史原理和心理原理的语义学研究。经过三十年的探索，才理解得比以前更清晰。

Faire intervenir la volonté dans l'histoire du langage, cela ressemble presque à une hérésie, tant on a pris soin depuis cinquante ans de l'en écarter et de l'en bannir. Mais si l'on a eu raison de renoncer aux puérilités de la science d'autrefois, on s'est contenté, en se rejetant à l'extrême opposé, d'une psychologie véritablement trop simple. Entre les actes d'une volonté consciente, réfléchie, et le pur phénomène instinctif, il y a une distance qui laisse place à bien des états intermédiaires, et nos linguistes auraient mal profité des leçons de la philosophie contemporaine s'ils continuaient à nous imposer le choix entre les deux branches de ce dilemme. Il faut fermer les yeux à l'évidence pour ne pas voir qu'une volonté obscure, mais persévérante, préside aux changements du langage.

提出意志左右语言史的观点似乎是异端邪说，以至于我虽然谨小慎微，但还被排挤和排斥五十年之久。尽管满足于实际上太简单的心理状态，我们有权利抛弃充满稚

---

① 原注 [4]：Dans mes *Mélanges de mythologie et de linguistique*, dans l'*Annuaire de l'Assuciation des éludes grecques*, dans les *Mémoires de la Société de linguistique*, dans le *Journal des savants*, etc. 含义是：参见《神话和语言的融合》《希腊研究协会年鉴》《语言学学会回忆》《学者杂志》等。

气的以往科学,但是我们拒绝跳到相反的极端。在反映意志的有意识行为和纯粹的本能现象之间,有一段距离为许多中间状态留出了空间。把这个进退两难的选择留给我们的语言学家,他们可以从同时代哲学的经验教训中吸取教益。然而,也只有对大量证据闭目塞听,才能看不到模糊而执着的意志在主宰语言的演变。

【评点】布雷亚尔多处强调主宰语言演变的是"意志",应是受到叔本华（A. Schopenhauer, 1788—1860）"意志论"的影响。叔本华认为,我们的世界是意志和表象的世界。人的情感意志、无意识冲动或生命力才是一切存在的基础。只有凭借本能冲动的知觉才能认识实在的世界。叔本华把情感意志作为人的真实存在,开启了现代人本主义哲学的先河,确立了尊重生命、尊重人生、尊重认知主体的价值观。1819年,叔本华凭借《作为意志和表象的世界》（*Die Welt als Wille und Vorstellung*，1819出版,1844再版）获得柏林大学编外教授资格。但是受到黑格尔哲学的排挤,1833年黯然离开。此后完成《论自然中的意志》（*Über den Willen in der Natur*, 1836）、《论意志的自由》（*Über die Freiheit des menschlichen Willens*, 1839）。叔本华认为,其著作"不是为转瞬即逝的年代,而是为全人类而写作的,今后会成为上百本书的源泉和根据"。到了晚年（1850年以后）,时代才和他走到一起。叔本华去世后（1860年以后）,有关他的哲学讲座逐渐将黑格尔哲学排挤出去。1857年,布雷亚尔到柏林大学学习比较语法,正是叔本华哲学开始盛行的时期。根据他对施莱歇尔的揶揄"起初从事教会神职工作,后来成了黑格尔派的哲学家",布雷亚尔并不欣赏黑格尔哲学。布雷亚尔关于语言演变"意志论"的哲学基础是叔本华的"意志论"。

> Comment faut-il se représenter cette volonté? Je crois qu'il faut se la représenter sous la forme de milliers, de millions, de milliards d'essais entrepris en tâtonnant, le plus souvent malheureux, quelquefois suivis d'un quart de succès, d'un demisuccès, et qui, ainsi guidés, ainsi corrigés, ainsi perfectionnés, vinrent à se préciser dans une certaine direction. Le but, en matière de langage, c'est d'être compris. L'enfant, pendant des mois, exerce sa langue à proférer des voyelles, à articuler des consonnes : combien d'avortements, avant de parvenir à prononcer clairement une syllabe! Les innovations grammaticales sont de la même sorte, avec cette différence que tout un peuple y collabore. Que de constructions maladroites, incorrectes, obscures, avant de trouver celle qui sera l'expression non pas adéquate (il n'en est point), mais du moins suffisante de la pensée! En ce long travail, il n'y a rien qui ne vienne de la volonté [5].

> 我们应该如何描述这一意志？ 我认为,我们必须经过无数次反复实验的尝试,语

言演变才能实现，虽然大多数情况并不成功，有时候部分成功。正是在这样的反复尝试中，如此引导，如此纠正，如此改善，在某个特定方向中才能最终定形。语言的目标就是达成理解。幼儿要经过许多个月练习其母语中的元音和辅音，为了发出一个清晰的音节，要经历多少次失败啊！语法创新的过程与此类似，其区别在于需要整个民族的成员在其中的协作。在一个思想表达式被发明之前，一定历经若干次笨拙的、不正确的、不明晰的结构，哪怕不完美（这样的完美不存在），但至少能使用。在这一漫长努力的过程中，没有什么不是来自坚持不懈的意志。［5］[①]

【评点】举例阐明意志在语言演变、语言习得、语法革新中的作用。经过无数次的暗暗尝试，语言演变才能最终实现。幼儿要经过许多个月、经历多少次失败，才能学会母语中的语音。语法创新同样需要历经若干次笨拙的、不正确的、不明晰的结构。在这一漫长的努力过程中，起作用的是坚持不懈的意志。

五、心智规律的普遍性

Telle est l'étude à laquelle je convie tous les lecteurs. Il ne faut pas s'attendre à y trouver des faits de nature bien compliquée. Comme partout où l'esprit populaire est en jeu, on est, au contraire, surpris de la simplicité des moyens, simplicité qui contraste avec l'étendue et l'importance des effets obtenus.

这就是我邀请所有读者参与的研究。不必期待发现非常复杂的事实。与之相反，在随处可见大众精神的任何地方，人们对手段的质朴性都会感到惊讶，这种质朴性与所获得效果的深度和价值形成鲜明反差。

【评点】质朴性手段就能取得具有深度和价值的成果。

J'ai pris à dessein mes exemples dans les langues les plus généralement connues : il sera

---

[①] 原注［5］：« Un souffle, s'écrie quelque part Herder, devient la peinture du monde, le tableau de nos idées et de nos sentiments! » C'est presenter les choses en philosophe épris du mystère. Il y avait plus de vérité dans le tableau tracé par Lucrèce. Il a fallu des siècles et combien d'efforts pour que ce souffle apportai une pensée clairement formulée! 含义是："一次呼吸，"赫尔德在某处说过："成为世界的绘画，我们的观念和情感的画面！"这是从热爱神秘的哲学家角度呈现的事物。在卢克莱修绘制的画面中有更多真相。为此呼吸产生一个清晰明确的思想，需要漫长的世纪和许多的努力！译注：赫尔德在《论语言的起源》（1772）中，坚持语言之兴起出于自然，人类和自然的成长兴衰依循相同的法则。罗马共和国末期的诗人和哲学家卢克莱修（Titus Lucretius Carus，约前99—约前55）在哲理长诗《物性论》中，提出感觉是事物流射出来的影像作用于感官的结果。

facile d'en augmenter le nombre; il sera facile aussi d'en apporter de régions moins explorées. Les lois que j'ai essayé d'indiquer étant plutôt d'ordre psychologique, je ne doute pas qu'elles ne se vérifient hors de la famille indo-européenne. Ce que j'ai voulu faire, c'est de tracer quelques grandes lignes, de marquer quelques divisions et comme un plan provisoire sur un domaine non encore exploité, et qui réclame le travail combiné de plusieurs générations de linguistes. Je prie donc le lecteur de regarder ce livre comme une simple Introduction à la science que j'ai proposé d'appeler la *Sémantique* ［6］.

我特意从人们最熟知的语言中找出例子——要增加它们的数量很容易，要将它们导入那些很少探索的领域也很方便。既然我试图提出的定律主要是心理规则，所以我毫不怀疑，它们在印欧语系之外也可以得到验证。针对我的目标，已经描绘出几条主线，划定了一些部分，并为尚未开拓的领域拟定了草案，这有待几代语言学家的共同努力。因此，我请求读者把这本书，仅仅视为我建议命名为语义学［6］①的这门科学的扼要引言。

【评点】语言演变心理规则具有普遍性，即其研究具有普通语言学的性质。语义演变研究有待几代语言学家的共同努力，即语义学研究是一项长期的事业。

综上，我们可以将《语义学探索·研究旨趣》的精要提炼如下：（1）对于语言发展过程的研究，要直接诉诸唯一的真正原因——人类的智慧和意志。（2）坚持语言进步观、语言促进心智发展观。（3）语言演变定律都有限制。（4）主导语言演变的是意志。（5）心理规则具有普遍性。（6）语言演变研究有待几代语言学家的共同努力。这就是处于世纪之交的巴黎语言学会对20世纪语言学研究的期待和忠告，然而，布雷亚尔没有想到，其学生索绪尔将人这一主体放逐出语言系统，形式主义以结构的方式卷土重来。

第四节　《语义学探索》述要

语义学探索充满艰辛。在《语言的心智规律：语义学简述》（1883）发表十四年以后，布雷亚尔的《语义学探索（意义的科学）》（1897年7月）才得以问世。法文书名

---

① 原注 ［6］：Σημαντική τέχνη, la science des significations, du verbe σημαίνω, « signifier », par opposition h la *Phonétique*, la science des sons. 含义是：语义技艺，即意义的科学，源自古希腊语动词 σημαίνω（意味），与"意义"相对的是语音，即声音的科学。

为 *Essai de Sémantique* (*science des significations*)，内封书名 *Essai de Sémantique*，可简称《语义学探索》。全书正文270页，包括三部分二十六章，其中第一部分为"语言的心智规律"（Les lois intellectuelles du langage，1—8章），第二部分为"词义如何界定"（Comment s'est fixé le sens des mots，9—18章），第三部分为"句法如何组构"（Comment s'est formée la syntaxe，19—26章）。下面基于英文译本，参照法文原著，对每章内容加以述要并评议。[①]

一、语言的心智规律

第一章 特化规律（La loi de spécialité）

"规律"是在一系列现象中发现的恒定关系。用一系列词表达某个范畴的功能，逐渐限制在少数几个甚至某个词上，主导其变化的规律即特化规律。

语言的综合性和分析性区分已是常识，但是根据什么来确定其类型还存在模糊看法。安培[②]讨论了拉丁语和罗曼诸语，这些语言起初都用综合性符号表示语法意义，后来都用单独的词。所有语言中，都存在从综合结构向分析结构的变化。为了表达得简明扼要，人类心智的倾向就是，形态变化的黏附成分

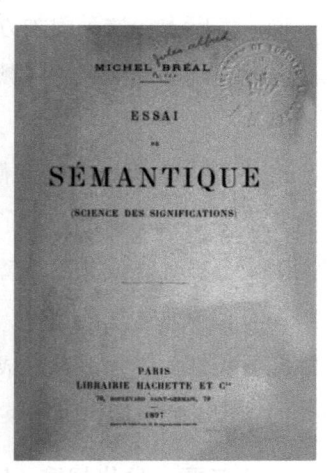

图4-2 《语义学探索》（法文版）

逐渐被独立成分所替代。这种倾向与语言的总体目标一致，即以较少的代价获得更多的理解。也许，在原始印欧语中已经出现特化现象。语言成分不会无中生有，而是对已有成分的改变，尽管这一变化过程非常缓慢。古代拉丁语用词缀表达形容词的级，起初的词缀数量繁多，比较级用-ro、-tero、-ior，最高级用-mo、-timo、-issimo，到后世拉丁语中只剩下-ro和-issimus，这是迈向简化的第一步。在法语中还可以发现这些词缀的残留，比较级的常用表达已经特化。法语的比较级和最高级都由单词来承担，其他罗曼语也如此，如法语plus、意大利语più、西班牙语mas、葡萄牙语mais、罗马尼亚语mai。法语的plus相当于古拉丁语的ploius（希腊语πλείου），作为幸存下来的一个，取代了该类中的其他成员。例外的是形式较短且使用频率较高的词。由此可见，在一个范畴中，其中某个词受某些语法特征的影响，有可能把其他成员全部排挤掉。每个词都有自身独特的指称意义，因此不可能立刻就作为附属成分使用。只有经过在各种联系中的长时间运用之后，人们的心智才会将其

---

① 该部分参考了李瑞的《布雷亚尔〈语义学探索〉导读》（2015）。
② 安培（J. J. Ampère，1800—1864），法兰西学院文学史教授。著有《中世纪法国文学史，与外国文学比较，介绍法语的形成历史》（*Histoire de la littérature française au moyen âge. Comparée aux littératures étrangères. Introduction, Histoire de la Formation de la Langue Française*, Paris: Tessier, 1841）。

多余的价值丢失，变成纯粹的语法成分。这个过程很漫长，可能需要几个世纪。屈折成分并不是突然失效，实际上是两种手段长期并用。

起初用屈折方式表示名词的各种格关系，但是后来都用介词表示。这种手段的变化没有增加任何额外意义，而是使表达更加清晰。不过，屈折变化还是残存了很久，只是变得越来越模糊。从格变到使用介词的转变，可以追溯到很早时期。罗马帝国奥古斯都大帝（Gaius Octavius Augustus，前63—14）为了表达更明确，就在名词上加介词、在动词上加连词。实际上，这种附加方式来自乡村土语的习惯。随着时间的推移，屈折手段越来越弱化，而介词使用则越来越频繁。语言从综合性向分析性的转变，是在特化规律的支配下完成的。

【评点】所谓特化规律，是本来用一系列词表达某个意思的功能，慢慢地限制在少数几个甚至某个词上。为了满足表达得简明扼要，人类心智的倾向之一就是，形态变化的黏附成分被独立成分逐步替代。这与语言的总体目标一致，即以较少的代价获得更多的理解。布雷亚尔这里的理论，已经涉及语言的经济原则。几乎在所有语言中，都存在从综合性向分析性的变化。独立成分取代黏附成分，某个成员排挤其他同类成员，都是在特化规律的支配下完成的。至于某一单词如何转变为形态成分，则涉及语法化问题研究。

第二章 分化规律（La loi de répartition）

布雷亚尔把"分化"定义为：原先的一些同义词各自获得不同的意义，并且不能再换用，也就分化为意义不同的词。没有意义绝对相同的两个词，两种语言（或方言）接触的情形可以证明。一种语言已有一个词指称某事物，当另一种语言指称同样事物的词进入该语言，原来词的意义就可能发生变化。为了纳入语言群体的记忆，新词需要与该语言中的相似意义联系起来，这样就有了同义词。

语言史就是语言分化机制的发展史。幼儿牙牙学语，首先用音节指称看到的所有事物，然后才慢慢逐一区分。在古代语言中，比如man（人），最初似乎可以指称关于心智的所有现象，如思想、记忆、情感、发狂等。后来人们的基本心理引入某种概念秩序，某些词保留下来，而另一些词则被同义词替代。并非在最初就引入了某种区分，词语的区分是后来发展的结果。早期希腊语和拉丁语都可以证明，最初肯定存在同一个词表达两种观念的阶段。一些词在古代有两个不同的意义，后来才区分开来。准确思维是意义区分的首要原因。回溯以往就会发现，包含多义的语义团（semantic conglomerates）往往需要几个世纪才能最终区分开来。甚至直到今天，这种区分过程仍未完成。

当社会普遍倾向于某种区分时，该类同义词之间的混同就结束了。比如，英语中的mouth（嘴巴、口腔）和muzzle（动物的口鼻、枪口），nose（鼻子）和snout（猪嘴鼻），前者用于人类，后者用于动物，这些区分与各自词源毫无关系。分化是语言中最自然的必要机制。一组同义词的分化是某种语言的全体使用者所为。英语的species（种类、物种）和kind（种类），是什么原因赋予前者比后者更宽泛的意义？归根结底，是心智精确化的需要造成的。人们对语言的创新机制知之甚少，实际上分化律就是其中之一，研究语言发展史不能忽略这种机制。

与其他规律一样，分化律也有其限制。第一，分化律只是对已有的词加以区分，本身不创造新词。人类心智并不总是创造更丰富的词语，语法机制通过组合已有成分可以产生一批语言形式。库尔提乌斯曾计算过，希腊语的常用动词只有268个，比梵语的常用动词891个少得多。第二，分化律受文明发展进程的影响。有些意义只在富有教养者中存在。首先是部分人通过其心智做出区分，然后再扩展到整个语言共同体。人类心智总是试图在相似事物中寻求差异，最有才能的人首先意识到某种差异，这种认知成果通过交际而逐步普及。

哲学家和语文学家都感兴趣，人类心智中是否存在一部"同义词词典"。在那些有足够洞察力的心智中一定存在，但只有在心智主体的召唤下词典才会打开。有时在接触某事物的瞬间就提取了正确的词，有时则需要默默地等待潜在的词典翻页，依次检索存储的同义词，直至最希望的词出现。

【评点】分化规律是语言中最自然的必要机制。一种情况是，原先的一些同义词各自获得了不同的意义，并且不再换用，也就分化为不同意义的词。这是几个同义词分化为几个非同义的词。另外一种情况是，有些词在古代包含不同的意义，后来才区分开来。这是一个多义词变成不同的单义词。语义团往往需要几个世纪才最终区分开来。分化规律也是语言的创新机制，研究语言史不能忽略。语义分化是心智要求精确化造成的。人类心智总是试图在相似事物中寻求差异。最有才能的人首先意识到某种差异，这种认知成果通过交际得到普及。布雷亚尔的这一说法揭示了一个机制，词语的创新首先在个人，然后才被语言群体逐步接受。与荀子的"约定俗成说"（王者约定、民众促成）有某种一致性。（李葆嘉1986）此外，布雷亚尔认为，人类心智中存在所谓"同义词词典"。

第三章　辐射机制（L'irradiation）

布雷亚尔提出，"辐射"这一现象很少有人注意，但在语言心理中很重要。美国学者维勒和兰曼的论著谈到相关话题。[1]拉丁语中含有-sco的动词，如maturesco、marcesco，

---

[1] 维勒（B. I. Wheeler, 1854—1925）的论著是《类推及其在语言中的运用范围》（Analogy and the Scope of Its Application in Language. *Cornell University Studies in Classical Philology* 2, 1887）。兰曼（C. R. Lanman）的论著是《映射的意义：语义学的一个观点》（Reflected Meanings: A Point in Semantics. *Transactions of the American Philological Association* 26, 1895）。

常称为"表始动词",表达动作的开端或逐渐发生。在nosco(我知道)、scisco(我决定)、pasco(我抚养)等动词中并没有这一意义,在与拉丁语同源的语言中也不存在。屈折形态-sco源于adolesco(成长)、floresco(开花)、senesco(衰老)等动词。"逐渐的过程"这一含义首先存在于这些动词中,然后才固定在-sco中。表达动作的开端或逐渐发生的含义是渗入-sco中的。布雷亚尔认为,把辐射机制说成类推现象并不准确,因为首先是辐射机制给予这些动词的特殊含义,然后才是社会心智促使其不断扩展。

语文学家提出形式成分源于实义成分,而这种现象会是辐射导致的结果。布雷亚尔引用维勒的举例:美国人根据Chinese(中国人)和Portuguese(葡萄牙人)造了两个单数形式Chinee(一个中国人)和Portuguee(一个葡萄牙人),由此-se成了一个形式成分。

【评点】布雷亚尔认为辐射机制与类推现象不同,辐射机制先给予这些动词的特殊含义,然后才是社会心智促使其不断扩展。语文学家提出形式成分源于实义成分,只是辐射机制导致的结果。"形式成分"源于"实义成分"也就相当于中国传统的"实词虚化"。当代所谓的"语法化"理论与之类似。

第四章 残存的屈折(La survivance des flexions)

屈折形式消失后,仍然会在人们的头脑中存在很长时间,其残留意义对句法仍有影响。法语已经丧失了许多格变,但仍然使用绝对的离格。所有格在某些结构中仍然存在,不过这些结构已被社会心智加以转变,本身变得不清晰。换而言之,这些残存形式跟古代语言已经很不相同,而且残存形式的使用有其局限。

【评点】残存的屈折形式对句法仍有很大影响,但其使用法则有局限。

第五章 错误的看法(Fausses perceptions)

英语的oxen是ox(公牛)的复数形式,人们或许认为en是复数标志,但实际上盎格鲁—撒克逊语的"公牛"词干就是oxen,梵语是uksan。复数的真正标记已经脱落,而单数形式ox只保留了原词干的一半,使无意义音节由此获得意义。从历史角度看,认为en是复数标志是错误的。在拉丁语中,dulce(甜蜜)和nobile(金钗)的e,貌似名词的中性标志,而拉丁语名词的中性实际上是零形式。与希腊语比较可知,dulce中的e占据的是该词的古代形式i的位置。

另一种错误的看法是,有人认定存在的某种语法形式,但是实际上却从未存在过。在拉丁语中,复数的某种格变化比单数形式要短,与格和离格的形式to wit(风趣)通常是复数的屈折形式。但是这一事实常被忽视,以至于语文学家在格变已经消失的问题上意见不一。一种屈折形式的消失,可能会增加残留形式的价值。英语的man和men,a和e的交替可以区分单复数。

语言的现实与其历史并不总是一致的，比如sing、sang、sung，看上去似乎是用元音屈折表达的不同时态，但是如果往前追溯几个世纪就可以发现，它们只是其他成分的伴随现象，由重读或缩略形成的。无论历史来源如何，但是现代英语却认定i、a和u的交替是时态和分词的标志。这种意义的出现与屈折形式退化之间或许有更密切的关系，因为人们在新生的替代形式出现之前，就可能坚持那些有用的东西。

【评点】从历史角度看，认为en是复数标志属于误解。单数形式ox采用的是词干删减法。有些现在看上去似乎是屈折成分，其实在历史上只是其他成分的伴随现象。退化的屈折形式与新生的替代形式或许存在更密切的关系。这些例子表明，语言的现实与其历史的实际并不总是一致的。现代英语对某些现象的解释，并不考虑或者也不知道其历史来源。

第六章　类推方式（De l'analogie）

在过去的十五到二十年中，"类推"这一概念在语文学领域占有突出位置，这是因为人类在本质上善于模仿。如果必须要创造新的表达式，人们会模仿已有形式再稍加改变，而不是另起炉灶。不过，类推只是一种手段，而非原因。布雷亚尔试图通过一些例证，探索类推背后的原因。

【评点】受赫尔巴特和斯坦塔尔心理学的影响，最早是博杜恩（1868）将类推引入波兰语的格变研究。此后，青年语法学派强调语音变化的类推规律。布雷亚尔强调，类推并非变化的原因，而只是一种手段。

第七章　新生形式的获得（Acquisitions nouvelles）

人们通常注意到某些语言成分的丢失，而对丢失成分的补偿则很少注意。语法的进化过程非常缓慢，以至于这些补偿现象很难进入人们的视野。在以往四千年中，印欧语应该磨损得很严重，而不可能没有任何形式的补偿。语言中肯定不存在"无中生有"的新形式，它们只是用历史材料创造的新用法。

不定式应是后起现象。不定式是介于体词和动词之间逐渐出现的结合体，希腊语和拉丁语中的不定式都经历了这种过程。不定式表达的是动词性概念，没有语态的各种变化，甚至时态也只在某些条件下才出现。不定式的动词性和体词性功能各占一半，从而能够兼具动词和体词的功能。不定式是对抽象化的反叛，其原因应到体词中而非动词中去寻找。这种形式在前种族时期就已经开始，但其完成需要许多世纪。希腊语中很早就出现了不定式，但在中世纪却不再使用。与其他欧洲语言相比，现代希腊语因为缺少某些不定式而必须选用其他句法资源。

布雷亚尔接着分析了被动语态和副词性后缀的出现和发展。这些语法成分是古老印欧语的遗迹，不是印欧种族，而是印欧文明的遗迹。作为雅利安语基础的语法和形态系统，必定是一代一代传下来的。从吠陀颂歌到今天，可考的历史有三千年，之前的发展史也不会少于三千年。也就是说至少有几千年之久，语言才把名词和动词分开，建立起相互的连接和格系统。根据体词的不同进行格变，采用类推手段并最终建立了句法基础。

　　【评点】人们通常注意某些语言成分的消失，而很少注意对消失成分的补偿。这些新形式是用历史材料创造的新用法。被动语态和副词性后缀这些语法成分是印欧语或印欧文明的遗迹。作为雅利安语基础的语法和形态系统，必定是一代一代传下来的。印欧语的句法基础，历经几千年之久才最终建立。

第八章　无用形式的消失（Extinction des formes inutiles）

　　所谓无用形式的消失，不仅包括那些后来不再使用、存在时间长短不一的形式，而且包括实际上有可能存在过但从未流行的形式。语言史上的有些形式，可能被扼杀在襁褓之中。无用形式的消失存在必然性。无用成分的消失甚至会把不同的动词整合为一。当一种语言有两个互相联系的词项，其中一个词项的消失，必然导致所保留词项的意义改变。同一个观念有两个同义词，语言如何消除其中一个，以拉丁语和希腊语为例，消失的词有时残存在复合词中，有时残存在派生词中。

　　根据拉丁语到法语的例子，不存在语音触发无用形式消失的现象。语音定律发挥作用是有条件的，仅仅依靠语音定律，既无法促使有用形式的消失，也无法延长多余形式的存在。在语言变化中，不存在无意识的必然性，存在的是说这种语言的人在心智和意志上的努力。

　　【评点】无用形式的消失存在必然性。当一种语言有两个互相联系的词项，其中一个词项的消失必然导致所保留词项的意义改变。在语言变化中，不存在无意识的必然性，存在的是人的心智和意志的努力。

　　以上第一部分，主要讨论的是语言的心智规律，包括特化规律、分化规律、辐射机制和类推方式。另外讨论了残存的屈折形式（语言要素的滞留机制）、新生形式的获得（语言要素的代偿机制）和无用形式的消失（语言要素的消失机制）。

二、词义如何界定

第九章　词语的所谓倾向（Les prétendues tendances des mots）

　　词的贬义化（pejorative）是人们想掩饰不好想法的天性使然。英语的silly（愚蠢），来自盎格鲁—撒克逊语的saelig，与德语的selig（高兴、安静）对应。贬化的另一个原因，就是出于人类吹毛求疵的本性。与之相对，词语也存在褒义化（meliorative）倾向，礼貌用法可使一些词消除贬义。

词义的退化（deterioration）倾向有一个原因是夸大其词。比如英语的to be anxious to see you（急于见你），其实只是"要见你"。如果某个词频繁用于很多场合，使用范围的扩张必然导致词义的退化。那些拘泥于词源义而不关注词义退化的人，经常会出现一些错误。《福音书》中有一句话，字面义是"强行请他们进入"，但实际上并无强制意味。退化的另一个倾向是拉平（to level）。拉丁语中的client（客户），最初含义为"仆人"，后来指开庭传唤的证人，再后来指医生、商人。原来指"服从命令者"，现在成了"发出命令者"。语言的变化有些是外部因素造成的，有些是由内在性质导致的。现代社会的词义变化比古代社会迅速，其中一个原因是工业化生产。思想家和哲学家创造的新词会以更快的速度传播，在相对较短时间内会使语言更加丰富。

【评点】词义贬化的心理因素，一是文过饰非，一是吹毛求疵。与词义贬化相对的是词义褒化。词义退化的原因是夸张用法和范围扩张。语言的变化有些是外部因素造成的，有些是内在性质导致的。工业化社会加速了词义变化，促进了新词的传播速度。

第十章　意义的缩小（La restriction du sens）

在通常情况下，说者和听者会根据词语使用的情景调节话语的意义。特别是听者，会根据说者的意向对词语的意义加以限制或扩展。

词与物之间天然不平衡，词义会限制、扩展和转移，其中最常见的现象是限制。动词是语言的本质和主要部分，动词拥有最一般的意义，由此派生的名词和形容词，其意义还相当概括。但是随着时间推移，词的概括义越来越受限，最终只局限于某种事物。拉丁语的名词felis / feles，最初指所有雌性动物，后来逐渐只指母猫。意义的限制是语义学最有启发性的一面。一个民族的文明越发达，对意义的限制就越多样化。某个群体为了自身目的使用语言的一般词语，这些词语负载着使用者在特定情景中嵌入的观念而重新储存，客观上造成了词义的缩小。一些多义词的不同义项，也就是普通义和缩小义共存。动词的指称义越一般，就越可能被各种行业的人们所采用。拉丁语的facio（做，工作），在宗教语言、政治语言中意义不同，但是我们都可以理解，就是因为其中有一条纽带把这些意义联系在一起。

关于语言的知识必须以史实为据，词源知识可以给人们提供一些语词中难以觉察到的观念，从而准确理解其在历史语境中的意义。以德语的Muth为例，现在很少在"勇气"意义上使用，但是在其派生的几个词或复合词中，仍然可以看出它曾与心智有关。从其复合词中可以获知Muth的意义缩小了，只剩下"刚毅"的意义。

除了词语经历较长时期形成的词义明显缩小现象，在不同时期和不同地域个人的话语中也会造成词义的缩小。对词源学家来说，意义的缩小总是引发惊奇的话题。古罗马修辞学家昆体良曾经质疑拉丁语homo（男人）的词源——如果因为人生于土地就相信homo（男人）源于humus（地面），那么其他动物难道不是土地孕育出来的吗？布雷亚尔指出，homines原来的确指"地上的栖息者"，它只是为了与"天上的栖息者"相区别。

【评点】交流双方会根据词语使用的情景调节话语的意义。听者会根据说者的意向，对词语的意义加以限制或扩展。词与物之间具有天然的不对等性，词义会缩小、扩展和转移，其中最常见的是缩小。一个民族的文明越发达，对意义的限制就越多样化。动词的指称义越一般，越可能被各种行业所采用。词源知识可以为人们提供一些语词本身未能表达的观念，从而准确理解其在历史语境中的意义。除了历史上形成的词义缩小现象，还有个人在话语中造成的词义缩小。

第十一章　意义的扩展（Élargissement du sens）

与意义缩小相对的是意义扩展，但两种现象的原因不同。意义缩小受语言的根本条件决定，而意义扩展则是历史事件的产物。一方面，本来根据事物的某一特征为其命名，后来这一特征隐去而逐渐被遗忘，这个词用来转指整个类别，其词义也就由此扩展。另一方面，生活变得复杂，词义同样不断扩展。比如法语的gain（收获），原来只与农业有关，后来扩展为一般工作所得，甚至包括不劳而获。意义的扩展与隐喻不同，隐喻是基于事物之间的相似性而即时感知，而意义的扩展则是缓慢的置换。即使社会生活已经发生变化，但人们仍然沿用旧词，从而使得其意义扩展。

人们在漫长历史进程中认识的一般观念，如果不通过意义扩展方式就无法命名，比如一些时空词语。英语的时间词time（法语temps）最初含义是"温度"，与英语的tepor（微温）来源相同，梵语有中性词tapas（热度）。温度的观念在动词temperare（温度测试）中仍然存在。英语的空间词语space（空间、距离），是"战车比赛中，马突然拐弯"意义的扩展。

在所有词类中，动词意义的扩展最为常见。一种行为被命名后，无关紧要或偶发的环境成分往往被遗忘，从而导致意义的扩展。而法语的动词briller（闪耀）却源于名词beryllus（原指闪光的绿宝石），但是人们说前者时不会想到后者。这种运作出于人类心智的本性，因为人们的注意力集中于行为本身，而不是那些环境成分，尽管这些环境成分促成了对该行为的命名。

意义的扩展在复合词中尤其常见。当两个词项融合为一后，心智就不再注意其构成部分。比如parricidium（弑父者），后来语音稍变，扩展为一般的谋杀凶手。古代修辞学认为这是"语言的滥用"。被认为"用词不当"只是刚开始，对于后来人来说也就合法了。在梵语中，养马的地方被称为açva-goshtha（马厩），而goshtha的本义是牛栏，这个复合词中的go是"母牛"。

词语在长期使用过程中，其意义不会保持不变。语言的进步则意味着逐渐摆脱其最初形式。如果所有的词都严格保持最初的意义，那么语言活动就停止了。词义的扩展是正常现象，与热情生活、积极思考的所有人都密切相关。

【评点】意义的缩小受语言的根本条件决定；而意义的扩展则是历史事件的产物。隐喻是基于事物的相似性而即时感知，而意义的扩展则是意义的缓慢置换。即使社会生活已经发生变化，但人们仍然沿用旧词，从而使得其意义扩展。一些时空词来自相应词语的意义扩展，动词意义的扩展最为常见。一种行为被命名后，无关紧要或偶发的环境成分往往被遗忘，词义的扩展是正常现象，跟热情生活、积极思考的所有人都密切相关。"语言的进步则意味着逐渐摆脱其最初形式"——布雷亚尔强调的是词源义遗忘原理。

第十二章　隐喻（La métaphore）

词义的限制和扩展是缓慢的、不知不觉进行的，而隐喻则是即时创制的新表达——基于两种事物或行为的相似性而瞬间产生。如果某个隐喻有价值，就可能被人们运用。但仅在产生之初，隐喻才保持鲜活性。人类心智慢慢地会习惯这种类比，从而使其逐渐变得苍白，直至不比普通语词更富有表现力。

有人说过，隐喻显示了人类的天才本性。但也必须承认，隐喻并没有给人类增加新知，只是表现了人类具有的普遍心智能力，而这种能力各民族大同小异。隐喻在语言中丰富多彩。人们借助更有生命力的谚语表情达意，而这些谚语体现了更高层次的组合。古人在给隐喻分类时遇到难度，仅据其种属关系贴标签。不过古人正确地指出，隐喻数量庞大，甚至超出人们的想象。虽然隐喻并非人们的全部认知行为，但是占相当比重。有时因为隐喻色彩的消失，以至于难免出现误解。当西塞罗发现农夫用"珍珠"给蓓蕾命名时感到非常惊奇，实际上，人们是将即将开放的蓓蕾称为珍珠。在某些古老的隐喻中，可以发现不同的民族个性。有时在隐喻中可以发现完全不同的历史视角，比如从influence（影响、改变）中可以发现占星家的思想——星力。

所有语言都可以建起一座隐喻博物馆。很多过时的习俗，都在一些司空见惯的表达式中长期蕴藏下来。这个宝藏比历史文物更加生动，因为它们并非人们刻意追求的产物。尚未被人理解的因素，可以通过隐喻揭示出来，展现在研究者面前。在当代人的思想和古代人遗留下的言语片段之间，凭借隐喻建立起了一座沟通的神奇桥梁。

隐喻的创造表明，在语言定型的很长时期之后，个人行为仍然继续在起作用。产生于个人心智中的表征，逐渐成为语言的共同财富。它不再是一种表征，而是四处流传的一般符号。日常语言的比喻与诗人隐喻的差别，与日常事物和科学发现之间的差别，两者有相似之处。作家避免使用普通语词，更喜欢创制新词，语言就是这样发生变化的。有时语文学家却忘记了这点，而倾向于去假设一个所谓的动词词根，好像人们的想象力在观念转变过程中从未发生过偏误一样。

在所有语言中，都有一种常见的特殊隐喻，即源于不同感官之间的互通，从视觉到听觉，或者从触觉到味觉。人类会把用于描写人的形容词用来转指无生命的物体，比如 a dumb waiter（字面义"哑巴侍者"，指"小型升降送货机"）、a blind alley（字面义"瞎子胡同"，指"死胡同"）。布雷亚尔还列举希腊语和梵语的例子，说明有时难以确定究竟源于哪个感官。

识别那些最古老的隐喻非常困难，因为产生隐喻的基础事物已经消失，只留下了一些褪色的指称。这可以解释为什么梵语语法学家列举了那么多表示"想、知道、感觉"的词根。假如可以穿越到足够古远的过去，无疑会发现隐喻无处不在。虽然某个隐喻产生于某种语言，但并不受其束缚，有价值的隐喻会逐渐传播开来，成为全人类的遗产。对于一种语言而言，可以区分自源隐喻和他源隐喻，不过有时难以区分何为源、何为流。

隐喻创制出来以后，就可能作为普通符号使用，从而又可能被再度隐喻化使用，因此现代语言比古代语言更难研究。不过对儿童来说，并不存在这种困难，语词的最后一个意义，即离原初意义最远的意义，通常是儿童习得该词的第一个意义。所谓的行话或俚语，很大一部分是由表意模糊的隐喻构成的，但是也能很快掌握。

【评点】该章是语言隐喻研究的一份早期文献，尽管当代认知语言学家津津乐道，语言的隐喻仿佛是当代语言学、语言哲学的惊人发现。布雷亚尔的主要观点有：1. 隐喻是基于两种事物或行为的相似性而瞬间产生的。2. 如果某个隐喻有价值，就可能被人们运用。但在产生之初，隐喻才保持鲜活性。人类心智慢慢地会习惯这种类比，从而使其逐渐变得苍白。3. 隐喻并没有给人类增加新知，只是表现了人类具有的一般心智能力。4. 假如可以穿越到足够古远的过去，会发现隐喻无处不在。隐喻的数量非常庞大，超出人们的想象。5. 虽然隐喻并非人们的全部认知行为，但是占有相当大的比重。6. 个人创造的隐喻，逐渐成为语言的共同财富。它不再是一种表征，而是四处流传的普通符号。7. 日常语言比喻与诗人隐喻的差别，就像日常事物和科学发现之间的差别。8. 隐喻色彩的消失，可能出现误解。9. 所有语言都可以建起一座隐喻博物馆。10. 所有语言中都有一种常见的特殊隐喻，即源于不同感官之间的互通，即修辞学上称之为的"通感"。11. 虽然某个隐喻产生于某种语言，但并不受其束缚。有价值的隐喻会逐渐传播开来，成为全人类的遗产。12. 对于一种语言来说，可以区分自源隐喻和他源隐喻。13. 隐喻创制出来以后可能作为普通符号使用，从而又可能被再度隐喻化。

第十三章　抽象化的词语与意义的凝固（Des mots abstraits et de l'épaississement du sens）

语言中的抽象名词很多，可以用来专指有形实物，布雷亚尔把这种现象称为"凝固"（l'épaississement），并进一步定义为：一个抽象名词不再保持其原有含义，也不再保有其行为、性质或状态的意义成分，转而成为表示实物的名称。有时两个意义并存，有时抽象观念消失而只留下指称实物的意义。

抽象现象与语言历史一样久远，并一直长期存在。布雷亚尔举出古代语言的例子，说明抽象名词已从原来的抽象义而凝固化，但没有改变其"性"的范畴，因此相当多的物质名词是阴性的。抽象名词隐藏着语言丰富性的秘密。语言是人们合作的产物，当抽象名词口耳相传，从其创制者流布到大众时，其意义就有可能改变。

在现代行话中，有很多是把抽象化的词作为实物名称。如商人的novelty（新奇而价廉的物品）来自形容词novel（新奇的），金融家的credit（贷款）来自形容词credible（有信用的）等。对于语文学家来说，抽象化的词就是一个富矿，有很多富有价值的内容值得挖掘。

【评点】所谓"凝固"，即语言中的抽象化词用来专指有形实物。此处说的是行为词、性质词或状态词的名物化。有时两个意义都保留，有时抽象观念消失而只留下指称实物的意义。布雷亚尔的所谓"抽象"，似乎就是"非有形实体"，或者实体的属性（行为、性质、状态）。所谓抽象化词的意义"凝固"，属于意义的具体化或实物化。

第十四章　一词多义现象（La polysémie）

新义的滋生属于词语的多义性，所有文明民族中都存在。新旧词义往往共存，本义或喻义、狭义或广义、抽象义和具体义，都会交替使用而不至于引起混乱。一个词只要产生新义，就会同时产生大量的鲜活用例。这些用例中的词，虽然形式不变，但是价值已经改变。比如，Key（键）原用于机械领域（钥匙，打字机按键），后用于音乐领域（键盘乐器的键）。Root（根）源于农业领域，又用于数学（根值，方根）和语文学（根词）中。Base（基础）原为建筑术语，化学（固定剂）和军事（堡垒）中也有其位置。Act（行动）分别归属于表演用语（扮演）和法律术语（法令）。由于词语使用于特定语境中，而语境限制了多义词只能以某个意义理解，所以一词多义通常不会引起麻烦。

实际上，新义和新词具有同等价值。只要一个新的用法在话语中频繁出现，就可以确认为新义。新义的出现会排挤旧义，但是这个词不会凭空消失。如Danger的本义"力量"

消失了，作为"危险"义的词Danger仍然存在。一个普通词在某些特殊领域逗留一段时间之后又回到通用语中，不但其语义，而且其拼写形式都可能发生变化。一个具有不同意义的词，有可能分裂。有时语法变化只出现在其中一个词形上，而另一个则保持原貌。比如拉丁语的动词l*e*gere（阅读），在复合词el*i*gere（选择）、coll*i*gere（采集）中，e已经变成i。

【评点】新义的滋生造成了词语的多义性。新旧词义，如本义或喻义，狭义或广义，抽象义和具体义，往往会共存。由于词语都在特定语境中使用，而语境限制了多义词只能以某个意义理解。新义和新词具有同等价值。只要一个新的用法在话语中频繁出现，就可以确认为新义。新义会排挤旧义，但是这个词不会凭空消失。一个具有不同意义的词，有可能分裂。

第十五章 多义现象的特定起因（Dune cause particulière de polysémie）

节缩也是形成一词多义的重要原因。当几个词连用时，其中某些部分由于各种原因被节缩，而由余下的形式承载原来的所有意义。这就好像财产继承，以前是几个人共有的财产，现在却归一人所有。原来的符号虽然变得残缺不全，但对其所表达的客体仍然是充分的。

不管是古代还是现代语言中，节缩的例子应有尽有。动词会吸附补足语的意义，形容词会用隐含的名词意义充实自己，以至于整个短语被压缩成一个词。那些被吸附或压缩的部分省略以后，余下的部分就好像是"包孕"的。词总是承担着被节缩伙伴的意义，语言才得以充分发展。布雷亚尔认为，这种现象显示了语言的本质之一。

【评点】节缩也是形成一词多义的重要原因。原来的符号虽然残缺不全，但对其所表达的客体来说仍然是充分的。所谓语义"包孕"，就是一个词语的意义包含着相关词语的意义，布雷亚尔这里指的是被吸附或节缩部分形式的意义。

第十六章 复合名词（Les noms composés）

在印欧语语文学研究中，名词的复合现象早已引起注意。古印度语言理论奠定了这方面的研究基础，但在此后，名词复合的意义作用被忽略了。而意义才是最本质的问题，是意义组成复合词并决定其形式。虽然复合名词包含两个词项，但在人类心智中却是一个概念，这是复合名词成立的充分必要条件。像brother-in-law（姐夫、妹夫、内兄、内弟、堂兄弟、表兄弟），step-sister（继父或继母所生的姐妹），grand-father（祖父）之类的复合词，在心智中是作为整体认知的。

有人试图把复合名词和并列名词分开，但其界限恐怕只有语法学家自己认可。有些组合，如legislator（立法者），因为前项有形态变化，好像是并列名词（legislat—or），但在拉丁语中却是复合名词。只要心智上把两种概念整合为一，语音或语法上就可能发生变化。但这些都是附属现象，无碍复合名词的本质。复合名词中的词项顺序是次要问题，通常跟短语中两个词的习惯顺序一致。这样运作的优势是，作为主要部分的后项，可以按照短语规则承担屈折变化。至于经常违反这一规则的希腊语，那是民族语言的使用自由问题。

为什么拉丁语的复合名词比希腊语要少？布雷亚尔将其中的原因首先归结于大众心智。另一个原因是古拉丁语的复合名词结合紧密，失去透明性，难以作为模仿的范本。其实，拉丁语复合名词的绝对数量并不少，它缺少的是希腊诗歌中那样的大量表示纯修饰的复合名词。不过希腊语也有缺陷，因为复合名词太多，复合手段的滥用导致其他手段的缺失。语言的各部分互相依赖，一种手段过分发展则抑制了其他手段。现代德语因为大量使用复合法而陷入危机。德语中有很多像himmel-blau（天—蓝色的）这样的复合词，后项被前项修饰。这种方式不断扩展，产生了一种怪异的效果。

倾向于使用派生法而非复合法的语言，构词材料相对简单些。这种类型的语言在创制新词时，不仅要准备词缀，还要准备词干，因此法语就会启用来自拉丁语的词根。而倾向于使用复合法的语言，如果词缀原本也是独立的词，就不存在这种现象。总之，习惯和便捷是构词的最重要因素。

复合词不管多长，其参构直接成分不超过两项，可能是人类心智习惯于把配对概念联系起来的缘故。当然，有时复合词的一项，或者两项各自又是复合结构，但还是作为一个整体参与构造新词。如何保证在正确的地方切分复合词，这是过度使用复合法的语言面临的主要困难。

【评点】意义组合才是复合名词的本质。虽然复合名词包含两个词项，但在人类心智中却是一个概念。这是复合名词成立的充分必要条件。复合名词和并列名词难以截然分开。希腊语的复合法滥用导致了其他手段的缺失。语言的各部分互相依赖，一种手段过分发展则抑制其他手段的使用。习惯和便捷是构词的最重要因素。复合词不管多长，其参构直接成分不超过两项，可能是人类心智习惯于把配对概念联系起来。联系到汉语的特点，概念配对具有人类普遍性。

第十七章　紧密组合（Les groupes articulés）

每种语言都有一定数量的紧密组合，它们在句法中起着重要作用。这些组合形成于前人，流传到后代，以满足日常言语表达。大多数人使用紧密组合时都不假思索，因为这些组合在其心智中已浑然一体，而正是心智决定了这种组合类型。只有把母语和另一种外语对比时，人们才有可能意识到它们的存在。

孤立状态下的词，在一般人的意识中不能清晰地存在，它们必须与前后的词连接起来。通过法语和德语中的紧密组合例子，可以认识到古代小品词的重要性。这些小品词形式短小但意义丰富，不仅作为整体拥有指称义，并且因为处于短语中的惯常位置而获得某种价值。法语的cependant（然而），本身没有转折意义，但是因为两个对立的事实经常伴随出现，所以转折的观念就慢慢渗入该词。因为紧密组合已经固化而不可分解，所以其中保留着现代语言中已经消失的古代语法形式。紧密组合的语音和形态界限比较明显，但是对语义来说，这种界限的区分毫无用处。

【评点】布雷亚尔的"紧密组合"，相当于"固定组合"。"固定"强调的是搭配的不变，"紧密"强调的是结构紧凑。每种语言都存在一定数量的紧密组合，它们在句法中起着重要作用。人们在使用紧密组合时不假思索，因为在其心智中已浑然一体。孤立状态下的词，在一般人的意识中不能清晰地存在，它们必须与前后的词连接起来。紧密组合的语音和形态界限比较明显，但这种界限的区分对语义毫无用处。

第十八章　如何给事物命名（Comment les noms sont donnés aux choses）

毫无疑问，语言用一种不完整、不精确的方式指称事物。所谓不完整，指的是不可能穷尽一种事物的所有特征；所谓不精确，指的是含义具有相对模糊性。名词是事物的符号，其含义与事物对应。抽象名词表示的是心智运作，对其所表达的观念来说要求准确。但是对物理世界中存在的真实事物来说，语言所表达的只能是心智观念选择一部分而造出来的符号。语言在表达事物时，选择的是某方面最突出的特征，它必须满足最初使用这个名称的个体心智。但是名称一旦创制出来，就会逐渐偏离原来的指称。尽管很多名称对于所表达的事物不精确，甚至可能是错误的，但是人们都会在无意识中默默接受。

古希腊学者和古印度学者，都曾就名物关系展开论辩。柏拉图的"本质论"和苏格拉底的"约定论"对立。婆罗门学派反对本质论，比如"草"，如果因为刺痛人而被称为tṛiṇa，那么为什么不是所有能刺痛人的东西都叫tṛiṇa呢？布雷亚尔指出，一个词离其词源越远，就越能为思想交流服务。由现有的词引申出的新义，可能与原先的词源义南辕北辙。即使是词源义，也可能在不影响引申义的前提下发生改变。

专有名词和普通名词只有程度上的差别，它们的不同完全是心智上的。在专有名词向普通名词转化的过程中，指称方面可能有所磨损。从语义学的视角来看，专有名词是最重要的词。

【评点】语言用一种不完整、不精确的方式指称事物。语言在表达事物时，选择的是某方面最突出的特征，它必须满足最初使用这个名称的个体心智。但是名称一旦创制出来，就会逐渐偏离原来的指称。一个词离其词源越远，就越能为思想交流服务。由现有的词引申出的新义，可能与原先的词源义南辕北辙。从语义学的视角来看，专有名词是最重要的词。

以上第二部分，主要讨论词汇语义，包括意义的缩小和扩大、隐喻认知和隐喻意义、意义的凝固化（从抽象到实体）、一词多义、词汇意义的组合（复合名词；紧密组合），以及命名的不完整和不精确。所谓"一个词离其词源越远，就越能为思想交流服务"，还是基于词源义遗忘原理。

三、句法如何组构

第十九章　语法范畴（Des categories grammaticales）

所有词类并非始于语言发展的同一时期，副词在词类中出现较晚，希腊语中的某些副词由名词、形容词、代词等逐步演变而来，介词的出现比副词更晚。希腊语中有副词演变为介词的例子，介词常常借用其他词性的词。比如，法语中的实词hormis（除了）、vu（鉴于）、durant（在……中）、pendant（为了）等，以及形容词sauf（除了）等，都可以用作介词。连词的形成过程与此类似，它们最初都有明确的意义，但是在语言发展过程中意义逐步弱化，最终只作为语言成分的连接枢纽。这三种词类，并非语言一开始就存在，而是在相对较晚的时间才出现。

或许在更早时期，名词、形容词和动词的形成也经历过相似的过程。这些词类的形成与人类智能的觉醒并非同步，也并非产生于同一时期。与副词和介词一样，也经历过漫长的演变过程，才在人的大脑中形成这些范畴。只不过，发生演变的时代过于久远，所以无从考证。

只有代词，应当与其他词类区分对待。布雷亚尔认为，代词是最古老的语言成分。从另一个角度讲，代词构成了语言指代的丰富内容。人世间存在许多的"我、你、他"。代词产生于语言的最原始时期，也许正是通过代词才有了最初的词类区分。

【评点】布雷亚尔的categories grammaticales（语法范畴），英文版译为the parts of speech（言辞成分；词类）。在布雷亚尔的时代看来，语法范畴就是词语的类别（具有形态变化的词类），而我们现在认为的所谓语法范畴，当时称之为"形态"。布雷亚尔认为，有词类（形态词类）的语言，其中的不同词类也是逐步形成的。代词是最古老的语言成分，产生于语言的最初时期，也许正是通过代词才有了最初的词类区分。然后是动词、名词、形容词的区分，副词、介词、连词在相对较晚时间才出现。某些副词由名词、形容词、代词等逐步演变而来，介词常常多借用其他词性的词，连词的形成过程与此类似。布雷亚尔讨论的这些现象（包括第一、第二部分的相关内容），用现在的术语表达就是"语法化"过程。

第二十章　及物的力量（La force transitive）

不及物动词在语义上是自足的，而及物动词则需要补足语。不及物动词的产生早于及物动词，并且在历史上的某段时期内仅存在不及物动词。及物动词的产生有两方面的影响，一方面动词的意义发生了变化，另一方面词形变化的重要性减弱。如梵语动词 jā，原意表"走"，当后跟宾格成分时，含义就变为"祷告"。这种意义的变化经历了漫长过程。及物的支配力不局限于需要补足语，而在于改变了原动词的意义。此外，词形变化也进一步削弱。

古代的语法机制并没有立即消失，但是为了适应新的语言结构，其最初的语义价值已经丧失。句法使得词性变化表达的具体意义趋于消解。这种词语意义的变化应该视为语言的进步。短语也渐渐有了其中心成分、边缘成分和附属成分。

【评点】先有不及物动词（语义自足），后有及物动词（语义非自足）。及物动词的产生有两方面的影响，一是动词的意义发生了变化，二是词形变化的重要性减弱。也许，不及物与及物的先后出现，决定于先有简单动作（不涉及支配对象），后有复杂动作（涉及支配对象，而且可能不止一个对象）。布雷亚尔指出，正是由于及物动词的支配力，短语结构才渐渐有了其中心成分、边缘成分和附属成分，也就是句法结构的丰富化。

第二十一章　语义感染（La contagion）

语义感染是概念关联的一种特殊形式。法语中的 pas、point、rien、plus、aucun、jamais 等用来强化否定概念，它们与法语否定词 ne 连用，逐渐感染了 ne 的否定义。

语义感染的作用往往由短语的整体意义产生。比如英语中的 but，最初表示的是 outside（在外面）。当它表示 only（仅仅）之意时，用作 ne but。但是否定含义最终被抑制了。在漫长的历史演变中，否定词 ne 变得多余，but 自身获得了新的意义。

语义感染也可以用来解释被动语态分词向主动语态分词的转变。这一转变是因为被动语态分词通过语义感染具有了主动语态的含义。

【评点】语义感染是概念关联的一种特殊形式。语义感染的作用往往由短语的整体意义产生。语义感染也可以用来解释被动语态分词向主动语态分词的转变。

第二十二章　确定的语法手段（De quelques outils grammaticaux）

由于句法需求，有些词变成了语法成分。最早也是最重要的变化，就是关系代词的产生。一个代词如果获得了连接两个命题的力量，便由指示代词变为关系代词。一种较为高级的句法需要由此种转变而出现。在不同的印欧语言中，关系代词的出现都相对较晚，且以不同的方式出现。比如 who 这样的关系代词，拉丁语 qui、梵语 jas、希腊语 ποιός。关系代词有众多的派生词，布雷亚尔并以法语的 le（这）为例，分析了它如何成为关系代词的先行词这种语法手段。

助动词由实意动词演变而来。在英语 This man has lost all that he had 中，have 出现了两次，其中第一个 has 已经变为助动词。

【评点】由于句法需求，有些词变成语法成分。布雷亚尔在这里论述的，又是现在流行的"语法化"。最早也是最重要的变化，就是关系代词的产生。一个代词如果获得了连接两个命题的力量，便由指示代词变为关系代词。一种较为高级的句法需要由此种转变而出现。关系代词有众多的派生词。助动词由实意动词演变而来。

第二十三章　词序（L'ordre des mots）

一种语言的语法手段越不丰富，词序就越严格。在这种类型的语言中，词序的任何变化都有可能导致意义的改变。在固定格式中，这种情况尤为明显。人们提及法语短语时，常常涉及"逻辑顺序"，也就是不能改变的固定词序。

【评点】一种语言的语法手段越不丰富，词序就越严格，词序的变化有可能导致意义的改变。"逻辑顺序"，也就是不能改变的词序。

第二十四章　语言逻辑（La logique du langage）

语言拥有自身的特定逻辑。语言的逻辑完全建立在类推基础上：一方面，如果愿意，语言的逻辑允许把圆的说成方的；另一方面，语言也有很多禁止性规则。在历史上，语言逻辑的发展以分阶段方式向前推进。以宾语为例，第一阶段是表方向的宾格，第二阶段是表直接宾语的宾格，第三阶段是表持续时间的宾格。

【评点】语言的特定逻辑或自然语言逻辑，并非逻辑学中的所谓逻辑。语言自身的特定逻辑完全建立在类推基础上。在历史上，语言逻辑的发展以分阶段方式向前推进。

第二十五章　主观因素（L'élément subjectif）

语言好比一出小戏，其中的词语以演员出场，语法安排再现人物的动作，而导演经常干预其情节，以融入其反思和个人感受。布雷亚尔把这种干预称为"语言的主观因素"。表达主观因素的手段主要有：1. 词语和语段；2. 语法形式；3. 语言的一般意图。布雷亚尔认为表达愿望、发出命令、对所领有的人或物的指称，是主观因素在语言中的最初应用。主观因素不是语言的附属物，不是可有可无的东西，而是语言的本质所在。正是主观因素奠定了语言的最初面貌，其他因素逐渐附加其上，才使语言最终臻于成熟。

【评点】首先，布雷亚尔这里有一个"语言的戏剧比喻"。此后，法国语言学家特斯尼埃（L. Tesnière, 1893—1954）在《结构句法学原理》（*Éléments de syntaxe structurale,*

1959）中也有类似的表述：

> 在大多数欧洲语言中，都会发现句子中心是一个戏剧化表演的言语纽结。确实就像一出小戏，其中必然包括情节，并且通常也包括演员和场景。从戏剧方式到结构句法的转化，情节、演员和场景分别为动词、角色元和场景元。动词表示情节。……角色元总是实体词或实体词的等价物。……场景元表示情节展开的时间、地点、方式等。……场景元常常是副词（时间、地点、方式副词等）或副词的等价物。（Tesnière 1959：102）

可以推定，特斯尼埃继承了先驱布雷亚尔倡导的法国语义句法研究传统。

其次，布雷亚尔把导演（说话者）对表演的干预称为"语言的主观因素"。近年来所流行的"新理论"——语言主观化的研究，同样可以追溯到布雷亚尔。沈家煊先生在《语言的"主观性"和"主观化"》的摘要中写道：

> 本文综述当前国外关于语言"主观性"（subjectivity）和"主观化"（subjectivisation）的研究情况。"主观性"是指语言的这样一种特性，说话人在说出一段话的同时表明自己对这段话的立场、态度和感情，"主观化"是指语言为表现这种主观性而采用相应的结构形式或经历相应的演变过程。重视这方面的研究跟近来语言学"人文主义"的复苏有关，特别是功能语言学、语用学、"认知语法"的兴起，使长期以来占主导地位的结构语言学和形式语言学所主张的"科学主义"受到挑战。（沈家煊 2001：268）

文中写道：

> 对语言"主观性"的研究因而至多限于文学研究的范围，而没有进入语言学的领域。连四卷本《语言学国际词典》（Bright 1992）都没有给"主观化"列条。Lyons（1982：103）指出："现代英美语言学家……一直有一种唯理智论的偏见，即认为语言基本上是（即便不完全是）用来表达命题式思维的。"（沈家煊 2001：268）

核查莱昂斯的《指示语和主观性：我说故我在？》（*Deixis and Subjectivity: Loquor, ergo sum?*），其原文如下：

> Modern Anglo-American linguistics, logic, and philosophy of language has been dominated by the intellectualist prejudice that language is, essentially, if not solely, an instrument for the expression of prepositional thought. (Lyons 1982：103)
>
> 现代英美语言学、逻辑学和语言哲学，一直受到知性论者偏见的支配，即认为语

言基本上（即使不仅仅）是表达命题式思维的工具。

莱昂斯把主观性定义为：

...to the way in which natural languages, in their structure and their normal manner of operation, provide for the locutionary agent's expression of himself and of his own attitudes and beliefs.（Lyons 1982：102）

……在自然语言的结构和正常运作方式中，说话行为的施事表达自己及其态度和信仰的方式。

经查考，莱昂斯在《语义学》（*Semantics*，1977）中三次提及布雷亚尔（Vol.1：104, 264; Vol. 2：620），参考文献中列有Breal, M. 1897. *Essai de Sémantique*. Paris. English translation: *Semantics: Studies in the Science of Meaning*. London, 1900. Republished, New York: Dover, 1964，表明他阅读过布雷亚尔的著作。

我们还可以找到其他线索，莱昂斯在《语义学》中说：

It is difficult to escape the conclusion that person-deixis in any language that manifests it (and, as far as we know, all natural languages do) is something that cannot be analysed away in terms of anything else. Deixis, in general, sets limits upon the possibility of decontextualization; and person-deixis, like certain kinds of modality, introduces an ineradicable subjectivity into the semantic structure of natural languages (cf. Benveniste, 1958a). (Lyons 1977 Vol. 2：646)

很难忽略这一结论：任何语言中的人称指示语表明（据我们所知，所有自然语言皆如此），它是无法用其他任何方法来分析的成分。一般而言，指示语对去语境化的可能性设定了限制；并且人称指示语，就像某种情态一样，把一种根深蒂固的主观性引入了自然语言的语义结构。（Benveniste, 1958a）

The parallelism between parenthetical and performative verbs was noted by Benveniste (1958a), independently of both Austin and Urmson; and Benveniste emphasized their non-descriptive role as markers of subjectivity ("indicateurs de subjectivité") — i.e. as devices whereby the speaker, in making an utterance, simultaneously comments upon that utterance and expresses his attitude to what he is saying. (Lyons 1977 Vol. 2：739)

与奥斯汀和厄姆森的说法皆无关，本维尼斯特（1958a）注意到插说语和行为动词之间的平行性，而且本维尼斯特强调它们作为主观性标记（法语*indicateurs de subjectivité*）的非描述作用，即作为说者在说话时，同时评论该话语并表达他对所说话态度的武器。

莱昂斯《语义学》的参考文献中有本维尼斯特（E. Benveniste, 1902—1976）的《语言的主观性》：Benveniste, E. (1958a). "De la subjectivite dans le langage" (from Journal de Psychologie). In Benveniste (1966：258—66)。但在莱昂斯的《语义学引论》（*Linguistic Semantics: An Introduction*，1995）第十章"话语的主观性"（*The subjectivity of utterance*）中，不再提及本维尼斯特的论述。

尽管如此，我们还是可以看出，本维尼斯特的观点来自其老师梅耶之老师布雷亚尔，语言主观性理论的承传线索是：布雷亚尔→本维尼斯特→莱昂斯。

第二十六章 语言是人类的导师（Le langage éducateur du genre humain）

在人类教育中，语言的重要地位怎么评价都不为过高。古今中外，语言既是交际工具，也是所有人的人生第一课。语言好比人类思维训练的学校，尤其是儿童，从语言中获益最多。对语言中的"词"给予最大关注，是因为如何从前后的言语片段中把词分离出来，如何从词语的各种变体中抽象出常体并加以理解，然后再以变体的方式去自由运用，这些都是尚未解决而值得探索的任务。对语言中的简单短语，需要去分析其中每个词的贡献值。名词、动词、形容词指称的都是儿童最初懂得的抽象事物，人称代词则为儿童提供了最基本的心理训练。

随着个人的成长，语言训练也进入更高阶段。语言的复杂运作，包括各种屈折形式、人称、时态等都需要加以区分。对所有个体而言，这个过程既感到非常新鲜，又要付出很大的认知努力。但是在需求的驱动下，儿童习得母语表现出很大优势，所有儿童最终都能成功。在语言的代际传承中，存在着类推、组构、节缩等运作机制。在这一过程中，所有人都兼有师生的双重身份，作为学生的某些创新，则会成为长大后的使用规则。在成功习得语言之后，人们会达到完全运用自如。一方面，在运用时完全意识不到心智运作；另一方面，尽管词义及其用法复杂，但是仍能驾驭，并在已有范例的基础上创新。从语言的这些运用中，甚至可以追索到心智的运作轨迹。

人类理解力的缺陷之一是只能通过观念的符号，而非就观念本身进行运作。人类思考问题时，当然是观念首先出现，但其观念本身无法运作，只有与符号结合后才能操作。换而言之，语言促使思想对象化——词语取代了概念的位置。人类心智运作的观念符号不仅包括词，还有词与词的组合。在此基础上，观念才变得可以操控，并进一步形成推理的基础。词语反映现实，但并非直接反映现实，而是根据人类的需求和便捷加以某种程度的变形。与现实直接对应的语言，可以应用于科学领域的研究，但是一旦应用于人类思维的研究，就可能造成阻隔和制约。随着人类经验的日益丰富，语言会增加新的意义，而这一切都是基于语言的灵活性而造就的。

【评点】在全书要结束的此章，布雷亚尔道出了研究语言（语义）的目标，在于提升语言教育，即对人的培育。语言既是交际工具，也是所有人的人生第一课。语言造就了人。人类理解力的缺陷是只能通过观念的符号，而非就观念本身进行运作。词语反映现实，但并非直接反映现实，而是根据人类的需求和方便加以某种程度的变形。与现实直接对应的语言，可以应用于科学领域的研究，但是一旦应用于人类思维研究，就可能造成阻隔和制约。随着人类经验的日益丰富，语言会增加新的意义，而这一切都是基于语言的灵活性而造就的。

布雷亚尔继续写道：印欧语言的优势在于，从远古时期就有了丰富的抽象名词。对于人们来说，由于语言司空见惯，所以要想在其中发现人类智力的积累并不容易。语言不是对现实的翻译，而是对通过思维概括化和范畴化的客体加以重新配置。在印欧语系的各种语言中，不存在何种语言更能反映人类心智的进步。为了知道语言如何为心智提供帮助，可以把印欧语跟非洲的一些语言，或者某些印第安语加以对比，这些语言中有些就像儿童语言一样的话语。

即使像汉语这种拥有丰富文献的语言，也无法为心智提供足够的支持。比如汉语的 $\check{s}in$ $h\bar{\imath}$ $th\bar{\imath}en$（圣信天）可以理解为：1. 圣人信天道；2. 他是个信天道的圣人；3. 他是个圣人，信天道。而汉语只是简单地说"圣人信天道"。可见汉语给心智提供的只是简洁的表达，由此存在多种解读的可能性。

【评点】由于语言司空见惯，所以要想在其中发现人类智力的积累并不容易。语言不是对现实的翻译，而是对通过思维概括化和范畴化的客体加以重新配置。任何语言都无法为心智提供足够的支持。

布雷亚尔进一步批评了语言有机体学说：在最宽泛的意义上，自然界包括人类以及人工创造物，那么语言也就是自然史的一部分。但是，如果承认自然科学和历史科学的区别，承认人类的特殊性，那么语言科学就必然属于历史科学的一部分。语音学可以归入自然科学，除此之外，语言学的其他分支学科都应归于历史科学。至于把语义学归入历史研究的范围，还有其他的理由，即语义的每个细微变化都是一个历史事件。基于寻求理解的需求，决定了个人没有改变词义的自由，这与其他社会生活领域中的限制并无不同。

基于心智规律研究语言历史，不仅是正确的，而且富有价值。人们应当注意到，心智不仅控制着词语和语言形式的命运，而且控制着与人类心智进步相一致的语言法则的表现形式。对于语文学家、历史学家以及所有关心人类进步的人来说，从语言的缓慢革新过程中发现心智的进步，总是一件有意义的事。

【评点】如果承认自然科学和历史科学的区别，承认人类的特殊性，那么语言科学必然属于历史科学的一部分。语义的每个细微变化都是一个历史事件。基于心智规律研究语言历史，不仅是正确的，而且富有价值。从语言的缓慢革新过程中发现心智的进步，总是一件有意义的事。

第三部分主要讨论的句法语义，包括语法范畴（词类）、及物的力量（动宾组合）、语义感染（句子中的语义影响）、语法手段（语法手段的语义）、词序（词序表达意义的作用）、语言逻辑（语言的意义逻辑）。第二十六章是总结，布雷亚尔道出了研究语义的目标在于提升语言教育或人的培育。对于语文学家、历史学家以及所有关心人类进步的人来说，从语言的缓慢革新过程中发现心智的进步是一件有意义的事。

我们的述要到此可以结束了。《语义学探索》基于心智取向，研究了词汇语义和句法语义诸多现象，归纳了语言的一般心智规律，涉及隐喻认知、主观化、语法化、结构、功能、语境、语用等理论观点，从而具有普通语言学或理论语言学的重大价值。这部专著不仅是19世纪晚期语义学研究的一座丰碑，而且是19世纪与20世纪之交普通语言学研究的宝贵指南。

在《语义学探索》出版前一个月，即1897年6月15日，布雷亚尔发表了一篇概括全书内容的论文《一门新的科学：语义学》（*Une science nouvelle : la Sémantique*）。该书出版后，为之撰写书评的有德国海伊、托马斯，法国勒尼奥和英国惠布利（C. Whibly）等。《语义学探索》1899年即再版，1904年出修订版，1908、1911、1913、1924年不断重印。从1972年以来，又重印多次。1972：Paris: France-expansion（1897版重印）；1976：Genève: Slatkine reprints（1924版重印）；1983：Saint Pierre de Salerne: G. Monfort（1913版重印）；1995：Paris: Bibliothèque nationale de France（1972版重印）；到21世纪，又有重印，2005：Limoges: Lambert Lucas（1897版重印）。

该书问世后，次年即有西班牙文译本（*Ensayo de semántica, ciencia de las significaciones*. Madrid: La España Moderna, 1899），再隔一年有英文译本（*Semantics: Studies in the Science of Meaning*. London: Heinemann, 1900）。20世纪90年代，又出版意大利文译本（*Saggio di semantica*. Napoli: Istituto universitario orientale，1990）、葡萄牙文译本（*Ensaio de semântica: ciência das significaçoes*. Campinas, São Paulo: EDUC / Editora pontes, 1992）。其理论的经久不衰和国际影响力可见一斑。凡是研读过这部专著的学者都会意识到——《语义学探索》对当代语言学研究仍然具有重要理论价值。

第五节　布雷亚尔的学术遗产

据德国语言学家吉森（H. W. Giessen）编撰的《布雷亚尔书目概览》（*Michel Bréal—ein bibliografischer Überblick*, 1861—2010），从1861年至1915年（包括部分再版），布雷亚尔共发表论著611种。

表4-1　布雷亚尔1861—1915年发表论著数量统计表

年份	数量	年份	数量	年份	数量	年份	数量	年份	数量	年份	数量
1861	1	1871	1	1881	12	1891	9	1901	10	1911	10
1862	4	1872	17	1882	15	1892	20	1902	7	1912	11
1863	7	1873	10	1883	11	1893	18	1903	18	1913	7
1864	3	1874	13	1884	22	1894	17	1904	4	1914	3
1865	0	1875	24	1885	8	1895	10	1905	12	1915	0
1866	8	1876	13	1886	12	1896	14	1906	4		
1867	2	1877	14	1887	10	1897	12	1907	6		
1868	15	1878	23	1888	15	1898	30	1908	9		
1869	8	1879	5	1889	31	1899	14	1909	9		
1870	3	1880	6	1890	14	1900	23	1910	6		
51		126		150		167		85		32	
合计						611					

在布雷亚尔去世以后，还不断有论著再版。

1991年，美国学者乔治·沃尔夫（George Wolf）译编出版《语义学的发端：论文、演讲和回顾》（*The Beginnings of Semantics: Essays, Lectures, and Reviews*），收录论文19篇：1. 葆朴《比较语法》法译本引论；2. 词语的形式与功能；3. 比较语法的进展；4. 语言的潜在概念；5. 印欧语词根；6. 论类推；7. 语言科学；8. 语言的心智规律：语义学简述；9. 词语在我们心智中如何组织；10. 词语的历史；11. 法语的拼写改革；12. 语言和民族；13. 何为语言的纯洁性；14. 论语音定律；15. 动词的起源；16. 关于鸟的语言；17. 选择一门国际性语言；18. 二十世纪的法语语法；19. 格里姆定律。1995年，法国学者德梅和斯威格（P. Desmet & P. Swiggers）编辑出版《从比较语法到语义学：布雷亚尔1864—1898年发表的论文》（*De la grammaire comparée à la sémantique: textes de Michel Bréal publiés entre 1864 et 1898*），收录论文12篇。

布雷亚尔的学术思想，影响了达梅斯泰特尔、哈维特（L. Havet, 1849—1925）、索绪尔（F. de Saussure, 1857—1913）和梅耶等一批学者。中国学者通常只知道梅耶是索绪尔的学生，而不了解梅耶更是布雷亚尔的"亲学生"。下面提供一些背景：1. 1886年，梅耶开始选听布雷亚尔的比较语法课程，成为布雷亚尔的学生；2. 1905年，布雷亚尔退休后，梅耶接任布雷亚尔在法兰西学院的比较语法教席；3. 1915年，布雷亚尔去世后，梅耶接任布雷亚尔的巴黎语言学会终身秘书职务。

1881年秋，取得博士学位的索绪尔来到巴黎，选修了布雷亚尔的比较语法、达梅斯泰特尔的波斯语文学、哈维特的拉丁语文学等课程。次年，布雷亚尔向巴黎大学高等实验研究院（École pratique des hautes études，1868年成立）力荐索绪尔担任自己兼任的比较语法教席。（姚小平 2011：296—297）1882年10月，索绪尔被高等实验研究院聘任为"哥特语和古高地德语讲师"。巴黎语言学会的会址就在高等实验研究院。从1883年起，作为会员的索绪尔协助布雷亚尔做过一些学会工作。

除了影响深远的学术研究，布雷亚尔还对国际语言学界的学术活动做出了巨大贡献。作为巴黎语言学会（Société de Linguistique de Paris，1864年成立）长期以来的组织者，布雷亚尔从1868年至1915年去世，担任学会终身秘书48年。据《巴黎语言学会章程》，主席每年都要改选，学会工作由终身秘书负责。1868年，布雷亚尔主持创办《巴黎语言学会集刊》（*La Société linguistique de Paris*），邀请名家为当时出版的语言学书刊撰写评介，评介对象遍及国际语言学界每年出版的语言学著作和代表性杂志，由此成为巴黎语言学会的传统之一。布雷亚尔的再传弟子，曾任《巴黎语言学会会刊》（*Bulletin de la Société de Linguistique de Paris*）主编的房德里耶斯引述其师梅耶的话：多年来，学会如此重视对各国语言学书刊的评介，与布雷亚尔的倡导分不开。

在布雷亚尔的专著中，鲜见提及德国语义学家，比如莱斯格、哈泽和赫尔德根的研究，也许他认为自己的研究与德国语义学家思路不同。布雷亚尔对语义学的贡献十分显著，不仅使法国语义学家逐渐远离了孤立的单词研究，转向交际和理解的语义学研究，而且将一词多义、语言的主观因素等引入语言学研究领域。

第五章

法国传统语义学的发展

在达梅斯特尔、布雷亚尔等之后，法国语义学的发展主要表现为：以梅耶为代表，基于社会学理论而形成的法国社会语义学研究传统；以波朗为代表，基于心理学理论而形成的法国心理语义学研究传统；格拉塞列则提出动态语义学、静态语义学和比较语义学的三分，主张全面展开语义学探索。20世纪30年代，卡努瓦综合法国社会语义学方法和德国心理语义学方法，提出新的语义变化学说。

第一节　社会语义学研究的进展

19世纪与20世纪之交，法国语义学研究受到社会学思潮的影响，这种思潮源于法国社会学家塔尔德[①]和杜尔凯姆[②]等的理论方法。梅耶开创了法国社会语义学传统。查尔斯·巴利的社会语义学研究还具有心理学取向和风格学特色。

一、梅耶的语言和社会结构研究

梅耶（P. J. A. Meillet, 1866—1936）是布雷亚尔、达梅斯特尔、索绪尔的学生，法兰西学院比较语法教授。梅耶在《历史语言学和普通语言学》中回忆，布雷亚尔1867年在法兰西学院的演讲中就曾经指出"语言是一种社会事实"。（Meille 1921：223）梅耶的语义学研究深受布雷亚尔、杜尔凯姆和奥斯特霍夫等学者的影响，其涉及语义学的著作主要有《语言的规律：I. 语音规律；II. 类比规律》（*Les lois du langage. I. Lois phonétiques. II. L'analogie*，1893）、《关于亨利（1896）的书评》（*Review of Henry*［1896］，1897）、《词语如何改变了意思》（*Comment les mots changent de sens*，1905—1906）和《历史语言学和普通语言学》（*Linguistique historique et linguistique générale*，1921）等。

---

① 塔尔德（Gabriel Tarde, 1843—1904），法国社会心理学家、犯罪学家。1894年任司法部统计局局长，1900年任法兰西学院教授。著有《模拟的定律》（1890）、《社会心理学研究》（1898），主张一切社会过程都是个人之间的互动，每种行动都在重复或模拟某种东西。

② 杜尔凯姆（Émile Durkheim, 1858—1917），法国社会学家、人类学家。1891年被任命为法国首位社会学教授，1898年创办《社会学年鉴》。著有《社会分工论》（1893）等。坚持社会唯实论和社会整体观，提出社会高于个人、社会决定个人。

（一）社会学视角的语义演变观

梅耶认为，语言是社会事实。语言学的研究目标是了解语言和社会、语言结构和社会结构、语言变化和社会变革的共变模式。语义演变是社会变化中的正常结果。布雷亚尔曾为利特雷的《口语病理学》撰写序言《词语如何改变了意义》（1888），17年后，梅耶也撰写了与之同名的论文（1905—1906）。梅耶认为语义演变不是利特雷所认为的"病态"，而是社会变化中的正常结果。在语言的社会群体动态结构中，语义演变尤其是其异质性（heterogeneity）的变化结果。他的重点是语义演变原因，尤其是社会原因的研究，语义演变的性质从属于群体社会理论。梅耶（1893）提出，语义学研究的重点不是表达意义的个体努力，而是塑造语言系统或语言结构的社会趋势。梅耶最感兴趣的就是他所谓的社会异质性源头，即融入社会不同群体、各具行业语特色的语言碎片（fragmentation）。唯有基于此，才能解释意义的限定和扩大。

梅耶认为，会话语境使得听话者能直接理解说话者的意图，多义词不会对听话者产生理解困难。梅耶引用了布雷亚尔的词例opération（操作），在没有语境的情况下是多义的，但在不同社会语境中，却获得了不同的限定意义。外科医生使用该词时，使人想起病人、伤口等；交易员使用该词于股票市场时，使人想起金钱；数学家使用该词时，使人联想到数字和计算。梅耶认为在不同的社会背景和会话语境中，多义词"操作"表现出不同层面的意义，这是词语意义灵活性的进一步系统化。

（二）语言演变研究的四个角度

据聂利奇（Nerlich 1992：177）归纳，梅耶从四个角度来研究语言的演变。1. 语言进化的总体趋势，如果不是普遍趋势，那么就是语言的特定趋势。2. 语言演变的描述规律，包括语音规律、类比规律，以及重要的外源词演变规律。3. 语言演变的解释原则，尤其是语义演变的解释原则：a. 系统的内部限制，或词语和词语之间的关系；b. 系统的外部影响，基于词语和指称对象之间的关系；c. 系统的外部影响，基于不同社会群体的说话者对词语的使用。4. 语言演变的一般动力，根本上主要来自社会因素。其中，语言演变的总体趋势和解释原则，只能描述语言演变的可能方向或途径。如果条件适合，语言演变可能遵循以上任一途径。

梅耶强调，语音的、类推的、语义的演变都是由集体现象引发的。

> Ce qui est essentiel, ce sont les forces qui déterminent les changements. Or, ces forces agissent sur la collectivité des gens qui parlent une même langue. Et c'est parce qu'ils se trouvent dans les mêmes conditions et qu'ils subissent les mêmes actions, que les sujets parlants admettent les mêmes innovations. (Meillet 1921：72)

重要的是决定变化的力量。然而，这些力量作用于说同一种语言的人的集体。也正是因为他们处于相同的条件下，并且经历相同作用的影响，所以说话的主体才承认相同的创新。

依据社会学理论，梅耶突显社会原因，强调社会条件或社会力量等因素才是语言演变的本质原因。

（三）语义演变研究的三个方面

梅耶从三方面来研究语义演变，即词语和词语之间的关系、词语和对象之间的关系、词语和不同社会群体说话者之间的关系。他试图发现语言与历史或文化的关系，以及语义演变的社会原理。

在第一种情况中，语义演变是因为在一些语境中的词语相互关联，或者因为词语在说话中的约定联系。习惯搭配可能因此长久影响所涉及词项的意义，从而产生语义演变。自布雷亚尔起，这一过程被称作"感染"，对之解释的最通用例子就是法语否定词的历史。梅耶写道：

> du jour où l'un de ces mots a pris une valeur négative, il a éliminé les autres: *mie* est sorti de tout l'usage français, *point* de l'usage de la langue parlée, et il n'est resté que *pas*, lequel cessé d'être une détermination de la négation pour devenir lui-même la négation usuelle en français parlé. (Meillet 1921：248)

> 从这些词有了否定含义那天开始，它就失去其他意义。mie（少许）失去了法语的任何用法，point（一点儿）从口语中消失了，残存的仅有pas（步）。它不再是否定标志，反而成为法语口语中的常用否定词。

在其分析中，梅耶似乎赞同布雷亚尔的观点。但是，两者的区别在于，布雷亚尔基于心智主义，而梅耶基于唯社会论。在小品词mie、point、pas的使用中，布雷亚尔强调这一规律与心智中的思维联想相关，而梅耶则坚持是社会造成这些差异。（Delesalle 1988:31）

在第二种情况中，语义演变的原因在于指称对象的变化，或者说话者对指称对象看法的变化。如：plume本义是"用羽毛制成的书写工具"，发展为指称任何材料制成的"书写工具"，人们甚至可以说plume de fer（钢笔）。梅耶再次将这种演变与社会演变联系起来，认为词语的意义变化反映了社会的变化。（Meillet 1921：242）指称对象的这种变化可能影响词汇系统，例如亲属称谓体系（Meillet 1921：241）。除此之外，梅耶也对"禁忌"造成的语义演变进行了分类。禁忌的意义受到社会控制，例如：death（死亡）、sex（性）、prostitution（卖淫）等。在大多数情况下，人们常常不用禁忌词，而使用委婉语来替代。这就涉及替代禁忌词的意义调整,而禁忌与群体的社会条件紧密相关。

在第三种情况中,语义演变是社会因素导致的结果,即语言或方言之间的相互影响。在这一层面上,借词的描述规则扮演重要角色。事实上,社会群体之间的借词是语言变异的主要因素之一。梅耶反复强调群体语言的重要性,并且很遗憾地谈到,几乎没有语言学家关注"语言形成的社会环境"。(Meillet 1921:231)语言的主要功能是建立社会关系。语言创新、语言的演变和稳定,从纯粹的语言立场无法得到解释。对于语义演变的主要动力,需要考虑群体的认同以及社会群体成员对语言演变的态度。

(四)语义演变的两种主要类型

梅耶认为,语义演变有两种主要类型,意义的限定(restriction)和意义的扩大(extension)。通过借用形式,如果共同语或较大群体语言的词语用于较小群体,则产生意义的限定;如果较小群体的词语用于较大群体,则产生意义的扩大。讲法语的群体比讲英语的群体要小,所以人们认为当法语词,如boutique(精品店)、gateau(奶油蛋糕)、lingerie(女士内衣)被讲英语的群体借用后,这些词语的意义就扩大了。(Meillet 1905:232)事实上,由于这些外源词被用于某种特别目的,因此无论是多大群体向多大群体借用,几乎所有的外源词都仅有限定意义。

在儿童语言习得中,成人试图表达的意义与孩子听到的实际话语之间常有差异,孩子可能将他们所听到的隐喻或转喻意义误解为词语的主要意义,由此产生了语义演变。梅耶以法语形容词soûl(饱→醉)为例,从词源来说,soûl源于拉丁语的satullus(吃饱),这个词义存在于惯用语中并一直沿用至17世纪。然而,16世纪后,这个形容词有了"喝醉"的新义,并逐步演变成该词如今的主要意义。梅耶认为,这种语义转变应该是在儿童语言习得中因误解而产生的,成人将"醉酒的人",揶揄地说成"吃饱的人",孩子没有领会到其潜在意义,而将这个词义误解了。从soûl 1(醉)到soûl 2(醉)的语义演变可能是委婉语带来的影响。(Meillet 1921:235—236)在自然语言中,在新事物引起的意义偏差中不断归纳而成意义演变。通过词语借用而产生的语义演变的社会解释,以及词语代代承袭的非连续性传播都至关重要。(Meillet 1921:235)

梅耶还讨论了在没有语境的前提下,所发生语义演变的原因。例如,法语单词arriver(到达)的语义演变体现了意义的扩大,arriver的词源义是"到达岸边",源自拉丁语的ad-ripare(靠岸)。但是对水手而言,到达岸边也就意味着旅程结束。当作为水手(小群体)的特殊用语,arrive被共同语言(大群体)使用时,从"结束某人旅程"的意义上说,这个词仅用于意义的扩大。(Meillet 1921:60)

梅耶强调社会功能对语言演变的影响,包括语言传播和语义演变的非连续性以及一个群体向另一群体借用词语的影响。他认为，生活的特殊形式可以产生语言的特殊形式，小群体的行业语和专用语就是语言创新的源泉。社会的非主流人群，如小偷、青年群体、艺术家等，他们在玩词语游戏时创造自己的语言、暗语或俚语，这些语言创新的主要因素，通过借用方式发挥重要作用，成为语义演变的持续源泉。

（五）语言学是一门社会科学

布雷亚尔1905年退休后，梅耶接任法兰西学院的比较语法教席。1906年2月13日，在比较语法课程的开幕演讲《普通语言学的研究现状》（*L'état actuel des études de linguistique générale*）中提出：

> Comme l'a très bien dit, dans son *Essai de sémantique*, M. Bréal, la limitation de la liberté qu'a chaque sujet de modifier son langage « tient au besoin d'être compris, c'est-à-dire qu'elle est de même sorte que les autres lois qui régissent notre vie sociale »
>
> Dès lors il est probable a *priori* que toute modification de la structure sociale se traduira par un changement des conditions dans lesquelles se développe le langage. Le langage est une institution ayant son autonomie; il faut donc en déterminer les conditions générales de développement à un point de vue purement linguistique, et c'est l'objet de la linguistique générale ; il a ses conditions anato- miques, physiologiques et psychiques, et il relève de l'anatomie, de la physiologie et de la psychologie qui l'éclairent à beaucoup d'égards et dont la considération est nécessaire pour établir les lois de la linguistique générale ; mais du fait que le langage est une institution sociale, il résulte que la linguistique est une science sociale, et le seul élément variable auquel on puisse recourir pour rendre compte du changement linguistique est le changement social dont les variations du langage ne sont que les conséquences parfois immédiates et directes, et le plus souvent médiates et indirectes. (Meillet 1921：17)

> 正如布雷亚尔先生在《语义学探索》中正确地说的那样，每一主体修改其语言的自由局限性"来自需要被理解，也就是说，就像其他法则支配我们的社会生活一样"。
>
> 因此，社会结构的任何变化都可能成为导致语言发展变化的条件。语言是具有自治权的制度，因此，有必要从纯粹语言学的角度来确定发展的一般条件，这是普通语言学的目的。它具有解剖性、生理性和心理性的条件，并且很多方面的研究都属于解剖学、生理学和心理学，需要通过深思熟虑以建立普通语言学的法则。然而，由于语言是一种社会制度，因此语言学是一门社会科学，并且可以用来解释语言变化的唯一

可变因素就是社会变化，其中语言的变化仅仅是后果，有时是立即的和直接的，而最经常的是中介的和间接的。

与之同时，即1905—1906年，梅耶发表《词语如何改变了意义》（Rpt. 1921）。依据社会学家杜尔凯姆的定义，梅耶认定语言属于社会事实。

> Le langage a pour première condition l'existence des sociétés humaines dont il est de son côté l'instrument indispensable et constamment employé; .... le langage est donc éminemment un fait social. En effet, il entre exactement dans la définition qu'a proposée Durkheim; une langue existe indépendamment de chacun des individus qui la parlent, et, bien qu'elle n'ait aucune réalité en dehors de la somme de ces individus, elle est cependant, de par sa généralité, extérieure à chacun d'eux ; ce qui le montre, c'est qu'il ne dépend d'aucun d'entre eux de la changer et que toute déviation individuelle de l'usage provoque une réaction. (Meillet 1921：230)

> 语言的首要条件是人类社会的存在，语言是不可或缺的和不断使用的工具。……因此语言显然属于社会事实。实际上，这完全符合杜尔凯姆提出的定义。语言独立存在于每个说话的个人之外，虽然除了这些个人的总和而没有任何现实，但是语言的普遍性，对于他们中的每个人都是外在的。这表明语言不依赖于他们中的任何个人而改变，并且任何个体的偏离用法都会引起反应。

杜尔凯姆在《社会学方法论的规则》（*Les règles de la méthode sociologique*，1895）中提出，"社会事实"有四个特点：外在性、强制性、客观性和普遍性。杜尔凯姆的方法与准则是：1. 把社会事实当作社会学研究的起点，要摆脱一切预断，排除一切已有观点；2. 要从感性材料出发，达到对社会事实的本质认识；3. 要剔除感性材料中的主观成分，寻求价值中立。这些对语言研究皆有指导意义。

梅耶认为，语义变化是社会变化中的正常现象，而社会群体的异质性是导致语义变化的原因。

> Et ceci amène naturellement à envisager l'ordre des causes qui forme l'objet principal de la présente étude, la répartition des hommes de même langue en groupes distincts: c'est de cette hétéro- généité des hommes de même langue que procèdent le plus grand nombre des changements de sens, et sans doute tous ceux qui ne s'expliquent pas par les causes précitées. (Meillet 1921：243—244)

> 这自然引导我们去思考构成本研究主要对象的原因顺序，说同一种语言的人们分

布为不同的群体——正是来自同一语言中人群的这种异质性导致意义的许多变化，毫无疑问，所有这些还不能通过上述原因得到解释。

梅耶继承了布雷亚尔的思想，但有所差别。布雷亚尔将社会、历史和心理因素统摄于语义演变总体理论，而梅耶则将语义演变理论从属于社会群体理论。梅耶认为语言是社会行为，主张研究作为"社会事实"的语言在社会中起何作用。梅耶的这些观点并非是在1905—1906年才形成，此前已经多次宣讲过其社会语言学观点。

1914年，梅耶的弟子房德里耶斯（J. Vendryes, 1875—1960）在《语言：历史语言学概论》（Pub.1923）中，论述了语言是一种社会现象，语言的发展依赖于社会集团的存在。该书第三编的第二章标题也是"词语如何改变了意义"。布雷亚尔、梅耶和房德里耶斯师生三代都谈及"词语如何改变了意义"，都强调说话者在不同语境和社会群体中的使用而导致词语改变了意义。

20世纪初，梅耶和格拉蒙（M. Grammont, 1866—1946）建立了法国社会学派，房德里耶斯、道扎特（A. Dauzat, 1877—1955）、纪尧姆（G. Guillaume, 1883—1960）、柯恩（M. Cohen, 1884—1974）、索默费特（A. Sommerfelt, 1892—1965）等是第二代，本维尼斯特（É. Benveniste, 1902—1976）、马尔丁内（A. Martinet, 1908—1999）等是第三代。他们都深受布雷亚尔，尤其是《语义学探索》的影响，并且可能还受到博杜恩（多次出席巴黎语言学会会议，梅耶赞赏其研究）的影响。

1910年，道扎特在《语言的生命》（*La vie du langage*）中响应梅耶的倡导，彰显社会语言学（linguistique sociale），讨论这一学科的前景及其任务。道扎特早年在巴黎学习法律和语言学。他是法国第一代社会语言学家帕利斯以及巴黎文学学院法语史教授布吕诺（F. Brunot, 1860—1938）和方言地理学家吉耶龙（J. Gilliéron, 1854—1926）的学生，并且深受法国社会学派领袖梅耶的影响。

1912年，在《语言哲学》（*La philosophie du langage*）中，道扎特转录了梅耶的一段话，揭示了是何原因促使他们日趋全神贯注于考察作为"社会事实"的语言。

> Au cours du xixe siècle, et particulièrement depuis 1870 environ, on s'est surtout efforcé de suivre le développement « naturel » du langage, et la linguistique est apparue à beaucoup d'égards comme une science naturelle; M. Bréal a été presque le seul à protester contre cette tendance exclusive. Ce qu'on a surtout mis en évidence, ce sont les innovations spontanées qui ont lieu du fait de la transmission du langage de génération en génération; ces innovations ont lieu en général sans que les sujets en aient conscience, sans intervention de leur volonté, et même malgré leur volonté. Mais on n'explique pas par là la formation

des langues communes, qui sont le produit de situations sociales données et dont on ne peut rendre compte qu'en déterminant les conditions historiques où elles se sont fixées.① (Dauzat 1912：185)

在19世纪，特别是从70年代左右开始，人们一窝蜂地追随语言的"自然"发展学说，语言学在许多方面作为自然科学抛头露面。几乎只有布雷亚尔先生一人，反对这一霸道的趋势。我们特别强调的是，语言由于世代相传而形成自发的变革。这些变革通常是在主体意识不到的情况下发生的，是在没有他们的意愿介入，甚至无视其意愿的情况下进行的。然而，这不能解释公众语言的形成，公众语言是既定社会状况的产物，只能通过确定人们所处的历史条件加以解释。

这段话有助于后人理解法国社会语言学的缘起。20世纪50年代以来，尽管法国社会学派的研究范围日益扩大，研究方法也更加多样化，但是把语言视为"社会事实"的基本观点一直未变。

二、查尔斯·巴利的风格学与语义研究

查尔斯·巴利（Charles Bally, 1865—1947）是瑞士（日内瓦法语区）学者。一些中国学者（包括研究法语的，到法国留学过的学者）却误以为他是法国人。巴利最初从事古希腊文学研究，1889年在德国柏林大学完成博士论文《关于欧里庇得斯悲剧抒情的探讨》。在接下来的四年中被任命为希腊王室的家庭教师。1895年在日内瓦卡尔万中学任教期间结识了索绪尔。在索绪尔去世后，1913年，巴利接任索绪尔在日内瓦大学开设的比较语法和普通语言学讲座。1916年，与薛施霭（A. Sechehaye, 1870—1946）等一起编辑出版《普通语言学教程》。

在《日内瓦日报》（*Journal de Genève*）的采访中，巴利介绍了自己的语言观。

毫无疑问，遇见索绪尔是具有决定性的事，决定了我的思想方向……然而，这位无与伦比的大师，却没有特别关注后来令我着迷的问题，尤其是关于语言的情感思想表达。此后一直令我痴迷的是，具有生存功能的言语从何而来？（10 April 1957 ［sic］②；转引自 Chiss 1985：193）

尽管巴利受到索绪尔的影响，但是并不受索绪尔静态语言学理论的束缚。

---

① 原文注：梅耶的这段话见于巴黎《语言学会通报》（*Bulletin de la Société de Linguistique*, 1910, p. 362）。
② sic即"原文如此"，此处的1957年（巴利1947年去世）似乎有误。估计《日内瓦日报》采访巴利的年份是1937年或1947年。

巴利把布雷亚尔的心智观、梅耶的社会观,以及柏格森①的"生命力"哲学结合起来,创造了一个语言学科的新分支——风格学,重点研究说话中的语言系统表达、情感作用、现实化和发话。这些概念都与语言生活和说话主体有关。在《风格的准确性》(*Précis de stylistique*, 1905)中建立了风格学研究框架;在《法语的风格规约》(*Traité de stylistique française*, 1909)中完善了这一框架;在《普通语言学和法语》(*Linguistique générale et linguistique française*, 1932)中将风格学研究融入其发话理论。此外,巴利撰写的《语言和生活》(*Le langage et la vie*, 1913)可视为其语言学活力论(vitalistic)的宣言。由此,巴利被视为本维尼斯特话语研究以及法国话语理论的先驱。

巴利认为,风格学与语义学的不同之处在于:

> La sémantique, qui étudie les faits de langage au point de vue de l'évolution des sens, est un correctif de l'étymologie, mais eue n'est guère compatible avec la méthode stylistique, parce qu'elle tend à disloquer le système expressif d'un état de langage donné; or l'existence de ce système est la seule condition qui permette d'expliquer, par son milieu naturel, la valeur expressive d'un fait de langage. (Bally 1951 [1909], I: 142)

> *语义学从意义演变的角度研究语言事实,是对词源学的改进。但与风格学的方法几乎很难兼容,因为语义演变趋势往往损害特定状态的表达系统。然而,由于语言系统的存在是唯一条件,才允许我们可能通过其自然环境解释语言事实的表达价值。*

巴利认为,风格学的研究重点是人类如何使用词语向其他人传达意义,强调词语所"表达的"和"令人印象深刻的"的价值,研究语言对听话者所产生的效果。换而言之,风格学接近于我们现在称为的"语用学",说话者通过对语言的主观运用,最终还是作用于语言本身。总之,巴利试图寻找一种机制,说话者可通过该机制使用词语和句子产生意义,并且听话者可通过该机制理解词语和句子的意义。

巴利指出,言语行为类型和句子类型之间并非完全一致,存在直接言语行为和间接言语行为。根据功能,问题形式可能被用来表达命令的意义:

> C'est ainsi qu'une interrogation comme "Viendrez-vous ?" peut arriver à signifier "Je veux que vous veniez !" et prend alors une intonation impérative, d'où cette conséquence que le point d'interrogation perd sa raison d'être. (Bally 1951 [1909], I: 270)

> *这就是像"你会来吗?"这样的问句,采用命令式语气可以表示"我要你*

---

① 柏格森(Henri Bergson, 1859—1941),法国哲学家。他主张超越道德与宗教的形式与教条,走向主体的生命力与博爱。1907年出版阐述其生命哲学体系的《创造进化论》,1928年获诺贝尔文学奖。

来！"，因此疑问就失去存在的理由。

另一个例子是，某一特定形式逐渐吸收了其他使用功能，如：

une tournure comme: "Qu'est-ce que vous dites là ?" devient une expression consacrée de la surprise, et ［...］l'interrogation: "Que voulez-vous ?" arrive à marquer la résignation. (Bally 1951 ［1909］, I：270)

像这样的表达式，比如："你在那里说什么？"，早已变成了惊讶的固定表达，并且……问句"你想要什么？"，则成为放弃的表达。

可以看出，以上例句的词面义与使用义完全不相关，根据功能，问题形式被用来表达命令或转为其他功能。作为研究这种言语行为类型的语义演变的最初学者，巴利提出：在这种言语行为类型中，不仅词语形式改变了其意义，而且句子形式也改变其意义。也就是说，会话含义成为语言的新约定。

巴利研究了两种新的语义演变类型：一是词语或词组的情感因素可能完全被理智内容吸收，如介词、连词、辅助词等这些语法词；二是理智内容完全被情感因素吸收，如惊叹词和感叹词：Mon Dieu（我的上帝）、sapristi（糟糕）等。而普通名词，如chapeau（帽子）、habit（习惯）、vertu ou（美德）和courage（勇气），似乎处于相对平衡的位置。巴利揭示了有规律出现的上下文对某一词语意义产生的影响，他用省略的范例论证该观点。

Le sens s'est spécialisé par une sorte de condensation ... c. à. d que le mot a absorbé en lui le sens de tout le groupe de mots dont il faisait partie; c'est ainsi qu'on peut dire: " Faire une déclaration à une femme" au lieu de " une déclaration d'amour" . (Bally 1951 ［1909］, II：3)

意义的专门化借助凝聚方式……也就是说，这个词已经吸收了它作为其中一部分的整个词组的意义。这就是为什么我们可以说Faire une déclaration à une femme（向一位女子表白），以代替une déclaration d'amour（爱的表白）的原因。

巴利提出，语言表达的环境包括：上下文、情景、身体语言和语调等。

L'entourage d'un fait d'expression est constitué, non seulement par le contexte, mais par la situation, la mimique et l'intonation. (Bally 1951 ［1909］, II：88)

表达一个事实的环境，不仅由上下文，而且由其情境、拟态和语调构成。

Pour être expressif, le langage doit sans cesse déformer les idées, les grossir ou les rapetisser, les retourner, les transposer dans une autre tonalité. (Bally 1913: 19)

> 为了富有表现力，语言必须不断地使思想变形，夸张或者敛缩它们，使它们迂回曲折，将它们转变为另一种色调。

巴利指出，语言总在不停地变化，而当其不在变化时才能发挥功能。在其存在的任何时刻，它们都是短暂平衡的产物，语言是传统和创新的持续结果。（Bally 1965［1932］：10）

三、尼洛普对语义学观点的梳理

尼洛普（K. Nyrop, 1858—1931），丹麦语言学家，该国罗曼语言学研究的创始人，任哥本哈根大学罗曼语言文学教授。尼洛普的语义学研究受到德法传统的影响。在德国传统方面，主要得益于埃德曼、斯托克莱因、保罗和舒哈特等；在法国传统方面，主要得益于布雷亚尔、达梅斯泰特尔、帕利斯、梅耶等。

尼洛普著有六卷本的《法语历史语法》（*Grammaire historique de la langue française*, 1858—1931），在第四卷"语义学"（Sémantique, 1913）中对19世纪语义学的社会论、心智论、语境论、功能论、词源遗忘论等主要观点，进行了清晰的梳理。

（一）社会论和功能论

受布雷亚尔语言学思想的影响，尼洛普坚信语言不是有机体，而认为语言具有社会功能，即社会中人的功能。

> L'étude du sens des mots est étroitement liée à celle de l'homme et de la société... Quand il s'agit d'expliquer un fait de langage quelconque, il ne faut pas s'arrêter avant d'avoir trouvé la raison "sociologique"—nous donnons à ce terme un sens très large. (Nyrop 1913: v)

> 词语意义的研究与人类和社会的研究息息相关……在解释任何语言事实时，在找到"社会学"（我们赋予该术语一个非常广泛的含义）原因之前不应停止。

> Un examen rationnel de l'euphémisme, tel que nous l'avons essayé, est en dernier ressort une étude de démopsychologie et de sociologie. (Nyrop 1913: vi)

> 正如我们所尝试的那样，对委婉语的合理研究，归根结底是样本心理学和社会学的研究。

在语言演变研究中，尼洛普强调任何语言现象都与人和社会的研究相关，所以语言研究离不开心理和社会的研究。

(二) 意义相对论和语境理解论

借鉴保罗的通用意义和偶然意义学说，尼洛普提出"意义相对论"，即词语的意义是波动的与多变的。形成意义相对性的原因，就是在词语和事物或意义和形式之间不存在绝对的"一致性关系"。

> Le sens des mots n'est pas absolu. Il en est de leur valeur sémantique comme de leur valeur phonétique... elle dépend de l'ensemble et peut de nauncer de beaucoup de manières. Comme le mot ordinairement n'a pas d'existence isolée..., il faut l'étudier pour ainsi dire "en fonction", et il faut prendre en considération non seulement les mots environnants, mais aussi les circonstances concomitantes, sans quoi on n'arrivera pas à une juste notion du sens qu'il représente. (Nyrop 1913：15)

> 词语的意义不是绝对的，其语义价值正如语音价值一样……它取决于整体并可以通过多种方式消解。由于词语通常并非孤立地存在……所以必须研究说话的"功能"，不仅应该考虑到周围的词语，而且还要考虑伴随的情景，否则无法得到它所表达的意义的正确想法。

> Le même mot, dans les mêmes conditions phraséologiques, peut ainsi changer de valeur dès qu'il se présente dans un nouveau milieu social, local ou temporel. (Nyrop 1913：16)

> 同一词语，在相同的措辞条件下，只要一旦出现在新的社会、地方或当时环境中，就会改变其价值。

由于词语意义不是绝对的，所以应注重语境功能。只有依据词语的使用情景以及上下文，才能获得对该词语意义的准确理解。

尼洛普认为，意义相对论还体现在一词多义、同音异义、同义、反义、省略以及潜在观念等现象之中。基于语境论和功能论，尼洛普认为省略现象使得语义演变过程具有明显特征，如用coupé（断开）表示carossecoupé（切割车）。省略的使用是由于该词语吸收了周围形式的意义。

(三) 词源义遗忘有利于词义的扩展

尼洛普进一步阐述了"词源义遗忘"的观点。

> L'oublie du sens étymologique qui favorise l'extension du domaine sémantique du mot, amène aussi nécessairement une disproportion entre les mots et la chose. Mais cette disproportion n'est ordinairememt perceptible qu'à celui qui connaît l'historique du mot

en question, et le défaut de justesse ne rends pas le mot moins utile ou moins applicable: il ne frappe pas l'esprit de celui qui parle, comme il ne trouble pas l'entendement de son interlocuteur. (Nyrop 1913：424)

词源义遗忘有利于词的语义域扩展，也必然引起词与物之间的不相称。但是这种不相称，通常只有那些了解相关词的历史的人才会注意到，并且缺乏准确性并不会使这个词变得不那么有用或适用：它不会触及说话者的思想，因为它不会打扰对话者对其理解。

尼洛普继续写道：

Il est clair maintenant que, si l'on veut se renseigner sur le sens des mots, il faut se méfier de l'analyse étymologique. L'usage attribue constamment aux mots un sens tout différent de celui que leurs éléments formatifs font attendre. (Nyrop 1913：426)

现在很清楚，如果想知道词语的意义，就必须对词源分析谨慎。词语用法不断地赋予词语与其构成要素造成人们预期的完全不同的含义。

尼洛普的语义学研究主要涉及语义演变原因、语义演变的传播、词语意义的限定和扩大等方面。他的贡献在于充实了布雷亚尔、梅耶等建立的语义学研究理论。

四、房德里耶斯的语言心理—社会行为研究

房德里耶斯（J. Vendryes, 1875—1960）是梅耶的学生，是在心理和社会中寻找灵感的最后一位历史语言学家。其代表作是《语言：历史语言学概论》（*Le langage; Introduction linguistique à l'histoire*，1921）。[①]该书第三编"词汇"，第二章是词语怎样改变了意义；第三章是概念怎样改变了名称。在布雷亚尔、梅耶之后，房德里耶斯又谈及"词语怎样改变了意义"。他们都强调，词语在不同语境和不同社会群体中的使用导致其意义改变。

房德里耶斯1914年完成该书，其后爆发世界大战（1914—1918），直到1921年才出版。其时，索绪尔的《普通语言学教程》（1916）质疑历史语言学，共时语言学和结构主义走向前台，房德里耶斯的这部专著也就难免被忽视。然而，这部专著中的语言学思想却有其新颖之处，主要表现在词语价值和语境、词语意义和心理词库以及语义演变类型三方面。

---

① 房德里耶斯《语言：历史语言学概论》的中译本，岑麒祥、叶蜚声译，商务印书馆1992年出版。正文分为五编：语音、语法、词汇、语言的构成、文字。二十世纪二三十年代，中国第一代留法学者，如王力、岑麒祥、方光焘、高名凯等都曾经受其影响。

（一）词语的价值取决于语境

房德里耶斯基于词源义遗忘理论，这样描述词语价值：

> Mais l'étymologie donne une idée fausse de la nature d'un vocabulaire; elle n'a d'intérêt que pour montrer comment un vocabulaire s'est formé.Les mots ne sont pas employés dans l'usage d'après leur valeur historique. L'esprit oublie-à supposer qu'il l'ait jamais su——par quelles évolutions sémantiques ils sont passés. Les mots ont toujours une valeur actuelle, c'est-à-dire limitée au moment où on les emploie,et singulière, c'est-à-dire relative à l'emploi momentané qu'en est fait. (Vendryes 1921：206)

> 然而词源对词汇的性质给出的是错误认识。它仅对揭示词汇如何形成有益。词语并不是根据其历史价值来使用。心智遗忘——假设永远不知道它们经历了什么语义演变。词语总是拥有现时价值，换而言之，受限于人们使用它们的时期。词语总是具有单一价值，换而言之，与人们使用词语的那一瞬间相关。

房德里耶斯强调，词语的实际价值取决于词语的使用语境，所以一个词语具有几个意义只是错觉。

（二）词语意义和心理词库

房德里耶斯对词语意义和心理词库的关系进行了探究。他提出，词语存在于上下文的心智之中。在心理词库中，词语根据其语义、形态或语音的构造，被排列在所组成的词族中。词语有着作为核心的逻辑意义，但逻辑意义常受到情感的流动性和易变性影响。在许多情况下，词语也有某种神奇的价值，因为说话者无法抗拒在词语和事物之间建立联想的诱惑。

词语在实际使用中，通过实现化（actualized）和个性化（individualized）而获得一定的意义。房德里耶斯区分了词语的所谓强意义和弱意义。强意义可以直接获得；而弱意义一直处于隐性状态，只有通过与其他词语的搭配使用才能获得其意义。

（三）语义演变的类型及其条件

房德里耶斯反对达梅斯泰特尔的"词语生命"观，继承布雷亚尔的观点，坚持从人类心智视角来研究语义演变规律。

> Le linguiste ne fail d'étymologic que pour réunir le plus grand nombre possible de procès sémantiques semblables et pour dégager de cette étude les lois générales suivant lesquelles le sens des mots évolue.
>
> Ces lois ne sont jamais dans les mots eux-mêmes. Le défaut du livre de Darmesteter était

de faire croire à une sorte de logique interne qui réglerait les transformations sémantiques des mots. L'auteur ne semblait pas chercher plus loin que les abstractions scolastiques de la catachrèse ou de la métonymie; il n'atteignait pas les réalités concrètes que représente le mot. (Vendryes 1921：228—229)

  语言学家并没有在词源上设法将尽可能多的相似语义过程汇集在一起，并从这项研究中提取出词语意义发展所依据的一般法则。

  这些法则从来就不在词语本身。达梅斯泰特尔专著的错误，是使我们相信有一种可以控制词语的意义转化的内在逻辑。作者似乎没有比用词不当或转喻用法的学术抽象更进一步。他没有触及词语的具体实际。

On peut prévoir la constitution d'une sémantique générale qui, en centralisant les renseignements tirés de chaque langue sur les changements de sens, permettra de ramener ceux-ci à quelques pdrincipes, non pas au point de vue simplement logique ... mais au point de vue psychologique. Il faudrait partir pour cela non pas des mots, mais des idées qu'ils expriment. (Vendryes 1921：240)

  我们可以预见普通语义学的构架，把从每种语言中提取的关于意义变化的信息汇集起来，将有可能将这些简化为一些原则，不是从简单逻辑的视角……而是从心理的视角。这种研究将要求不是从词语，而是从它们表达的观念开始。

  房德里耶斯认为，语义演变的规律在于心理。只有从人类心智视角，才能通过词语表现的具体实际来探索语义演变规律。如果将所有语言中的语义演变信息汇集起来，则可以形成普通语义学的研究框架。

  房德里耶斯区分了语义演变的三种主要类型：意义的限定、扩大和替代。其中替代类型包括隐喻、提喻、转喻和误用。与前辈不同的是，他强调意义的扩大或限定常常是意义替代的结果。房德里耶斯试图通过语言生活的特定条件，说明这三种演变类型的用途。他提出，说话者期望别人能够理解他所使用的不精确或模糊的词语。比如，说话者说的是"那里的牲畜"，而不是"那里的奶牛"，但是希望别人能这样理解。又如，儿童会用River Seine（塞纳河）指称一般的"河流"等。

  房德里耶斯的语义演变研究超越了"纯粹逻辑"的研究，在现实生活中，意义的扩大和限定是基于说话者和听话者之间的互动。这种互动具有两个特点：一是语言基于心理行为，即对话者的随意行为和心智表现；二是在适合人类之间交流需要的范围内，语言还基于社会行为。语言的心理行为性和语言的社会行为性，在房德里耶斯这里得以沟通。

（四）区分语义要素和形态要素

《语言：历史语言学概论》第二编语法第一章"词和形态要素"区分了"语义要素"（sémantème）和"形态要素"（morphème）。前者来自布雷阿尔倡导的sémantique。后者源自歌德研究自然科学时提出的"形态学"（Morphologie）。

> Il faut entendre par sémantémes les éléments linguistiques exprimant les idées des représentations: ici l'idée du cheval ou l'idée de la course ; et sous le nom de morphémes ceux qui expriment les rapports entre les idées: ici, le fait que la course associée au cheval en général est rapportée a la troisiéme personne du singulier de l'indicatif. Les morphémes expriment par conséquent les relations que l'esprit établit entre les sémantémes. (Vendryes 1921：86)

"语义要素"必须理解为表达其观念表征的语言要素：此处是"马"（cheval）的观念或"比赛"（course）的观念；在"形态要素"名义下，理解为表达观念之间的关系：此处与"马"相联系的"比赛"事实，通常与指明第三人称的单数有关。因此，"形态要素"表达心灵在"语义要素"之间建立的关系。

换而言之，任何句子都包含两部分：表词语意义的语义要素，表关系或语法意义的形态要素。

表关系或语法意义的morphème可译为"语法形态"。但语法意义要素并不限于狭义形态，辅助词和词序也可以。因此，房德里耶斯分为广义形态和狭义形态。考虑到形态也可表词语意义，因此也可译成"词素"（构词要素）。但印第安语表达意义的要素并不构成词，因此有人把morphème译成"语素"（构成语言的要素）。理解的不同导致汉译的不同。房德里耶斯的弟子马尔丁内在《普通语言学原理》（*Éléments de linguistique générale*，1960）中借用瑞士语言学家弗雷（H. Frei, 1899—1980）的术语 monème（符素），取代语义要素和形态要素。"符素"是具有意义的、最小的和不可分割的符号单位。根本原因在于，并非所有语言的最小的使用单位都是词。对于由词（或类似于词）组句的屈折、黏着、孤立结构语言，称"词素"无妨。而对于并非由词组句的多式综合结构语言，要称"语素"或"句素"。归根结底，普通语言学理论也是受限的，并非一个术语就能涵盖所有结构类型的最小使用单位。

第二节　心理语义学研究的进展

也许，由于语言心理学的代表人物是德国学者，因此法国语言学界直到20世纪30年代才形成心理语义学。

一、波朗的心智和语言理论

波朗（F. Paulhan, 1856—1931）法国哲学家，对心理、语言和人类行为之间的关系很感兴趣，其研究主要受丹纳[①]、贝恩[②]、詹姆斯[③]、布雷亚尔、达梅斯泰特尔、哈维特等学者的影响。与语义学有关的著作是《内部语言和思想》（*Le langage intérieur et la pensée*, 1886）、《心理双关语》（*Psychologie du calembour*, 1897）、《语言的双重功能》（*La double fonction du langage*, 1927）和《词语的意义是什么》（*Qu'est-ce que le sens des mots*, 1928）等。

在《词语的意义是什么》中，波朗提出：

> D'autres se modifient plus ou moins à l'usage, et ce changement est en même temps une transformation et une conservation. C'est ce fait que je voudrais' dans une autre étude, examiner lui-même, en recherchant les conditions générales qui assurent la conservation relative du sens des mots, et celles qui en provoquent les variations. (Paulhan 1928：329)

> 其他变化或多或少的由于经常使用，而这种变化同时是一种转化和一种维护。正是这一事实，使我希望在另一项研究中加以检验，寻找确保词语意义相对保留的一般条件，以及引发它们变化的原因。

与其他语义学家相比，波朗似乎更清楚地意识到，除了要了解导致词语变化的条件，还要了解词语意义相对保留的一般条件。

波朗试图探索支配人类心理机制的规律。心智系统含有多个子系统，子系统的元素基于相似性和毗邻性联想构成。这些元素通过相互作用改变心智活动，这种活动具有系统性和综合性。心智的核心子系统就是语言，其元素（词语）的意义不是由所指的客体或概念

[①] 丹纳（H. Taine, 1828—1893），法国思想家、历史学家，著有《心智》（1870）。
[②] 贝恩（A. Bain, 1818—1903），英国哲学家、心理学家。其心理学著作上卷为《感觉与理智》（1855），下卷为《情绪与意志》（1859）。
[③] 詹姆斯（W. James, 1842—1910），美国哲学家、心理学家、实用主义的倡导者。1890年出版《心理学原理》，几乎概括整个19世纪的心理学，被译为法、德、意及俄文。

构成，而是由对它们产生作用或做出反应的状况构成。在《心理双关语》中，波朗提出，语言演变的主要原理是基于类比的相似性联想而形成的，联想的更高形式是系统化联想。

> l'analogie fait former les mots nouveaux sur le patron des formes anciennes. Si nous forgeons un adverbe, nous le terminons en ment autant qu'il nous est possible; ... D'une manière générale les nouveaux mots sont formés d'aprés des types existant déjà. ... faut bien remarqué que l'asaociation par ressemblance, —et c'est ce qui fait sa valeur, —est ici sous la dépendance d'une association systématique. (Paulhan 1897：877)

> 类比导致新的词语在旧形式模式上形成。如果我们要造一个副词，我们会尽可能用同样的后缀作词尾；……一般来说，新的词语都是由现存类型构成。……必须注意，通过相似性联想——这就是其价值所在——在此依赖的是系统性联想。

青年语法学派强调类比对语音演变产生影响，而波朗则将语义演变视为语言演变的主要类型。词语不仅是符号，也是在某种情况下引发某种反应或行为的"刺激物"。词语只是在无数场合中使用的抽象化符号，并在每次使用中的意义并不完全相同，所以无论在语音还是在意识中，词语从来就有所不同。

> Le son d'un mot est indéfiniment variable; il change avec le temps, le milieu, l'état social, et simplement avec l'usage que nous en faisons. Faut-il ajouter que le sens varie, comme le son, d'une personne à l'autre, qu'on n'atache jamais le même sens au même son' mais bien des sens à peu près analogues à des sons qui se ressemblent, et qu'on ne se comprend jamais que grossièrement？(Pauthan 1897：881)

> 一个词的语音无限可变，它随着时间、环境、社会状态，以及我们仅仅对它的运用而变化。我们务必补充说明，意义的变化就像语音一样，因人而异，尽管我们从不给相同的语音赋予相同的意义，但许多意思或多或少地类推为彼此相似的语音，以至于我们从未互相理解，除了粗略的知晓？

波朗提出，人类需要表达的思想与感情无数，但词语却非常有限，所以词语在使用中，其意义应有相对的模糊性和较强的适应性。这种现象不但正常，而且必要。

> Le mot par lui-même ne saurait avoir une signification précise, il faul savoir par ailleurs ce que nous voulons lui faire dire: les mots qui l'accompagnent' une phrase, un chapitre ou même un livre entier peuvent seuls indiquer, parmi toutes ses acceptions possibles, celle qu'il convient de lui attribuer en un cas donné. (Pauthan 1897：898)

> 一个词本身不可能有一个精确的意义。这是不可避免的，此外，人们知道我们想

要用它说什么——伴随它的词语，在一句、一章甚至整本书中都可以独自表明在它所有可能的意义中，在特定情况下应该属于它的含义。

换而言之，词语是通过上下文选择了众多意义中的一个，从而解决意义的模糊性。

在《词语的意义是什么》中，波朗进一步阐述了词义的上下文和动态理论，区分了意思（sens）和意指（signification）。"意思"是模糊的、变化的和复杂的；"意指"代表词语的普遍而抽象的核心意义。（Paulhan 1928：293—294）苏联心理学家维果茨基在《思想和语言》（1934：146）中赞同波朗的观点，认为词语的意思是动态的、流动的、复杂的整体；而意指是意思中最稳定和最精确的区域。

在《语言的双重功能》中，波朗提出语言有两个功能：一是符号功能，也是语言的基本表达功能，该功能使得人们将思想或已有事实符号化；二是指示功能或暗示功能，该功能使得人们能够创造关于世界的新事实和新观念。根据运用原则，语言的指示功能比符号功能更重要。

> Le langage plutôt qu'un moyen de communiquer notre état d'âme, devient un moyen d'amener autrui à penser, à sentir et à agir selon que nous le désirons. Le mot est alors moins un signe qu'un moyen d'action interpsychologique et social. (Paulhan 1927：22)
>
> 语言，不是沟通我们精神状态的一种手段，而是一种让他人按照我们的意愿来思考、感受和行动的手段。因此，与其说词语是一种符号，不如说词语是一种心理暗示和社会行为的手段。

他更强调意义结构的主动观，即词语不代表思想，而是说话者赋予词语以意义。

> l'esprit donne un sens aux mots, et dans une certaine mesure, il crée ce sens. Le langage apporte à l'esprit non pas le signe d'une réalité, mais une occasion, une sorte de prétexte à inventer, à former des idées nouvelles. (Paulhan 1927：24)
>
> 心智赋予词语以意义，并在一定程度上创造了该意义。语言给心智带来的不是现实的符号，而是一个机遇，一种创造新想法的托词。

总之，波朗的心智和语言理论包括两部分：一是心理联想部分，通过这些解释语言的系统性；二是语言运用部分，语言系统依赖于有意图的行为，并且通过不断的变化以保持语言系统的开放性。

二、罗德特的语义变化心理分类

罗德特（L. Roudet, 1861—1931），法国语言学家、巴黎语言学会会员，深受布雷亚尔、达梅斯泰特尔、克莱达特[1]等的影响。罗德特致力于法语语音研究，著有《普通语音学原理》（*Éléments de phonétique générale*, 1910）。语义学方面的论著有《对语义变化的心理分类》（*Sur la classification psychologique des changements sémantiques*, 1921）和《语素与语义》（*Morphèmes et sémantèmes*, 1928）等。其主要观点有语义演变不可避免、语义演变涉及两种联想形式、语义演变源于语言系统与观念系统的相互作用。

在《对语义变化的心理分类》中，罗德特指出语言演变始于说话，并通过模仿加以传播。从长远来看，语言演变可能改变语言系统。人们的说话是"努力表达的过程"，要将含蓄的想法转为语言表达，能否成功取决于匹配模式的适合性。一方面，我们通过组合关系和聚合关系的联想，构成一系列的词语形象或语言系统，即词语或句子的表象；另一方面，我们通过相似性和相关性联想，形成客体形象或观念系统，即交际需要或观念等。语言系统的发展总是落后于观念系统的发展，为了准确表达观念，语言就会不断变化，由此导致不可避免的语义演变。

> Le système des mots et le système des idées sont interdépendants; toute image verbale de mot ou de syntagme est associée à une idée, mais la réciproque n'est pas toujours vraie. C'est pourquoi, bien souvent, l'effort d'expression aboutit non pas au simple rappel d'un mot, mais à un emprunt, une création nouvelle, ou à un changement sémantique. (Roudet 1921: 688—689)
>
> 词语系统和观念系统相互依存，词或短语的每个言语表象都与一个观念联系在一起，但是，反之不一定正确。这就是为什么表达的努力常常并非词语的简单回忆，而是以借用、新的创造或语义演变为结果的原因。

在"表达的努力"过程中，说话者有四个选择：1. 记住合适的词语；2. 借用外源词；3. 通过构词法形成新词；4. 改变词语的意义。（Roudet 1921：639）对第四个选项，罗德特则提出：什么是语义创新的心理条件？他的解答就是存在两个系统，即语言系统和观念系统，语义演变源于一个系统对另一系统的作用。

罗德特不赞成克莱达特（1895）将语义演变分为扩展、限制、隐喻和转喻，他认为扩

---

[1] 克莱达特（Léon Clédat, 1851—1930），《法兰西和普罗旺斯语言学评论》的编辑，他在该杂志发表的《法语词义的派生定律》（*laws of sense derivation in French*, 1895），区分了语义变化的扩展、限制、逻辑联系（转喻）和比照（隐喻）四种类型。

展和限制是基于逻辑标准；而隐喻和转喻是基于心理标准，所以这种分类是不同质的。罗德特提出，语义演变涉及两种联想形式：一是在观念之间的心理联想，其基于通常的相似性和毗邻性；二是语言形式的联想，也称为横向组合关系和纵向聚合关系。这两种联想形式也是该专著的理论基础。

> Ou bien l'idée s'exprime par un mot signifiant une autre idée associée à la première par contiguité ou par ressemblance. Dans ce cas, le mot glisse d'une signification à l'autre.
>
> Ou bien l'idee signifiée par un mot passe à un autre mot assccié au premier par des rapports syntagmatiques ou associatifs. Ici, c'est la signification qui glisse d'un mot à l'autre. (Roudet 1921：689)

> 或者，首次通过毗邻性或相似性联系，该观念可用表示另一个观念的词来表达。在这种情况下，该词就会从这一含义滑向另一含义。
>
> 或者，首次通过组合关系或联想关系，该观念的意指传递给与该词相关联的另一个词。在这里，其含义也会从一个词滑向另一个词。

此外，罗德特还提出人类语言与动物语言的不同之处，主要表现在两方面："语言符号具有可组合性"，"语言符号具有可扩展性"。（Roudet 1921：676）心理语言学应该试图解释词语是如何组合以及扩展的，必须包括句子理论和语义理论。（Roudet 1921：677）总之，这一时期的心理语义学研究主要围绕四方面展开，即语言与心智的关系，符号、语义和功能的关系，语言系统与观念系统的关系，语义演变与心智发展的关系。波朗对意思和意指的区分，为苏联心理学家维果茨基所接受。罗德特关于语义变化的心理分类，后来成为乌尔曼语义演变分类的基础。

第三节　格拉塞列的完整语义学探索

格拉塞列（R. de La Grasserie，1839—1914）是一名律师，但是他对语言学感兴趣，尤其注重语义学研究，其语义学思想受布雷亚尔、查维和奥夫拉克等学者的影响。格拉塞列的语义学论著代表作有《交替的话语揭示观念的运动》（*Des mouvements alternants des idées révélés par les mots*, 1899）和《语义学的完整探索》（*Essai d'une sémantique intégrale*, 1908）等。

一、语义学的基本观点

格拉塞列的研究主要涉及三个主题：1. 在不同语言如印欧语和非印欧语比较的基础上，试图探索语言类型学；2. 尝试阐述"主观性语言"的心理理论；3. 在语义演变分类及语义学研究中涉及语言的社会维度，并强调共时语义学的社会研究方法。

在理想化的语言世界里，词语和观念之间存在严格的对应关系，但是这种理想化的状态在语言中从未真正实现过，实际上存在许多多义现象。格拉塞列写道：

> Nous avons vu qu'elle étudie aussi les moyens qui ont été employés pour trouver pour chaque idée un mot non seulement unique, mais adéquat, établissant autant que possible, entre les mots, la même distance qu'entre les idées. C'est l'expression synchronique.
>
> La sémantique statique étudie ensuite les obstacles que l'homophonie vient apporter sans cesse aux efforts faits pour exprimer chaque idée par un mot distinct et les moyens de dissiper cette homophonie. (Grasserie 1899：9)

> 我们已经注意到，这种研究方法也被用来寻找每个观念的词，这个词不仅是独特的，而且是合适的，从而尽可能地在词语之间建立与观念之间的相同距离。这就是共时表达研究。
>
> 此外，静态语义学研究同音异义现象，即在用一个独特的词努力表达每个观念时经常造成的障碍以及消除这种同音异义的方法。

在《语义学的完整探索》中，格拉塞列用图示（Grasserie 1908：30）表示词语和观念之间的关系（见图5-1）。

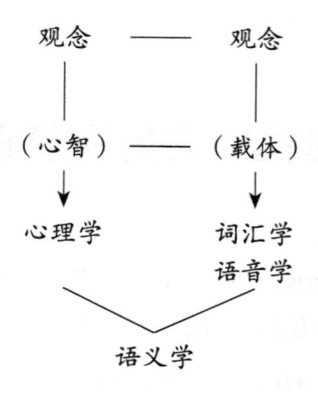

```
    观念 ———— 观念
     │         │
     │         │
   （心智）——（载体）
     │         │
     ↓         ↓
   心理学    词汇学
             语音学
      \      /
       \    /
        语义学
```

图5-1　格拉塞列的词语和观念关系

基于词语和观念的区分，格拉塞列对语义学的研究内容是这样界定的：

> La sémantique considère l'idée en tant qu'expressible et le mot en tant que *significatif*, en d'autres termes, elle s'occupe, non des mots en eux-mêmes, ni des idées en euxmêmes, mais du lien entre eux. (Grasserie 1908：30)

语义学把观念视为可表达的，把词语视为有意义的。换而言之，语义学既不关注词语本身，也不关注观念本身，而是关注两者之间的联系。

由此可见，格拉塞列认为观念与心理学相关，词语与词汇学和语音学相关。语义学研究两者，即观念的表达与词语的意义之间的联系。

二、动态语义学、静态语义学和比较语义学

《语义学的完整探索》分为四部分：第一部分，语义学的一般基础知识、定义、领域和分支；词和观念（Générale et préliminaire, définition, domaine et divisions de la sémantique; du mot et de l'idée.）。第二部分，动态语义学，语义运动的方向、延伸、手段和影响因素（Sémantique dynamique, direction du mouvement sémantique, son extension, ses moyens et ses facteurs）。第三部分，静态语义学，它的原则，它的分类（Sémantique statique, ses principes, ses divisions）。第四部分，比较语义学（Sémantique comparée）。

显然易见，格拉塞列的突出贡献是划分了语义学的三个分支——动态语义学、静态语义学和比较语义学。

> Telle sera la division dominante de notre sujet: sémantique dynamique, sémantique statique, sémantique comparée.
>
> Nous commencerons par la dynamique, quoique l'ordre logique semble devoir plutôt appeler la statique. C'est parce que, fait singulier, c'est la sémantique dynamique qui a été l'objet de travaux plus nombreux, et qui fut plutôt considérée jusqu'à ce jour comme la sémantique proprement dite. Elle participe de la faveur dont jouit partout l'étude de l'évolution. On y perçoit d'ailleurs, ce qui est fort intéressant, les modifications successives du sens d'un même mot à travers l'histoire, et toute la filiation des idées dans la mentalité y est, par là même, contenue, nous aurons à y étudier successivement la direction du mouvement sémantique, l'extension de ce mouvement, les moyens qu'il emploie. Le chapitre le plus intéressant concernera les facteurs de l'évolution sémantique, ils sont fort nombreux et d'importance inégale, s'enchevêtrant les uns dans les autres, et formant un réseau psychologique fort complexe, nous les avons dégagés des phénomènes eux-mêmes et réunis,

en en indiquant l'influence historique.

La sémantique statique forme une autre partie plus étendue. Ici nous n'avions pas, dans les travaux antérieurs, de guides pour l'ensemble, et notre synthèse est plus nouvelle, quoiqu'il existe d'estimables ouvrages sur tel ou tel point. (Grasserie 1908：2)

我们的研究主题主要分为动态语义学、静态语义学和比较语义学。

虽然按照逻辑顺序似乎应从静态语义学开始，但是我们将从动态语义学开始。其原因是，令人奇怪的，动态语义学已经成为更多论著的主题，并且迄今甚至还被视为合适的语义学。凭借演变研究，动态语义学处处受到青睐。此外，我们感觉到，非常有趣的是，同一个词在历史上的意义连续发生变化，心智中所有观念的谱系关系都包含在其中。因此，我们必须依次研究语义运动的方向、这种运动的延伸，以及它所采用的手段。最有趣的一章将涉及语义演变因素研究，它们种类繁多且重要性不等，彼此相互交叠，形成一张非常复杂的心理网络。我们将从现象中获得这些因素，将它们聚集在一起，并且揭示其历史影响。

另一个更广泛的部分是静态语义学。在这里，我们以前的作品中没有整体性指南，尽管有些作品在这点或那点上具有价值，但是我们的综合研究更加新颖。

在动态语义学研究中，格拉塞列胪列的语义演变的影响因素有：1.类推，2.出于思想明晰需要的微殊，3.词中的观念积滞，4.毗邻词语的影响，5.原本有区别的词义之间的混淆，6.词语借用，7.俚语，8.行业语，9.观念的衰退，10.文学、艺术与宗教的影响，11.词源混淆，12.出于两极分化的天性，13.语义重心，14.出于省力的天性，15.迷信，16.出于强调的天性，17.女性的影响等。这些因素庞杂，将语言的内部现象、心理需要、驱动力和社会影响混在一起。即使有一些很好的见解，也被淹没在因素胪列之中。在静态语义学研究中，格拉塞列的论述涉及同音异义、同义词、一词多义和一物多名等。正是这些共时现象，使语言不可能实现"权利平等"的稳态，从而成为语义演变的持续动力。

同年，瑞士语言哲学家马蒂（A. Marty, 1847—1914）在《普通语法基础与语言哲学研究》（*Untersuchungen zur Grundlegung der allgemeinen Grammatik und Sprachphilosophie*）中划分了描写语义学（deskriptive Semasiologie）和遗传语义学（genetische Semasiologie），后者相当于历史语义学。

在第四章"总体描写语义学的任务和可能性"的第十七节"语言理论哲学的首要部分是总体语义学"（51—52页）中，马蒂提出"总体语义学"（allgemeine Semasiologie）或"普通语义学"。接着在第十八节"遗传和描写问题的分离"（52—53页）中写道：

Die Semasiologie nun, der hier allein unser näheres Interesse gehört, scheiden wir naturgemäß in einen *deskriptiven* und *genetischen* Teil und es bedarf keiner besonderen Bemerkung mehr, daß die Grundsätze richtiger wissenschaftlicher Methodik fordern, die deskriptiven Fragen im allgemeinen von den genetischen zu trennen und ihre Lösung nur soweit miteinander zu verbinden, als die eine für die andere eine Hilfe und Vorarbeit liefert. In andern Zweigen des Wissens ist eine solche Trennung der *deskriptiven* und *genetischen* Untersuchungen teils bereits durchgedrungen (ich erinnere an die Zweiteilung der Geologie in Geognosie und Geologie im engeren Sinne, der Biologie in Anatomie und Physiologie usw.), teils in der Durchführung begriffen. (Marty 1908：52)

我们仅对语义学的进一步分类感兴趣，我们自然而然地将其分为描写部分和遗传部分，并且不需要特别说明这些原则需要适合的科学方法，只是将描写问题从遗传问题中分离出来，目前只给出解决方案，以便为对方提供帮助和准备。在其他学科的分支中，描写研究和遗传研究的区分已经部分通过（我想起地质学分为地质构造学和狭义地质学，生物学分为解剖学和生理学等），并且有部分已经在实施之中。

然后，马蒂进一步展开论述：第十九节是"总体描写意义原则的任务"（53—60页），第二十二节是"总体语义学领域的研究落后状态"（67—70页），第二十九节是"忽视总体语义学的可能原因"（91—93页）等。马蒂早年在巴伐利亚王国（1871年并入德国）的维尔茨堡大学求学，1865—1866年成为德国哲学家布伦塔诺（Franz Brentano, 1838—1917）的学生。马蒂说明其这一区分模仿地质学和生物学，但也有可能受保罗①的影响。

尽管格拉塞列在语言学领域成果丰硕，但却没有被当时语言学界认可，并很快被遗忘。格拉塞列赞同查维和奥夫拉克的观点，这可能使巴黎语言学排斥"业余爱好者"格拉塞列。然而，格拉塞列区分静态语义学和动态语义学，辨析语言演变中的主观因素和社会因素，这些都促进了语义学研究的进程。

此外值得一提的是，1903年，奥地利心理学家、语言学家、莱比锡大学教授狄特利希（O. Dittrich,1865—1951）在《语言心理学基础》（*Grundzüge der Sprachpsychologi*）第一卷导论中提出了共时语法和继时语法。

Wir könnten es uns nun (vgl. § 84) daran genügen lassen, diesen Hauptdisziplinen ihre Stelle im System der Sprachwissenschaft angewiesen zu haben, ohne in deren inneres

---

① 保罗《语言史原理》第一章中区分了"历史语法"（historische grammatik）和"描写语法"（descriptive gramniatik）："历史语法从过去仅为描写的语法中浮现出来"，而"描写语法列出某一时间通常语言组合中的语法形式和关系"（1886：21—22）。

Gefüge programmatisch einzugreifen; aber gewisse Beziehungen der Sprachgeschichte zu den übrigen von uns behaupteten notwendigen Teilen der Sprachwissenschaft lassen uns doch als wünschenswert erscheinen, hier wenigstens die nächsten *Unterteilungsgründe und* darauf ruhenden *Unterdisziplinen der Sprachgeschichte* anzugeben, wie wir sie als notwendig erachten. Was die ersteren betrifft, halten wir es für unumgänglich, das Zugleich—bezw. Nacheinanderdasein der Erscheinungen an bestimmtem Ort (Syn—bezw. Metachronismus) sowie die Selbständigkeit bezw. Abhängigkeit (Auto—bezw. Heteronomie) der Gesamtheit der historischen Erscheinungen durchgängig zu unterscheiden. Wir gelangen so durch synchronie tische Behandlung der als autonom angesehenen Erscheinungen zu Querdurchschnitten der Einzelsprachen und Sprachgruppen, deren Darstellung in Form der "descriptiven" Grammatik, Stilistik, Rhetorik, Poetik, Metrik, Prosodik sowie des ebensolchen Wörterbuchs der in einer gewissen Zeitschicht fixiert gedachten Einzelsprachen und Sprachgruppen (Grammatik der deutschen Sprache am Ende des 19. Jahrhunderts, usw.) allgemein bekannt, aber bezüglich ihres systematischen Charakters als historische Grammatik usw. derzeit wohl ebenso allgemein verkannt ist, und zwar, weil man (reference to Paul, Prinzipien, 29) gewöhnlich nur die metachronistische Grammatik usw., die im Gegensatz zu der synchronistischen in der Darstellung von Längsdurchschnitten der Einzelsprachen und Sprachgruppen besteht, als historische Grammatik usw. ansieht. (Dittrich, 1903: 50—51)

我们现在（参见§84）可以满意地将这些主要学科分到语言学系统中的相应位置，而无须对其内部结构进行程序化干预。但语言学史与我们认为的语言学其他必要部分之间的特定关系，使得我们有必要，至少说明细分理由和基于语言史分支学科是可取的。就前者而言，我们认为不可避免，不但要区分特定地点同时存在或连续存在（同时性或继时性）的现象，而且要区分整个历史现象的自主性或依存性（自治性或他律性）。用这种方式，通过对被视为自治现象的共时化处理，我们获得了各个语言和语群的横截面。其表现形式为"描述性"的语法、文体、修辞、诗学、韵律学、作诗法，以及固定在特定时期层面的各语言和语族（19世纪末的德语语法等）众所周知的同类词典中。但是这些目前恰恰被笼统地误解为历史语法等的系统特征，也就是因为人们（参见保罗《原理》，29页）通常只考虑继时语法等的运用。而与共时语法相反，继时语法包括各个语言和语族的纵向平均值表示，正如我所理解的历史语法等。

从博杜恩（1971）到保罗（1880）、狄特利希（1903），再到格拉塞列、马蒂（1908），语言的静态（共时）和动态（历时）二分逐步成为语言学界的共识。

三、首次为社会语言学命名

作为第二代社会语言学的代表人物，1909年，格拉塞列在德语期刊《社会学月刊》（*Monatsschrift für Soziologie*）上发表《论语言社会学》（*De la sociologie linguistique*），首次使用"语言社会学"这一术语或为这门学科命名。在引言中，格拉塞列就社会和语言之间的相互作用概述了语言社会学框架。

en dehors et à côtè de cette sociologie globale et générale, il y en a beaucoup d'autres partiaires et spéciales, et dans lesquelles la société humaine n'est considérée que sous un seul de ses aspects lesquels sont fort nombreux: sociologie réligieuse, par exemple, ou politique, ou économique, ou civile, ou criminologique.

D'autre part, le langage est un des phénomènes humains qui ont le plus d'importance, et qui sont les plus propres à dévoiler le caractère ethnique en psychologie, quoiqu'à ce point de vue on l'ait encore peu étudié; c'est lui aussi qui donne, dans une certaine et suivant nous dans une très forte mesure, l'expression de l'état et des idées sociales, si bien qu'il existe à coup sûr, à côté des autres sociologies partiaires, une sociologie linguistique. C'est eile que rapidement nous voudrions mettre en lumière dans la présente petite étude.

Nous examinerons successivement les actions et les réactions réciproques de la société et du langage et par conséquent des sciences qui les ont pour objet: la sociologie et la linguistique, et nous esquisserons ainsi l'ossature d'une sociologie linguistique. Action et réaction, en effet! Car la langage est à la fois l'expression de l'etat sociologique et à son tour un des facteurs de cet état. (Grasserie 1909：725)

在这种总体性和一般性的社会学之外，还有许多其他局部的和特殊的社会学，仅从某一方面来考虑人类社会的，包括很多不同的方面：如宗教社会学，或政治社会学、经济社会学、民间社会学以及犯罪社会学。

除此之外，语言是最重要的人类现象之一，最适合揭示民族的心理特性，尽管这一角度的研究尚未大量展开。同样，语言在一定程度上非常坚定地伴随我们，表达国家和社会的观念。因此，与其他特殊社会学一样，理所当然有一门语言社会学。

我们将依次研究社会和语言的相互作用和反作用，并由此考察以其为目标的科学：社会学和语言学，从而概述语言社会学框架。作用和反作用，确实如此！语言是社会状态的表现，而语言又是这种状态的因素之一。

格拉塞列把语言社会学视为民族社会学的重要分支，强调语言本质上是社会的。

> La sociologie linguistique est donc toute une branche importante de la sociologie intérethnique par ce fait seul que la conservation, la disparition, la résurrection d'une langue sont d'im- portants facteurs sociaux et en même temps en ce que ce sont des signes sociaux d'une extrême importance aussi. (Grasserie 1909：728)

> 因此，语言社会学是民族社会学的重要分支。仅此原因，语言的保护、消亡、复兴都是重要的社会因素，同时语言又是极其重要的社会标志。

> Or en tout cela il s'agit au plus haut point de sociologie, puis qu'il s'agit des classes qui en sont un des plus importants facteurs. Le langage est donc essentiellement sociologique de ce côté encore, et l'étudier à cet égard est faire étude de sociologie, de sociologie spéciale, de sociologie linguistique. (Grasserie 1909：733)

> 但是在这一切中，社会学处于最高点，那么阶层是最重要的因素。因此，语言本质上是社会的，在这方面进行研究就是研究社会学、特殊社会学和语言社会学。

格拉塞列最后提出，语言社会学不受重视的原因是身兼语言学家和社会学家的罕见。

> Teiles seraient, suivant nous, les lignes, principales, les traits les plus apparents de la sociologie linguistique, nous avons seulement voulu rendre sensible son existence à peine apercue, peut-être parce que les linguistes sont rarement des sociologues, et les sociologues rarement des linguistes, peut-être aussi parce que les sciences intermédiaires et mixtes entre deux autres jouissent d'une moins grande faveur ! Tout cela forme d'ailleurs des raisons pure- ment subjectives de cette négligence. L'importance de cette branche de la sociologique n'en est pas moins des plus grandes et des plus utiles à signaler. (Grasserie 1909：744)

> 据我们的思考，这些是语言社会学的主要思路和贤明特征，仅仅想希望它能悄然存在。也许因为语言学家中难得有社会学家，而社会学家中也罕见语言学家，也许还因为两个学科之间的中介和交叉科学很少受到青睐！而这一切构成了对之疏忽的纯粹主观原因。作为社会学一个分支的重要性，仍然缺少大规模且最有效的报道。

此前，格拉塞列出版《从社会学视角比较宗教》（1899），关注社会学与宗教学的联系。由此进一步关注社会学、民族学和语言学的关系。

第四节　卡努瓦的语义变化类型研究

卡努瓦（A. J. Carnoy, 1878—1961），比利时（瓦隆法语区）语言学家和政治家。1901年获罗曼语语言学博士学位，1902年获古典语言学博士学位。此后任鲁汶大学语言学教授、文学院和东方学研究所教授，讲授希腊语、印欧比较语言学和神话学、梵语和伊朗语等。1915—1918年先后在美国宾夕法尼亚大学、加州大学伯克利分校任教。1927—1929年任比利时内政部长。1930年起成为皇家佛兰芒语言文学院成员，1940年任院长。

卡努瓦的《词语的科学：语义论》（*La science du mot: Traité de sémantique*, 1927），将社会语义学和心理语义学方法相结合。对新旧语义学研究的融合有着极其精彩的论述，充满了别出心裁或晦涩难懂的巴洛克风格的术语。卡努瓦首先区分了语义演变的元因素（métasémie évolutive）和替换的元因素（métasémie substitutive）。这种做法来自冯特对有规则语义变化和无规则语义变化的区别。前者是在语言社群中，逐渐发生的集体无意识变化；后者是社群成员在语言使用中，突发的个体有意识的替换变化。卡努瓦着重讨论了后一类。语言使用个体的这种有意识行为，是为了找到比平常词语更富有表达力、更能体现其思想情感的词语。正是在此意义上，这种现象被卡努瓦称为"替换变化"。

一、语义变化的三种类型

语义变化的第一类：单纯的元因素（métasémie simple）引起的变化，包括扩展因素（ecsémie）、限制因素（prossémie）、相关因素（périsémie）、借代因素（aposémie）和两栖因素（amphisémie）。卡努瓦提出的扩展因素相当于语义泛化，限制因素相当于语义特化，相关因素、借代因素和两栖因素与转喻的不同类型对应。在相关因素情况下，来源概念和目标概念之间仅是联想关系，例如，法语的bourse（钱包）用于指钱包里的钱。在借代因素情况下，这种联系是隶属—产地关系，正如原因—结果或材料—产品中的转喻一样。两栖因素指涉及行为—专长者的转喻。例如，法语的circulation不仅指交通行为或过程，而且指参与交通者及其交通工具的总和。再如英语的authority，不仅指某一领域的专门知识和权威性，而且指拥有这种专门知识和权威的人。卡努瓦还提出元向心因素（métendosémie）。例如，法语的plume最初指羽毛，但后来像英语的pen那样，成了表示使用墨水书写的工具（鹅毛笔）。与常规转喻不同，此类例子主要是视角变化导致的指称改变。用于书写的羽毛本来是"羽毛"，换个视角，也可以认为是"书写工具"。

语义变化的第二类：复杂的元因素（métasémie complexe）引起的变化，可以分为异化（异义关系）、同化（同义关系）、感染（搭配关系）三种影响方式。当某一词语的意义与另一词语的意义形成对立时，就出现了语义异化。语义异化源于趋异因素（antisémie），如法语的frêle和fragile，通过不同历史途径，都来自拉丁语的fragilis（会破的、易碎的），但是本义如今只有fragile包含，而frêle包含的却是其派生义"微薄的、脆弱的"。语义同化源于趋同因素（homosémie），指已经部分相似的词语变得更加相似。语义感染源于搭配因素（sysémie），指经常搭配的词语，其意义之间彼此影响而导致词义变化。例如，英语的premises（营业场所），通过对拉丁语praemissas mansiones的再分析，才发现其本义是"某处的建筑物和土地"。

语义变化的第三类：替换的元因素（métasémie substitutive）引起的变化，包括新颖的历时因素（diasémie évocative）、评价的历时因素（diasémie appréciative）、量性的历时因素（diasémie quantitative），都是基于以历时因素的替换形成某种新的表达效果。新颖的变化意在引发看待事物的新态度，评价的变化是附加一定的情感，而量性的变化为了强化或弱化表达的程度。实际上，评价的历时因素包括委婉和粗直这些传统类别；量性的历时因素包括夸张和敛缩这些传统类别。

新颖的历时因素包括三个次类：元扩展因素（métecsémie）、附属因素（épisémie）、对位因素（parasémie）。其中最重要的是元扩展因素，也就是隐喻。在附属因素中，从需要命名概念的特性中形成新的表达式。例如，当法语的le vert（绿的）指酒精饮料苦艾酒时，该制作物的唯一特征就被选作该名称的表达主旨。在对位因素中，来源概念与目标概念的认知域相同，同类的某个概念可以替代常用的那个词。比如，用fabriquer（制造）替换faire（做）。有意识的替换变化机制与无意识的自发变化机制有所类似。例如，从传统的观点来看，也许可以把像le vert之类的例子认为是转喻，而fabriquer之类的例子似乎是泛化的结果。实际上，所有的隐喻都是有意识挑选出来的某一表达式，这些形式都是为了活跃词语的使用，或者唤起新颖感。[1]

二、两种语义变化系统的对比

比利时学者卡努瓦（1927）的语义学研究属于法国传统，瑞典学者斯特恩（1931）的语义学研究属于德国传统，他们的语义变化分类代表了传统语义学的最高成就。两者分类原理的主要差异：是否强制划分语言内部原因所形成的变化与语言外部原因所引发的变化。除此之外，这两个分类系统的相同性大于差异性，而且都提供了丰富的例证。吉拉兹

---

[1] 我们没有找到卡努瓦的《词语的科学：语义论》（*La science du mot: Traité de sémantique*, 1927），这部分内容参照吉拉兹的《词汇语义学理论》（*Theories of Lexical Semantics*，2010：37—39）。

（2010：36）列出的对比表如表5-1所示：

表5-1　卡努瓦和斯特恩的语义变化类型比较

卡努瓦		斯特恩	
扩展因素， 限定因素，相关因素，借代因素，两栖因素，元向心因素	演化元因素： 单纯元因素	无意识、非类比的语言变化	第五类：转移 第六类：替换 第七类：平移
趋异因素， 趋同因素， 搭配因素	演化元因素： 复杂元因素	无意识、类比的语言变化	第二类：类推 第三类：缩略
新颖的历时因素（包括元扩展因素等）， 评价的历时因素， 量性的历时因素	替换元因素： 历时因素	有意识的语言变化	第四类：命名
		由于外因引起的变化	第一类：更替

其中，卡努瓦的单纯元因素与斯特恩的无意图、非类比的语言变化大体上对应。

基于早期语义学研究文献，吉拉兹（2010：23—24）梳理了传统语义学研究的四种路径：第一种，语义变化的逻辑分类方法；第二种，语义变化的心理取向研究；第三种，基于语境的语义变化研究；第四种，命名结构研究的导入，强调词汇语义研究中的命名视角的重要性。命名学和语义学既存在联系，也存在区别。瑞士语言学家巴尔丁格（K. Baldinger, 1919—2007）曾经指出：语义学只是关注孤立的词语及其意义的呈现方式，而命名学则研究一个特定概念的不同名称。（Baldinger 1980：278）可以认为，语义学立足于作为形式的词语，描绘该词语可能包含的意义；而命名学立足于反映事物的概念，探究这个概念通过何种名称来指称。两者的视角正好相对：语义学从形式出发，考虑其意义；命名学从概念出发，考虑其名称。

"命名学"（Onomasiology）这一术语是奥地利语言学家祖纳（A. Zauner, 1870—1940）在《罗曼语的身体部位名称：命名研究》（*Die romanischen Namen der Körperteile: eine onomasiologische Studie*, 1903）中提出的，但是并不意味着以往传统中缺少这方面的研究。从历时观点来看，命名研究就是探究词语的发生机制。所有引入新词的命名机制，都是词语发生学的研究内容，如构词法、造词法、借词法、混合法、截取法、缩略法、俗词源等。一般说来，名称的变化涉及词语的变化，而不仅仅是词义变化。更重要的是，现存词语中一系列意义的扩展就是名称变化的机制之一。在此意义上，名称变化研究比语义变化研究范围更广，因为前者包含后者。

从莱斯格（1825）到斯特恩（1931），语义学家并不局限于隐喻或转喻等纯粹的语义机制研究，也注意到借词或俗词源的命名机制。只是这两种机制没有清晰划分。直到20世纪初，命名学传统在梅林格（Meringer 1909）和舒哈特（Schuchardt 1912）倡导的"词与物"研究中才形成。不论是词源的、历史的，或纯粹变异的，需要统一在词语如何表示事物的研究中。正如梅林格（1912）所言，"语义变化是物体的变化……物体变化是文化的变化"，其研究视角不是"词语意味着什么"，而是"事物是如何通过语言来命名和分类的"。这些，对方言地理学产生了重要影响。在历史语义学中，虽然命名学研究只占次要地位，但是它对词汇语义学的发展特别重要。[1]

无论卡努瓦与斯特恩各自论著的广度还是深度，似乎他们也都遇到了类似的难题——词汇语义变化在语义学视角和命名学视角之间如何权衡。把这两个视角完全分开确有难度。其中，缩略方式反映了两种视角，斯特恩举出的private soldier（与军官相对的列兵），是视为一个现存词语的意义变化合适，还是更应当说是引入一个新词呢？作为一个名词，private（士兵）在截取之前并不存在，由此完全可以说是创造了一个新词。卡努瓦和斯特恩语义变化分类中包含的两个创新（有意识变化与无意识变化的区分[2]，语言外部原因引起变化与内部原因引起变化的区分），也是由潜在的命名学思考方式所触发的。

斯特恩的第一类是更替方式，那么，在何种意义上，现实中的词语创新是语义更替的原因呢？就语义学立场而言，弓、投石器这类冷兵器，与枪炮这类热兵器之间的联系是功能相似性，没有必要另设新的范畴。同时，这种更替也从来不是现实中自发产生的，不管artillery（武器）这个旧词是否通过扩展方式而作为新的热兵器名称，都不是现实中出现热兵器的自发结果，总是语言使用者把新事物范畴化为与旧事物相似，而不是另造一个新词的结果。而这就是命名学视角的所在——尽管现实变化十分重要，但是现实变化并没有自发引起名称变化，只是出现了一个命名需求。面对这种情况，人们或者改造一个现存的词，或者创造一个新词。

与之类似，不论语义变化是有意识发生，还是无意识发生，本质上都是一个命名过程。如果有意识的变化是这样，语言使用者采用一个特别富于表现力的词，来有意识地替代另一个更常见的词，以此达到一种新奇效果，那么这一意识就主要与命名的选择过程有关，而不涉及语义变化过程。此外，有意识变化和无意识变化之间的区分，本质上是一个渐变的过程，实际上存在一个连续统。因为无法描述其渐变过程的不同梯度，所以历史语言学家就会遇到实证上的困难。这不仅关系到如何确定在这个渐变过程的什么点上发生变

---

[1] 这部分内容参阅吉拉兹的《词汇语义学理论》（*Theories of Lexical Semantics*，2010：23—24）。
[2] 命名方式是有意识变化过程，转移方式是无意识变化过程。

化，而且关系到如何确定，在什么点上划清有意识与无意识的界限。由此可见，对有意识变化和无意识变化的区分，务必持有一定的保留态度。反过来说，在命名的基本层面上，却存在命名学视角如何导入语义学的语义变化分类问题。①

综上所述，从19世纪中期到20世纪上半叶，法国传统语义学主要经历了三个阶段：第一个阶段，以查维为代表，基于词汇观念学、自然家族理论的词语意义研究；第二个阶段，以布雷亚尔为代表，基于人类心智观和语言进步观，研究语义演变的途径及其心智规律，促使其转向理解语义学研究；第三个阶段，以梅耶为代表，引进社会学理论方法；以波朗为代表，引进心理学理论方法。此后，卡努瓦综合法国社会语义学方法（梅耶）和德国心理语义学方法（冯特），提出新的语义变化学说。就像魏斯格贝尔的文章（1927）宣告了德国传统语义学的终结一样，卡努瓦的著作（1927）也宣告了法国传统语义学的谢幕。有趣的是，法国（或法语）传统语义学，从查维（1849）开始，到卡努瓦（1927）告一段落，他们都是比利时瓦隆法语区人。

表5-2 法国语义学沿革一览表

	作者	著作	主要观点	传承或身份
学术背景	吉拉德（A. G. Girard, 1677—1748）	《法语的准确性，或通过作为同义词的单词的不同含义》（1718）	法国第一部同义词研究专著。	法国文法学家。
	杜马尔赛（C. C. Dumarsais, 1676—1756）	《可在同一语言中举出同一单词的比喻或不同含义》（1730）；《比喻的规约》（1730）	开展同义词、比喻义和引申义研究。	法国哲学家、文法学家。
	孔狄亚克（É. B. de Condillac, 1714—1780）	《论人类知识的起源》（1746）；《感觉论》（1754）	人类观念建立在思想的相互交流之上。语言是漫长历史演化的结果。人们借助语言符号组成观念，语言符号与创制环境密切相关。为了准确表达语词，必须置身于感觉和观察事物的环境里，才可以避免由于滥用符号而引起的意义模糊。	布雷亚尔同意心智和知识的进步与语言的进步密切相关，不同意将词源作为研究词义及理解心智的工具。

---

① 这部分内容参阅吉拉兹的《词汇语义学理论》（*Theories of Lexical Semantics*，2010：39—41）。

续表

	作者	著作	主要观点	传承或身份
学术背景	特雷西（A.D. de Tracy, 1754—1836）	《观念学原理》（1801）	1. 提出观念学：研究心灵、意识和认识的发生、发展规律以及普遍原则的学说。2. 人类观念和语言的形成是自然过程，是人类大脑各种反映的产物。3. 关注与人类语言能力和其他能力（情感、记忆、判断和意志）相关的观念。	法国哲学的观念学者，把研究人类观念和语言表达的起源作为重要目的之一。
	阿克曼（P. Ackermann, 1812—1846）	《与法语及其文化形成有关事实的考订》（1840）	区分了"观念"和"词语"，把语法学分为语音学和观念学（相当于语义学）。	文献语言学家。影响了查维的研究。
形成及其发展	1. 查维（H. Chavée, 1815—1877）	《词源的哲学探索》（1843，1844）；《印欧语词汇》（1849）；《印欧语言的词汇观念》（1878）	一、学科性质：1. 语言学是"有关思想的音节生物体的科学"。2. 把词汇学分为语音或声音研究（语音学），以及观念或意义研究（观念学）。 二、自然家族理论：1. 语义变化是语言生命和词语交互作用的自然结果。2. 试图发现与简单词根对应的观念库。	受阿克曼、葆朴、施莱歇尔、孔德、伯纳德的影响。1867年创办《语言学和比较语文学杂志》。
	2. 舍瓦莱（A. d'Abel de Chevallet, 1812—1858）	《法语的起源和形成》（1853，1857）	1. 基于语义演变与观念演变相联系的语义学观点。2. 语义演变的四种类型：提喻、隐喻、转喻和替代。3. 语义演变的三个原因：生动的想象力、表达简洁的需要、在缺乏符号时需要为表征寻找符号。	法国古典学家，参考了杜马尔赛的观点。
	3. 利特雷（E. Littré, 1801—1881）	《法语词典》（1859—1872）、《法国历史语言学》（1863）、《口语病理学》（1880）	1. 为了准确表述新思想，语言随时在变化与发展。2. 主张通过对词源学研究的改进，来解释语言结构与语言演变。但在《口语病理学》中却提出，词语意义的改变是语言的畸变。	利特雷受特雷西观念体系学说和自莱伊尔地质均变论的影响。

续表

	作者	著作	主要观点	传承或身份
形成及其发展	4. 布雷亚尔（M. Bréal, 1832—1915）	《词语的形式和功能》（1866）；《语言的潜在观念》（1868）；《海格力斯和凯克斯》（1863）；《语言科学》（1879）；《词语的历史（而非生命）》（1887）；《语言的心智规律：语义学简述》（1883）；《语义学探索》（1897）	一、人类主体论和语言进步观：1. 反对将语言视为有机体，坚持语言是人类思想的创造。试图通过心智和意志阐释语言的发展。2. 语言演变不是衰退，而是获得新发展。3. 语义学研究语言如何服务于人类交际与理解，不仅包括词语研究，而且包括形态和句法的语义研究。二、观念、意义和表达：1. 语言不是思想的精确复制。词语的形式和意义不必完全相符，形式追随功能。2. 语言能够相互理解的条件是听者与说者扮演同样重要的角色。3. 词义不仅是由词语的历史来源决定，而且是由历史上的发展历程所决定。4. 语言表达中的"潜在观念"，就是新思想表达的调节手段。三、语言的主观因素和理解：1. 主观因素对命令或祈使语气表达有着强烈影响。2. 要理解对方的话语行为，听者不仅要用意义来填补语句的不足，也要考虑说者的声音、手势和态度。3. 代词是语言中的典型主观因素的古老元素。四、语义演变的手段：1. 不仅应重视形式研究，更应重视语言功能研究。2. 一词多义是人类心智和社会进步的标志，它表明意义不从属于形式，只有意义才是语言进化中的真正力量。五、语义演变的心智规律：1. 语义演变研究的必要条件是承认词源义的遗忘。2. 意志在语言变化中很重要。3. 心智规律源于特定的心智取向，以及从历史进步中获得的整合。	受德国莱斯格、葆朴、洪堡特、波特和库尔提乌斯的影响。受法国孔狄亚克、丹纳、利特雷、达梅斯泰特尔的影响。受英国语言学家赛斯的影响。哲学上受叔本华意志论的影响。
	5. 帕利斯（G. Paris, 1839—1903）	《对施莱歇尔（1868）的书评》（1868）；《词的生命——对达梅斯泰特尔（1887）的书评》1887）	1. 语言具有社会功能，只能视为合作的产物。2. 用语义演变的现实主义的和人文主义的概念，终结词语生命的神话。3. 新意义的产生源于创始者的个体意图，但是必须在听者能接受新意义的条件下产生。	受布雷亚尔、魏格纳的影响。

续表

	作者	著作	主要观点	传承或身份
形成及其发展	6．波朗（F. Paulhan, 1856—1931）	《内部语言和思想》（1886）；《心理双关语》（1897）；《语言的双重功能》（1927）；《词语的意义是什么》（1928）	一、基本观点：心智和语言理论包括两部分：一是联想部分，通过这一部分解释系统性；一是实用部分，依赖于有意图的行为并通过不断变化和修正保持系统的开放性。二、心智概念：1. 心智含有多个子系统。相似性和毗邻性元素根据联想构成子系统。2. 语言是心智的核心子系统，其元素的意义不是由其所指的客体或概念构成，而是以某种方式对它们采取行动或做出反应的趋势构成。三、符号、语义、功能：1. 词语不仅是符号，也是在某种情况下激起反应或行为的刺激物。2. 孤立的词语只有模糊的多义，在上下文中才能获得确切意义。3. 区分意思（sens）和意指（signification）。4. 语言有两个功能：符号功能和指示功能。	受布雷亚尔、达梅斯泰特尔、哈维特、塔尔德等的影响。影响了梅耶、维果茨基等。
	7．达梅斯泰特尔（A. Darmesteter, 1846—1888）	英文版《作为观念符号的词语的生命》（1886）；法文版《词语的生命及其意义研究》（1887）	一、语言有机体：1. 语言是自然有机体，既有生理特性，也有心理特性。2. 语言学要探索形态、句法和语义演变的心理规律。3. 词语消亡是生存竞争的结果。二、语义演变的原因和规律：1. 语言总是滞后于思想，所以语言一定变化。2. 语义演变的原因是意义的扩大或缩小。3. 区分语义变化的客观和主观原因。4. 语义演变的规律就是修辞手法。隐喻和转喻是语义变化的最重要过程，其关键是词源义的遗忘。	受到三方面的影响：首先是施莱歇尔的自然主义，其次是利特雷、布雷亚尔、辉特尼的观点，此外还吸收了莱曼的观点。
	8．亨利（V. Henry, 1850—1907）	《对达梅斯泰特尔（1887）的书评》（1887）、《对勒尼奥（1888）的书评》（1888）、《二律背反的语言学》（1896）	1. "语言的生命"不仅似是而非，而且自相矛盾。2. "心智的生命"是连续不断的语言，是词语的存在与消亡。	受帕利斯、布雷亚尔等的影响。
	9．斯维德琉斯（C. Svedelius, 1861—1951）	《语义学研究》（1891）	一、语义学的性质：1. 语义学是以词语意义演变为研究对象的科学。2. 语义学研究包括演变模式和演变原因研究。二、语义演变原因：1. 演变原因要到运用语言的人类心理中去寻找。2. 演变原因的类型：客观或外部的原因；主观或内部的原因。其区别在于涉及的自觉意识程度不同。	30岁时来到巴黎，接触到法国的许多语言学家。其著作反响几无。直到20世纪30年代，其研究成果才受到布拉格学派的关注。

续表

	作者	著作	主要观点	传承或身份
形成及其发展	10.梅耶（A. Meillet, 1866—1936）	《语言的规律；I.语音规律；II.类比规律》（1893）；《词语如何改变了意思》（1921）	一、社会视角的演变观：1.语言是社会事实，试图研究语言和社会、语言结构和社会结构、语言变化和社会变革的共变模式。2.语义演变是社会变化中的正常结果，是在语言的社会群体动态结构中，尤其是在其异质性中的变化结果。3.重要的不是表达意义的个体努力，而是塑造语言系统或语言结构的社会趋势。 二、语义演变研究的三方面：1.词语和词语的关系；2.词语和对象的关系；3.词语和说者的关系。 三、意义和理解：1.多义词不会对听者带来麻烦，语境使得听者直接领悟说者的意图。2.意义的限定或扩展与使用频率有关。3.意义的转变，有可能由于年轻一代将隐喻或转喻义误解为词语的主要意义。	师从布雷亚尔、达梅斯泰特尔、索绪尔，受杜尔凯姆、奥斯特霍夫等的影响，开创了法国社会语义学传统。
	11.格拉塞列（R. de La Grasserie, 1839—1914）	《交替的话语揭示观念的运动》（1899）；《语义学的完整探索》（1908）	一、基本观点：1.阐述了"主观性语言"的语言心理原理，但反对布雷亚尔的研究方法。2.语义学研究词语和观念之间的联系。 二、语义学三分：静态语义学、动态语义学和比较语义学。动态语义学研究语义演变因素。静态语义学研究同音异义、同义词、一词多义和一物多名等。	受查维和奥夫拉克，布雷亚尔等的影响。首次使用"语言社会学"（1909）这一术语。
	12.查尔斯·巴利（C. Bally, 1865—1947）	《风格的准确性》（1905）；《法语的风格规约》（1909）《语言和生活》（1913）	一、风格学与语义学：风格学是描述性学科，集中研究意义演变的程序和过程。语义学是历史性学科，主要研究意义所经历的演变。提出共时语义学的社会研究法。 二、风格类型和语义演变：1.语言是表达手段的系统，具有智力维度、情感维度和社会维度。2.语义演变的两种新类型：词语或词组的情感因素可能被理智内容吸收；理智内容可能全被情感因素吸收，语言在这两个极端之间不断摆动；某一词语有规律出现的上下文，对该词义发生影响。	受布雷亚尔、梅耶、索绪尔、杜尔凯姆、德尔布鲁克、魏格纳、保罗、加德纳、柏格森等的影响。

续表

	作者	著作	主要观点	传承或身份
形成及其发展	13.尼洛普（D. K. Nyrop, 1858—1931）	《法语历史语法》（1913）第四卷中有十章论述语义学，第二章专门论述语义演变，其他各章涉及词语整体意义的现实类型，尤其是风格学和修辞学研究。	对社会论、心智论、语境论、功能论、反语源论等主要观点进行了清楚的梳理、充实了梅耶、布雷亚尔等建立的理论框架。 一、语言的社会功能：1.语言具有社会功能，即生存于社会中的人的功能。2.词语不仅有社会功能或说者的心理结构功能，而且也有词语使用的语境功能。 二、语境论和意义相对论：1.词语对语境的依赖构成意义相对论。2.词源义遗忘有利于词语的语义域扩展，也就必然引起词语与事物之间的不相称。	受到法国布雷亚尔、达梅斯泰特尔、帕利斯、梅耶的影响；受到德国埃德曼、莫根罗特、斯托克莱因、浮士勒、保罗和舒哈特的影响。
	14.罗德特（L. Roudet, 1861—1931）	《对语义变化的心理分类》（1921）；《语素与语义》（1928）	一、语言的双重性：1.强调语言系统的动态性，语言具有心理和语言的双重性。2.联想的两种形式：基于相似性和毗邻性在观念之间的心理联想；语言形式的联想也称组合和关联关系。 二、所有语言的演变都始于说话，都是通过模仿来传播。	受布雷亚尔、达梅斯泰特尔、克莱达特、波朗、柏格森等的影响。
	15.房德里耶斯（J. Vendryes, 1875—1960）	《语言：历史语言学概论》（1923）	一、词语与语境：1.词语在不同语境和不同社会群体中的使用导致其改变。2.词语的价值总是依赖并受制于使用语境。 二、词语的意义：1.在心理词库中，词语根据其语义、形态或语音的构造，被安排在所组成的家族中。2.词语的意义不是孤立地存在，而是储存于上下文中。每个词语的逻辑意义被感性或情感所环绕。3.在实际使用中，词语通过自我实现和个性特色而获得一定意义。强意义可直接获得；而弱意义处于潜在状态，只有通过与其他词语的搭配使用才显示。 三、词义对语境的依赖关系是语义演变的必要条件。语义演变的三种类型：限定、扩大和替代。	师从梅耶，承传了布雷亚尔和梅耶的研究传统。受到查尔斯·巴利的影响。在心理和社会中寻找灵感的最后一位历史比较语言学家。
	16.卡努瓦（A. J. Carnoy, 1878—1961）	《词语的科学：语义论》（1927）	语义变化的三大类型：第一类单纯的元因素引起的变化，包括扩展因素、限制因素、相关因素、借代因素和两栖因素；第二类复杂的元因素引起的变化，包括趋异因素、趋同因素、搭配因素；第三类替换的元因素引起的替换变化，包括新颖的历时因素、评价的历时因素、量性的历时因素。	综合了法国社会语义学方法和德国心理语义学方法，提出了新的语义变化学说，宣告了法国传统语义学的终结。

第六章

英国传统的语义学研究

19世纪英国学界关于意义研究的学科，其名称主要有三种：符意学、语意学和符义学，由此反映了英国学者对意义研究的多旨趣和多角度。

符意学（Sematology），源于17世纪的英国哲学研究，由洛克在《人类理解论》（*An Essay Concerning Human Understanding*, 1690）第四卷中提出。此后，图克、斯图尔特在对语言问题的哲学探讨中涉及语言符号意义的研究。19世纪40年代，斯马特将其发扬光大，提出影响深远的"意义语境论"。

语意学（Semasiology），词源来自德语的Semasiologie（Reisig 1825），曾与英国的传统符意学混称。这方面的研究起初基于英语的词典编纂与词源研究，比如约翰逊（S. Johnson, 1709—1784）的《英语词典》（*A Dictionary of the English Language*, London: Knapton, 1755）、理查森（C. Richardson, 1775—1865）的《英语新词典》（*A New Dictionary of the English Language*, London: Pickering, 1836, 1837）。受德国比较语文学的影响，19世纪下半叶形成研究意义的语文学方法，即研究语义变化的两种方式，一种体现在词源学词典的编纂研究中，另一种涉及建立普通语言学的新趋势。前者指特伦奇、穆雷的词典语义学研究，后者指赛斯的语义变化原因及其类型研究。符意学与语意学这两个术语，赛斯是交替使用的。至于20世纪早期，格里诺和基特里奇[①]、魏克利[②]、帕特里奇[③]等人的研究，主要是为德、法学者提出的语义变化类型提供更多的例子。

符义学（Significs）出现于19世纪90年代，主要基于一般符号学的背景，即韦尔比夫人倡导的符号语义学。韦尔比夫人（Victoria Lady Welby-Gregory, 1837—1912）是语言哲学家、符号哲学家，著有《意义和隐喻》（*Meaning and Metaphor*, 1893）、《意识、意味与解释》（*Sense, Meaning, and Interpretation*, 1896）、《何为意义？意值发展的研究》（*What is Meaning? Studies in the Development of Significancem*, 1903）、《符义和语言》（*Significs and Language*, 1911）等。韦尔比夫人并非从语言学或语文学的视角，而是立足于哲学、心理学和伦理学研究语义问题，主要目标并不是研究语义变化的原因和类型，而是要建立一个基于交际的符号理论。韦尔比夫人主张研究具有道德的"意义"，通过对符义学的了解

---

① 格里诺（J. B. Greenough, 1833—1901）和基特里奇（G. L. Kittredge, 1860—1941）著有《英语说话中的词语及其变化方式》（*Words and Their Ways in English Speech*, 1902）。

② 魏克利（E. Weekley, 1862—1942）著有《词语的浪漫史》（*The Romance of Words*, 1912）。

③ 帕特里奇（E. Partridge, 1894—1979）著有《世界的词语：一般语言尤其是英语和美国英语的导论》（*The World of Words: An introduction to language in general and to English and American in particular*, 1938）。

和训练,基于"语言良知"(linguistic conscience),以建立更美好、更有价值的生活。理想化语言的意义没有任何虚饰,而是一种质朴、清晰的语言。因此,韦尔比夫人强调——只有通过符义学训练才能奋力前行,否则这一质朴语言的理想不可能实现。虽然语言的变化不可避免,但是韦尔比夫人认为这种变化是可控的,例如,我们应该警惕那些误导性隐喻。在完善语言符号的同时,我们也在完善世界和我们自己。韦尔比夫人写道,我们需要一个"真正的可塑性语言","就让它成为有秩序的自由"。(Welby 1903:60)

作为韦尔比夫人的追随者,奥格登与理查兹出版的《意义之意义:语言对思维和符号科学的影响》(*The Meaning of Meaning: A Study of the Influence of Language upon Thought and of the Science of Symbolism*, 1923)引起轰动效应。该书内容不但与韦尔比夫人所关心的意义密切联系,而且为20世纪30年代美国通用语义学的兴起开辟了道路。

1933年,英国科幻小说家威尔斯(H. G. Wells, 1866—1946)在《即将来临》(*Shape of Things to Come*)中,曾经描写了如此生动的场景:

> 一群有趣而高雅的研究者,首次亮相于19世纪末。这群人的首领就是某韦尔比夫人,同时代的大多数学者,都坦言她是一个莫名其妙的人。她总是长篇累牍地写信给那些可能愿意听她讲话的人,喋喋不休地宣讲其观点,那就是语言可以具有更加准确的表达力,应该有一门"符号科学"。奥格登与莫德林学院的同事理查兹,是少数几个拿她当回事儿的人。这二位1923年出了一本《意义之意义》的书,可以称得上改善语言技艺的最早尝试。(转引自Walpole 1941:25—26)

至于20世纪的英国语义学进程,首先要提及的是,1900年,韦尔比夫人的女儿亨利·卡斯特夫人(Mrs Henry Cust, 1867—1955)翻译的布雷亚尔的专著在伦敦出版,英译本题名*Semantics: Studies in the Science of Meaning*(《语义学:意义科学的研究》)。这本书的翻译,除了得到韦尔比夫人的关注,卡斯特夫人在《译者题记》中写道:"我对惠布利[1]先生致以最诚挚的敬意,感谢他一直以来的建议和惠助。我也受惠于波斯盖特[2]教授,感谢仁慈的他通读了全书校样"。卡斯特夫人的英译本,将布雷亚尔的sémantique介绍到英国。此后,韦尔比夫人与布雷亚尔有过交流,却发现布雷亚尔并不关心她所做的研究。布雷亚尔对符义学的态度,促使韦尔比夫人更多地关注其符义学与布雷亚尔语义学之间的差异。

---

[1] 惠布利(Charles Whibly, 1859—1930),英国文学记者和作家。1894—1900年常住巴黎,曾为法文版《语义学探索》写过书评《语言和风格》(*Language and Style*, 1899)。

[2] 波斯盖特(J. P. Postgate, 1853—1926),英国古典学家,深知文献语义研究的重要。他不但通读英译本《语义学探索》全书校样,而且为之撰写了详尽的《前言》及《后记》。

尽管符义学不属于语言学的语义学研究，然而却影响了20世纪上半叶的英国（涉及美国）语义学研究。或者说，19世纪末到20世纪上半叶英国语义学的主要进展都与韦尔比夫人（或通过奥格登与理查兹）存在联系。研究心理语义学的斯托特，与韦尔比夫人长期保持通信，并且合著过一篇有关"符义学"的词典学论文。人类学家马林诺夫斯基，其论文《原始语言中的意义问题》刊于奥格登与理查兹名著的附录。古埃及学家加德纳研究词语意义和事物意味，奥格登与理查兹的书中引用了加德纳的观点："意义就是……意欲达到的事件。……一种意志力。"（Ogden & Richards 1985 ［1923］：186）可以看出，这一时期的英国语义学研究者似乎都是非语言学专业的学者。20世纪30年代以后，才有语言学专业的学者（如弗斯），而后者接受了前者的理论方法。无论是跨学科学者，还是语言专业学者，他们的研究都围绕着意义语境论。其研究主线显示为：斯图尔特→斯马特→赛斯→斯托特→韦尔比夫人→马林诺夫斯基→弗斯。

在19世纪早期，德国语意学奠定了学科理论基础。在19世纪下半叶，法国语义学发展出新的理论方法。与之相比，英国语义学处于相对滞后状态。但是在多种学术背景中，英国语义学形成和发展了其"意义语境论"的特色。

第一节 意义语境观的形成

一、洛克的意义观和符意学

洛克（John Locke，1632—1704）的《人类理解论》（*An Essay Concerning Human Understanding*, 1690; 4th edn., 1700）第三卷是"论词语"，其中第二章"词语的意义"（Of the Signification of Words）有一些重要观点。

> The use then of Words, is to be sensible Marks of **Ideas**; and the **Ideas** they standfor, are their proper and immediate Signification. (Locke 1700 ［1690］：235)
> 此外，词语的功用就在于能作为各种**观念**的可感觉标记，而且它们表征的这些**观念**就是它们适当的和直接的意义。

洛克指出，词语的功用在于标记观念，观念就是词语标记的适当和直接意义。法国孔狄亚克（Condillac 1746, 1754）、特蕾西（Tracy 1796）的观念论，可以溯源于此。

Words in their primary and immediate Signification, stand for nothing, but the Ideas in the Mind of him that use's them, how imperfectly foever, or carelesly those *Ideas* are collected from the Things, which they are supposed to represent. (Locke 1700［1690］: 235)

词语的主要含义或直接含义不代表什么，但代表使用这些词语的人思想中的观念，尽管这些观念是多么不完美，或者是漫不经心地从其所应表征的事物中集成的。

洛克指出词义的表征性，以及词义的不完美性或含混性。

But though Words, as they are used by Men, can properly and immediately signify nothing but the **Ideas**, that are in the Mind of the Speaker; yet they in their Thoughts give them a secret reference to two others things.

First, they suppose their Words to be Marks of the Ideas in the Minds, also of other Men, with whom they communicate.

Secondly, Because Men would not be thought to talk barely of their own Imaginations, but of Things as really they are; therefore they often suppose their Words to stand also for the reality of Things. (Locke 1700［1690］: 236)

虽然人们使用的词语，能够恰当而直接地表示说话者思想中的观念，可是他们在其思想中要暗暗地参照其他两种情况。

首先，他们认为其词语是思想中的观念标记，同样也是其他人相互交流的观念标记。

其次，因为人们不会仅仅谈论自己的想象事物，而是要谈论实际上的事物。因此，他们常常假定其词语也代表事物的实际情况。

洛克指出词义的参照依据是：他人的观念（洛克边注：to the Ideas in the others Mens Minds "其他人思想中的观念"）和事物的实相（洛克边注：Secondly, to the reality of Things "事物的实际情况"），即词义的社群性和事实性，由此揭示了词义是主观和客观的统一。

And every Man has so inviolable a Liberty, to make Words stand for what Ideas he pleases, that no one hath the Power to make others have the same Ideas in their Minds, that he has, when they use the same Words, that be does. (Locke 1700［1690］: 237)

任何人都有这种不可侵犯的神圣自由，使用词语表达他满意的观念，而没有人拥有这样的权力——迫使其他人在思想上与之观念相同，当人们使用相同的词语时，每个人都有权力表达自己的观念。

洛克区别了词语的自我意义和他人意义。布雷亚尔（1868，1897）关于在语言的理解中听者与说者都很重要的看法，可以溯源于此。

> And let me add, that unless a Man's Words excite the same Ideas in the Hearer, which he makes them stand for in speaking, he does not speak intelligibly. But whatever be the consequence of any Man's using of Words differently, either from their general Meaning, or the particular Sense of the Person to whom he addresses them, this is certain, their signification, in his use of them, is limited to his Ideas, and they can be Signs of nothing else. (Locke 1700 [1690]: 237)

> 并且我要补充，除非一个人的词语在听者思想中激发相同的观念，使它们象征所说的含义，否则他说的话不能理解。但是任何人以不同方式使用词语的效果，不管是来自词语的**通用意义**，还是来自某人说出的**特定意味**，可以肯定，在他使用词语时，其意义仅限于他的观念，这些词语不可能是其他意义的符号。

洛克区别了词语的通用意义和特殊意味。德国保罗的通常意义和偶然意义二分，可以溯源于此。

在《人类理解论》第四卷"论知识"中，洛克把科学分为三类：物理学（physiology）、实用学（practicology）、符意学（sematology）。符意学即研究人们基于事物理解所形成的观念、用以传达知识的语言符号的性质，由此为英国本土语义学开辟了道路。

二、从词源意义观到词语关联意义论

霍恩·图克的《意味深长的话，或珀利的转向》（*Epea Pteroenta, or, the Diversions of Purley*，1786）可能是当时英国学者对语言学问题讨论最为广泛的著作。霍恩·图克（John Horne Tooke，1736—1812），英国政治家和语言学家。1754进入剑桥大学圣约翰学院学习。1760年由英国教会任命为执事和牧师。1773年开始研究法律和文献语言学。其友人威廉·图克（William Tooke，1744—1820）购买了萨里镇南部的珀利庄园，与毗邻土地所有者格雷（T. de Grey）发生纠纷。格雷的朋友通过议会的特权胜诉。霍恩立即指控议长，提请公众关注此事，损害威廉利益的判决条款撤销。威廉前往彼得堡担任牧师，宣布霍恩是其财产的继承人。由此，霍恩·图克常在珀利庄园与朋友聚会，讨论语言问题，由朋友提问他做回应。

与洛克一样，图克主张通过说话者与听话者的思想交流来了解语言的意图，但是这一过程并非总能成功。与洛克不同，图克并不担心语言的不完美，因为不完美的并非语言本身。换而言之，图克认为语言本身是完美的，而是我们对语言本质的理解存在瑕疵。我们所认为的某些词语的所指，远远不同于它们实际的意思。图克提出词语和概念之间应当对应的观点，而且认为，词语所指的意思包含在其词源之中。对词源忽视而产生的语义偏差会带来严重的政治或伦理后果。图克由此提出，每个词语都有一个精确的意义，而一个句子的整体意义就是这些词语意义的总和。

图克的这一观点或"意义原子论"，受到斯图尔特的批评。斯图尔特（D. Stewart, 1753—1828）是爱丁堡大学教授、数学家、苏格兰启蒙哲学家，他是亚当·斯密（A. Smith, 1723—1790）的学生，并受到蒙博多的影响。在《论近期语言学思潮的趋势》（*On the Tendency of Some Late Philological Speculations*, 1810）中，斯图尔特提出：

> In reading, for example, the enunciation of a proposition, we are apt to fancy, that for every word contained in it, there is an idea presented to the understanding; from the combination and comparison of which ideas, results that act of the mind called judgment. So different is all this from the fact, that our words, when examined separately, are often as completely insignificant as the letters of which they are composed; **deriving their meaning solely from the connection, or relation, in which they stand to others**. Of this a very obvious example occurs, in the case of terms which have a variety of acceptations, and of which the import, in every particular application, must be collected from the whole sentence of which they form a part. (Stewart 1810：155—156)

例如，在阅读一个命题的陈述时，我们很容易想到，其中包含的每个单词都会有一个可以理解的观念；从这些观念的组合和对照中，这种心智行为的结果称为判断。实际上，这一切与事实大不相同，我们的词语在单独考察时，常常与组成它们的字母一样毫无意义；**只有在它们与其他词语保持的连接或关联中才能得出其意义**。一个明显的例子是，在词语具有多种通用意义的情况下，其含义在每次特定使用中，都必须从它们作为一部分的整个句子中才能获得。

斯图尔特的这一观点也就意味着词语的意义依赖于上下文，语言的理解离不开语境。英国传统的意义语境论，可以追溯到斯图尔特的"词语关联意义论"。

三、斯马特的符意学与意义语境观

斯马特（B. H. Smart, 1786—1872），英国语言学家、哲学家。他在伦敦以语言教学与演说谋生，但其志向却在改变英国的本元学（即形而上学）现状。他自称是洛克的追随者，要完善洛克未竟的语言哲学事业，纠正其中的一些偏差与失误。斯马特沿用了洛克的sematology（符意学）这一术语。

在《符意学纲要：或关于建立语法、逻辑与修辞新理论的探索》（*An Outline of Sematology: Or an Essay towards Establishing a New Theory of Grammar, Logic and Rhetoric*, 1831）（下文简称《符意学纲要》）中，斯马特发展了斯图尔特提出的词语关联意义论。斯马特坚持词语只有在句子中才有意义，但是进一步提出，句子只有在段落中才有意义，而段落只有在文本中才有意义。（Smart 1831：54—55）虽然孤立的符号可以表示“观念”，或者表示心智在抽象层次上知道什么，但是只有组合中的符号才能表示感知、概念与感情。（Smart 1831：10ff）因此，词语具有双重力量——既可以借此表示实际思想，也可以同时指称产生这种思想可能需要的知识。（Smart 1831：16）

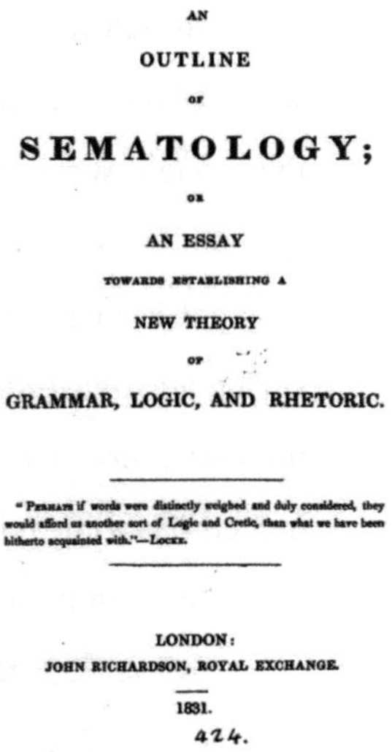
AN
OUTLINE
OF
SEMATOLOGY;
OR
AN ESSAY
TOWARDS ESTABLISHING A
NEW THEORY
OF
GRAMMAR, LOGIC, AND RHETORIC.

"Perhaps if words were distinctly weighed and duly considered, they would afford us another sort of Logic and Cretic, than what we have been hitherto acquainted with."—Locke.

LONDON:
JOHN RICHARDSON, ROYAL EXCHANGE.
1831.
424.

图6-1　斯马特《符意学纲要》

此后，斯马特又出版《符意学续集》（*Sequel to Sematology*, 1837）及《本元学的出路》（*A Way out of Metaphysics*, 1839）。接着合二为一，题为《本元学新学派的起点》（*Beginnings of a New School of Metaphysics*, 1839）再版。1855年，斯马特出版《思想与语言：旨在洛克哲学的复兴、修正与独家构建》（*Thought and Language: An essay having in view the revival, correction and exclusive establishment of Locke's philosophy*, 1855）。在《符意学纲要》《思想与语言》这两本书中，斯马特都引用了斯图尔特的观点。

> It is by frequently hearing the same word in context with others that a full knowledge of its meaning is at length obtained: but this implies that the several occasions on which it is used are observed and compared; it implies, in short, a constant enlargement of our knowledge by the use of language as an instrument to attain it. (Smart 1831：181—182)
>
> 正是通过反复听到同一词语与其他词语出现在同一上下文之中，人们才终于获得了该词语的完整知识——而这就意味着该词语出现的几个场合都被观察并且比较过。总之，这就意味着通过语言工具的使用，我们的知识在不断地扩大。

在《思想与语言》中，斯马特修正并发展了洛克的语言哲学，尤其是消解了观念与词语一一对应的错误观点。斯马特的语境意义观显得更加强烈。

No part of speech is properly a word, but only the part of a word, a part completed by what follows, or completing what precedes, yet in such a manner that it expresses no part of the thought which the word will express when completed; the meaning of this word will be one and indivisible, to assist in conveying which, each part resigns its separate meaning the moment it enters into union with the other parts in order to form the word. For instance, in saying *men-must-die*, the whole expression is the word that corresponds with the thought,——the parts, *men, must, die*, are parts of the word, but not parts of the attained meaning: each indeed has a meaning while separate, but the moment it joins the other parts, it merges its separate meaning to the one meaning of the word it helps to forms. (Smart 1855: 136—137)

词不是完整的说话部分，而仅仅作为词的部分，是一个由后面成分完善，或完善前面成分的部分，由此它并不表达这句话要完整传递的思想的任何部分。这句话的意义只是一个不可分割的整体，为了帮助传递信息，每个部分为了形成语句而与其他部分结合时就立即放弃其单独意义。例如，在说出men-must-die（人—必须—死）时，整个表达就是与其思想相一致的这句话——men, must, die都只是这句话的一部分，不是所要获得意义的一部分。当这些词语分离时，各自确实有某个意义，但是在与其他成分连接时，就将其单独意义合并到促使形成这句话的整合意义中去。

根据这一观点，人们并不是通过词语意义的相加来理解句子。句子的意义不是词义的堆砌，而是将其单独意义合并到促使形成这句话的整合意义之中。

要理解整个句子或语段，就要按照斯马特所说的从前提到前提，一步步走下来，直至得出推论或理解句子。这种理解就是基于包含在单个词项里的已累积知识而获得新知的过程。斯马特（1855：157）将这一过程用图6-2所示：

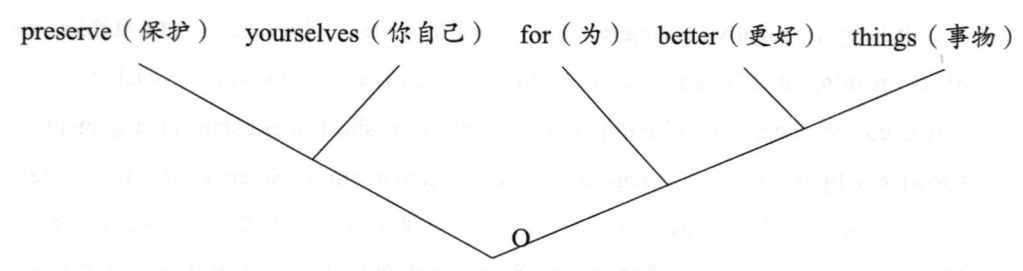

preserve（保护）　yourselves（你自己）　for（为）　better（更好）　things（事物）

图6-2　斯马特的概念推理树形图

树形图表示推理过程，听话者通过一步步推理直至得出结论，即句子的意义。

在斯马特的研究中，语境意义观非常重要。在《符意学纲要》中，他对句子John walks（约翰散步）这样分析，其中的John和walk看成单独要素只是抽象概念，但是两者组合在一起则相互影响、相互作用，以表示约翰此时此地的走路事件。斯马特认为，理解意义以及因此而产生的知识，总是来自利用并通过语言所带来的积极比较与判断。语言不仅是交流工具，而且是人类理解或知识积累的工具。

第二节　围绕词典的词汇语义研究

遗憾的是，斯马特关于"意义的建构"概念，似乎对当时的英国语言学研究影响甚微。后来，穆雷（1884）所用的"符意学"术语虽然来自斯马特，但是将语义研究运用于词典编纂的动力，却主要来自对以往词典编写状况的不满。

一、加尼特批评"词源义垃圾"

加尼特（R. Garnett, 1789—1850），英国词典学家，著有《英语的词典编纂》（*English Lexicography*, 1835）等。1835年，加尼特批评约翰逊、韦伯斯特（N. Webster, 1758—1843）以及理查森这些词典编纂者迷信图克的词源意义观，而忽视了历史比较语文学的成就。加尼特甚至将这些词典编纂内容称作"词源义垃圾"。（Garnett 1835：306）

虽然加尼特认为斯图尔特只不过是"有用的低级苦力"，但是赞同他对图克的批评：

> We fully assent to Mr. Stewart's strictures on the absurdity of Tooke's favourite position, that words ought always to be used in their primitive signification. A wise man employs the language of the country according to its current acceptation, as he uses the national coin according to its cur-rent value. (Garnett 1835：297)
>
> 我们完全赞成斯图尔特先生对图克观点（即词语必须总是用其初始的意指）的荒唐性做出的批评。明智者会根据当前的通用意义来运用该国的语言，正如他会根据当前的价值来使用该国的货币一样。

加尼特的想法是，如果词典编纂基于德国学者发展的科学的词源学方法，那么就有可能"按照自然演变顺序排列词语的含义"（Garnett 1835：310）。这一想法莱斯格早已表达过，同时也是他提出建立意义科学的原因之一。

二、特伦奇的词汇语义研究

特伦奇（R. C. Trench, 1807—1886），1829年毕业于剑桥大学三一学院。1845年任伦敦威斯敏斯特教区主教。1864年任都柏林大主教。在加尼特之后，受德国语言学家格里姆兄弟（J. Grimm & W. Grimm）编纂的《德语词典》（*Deutsches Wörterbuch*, 1854—1860）影响，特伦奇也指出英语词典的不足，并倡导编纂新的词典。19世纪40年代，特伦奇为温彻斯特培训学校开设语言学系列讲座。1851年，其讲稿编成《论词语研究》（*On the Study of Words*）出版，大受读者欢迎，再版、增补版，一再重印。由此反映18世纪到19世纪早期对语言的哲学兴趣，正在被对语言、词汇的历史兴趣所替代。阿尔斯莱夫（H. Aarsleff）对特伦奇的词语研究与更早语言哲学之间的区别概述如下：

> 特伦奇与洛克学派、图克和实用主义者都认为，词语中包含了有关思想、感觉和经验的资料，但与之不同的是，特伦奇并不运用这些资料寻求心智的原初哲学构成的知识，而仅仅作为一种证据，以证明近几个世纪以来的词语使用者所自觉意识到的东西。这一旨趣不在于词源的本元学，不在于推测的历史，而在于历史本身；也不在于物质哲学，而在于关注英语使用者的精神与道德生活。（Aarsleff 1967：238）

因此，特伦奇在阐述词语意义变化的同时，也在讨论不断变化的道德与历史。如第三讲《论词语的道德性》包含"语言的善恶记录"。除此之外，特伦奇的研究也反映了在英国渐占主流地位的语义变化与语源追溯研究法。根据这一新观点，语源学的任务在于追溯全部词语的历史及其所有意义的演变。特伦奇写道：

> A Dictionary ... is an inventory of the language.... It is not the task of the maker of it to select the good words of the language. If he fancies that it is so, and begins to pick and choose, to have this and take that, he will quickly go astray. The business which he has undertaken is to collect and arrange all the words, whether good or bad ... which the writing in the language have employed. He is an historian of it, not a critic. (Trench 1860：3—4)
>
> 一部词典……就是语言现象的储存清单……。词典编纂者的任务不是选择语言中的好词语。如果他认为就是如此，并且一开始就挑挑拣拣，留下这个，拿走那个，那么马上就会误入歧途。他要做的就是无论好坏……收集整理语言作品中的所有词语。他是词语研究的历史学者，而非评议者。

特伦奇在《论词语研究》中对语言本质与语义变化的真知灼见，后来得到达梅斯泰特尔与布雷亚尔的肯定。特伦奇认为，语言就是"一批褪色的隐喻"（a collection of faded metaphors)、"词语是石化的诗"（words were fossilized poetry）。（Trench 1889：48）该书1890年的修订版编辑梅休（A. L. Mayhew）指出，让·保罗①和盖尔巴②持有与特伦奇类似的看法。

特伦奇的论述涉及词语的贬义化与褒义化、借词的语义变化，以及由于政治、贸易、宗教影响而引起的词义变化，同时也讨论了根据说话者需求和想法而出现的新词增多现象。在《论词语的特性》这一讲中，探讨的就是布雷亚尔所称的同义现象。特伦奇认为，同义词只是基本意义近似，不可能有意义完全相同的词。

> Men feel, and tightly, that with a boundless world lying around them and demanding to be catalogued and named, and which they only make truly their own in the measure and to the extent that they do name it, with infinite shades and varieties of thought and feeling subsisting in their own minds, and claiming to find utterance in words, it is a wanton extravagance to expand two or more signs on that which could adequately be set forth by one—an extravagance in one pan of their expenditure, which will be almost sure to issue in, and to be punished by, a corresponding scantiness and straitness in another. Some thought or feeling or fact will wholly want one adequate sign, because another has two. Hereupon that which has been called the process of 'desynonymizing' begins—that is, of gradually discriminating in use between words which have hitherto been accounted perfectly equivalent, and, as such, indifferently employed. ... This may seem at first sight only as a better regulation of old territory; for all practical purposes it is the acquisition of new. (Trench 1889：258—259)

人们觉得，他们周围紧紧地环绕着一个无边无际的世界，要求进行分类和命名，并且他们只有在这样的范围内说出来，才能在一定程度上真正实现他们自己。由于他们心智中存在无数的细微差别和各种思想与感觉，并宣称发明了采用词语的表达方式，如果一个词足以陈述其内容，扩大到使用两个或更多符号则是肆意的浪费——其经费在这一处的浪费，几乎可以肯定会招致另一处相应缺乏与局促的惩罚。一些思

---

① 让·保罗（Jean Paul, 1763—1825），德国小说家，富有想象力的浪漫大师。其关于语言的名言，英语译为Language is a dictionary of faded metaphors（语言是一本褪色隐喻的词典），或language is a tissue of faded metaphors（语言是一条褪色隐喻的纱巾）。查德语原文，见于其《美学导论》（*Vorschule der Ästhetik*, § 50 Doppelabzweig des bildlichen Witzes, 1804：184）："Daher ist jede Sprache in Rücksicht geistiger Beziehungen ein Wörterbuch erblasseter Metaphern"，含义是"因此每种语言在与心智的联系中都是一本暗淡失色的隐喻的词典"。

② 特伦奇提出语言天生具有内在激情的本性，德国哲学家盖尔巴（G. E. Gerber, 1820—1901）在《语言即艺术》（*Die Sprache als Kunst*, 1871—1873）中阐述得更淋漓尽致。

想、感觉或事实只要一个符号就可以完全胜任，而另一些思想、感觉或事实却有了两个符号，于是所谓"同义词意义辨析"的过程开始了——也就是说，在迄今被认为完全等同且被平常使用的同义词之间，需要依次辨析其用法差异。……初看起来，仅仅是对旧领域的更好规范，而实际上则是有了新的收获。

例如，特伦奇提出fancy（幻想）与imagination（想象）之间的区别，这两个词一开始是同义词，但现在有了不同的意义，前者表示"怪想、奇想"，后者表示"心智的创新"（保留了起初与fancy的共同义）。

特伦奇的著作受到大众的欢迎，无疑使受过教育的英国人进一步加深了对语义变化的认识。然而，在当时学术界，特伦奇关于词典编纂的影响更为重要。

三、穆雷的符意学研究

1842年，英国语文学会成立，这是一个旨在将英国置于欧洲"语文学地图"上即"赶超德国"的举措。正如穆雷（J. A. H. Murray, 1837—1915）在《新英语词典》（*A New English Dictionary*）前言中所写的：该词典的编纂计划，是在特伦奇的建议下，始于1857年语文学会的一次决定。编辑委员会要求收集入编词典的词语，开始的目的仅仅是为约翰逊与理查森编纂的词典做增补。

其后，特伦奇给学会提交了两篇论文，指出现有词典编纂中的缺陷，并坚持要采用历史原则编排。通过商定，决定重新编纂一部全新的英语词典，制定了词典编纂大纲。在《新英语词典》前言中，穆雷赞誉特伦奇引进德国语文学家提出的历史研究法。该词典的目标就是：要对现在普遍使用或过去几百年间曾经使用过的英语词语的意义、起源以及历史进行描述。因此要努力做到：

> (1) to show, with regard to each individual word, when, how, in what shape, and with what signification, it became English; what development of form and meaning it has since received; which of its uses have, in the course of time, become obsolete, and which still survive; what new uses have since arisen, by what processes, and when; (2) to illustrate these facts by a series of quotations ranging from the first known occurrence of the word to the latest, or down to the present day; the word being thus made to exhibit its own history and meaning; and (3) to treat the etymology of each word strictly on the basis of historical fact, and in accordance with the methods and results of modern philological science. (Murray 1884: vi)

（1）就每个词语而言，展示何时、如何、以何形式以及意义成为英语的词语；此后，其形式与意义经历过怎样的发展；随着时间的流逝，该词语的哪些用法已经过时，哪些依然存在；此后又出现了哪些新的用法，通过什么过程，何时出现的；（2）通过一系列引文来说明这些事实，从该词语的始见文献到最近或直到当代，以展示该词语生命的历史和意义；（3）严格地根据历史事实，并按照现代语文科学的方法与成果，描述每个词语的词源。

《新英语词典》结合了约翰逊的引文法和德国学者的历史法。这一方法在德国学者帕索（F. Passow, 1786—1833）的《古希腊语简明词典》（*Handwörterbuch der griechischen Sprache*, 1819—1823）中已经首次得到充分运用。

穆雷认为，符意学在编纂语源词典中的任务就是，展示"一个词语如何获得所有的不同意义"（Murray 1884：xix）。实际上，这种意义上的符意学，即相当于莱斯格的语意学。穆雷意识到，作为一名新型词典的编纂者，其目标就是寻找"形成逻辑发展链的意义顺序"。而这正是莱斯格提出的意义发展逻辑，也是利特雷、达梅斯泰特尔编纂词典时提出的意义分类要求。与莱斯格一样，穆雷将符意学看作是对形态与语音研究的补充。

> In other words the writing of the Morphology, and of the Sematology, must go hand in hand; no satisfactory Etymological Dictionary can be produced without full knowledge of the later phonology and sematology; no history of the forms and senses within the language can be exhibited which does not start from an accurate account of the form, sense, and conditions under which the word entered the language. (Murray 1884：511)

换而言之，形态学与符意学的研究必须双管齐下。没有对语音学与符意学的充分知识，就不可能编出令人满意的词源词典。语言中的形式和意义的历史，都是从该词语进入语言后的形式、意义及各种条件以及对上述这些情况的记录开始的。

由此可见，穆雷的术语"符意学"虽然来自本国的前辈斯马特，但其内容却与莱斯格首创的德国语意学几乎相同。1900年，穆雷出版《英语词典编纂的演进》（*The Evolution of English Lexicography*），梳理了19世纪的英国词典编纂学史。

第三节　赛斯的历史语义学

当英国语文学会忙于收集词语和梳理意义时，德国学者马克斯·缪勒的历史比较研究、波特的语义变化研究开始影响英国语言学界。

赛斯（A. H. Sayce, 1845—1933），考古学家，亚述学研究的先驱。1869年成为牛津大学王后学院研究人员。1882年发现赫梯遗址，破译赫梯文字。1891—1919年任牛津大学亚述学讲座教授。赛斯的语言学研究显示出从比较语文学到普通语言学的轨迹。赛斯著有《比较语文学原理》（*The Principles of Comparative Philology*, 1874初版，1892再版）、《语言科学引论》（*Introduction to the Science of Language*, 1880）。前者1884年译成法文出版，布雷亚尔为之撰写前言；后者布雷亚尔在《语义学探索》中引用过。

赛斯的《比较语文学原理》题词：献给马克斯·缪勒。缪勒1847年任英国牛津大学教授，讲述印欧语历史比较研究。赛斯从缪勒这里接受了德国历史语文学的理论方法，赞成比较语文学是一门历史科学，其目标就是"通过语言这种外在而持久的历史遗迹，以追溯其所表现的人类智慧的发展轨迹"（Sayce 1874：xvi）。语言稳固地建立在心智与社会之上，比较语文学需要对"社会变迁与思想的语言遗迹"加以比较。由此赛斯把比较语文学纳入其考古学体系，称之为"心智考古学"。

一、语义变化的类型

与当时德国语言学家一样，赛斯主要研究语义的历史变化。在《语言科学引论》第一卷中，赛斯列出德国历史语言学家波特的七种语义变化类型，并且认为优于辉特尼的两种类型。针对波特的第六种类型"意义在上下文中发生变化"，赛斯指出：

> We must always keep steadily in view the relativity of ideas and the words which note them. The same word may be applied in a variety of senses, the particular sense which it bears being determined by the context. The manifold shades of meaning of which each word is capable, the different associations of ideas which it may excite, give rise to varieties of signification which in course of time develop into distinct species. (Sayce 1880：342—343)
>
> 我们必须时刻牢记观念与记录其词语的相对性。同一词语可能用来表示多种意义，其意义的特定性取决于上下文。每个词语所承担的使人从多方面想起的意义，可能激发不同观念的联想而引发意义的多样性，由此随着时间的流逝，分化成不同的意义。

在波特的七种类型之外，赛斯在《比较语文学原理》中还增加了另一种：

> To these seven causes of change may be added an eighth, that of ignorance or false analogy. (Sayce 1892：57)

除了这七种变化原因之外，还可以加上第八种，即无知或错误的类比。

> But analogy may be either false or true; indeed, in the history of speech we shall see that false analogy has as often been at work as true. A large number of feminine nouns in French, like *étude* and *voile* have arisen from the mistaken comparison of the plural neuter ending in -*a* with the similar termination of the singular of the first Latin declension. And so, as the majority of the substantives belonging to this declension were feminine, mind and ear came to associate the idea of the feminine so closely with the termination -*a* as to assign that gender to all words whatsoever which ended with this particular vowel. The instinct here led to a false conclusion; that is to say, it ignored the true history and significance of certain linguistic forms; and this confusion and violation of the regular historical development of speech is all that is meant by the philologist when he speaks of the false in language. (Sayce 1874：330—331)

但是类比可能是错的或真的。实际上，在言语史上，我们会看到一些错误的类比常常像实有其事一样发生。法语中的大量阴性名词，例如*étude*（练习曲）和*voile*（薄纱），是由于将复数中性词尾-*a*与拉丁文第一格单数形式的相似结尾进行错误比照形成的。属于这种词尾变化的大多数实体都是阴性的，因此大脑和耳朵开始将阴性概念与词尾-*a*联系在一起，从而将"性"分配给所有以该特定元音结尾的单词。这是本能导致的错误推论，也就是说，忽略了某些语言形式的真实历史和意义。语言学家谈到这种语言错误时，必须指出这样就弄乱了，违反了言语的历史发展常规。

二、语义变化的原因

19世纪70年代的德国青年语法学派认为，类推是通过语音变化修补语言范式变化的机制。辉特尼、布雷亚尔也都认为，类推是人类改变语言及其组构规则的最重要工具。赛斯同样认识到，语言变化，特别是语义变化的真正动力就是类推。

> To make our meaning plain to another, it is necessary that we should employ words which he understands, and we can only convey a new idea to him by comparing and likening it to one with which he is already familiar. Indeed, it is not only in the instruction of others,

but just as much in the development of our own knowledge, that the same contrivance is required. One idea is best remembered by being connected with another idea, no matter how fanciful the connection may be; and it would be quite impossible to recollect a large mass of isolated ideas. Knowledge is one vast chain of associations; and analogy is the principal forger of its several links. ... Language is the treasure-house of worn-out metaphors. (Sayce 1874: 357)

为了使我们的意思简明易懂，必须使用对方能理解的词语，并且我们只有通过与对方已熟悉词语的比较与比拟，才能给对方输送新的概念。确实，不仅在对别人的引导中，也同样在我们自身知识的发展中，都需要这种相同的策略。一个观念通过与另一个观念连接，才可以达到最佳记忆效果，而不管这种连接可能多么不可思议。要人们记住一大堆孤立的观念，实在不太可能。知识是一个巨大的关联链条，而类推就是打造一系列链接的当事者铁匠。……语言就是磨损了的隐喻宝库。

语义变化主要根据类推原理，而变化原因却有两个：

The changes of meaning undergone by words through the influence of the general principle of analogy have been due to two causes, which are of the same nature as Phonetic Decay and Emphasis. The first of these causes is mental laziness, or the inability to understand the full and proper signification of a term; the second, the addition of new force and meaning to the content of a word. (Sayce 1874: 55)

在一般原理类比的影响下，词语所经历的意义变化由两个原因引起，这两个原因与"语音衰变"和"语气强调"具有相同的性质。这些原因中的第一个是心理惰性，或没有能力理解一个词的详尽意义和合适意义；第二个原因，是给一个词的内容增加新的表达力和新的含义。

赛斯语言学研究的另一源头就是斯马特的符意学。在英国学者的语言学论著中，很少有提及斯马特的《符意学纲要》。而赛斯在《比较语文学原理》中对之有所介绍。

Language is social, not individual, interpreting the society of the past, and interpreted by the society of the present; it starts with the sentence, not with the word; it is the expression of thought. (Sayce 1874: xiii)

语言是社会的，不是个人的。语言既诠释了过去的社会，同时又被现在的社会诠释着。语言从句子开始，并非从词语开始。语言就是思想的表达。

赛斯起初认为"语言从句子开始，并非从词语开始"是自己的观点，后来在注释中补充：直到他看了《符意学纲要》，才发现斯马特早在1831年就已经提出语境观。赛斯还提到，斯马特指出，相对于语音变化来说，语义变化的研究以往被忽视了。

此外，斯马特的"符意学"与来自德语的"语意学"这两个术语，赛斯是互换使用的。比如，赛斯的《语言科学引论》（1880）中有一章"言语的生理学与语意学（语音学与符意学）"，由此表明，赛斯认为这两个术语等值。

斯马特（1831）倡导的英国符意学研究，长期无人问津。直到1874年，赛斯接受了德法理论，以便与德法语义学研究保持一致的过程中，才发现了斯马特的符意学。从某种意义上来说，赛斯承传并发扬了英国的本土语义学传统。

第四节　斯托特的心理语义学

作为20世纪最有影响力的英国心理学家，斯托特（G. F. Stout, 1859—1944）以批评传统关联主义理论而著称，并被视为格式塔心理学的先驱。斯托特早年在剑桥大学师从沃德（J. Ward, 1843—1925）学习心理学。1884—1896年在剑桥大学圣约翰学院工作，1892年担任《心智》（Mind）杂志的主编，1896年任阿伯丁大学比较心理学讲师。1903年到1936年任圣安德鲁大学的逻辑学和哲学教授。斯托特1896年出版《分析心理学》（Analytic Psychology），所提出的"行为在智力加工中的作用"，后由皮亚杰证实。1898年出版《心理学手册》（Manual of Psychology），阐述了格式塔心理学派以后进一步实验的若干原理。20世纪30年代出版《哲学和心理学研究》（Studies in Philosophy and Psychology）和《心智与物质》（Mind and Matter）。

斯托特关于语言本质和意义变化的论述，见于1891年发表的论文《思想和语言》（Thought and Language）。以此为起点，英国学者有关意义的辩论，从19世纪末一直延续到20世纪中期。

一、词语意义的相互作用形成句子意义

斯托特认为，概念就是凭借表达性符号的具体化统觉系统——概念系统是一个整体，而不是各部分的总和。他进一步提出：

every conceptual train, there are two distinct groups of associations simultaneously operative: (1) the association of signs inter se, (2) the association of meanings inter se. Sometimes the flow of ideas is predominantly determined by the verbal connexions, sometimes by the conceptual. (Stout 1891: 188)

每个概念序列中，都有两组同时运作的有区别的关联群：1. 符号彼此之间的关联；2. 意义彼此之间的关联。意识流有时主要视言语连接而定，有时主要视概念连接而定。

在概念的句法组合中，人们创造概念的新整体。概念新整体的创造，主要依靠句中概念之间的联系。概念在句中组合，概念系统通过统觉以实现理解。换而言之，每个概念通过统觉理解前面的概念，同时也被前面的概念通过统觉所理解。（Stout 1891: 189）每个概念都会受到在同一句中与之关联的其他概念的意义约束。这使人想起斯坦塔尔的语言概念说，尤其是斯马特的语境论。此后，法国学者罗德特在《语义变化的心理分类》（1921）中提出与之相似的观点。

作为通过相互统觉而理解语言过程的例子，斯托特分析了句子John eats apples（约翰吃苹果）的概念系统。John（约翰）和eat（吃）以特定的方式融合，形成新的系统，词语意义的相互作用形成句子意义。

This new system is formed (1) by singling out from among all the states, acts, and relations which enter into the concept, expressed by the word, "John," that specific action expressed by the word, "eating," to the exclusion of incompatible alternatives. This is the apperception of the concept, "John," by the concept, "eating." (2) By singling out from among the possible agents who are capable of the action indicated, the special agent John to the exclusion of others. According as John is known to be a vegetarian, a glutton, an invalid, &c., the general concept, "eating," will receive a varying kind of specification. This is the apperception of the concept "eating," by the concept, "John." (Stout 1891: 190—191)

这一新系统的形成机制在于：1. 从词语John（约翰）表达概念的所有状态、动作和关系中，选定词语eating（在吃）表达的特定动作，而排除其他不相容的选项。这就是概念John被概念eating所统觉。2. 从可能执行动作eating的施事中，选定了特定施事John而排除了其他。如果John是一位素食者、贪吃者或病人等，作为一般概念的eating就会得到不同的具体化。这就是概念eating被概念John所统觉。

斯托特对概念统觉的描写，已超越斯坦塔尔的模糊暗示（vague allusions），打开了语义分析的新视野。如果用一些"无意义的词",如glob eats（水珠+吃）或John globs（约翰+水珠）来替换John和eat,就可以测量一个概念作用于另一概念的约束类型和程度,即概念之间相互统觉的方式,或某一词语的语义特征如何通过与另一词语的并联而形成句子表达。

斯托特对统觉的分析并不停留在句子层面。作为概念相互统觉的框架,句子本身嵌于一个更高层次的整体系统话语中,也就是斯托特所谓的"控制系统"。仅仅句中词语的并联不足以产生明确的意义,句子必须融进话语。话语为句子提供主语或话题,句子才有明确的意义。(Stout 1891: 190—191)

斯托特界定的"主语"（相当于话题）与"谓语"（相当于说明语）,类似于魏格纳（1885）使用的"呈示"和"谓语"。不同的是,斯托特的术语不仅为了分析句子的功能和界定语义,而且还为了理解话语的总体性质。斯托特写道:

> To explain the nature of the subject-predicate relation is at the same time to explain why discourse is broken up into distinct sentences. Now the required explanation is not far to seek, if we start from the popular use of the word subject as indicating the **general topic** or **universe of discourse**. The predicate or the subject, in this sense is the whole discourse through which it receives definition and specification. ... Sentences are in the process of thinking what steps are in the process of walking. The foot on which the weight of the body rests corresponds to the subject. The foot which is moved forward in order to occupy new ground correspond to the predicate. (Stout 1891: 191—192)

> 解释主—谓关系性质的同时,也就解释了话语为何要分解为不同的句子。如果我们从通常使用"主语"一词来表明**一般话题**或**话语域**开始,此时需要的解释就不难找到。就此意义而言,谓语或主语是通过整体话语得到定义和规定的。……处于思考过程中的句子多么像行走过程中的脚步。承受身体重量的这只脚相当于主语;为了占据新地方向前迈出的另一只脚相当于谓语。

斯托特把会话中的主—谓关系,不但看成行走过程中的双脚移动过程,还看成是交谈中的问题与答案的交替过程。这可以在实际会话中得到证实,甚至独词句也可以用这种方法分析。在这种情况下,虽然处于话语域之中,但是没有通过语言符号表达的"最近主语"(proximate subject)就在情景本身。例如祈使句Fire!（开火！）、无人称句It is raining（下雨了）,主语就是其情景,而独词句则是谓语。

二、偶然意义取决于话语域

从斯托特对统觉理论的阐述来看，词语意义总是趋于波动的。斯托特发展了语义变化的语境理论，一定程度上受到保罗的启发。斯托特对符号的偶然意义做出如下解释：

> Each expressive sign has power to objectify its associate system only in so far as this system is capable of being incorporated in the conceptual whole which is in process of construction. Hence, the signification of words varies according to the context in which they appear. (Stout 1891：194)
>
> 每个表达性符号，只有在这一系统能融入正在建构中的概念上的整体时，才有能力使其关联系统具体化。因此，词语的意义会随着其所出现的上下文而变化。

某一词语偶然意义的变化（在常用意义设定的限制内）不仅依赖于上下文，而且依赖于环境，斯托特的用语是偶然意义"取决于话语域"。（Stout 1891：195）某种程度上，斯托特的"话语域"相当于魏格纳的"情景"。通过上下文和话语域决定意义，在指称、人称、所有格和指示代词、指示副词中尤其明显。（Stout 1891：194—195）实际上，偶然意义只是十分常见的上下文影响每个词语的极端例子。

除了这一不可避免的语义变化，还存在通过最广泛意义上的类推而发生的意义改变。斯托特举的例子是：Speech is silvern, but silence is golden（说话是银，沉默是金），说话者"通过类推扩大了词语的用法，因为说话和沉默与金子和银子除了价值上的相似关系，其他方面毫无共同之处"。（Stout 1891：196）

19世纪语义学的主题就是语义变化。斯托特认为，意义的持续性变化"来自一般指称义限制范围的逐渐改变。这一变化主要由于同一种偶然用法的频繁出现"。（Stout 1891：196）句子中的词语意义相互塑形（shaping），它们本身就是很小的概念系统，而句子本身又是更大话语域的一部分。词义本身被看成由常用意义含混界定的一个相当模糊的领域，但是在话语域或情景中总是受到其他词语的回描（retraced）和改塑（reshaped），由此导致话语域或情景赋予词语以偶然意义。

三、对韦尔比夫人的影响

韦尔比夫人与斯托特相识，他们相互通信，合撰过一篇词典学论文。与斯托特一样，韦尔比夫人也接受了意义语境观。为了说明所提出的"意义"不是静态的，而是基于语言的动态概念，韦尔比夫人写道：

There is, strictly speaking, no such thing as the sense of a word, but only the sense in which it is used — the circumstances, state of mind, reference, '**universe of discourse**' belonging to it. The **Meaning** of a word is the intent which it is desired to convey— the intention of the user. The **Significance** is always manifold, and intensifies its sense as well as its meaning, by expressing its importance, its appeal to us, its moment for us, its emotional force, its ideal value, its moral aspect, its universal or at least social range. (Welby 1903: 5—6)

严格来说，没有一个词的观念这回事，而观念仅仅存在于其使用中——即环境、心智状态、指称，以及该词所属的"**话语域**"。一个词的**意义**就是该词希望传达的意图——使用者的意图。其**意味**总是多种多样的，通过表达它的价值，它对我们的吸引，它给我们的契机，通过其情感力量、理想价值、道德风貌，以及一般情况或至少是社交范围，在强化其观念的同时也强化其含义。

此处的论述，韦尔比夫人参考了斯托特关于意义的概念。

韦尔比夫人用隐喻发挥了其关于"生存与语言"的观点，以及"上下文的语言变化观"（view of contextual language change）。

It is in this spirit then that we must postulate an analogy between Context and Environment: the adaptation of the word, the organism, to its surroundings, and conversely its effect upon these. If we enthrone one **queen-word** instead of another in the midst of a hive of working **context-words**, these will behave very differently. They will expel or kill or naturalise it. (Welby 1903: 40)

正是本着这种精神，我们必须假设上下文和环境之间的类比——词语这个有机体，能够适应环境并且反过来影响环境。如果我们加冕一个**蜂王词**，而不关注在蜂巢里劳作的其他**语境词**，那么这些词语将显得完全不同。它们就会被赶尽杀绝或使之归化。

韦尔比夫人强调，词语能够适应其环境，并且反过来影响环境。上下文或语境词对理解意义十分重要。

第五节　马林诺夫斯基的原始语义学

　　词语从句子语境中获得意义，但是句子的意义来自何处？马林诺夫斯基的回答是，句子自身的意义来自情景性语境（简称"情境"）。20世纪20—30年代，马林诺夫斯基开拓了对语言、意义与交际的研究。这一研究除了英国本土传统，还受到德国语义学家魏格纳的启迪，由此形成"行为—语境主义"及"原始语义学"理论。

　　马林诺夫斯基（B. Malinowski, 1884—1942）出生于波兰克拉科夫，其父卢克杨·马林诺夫斯基（Lucjan Malinowski）是奥匈帝国辖下的克拉科夫雅盖隆大学语言学教授。1908年，马林诺夫斯基于从雅盖隆大学哲学系毕业，此后到莱比锡大学进修心理学和经济史。他在养病期间阅读了英国人类学家弗雷泽（J. G. Frazer, 1854—1941）的《金枝：巫术与宗教研究》（The Golden Bough: a Study in Magic and Religion, 1890），开始对人类学产生兴趣。1910年，马林诺夫斯基到伦敦大学经济政治学院研修人类学专业一年。1913年，发表《澳大利亚土著家庭》（The Family among the Australia Aborigines）并以此取得经济政治学院的人类学博士学位。

　　1914年，马林诺夫斯基跟随英国化学家、考古学家蒙德（R. L. Mond, 1867—1938）率领的考察队前往新几内亚和美拉尼西亚进行人类学调查。随后第一次世界大战爆发，他无法回到英国。由澳大利亚政府提供资金，马林诺夫斯基去美拉尼西亚的特罗布里恩群岛（Trobriand Islands）开展当地文化的田野考察。战争结束后返回英国，1924年任伦敦经济政治学院人类学讲师，1927年任人类学讲座教授。在特罗布里恩群岛的调查中，马林诺夫斯基发现了当地语言和文化之间的关系，对语言的功能和意义研究产生了兴趣。

图6-3　马林诺夫斯基开展田野考察

一、话语行为与情景

　　马林诺夫斯基最有名的著作是《珊瑚园及其魔力》（Coral Gardens and Their Magic, 1935），但对语言学研究者来说，他在20世纪20年代发表的《基里维纳语的分类小品词》（Classificatory Particles in the Language of Kiriwina, 1920）、《原始语言中的意义问题》（The Problem of Meaning in Primitive Languages, 1923）则更为重要。马林诺夫斯基的主

要观点是：1. 话语是人们为交际目的在情境中使用言语的行为，这一行为被理解为实现某种意图的一种人类活动，一种受社会规约支配的行为。2. 必须建立一种语义学理论才能使语言研究深入下去。普遍性语义范畴才是真正的范畴，它们反映了人类对待生活的实际态度。3. 既然所有话语都是情境中的话语，语言学就不应该研究孤立的话语，而应该研究情境中的话语。

语言根据社会的特定要求而进化，因而语言的性质及使用都反映了该社会的具体特征。关于语言的功能和本质，马林诺夫斯基写道：

> Language, in its primitive function, to be regarded as a mode of action, rather than as a countersign of thought. (Malinowski 1923：296)
> 语言在其原始功能中被视为一种行为方式，而不是思想的对应符号。
> Then an attempt was made to show that this general conclusion leads us to certain more definite views about the nature of language, in which we conceived human speech as a mode of action, rather than as a countersign of thought. (Malinowski 1923：326)
> 那么试图表明的这个一般性结论，使我们对语言的本质有了更明确的看法，我们将人类言语视为一种行为方式，而不是作为思想的对立。

对于这种行为方式的存在，马林诺夫斯基提出两种语境，即"情景的语境"和"语言的语境"：

> In each case, therefore, utterance and situation are bound up inextricably with each other and the **context of situation** is indispensable for the understanding of the words. Exactly as in the reality of spoken or written languages, a word without **linguistic context** is a mere figment and stands for nothing by itself, so in the reality of a spoken living tongue, the utterance has no meaning except in the context of situation. (Malinowski 1923：307)
> 因此，在各种情况下，话语和情景都不可分离地彼此缠绕在一起，而这种**情景的语境**对理解言辞必不可少。正如在口语或书面语的实际情况中，一个没有**语言的语境**的词语不过是虚构之物，什么都不代表。以至于在所说的活语言的实际情况中，话语排除了情景的语境则没有任何意义。

此后，马林诺夫斯基在《珊瑚园及其魔力》中又提出"文化的语境"，即说话者生活在其中的特定社会文化。

> In the course of our analysis it has become increasingly clear that the contextual definition of each utterance is of the greatest importance for the understanding of it, and

that this contextual reference must be two-fold. In the first place, an utterance belongs to a special context of culture, i.e. it refers to a definite subject-matter. Each of the sayings, phrases and narratives which I have here adduced belongs definitely to a certain division of our Supplement and each such division corresponds to an aspect of Trobriand gardening. (Malinowski 1935: 51)

在我们的分析过程中，越来越清楚的是每个话语的语境定义对于理解它至关重要，并且这种语境指称必须是双重的。首先，话语属于文化的特殊语境，即它指的是确定的主题内容。我在这里说的每句话，所列举的短语和叙述肯定都属于我们附录中的某个部分，而每个部分都相当于特罗布里恩群岛园艺农业的一个方面。

But side by side with this context of culture or context of reference, as it might also be called, we have another context: the situation in which the words have been uttered. (Malinowski 1935: 51)

但是与这种文化的语境或指称的语境并列的，无论怎样称呼，我们还可能有另一种语境——说出这些话的情景。

从马林诺夫斯基（1923）的阐述中，可以认为还区分了两种情境：魔力的情境与间接的情境。在魔力的情境中，似乎一个词或一句话可以直接使外部世界发生变化。话语的意义就是当时当地正在发生的人的活动，如表述人类日常活动的捕猎、种地、吃饭等活动的话语，其意义直接来自这些活动。这种魔力情境中的口语包括三种类型。

第一种是与身体活动有直接关系的口语，其中充满了作用于环境而表示迅速变化的劳作词语。这些词语的含义只有在亲历行动中才能获得其意义，而不是通过思考就可以学会的。

A word, signifying an important utensil, is used in action, not to comment on its nature or reflect on its properties, but to make it appear, be handed over to the speaker, or to direct another man to its proper use. The meaning of the thing is made up of experiences of its active uses and not of intellectual contemplation. Thus, when a savage learns to understand the meaning of a word, this process is not accomplished by explanations, by a series of acts of apperception, but by learning to handle it. A word means to a native the proper use of the thing for which it stands, exactly as an implement means something when it can be handled and means nothing when no active expeience of it is at hand. Similarly a verb, a word for an action, receives its meaning through an active participation in this action. A word is used when it can produce an action and not to describe one, still less to translate thoughts. The word therefore has a power of its own, it is a means of bringing things about, it is a handle to acts and objects and not a definition of them. (Malinowski 1923: 321—322)

一个表示一件重要用具的词被用在行动中，不是为了评价其本质或反思其性能，而是要使其出现，移交给说话者，或指导他人正确运用。事物的意义是由其积极使用的经验组成的，而不是靠理性沉思获得的。因此，当野蛮人学会理解一个词的含义时，这个过程不是通过解释，或通过一系列统觉行为来完成，而是通过学会操作来完成的。一个词对当地人意味着对它所代表事物的正确使用，就像工具在能操作时才意味着某种东西，而在手上却没有主动体验则毫无意义。与之类似，一个动词（表动作的词）通过积极参与该动作而获得其意义。当一个词可以产生一个动作，而不是描述一个动作或传达所谓思想，这个词才被使用。因此，这个词有其自身的力量，它是递送事物的手段，它是行动和目标的把手，而不是一个定义。

由此，词语的含义与其社会文化功能密切相关。与其把语言看作"思想符号"，不如认为是"行为方式"。

第二种是叙述中使用的口语。包括叙述的当时环境（如在场人的社会态度、文化水平及感情变化）与涉及环境（如神话、传说中的情境）。叙述的意义与语言环境没有关系，但可以改变听话人的社会态度和思想感情。

第三种是社会交往中使用的口语，如寒暄功能与其词语意义不相干。在这情况下，人们对说什么不感兴趣，说话的目的是协调关系或避免沉默。

所谓"间接的情境"，是语言情境的派生使用，即语言的使用与语境没有直接的联系。例如书面语，其意义并非取自周围的人正在活动的情况。

20世纪30年代，马林诺夫斯基接受了社会心理学的观点，认为任何人都会逐渐受到社会经历的改造。由此提出，他的文化理论就是把杜尔凯姆的社会学理论变成行为主义心理学理论。在《珊瑚园及其魔力》中提出了一些新观点。

And it seems to me that, even in the most abstract and theoretical aspects of human thought and verbal usage, the real understanding of words is always ultimately derived from active experience of those aspects of reality to which the words belong. The chemist or the physicist understands the meaning of his most abstract concepts ultimately on the basis of his acquaintance with chemical and physical processes in the laboratory. ...Ultimately all the meaning of all words is derived from bodily experience. (Malinowski 1935: 58)

在我看来，即使在人类思想和口语用法的最抽象和理论方面，对词语的实际理解，也总是基本上来自该词语所属现实方面的积极经验。化学家或物理学家最终理解其最抽象概念的含义，基于在实验室中对化学和物理过程的了解。……归根结底，一切词语的所有含义都来自亲身经验。

关于语言研究的材料,马林诺夫斯基强调:

It will be obvious to anyone who has so far followed my argument that isolated words are in fact only linguistic figments, the products of an advanced linguistic analysis. The sentence is at times a self-contained linguistic unit, but not even a sentence can be regarded as a full linguistic datum. **To us, the real linguistic fact is the full utterance within its context of situation**. (Malinowski 1935:11)

显而易见,对迄今遵循我观点的任何人来说,孤立的词不过是臆造的语言事实,是高级语言分析的产物。即使句子有时是一个自足的语言单位,但一个句子也不能视为完整的语言材料。**对我们而言,真正的语言事实是处于情景语境中的完整话语**。

当今语言学研究,这里主要指形式语法,通过编造非真实句子研究语法,脱离语境分析所谓歧义结构,恰恰违背了——真正的语言事实是处于情景语境中的完整话语。

二、原始语义学理论

马林诺夫斯基(1920)提出,必须建立一种语义学理论才能使语言研究进行下去。语义学理论是解释语言现象的基础;形式标准不能作为语法分析的基础,也不能作为词汇分类的基础。他在分析基里维纳语时说:

Let us point out one more methodological feature before we finally restate our conclusions : in all our grammatical distinctions we have always led back to meaning. Thus, in dealing with the grammatical character of the various formatives, we had to keep their meaning constantly before us. In trying to prove that an expression should be rather classed as a noun or adverb or adjective or a "nominal demonstrative", we use semantic and not formal definitions. (Malinowski 1920:78)

在最终重申结论之前,让我们指出另一种方法论的特征——在我们所有的语法区别中,我们始终都要回到意义上来。因此,在处理各种结构形式的语法特征时,我们必须不断将其含义摆在我们面前。在试图证明一个表达式应被归类为名词、副词、形容词或"名词性指示词"时,我们采用的是语义的定义,而不是形式的定义。

这样定义后的语法范畴符合人类思维中的概念区别,而且语言学家可以轻松地分析复杂结构中的成分,而无须用形式标准重新界定语法范畴。语义学理论不仅要规定语法范畴和语法关系，而且要说明文化语境对语义的影响。马林诺夫斯基进一步提出：

> But the analysis of meaning again led us often to ethnographic descriptions. When defining the meaning and function of several of the formatives, we had to make excursions into ethnography, describe customs, and state social conditions. (Malinowski 1920：78)
>
> 但是意义分析常常把我们再次引向人类文化学描写。在界定一些成分的几个意义和功能时，我们不得不进行人类文化学的田野调查，以描写其风俗习惯，并说明其社会状况。

一种语言形式的出现、使用和变化，与一个种族的文化和社会有密切联系，要想彻底理解一个形式的意义和语法特征，就必须了解其风俗习惯和社会状况。

马林诺夫斯基将他的语义学称为"原始语义学"。

> This short sketch, however, is sufficient to indicate the method and the argument, by which such a genetic, **primitive Semantics** could be established— a science which, referring to the primitive attitude of Man towards Reality, would show what is the real nature of grammatical categories. The results of such primitive Semantics even in so far as we have indicated them, stand, I think, in close connection with the resulta of Ogden and Richards. (Malinowski 1923：335)
>
> 然而，这个简短的梗概足以说明建立这种遗传的**原始语义学**的方法和论点——一门涉及人类面对现实的原始态度的科学，它将揭示什么是语法范畴的真实本性。就我们已经说明的情况而言，我认为，这种原始语义学的立场也与奥格登和理查兹的研究结果紧密相关。

马林诺夫斯基进一步设想，词根和意义曾经发生过从一个语法范畴到另一个语法范畴的大规模转变。

> Through later processes of linguistic use and of thinking, there took place an indiscriminate and wholesale shifting of roots and meanings from one grammatical category to another. For according to our view of primitive Semantics, each significant root originally must have had its place, and one place only, in its proper verbal category. Thus, the roots meaning "man" "animal" "tree" "stone" "water" are essentially nominal roots. The meanings "sleep" "eat" "go" "come" "fall" are verbal. But as language and thought develop, the constant action of metaphor, of

generalization, analogy and abstraction, and of similar linguistic uses build up links between the categories and obliterate the boundary lines, thus allowing words and roots to move freely over the whole field of Language. In analytic languages, like Chinese and English, this ubiquitous nature of roots is most conspicuous, but it can be found even in very primitive languages. (Malinowski 1923: 335—336)

在整个语言用法和语言思维的较晚阶段，词根和意义发生了从一个语法范畴到另一个语法范畴的无差别的大规模转变。因为根据我们原始语义学的观点，每一个有意义的词根原本必定有其位置，而且在其合适的言语范畴中仅有一个位置。因此，词根义"人""动物""树""石头""水"的词根本来是名词性词根，词根义"睡""吃""去""来""落"的词根本来是动词性。但是，随着语言和思想的发展，在隐喻的不断作用下，在泛化、类推化和抽象化的不断作用下，在类似的语言用法的不断作用下，范畴与范畴之间建立起联系而泯灭了其界限，因而使得单词和词根可以在语言的整个领域内自由地移动。词根的这种普遍存在的性质，在像汉语和英语这样的分析语中最明显，但也见于即使非常原始的语言。

关于普遍语法，马林诺夫斯基否定了两种观点，一种是语法范畴是来自表达思想所需要的范畴，另外一种语法范畴凭空存在于大脑中以便组织语法结构。他认为：

Real categories there are, on which the grammatical divisions are based and moulded. But these real categories are not derived from any primitive philosophic system, built up by contemplation of the surrounding world and by crude speculations, such as have been imputed to primitive man by certain anthropologists. Language in its structure mirrors the real categories derived from practical attitudes of the child and of primitive or natural man to the surrounding world. The grammatical categories with all their peculiarities, exceptions, and refractory insubordination to rule, are the reflection of the makeshift, unsystematic, practical outlook imposed by man's struggle for existence in the widest sense of this word. It would be futile to hope that we might be able to reconstruct exactly this pragmatic world vision of the primitive, the savage or the child, or to trace in detail its correlation to grammar. But a broad outline and a general correspondence can be found; and the realization of this frees us anyhow from logical shackles and grammatical barrenness. (Malinowski 1923: 327—328)

存在的是真实范畴，语法分类就是基于这些范畴塑造的。但是这些真正范畴并非来自任何原始哲学体系，例如某些人类学家强加于原始人对周围世界沉思和朴素推测而建立的体系。在其结构上，语言反映了来自儿童以及原始人或自然人对周围世界的实用看法的真实范畴。语法范畴具有这些看法的所有独特性、异常性和对规则的难以服从性，语法范畴是对人类在最广泛意义上理解的生存斗争所施加的权宜之计、无系统的实用眼光的反映。希望我们能够准确地重构原始人、野蛮人或儿童的这种实用世界观，或者追溯实用世界观与其语法的相关细节，这将是不切实际的。但是我们可以找到大致轮廓和一般对应关系。总之，这样会使我们从逻辑桎梏和语法荒漠中获得解放。

如果仅仅依据现在的语言，或者已经发展了的高级语言，也就难以揭示语言的基本性质。马林诺夫斯基通过对相对原始语言的实地考察，才发现了若干新的结论。

三、情景性语境理论

最早提出情景理论（Situationstheorie）的是德国学者魏格纳。他在《语言生活的基本问题研究》（1885）中提出，语言的过程建立在策略、程序、图式和模型之上，包括说者和听者在情景中的交互作用。交流情景包括即时感知、原先的记忆、旨趣、常见的特定文化语境。（Wegener 1885：21—27）意义和语法来自基于情景的交际活动，词语根据整体情景被赋予意义。马林诺夫斯基将他早期采用的"情景"（Situation）概念归功于魏格纳。与魏格纳一样，他主要关注情景性语境中的活语言。不过，这一研究方法还有英国本土的语境论传统。

对马林诺夫斯基的"情景性语境"理论，罗宾斯的理解如下：1. 语言是一种"行为模式"，与其他社会协作行为一样，而非"思想的口令"。2. 话语的产生与理解严格处于共有的情景性语境之中，与说者和听者的个人、文化、历史和物理条件相关。3. 语言形式，即词语和句子的意义和用法，从其发生的语境中获取与理解。意义关系不应看成词语与其指称事物之间的二元关系，而应看成其句中词语与所发生语境之间的多维度和功能性的关系集合。4. 词语和句子的意义不是碰巧在不同语言中贴上不同标签的普遍性概念，而是大量地依赖于言语社区文化，同时也是其文化的一部分。5. 句子才是我们表达和理解的意义单位，而词语的意义是从句子的语境功能意义中提取或抽象出来的。（Robins 1971：35—36）

总而言之，马林诺夫斯基的语言理论主要包括两个方面。一方面是话语行为理论，语言是日常行为的一部分，有时就是行为本身。话语行为模式具有"最重要的实用特征"（Malinowski 1923：315—316）。词语的意义既非"一片瓦"，亦非抽象的普遍实体，而是来自词语在情景中的使用。另一方面是原始语义学理论，语义学理论是解释语言现象的基础，只有建立更深刻的理论才能推进语言研究。英国人类学家帕金（David Parkin 1982）曾将这一"意义由情境决定"的研究称为"语义人类学"（semantic anthropology）。"情景性语境"这一概念，被弗斯接受并成为其情境语言学的核心内容。

与之同期，加德纳在其论著中也借用了魏格纳的"情景"概念，并且把此后出版的《言语与语言的理论》（1932）献给魏格纳。

第六节　加德纳的意义域理论

加德纳（A. H. Gardiner, 1879—1963），英国古埃及学家、语言学家、文献学家。早年在格鲁夫学校、卡尔特修道院和牛津大学皇后学院接受教育，后来成为柏林大学古埃及学家泽特（K. H. Sethe, 1869—1934）的学生。加德纳对古埃及学的贡献是《埃及语法：象形文字研究导论》（*Egyptian Grammar: Being an Introduction to the Study of Hieroglyphs*, 1927），并在1915年通过"巴拉特铭文"（B'alat inscriptions）破译了古代西奈书写系统。加德纳的语言学论著主要有《词语与句子的定义》（*The Definition of the Word and the Sentence*, 1921—1922）、《言语与语言的理论》（*The Theory of Speech and Language*, 1932）。

一、言语是情景中的行为

在《词语与句子的定义》中，加德纳提出，以往对句子的研究忽略了以下因素：1.听话者从句子中获得的满足感；2.说话者和听话者的重要性；3.情景的动态性。在加德纳看来，句子就是社会事实，而不仅仅是思想的表达。我们用语言来做事，是因为我们想要达成某些事，因为我们想要影响他人。语言就是这样一个可用于达到某些意图的系统，而言语就是情景中的行为。加德纳认为必须考虑四个因素：

> The four elements always present in normal speech, i.e. in speech as used in any social milieu, are (i) the speaker, (ii) the listener, (iii) the things spoken of, and (iv) the actual verbal symbols or words.（Gardiner 1921—1922：354—355）
>
> 总是出现于正常言语中，也就是用于任何社会环境中的四个要素是：（1）说话者；（2）听话者；（3）谈论的事；（4）实际的言语符号或词语。

在《言语与语言的理论》中，加德纳想要建立言语和语言的普遍理论。在加德纳之前，魏格纳曾经直面这个问题。索绪尔的《普通语言学教程》对加德纳也有影响，他是根据"语言""言语"的二分来探讨魏格纳的语言交际观的。加德纳关心"言语作为意义传达工具的功能"（Gardiner 1932：13），但他认为，语义学不必以历史研究为重点。与魏格纳和保罗关注其母语德语一样，加德纳关注其母语英语的研究，不仅要弄清语言或意义的来源，还要揭示隐藏在大脑中的语言知识。为此，他要在"实际生活的原初设定"中，"充分而精确地分析言语行为"（Gardiner 1932：6）。在这一点上，他超越了魏格纳。在加德纳看来，对言语的原初设定是发现其过程和因素的唯一方法。作为人类行为，言语的最重要因素包括：1.至少有两个人；2.共同的语言；3.共同的情景。（Gardiner 1932：7）

说话者和听话者之间的互动交流，为听话者提供一个词语储存的所有意义——先前使用的所有残留物，但是实际意义受到周围的词语、情景、伴随言语的手势和语调的约束。（Gardiner 1932：35）因此，词语的潜在用法存在于背景之中，只有实际用法和对事物意味的指称走向前台。（Gardiner 1932：48）与魏格纳一样，加德纳区分交际的三种情景：现场性情景（situation of presence）、常识性情景（situation of common knowledge）以及想象性情景（situation of imagination）。（Gardiner 1932：51）意义不是言语本身赋予的，而是通过在情景层级中的理解而构建的，而且"如果仅仅通过'意义'来表达事物意味，即使再多的词语，言语也无法达到意义的完整"（Gardiner 1932：50）。"事物意味"（thing-meant）的"意义"是在情景中构建起来的，但是"词语意义"（word-meaning）的"意义"是不断构建起来的，即通过"事物意味"的效应解构和重构形成的意义。

加德纳把语义研究带到功能和情景中，而不仅是以听话者为取向的语言和意义的概念之中，由此构成了语义学史上的研究典范。加德纳在德国传统（魏格纳、保罗、冯特、马蒂、比勒）和英国传统（斯托特、斯威特、奥格登与理查兹、马林诺夫斯基等）的影响下，充分发展了言语和语言理论。但是，他强烈反对语言即思想表达的概念，以至于比前人走得更远。加德纳的研究，与维也纳语言心理学家比勒的研究有相似之处。比勒最终抛弃了当时的德国语义研究主要范式、过时的表征语义学，而发展了语义学研究的实验方法。

二、意义域和家族相似性

一些德国语义学家认为，意义不是附属于词语的柏拉图式的"理念"，而是一个适用性的范围。加德纳进一步指出："词义根本没有'意义'所特有的自身一致性或同质性。"（Gardiner 1932：4）"词义通常包含各种用法，这些用法之间无法找到任何相似点。"（Gardiner 1932：43）

加德纳以英语单词horse（马）为例展开阐述。

> We can perhaps best picture to ourselves the meaning of a word such as horse by considering it as a territory or area over which the various possibilities of correct

application are mapped out. Consequently, I shall often make use of the expression '**area of meaning**'(Gardiner 1932：36).

也许，我们最好把像horse这样的词语，就我们所用意义，描绘成所设想的一个领域或区域，在此示意图上，将适合运用的各种可能性都标记出来。因此我会经常使用"**意义域**"这样的表述。

词义可以从客观的（外部的），主观的（内省的）两方面分析。horse（马）的主观义可能包括实体性、单数，而客观义则包括各种可能的事物意味或使用实例。例如，toy-horse（玩具木马）、cab-horse（出租马车）、race-horse（用于比赛的马）、rocking-horse（摇摆木马）、gymnasium-horse（健身木马）、towel-horse（毛巾马架）等。由此可见，"马"的含义是一个范围或意义域，"各种合适的使用可能性都映射其上"。

But within the legitimate range of the word-meaning horse the various things meant will be **differently grouped**, some rather near the **border line**, and others distinctly central. An eminent physiologist told me that the mention of the word horse always conjured up for him the image of a prancing white steed. At all events such an image shows that, for that particular sujet parlant, prancing white horses were right in the **centre** of the word-meaning horse (Gardiner 1932：37).

但在horse词义的合适范围内，各种事物的意味将**有区别地分组**，一些相当靠近**边界线**，而其余的则明显处于中心区。一位著名的生理学家告诉我，每当提到horse这个词，他的脑海里总会浮现一匹奔腾白马的意象。无论怎样，这一意象表明，就特定的说话主体而言，奔腾的白马总是处在horse词义的**中心**。

实际上，何种意味处于中心取决于说话主体，在多数情况下都是一些活生生的马。根据这一"核型"（中心），其他的用法或多或少有些怪异。例如：

Doubtless for most of as live horses of one kind and another are pretty central. A slight **strain** is felt when horse is applied to toy horses, a greater strain when it is applied to the gymnasium horse, and a still greater strain when it is applied to a towel-horse. In terms of our map, these applications grow increasingly **peripheral**（Gardiner 1932：37）.

毫无疑问，对大多数人而言，这种或那种类型的活马都明显处在中心。当horse用于指玩具木马时，会感到轻微的**偏离**；用于指健身木马时，感觉偏离更大了；而用于指毛巾马架时，偏离越发大了。依据我们的示意图，这些用法越来越**外围化**了。

加德纳用词语的"意义域"取代了柏拉图的"理念"。

> The only real difficulty about viewing words as class-names is that we usually think of classes as assemblages of individual things which are all alike in some particular. But the meaning of words often covers applications between which **it is impossible to discover any point of resemblance**)...At first sight it might seem plausible to describe the mechanism of speech as "the indication of things by the names of ideas"; ...Looking closer, we see that **word-meanings possess nothing of that self-consistency and homogeneity which are characteristic of "ideas"**. (Gardiner 1932: 43—44)

将词语视为类名的唯一真正困境在于,我们虽然通常将类别视为个别事物的集合,认为这些事物在某些特定情况下是相似的,但是词语的意义通常包含各种用法,**这些用法之间无法找到任何相似点**。……初看起来,将言语机制描述为"依据理念的名称来指示事物"似乎是合理的;……但通过仔细观察,我们注意到**词语的意义根本没有这种自身一致或同质"理念"的特性**。

词语没有柏拉图式理念上的"意义",只有意义域或适用性。对于horse这个词来说,也就表明了cows(奶牛)这样的词不可能在其意义域版图上。加德纳的"意义域"理论,包括了"有区别地分组""中心""边界线""偏离""外围化"这些关键术语,其理论的丰富度胜过所谓的"家族相似性",而如今的"原型理论"与之似曾相识。

人们通常认为,维特根斯坦(L. Wittgenstein, 1889—1951)最早提出家族相似性[①],奥斯汀(J. L. Austin, 1911—1960)则提出基于家族相似性的一词多义观[②]。尽管维特根斯坦提出"家族相似性"这一术语,并以game为例加以论述,但是与加德纳以horse为例论述的意义域,实在太相似了。至于奥斯汀的一词多义观,则与埃德曼、斯托特、加德纳的观点一脉相承。虽然西方学者引用前人观点而不注明出处的情况常见,但是仍然逃不出学术史的法眼。毋庸置疑,维特根斯坦、奥斯汀的观点建立在此前语义学研究成果之上。至于美国心理学家罗施(E. Rosch)在家族相似论基础上提出的"原型范畴理论"(Rosch 1973, 1975; Rosch & Mervis 1975),可以说就是加德纳"意义域"理论在20世纪70年代的一个新版本。(详见李葆嘉 2021)

---

① 维特根斯坦的观点见于《哲学研究》(*Philosophical Investigations*, 1953: 66—71),1936年开始写作,完成于1945年。

② 奥斯汀的论述见于《词语的意义》(*The Meaning of a Word*, 1961: 71—72),写于1940年。

第七章

英国语义学研究的发展

在弗斯之前，英国传统语义学研究的代表人物都不是专业的语言学家，加尼特、特伦奇、穆雷是词典学家，赛斯是亚述学家，斯托特是心理学家，韦尔比夫人是符号学家，马林诺夫斯基是人类学家，加德纳是古埃及学家。专业语言学家尚迟迟未能出场。

1933年12月1日，加德纳在英国语文学会上发表《论语言学理论》（*Discussion on Linguistic Theory*, 1934）的演讲。加德纳的发言，则启发参与会议的弗斯在1935年发表了一篇独创性的文章《语义学技艺》。

第一节　弗斯的情境—功能语义研究

索绪尔《普通语言学教程》（1917）出版以后，尽管形式结构主义开始流行，但是布拉格学派和伦敦学派主张的是结构—功能主义。伦敦学派的创始人弗斯，早年在利兹大学攻读历史专业。1920—1928年在印度旁遮普大学任英语教授。1928年在伦敦大学亚非学院语音学系任高级讲师。1937年又到印度研究吉拉特语和泰卢固语。1941年任伦敦大学亚非学院语音学系主任。1944年伦敦大学设立普通语言学教席，弗斯成为英国第一位普通语言学教授，直至1956年退休。弗斯在伦敦大学任教二十多年，影响了一代英国语言学家。

在语义研究方面，弗斯著有《语义学技艺》（*The Technique of Semantics*, 1935）、《意义的模式》（*Modes of Meaning*, 1951）等。主要论文收录《1934—1951年语言学论文集》（*Papers in Linguistics, 1934—1951*, 1957）和《1952—1959年语言学论文选》（*Selected Papers of J. R. Firth 1952—1959*, 1968）。弗斯坚持，尽管语言学发展史与知识发展史、文化发展史关系密切，但是语言理论研究有其独立性，不应视为其他学科或语言教学的附庸。他崇尚巴尼尼的印度语言学传统，反对索绪尔的形式结构主义。谈语言不能不谈人们的社会生活和文化，分析语言不能撇开意义，弗斯主张的是功能—结构语言学。

一、转向情境中的功能

弗斯的《语义学技艺》开篇即言：

THE origins of this paper are : first, practical experience of linguistic problems in India and Africa as well as more recently in England; secondly, the prevailing uncertainty reflected in such titles as "What is a Phoneme ?" "The Problem of Grammar," "What is a Sentence?" "What is Syntax ?" "The Meaning of Meaning," and countless other signs of the overhauling of our apparatus; and lastly and perhaps most important of all, a discussion on linguistic theory held by the Society on 1st December, 1933, led by my friend, Dr. Alan Gardiner. (Firth 1935:36)

本文的撰写缘由是：首先，来自在印度和非洲以及最近在英国获得的有关语言问题的实践经验。其次，来自一般的不确定性问题，这些问题体现在如下标题："何为音素？""语法问题""何为句子？""何为句法？""意义之意义"以及分析其他符号的大量论述中。最后，也许是最重要的一点，本文的撰写受到我的朋友艾伦·加德纳博士，在1933年12月1日所主持会议上发表的语言学理论探讨的启发。

弗斯阅读过大量语义学文献，在《语义学技艺》中，他概述了19世纪德国、法国和英国的语义学状况。弗斯想要摆脱以往的历史语义学研究，展开"语言形式与功能的技艺"研究。这一技艺的研究，虽然是反历史主义的，但是并非静态的或共时的，而是基于"情景性语境"的。一方面，在某种程度上，弗斯继承与发展了19世纪以来英国语义学的语境主义；另一方面，弗斯与马林诺夫斯基同事多年，深受其影响，继承了马林诺夫斯基的"情景性语境"与"意义是情境中的功能"的概念。

弗斯认为，语言学的研究对象是实际使用的语言，其研究覆盖了从语音到会话分析的所有领域，以及在情景性语境中的意义分析。弗斯所说的意义不局限于词汇意义和语法意义，而是包括语言环境中的意义。他扩展了马林诺夫斯基的概念，除了语言的上下文、在语言出现环境中人们所从事的活动之外，整个社会环境、文化、信仰、参加者的身份和历史，参加者的关系等，都构成语言环境的一部分。在一定意义上，语言环境涉及一个人的全部经历和文化历史，过去、现在和将来都融合在语言环境之中。

二、典型语言环境和情境意义

弗斯发现，语言环境（language environment）或语境变化无穷，很难找出规律，因此提出"典型语言环境"这一概念，即人们在特定场合中遇到的环境，决定着人们必须扮演的社会角色。因为每个人扮演的社会角色是有限的，所以典型的语言环境也是有限的。弗斯认为，语义学实际上就是研究适合于特定社会角色的语言风格。弗斯强调，语言的异质性和非联系性，要比大多数人所愿意承认的严重得多。人类行为中有多少个专门系统，就有多少套语言，就有多少套与特殊的语言联系在一起的特殊社会行为。语言风格、语言的异质性，这些概念可能都来自查尔斯·巴利。

逻辑学家往往认为，单词（概念）和命题本身就有意义，而不考虑"参与者"和"情景性语境"。弗斯认为：

> 我以为，人们的话语不能脱离它在其中起作用的社会复合体，现代口语的每一段话都应该认为有其发言背景，都应该与某种一般化情景性语境中的典型参与者联系起来加以研究。（Firth 1957：226）

弗斯强调，语言学的目的是说明意义，描写语言学的首要任务就是对意义进行描述，而意义可以分为两种：一种是情境意义，一种是形式意义。前者来自情景的语境，后者出自语言内部的上下文。弗斯主张把意义或功能分解为一系列的组成部分。确定语言的每一功能，都应从某一语言形式或成分与相应上下文之间的关系入手。也就是说，应当把意义看成上下文关系的复合体，而语音学、语法学和语义学则分别研究所在上下文中的有关组成部分。（Firth 1957：19）弗斯所谓的形式意义，表现在三个层面——搭配层、语法层和语音层。更重要的是，弗斯试图将语境概念融入普通语言学理论之中，他提出的情景性语境框架，推进了语境理论的发展。

第二节　乌尔曼的结构—功能语义学

20世纪50年代以来，英国的一批学者发展了现代语义学理论。在弗斯之后，首先是乌尔曼梳理欧洲传统语义学，从结构—功能主义角度对语义进行研究。

乌尔曼出生于奥匈帝国的布达佩斯，1936年获布达佩斯大学语文学博士学位。后到英国格拉斯哥大学求学。1939年定居英国，在格拉斯哥大学罗曼语文学和普通语言学系任教。1953—1968年，乌尔曼主持利兹大学罗曼语语文学教研室，担任法语与罗曼语语文学教授。1968年起担任牛津大学教授。其主要论著有《词及其运用》（*Words and Their Use*, 1951）、《法语语义学概论》（*Précis de Sémantique Française*, 1952）、《语义学原理》（*The Principles of Semantics*, 1957）、《语义学：意义科学的导论》（*Semantics, An Introduction to the Science of Meaning*, 1962）和《意义与风格》（*Meaning and Style*, 1973）。

乌尔曼试图建立完整的结构语义学理论。首先，从如何理解语义在语言系统中的作用，以及结构语言学所给予的语义学地位开始讨论。乌尔曼否认语言学门类的传统划分法，而主张根据符号功能、内部结构和时空关系加以划分。语言的基本单位包括音位、词和句段，由此分别形成音位学、词汇学和句法学。在三分法之上，乌尔曼又把语符的形式和语义区别开来，即从两个角度研究符号。这样，词汇学分为词汇形态学和词汇语义学（Lexical Semantics），句法学分为句法形态学和句法语义学（Syntactic Semantics）。如果根据共时和历时的区分，以上五个分支学科又可细化为十种。

一、《语义学原理》简介

乌尔曼的《语义学原理》（1957，1959年增补版）是英国语言学界第一本题名"语义学"的专著。全书包括五章。

  第一章　语义学概说（1—42页），包括：第一节　术语；第二节　语义学与哲学；第三节　语义学与语言学。

  第二章　描写语义学（43—138页），包括：第一节　词语及其自主性；第二节　意义的功能分析；第三节　单纯意义；第四节　多重含义和语义病理学。

  第三章　描写语义学到历史语义学的通道（139—170页），包括：第一节　两种方法的相互依存（同音异义的冲突）；第二节　单元和系统（语义场）。

  第四章　历史语义学（171—257页），包括：第一节　意义演变的性质和根本原因；第二节　意义演变的类型；第三节　语义定律。

  第五章　普通语义学（258—294页），包括：第一节　研究意义的泛时性方法；第二节　统觉的泛时性倾向；第三节　泛时性统计定律。

  结论（295—299页）

  增补：语义学的发展近况（300—321页）

与马蒂（1908）的语义学三分（描写、遗传、普通）相同，《语义学原理》主要阐述了描写语义学（Descriptive Semantics）、历史语义学（Historical Semantics）和普通语义学（General Semantics）。描写语义学强调意义的功能分析，接受的是传统语义学的功能观。历史语义学强调意义的演变类型，承传的是传统语义学的历史取向。而罗德特的《对语义变化的心理分类》（1921），则成为乌尔曼关于语义演变分类的理论基础。至于普通语义学，重点强调的是意义的泛时研究。

二、《语义学导论》述评

1962年，乌尔曼的《语义学：意义科学导论》（简称《语义学导论》）出版，其目标是让本科生与研究生少接触一些理论，多掌握一些实用知识。该书的绪论勾勒了语义学研究简史（本书引论第二节"西方学者的西方语义学史研究"中已介绍）。下面主要介绍该书主体部分的内容并略加评点。

第一章　语言是如何获得的（11—35页）

乌尔曼把语言学分为音位学、词汇学、结构学（句法学），而且音位、词和句段各有形态和意义两方面。这一体系在《语义学原理》中已经提出，如图7-1所示。

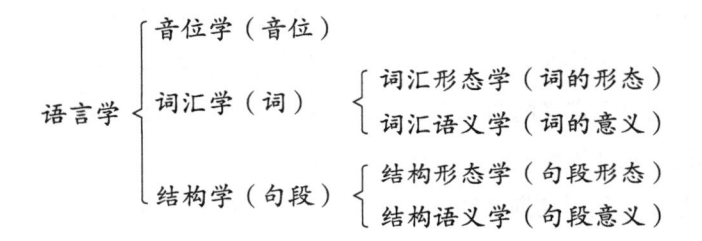

语言学
- 音位学（音位）
- 词汇学（词）
  - 词汇形态学（词的形态）
  - 词汇语义学（词的意义）
- 结构学（句段）
  - 结构形态学（句段形态）
  - 结构语义学（句段意义）

图7-1　乌尔曼的语言学分支学科

第二章　词语的本质（36—53页）

乌尔曼区分了"实词"（full word）与"形式词"（form word）。作为意义单位，词具有固定的意义，而词义往往受上下文影响。但是，乌尔曼反对彻底否认词具有独立意义的观点。比如，罗马尼亚语言学家罗塞蒂（A. Rosetti, 1895—1990）在《词语：一般理论纲要》（*Le mot: esquisse d'une théorie générale*, 1943）中提出：一个词仅凭借上下文而存在，自身没有价值（le mot n'est que par le contexte et n'est rien par lui-même）。

【评点】拉扎鲁斯在《心智和语言：心理学专论》（1856—1857）中提出，词语的意义对听话者和说话者不可能完全相同，交谈必须依赖上下文才能达成话语和理解之间的匹配。德国语言学家浮士勒（K. Vossler, 1872—1949）在《语言学的实证主义和理想主义：语言哲学研究》（*Positivismus und Idealismus in der Sprachwissenschaft: Eine sprachphilosophische Untersuchung*, 1904）中认为，语言主要是自我表现，语言的演化源于个人有意识的审美创造，因此每个人都可以在词语中赋予别人没有赋予的内涵。这种看法过分强调了个体的创造和上下文价值。德国语言学家克罗纳斯尔（G. Kronasir）提出，"狮子"的词义对儿童、猎人和动物学家截然不同，显然把词义和心理联想混为一谈。意大利语言学家斯特法尼尼（J. Stefanini）甚至推定，承认词的独立存在必然导致原子主义。然而，梅耶

（1917）则指出，词的多义现象并不能取消词义的独立存在。词的独立性与系统性相辅相成，否认词的独立存在，也就是否认概念或事物的独立存在。词义之间的关系是在词义独立存在的基础上形成的：一方面，一个词有其特定的概括义或社群义，脱离特定上下文仍然存在；另一方面，一个词的意义绝不可能等同于该词出现环境的总和，因为无法也无须知道这种总和。不仅实词，虚词也有其独立意义。[①]

第三章　意义（54—79页）

乌尔曼首先阐释了奥格登和理查兹（1923）提出的语义三角，但以布龙菲尔德的语义观为主。乌尔曼似乎深信，可以通过使用矩阵建立某些意义描写的方法来测量语义的可能性，该方法由奥斯古德等（C. E. Osgood, G. J. Suci & P. H. Tennenbaum）在《意义的测量》（*The Measurement of Meaning*, 1957）中提出。乌尔曼认识到，这种方法可以提供"意义指称理论"的证据，但他同时指出，这些测量只与情感意义和内涵意义有关。

乌尔曼提出给词语下定义的两种方式。第一种是指称性定义（referential definitions），主要是通过分析词义的各种要素给词语下定义。第二种是运用性定义（operational definitions）。乌尔曼引用了切斯《语词的专横》（*The Tyranny of Word*, 1938）中的名言："要了解一个词的真正意义，必须观察人们用到这个词时如何行动，而不能听他如何解释这个词。"词的意义就是它在语言中的运用，有人主张用列举一个词的各种搭配来代替对词义的解释。而乌尔曼认为，运用性定义只能是指称性定义的补充。

乌尔曼从功能观点出发，给词义下了一个定义：意义（meaning）是名称（name）和观念（sense）之间的相互可逆性关系。在他看来，一提起某一名称，就能想起相应的观念；而脑子里一涌现某个观念，也马上能想起相应的名称——这就叫相互可逆性关系。

【评点】美国政论家切斯（S. Chase, 1888—1985）是通用语义学派的代表人物之一。通用语义学重视"语言的社会运用"，乌尔曼提出的运用性定义受到该学派的影响。

第四章　词语的透明和朦胧（80—115页）

乌尔曼认为，绝大多数词的意义是没有理据的：1. 从静态的观点出发，并不是同一组音都表示同一意义，也不是相同的意义都用相同的音组来表示。2. 从历史的观点出发，既有词的语音变化了但词义未变，也有词的语音没变化但词义变化了。3. 从比较的观点出发，同一组音或相近的一组音在不同语言中表示截然不同的意义。

同时，乌尔曼也举出若干有理据性的情况：1. 某些词本身像自然界的某种声音。2. 某

[①] 布达哥夫（Р. А. Будáгов）撰有《不能否定"词义"的独立存在》（马平译述），载《语言学资料》，1965（Z1），44页。

些派生词或复合词的意义可以从其组成部分中看出。这两种理据性是相对的，它们在历史上容易变得微弱，以至于消失。作者又以德法英语为例，说明不同语言中的理据性程度不一样。如德语的Handschuh（手套），由hand（手）和schuh（鞋子）合成，具有理据性；而英语的glove，法语的gant，都是无理据。此外，还说汉语是最缺乏理据性的语言。乌尔曼的所谓透明词，或者是拟声词，或者是本族语者能很快识别词素成分的复合词。相反，朦胧词就是那些失去拟声特征或不再具有"明显词态"（evident morphology）的词。乌尔曼认为透明词比朦胧词更具理据性，拟声词具有更大的"语音理据"，因此而得出拉丁语的拟声词cycnus（天鹅）比语法派生词cygne（天鹅）更具有语音理据性。

【评点】乌尔曼基本上照搬《普通语言学教程》中的相关论述。对索绪尔观点的辨析，详见李葆嘉《论索绪尔符号任意性原则的失误和复归》（1994）。根据洪堡特的内在形式和斯坦塔尔的语言发展三阶段，从理论上可以假定，任何词语都具有原初理据性。随着时间的推移，理据性留存的具有透明性，而理据性磨灭的则朦胧不清。

第五章　意义中的逻辑要素和情感要素（116—140页）

在谈到词义的逻辑要素时，乌尔曼认为词义往往具有含糊性，这是因为：1. 词义的概括性；2. 词义的多面性；3. 事物之间缺乏明确的界限（例如各种颜色组成一条逐渐变化的色带）；4. 词义与事物之间没有直接关系，在不同人的口中同一个词可用来表示不同的东西。

在谈到词义的情感要素时，乌尔曼指出，表达情感的手段有语音的、词汇的和结构的，词的情感色彩容易消失。此外，乌尔曼探讨了外延义和内涵义问题，并坚持明确区分通用词与抽象词。

【评点】埃德曼（1900）提出词语的概念意义、附带意义与情感价值。师辟伯（1914）建立了情感语义学。乌尔曼没有区分本身具有情感特征的词（诗歌用词往往具有固定情感色彩）与不具情感色彩的词语（如科技语），没有区分本身属于中性词，而在特定上下文中感染某种情感色彩的词。

第六章　同义关系（141—155页）

有些学者否认有意义完全相同的词，乌尔曼认为未免绝对化。乌尔曼引用柯林森（W. E. Collinson, 1909—1944）《当代英语》（*Contemporary English*, 1927）中列出的同义词，以说明可能存在的区别。

　　1. A比B的意义更概括，如refuse—reject。
　　2. A比B意义更强，如repudiate—refuse。

3. A比B更富有情感色彩，如reject—decline。
4. A具有褒贬意味，B不具有，如thrifty—economical。
5. A属于职业用语，如decease—death。
6. A比B更文雅，如passing—death。
7. A属于俚俗词语，如turn down—refuse。
8. A属于方言土语，如（苏格兰）flesher—butcher。
9. A属于儿语，如daddy—father。

乌尔曼指出，这九种情况不是基于同一标准划分的。

乌尔曼讨论了辨析同义词的方法：1. 通过各种上下文，观察各自适用，或共同适用（文体不同的同义词，往往没有共同适用的上下文）；2. 利用各词的反义词进行比较；3. 把各个同义词根据一定词序排列起来，视为语义场或连续统，如quick（迅速的）、swift（立即的）、fast（紧随的）、nimble（轻快的）、fleet（飞逝的）、rapid（急促的）、speedy（快捷的）。

第七章　意义的含糊（156—192页）

从纯粹语言学的观点来看，意义的含糊可能由三种因素引起。1. 语音因素，也就是同音同形异义或同音异形异义现象。前者如mean, 可指"中间的、平均的"，后者如ear（耳朵）和niere（腰子）。2. 语法因素，如desirable（令人满意的）、readable（读起来有趣味的）和eatable（可食用的），其中后缀-able的意义各不相同。3. 词汇因素，英语的board可指木板、台板、桌子、桌上食物，以及坐在会议桌旁的人等，也就是一词多义现象。

第八章　意义的演变（193—235页）

关于词义演变的原因，主要有：1. 语言的原因，某词常在某些上下文中出现则获得新义；2. 历史的原因，包括客观事物、制度、观念和科学概念的变化；3. 社会的原因，词的使用领域专门化或泛化；4. 心理的原因，由于常用于感情丰富的上下文中，导致词义发生变化，如避讳和委婉；5. 外族语的影响；6. 新事物的出现。

关于语义演变的机制，乌尔曼重申《语义学原理》中的联想说。两个词的相互影响可能由于"名称"的联想或"感觉"的联想。又可区别为两种情况：1. 由于两物相似引起的联想，以及其他各种转喻；2. 由于两物经常同时出现或所处位置相近引起的联想，如法语的la blouse指工人阶级，因为从前工人多穿blouse（一种宽松的上衣）。词义演变的结果，使某些词的意义扩大或缩小，或者使某些词的意义获得褒贬色彩。

【评点】乌尔曼推崇斯特恩的《意义和意义的演变》（1931），该书主要针对英语现象且用英语行文，因此在英语学界具有影响。乌尔曼参考了斯特恩的语义演变类型和原因的学说。至于相似性和相关性联想，也是来自德法研究传统。

第九章　词汇的结构（236—258页）

语义学家试图建立语义体系的探索有三种思路：联系线索，概念体系（语义场）和比较研究。第二种方法着眼于概念体系，以语义场理论为代表。乌尔曼指出，语义场的研究有其意义和作用，但是把语义体系想象为由许多语义场拼凑起来的完整图画是不正确的。语义场的研究对某些词语（如颜色名称、亲属名称、伦理概念、美学概念、思维活动、宗教生活等）是有效的，但语言中的大多数词不可能这样。乌尔曼将语义场划分为联想场（associative field）和词汇场（lexical field），把前者定义为"围绕一个词的联想网络"，把后者定义为"与一定的语言运用范围相适应，紧密结成一体的词汇部分"。

第三种方法从两种语言的语义比较着眼。这种方法要注意：1. 理据性在语义体系中所占的比重以及词汇结构理据性的各种形式；2. 表示广泛概念的词和表示狭小概念的词的比例；3. 表达情感色彩的方法；4. 同义词的类型；5. 多义词的比重；6. 同音词的比重；7. 词义的独立性以及上下文的作用。进行这种研究，统计方法是必要的工具，但是还得同时利用其他手段。

【评点】乌尔曼未对美国的成分分析法加以讨论，主要关注的还是德国的语义场理论。语义场理论是否可行，要对一种语言的三千常用词进行逐一分析后才能知道。

丹麦语符学派和美国描写主义学派，竭力把意义从语言研究中排除出去，追求形式化。乌尔曼在《语义学导论》中多次批评了这种倾向。最后，乌尔曼在结论（259—263页）中提出：1. 语义研究必须既采用新的实验方法，又不能忽视以往的研究成果，理论和应用必须兼顾。2. 语义研究必须广泛利用世界上的各种语言材料。3. 语义研究必须在语言学中占有重要地位。语义研究既要注意语言内的事实，也须注意语言外的事实，并且要和其他科学紧密联系起来。

第三节　韩礼德的精密词汇语法

韩礼德（M. A. K. Halliday, 1925—2018），英国—澳大利亚语言学家，系统功能语言学的创始人。早年在伦敦大学主修中国语言文学。1947—1949年到北京大学进修（导师罗常培），1949—1950年到岭南大学进修（导师王力）。回国后跟随弗斯，1955年完成《元朝秘史的汉语语言》，获剑桥大学博士学位。先后在剑桥大学、爱丁堡大学、伦敦大学以及美国印第安纳大学、耶鲁大学等任教。1963年任伦敦大学语言学教授。1973—1974年任美国斯坦福大学行为科学高级研究员。1974—1975年任埃克赛斯大学教授。1976年移居澳大利亚，筹建悉尼大学语言学系。

在20世纪50年代后期和60年代初期，韩礼德深受弗斯和马林诺夫斯基的影响。60年代后期，接受了布拉格学派的功能句子观和美国兰姆（S. Lamb）的层次理论，后来又从英国伯恩斯坦（B. Bernstein, 1924—2000）的社会学理论中得到启发。在《社会符号的语言：语言和意义的社会解释》（*Language as Social Semiotic: The Social Interpretation of Language and Meaning*, 1978）引论中，韩礼德提及，他的许多思想来自索绪尔、叶尔姆斯列夫、马泰休斯（V. Mathesius, 1882—1945）、博厄斯、萨丕尔和本杰明·沃尔夫。他赞赏拉波夫（W. Labov）的社会语义学思想而批评乔姆斯基的形式语法观点。

弗斯坚持，谈语言不能不谈人生和文化，分析语言不能撇开意义。韩礼德坚持，讲语言体系不能不讲语言实践，讲语言表达不能不讲语言能力。1961年，韩礼德发表论文《语法理论的范畴》（*Categories of the Theory of Grammar*），其后著有《语言功能探索》（*Explorations in the Functions of Language*, 1973）、《功能语法导论》（*An Introduction to Functional Grammar*, 1985）。韩礼德继承了弗斯的两个基本理论，一是情境理论，二是系统理论。韩礼德认为，语言与典型社会情境有密切关系，重新界定了"系统"并创造了一套范畴。要在不同层次上解释语言，其中最基本的层次是实体、形式和情境。实体是语言原材料，形式是由实体排列成的有意义结构，情境是语言出现的场合并有规定意义的作用。

一、语法学家之梦

对于词汇层次和语法层次之间的关系，存在两种观点。一种认为，词汇与语法代表两种不同的形式模型；另一种认为词汇与语法之间并无截然的分界，二者处在同一渐变群中，有量的差别而无质的不同（都是构建意义的源泉）。

弗斯、哈德森（R. A. Hudson）等持第一种观点。弗斯（1957）提出，结构在词汇层和语法层分别反映为搭配（collocation）和拼凑（colligation）两种现象。作为词项意义的一部分，搭配指该词项按习惯形成的组合关系，而拼凑则是冠词、名词和动词等语法范畴之间的关系。哈德森（1971）则认为，词汇和语法缺少共同的空间延伸性，必须将语法的体现与语音、词汇和语义的体现区分开来，不能混在一个无所不包的结构中。主要原因是不同层次分离出来的元素并不一定重合，如语法层和词汇层不必完全匹配。

第二种观点就是"词汇语法",韩礼德在《语法理论的范畴》中提出的"语法学家之梦":

> 因此把语法转移到词汇理论,其地位不在等级性,而是精密性。从理论上讲,词汇语法被定义为精密度的提升而非系统的膨胀。这意味着,在描述中随着精密度的提高而不断改变。语法学家之梦(grammarian's dream)是(并且必须是,此为语法之本质)不断地扩展领域。他想将全部语言形式转化为语法要素,希望表明词汇可被定义为"最精密语法"(most delicate grammar)。词汇的出口由此关闭,所有解释要素都排列在语法系统中。(Halliday 1961:267)

1972 年,韩礼德在接受比利时语言哲学家帕雷特(Herman Parret)采访时,又重申了这一立场:

> 词汇系统绝不是后来才插入语法所确定的一组插槽中的东西。如果可以重提我多年前所用定义,那么词汇的确是最精密语法……换而言之,仅仅存在词汇语法选项的唯一网络(one network of lexicogrammatical options)。随着这些选项越来越具体,句子越来越倾向于由词项选择来实现,而非通过语法结构来选择。而这些都是整体语法系统的部分。(Parret 1974:119—120)

1994 年,韩礼德仍然坚持语言的中心层是语法层,更准确地说,应称之为"词汇语法",因为它包含词汇和语法。这两部分不过是同一连续统的两端。它们是相对视角中的同一种现象,都是构建意义的源泉。(Halliday 1994:15)

韩礼德将词汇看作最精密的语法,是以系统功能理论为前提。即语言由语义、词汇和语音三个层次组成,这三个层次通过体现关系相联结。语义编码为词语,词语编码为语音;每一语义层次可以描绘为一个可选择性网络;一个结构的形成是由经验、人际和语篇三个元功能所指明的词汇语法网络的选择输出结果。韩礼德强调语境对语言意义具有制约作用,语言的功能是语言单位在一定语境中的作用,语言意义是情景性语境要素交互作用的结果。韩礼德把语言意义归结于社会符号系统,语言意义不是孤立地存在于语言单位之中,而是与特定情景性语境所体现的社会符号系统密切相关。根据聚合关系的观点,韩礼德将语义系统看成意义潜势网络。这个网络包含了许多互相联系的子系统,而每个系统就是一套选择。语境能制约语篇,各种语境变量激发语义系统,从而产生各种词汇语法选择。

与传统语法关注的是如何描述句法结构不同,系统功能语法将语法视为聚合关系的网络。词汇语法网络不仅是意义潜势的描述,而且是词汇语法潜势的描述。词汇语法网络不仅是描述语言的手段，而且是语言生成的手段。如果要证明词汇是最精密的语法，就要证明有可能将词汇语法网络在精度上不断扩展，直至将它描绘为可生成词项这一形式单位的机制。

为了实现这一梦想，贝利（M. Berry）、哈桑（R. Hasan）、福赛特（R. P. Fawcett）、图克尔（G. H. Tucker）等学者做了许多努力。研究的重点在如何采用与描述语法所实现意义的相同方法，将词汇项的意义采用网络实现模式化。作为拓荒者，贝利在《系统语言学导论》（*An Introduction to Systemic Linguistics*，1977）中，基于等第一范畴语法框架，详细考察了词汇语法的描述问题，从搭配、单位、等第、系统、精度、体现等方面分别讨论了词汇系统与语法系统的异同。注意到词汇系统中的项目如同语法系统中的项目一样，也与体现表述相联系。语法体现表述和词汇体现表述的差别在于：1. 前者将选择定位在类别和次类上，而后者将选择定位在单个词项上；2. 前者通常在单一性特征上操作，后者一般在系列性特征上进行。贝利设计了与动物王国有关词项的网络，这是将词汇纳入语义网络模式的最早尝试。采用了词义成分分析法和交叉分类法，即用许多平行系统来构建网络。如要获得（公牛）的特征，必须同时进入"动物／性别／成熟度"三个平行系统。这种方法有一种潜在危机，即并不是所有的选择组合都有词项体现。

作为将词汇精密语法模式化的探索者，哈桑在《语法学家之梦：词汇最精密语法》（*The Grammarian's Dream: Lexis as Most Delicate Grammar*，1987）中试图证明：可以将词汇语法网络一直扩展到它能足够精密地描述和生成词项。哈桑所构建的是Acquisition（获得）和Deprivation（剥夺）这两个意义区间的网络。这一网络由Benefaction（受益）、Access（途径）和Character（人物）三个主要系统组成。以collect／gather／accumulate（搜集／收集／积累）三个过程为例，它们所共有的选择表达n=［material物质；action行动；disposal处置；acquisition获得；iterative重述；beneficile益处；potential潜在］。随着选择进一步右移，精度则进一步增高，意义区分则进一步明晰，而表达"事件"的词项得以区分。贝利模式中"交叉分类"所引起的词项体现的空缺现象，在哈桑模式中通过搭线（wiring）和说明（预选说明或合选其他特征说明）已基本解决。此外，collect／gather／accumulate 的特性通过选择［＋单一］［＋中性］［＋大量］［＋无标记］就可成立，而它们与（受益）的组合，实际上是在执行"词汇外语法"。换而言之，哈桑不仅论证了词汇精密语法，而且还证明了存在"词汇外语法"（grammar beyond lexis）。

福赛特在《认知语言学和社会互动：走向系统功能语法和互动心智其他组成部分的整合模型》（*Cognitive Linguistics and Social Interaction: towards an Integrated Model of a Systemic Functional Grammar and the Other Components of an Interacting Mind*，1980）中提出，词库是一个庞大而复杂的语义特征网络，设计了一些"以受影响者为中心的行为过

程"和一些"事物"的语义网络,他称之为"文化分类"。在福赛特指导下,从事自然语言生成中的词汇语法研究的图克尔,试图解决词汇与语法项目不必共同延伸所带来的问题,提出了如何对包含"haven't the faintest idea..."这种半固定表达的句子进行句法分析及生成的方法。1998年,图克尔出版了《形容词的词汇语法:系统功能对词汇的逼近》(*Lexicogrammar of Adjectives: A Systemic Functional Approach to Lexis*),标志着向"语法学家之梦"又迈进了一步。

词汇和语法相互交织。韩礼德的这一主张与弗斯对聚合关系和意义研究的重视具有承传性。马林诺夫斯基认为必须建立一种新的语义学理论才能将研究推向纵深。韩礼德强调语法在本质上是一个语义系统,说话者根据所要表达的意义在系统中选取适当的语义项目进行组合。贝利、哈桑、福赛特、图克尔等人的努力,正在不断逼近这一梦想。

二、语境组合的变量

韩礼德发展了弗斯的"情景性语境"理论,将语境与语法和语义联系在一起,使之成为其语言理论的有机组成部分。情景性语境模式和语域有密切联系,语言在不同语境中受不同情景因素支配而产生不同变体。语言在情景中发生,并在情景中得到理解和解释。情景性语境的变化能引起语言的变异,这就在语言中形成了各种各样的受情景因素支配的语言变体。

韩礼德提出了情景性语境组合的三个变量,即语场(field)、语旨(tenor)、语式(mode)。语场指实际发生的事件,或者语言发生的语境与话题;语旨指语言参与者之间的关系,包括社会地位及其角色关系;语式指语言交际的渠道或媒介,如口语还是书面语,即兴的还是有备的。这三个要素在语境组合中一起发生作用,分别影响语言的概念意义、人际意义和语篇意义。(胡壮麟等 1989:175)这三种意义又分别影响话语参与者对及物性系统、语气/情态系统和主位/信息系统的选择。

韩礼德认为,如果把语言当作整体看待,那么就必须从外部来确定区别语义系统的标准,也就是要依靠语境来确定属于同一语义类型的语言材料是否具有同一意义的标记。语言之外的社会语境或情景,与语言一样也是语义的一部分。"社会语境""环境""相互交际"等概念与"知识"和"思维"在理论上是同类型的,因此,"相互交际"能够解释"知识"。要掌握不同形式语言项目的使用,必须精确地区别语义与特定语境的关系。

第四节　英国语境理论的形成与发展线索

语言学的语境理论源远流长，最早可以追溯到斯图尔特（1810）的词语关联意义论。在斯马特（1831）的意义语境观中，语境主要指词语出现的上下文。词语只有在句子中才有意义，而句子只有在段落中才有意义，而段落只有在文本中才有意义。也就是较小的语言单位，只有在较大的语言单位中才有意义。词语出现的上下文，也就是语言文本及相关知识。准确地说，斯马特的意义语境观即"意义的上下文观"。而在斯托特（1891）的心理语义学中，思想的概念是凭借表达性符号的具体化统觉系统，它是一个整体，而不是各部分的总和。在概念的句法组合中，人们创造概念之上的新整体。概念在句子中组合在一起，通过统觉以实现理解。每个概念统觉和理解前面的概念，同时也被前面的概念所统觉和理解。由此，斯托特的意义语境观即"意义的统觉观"或"意义的心理语境观"。

马林诺夫斯基（1920, 1923）的人类语言学，研究原先不了解的美拉尼西亚的活语言，借用魏格纳的"情景"概念，将语境延伸到话语的发生情景以及社会文化背景，提出情景的语境、语言的语境、文化的语境等。由此可见，马林诺夫斯基的语境即 "话语行为的整体情境"。而他同时提出，必须建立一种排除形式标准的语义学理论才能使语言研究深入下去。

韦尔比夫人（1903）发展了生存与语言的关联，以表达其语言的语境变化观。奥格登与理查兹的《意义之意义》（1923）产生了很大影响，主要因为基于行为的指称理论、语义三角、意义语境论，以及强调词语的功能性与工具性。他们把符号情景（sign-situations）区分为外部语境（external context）与心理语境（psychological context）。（Ogden & Richards 1923：56）这种符号语境论，与魏格纳与马林诺夫斯基的意义语境论有所不同。在奥格登与理查兹看来，语境提供两个或两个以上实体之间的联想关系，使得其中一个成为另一个的符号，通过连接过程成为指称。也就是说，一个对象与另一对象经常一起出现，那么这一对象也就激活另一对象并成为其符号。由此形成一个语境，看到其中的一个就会想起另一个。在魏格纳与马林诺夫斯基的意义语境论中，情景或情境是词语以某种方式投射的背景，因此既会接受也会改变词语的意义。

意义语境观孕育了格式塔心理学。尽管韦特海默（M. Wertheimer, 1880—1943）《视觉运动的实验研究》（*Experimentelle Studien über Das Sehen Von Bewegung*, 1912）的发表，标志着格式塔心理学的诞生，然而主张意义语境观的斯托特（1891）无疑是格式塔心理学的先驱。整体不同于其部分之和，整体大于其部分之和，而且比其部分之和更重要。大多数整体都是整合系统，其子部分之间具有复杂的联系；部分只是因为在整体中的位置、作用和功能，才成其为部分。格式塔心理学与斯托特的意义语境论，可谓异曲同工。意义语境论推进了功能语言学。这里的功能包括语言的交际功能、社会功能、文化功能。弗斯创立结构—功能学派，得益于马林诺夫斯基强调语言的功能在于组织人类活动，语言"是活动的方式，而不是反映的工具"（Malinowski 1923：312）。由于人类活动不是千篇一律，所以对语言的理解要联系语境。韩礼德则将语境定义为"文本在其中展开的整个环境"（Halliday 1978：5），并试图将情景性语境类型化，对情境因素加以抽象，研究通用语境的共有变量如何影响语言的使用。在系统功能语言学中，语境与语言互为前提、相互影响。韩礼德力图在语境因素与语言表达的选用之间建立对应关系，进一步试图通过情境推测语言功能、推测语言使用的语义结构。反之，也可以从语义结构推测情境。

综上，19世纪30年代斯马特提出最初的意义语境观，19世纪90年代斯托特提出意义理解的心理语境观，20世纪20年代马林诺夫斯基提出话语行为的整体情境观。此后，在一批语言学者的努力下，语境从辅助背景或次要地位（限制词语句子意义、帮助话语理解），上升到与研究语言本身具有同等重要的地位。这一切都是基于对语言交际和理解的语义学研究。

表7-1 英国语义学沿革一览表

	作者	著作	主要观点	传承或身份
学术背景	洛克（J. Locke, 1632—1704）	《人类理解论》（1690）	1. 符意学即研究人们基于事物理解所形成的观念、用以传达知识的语言符号的性质。2. 词语的功用在于标记观念，观念是词语标记的适当和直接意义。3. 词义的参照依据是：他人观念和事物实相，词义是主观和客观的统一。4. 区别了词语的自我意义和他人意义，只有通过说者与听者的思想交流才能了解语言的意图。5. 区别了词语的通用意义和特殊意味。	英国经验主义哲学的代表人物。把科学分为物理学、实用学、符意学，为英国本土语义学开辟了道路。
	图克（J. H. Tooke, 1736—1812）	《珀利的转向》（1786）	一、词义的语源观：1. 探索词语的语源，以洞察使用者的心智与道德。2. 通过说者与听者的思想交流了解语言的意图。3. 语言本身是完美的，我们对语言本质的理解存在瑕疵。二、意义原子论和句义总和论：1. 每个词语都有一个精确的意义。2. 句子的整体意义是词语意义的总和。	其语源观受法国杜尔哥（A. R. J. Turgot, 1727—1781）的影响。
	斯图尔特（D. Stewart, 1753—1828）	《论近期语言学思潮的趋势》（1801）	1. 批评图克关于词语总是用其初始义，真正意义是根据当时对该词语的使用情况而定。2. 批评意义原子论。词语只有在语境中才能获得意义，而句子的意义大于部分之和。3. 词典收录的多义词在语境中很容易理解。	反对图克的道德和本元论语源学。提出词语组合意义论。

续表

	作者	著作	主要观点	传承或身份
形成及其发展	1. 斯马特（B. H. Smart, 1786—1872）	《符意学纲要：或关于建立语法、逻辑与修辞新理论的探索》（1831）；《符意学续集》（1837）；《本元学新学派的起点》（1839）；《思想与语言：旨在洛克哲学的复兴、修正与独家构建》（1855）	一、意义语境观：词语只有在语境中才能获得意义，句子的意义大于部分之和。当这些词语分离时确实有某个意义，但在与其他成分连接时，就将其单独意义合并到形成这句话的整合意义中。二、语言与意义：1. 思想与词语之间不存在一一对应关系。2. 提出句子理解的概念推理树形图，听者通过一步步推理过程直至得出句子的意义。句子的分析是基于对句子意义的理解过程，而非对句子的逻辑结构加以演绎分析。	洛克的追随者，同时受到斯图尔特的影响。发展了符意学，提出了意义语境观。
	2. 加尼特（R. Garnett, 1789—1850）	《英语的词典编纂》（1835）	如果词典编纂基于德国学者发展的理性、科学方法的语源学，那么就有可能按照自然演变顺序排列词语的含义。	受斯图尔特及德国比较语法的影响。
	3. 特伦奇（R. C. Trench, 1807—1886）	《论词语研究》（1851）	引进德国语文学家的历史研究法。1. 将语义变化与不断变化的道德与历史相联系。2. 语源学的任务在于追溯全部词语的历史及其所有意义的演变。3. 语言是一堆褪色的隐喻、词语是石化的诗。4. 没有意义完全相同的同义词。	受格里姆兄弟《德语词典》以及加尼特的影响。
	4. 穆雷（J. A. H. Murray, 1837—1915）	《新英汉词典的历史原则》（1884）、《英语词典编纂的演进》（1900）	《新英语词典》的目标是：要对现在普遍使用或过去几百年间曾经使用过的英语词语的意义、起源以及历史进行描述。结合了约翰逊的引文法和德国学者的历史法。符意学在编纂语源词典中的任务是，展示一个词语如何获得所有的不同意义。	从1857年主持编纂《新英语词典》。梳理19世纪英国词典编纂学史。
	5. 赛斯（A. H. Sayce, 1845—1933）	《比较语文学原理》（1874）；《语言科学引论》（1880）	引进德国语意学。反对斯坦塔尔的心理主义、施莱歇尔的自然主义，强调比较语文学是历史科学。提出语义变化的真正动力是类推。	受德国波特、美国辉特尼的影响。

续表

	作者	著作	主要观点	传承或身份
形成及其发展	6. 斯托特（G. F. Stout,1860—1944）	《思想和语言》（1891）（Stout 1891:189）	一、统觉理论：1. 每个概念通过统觉理解前面的概念，同时也被前面的概念通过统觉所理解。2. 每个概念都受到在同一句子中与之关联的其他概念意义的约束，句子必须融进话语。话语为句子提供主语或话题，句子才有明确的意义。 二、语义变化的语境理论：1. 词义在话语和情景中受到其他词语的回描和改塑，而话语和情景则赋予词语以偶然意义。2. 偶然意义的变化不仅依赖于语境，还依赖于环境。3. 意义的持续性变化是同一种偶然用法的频繁出现。 三、通用意义虚构说：通用意义只是一个虚构。也许在一个词语的所有用法中，不一定有一个完全相同的意义要素。 四、话语分析：作为概念相互统觉的框架，句子本身被内嵌于一个更高层次的整体系统，即话语。使用了总话题、话语域、说明等术语。对话题和说明关系进行了生动描述。	格式塔心理学先驱。受赫尔巴特、斯坦塔尔以及韦尔比夫人的影响。维特根斯坦的家族相似性，比斯托特的类似论述（1891）晚55年。话题和说明研究的先驱。
	7. 韦尔比夫人（Lady Welby-Gregory, 1837—1912）	《意义和隐喻》（1893）；《观念、意义和阐释》（1896）；《什么是意义？意义的形成研究》（1903）	从哲学、心理学和伦理学视角研究语义，旨在建立基于交际的符号理论即符义学：1. 符义学的目标就是研究意义。只有通过对符义学的训练才能奋力前行。通过完善语言符号以完善世界和我们自己。2. 区分语义学和符义学：语义学是对词义变化的历史和发展的系统性探讨，并不包括对意义本身的研究与分类研究。3. 区分四种意义：指称义、内涵义、感觉义和符号义。	符号哲学家。受皮尔斯、斯托特、波朗的影响。影响了奥格登与理查兹以及美国通用语义学。
	8. 马林诺夫斯基（B. Malinowski, 1884—1942）	《基里维纳语的分类小品词》（1920）；《原始语言中的意义问题》（1923）；《珊瑚园及其魔力》（1935）	建立原始语义学或人类语义学理论。1. 提出情景性语境，主要研究情景中的话语行为。2. 词语的意义来自词语在语境中的使用。3. 真正的语言事实是实际语言情景中的完整话语。孤立的词是臆造的语言事实，是语言分析过程的产物。4. 语义学理论是解释语言现象的基础；形式标准不能作为语法分析、为词汇分类的基础。	人类语言学家。受德国魏格纳的影响。

续表

	作者	著作	主要观点	传承或身份
形成及其发展	9.加德纳（A. Gardiner, 1879—1963）	《词语与句子的定义》（1921，1922）；《言语与语言的理论》（1932）；《语言学理论》（1934）	一、言语和交际：1.言语是在无数以相互理解为目标的心智基础上逐渐建立起来的。言语的最重要因素包括：至少两个人；共同的语言；共同的情境。2.意义是通过情景层级中的理解构建的，区分现场、常识和想象情景。 二、词语意义和事物意味：1.基于事物意味的意义是在情景中构建的，即通过事物意味的效应解构和重构形成的。2.词义包含各种用法，它们之间无法找到任何相似点。3.隐喻的意义由听者理解为事物意味，但时间一久就变成既定意义。 三、形式与功能：1.词语的形式和意义都来自功能。形式是附加给词语的特定类别意义。2.词的内部形式通过言语得到改变。3.词语功能是为了呈现事物意味。 四、意义域理论：在词汇语义分析中，采用了意义域、区别性分组、中心、边界、所谈主题、偏离、边缘化等术语。	受魏格纳、马林诺夫斯基的影响。维特根斯坦的家族相似性论述，与加德纳的语义域理论太相似。
	10.奥格登（C. K. Ogden, 1889—1957）与理查兹（I. A. Richards, 1893—1979）	《意义之意义：语言对思维和符号主义的影响的研究》（1923）	反对索绪尔的"语言"系统说。主张词语的意义是使用者的创造和改变。1.提出了符号、思想和事物的意义三角。2.词语具有指称功能和情感功能。3.将说者、听者和语言效果纳入意义理论。并认为语言的符号功能与唤起功能最重要。4.区分外部语境与心理语境。	受韦尔比夫人、布雷亚尔、加德纳、皮尔斯、贡珀茨等人的影响。
	11.弗斯（J. R. Firth, 1890—1960）	《语义学技艺》（1935）；《意义的模式》（1951）；《1934-1951年语言学论文集》（1957）；《1952—1959年语言学论文选》（1968）	1.把语言看成社会过程和生活方式。拓展了语义学的范围，覆盖了从语音到会话分析的所有领域，以及情景性语境中的意义分析。2.提出"典型的语言环境"，即人们在特定场合下遇到的环境，决定人们必须扮演的社会角色。3.语言学的目的是说明意义。描写语言学的首要任务就是对意义进行陈述。意义包括情境意义和形式意义。分析语言不能撇开意义。	继承了马林诺夫斯基的"情境性语境"与"意义是语境中的功能"的观念。

续表

	作者	著作	主要观点	传承或身份
形成及其发展	12.乌尔曼（S. Ullmann, 1914—1976）	《词及其运用》（1951）；《法语语义学概论》（1952）；《语义学原理》（1957）；《语义学：意义科学的导论》（1962）；《意义与风格》（1973）	1. 把词汇学分为词汇形态学和词汇语义学，句法学分为句法形态学和句法语义学。2. 三种语义学：描写语义学强调功能分析；历史语义学强调演变类型；普通语义学强调泛时研究。词语的两种定义方式：指称性定义；运用性定义。建立语义体系的三种途径：联系的线索、概念体系和比较研究。3. 词义演变的原因：语言原因、历史原因、社会原因、心理原因、外族语影响、新事物的要求。语义演变的性质：两个词的相互影响可能由于名称的联想或感觉的联想。	罗德特的语义变化的心理分类成为乌尔曼语义演变分类的理论基础。参考了斯特恩语义演变类型和原因的学说。
	13.韩礼德（M. A. K. Halliday, 1925—2018）	《语法理论的范畴》（1961）等	1. 提出词汇精密语法：词汇系统绝不是被用来嵌入句法预先设定的一套插槽的填充物。2. 强调语境对语言意义具有制约作用，语言的功能是语言单位在一定语境中的作用，语言意义是情境要素交互作用的结果。3. 语言之外的社会语境或情景，也是语义的一部分。语境的地位从辅助背景上升到与研究语言本身同等重要。	早期受弗斯和马林诺夫斯基的影响。后来受布拉格学派功能句子观、伯恩斯坦社会学理论的影响。

第八章

美国传统的语义学研究

19世纪，德法语义学两度传入新大陆：第一次在40年代，第二次在90年代。首先值得关注的是美国早期语言学家吉布斯，以往语义学史研究皆未提及。其次需要说明的是，辉特尼虽然在其论著中涉及语义研究，但并不认可"语义学"这门学科，而其《语言的生命和成长》却影响了法国语义学研究。辉特尼去世后，他的两个学生：兰曼在美国语文学会上宣读语义学论文；莫里斯·布龙菲尔德发表语义学论文并为《世纪词典和百科全书》撰写semasiology词条。1902年，辉特尼的德国学生厄特尔再次将19世纪德法语义学成果介绍给美国。1941年，美国第一部题名"语义学"的专著出版，其作者沃尔波受奥格登与理查兹的影响，将英国语义学的语境意义论传到美国。

然而，从20世纪30年代，美国语言学界的语义研究渐趋中断。莫里斯·布龙菲尔德的侄子伦纳德·布龙菲尔德，虽然也曾到德国进修，但并未接受欧洲语义学，而是走向排斥语义的形式描写之路。20世纪50年代的"乔姆斯基革命"，更是彻底抛弃语义。在这一时期，美国哲学、社会学、翻译学和人类学领域的一些学者仍然在从事语义研究。

直至20世纪60年代，卡茨和福德（Katz & Fodor 1963）将美国人类学家的语义成分分析法导入转换生成语法，稍后，乔姆斯基改造成解释语义学。而与形式主义分道扬镳的一批年轻学者，却相继创立了生成语义学、格语法理论、框架语义学、认知语义学。随着"语言学研究的语义转向"，美国语言学界才与欧洲语义学传统重新连接。

第一节　德法语义学的早期传入

以往的美国语言学史研究，往往从辉特尼开始。赵世开在《美国语言学简史》（1989）中写道：根据时间的先后，按资格排列，主要人物如下：第一代辉特尼；第二代鲍阿斯；第三代萨丕尔；第四代赵元任；第五代布龙菲尔德……（赵世开 1989：4）接着，赵世开在"序幕"中提出：

> 从历史上看，欧洲的语言学有重视理论的传统。本世纪上半叶的美国语言学的重要特点之一是主要谈方法，不太注重理论。……在形成这种美国式语言科学方面，揭开序幕的是19世纪下半叶美国的辉特尼。他是美国语言学的第一代语言学家。（赵世开 1989：6）

在对辉特尼的成就述评以后，作者不胜感慨：

> 总的说来，辉特尼为美国语言学揭开了序幕。他被人奉为第一代的美国语言学家。在我看来，他的确当之无愧。
>
> 但是，以后的年代里，他似乎被人遗忘了。在美国他并没有受到后人对他应有的重视。我认为，在论述美国语言学的发展史中把他遗忘，那将是不公正的。（赵世开1989：8）

其实，美国语言学史中遗忘的岂止辉特尼？更何况，辉特尼只是具有国际影响的第一位美国语言学家，而非美国的第一代语言学家。

根据检索，美国的第一位或第一代语言学家是研究印第安语和比较语言学的爱德华兹。爱德华兹（J. Edwards, 1745—1801）出生于马萨诸塞州的北安普敦，1751年迁居到斯托克布里奇。1765年毕业于基督教教会曙光长老会创办的新泽西学院（1896年改名普林斯顿大学），其后在康涅狄格州伯利恒跟随美国早期宗教领袖贝拉米（J. Bellamy, 1719—1790）学习神学。1767—1769年任新泽西学院助教。1769—1799年在纽黑文、科尔布鲁克任牧师。1799年移居到纽约州斯克内克塔迪，担任联合学院院长。爱德华兹是在斯托克布里奇长大的，当地的印第安人多数说莫希干语（Mohican），他从小就会说这种语言。1755年，其父派他到易洛魁人的定居点生活，由此他又掌握了当地易洛魁语和其他阿尔冈琴诸语的知识。1787年，爱德华兹出版《莫希干印第安语考察》（Observations on the Language of the Muhhekaneew Indianst）。爱德华兹记录了莫希干语的基本词汇和语法规则，对比了莫希干语和英语之间的明显差异，甚至还找出了莫希干语和希伯来语之间的可类比现象。他还列举了60个词项以及一些短语和语法特征，论证了阿尔冈琴诸语之间的亲缘关系，并且指出北美东北部的阿尔冈琴语与其邻近易洛魁语之间的区别。爱德华兹的研究，不仅是对北美印第安语的描写研究，而且开启了北美语言关系的比较研究。根据检索，最早从事语义学研究的美国语言学家是19世纪上半叶的吉布斯教授，可称为美国的第二代语言学家。吉布斯1824年起在耶鲁学院任教，直至1861年去世。辉特尼于1849年进入耶鲁学院学习，1850年去德国留学，1853年返回耶鲁学院执教。耶鲁大学最初是由康涅狄格州公理会教友1701年创办的大学学院，1718年更名耶鲁学院，1887年更名耶鲁大学。辉特尼求学与任教期间，耶鲁学院的规模不大，因此应当认识语言学的同行前辈吉布斯教授。

一、美国的第一位语义学家

吉布斯（J. W. Gibbs, 1790—1861），美国宗教文学家、语言学家，出生于马萨诸塞州的萨勒姆（Salem）。吉布斯家族具有悠久的学术传统，其祖先塞缪尔·威拉德（Samuel

Willard, 1640—1707）曾担任哈佛学院代理校长（1701—1707）。吉布斯1809年毕业于耶鲁学院，1811—1815年在该校担任助教。后迁马萨诸塞州安多弗（Andover），在美国圣经学家斯图厄特（M. Stuart, 1780—1852）的指导下，从事希伯来语和《圣经》研究。1824年返回耶鲁学院，任神学院宗教文学系教授。

吉布斯是基督教公理会的受命教长和正式教士，然而他很少登坛布道。他关注的是语言学研究，受到英国语法学家詹姆斯·哈里斯（James Harris, 1709—1780）、德国东方学家格塞纽（W. Gesenius, 1786—1842）和语言学家贝克尔等的强烈影响。吉布斯曾试图翻译格塞纽的《希伯来语词典》，却发现已有人完成。格塞纽1811年起任哈雷大学神学教授，与语意学的创始人莱斯格是同事。1847年，在《论语言的主要观念》中，吉布斯把德语的Semasiologie对译为英语的Semasiology。

作为废奴主义者，吉布斯在1839—1840年阿米斯塔德号船（Amistad）的审判案中发挥了重要作用。[1]通过访问监狱中的非洲黑人，他记住了数十句非洲话，然后在纽黑文和纽约市港口寻找懂这种语言的人。直到找到水手詹姆斯·柯维（James Covey），能在审判中为非洲黑人担任口译。由此发现其中的大多数，说的是西非塞拉利昂一带的门迪语（Mende）。吉布斯编制了门迪语和其他西非语言的词表。作为专家证人，吉布斯出庭证明船主所言"这些黑人出生在古巴"是假的。

图8-1 吉布斯（J. W. Gibbs）

吉布斯曾协助珀西瓦尔[2]修订韦伯斯特的《美国英语词典》。此外，吉布斯还编纂过希伯来语、希腊语、阿拉伯语词表，以及一些美国印第安语词表。1857年出版其论文集《语文学研究：以英语为例》（*Philological Studies: with English Illustrations*）。

---

[1] 1839年夏，西班牙运奴船"阿米斯塔德号"在距古巴海岸不远处遇上狂风暴雨。黑奴辛克带头造反，以武力控制了全船。该船在美洲东海岸漂流两个月，在美国康涅狄格州海岸被拦截。53名黑人以谋杀船员罪被起诉。律师证明这些黑人他们来自非洲，而在当时走私黑奴是非法行为，于是法院判决非洲黑人无罪。该事件在1997年被拍摄成电影*Amistad*（中文译名《断锁怒潮》）。

[2] 珀西瓦尔（J. G. Percival, 1795—1856），德裔美国诗人和地质学家。1824年起，协助韦伯斯特编辑《美国英语词典》（1828年第一版，1841年第二版）。1843年韦伯斯特去世后，梅里厄姆公司买下了韦氏版权，1847年出版修订第一版。

二、吉布斯的《语文学研究：以英语为例》

吉布斯在《语文学研究：以英语为例》的前言中写道：

The writer of the following pages has here brought together various grammatical and philological principles, which he has found more or less useful in his course of teaching. They have been derived for the most part from distinguished German philologians, particularly from the writings of Dr. Karl Ferdinand Becker, and are here illustrated from our own language. Although many of these principles are now current in our schools of learning, the writer hopes that the publication may not be amiss. May, 1857. (Gibbs 1857：2)

本论文集是作者所发现的一系列语法学和语文学原理的汇编。在课程教学中，这些原理具有不同程度的功效。这些原理多半源于德国著名语文学家的思想，尤其见于卡尔·斐迪南·贝克尔博士的论著，作者用其母语阐明了这些原理。尽管这些原理如今已经运用于我们学校的教学之中，但是作者仍然希望该书中没有明显的错误。1857年5月。

可以看出，吉布斯的研究原理主要来自德国语文学家，尤其是贝克尔的《语言的有机体：德语语法引论》（1827）；吉布斯的研究过程基于课程教学，注重研究成果的功效。换而言之，该论文集的内容侧重于用德国语文学理论阐释在课程教学中遇到的英语问题。《语文学研究：以英语为例》共收录论文83篇，有多篇是1页，最长的10页。论文的编排，按照内容连类而及。根据我们的理解，划为九个部分（标题是我们归纳的）：第一部分概论，第二部分句式和句法，第三部分实词和格变，第四部分形式词和非谓分词，第五部分复合句，第六部分语气，第七部分修辞和语义，第八部分语言教学，第九部分附录。

第一部分概论，包括：1. 论英语的科学研究；2. 新语文学（上）；3. 新语文学（下）；4. 心智世界的语言或褪色的隐喻；5. 论语言中的主要观念；6. 语言的发展。作者认为，语言学是一门科学，要采用科学方法加以研究。介绍了19世纪上半叶德国的比较语法学与更早的欧洲语文学区别，而称之为"新语文学"。关于"心智世界的语言或褪色的隐喻"的研究，已经显示语言（语义）研究的心理和认知取向。作者的这些论述出现在斯坦塔尔和拉扎鲁斯提出民族心理学之前，应是赫尔巴特心理学或传统语文学、修辞学对语言研究的影响。

第七部分修辞和语义，包括：63. 散文作品的语音和谐；64. 修辞格；65. 转义：提喻法；66. 转义：转喻法；67. 转义：隐喻法；68. 转义：拟声法或拟人法；69. 逻辑思维的其他格；70. 逻辑形式格；71. 重叠格；72. 谐音格；73. 谐音双关；74. 多义双关；75. 情感格；76. 修辞技巧；77. 辞格辨析；78. 英语熟语；79. 同义词；80. 英文标点符号用法。这部分主要讨论修辞手法，涉及由修辞引起的语义转变，如提喻、转喻、隐喻、拟声或拟人等。另外，还讨论了多义词和同义词现象。这些属于语义研究的具体内容。

就《语文学研究：以英语为例》本身而言，这是一部关于语文学课程教学的讲义。而从美国语言学史来看，这是一部值得关注的美国早期语言学著作。

三、《论语言的主要观念》述评

我们在此关注的是《论语言的主要观念》（*On Cardinal Ideas in Language*），该文撰写于1847年。作为美国语言学史上的第一篇语义学论文世人鲜知，现译出并加评点。[①]

  The analysis of human language, ideologically considered, is exciting attention among modern philologists, as having an important bearing on the science of grammar.

  The origin of ideas in the human mind, and their subsequent development, has ever been an interesting problem to the philosopher. Nearly allied to this is the development of ideas in language from a few cardinal or generic ideas. The mind receives ideas and thoughts from the external world, and expresses them again in language. This development of ideas in language is analogous to the development of ideas in the mind. Language therefore helps us to understand the mysterious process by which ideas are received into the mind.

  Ideas, which constitute language, by no means stand insulated from each other, as independent existences; but have, without doubt, been developed from each other.

在现代文献语言学家中，从观念学的角度出发，来分析人类语言是一件令人兴奋并值得关注的事。这一任务对语法科学研究具有重要意义。

对于哲学家来说，人类心智中的观念起源及其发展，一直是一个有价值的问题。就一些基本或普遍的观念而言，几乎与此相关的情况都在语言中。人的心智从外部世界接受观念和思想，并再次用语言表达它们，语言中的观念发展类似于心智中的观念发展。因此，语言有助于我们理解心智所接受观念的奥秘过程。

构成语言的这些观念，作为独立的存在，它们之间绝不是彼此独立的。毫无疑问，它们之间是相互促进发展的。

【评点】19世纪初的法国"观念"哲学，把研究人类观念和语言表达的起源作为目的之一。1796年，特雷西提出观念学（Ideologie），此后出版《观念学原理》（1801），英

[①] 以下引文见于 J. W. Gibbs. *Philological Studies: with English Illustrations*（New Haven: Durrie & Peck, 1857），17—20页。以下各节引文不再标注其出处及页码。

语的Ideology即来自于此。阿克曼（1840）把语法学（相当于语言学）划分为语音学和观念学，此"观念学"即相当于"语义学"。可见吉布斯的语义学研究受到了法国早期语义研究的影响。法国观念学是吉布斯语义学研究的理论来源之一。

In this inquiry interjections are excluded, as being merely instinctive cries, adopted into language without having passed through the intellect. Certain pronominal elements, as those of interrogation and demonstration, are also excluded as being merely instinctive, and not forming proper linguistic ideas. Our inquiry is principally concerned with nouns and verbs, which express ideas, and not merely the relations of ideas.

这项探索排除了感叹词，因为它仅仅是本能的呼喊。感叹词并非凭借智力被语言所采纳。作为疑问和证明的某些指代要素也被排除在外。它们仅仅作为直觉，并没有形成语言上的合适观念。我们主要探索表达观念的名词和动词，而不仅是观念之间的关系。

【评点】感叹词和某些指代要素不属于观念，因此排除在研究之外。名词和动词属于主要观念，需要加以探讨。

Dr. Noah Webster was aware of the importance of the inquiry, and has thrown out many useful hints in the Introduction to his American Dictionary. The later philologists have arrived at some interesting results, which I will endeavor to state. There are five distinct processes in the analysis referred to, each of which rests on its own foundation.

韦伯斯特博士认识到这个探索的重要性，并在其《美国英语词典》引论中提出了许多有益的启示。后来的语言学家已经取得一些有价值的结论，我将努力陈述这些内容。在以下分析中，将提到五个明显不同的过程，每个过程都依赖于其基础。

【评点】韦伯斯特（N. Webster，1758—1843），美国语言教育家、词典编纂专家，被誉为"美国学术和教育之父"。1781年获法律学位，但毕生未从事法律工作，而是在中小学任教和编纂词典。在美国，他的名字等同于"词典"，首版于1828年的《美国英语词典》（American Dictionary of the English Language）堪称词典学的丰碑。韦伯斯特还根据古希腊词lexikon新造lexikonology（词汇学）这一术语。韦伯斯特的词典—词汇学研究是吉布斯语义学研究的另一个来源。

1. Intellectual and moral ideas, as expressed in language, are derived from physical.

（一）正如语言表达一样，理智和道德观念都源于物质观念

As man acquires ideas and thoughts of the existing world, he asserts, as it were, his dominion over it by clothing such ideas and thoughts in language. As his first and earliest ideas are those acquired by the senses, so those first expressed by language are of the same kind. Language has no immediate expression for intellectual ideas. It can express them only by giving them a physical form. They are made a part of the system of physical ideas.

当人们获得关于现存世界的观念和思想之时，可以说，人们对观念和思想的支配力来自用语言为之披上的外衣。因为人们的最初和最早观念就是通过感官知觉获得的，所以那些最初通过语言表达的事物都是相同类别。语言不可能直接表达心智观念，只能通过给予它们的物质形式加以表达，由此使之成为物质观念体系中的一部分。

【评点】语言不可能直接表达心智的观念，只能通过给予它们的物质形式加以表达，由此使之成为物质观念体系中的一部分。此处再次显示吉布斯受到了法国早期语义学研究的影响。

Primary ideas in language, therefore, are physical, or such as strike the external senses, and not intellectual or moral, which are withdrawn from the external senses. Intellectual and moral ideas, so far as they exist in language, are developed from physical, and that by regular organic laws. This is now universally admitted. It naturally arises from the fact that man is a child of sense, and first introduced to the external world, and it shows itself abundantly in the very structure of language. Every word expressing and intellectual or moral idea, it may be safely assumed, originally expressed a physical one.

因此，语言中的最初观念是反映物质的，或者就像来自外部感觉的冲击，这些观念并非心智或道德的。心智或道德的观念不是来自对物质的外部感觉。这些存在于语言范围中的精神观念，是通过正常的基本法则从物质观念中发展起来的。这是现在普遍承认的事实。心智或道德观念自然地起源于这一事实，即人类在感觉的童年，首先被带入的是这个外部世界，这个世界自身显示出非常丰富的语言结构。似乎可以有把握地假定，表达心智或道德观念的每个单词，起初都是表达物质意义的。

【评点】表达心智或道德观念的词语，起初都是表达物质意义的。心智或道德上的观念不是来自对物质的外部感觉，精神观念是通过正常基本法则从物质观念中发展而来的。

This process is two-fold. (1) The inward feeling is denoted by the outward expression; as to exult, to incline, to suspect, to obey, to regard, to respect. (2) A term is used metaphorically; as ,to wit, originally, "to see"; to conceive, to apprehend, to comprehend.

The development of intellectual and moral ideas from physical, constitutes

an important part of semasiology, or that branch of grammar which treats of the development of the meaning of words. It is built on the analogy and correlation of the physical and intellectual worlds.［See Art. IV. supra］

这个形成过程具有双重性。（1）人的内部感觉通过外部表达来显示，比如：高兴（to exult）、倾向（to incline）、怀疑（to suspect）、服从（to obey）、注意（to regard）和尊重（to respect）。（2）通过隐喻方式来使用一个词项，比如：最初用to see（看见）表示to wit（【古语】知道），其含义包括设想（to conceive）、领悟（to apprehend）、理解（to comprehend）。

产生于物质的心智或道德观念的发展，构成了语意学（semasiology）的重要部分，或成为研究词义发展的语法学分支。语意学建立在物质世界和心智世界的类推和相关之上。（参见以上第4篇）

【评点】吉布斯把隐喻看作词语的使用方式，把德语Semasiologie对译为英语的Semasiology，并且知道语意学是探讨词义发展的语法学分支，由此显示他受到了德国古典语意学的影响。德国语意学成为吉布斯语义学研究的第三个理论来源。该书中的第4篇论文《心智世界的语言或褪色的隐喻》（Language of the Intellectual World, or Faded Metaphors, 14—16），不仅是一篇语意学论文，而且是美国的首篇"认知语言学"论文。

2. Substantives and adjectives are derived from verbs.

（二）实体词和形容词都源于动词

Things are known from the impressions made upon us. Substances are known from their attributes or activities. The kinds of things are known and named from these activities, and these activities are verbal ideas.

Primary ideas in language, therefore, are verbs, and not nouns. That is to say, all proper roots are verbs. Substantives and adjectives develop themselves from verbs by regular organic laws. Where a noun appears to be radical, it may be safely assumed that it is derived from a verb. This is now the prevailing view among philologians. It is here that the formation of the substantive corresponds with the formation of the idea denoted by the substantive; as , band and bond from to bind; share and shire from to shear; cake from to cook; dole from to deal; doom from to deem; clock from to clack.

我们都是通过我们的印象来理解事物，从物质的属性和活动来理解实体。各种不同的事物是从这些活动中感知和命名的，而这些活动都是动词的观念。

因此，语言中的基本概念是动词，而不是名词。也就是说，所有的特有词根都是动词的。实体词和形容词都是通过正常的基本法则从动词发展而来的。名词好像是基本的，其实不然，可以假定，名词是从动词派生而来的。这就是现在语言学家的流行看法。在这里，实体词的形成与实体观念的形成是一致的，比如，band（带子）和bond（纽带）都来源于bind（捆绑）；share（分配）和shire（部分）都来自shear（切开、剪断）；cake（蛋糕）来源于cook（烹饪）；dole（救济品）来源于deal（分发）；doom（判决）来源于deem（认为）；clock（时钟）来源于clack（噼啪）。

【评点】语言中的基本概念是动词，所有的特有词根都是动词性的，实体词和形容词都是通过正常基本法则从动词发展而来的。该思想来自古印度语法学。公元前6世纪，雅士卡把其前辈娑迦吒衍提出的"名词皆派生于动词"奉为词源学的信条，确立了由动推名的法则。18世纪以来，随着德法学者对梵语语法的研究，接受了这一古老的理论。

The substantive, adjective, and verb, here concerned, are considered, not as distinct ideas, but as different forms of the same idea. Thus *lux* and *luceo*; *rex*, *rego*, and *regnum*; *vivus* and *vivo*; *fidus*, *fido*, and *fides*; are considered as different forms of the same idea, having the same general import. These forms of ideas are creations of the human mind. They are not perceived by the senses. Their development by the external form of the word constitutes the formation and inflection of words.

以下这些相关的实体词、形容词、动词，没有被看作有区别的观念，而是作为同一观念的不同形式。因此，拉丁语的lux（光）和luceo（发光），rex（国王）、rego（管辖）和regnum（统治），vivus（活的）和 vivo（生活），fidus（可信的）、fido（信任）和fides（信仰），都被视为同一观念的不同形式，这个观念有着相同的一般含义。这些观念的形式是人类的创造物，不是通过感官的感觉来领悟的。通过词的外部形式，它们的发展构成了词汇的形成和演变。

【评点】相关的实体词、形容词、动词是作为同一观念的不同形式。这些观念的形式是人类的创造物，不是通过感官的感觉来领悟的。吉布斯此处强调的是，观念的同一性与语言形式的不同性。也就是说，事物或现象是一个，但是可以从不同角度用不同语言形式来表达。

3. Many verbs may be reduced to a simpler form, both in thought and expression.

（三）在思维和表达上，许多动词可以还原为更简形式

This reduction may take place in several ways:

(1) Verbs are sometimes derived from nouns, and those nouns from other verbs; as,

Gr.timao from time, and time from tio; Lat. Statuo from status, and status from sto; Eng. To augment from the noun augment, and the noun augment from Lat. augeo, "to increase"; Eng. To witness from the noun witness, and the noun witness from to wit, "to know".

(2) Compound verbs are derived from simple; as, to pretend, to intend, and to extend, all from to lend; to commit, to permit, and to remit, all from Lat. mitto, "to send".

(3) Different species or forms of the verb may be reduced to the more simple, like the derivative conjugations in Hebrew to the Kal; as, to bait from to bite; to fell from to fall; to chatter from to chat; to gabble from to gab.

(4) Different forms, as, to strain, to strive, and to stretch, are traced back to their original or primeval form.

这种还原过程可能通过以下方式显示：

（1）一些动词有时来自名词，而那些名词又是从其他动词演变而来。如：希腊语的动词timao（给予荣誉）来自名词time（信誉），而time来自动词tio（相信）。拉丁语的动词statuo（建造）来自名词status（位置、状态），而status来自动词sto（站立）。英语的动词to augment（给增加）来自名词augment（增加），而augment来自拉丁语的动词augeo（提高）；英语的动词to witness（目击）来自名词witness（目击者），而witness来自动词to wit（知道）。

（2）复合动词来源于简单动词。如：to pretend（假装），to intend（打算）和to extend（延伸），这些动词都来自lend（提供、借给）。to commit（托付），to permit（允许）和to remit（传送），都是源于拉丁语mitto（发送）。

（3）动词的不同种类或形式可以还原为更简形式。就像希伯来语中派生的动词词形变化Kal。如，to bait（引诱、折磨）来源于to bite（咬）；to fell（跌倒）来源于to fall（坠落）；to chatter（喋喋不休）来源于to chat（聊天）；to gabble（口齿不清）来源于to gab（唠叨）。

（4）不同的形式可以追溯到其原始或最初的形式。如，to strain（拉紧、尽力），to strive（斗争、努力）和to stretch（张开、伸展）。

Verbs, and of course all words, are reducible to a comparatively small number of roots of radical verbs, which are all monosyllabic. The number of such roots in German is said to be about five hundred. The number in English, owing to the mixed character of our language, is about one thousand. This development of words from their roots is distinct from the formation of words, strictly so called. It is properly termed etymology.

动词，当然也指所有的词，都可以还原为最短的原初动词词根，这些都是单音节。德语中像这样的最初单音节动词，据说大约是500个。由于我们语言的混合特点，英语中这样的单音节动词数量大约有1000个。从其词根演变而来的词语发展，严格地说，与词语的形成变化不同。追寻词根演变而来的词语发展，准确的叫法是词源学。

【评点】吉布斯归纳了动词还原为更简形式的四种类型。与词语的形成变化研究不同，追寻从其词根演变而来的词语发展，准确的叫法是词源学。古印度雅士卡提出，所有的词都可以缩减至其语根，追溯语源的唯一条件就是"词义相应"，其音同则语源必同。吉布斯提到德语中的最初单音节动词大约500个。由此推定，吉布斯的动词原始形式研究受到德国历史语言学或词源学的影响。

4. These roots or radical verbs, though differing in expression, may be classified in groups, or reduced to cardinal ideas.

（四）尽管词根或基本动词的表达不同，但可以分类或还原为基本观念

Cardinal ideas in language are those which come nearest to the general idea of the verb. Specific ideas develop themselves from the general.

Dr. N.Webster has made a list of thirty-four primary or cardinal ideas, all of them expressing motion. These he afterwards reduces to nine; viz. to send, to throw, to thrust, to strain, to stretch, to draw, to drive, to urge, to press.

语言中的基本观念是那些最接近动词观念的观念。具体观念是从一般观念中发展而来的。

韦伯斯特列出了34个表达动作的基本或主要观念。后来又精简为9个，也就是：to send（发送），to throw（扔、投），to thrust（插、刺），to strain（拉紧），to stretch（张开），to draw（抽出），to drive（驱使），to urge（推进）和to press（按压）。

【评点】吉布斯在这里，再次提及受到韦伯斯特的词汇学影响。

Dr. C. F. Becker, in his *Organism der Sprache*, specifies twelve primary ideas:

1）To go, as the motion of a sentient being;

2）To flow, as the motion of water;

3）To blow, as the motion of air;

4）To shine, as the motion of light;

5）To sound, as the motion of ether-referring to the five forms of matter.

6）To grow, as an internal organic motion;

7) 8) To give, and to take, as the opposite actions of person and thing.

9) 10) To bind, and to separate, as the opposite actions of subject and object.

11) 12) To injure, and to defend, opposite ideas.

All ideas of physical activity, it is said, are referable to these cardinal ideas. This process of grouping is assuming great importance in language, and promises useful results.

The ideas exhibited in language form a natural system. One original idea develops itself into genera and species. Every special idea must be considered as a species under a genus. This natural system throws light on the meaning of words, particularly on the distinction of synonyms.

贝克尔博士在其《语言的有机体：德语语法引论》研究中，详细说明了12个基本观念：

（1）"去"，是有知觉生命的运动；

（2）"流动"，是水的运动；

（3）"吹"，是空气的运动；

（4）"照耀"，是光的运动；

（5）"响起"，是以太（参阅物质的五种形式）的运动；

（6）"成长"，是有机体内部的运动；

（7）"给"和（8）"取"，是人和物之间的相反运动；

（9）"结合"和（10）"分离"，是主体和客体之间的相反运动；

（11）"损害"和（12）"保护"，是相反的观念。

物质运动的所有观念，据说都可以归因于这些基本观念。这些分类的过程，被假定在语言中非常重要，并且承诺会是有用的结果。

语言中展现出来的这些观念形成了一个自然系统。最初的观念逐渐形成生物的种类和物种。每个特别的观念必须被视为一个种类之下的物种。这个自然系统阐明了词汇的意义，尤其是辨析了同义词的区别。

【评点】吉布斯表明，从德国学者贝克尔这里接受了语言有机体学说。

5. These cardinal ideas in language, and others, if they should be found to exist, may be reduced by abstraction to the generic idea of motion.

（五）语言中的基本观念和其他观念，如果要发现它们存在，可以通过一般动作概念的抽象来还原

These ideas are all included in the idea of motion, as the species in the genus. But this generic idea is not wanted for the common purposes of language. It is arrived at, only as an after- thought, by a later process of analyzing.

As it is the nature of the verb to express action, and a physical action is motion, and an intellectual action is conceived of as such, so every verb, linguistically considered, whether it expresses a physical or an intellectual idea, denotes motion. Even rest, and other ideas, at first view most opposed to motion, do etymologically express it; as, to repose from re and pono, "to put"; expire from ex and spiro, "to breathe".

Thus it appears that as in natural philosophy all changes in bodies ultimately reduce themselves to motion; so in language the most general idea is to go.

This generic idea of motion, though not itself expressed in language, is the initial-point from which the development of ideas in human speech proceeds.

这些观念都包括在运动的观念中，就像种类中的物种一样，但是这一属种的观念并不是语言的共同目的所需要的。仅仅作为以后的思考，通过分析后来的过程得出了这样的结论。

表达活动是动词的本性，并且物质的活动就是运动。心智活动也被设想为如此，因此，语言学认为，每个动词，无论是否表示物质或心智的观念，都是显示的运动。甚至rest（休息）以及其他观念，起初看起来与运动相悖，但是在语源上确实表达的是运动。比如to repose（静止、休息、睡眠）来源于re 和pono（放置）；expire（呼气、终止、死亡）来自ex 和spiro（呼吸）。

如此看来，如同在自然哲学中，人体的所有变化最终可以还原为运动。因此，语言中的大多数普遍观念最终也可以还原为运动。

关于运动的一般观念，虽然没有用语言来表达，但它是初始——在人类言语进程中，观念的发展正是从这个初始点开始的。

【评点】表达活动是动词的本性，并且物质的活动就是运动。心智活动也被设想为如此，因此每个动词，无论是否表示一个物质的或心智的观念，都是显示的运动。语言中的大多数普遍观念最终也可以还原为运动。根据以上论述，还可以认为，古印度词源学、语义学也是吉布斯语义学研究的理论来源之一。吉布斯精通希伯来语、希腊语、阿拉伯语，关于古印度梵语语法知识，来自当时德法学者的论著。

综上，吉布斯是第一个将德法语义学引入美国的语言学家，也是新大陆的第一位语义学家。1853年，辉特尼返回耶鲁学院执教，与吉布斯共事。虽然他的研究涉及意义的变化，但是从未使用过Semasiology。

第二节　辉特尼基于普通语言学的语义研究

作为著名东方学家、比较语文学家与普通语言学家，辉特尼一生中的大部分时间都是在耶鲁学院纽黑文校区度过的。1842年，辉特尼进入威廉姆斯学院学习。1845年毕业后，在北安普顿的银行工作，曾随其兄到苏必利尔湖地区开展地质调查。1849年进入耶鲁学院，跟美国当时唯一的梵文教授索尔兹伯里①学习梵文。1850年，辉特尼去德国留学，冬天在柏林大学跟随韦伯和葆朴，夏季到图宾根大学跟随罗特（R. von Roth, 1821—1895）学习。1853年回到耶鲁学院教梵文、德语和法语。1854年成为梵文教授，1869年任比较语文学教授。辉特尼曾在谢菲尔德科学院（Sheffield Scientific School）讲授现代语言。1857年担任美国东方学会（American Oriental Society）秘书，1884年担任会长。

辉特尼的语言理论著作主要有《语言与语言研究：语言科学原理十二讲》（*Language and the Study of Language: Twelve Lectures on the Principles of Linguistic Science*, 1867）、《语言的生命与成长：语言科学纲要》（*The Life and Growth of Language: An Outline of Linguistic Science*, 1875）、《对马克斯·缪勒与语言科学的批判》（*Max Müller and the Science of Language: A Criticism*, 1892）。其中《语言的生命与成长：语言科学纲要》影响尤大，在英文版出版的同年出版法文本《语言的生命》（*La Vie du Langage*），其后1876年出版德文、意大利文本，1879年出版丹麦文本，1880年出版瑞典文本。

一、语言变化的主要因素

辉特尼认为，语言是人类现象，其发展和变化并不遵循自然法则，而是基于人类行为法则，尤其是那些居于支配地位以适应手段达到目标的法则。在语言起源之初，这些方式是粗糙的，但是语言的复杂化与文化的复杂化是同步的。因此，研究语言演化的语言学不属于自然科学，而是一门历史文化科学。

尽管每一言语行为都有意图，但是并非意味着我们可以任意改变语言结构。辉特尼强调，语言可与组织化的身体相提并论，但是语言整体却是出于直觉而自然形成的。

---

① 索尔兹伯里（E. E. Salisbury 1814—1901），美国第一代东方学家。1832年毕业于耶鲁学院。1837年秋到巴黎东方语言学院留学，跟随萨西（S. de Sacy, 1758—1838）和塔西（G. de Tassy, 1794—1878）学习阿拉伯语、波斯语和梵语。1838年秋前往柏林大学跟随葆朴学习。1839年回到耶鲁。1842年又到波恩大学研修梵语和阿拉伯语。1843年被任命为耶鲁学院阿拉伯语和梵语及文学教授，这是美国大学第一个这样的职位。

A language is, in very truth, a grand system, of a highly complicated and symmetrical structure: it is fitly comparable with an organized body; but this is not because any human mind has planned such structure, and skillfully worked it out. Each simple part is conscious and intentional, the whole is instinctive and natural. (Whitney 1867: 50)

实际上，语言就是一个庞大的系统，一个具有高度复杂性和对称性结构的系统——它完全可以与组织化的身体相提并论；但是这并不是因为人类心智事先规划这样的结构，然后巧妙地制定出来。虽然每个简单的部分都是有意识的和有意图的作为，然而其整体却是出于直觉而自然形成的。

除了"语言的系统"，辉特尼多次强调"语言的框架"。他写道：

Every single language has thus its own peculiar framework of established distinctions, its shapes and forms of thought. (Whitney 1875: 21)

因此，每一种语言都有其独特的已形成差异的框架，以及它的塑形和思想形式。

It is, as we have called it before, the mind of the community all the time at work beneath the framework of its old language, improving its instruments of expression by adapting them to new uses. (Whitney 1875: 110)

正如我们之前所说的，社区心智总是在其旧语言的框架下起作用，通过使它们适应新用法来改进其表达手段。

为了让语言成为适应性强的交流工具，其词语必须在意义上具有灵活性。辉特尼写道：

This elasticity of verbal significance, this indefinite contractibility and extensibility of the meaning of words, is capable of the most varied illustrations. (Whitney 1867: 105)

言语含义的灵活性，词语意义的这种不可确定的压缩性和扩展性，能够最大表达各式各样的场合。

that we do not and cannot always precisely communicate what we are conscious of having in our minds, and [that], of what we call our expression, a part consistS merely in so disposing a framework of words that those who bear us are enabled to infer much more than we really express, and much more definitely than we express it. (Whitney 1867: 412)

以至于我们并非总能精确传达我们心中所意识到的东西，而且我们所谓的表达，只是组成词语框架排列的一部分，听话者却能从中推理出比我们实际表达要更多的东西，而且肯定比我们表达的多得多。

就交流条件而言，词语的语源知识有可能成为某种障碍和负担。

> We have had to notice over and over again, above, the readiness on the part of language-users to forget origins, to cast aside as cumbrous rubbish the etymological suggestiveness of a tenn, and concentrate force upon the new and more adventitious tic. This is one of the most fundamental and valuable tendencies in name-making; it constitutes an essential part of the practical availability oflanguage. (Whitney 1875：141)
>
> 我们不得不注意到，上文中反复提到的，语言使用者已做好遗忘词源的准备，把词语的暗示性词源像累赘的废话一样抛弃，将注意集中到新的和更多的偶发关系上来。这是命名过程中最基本的、最有价值的趋向之一，由此构成了语言实际有效性的核心部分。

根据我们的观点，对现在所使用的词语，应当区别"保留了词源义的词语"和"磨灭了词源义的词语"。辉特尼、布雷亚尔等撇开所有词源义，是因为字母文字书写的词语难以看出其词源义。比较而言，汉字书写的词语往往体现着字词的词源义，并为掌握其引申义提供了基础。

辉特尼提出，语言变化的另一个前提就是语言符号的任意性。

> In the true and proper meaning of the terms, then, every word handed down in every human language is an **arbitrary** and **conventional** sign: arbitrary, because any one of the thousand other words current among men, or of the tens of thousands which might be fabricated, could have been equally well learned and applied to this particular purpose; conventional, because the reason for the use of this rather than another lies solely in the fact that it is already used in the community to which the speaker belongs.（Whitney 1875：19）
>
> 在这些名词的实际意义中，人类每种语言中传承下来的每个词都是任意性和惯例性的符号。之所以具有任意性，是因为人们现行语言中数以万计，或者有可能造出来的几万个词中的任何一个，人们都能同样掌握并使用于特定的意图；之所以具有惯例性，是因为使用这个词而非另一个词，唯一的理由就在于这一事实，这个词已经为说话者的所在社区使用。

辉特尼的符号任意性来自斯坦塔尔。1860年，斯坦塔尔在《语言结构主要类型的特征》中提出语音仅仅是一个映射，区分了"语言内在形式"的三种类型。语音和词语的词源义都可能被遗忘，从而致使音义关系变得具有任意性。换而言之，词语的音义关系有一个从"非任意性"演变为任意性的历史过程。尽管日常语言中势必遗忘词源义，但是作为研究者的辉特尼并没有摈弃词源研究，而是考证了不同语言中若干词的音义关系。辉特尼也并非片面地坚持任意性，而是认为，发明新词的过程可以是任意的（非常罕见），也可以通过拟声法来实现。（Whitney 1875：120）

与之不同，索绪尔《普通语言学教程》中的看法却是：

> 任意性……不应该使人想起能指完全取决于说话者的自由选择。……我们的意思是说，它是不可论证的，即对现实中跟它没有任何自然联系的所指来说是任意的。（高名凯译1980：104）

高名凯译文中的"不可论证的"，索绪尔的法语术语是immotivé（无动机、无理据），也就是说，索绪尔在此不承认词语的形成具有说话者的动机性或理据性。显然，这一看法有违人类认知的主动性、情境性和心理联想性，给词语的形成蒙上了神秘主义的色彩。个体和社会是语言变化中的两个主要动力，辉特尼把它们分别称作为"革新力"与"保守力"。（Whitney 1875：32）原则上，通过学习而传播的语言应该保持不变，但是存在很多导致变化的因素，如有瑕疵的传统、不准确的复制，最终还有人类心智的发展，当与现有表达框架发生冲突时，人们就会把继承下来的工具稍加修改，以便更好地适应其目的。这种为了交际目的而使语言适用于意图的做法，是人类行为的普遍法则，同时也是导致语言变化的最主要因素。至于个体有意或无意带来的变化，不管社区（或现有表达框架）是接受还是拒绝，可以是外部形式的变化，也可以是意义的变化。这两种类型的变化相互关联，但是各自独立进行。除了形式和意义的改变外，还存在词语的消失、表达形式与语法规则的变异，以及新词语和新形式的产生等。（Whitney 1875：44）

二、语义变化的两种方向

辉特尼认为，意义的变化构成了语言真正的内在活力，其他过程只是有助于修饰语言的外部。（Whitney 1867：100）他认为："没有人曾经尝试将重大变化的过程加以分类，而且人类的心智活动在多样化情况中与这种分类相抵触。"（Whitney 1875：76）并且声称，他至少会努力打下"这一主题的基础，而且描述所要研究的一些主要方向"（Whitney 1875：77）。显而易见，他无视德国语意学研究，然而辉特尼区分了语义变化的两种方向，或者他所谓的重要变化：1. 词义的限制（restriction）；2. 词义的扩展（extension）。（Whitney 1867：110）其他的一些变化类型，辉特尼也有所涉及，如贬义化、褒义化、委婉语和时尚词（Whitney 1875：97），尽管他并未使用这些术语来指称这些语义变化现象。

意义的限制从语言一开始就发挥作用。辉特尼认为，人们最初根据某一明显特征而给物体命名。这种"代表物体某个属性的别名就成了物体的名称，每种命名法都是如此。词源学常常将我们最终带回更一般性的、更综合性的和不带任何色彩的概念，以至于我们想知道——怎么才产生了如此明显不同的后代"（Whitney 1875：83—84）。意义的扩展主要通过已有词语形式，如表示身体部位的头、脚等，通过隐喻来表示某些事物的相应部分。这些比喻用法并不会把我们搞糊涂，辉特尼写道，原因在于"它们是这些词语使用的重要部分。在意义转移过程中是重要的一项，即我们逐渐忘记隐含在其中的比喻，好像这些符号一直就是该概念简单而直接的表示"（Whitney 1875：87）。

辉特尼研究了一些动词（如to be, to do）、介词（如of, to）、冠词、连词、关系代词和词组等演化过程中的"语法化现象"。作为典型的句法关系，代词的演化过程，布雷亚尔与魏格纳后来也都有过类似讨论，辉特尼的看法与他们大体一致，即认为关系代词来自指示代词与疑问代词，是这些旧词的新用法。（Whitney 1875：96）

关于旧词语和旧形式的消失，在某种程度上无关要紧，正如词语"在说话中使用即为存在，而不使用即为消亡"（Whitney 1875：98）。最有价值的是新词语与新形式的产生。在某种意义上，这构成了"语言的成长"的决定性格局。（Whitney 1875：108—109）一般情况下，我们通过在新句子中使用和组合旧材料以表达新内容，但旧词语进入新语境并用于新情景，也就可能稍微改变。这不但不会有损于所用词语的意义，相反，这与意义本身的性质完全一致。

> If each of them were like a scientific term, limited to a definite class of strictly similar things, the number which the cultivated speaker now uses would be very far from answering his purposes. But it is the customary office of a word to cover, not a point, but a territory, and a territory that is irregular, heterogeneous, and variable. (Whitney 1875：110)

> 如果词汇中的每个词语都像科学术语，仅限于指称类别明确的严格相似事物，那么有教养说话者的现用词语数量将远远不能满足其用途。然而，词语的通常职能涵盖的不是一个点，而是一片领域，一片不规则的、异质的和可变的领域。

说话者带来的变化并不会令人不安，反而必须根据交际语境而重新界定词语涵盖领域的范围。这种隐蔽的变化，无声无息地在语言中发生着。语言还有更活跃的更新方式。创造语言的自然乐趣，在俚语中表现得尤其突出，最常使用的就是隐喻手段。词语更新的另一方式就是借用（Whitney 1875：113—114），而更独特的方式是发明新词。

三、对德国语言学的批判

辉特尼在耶鲁工作期间曾多次去欧洲，在巴黎见过布雷亚尔，与青年索绪尔也曾见过面。布雷亚尔（1879）在巴黎再造心智语义学，索绪尔（1907—1911）在日内瓦宣讲静态语言学，他们都不满意德国学者的研究。布雷亚尔（1897）讥讽施莱歇尔带有神职人员的神秘主义，索绪尔攻击青年语法学派为"老学派的邪道"（转引自 Mauro 1972：252）。同样是留学德国的[①]，辉特尼对德国语言学的抨击更为激烈。

辉特尼的第一个批判对象是施莱歇尔。施莱歇尔在《达尔文理论与语言学》（1863）中提出，语言是自然有机体，在不受人类意志决定的情况下，会按照确定的规律产生、生长和发展，进而衰老和死亡。达尔文的生物进化学说可以有效地运用到这些转变的研究上。辉特尼则强调语言是"社会制度"，语言的发展变化并不遵循自然法则，而是基于人类行为的意志法则。

辉特尼的另一个批判对象是马克斯·缪勒，比他早8年师从葆朴。1842年缪勒来到柏林大学，跟随葆朴研习比较语文学，跟随谢林（F. W. J. von Schelling, 1775—1854）研习哲学。随后到巴黎大学跟随布尔诺夫（E. Burnouf, 1801—1852）研习梵文和佛学。1847年任英国牛津大学教授。1861年4月至5月，缪勒在英国皇家学院举办《语言科学讲座》，宣扬语言有机体学说。第一部分论述语言的躯体，描写语音、音节和词语的起源和形成以及发展消亡规律；第二部分论述语言的灵魂，阐述语言的融合、分化以及消亡规律等。辉特尼专门撰写了《对马克斯·缪勒与语言科学的批判》。

此外，辉特尼还对斯坦塔尔学说持批评态度。1872年，辉特尼撰写《评斯坦塔尔论语言的起源》（*Steinthal on the Origin of Language*）。斯坦塔尔是洪堡特的追随者，由此辉特尼顺带指责：当下赞扬洪堡特已成风气，可是有几个人真正了解这位"天才的、深刻的，同时又是含混不清的、完全不切实际的思想家"呢？可见，辉特尼对洪堡特持有一定的批评态度。

毫无疑问，19世纪欧洲语言学的中心在德国（哈雷、哥廷根、波恩、柏林、莱比锡）。布雷亚尔、索绪尔、辉特尼都不满意德国在语言学界的统领地位。布雷亚尔批评过许多德国学者（太注重形式研究，忽视功能研究），同时对德国语意学研究很少提及。索绪尔的"仇德"心理则植根于莱比锡大学读书期间的"首创权情结"或"剽窃情结"。（李葆嘉 2001）辉特尼的这种"仇德"心理，更可能来自对德国学术界"傲慢"的反感。

[①] 辉特尼1850年进入德国柏林大学留学，师从韦伯和葆朴。布雷亚尔1857年进入德国柏林大学，师从葆朴和韦伯。

虽然辉特尼反对德国学者提出的语言有机体学说或语言自然主义，但是他最有影响的著作却也题名《语言的生命与成长》（1875）。该书目录如下：

1. 导论（Introductory）
2. 个人如何获得语言（How Each Individual Acquires His Language）
3. 语言中的保守力和革新力（The Conservative and Alternative Forces in Language）
4. **语言的成长（Growth of Language）**
5. **语言的成长（续）（Growth of Language [cont.]）**
6. **语言的成长（续）（Growth of Language [cont.]）**
7. **语言的成长（续）（Growth of Language [cont.]）**
8. 命名过程概述（Summary: the Name-making Process）
9. 语言的地方变异与社会阶层变异（Local and Class Variation of Language）
10. 印欧语（Indo-European Language）
11. 语言结构（Linguistic Structure）
12. 其他语言的家族（Other Families of Language）
13. 语言和民族（Language and Ethnology）
14. 语言的性质和起源（Nature and Origin of Language）
15. 语言的科学（The Science of Language）

1875年，这本著作用英、法两种文本同时出版。法文本题名《语言的生命》，自然主义气息更为明显。该书对法国语言学界产生了很大影响。

为什么自然主义在当时如此流行？法国语言学家亨利在《二律背反的语言学》（1896）中一语道破，关于"语言生命和词语生命神话"的真正元凶，不是别人，就是自相矛盾的辉特尼——一本流行的法语版专著《语言的生命》的作者。亨利认为，使用"语言的生命"这样的术语不仅似是而非，而且自相矛盾——语言既有生命，同时又没有生命。早在1887年，在为达梅斯泰尔撰写的书评中，亨利就写道，作为语音现象的词语，只存在于发音和听音的那一刻；但是作为概念的词语，是我们心智有机体的重要组成部分。亨利在《二律背反的语言学》中揭示：一方面，辉特尼强烈反对施莱歇尔和马克斯·缪勒提出的语言自然主义；另一方面，辉特尼自己却在其著作中凸显"语言的生命"。如果辉特尼放弃有违其理论立场的这些隐喻，那么许多读者或许会抛弃"语言的生命"。

实际上，辉特尼的学术品格具有两面性。一方面，他抨击德国学者关于语言自然主义的具体观点；另一方面，他接受了进化论背景下的语言自然主义，否则不会用 *The Life and Growth of Language*（语言的生命和成长）命名其专著，不会用四章的篇幅来讨论 Growth of

Language（语言的成长）。换而言之，辉特尼并不彻底反对语言的自然主义学说，而是反对德国学者的自然主义观，并且有自己的自然主义观。

基于以上背景知识，我们也就可以理解辉特尼对德法语义学的态度。在语义研究领域，辉特尼对德法模式不屑一顾，而把语义变化研究统括到其研究的总体计划中。辉特尼界定了语言和符号的性质，指出语言自身、语言社区和语言使用者对语言变化所起的作用，甚至提出词语的用法是"一片没有规律的、多样的、多变的领域"。然而，辉特尼的语义变化研究无法归于任一流派，不管是德国语意学，还是法国语义学——因为他根本不认同这些。他只是在普通语言学理论层面讨论语言（语义）的变化现象。

辉特尼的论著中从未使用过"语意学/语义学"的学科术语。在他主编的《世纪词典和百科全书》（*Century Dictionary and Cyclopedia*）第一版（6卷本，1889—1891）中，也没有收录Semasiology这一词条。只是在他去世（1894）后，由本杰明·伊莱·史密斯（Benjamin Eli Smith，1857—1913）主持编纂的第二版（10卷本，1—8卷1895，9—10卷1897）中才出现了Semasiology这一词条。该词条由莫里斯·布龙菲尔德教授撰写，见于第二版第8卷的5481页。

莫里斯·布龙菲尔德出生在波兰别尔斯科（Bielsko，当时属奥地利）的一个犹太家庭，其家族1867年迁居美国。莫里斯·布龙菲尔德1877年毕业于南卡罗来纳州格林维尔的弗曼大学（Furman University）。进入耶鲁大学后，师从辉特尼学习梵语。1879年到柏林和莱比锡留学。1881年回国，任约翰·霍普金斯大学梵语和比较语言学教授。1895年，莫里斯·布龙菲尔德发表了讨论语意学的《同族词的联想与适应》（*On Association and Adaptation in Congeneric Classes of Words*）。

第三节　对德法语义学的再次关注

尽管辉特尼对语义学不屑一顾，19世纪末，布雷亚尔的研究还是唤起了美国学界对欧洲语义学研究的再次关注。在《语义学探索》（1897）出版前，法语的Sémantique这一术语已经传到大洋彼岸。

1948年，美国词源学家里德（A. W. Read, 1906—2002）在《术语"语义学"的梳理》（*An Account of the Word 'Semantics'*）中追溯：1. 含有"占卜意味的semantick见于1665年的英语文献（如semantick philosophy"意义哲理"），但与英语的法源词semantics无关。2. 作为学科术语的Semasiologie，是德国学者莱斯格（1839年之前）首先提出的。3. 布雷亚尔1883年新造sémantique，艾伦（H. B. Allen, 1902—1988）曾提出兰曼（1894 / 1895）最早使用英语的semantics一词。4. 依据布雷亚尔1883年以后多次提及sémantique，英语中的semantics在其后的这段时间都有可能出现。可以看出，里德既没有确定英语的Semasiologie来自德语的准确年份，也没有确定英语的semantics来自法语的准确年份。直到36年之后，即1984年，夏皮洛（F. R. Shapiro）才在《英语词形"语义学"和"语意学"的最初使用》（First Uses of the English Words Semantics and Semasiology）中指出，威廉斯使用semantics要比兰曼早一年。今查，威廉斯的译文、兰曼的论文分别发表于《美国语文学会学报》的1893年第24卷、1895年第26卷，中间就隔了1894年的第25卷。

一、威廉斯首次对译Semantics

1893年，威廉斯（Miss Edith Williams，生卒年未详）所译布雷亚尔《论词源学研究的原则》（On the Canons of Etymological Investigation），发表于《美国语文学会学报》第24卷。在27页中将法语的sémantique对译为英语的semantics，今录出如下：

> Just think of the various meanings the word *matter* has assumed in English, used as it is in almost every art, every trade, every kind of activity or study. This word, through the intermedium of the French matière, derived from the Latin materies, which signified the new wood grown after grafting, or after the top of the plant has been tied up. Such is the explanation given by Columella in speaking of the culture of the vine. We have here an example of the double movement ; that is to say, a special sense ending in a general sense, which, in its turn, is subdivided into an infinite number of special senses.
>
> Here I will cut short these **reflections**, which might be developed at great length; for all, or almost all, the chapter of linguistics treating of **Semantics**, or **the science of meanings**, has yet to be written. Yet, I would still call attention to one point.(Bréal 1893：27)

想一想英语中的单词matter已形成的各种意义（译按：物质、材料、事物），它们几乎被用于每一艺术作品、每一行业以及各种活动或学术研究之中。该英语单词以法语的matière（译按：物质、质料、素材）为媒介，源于拉丁语的materies（物质）。原指植物在嫁接或顶端捆绑起来之后长出的新材质，这是在讲到藤本植物栽培时发育中心轴小柱状结构的解释。由此我们有了一个双重移动的例子。也就是说，先是从特殊意义中形成一般意义，然后反之，一般意义又细分成若干特殊意义。

在此，关于意义的**映射**就谈到这里，对此还可以进一步地条分缕析。探讨**语义学**，或者**意义科学**的语言学章节，所有或几乎所有这方面的内容仍然有待撰写。不过，我仍然提醒关注这一作用。

迄今为止，尚未发现比威廉斯（1894）更早的翻译。这一英译法源词Semantics比吉布斯（1847）的英译德源词Semasiology要晚了近半个世纪（47年）。

二、兰曼关于意义映射的研究

在威廉斯译文发表的次年，即1894年12月27日，哈佛大学教授兰曼在美国语文学会上宣读了《映射的意义：语义学的一个观点》（Reflected Meanings: A Point in Semantics）一文，次年刊于《美国语文学会学报》（1895年第26卷）。兰曼（C. R. Lanman, 1850—1941）1871年毕业于耶鲁大学，接着攻读研究生，跟随哈德利（J. Hadley, 1821—1872）研习希腊语，跟随辉特尼研习梵语，1875年获博士学位。1875—1876年留学德国，跟随韦伯和罗斯研习梵文，跟随库尔提乌斯和莱斯琴（A. Leskien, 1840—1916）研习比较语文学。回国后，1876—1880年任约翰·霍普金斯大学梵文教授。1880年前往哈佛大学任教，成为印度—伊朗语言系的首任主任。1890—1891年任美国语文学会主席。1907—1908年任美国东方学会主席。

《映射的意义：语义学的一个观点》[①]主要内容如下：

> The doctrine of the principles that underlie the processes of the development of the meanings of words may be called **semantics** or **semasiology**. When one considers how much study has been devoted to the history of the form of words, it is astonishing that so little has been devoted to that of their logical contents. In turning up the article semasiology in The Century Dictionary, I found the following citation, which proved to be from a book review by Professor Bloomfield in the American Journal of Philology (vii. 100), and which is worth reprinting: "Semasiology in all its various aspects does not offer much that is as regular even as the phonetic life of words; so much the more worthy of attention are the parallelisms in the development of meanings, which repeat themselves oftentimes in most varied surroundings, inviting even to a search for a psychological cause for this persistence."

作为词语意义发展过程的基础，研究这种原理的学说可以称为**语义学**或**语意学**。当有人想到对词语的形式历史已经进行了大量研究，但是几乎没有对词语的逻辑内容进行研究时一定会感到惊讶。翻开《世纪词典》中的semasiology（语意学）条目，

---

① 以下英文引文见Lanman. Reflected Meanings: A Point in Semantics. *Transactions of the American Philological Association*, 1895. Vol. 26, Appendix. pp.11—15，各节不再逐一标注出处及其页码。

我发现以下引文,并已核实该引文出自莫里斯·布龙菲尔德教授发表在《美国语文学杂志》上的一篇书评。这段内容值得重新引出:"语意学在所有方面都不如词语的语音生命那么有规律,因此更值得关注的应该是意义发展过程中的平行性。在极其多变的环境中,意义发展时常会出现重演的情况,由此进一步导致对心理原因的持久探索。"①

【评点】同时引出语义学（semantics）和语意学（semasiology）。接着引用莫里斯·布龙菲尔德对语意学的看法（*Century Dictionary and Cyclopedia*, vol. VIII: 5481）。雷德提及,布龙菲尔德1895年已用副词*semantically*（语义上）:"每一个词,在语义上的表现力范围内,都可以通过偶然偏好,在其意义和其任一语音之间确定结合。"（Read 1948: 80）

I presume that his first clause is not intended to deny the existence of certain general and clearly defined categories under which very many of the changes in the meanings of words may be subsumed. Some of the commonest and most important of these may be designated by the ancient terms synecdoche, metonymy, and metaphor. These and others are described and illustrated by Suchier in Gröber's *Grundriss*, i. 632-634, with several bibliographical notes. Further discussion may be found, *ibidem*, p. 239 f.; and in Paul's *Grundriss*, i. 698 f. The whole matter is highly interesting and important, not only intrinsically, but also from the practical point of view; as has indeed been set forth with considerable fulness by the present writer in the preface to his Sanskrit Reader (pages vi and vii), and abundantly exemplified by him in the vocabulary thereto belonging. For I take it that the progress of adult students in the acquisition of a foreign vocabulary is rendered far more easy and sure by attention to the historical and logical development of the meanings so far as that is feasible; and that this attention is likely to increase the power of the teacher as a successful interpreter and as a vivacious and forcible instructor.

我相信,他的第一个从句并不打算否认那些大体上确定的、并明确定义的类型,词义中的大量演变都可以纳入这些类型。一些最常见和最重要的类型,用古代术语来说,即提喻、转喻和隐喻。这些类型和其他内容,在格罗伯②的《概论》（i. 632—

---

① 布龙菲尔德撰写的semasiology词条见于《世纪词典和百科全书》（1895年第8卷,5481页）,其《同族词的联想与适应》也在1895年发表。兰曼宣读论文是1894年12月27日,不可能看到莫里斯的词条和论文。由此推定,兰曼刊于《美国语文学会学报》1895年第26卷的文本有所修改。

② 格罗伯（Gustav Gröber, 1844—1911）,德国古罗马文化学家,著有《罗曼语族语文学概论》（*Grundriss der romanischen Philologie*, 1888, Straßburg: Karl J. Trübner）。

634）中，苏切尔①对之有描述和说明，包括几个书目的注释。进一步的讨论出处同前（p. 239 f）；并见于保罗的《概论》②（i. 698 f）。由此我以为，成年学生凭借这些习得外语词汇的进度更容易。不仅在根本上，而且从实用角度出发，这些都是非常有价值的和重要的。作为本文作者，我在《梵文读物》序言（p. vi and vii）中确实已经阐明了相当丰富的内容。如果要成为一个成功的解释者和循循善诱的指导者，只要关注意义的历史发展和逻辑发展，那么就有可能增强教师的能力。

【评点】最常见和最重要的语义演变类型，即提喻、转喻和隐喻，来自莱斯格倡导的德国语意学传统。关注意义的历史发展和逻辑发展，对语言教学很有帮助。

> There is one way in which a word acquires a secondary or later meaning, to which, so far as I know, public attention has never been expressly directed. Perhaps the process might most appropriately be termed "reflection"; and the resultant meanings, "reflected meanings". The purpose of this paper is to give a few illustrations of the process and the results.

有一种途径可以使词语获得第二个或后起意义，据我所知，公众的关注从未明显地指向这种情况。也许这一过程最适合被称为"映射"，并且其结果的意义即"映射的意义"。本文旨在说明这个过程及其结果。

【评点】关于意义的"映射"这一学说，见于威廉斯所译布雷亚尔的《论词源学研究的原则》。兰曼肯定看到了该观点，由此撰写该文以说明这一过程及其结果。

> To begin with an English one: the verb execute derives, through the mediaeval Latin execūtāre, from the stem of the Latin ex(s)ecūtus, participle of exsequi; and means, accordingly, "follow out," "carry into effect," for example, "the biddyng of the King," and, especially, a judicial sentence of death. The act of carrying such a sentence into effect was called execution of the sentence of death; or, more briefly, execution of death; or, more briefly still, execution, which thus became equivalent to "act of inflicting capital punishment." It is, now, by the reflection of this specialized meaning of the action-noun back into the (English) primitive verb execute that the latter won its meaning "to inflict capital punishment upon, to put to death in pursuance of a sentence."

---

① 苏切尔（Hermann Suchier, 1848—1914），德国古罗马文化学家。
② 保罗（Hermann Paul, 1846—1921）主编《日耳曼语族语文学概论》（*Grundriss der germanischen Philologie*, Strassburg: Karl J. Trübner, 1891—1893）。

我们从英语的一个单词开始。动词execute（执行、处死），以中古拉丁文execūtāre为媒介，源自拉丁文ex(s)ecūtus的词干，exsequi的分词，其含义为"执行、使生效"。例如国王的命令，特别是死刑的司法宣判。执行这种判决行为的结果，被称为"死刑判决的执行"（execution of the sentence of death），或者更简单地表述为"死刑的执行"（execution of death），或者最简表述为名词"执行"（execution），从而相当于"处以斩首死刑的行为"的含义。目前这个动作名词的专门意义的映射，可以追溯到（英语的）原初动词execute，该词获得了其含义"处以斩首死刑，依据判决处死"。

I do not believe it is possible that the meaning "put to death" can be derived from the meaning "carry into effect" by any direct process. And the difficulty (if not the impossibility) of derivation by direct method is evidently felt by Dr. Murray, or perhaps rather Mr. Bradley, as may be seen from his note under the verb execute, II., just before the meaning 6, in the great English Dictionary. But as soon as we admit the actuality of this process of reflection, the course of development becomes entirely clear. For the detailed facts concerning execute and its kin, I am indebted to Dr. Murray's monumental work.

我不相信，execute（执行）的"处死"之义可能直接源于"使生效"之义。通过直接方式派生的困境（如果不是不可能），穆雷博士，或许还有布兰德利[①]先生已经明显意识到，这点可以从布兰德利关于动词execute（执行）的注释II中看出，在宏大的《英语词典》义项6之前。只要我们承认这一映射过程是实在的，其发展历程就非常清楚。有关动词execute及其同族词的细节，我要感谢穆雷博士的不朽著作。

【评点】兰曼参考了英国词典学家穆雷和布兰德利的研究。也就是说兰曼的研究受到德国（语义演变类型）、法国（意义的映射）和英国（词义变化的实例）学者的影响。

At the Philadelphia meeting, Professor Bloomfield suggested that some apparent cases of reflected meaning might be nothing more than ordinary denominatives based on a noun with peculiarly altered meaning. In order that his suggestion may be applicable, it is evidently necessary that both the noun and the denominative be coincident in form with the original verb. Here is an example: "At the end of Professor's forty-three years of service, his colleagues **voted to address him**," i.e. (not "to speak to him" —but) "to present to him an

---

[①] 布兰德利（H. Bradley, 1845—1923），英国词典学家，著有《英语的形成》（*The Making of English*, London: Macmillan, 1904）。

elaborate parchment with **a formal address** engrossed thereon." Evidently also, in such a case, neither explanation excludes the other.

在费城会议上，莫里斯·布龙菲尔德教授提出，一些映射的意义明显例子，只不过是由名词正常派生的动词，并且基于特定的名词而改变意义。为了使他的建议有可能适用，显然，名词和由名词派生的动词，这两者在形式上与原来的动词必须是一致的。这里有一个例子："在一个教授服务43年结束时，他的**同事建议他致辞**（voted to address him）"，也就是，（不是"对他说"——而是）"恭敬地呈给他一张精心制作的羊皮纸文稿，在上面有大字体书写的**正式邀请**（a formal address）"。显然，在这种情况下，排除了address的其他解释。

In this connection, it is interesting and instructive to note that from the action-noun *execution* in its specialized sense was formed in fact the denominative verb to execution as secondary and the agent-noun executioner as tertiary. All this is of course in accord with the most ordinary processes of direct development of meaning and of formation, and no instance of 'reflection,' as I have termed it. From execute, "hang, behead," was formed the agent-noun, executor "hangman, headsman." We thus had two pairs: the pair of denominative origin, to execution and executioner; and the pair of "reflected" origin, to execute and executor. Of these, the verb of the denominative pair, to execution, died out; and so did the agent-noun of the "reflected" pair, executor. There survived only to execute and executioner, which thus formed a new pair, whose curious non-correspondence of form is thus explained. Had the denominative, to execution, lived, it is likely that the use of to execute in the reflected sense "hang" would not have arisen, or that, having arisen, it would have died out; just as, on the other hand, executor, "hangman," did die out, leaving the equivalent executioner in sole possession of the field.

在这一点上，有价值的和有启发性的是，从行为名词execution（执行）形成专门意义的事实中要注意到，名词派生出来的动词execution（执行死刑）作为演变的第二代，而该行为名词的执行者executioner（死刑执行人）则作为第三代。当然，所有这些与形式和意义直接发展的最普通过程是一致的，并且没有我称之为"映射"的实例。从execute（绞死、斩首）形成了一个施事名词executor（绞刑吏、刽子手）。因此，我们有两对词语：一对是由名词派生的动词起源，即名词execution（执行、死刑）和executioner（死刑执行人）；一对是从意义的"映射"出发，即动词execute（处死）和executor（死刑执行人）。其中，由名词派生的动词对子的动词to execution

（执行死刑）已经消失；并且，"映射"对子的施事名词executor（死刑执行人）也是如此。幸存下来的仅是execute（处死）和executioner（死刑执行人），由此形成新的一对，从而解释为非对应性的奇怪形式。由名词派生的动词to execution（执行死刑）还有生命力。很可能，execute映射意义的"绞死"，在使用中没有出现或正在出现上升趋势时，而该用法已经消失；另一方面，就像executor（绞刑执行人）没有消失而留存下来，与execution一样，成为该领域的唯一占有者。

【评点】兰曼的意思可能是：行为名词execution（执行）→ execution（执行死刑）→ executioner（死刑执行人），不是意义的"映射"。动词 execute（绞死、斩首）→施事名词executor（绞刑吏、刽子手），属于意义的"映射"。

Thoughtful scrutiny of the English dictionary would doubtless reveal many other examples. Several may be adduced. To undertake is "to take in hand, to enterprise." Its agent-noun, undertaker, is now most commonly used, in a narrowed and specialized sense, of the undertaker of funeral arrangements. From this noun, the special sense is reflected back into the verb, so that he undertakes is sometimes heard with the meaning "he does the work of an undertaker." I am inclined to see a similar process in communicate "to partake of the Eucharist" (cf. communion); in operate when used transitively, "to perform a surgical operation upon" (cf. operation); in provoke, "excite disagreeably" (cf. provocation).

毫无疑问，仔细考察《英语词典》可以揭示出许多这样的例子，其中有些例子可能已经引用过。to undertake（承担）的意思是"着手处理、负责"，其施事名词undertaker（承担者）现在最为通用。就狭义和专门意义而言，undertaker指葬礼安排的承办者。这个名词的特殊意义映射回到了动词，以至于he undertakes（他承担）有时听起来的意思是he does the work of an undertaker（他做葬礼安排者的工作）。我想要弄清相似的过程，communicate（to partake of the Eucharist "分享圣餐"；比较communion "圣餐仪式"）；operate（动词"操作"）用于及物时，是to perform a surgical operation upon "完成了一个外科手术"（比较operation，名词"操作"）；provoke（动词"使激怒"）用于及物时，是"使激起不愉快"（比较provocation，名词"激怒"）。

该文的以下8小段是讲述梵文、巴利语中的例子。最后一段是关于希腊语的例子：

From the Greek an instance or two may suffice by way of example: γράφειν is "to write"; γραφή is "a writing," and especially in a technical legal sense, "an indictment";

whence γράφεσθαί τιναγ means "to indict a man." The denominative would be presumably *γραφάν or γραφεῖν. The verb αὔξεσθαι is "to increase"; αὔξησις is "increase, growth," but comes to be specialized in the works of the grammarians so as to mean the grammatical 'augment'; and this meaning is reflected into the verb so that it is used in the sense of 'take the augment.'

从希腊语中举出一两个例子足矣。例如：γράφειν的含义是"写"，γραφή的含义是"作品"，尤其有一个法律意义上的技术术语"起诉书"。由此γράφεσθαί τιναγ的含义是to indict a man（起诉某人），而由名词派生的动词推定为γραφάν或γραφεῖν。希腊语动词αὔξεσθαι的含义是"增加"，名词αὔξησις的含义是"增加、增长"，但在语法学家专门研究的书中，以至于其含义是符合语法规则的"增加"，并且这个意思映射为动词，以便在"获得增加"之义上运用它。

兰曼的研究受到法国和德国语义学研究的影响。威廉斯所译《论词源学研究的原则》，布雷亚尔提及Semantics的一节是：

Here I will cut short these *reflections*, which might be developed at great length; for all, or almost all, the chapter of linguistics treating of *Semantics*, or the science of meanings, has yet to be written. Yet, I would still call attention to one *point*.（Bréal 1893：27）

其中各有一个词，出现在兰曼论文的题目"*Reflected Meanings：A Point in Semantics*"中。由此可见，兰曼可能通过威廉斯的译文受到布雷亚尔的影响。至于Semasiology，兰曼开宗明义："The doctrine of the principles that underlie the processes of the development of the meanings of words may be called semantics or *semasiology* [1]"，并且引用莫里斯·布龙菲尔德的一段话"*Semasiology* in all its various aspects does not offer much that is as regular even as the phonetic life of words"。兰曼在*semasiology*后的加注[1]："Not, with Murray, *New English Dictionary*, i., preface, p. xi, sematoloigy"，注意到穆雷《新英语词典序》中出现的是sematoloigy（符意学），而这个术语来自斯马特（1831）。当然，兰曼有可能在德国接触过莱斯格的Semasiologie。1873—1876年，兰曼在莱比锡大学跟随库尔提乌斯（莱斯格的再传弟子）研习，库尔提乌斯关注当时的语义学研究。

综上，威廉斯（1893）和兰曼（1894/1895）文中先后出现了Semantics，莫里斯·布龙菲尔德（1895）讨论了Semasiology，《世纪词典和百科全书》（1895）收录了他撰写的Semasiology词条。五年后，布雷亚尔的英文版《语义学探索》（1900）刊于伦敦，《牛津英语词典》（1900版）收录了Semantics词条。由此促使这门意义的科学在世纪之交的英语世界中传播开来。最重要的是，辉特尼的另一位学生，在耶鲁大学开设的《语言研究讲座》中专门讲授了语义学。

第四节　厄特尔宣讲德法传统语义学

厄特尔（H. Oertel, 1868—1952）是德国梵文学家，在美国学习和工作30多年。厄特尔早年求学于耶鲁大学，师从辉特尼研习梵文。在辉特尼去世（1894）后不久，接任耶鲁大学梵文教授。1912年任美国文理科学院（American Academy of Arts and Sciences）成员。1921年返回德国，成为德国研究吠陀文本的权威格尔德纳（K. F. Geldner, 1852—1929）的继任。1924年任慕尼黑大学教授，1925—1927年任马堡大学教授。

我们把厄特尔纳入美国语义学篇章，主要因为他是第一位在美国大学讲授欧洲或德法人文学术的德国学者。厄特尔用英文撰写的《语言研究讲座》（*Lectures on the Study of Language*）本是耶鲁大学的讲义，1899年付印，1902年在纽约和伦敦发行。该书分为五讲：第一讲19世纪语言科学的主要思想（1—86页）；第二讲方言和语言的语音相似性分类以及拟测性祖语的性质（87—133页）；第三讲语言的变化：1. 模仿的变化和类比的变化（134—188页）；第四讲语言的变化：2. 语音的变化（189—273页）；第五讲语言的变化：3. 语义的变化（274—329页）。书中提到洪堡特、莱斯格、班纳利、斯坦塔尔、达梅斯泰特尔、布雷亚尔、保罗、魏格纳、卡尔·施密特等众多欧洲学者，尤其推崇冯特。

"第五讲语言的变化：3. 语义的变化"，细目如下：

Every linguistic utterance must be examined (1) with respect to its phonetic' form (morphological aspect), and (2) with respect to its significance (semantic aspect). What is linguistic form? The means of linguistic expression (§ 1). The hearer starts with the form, the speaker with the meaning. The study of the speech content in relation to the linguistic form with which it appears associated is the province of semasiology (§ 2). Analysis by the speaker of a composite idea into elements. The grammatical "sentence" is the linguistic reflex of such an analysis. The synthesis of the hearer (§ 3).

每个语言表达式都必须考察：（1）关于它的语音形式（形态方面），以及（2）关于它的意义（语义方面）。何为语言形式？语言表达的手段（§1）。听者从形式开始，说者从意义开始。与语言形式相关的话语内容研究属于语义学范畴（§2）。

由说者将复合观念分析成元素。语法"句子"是这种分析的语言映射。听者的综合（§3）。

What calls for expression in language？［A］Things, qualities, actions, and states. Names and roots. The difference between logical and grammatical categories (§ 4). A compound idea expressed by modifications of one name (§ 5).［B］The attitude of the speaker. Its expression by independent words or as modifications of "names" (§ 6).［C］The relation of the members of an utterance to each other (§ 7). The polysynthetic character of the Indo-European languages and its consequences. The absence of a pure casus nominativus. The impersonal verbs as a compromise between grammar (Indo-European and Semitic) and logic (§ 8). The terms "meaning" and "function" are essentially synonymous, though the former is current with reference to independent units, the latter usually refers to significant parts of such units. The dynamic problems of lexicography and syntax are the same (§ 9). The difference between logical and psychological treatment of semantic problems (§ 10). The composite nature of the psychical contents of words (§ 11). The emotional element in words. Its sources. Its effect. Taboo on words. Changes and national differences in the valuation of words (§ 12). The unification of the composite psychical content of a word by subordinating all elements to one dominant element. The variability of this dominant element. Words are not felt to be descriptive of the things for which they stand. The original process of naming. The bearing of etymology on lexicography; "linguistic" and "philological" lexicography (§ 13).

什么需要用语言表达？［A］事物、性质、行为和状态。名称和词根。逻辑范畴和语法范畴之间的区别（§4）。通过修改名称表达复合观念（§5）。［B］说者的态度。通过独立的词或"名称"修改来表达（§6）。［C］话语成员之间的关系（§7）。印欧语的综合型特征及其结果。缺乏纯粹的致使主格。作为语法（印欧语和闪米特语）和逻辑之间折中的非人格动词（§8）。术语"意义"和"功能"本质上是同义词，虽然前者如今指独立的单元，后者通常指这些单元的有效能部分。词典和句法的动态问题是相同的（§9）。语义问题的逻辑处理和心理处理的区别（§10）。词语心理内容的复合性质（§11）。词语中的情感因素。它的来源。它的作用。禁忌词语。词语价值的变化和民族差异（§12）。通过将所有元素从属于主导元素来统辖词的复合心理内容。主导元素的可变性。词语并不是对其所代表事物的描述。命名的初始过程。词源学对词典编纂的影响；"语言学"的词典编纂和"语文学"的词典编纂（§13）。

Divisions of Semantic Change：［A］Oscillation resulting from the variability of the dominant element. Devices for fixing the dominant element (§ 14). ［B］The fusion of two adjacent concepts into one, accompanied by the loss of the name of either concept. This is a process of abbreviation. Change in the semantic value of words due to a redistribution of the elements of the larger compound idea over the two component names (§ 15). ［C］The dissolution of percepts. The change from synthetic (inflectional) structure to analytic structure. The progress from particular to general ideas and its reflex in the earlier and later meaning of "roots." The difference between indistinct notions and general concepts (§ 16). ［D］Semantic changes due to associative interference (§ 17). ［E］Semantic changes due to transfer. The use of concrete terms for abstract ideas. The transfer of terms from one sense sphere to another (§ 18). The shifting of sense by a series of semantic changes. Changes in the meaning of one word frequently disturb other words which are in some way connected with it (§ 19).

语义演变的分类：［A］由主要元素可变性引起的摆动。固定主要元素的装置（§14）。［B］两个相邻概念融合为一，伴随着任一概念的名称丢失。此为节略过程。由于较大复合观念的元素在两个成分名称上的重新分配，该词的语义值发生变化（§15）。［C］认知的分解。从综合（屈折）结构到分析结构的变化。从特殊观念到普遍观念的演进及其在"词根"早期和晚期含义中的反映。模糊观念和一般概念的区别（§16）。［D］由联想干扰引起的语义变化（§17）。［E］由转移引起的语义变化。具体词语用为抽象观念。词语从某一感觉域转移到另一感觉域（§18）。由一系列语义变化引起的意义更替。一个词的意义变化经常会以某种方式干扰与之联系的其他词（§19）。

厄特尔把《语言研究讲座》献给辉特尼，但与其师存在很大差异。辉特尼研究语义但不提"语义学"，而厄特尔将语义学研究列为第五讲。厄特尔以心理学方法为主，受到斯坦塔尔与冯特的影响，而辉特尼对此持怀疑态度，更倾向于社会学方法。辉特尼沿袭的是语义变化的传统分类，而厄特尔对语义变化研究颇有独到之处。

一、词态学与语义学

与许多前辈不同，厄特尔在词语层面之下和词语层面之上分别研究语义现象。这一思路主要受德国班纳利①和里斯②的启发。厄特尔从广义上区分了两个领域：形式与意义，或词态学（词形和句法）与语义学。在斯坦塔尔的著作中，早有语言的内部形式与外部形式之分，即研究所有语言现象的两个途径。但是厄特尔认为，在某种程度上，形式和意义之分是基于听者与说者的区分。如果听者先有形式，再到内容，那么说者就是先有内容，再找形式加以表达。针对其语言形式所表达的相关内容加以研究，这就是语义学的领域。厄特尔的词态学范围更广，包含所有的语言形式。语义学研究的不是分离的孤立对象，而是全部语言表达必须观察的两个方面。（Oertel 1902：278—279）

与德法同行和其师辉特尼一样，厄特尔也把词源义遗忘作为意义、用法和意义变化的先决条件。

> However this may be, a word does not really become a symbol for an idea until it ceases to describe, and the link between sound and idea, phonetic form and psychical content, has become purely external and mechanical, in brief, until all etymology of the word is forgotten while the word is being used. (Oertel 1902：307)
>
> 无论如何，一个词语在不再出现形象描绘之前，还不可能完全成为某个观念的符号，并且语音与观念、语音形式与心理内容之间的联系，要变成纯粹外部的和机械的东西。简而言之，某一词语的正常使用，需要等到遗忘该词语的全部词源义。

他还写道："在实际说话中，使用词语的注意力，往往只在于内容，而不是形式和意义结合的联结环节。"（Oertel 1902：307）这种联结可能以往曾经激活过，而对语言学家来说，探索某个形式和某个意义为何联结则非常重要。但是语言使用者是直接从形式到内容。正如魏格纳（Wegener 1885）和魏兰德尔（Wellander 1917）所言，对使用者来说，这种联结已经完全机械化。

二、词语元素与动态语义理论

在语义演变中，厄特尔提出"词语元素"（word-elements）这一概念，并将词语元素比作音乐的音调。

---

① 班纳利的论著是《文法科学，评施特德勒撰写的学术讲座及高中教学手册》（*Wissenscbaft der Grammatik. Ein Handbuch zu academischen Vorlesungen, sowie zum Unterricht in den höheren Klassen der Gymnasien von J. C. Staedler*，1834）。

② 里斯（J. Ries, 1857—1933）的论著是《何为句法？一次重大尝试》（*Was ist Syntax? Ein kritischer Versuch*. Marburg: Elwert, 1894）。

A unification of the heterogeneous mass described in § 11 is brought about by subordinating all elements to one dominant element. The contents of our words may be likened to musical tones which also consist of a complex of simple tones in definite gradation of prominence and the pitch of which is determined by the dominant partial. That the relation of the elements to each other should be the same in all individuals or even in the same individual at different times cannot be expected. The importance which the different senses have in the formation of percepts differs with sufficient regularity to permit the establishment of definite "types of imagination," such as visual, motory, auditory. (Oertel 1902：305)

第11节中描述的异质体的统一是通过将所有元素从属于一个主要元素来实现的。我们词语的内容可以比作音乐的音调，音乐的音调也由一组简单的音调组成，具有一定的突出度，其音高由占优势的部分决定。不能期望元素之间的关系在所有个体中，或者甚至在同一个体的不同时间都相同。不同感官在知觉形成中的重要性有充分的规律性，以允许建立一定的"想象类型"，例如视觉、运动和听觉。

除了主要元素和次要元素，厄特尔还提出词语和词语元素的心理内容是动态变化的。

In the same manner the degree of prominence of all other elements of a percept, idea, or concept varies. The psychical contents of words and word-elements are therefore not stationary but by their very nature variable. As far as we can now observe, a name is connected with the object named by a bond of external association only. A name is not in any way felt to be descriptive of the object, any more than a wardrobe check is descriptive of the coat for which it calls. (Oertel 1902：306)

同样，感知、观念或概念的所有其他元素的突出程度各不相同。因此，词语和词语元素的心理内容并非静止的，而就其本质是可变的。正如我们现在可以观察到的，一个名称仅通过外部联想与命名对象相连。一个名称不能以任何方式感受到其描述的对象，至多就像核实衣柜里的服装描述它叫外套一样。

词语元素并非一成不变，处于语境中的词语元素的增强或减弱变化，才是语义变化的真正原因。实际上，在每一言语行为中都有变化。"词语元素"这一概念相当于"语义特征"，而厄特尔主张的是动态语义理论。

三、语义变化的四种类型

基于动态语义理论，厄特尔区分了语义变化的四种类型：语义融合、语义分解、联想干扰和语义转移。

第一种类型，一个名称融合或吸收另一个名称的意义及其特征。这一过程见图8-1（Oertel 1902：312）。其中希腊字母代表特征或元素，大写字母代表主导元素。

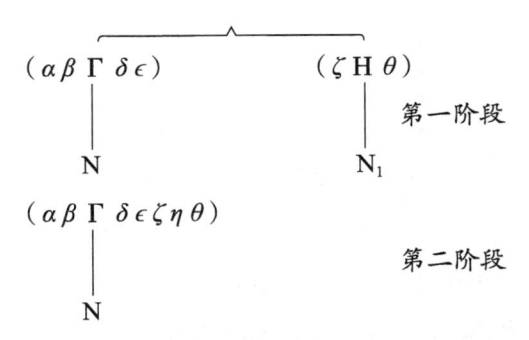

$$(\alpha\beta\Gamma\delta\epsilon) \quad\quad (\zeta H \theta)$$
$$| \quad\quad\quad\quad\quad\quad |$$
$$N \quad\quad\quad\quad\quad\quad N_1 \quad\text{第一阶段}$$

$$(\alpha\beta\Gamma\delta\epsilon\zeta\eta\theta)$$
$$|$$
$$N \quad\text{第二阶段}$$

图8-1　厄尔特的语义融合图示

拉丁语的sermo（讲话），在sermo religiosus（宗教的宣讲）中吸收了religiosus（宗教）的含义，逐渐表示sermon（布道）。这样的过程在法语canard（鸭子/说谎）中达到极致，该词语吸收了整个语段vendre à quelqu'un un canard à moitié（卖给某人半只鸭子）的意义。先缩减成vendre un canard（卖鸭子，含义"欺骗"），最终成了canard。

第二种类型正好与第一种相反，一个词语通过语义分解而失去其部分特征，有些元素直接丢失（词义变得更宽泛），有些元素则有了另外的独立形式。这一过程如图8-2（Oertel 1902：317），其中的例子是将来时态标记从拉丁文到法语的演化。

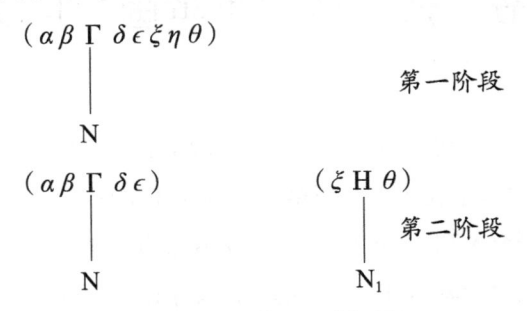

$$(\alpha\beta\Gamma\delta\epsilon\xi\eta\theta)$$
$$|$$
$$N \quad\text{第一阶段}$$

$$(\alpha\beta\Gamma\delta\epsilon) \quad\quad (\xi H \theta)$$
$$| \quad\quad\quad\quad\quad\quad |$$
$$N \quad\quad\quad\quad\quad\quad N_1 \quad\text{第二阶段}$$

图8-2　厄尔特的语义分解图示

第三种类型是联想干扰。第一种是"其中的联想性联结纯粹是形式上的，就像同音异形词在语义上的相互影响"；第二种是"语义上的关联，具有某些共同元素的两个词语，扩大了其相似的范围"。（Oertel 1902：324）厄尔特没有给出示意图。

第四种类型是语义转移（即隐喻），"一个观念或概念的名称，用于表示另一个独立的观念或概念"（Oertel 1902：324—325）。示意图（Oertel 1902：325）如图8-3。

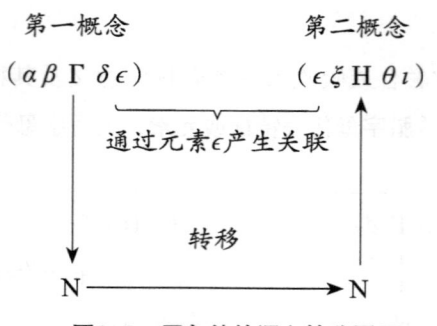

```
        第一概念              第二概念
      (α β Γ δ ε)            (ε ξ Η θ ι)
              │    通过元素ε产生关联    ▲
              │                       │
              │         转移          │
              ▼                       │
              N ─────────────────────▶ N
```

图8-3　厄尔特的语义转移图示

厄特尔并未列出所有可能的语义转移类型，因为这样将要列出"两个概念或概念联合所有可能的联结清单"，但是他指出了两种重要类型：1. 用具体名称表示抽象观念；2. 从一个意义域至另一域的名称转移。（Oertel 1902：326）

厄特尔指出：某种程度上，这些类型只是理想化的。词语的实际发展可能是这四种类型的任何组合。此外，实际语言中的词语并非孤立存在，一个词语发生意义变化，通常可能影响到其他词语，有时甚至诱发连锁反应，即达梅斯泰特尔称之为的"串联"。（Oertel 1902：328—329）虽然厄特尔的语义学研究达到一定高度，但是却未能掀起美国语义学的研究浪潮。

第五节　沃尔波宣讲英国语境语义学

以"语意学/语义学"题名的早期著作，德国学者莱斯格的《语意学或意义的科学》（撰写于1825年），1839年刊于《莱斯格教授的拉丁文语言学讲稿》中，1890年单独出版；海伊的《语意学研究》刊于1892年。法国学者布雷亚尔的《语言的心智规律：语义学简述》刊于1883年；瑞典学者斯维德琉斯的《语义学研究》刊于1891年；布雷亚尔的《语义学探索》刊于1897年。英国学者弗斯的《语义学技艺》刊于1935年；乌尔曼的《语义学原理》刊于1957年。美国学者第一部题名"语义学"的专著则刊于1941年。沃尔波（H. R. Walpole, 1905—?），芝加哥大学教授。通过网络检索仅查知，其子是音乐家纳尔逊·沃尔波（H. Nelson Walpole, 1948—2010）。在纳尔逊两岁时，他就教儿子读书，五岁的纳尔逊已能阅读《读者文摘》。这使他终生热爱书籍并不断丰富其词汇。1941年，沃尔波出版《语义学：词语及其意义的本质》（*Semantics:The Nature of Words and Their Meaning*），这是一本试图将奥格登和理查兹合著的《意义之意义》改写为用于课堂教学的书，理查兹[①]为之作序。全书共十章：第一章什么是语义学？第二章情感语言：感觉的语言；第三章标志：不通过言语的学习；第四章符号：词是思想的标志；第五章语境：符号仅在其语境中才有意义；第六章定义：定义的25种途径；第七章隐喻：借用其他事物名称；第八章虚构：制造梦想的东西；第九章应用语义学：基础英语；第十章加强阅读：释义的价值。其中第五章专门探讨意义与语境。可以看出，这是一部理论与应用相结合的语义学专著。

一、词语意义与语境

沃尔波（1941：110）区别了三种类型的语境，即符号的语境（symbol context）、心理的语境（psychological context）和物理的语境（physical context），又称之为词语的语境、思想的语境和事物的语境。

> The Context of anything is the field in which it has its place. There are three different sorts of contexts: of words, thoughts, and things; but every context has connections with other sorts. (Walpole 1941：118)

任何语境都是它（词语）所在位置的域。有三种稍有不同的语境：词语的、思想的和事物的，但是每种语境都与其他类型有关联。

沃尔波从理查兹的《修辞哲学》（The Philosophy of Rhetoric, 1936）中引用了"符号或词语的意思，就是语境中缺失的部分"，从而认为，一个符号离开语境就没有意义。

> So any word we utter never means itself, but all the other relevant factors, in the relevant contexts in which it has previously occurred! (Walpole 1941：106)

所以，我们说出的任何词语本身从来无意义，而是该词语与所有其他相关因素在相关语境中以前已发生的意义！

由此进一步强调，人们对语言的理解完全依赖于语境知识。

> When using language, we never give all the details of the things we are talking about. Our words are dependent for their full effect upon our hearer's knowledge of the context. (Walpole 1941：118)

在运用语言时，我们从未提供所交谈事情的所有细节。我们的词语所能达到的充

[①] 1931年起，理查兹长期在美国哈佛大学任教。他与奥格登合著的《意义之意义》（1923），被30年代美国兴起的"通用语义学"哲学流派奉为先行者。

分效果，完全依赖于我们听话者的语境知识。

这使人想起罗马尼亚语言学家罗塞蒂（1943）所言："一个词仅凭借上下文而存在，自身没有价值。"很显然，沃尔波赞成的是绝对的意义语境论。

二、词语意义的转移模式

在"意义的转移和变化"这一部分，沃波尔基于奥格登与理查兹的语义三角说，区分了指称的变化、思想的变化和符号的变化，并且给出了以下例说：

> Our thought about the sun, for instance, is a richer conception than people had in the days of Joshua, but the sun still serves us as a lamp and as a clock, and it still awes us. Symbol changes, however, may be either partial or complete. The symbol may be contracted or otherwise altered, as when "cadet" became "cad," and "bus" resulted from "omnibus", or the referent may acquire a totally different name, like the reconditioned submarine Squalus or those American destroyers which now fly the White Ensign of Great Britain.（Walpole 1941：88）

例如，我们有关太阳的想法，就比约书亚①时代人们的概念更丰富。但是太阳一样是我们的明灯和时钟，依然让我们敬畏。然而，符号的变化可能是部分的或整体的。符号可以被缩小或相反变化，就如cadet（实习生）变成了cad（干粗活儿的人、下等人），bus（公共汽车）来自omnibus（公共马车）。或者，指称对象可能获得完全不同的名字，如检修过的潜艇Squalus（海底角鲨），或那些现在飘扬着大不列颠白色皇家海军旗的美国Destroyers（毁灭者）②。

接着，沃波尔又提出了一个更细的划分法，即意义转移的七种模式或变化类型。（Walpole 1941：89—92，以下各节引文不再标注页码）

1. 感知程度模式（The Scale of Perception）

> This scale or hierarchy was discussed m the last chapter, in connection with symbols like "see" and "interpret". Could the reader describe the connection between the three different "views" in this sentence "He took the view that they would get a better view of the view from the other side of the river"?

---

① 据《圣经·申命记》，约书亚（Joshua）带领人们进入应许之地迦南。
② 此处用Squalus（海底角鲨）比喻潜艇；用Destroyers（毁灭者）比喻驱逐舰。

上一章在与"看见"和"解说"之类符号相关的情况下，讨论了这种程度或层次结构。读者是否能描述在"他认为他们能看到的景色会比从河对岸看到的景色更好的景色"这句话中的三种不同"景色"之间的联系？

2. 过程—产品模式（Process-Product）

Such processes as buildmg, cutting, education, learning, ruining, understanding, and wasting yield such products as buildings, cuts and cuttings, education, learnmg, ruins, understanding, and waste.

像建造、切割、教育、学习、破坏、理解和浪费等过程，产生的建筑、剪报、学历、学问、废墟、协议和废物等产品。

3. 施事—行为模式（Agent-Action）

The person or body of persons which cause a certain process or action to take place frequently share the name of that process. "Committee" and "government" are examples of this pattern, and so are "cook" and "guide".

导致某个过程或行为发生的个人或团体经常使用该过程的名称。"委员会"和"管辖"就是这种模式的例子，还有"厨师"和"指导"。

4. 符号化模式（Symbolization）

This pattern has much in common with the process-product and the archetypation groups, but is important enough to be considered as a special case. It represents a process-product relationship in the same way that a symbol is the product of a thought. It occurs whenever a symbolized (usually a written) statement is treated as if it were the thoughts and processes which led up to the statement. Codified statements of court "laws" or of grammatical "rules" exemplify this shift. What is a law—a written statute, the process of passing it, or the operation of enforcing it? And what is grammar—a set of unwritten laws of thought, the rules in a grammar book, or the "authonties" who tell us when we go wrong? We tend unthinkingly to worship the written word.

这种模式与过程—产品和原型群组有很多共同点，但很重要，可视为一种特殊情况。它以与过程—产品关系的相同方式来表示符号是思想的产物。每当一个符号性（通常是书面的）陈述被视为来自该陈述的思想和过程时，就会发生这种情况。法院的"法律"或语法的"规则"，其写成文字的陈述体现了这种转变。何为法律——成文法规，不是通过其过程或强制执行的操作吗？何为语法——一套未写出的思维规则，不是通过语法书上的规则来执行，或者当我们出错时提醒如何改正的"权威"吗？我们倾向于不假思索地崇尚书面语。

5. 原型模式（Archetypation）

This is the process of anchoring a word to some lucid and typical example of its use. The process of "advertisement" is archetyped by "an advertisement". Archetypation is especially useful in the study of language itself. It is the method of this book to exemplify by archetypes the mental processes involved when one uses symbols, referents, metaphors, fictions, and so on. The shift of "case" from Al to A2 (page 35) seems to me another example of archetypation.

这是将一个词用在清晰而典型例子的锚定过程，"做广告"的过程以"一个广告"为原型。原型在语言自身研究中特别有用。本书的方法是通过原型举例说明人们使用符号、指称、隐喻、虚构等时的心理过程。从A1到A2（第35页）的case（情况、实例）的转变，在我看来是原型模式的另一类例子。

6. 派生模式（Pregnancy）

Mr John O'Hara described a certain playwright as someone "who writes one hell of a lot, but doesn't *write* very much". The second "write" illustrates the pregnant use of a word, in which there is an intensified focusing on what is taken to be the essence of the word's meaning. On page 35, the second sense of "body" (A2) exempfies such focusing, in thus case upon the idea of man without thought or emotion or life—a real or mere body. The arts of understatement would flourish if it were better understood that any word has this power to supercharge itself and produce what a gasoline-plus salesman would describe as that little bit extra. Cut down the description of one's neighbor as "a man who has a great deal of property" or " high personal qualities," and he becomes "a man of property," or "a man of quality". In the latter case, one may pay him the still higher compliment of focusing upon the central word, and simply saying that he is "a man."

约翰·奥哈拉先生将某位剧作家描述为"他写了很多，但写得不多"，第二个"写"（有价值的作品——译按）说明了一个词的派生使用，强烈聚焦于何为该词意义的本质。在第35页，"身体"（A2）的第二种含义举例说明了这种聚焦，在这种情况下，指的是没有思想、情感或生命的人——一个真实或纯粹的躯体。如能更好地理解这些，那么轻描淡写的技艺也会同样出色，任何词都有这种力量来增强自己，就如加汽油推销员所说的那种额外一点点。删节对某人邻居的描述，如"拥有大量财产的人"或"具有高尚个人品质的人"，说成他是"有财产的人"或"有素质的人"。在后一种情况下，人们可以给予他更高的赞美，把注意力集中在中心词上，直接说他是"一个男人"。

7. 隐喻模式（Metaphor）

Think of several parts of the body, and of how early in life we learned to lend their names to other things. A later chapter will examine why metaphor plays so strong a part in language. Though nouns often provide the handiest examples for discussion, other parts of speech are just as open to metaphoncal use. Verbs, for example: when we give advice, or take heed of it, we do not generally perform the physical operations of giving or taking. When a problem is in the mind, or under consideration, those spatial relationships are metaphorical. Black looks and sharp words are similarly removed from the kinds of sense experience which yield archetypes for these two adjectives.

想一想身体的几个部分，以及我们在生命早期如何学会把这些名字借给其他事物。后面的章节将研究为何隐喻在语言中扮演如此重要的角色。尽管名词通常为这种讨论提供了最方便的例子，但其他词类也同样使用隐喻。例如动词，当我们提出或接受建议时，我们通常不会执行所提出或接受的物理操作。当一个问题"在心智中"或"正在考虑中"，这些空间关系都是隐喻用法。"黑色的样子"（阴沉沉的脸色）和"尖锐的词"（尖刻的话）这两个形容词语都已经远离产生原型时的感觉体验。

受奥格登与理查兹的影响，沃尔波将英国的语境意义论传到美国，并且仔细研究了语义变化类型，已经包括当代认知语言学的关键词（原型模式、隐喻模式）。总体而言，此类语义学研究，其旨趣在于为英语使用者提供语义训练，以便掌握语言使用和理解的技艺。然而，这部理论与应用相结合的语义学专著，却没有引起美国语言学界的关注。

第六节　语义悲观情结和其他领域的语义研究

尽管19世纪与20世纪之交的一些学者，在美国撒下了语义学的种子，但是并没有进一步开花结果。从20世纪30年代起，美国语言学界的语义学研究几乎中断，描写主义渐渐成为主流。这一学派的创始人伦纳德·布龙菲尔德，虽然1913—1914年曾到莱比锡大学和哥廷根大学进修语言学，回国后讲授日耳曼语和比较语文学。然而，他并没有接受欧洲的语义学研究，而是走向了形式描写的道路。受韦斯[①]的影响，布龙菲尔德撇开语言中所有内省

---

① 韦斯（A. P. Weiss, 1879—1931），行为主义心理学家，法国语言学家梅耶的博士。1921—1927年，布龙菲尔德任俄亥俄州大学语言学教授期间与他共事。

心理或人文内容，以至于当时人们认为，布龙菲尔德把语言学设想成为一门完全独立的科学是过激主张。

1924年，他和博林（G. M. Bolling, 1875—1952）、斯特蒂文特（E. H. Sturtevant, 1875—1952）等联名倡议创立美国语言学会，次年创办会刊《语言》。作为美国的第二个语言学会，起初包括比较语文学（继承辉特尼的传统）和人类语言学（接受萨丕尔的思想）两派，但后来逐渐变为主张分布—替换描写的布龙菲尔德学派一家独大。

一、形式描写主义的语义悲观情结

布龙菲尔德在《语言论》（*Language*, 1933）第九章将意义界定为"说话人发出语言形式时所处的情境和听话人那儿所引起的反应"（袁家骅、赵世开、甘世福译 1980：166），颇有英国语义学的情境论味道。

尽管布龙菲尔德曾经提及，在语言研究中，语义不是用还是不用的问题，而是如何恰当地使用的问题，但是仍然难以掩盖语义研究的"悲观情结"。

> 可是，我们没有任何方法准确地给像"爱"或"恨"这样的一些词下定义，因为这些词涉及许多尚未准确分类的领域——而这些难以确定意义的词，在词汇里占了绝大多数。（袁家骅、赵世开、甘世福译 1980：166）

> 由于我们没有办法确定大多数词的意义并证明意义的稳定性，只好把语言的特殊性和稳定性作为语言研究的前提。目前的知识还不足以解析意义的复杂性。不妨把如下命题作为语言学的基本假设，即在特定言语社团中，某些话语在形式和意义上是相应的。（袁家骅、赵世开、甘世福译 1980：172）

> 意义——就我们所举的例子而言，就是一个语言的义素——只有无所不知的通才，才能分析或者加以系统梳理。（袁家骅、赵世开、甘世福译 1980：197）

词义具有不稳定性等，前辈语义学家早已指出，但并非因此而否定语义研究。根据布龙菲尔德的偏执，既然谁也不是无所不知的通才，那么也就无人能够从事语义分析或系统梳理。关键在于，布龙菲尔德陷入了词语定义的"科学主义圈套"。

> 为了给每个语言形式的意义下一个科学的准确定义，我们对说话人世界里的每一事物都必须有科学的精确知识，而以此衡量，这样的人类知识领域太少了。只有当某一语言形式的意义在我们所掌握的科学知识范围之内，才能准确地加以定义。（袁家骅、赵世开、甘世福译 1980：166）

当然，对可以依据一般常识解释词语，布龙菲尔德并非一无所知：

> 语言学家没有能力确定意义，只好求助于其他科学的学者或一般常识。（袁家骅、赵世开、甘世福译 1980：174）

实际上，日常会话中谁也不会根据所谓"科学的准确定义"使用词语。普通人对语言意义的了解和运用都是基于日常经验。科学家在进行日常交流时同样如此，语言就是建立在这种"非科学定义"之上。尽管此后布龙菲尔德也曾提及意义研究的重要性，但是他始终坚持——意义研究只是一种"未来事业"。依据"每一事物都必须有科学的精确知识"的"科学主义"原则，也就意味着语义研究属于无穷无尽的"未来"。由此可见，"科学主义"和"未来事业"，只是布龙菲尔德排斥语义研究的托词——因为一旦导入语义，形式主义也就可能分崩离析。反之，布龙菲尔德把语义研究的任务推给了科学家，要等弄清每个概念的科学本质后再研究语义，实际上也就是推卸了语言学家探索语义的任务。

这种"畏难情结"在其追随者中有增无减，罗曼语言学家、康奈尔大学教授霍尔（R. A. Hall, 1911—1997）在《美国语言学：1925—1950》（*Amarican Linguistics: 1925—1950*）中这样评价：

> 一般而言，美国语法学家都追随布龙菲尔德，对于以语义标准作为分析步骤的基础表示怀疑。在某些情况下，这就导致在语言学研究中绝对否定了考虑意义的必要性，甚至可能性（如海里斯、特雷格）。然而，在绝大部分情况下，仅意味着正确地依赖更易辨认和解释的形式标准，远胜于依赖如流沙般的语义。（转引自赵世开 1989：81）

作为"后布龙菲尔德学派"的代表人物，齐利格·海里斯（Zelig S. Harris, 1909—1992）在《结构语言学的方法》中（*Methods in Structural Linguistics*, 1951）则走向了绝对排斥语义的极端。

> 海里斯之所以要把分布作为语言结构分析的主要依据，是由于他不主张在语言结构分析中依靠意义。他认为意义是由社会环境决定的，而社会环境在目前我们还没有能力去分析它，因此只好依靠分布。而且，海里斯断言，分布上的不同也就是意义上的不同。这充分反映海里斯在结构分析中对待意义的极端的态度。（赵世开 1989：93）

尽管海里斯完全排斥意义，然而脱离语义如何分析结构？美国翻译理论界结构学派代表人物沃格林（C. F. Voegelin, 1906—1986）在《评〈结构语言学的方法〉》（*Review of Methods in Structural Linguistics*, 1952）一文中指出，海里斯实际上还是运用了意义。

在海里斯影响下步入语言学领域的乔姆斯基,主张"语法是自治的且独立于意义"(Chomsky 2002［1957］:17)。他在《心理环境中的语言》(Language in a Psychological Setting)中认为:

> 任何一个试图对词汇语义进行界定的人都很清楚难度极大,因为会涉及十分复杂的语义成分。普通词典的词汇释义,与词汇的语义成分分析相距甚远。(Chomsky 1987)

为了维护布龙菲尔德的形象,一些学者声称"布龙菲尔德并不反对语义研究,甚至主张语义研究"。其实这些学者并未细读其书,更未领悟一旦导入语义研究,形式描写主义或分布主义何以立足。

尽管语义研究遭受排斥,但是学科本身并不可能因为某部分对象的艰巨性而牺牲其研究对象的整体性。既然语言符号是音义系统,那么语言中的任何单位必然是音义结合体。即使语义如同抓不住的"流沙",但是语义研究的步伐仍要向前迈进。与排斥语义研究的布龙菲尔德学派相反,在美国哲学、社会学[①]、翻译学和人类学领域,仍然有一批学者关注语义研究并取得若干成果。

二、哲学领域的通用语义学研究

作为美国语义哲学的流派,通用语义学(General Semantics)[②]是波兰裔美国哲学家柯日布斯基(A. Korzybski, 1879—1950)在20世纪30年代创立的。其专著《科学与健全的精神:非亚里士多德体系和通用语义学引论》(Science and Sanity: An Introduction to Non-Aristotelian Systems and General Semantics, 1933),系统阐述了通用语义学思想。其代表人物还有美国政论家切斯(S. Chase, 1888—1985)、日裔美国语言学家早川一荣(S. I. Hayakawa, 1906—1992)和加拿大数理生物学家腊波波特(Anatol Rapoport, 1911—2007)等。

除了语言和符号与所指之间的关系,这一学派还研究语言、思维和行动之间的关系,并着重研究语言对思维和行动的影响,即语言使用者的神经机制和日常行为对语义做出的

[①] 关于社会学领域的语义研究,在第十一章"现代语义学的第二块基石:语义解析方法"中有"基于社会结构—功能的美国流派"的专门论述。

[②] 英语general有总体的、普遍的、一般的、通用的等含义。语言学家把General Semantics译为"普通语义学"。如:马蒂(1908)把总体语义学(德语allgemeine Semasiologie)或普通语义学视为语言哲学的首要部分;房德里耶斯(1921)的普通语义学汇集每种语言中的意义变化;乌尔曼(1957)的普通语义学阐述意义的泛时研究。而美国语义哲学的General Semantics宜译为"通用语义学",以示区别。

反应。20世纪30—40年代，法西斯主义的崛起、社会舆论的斗争、经济萧条的阴云等致使渴望富足而平静生活的愿望常常被这些难以理解的概念困扰。正是为了解决思维模式上的混乱，通用语义学以质疑和批判的姿态进入当时美国人的日常生活。通用语义学把人类所处的世界分为实在世界和语言世界，语言世界的语义波涛汹涌。在语言的海洋中，人人需要语义学修养。语义学可以帮助人们克服语义障碍，治疗因语义障碍而造成的情绪紊乱或生理失调。

通用语义学主张对语言的运用具有自觉意识。现实世界或思想本身是不能通过语言精确表述的，而抽象的词语是人们表示事物必须使用的，只有找到语言表述的所指，才能真正理解其含义。基于这一认识，通用语义学便以一种相对而实用的质疑态度对待日常语言。具体方法是：运用外延手段找到概念所指，对词语进行抽象分级，然后再将某一等级的抽象结果作为基点来进行交流。柯日布斯基指出，一个苹果可以用不同等级的语词进行表述：苹果、水果、食物、商品等，人们之所以会以这种在概念上有上下义关系的不同词语去表述同一物体，是因为词语的抽象"割裂了实在世界"。这种"语言抽象病"的产生根源在于语言的内在因素，与人们的思维习惯密切相关。在评价各种事实时，人们往往习惯于确定"是否"或"好坏"。运用"二值方式"评价科学系统也许是正确的，但是用来评价伦理、政治、社会现象则常常造成谬误，因为在此使用的是"逻辑语言的语言，并非关于事物或事件的语言"。只有用"很坏……坏……不很坏……较好"等系列值来评价伦理、政治、社会现象，才有可能充分体现这些现象的多值性。（沙夫 1962）

为了克服"语言抽象病"，柯日布斯基提出基于外延的语义分析法，旨在追求语言与实在之间的统一。他把正确的用词方法归纳为五项表述原则：1. 等等原则。一切描述总存在疏漏性，所以在用词语指称具体事物要加上"等等"。例如：苹果等等。加上"等等"可以使人记起那些省略的特征。2. 指数原则。一切分类都具有虚拟性，所以在用类别指称具体事物时要加上指数。例如：苹果1、苹果2……苹果n，代表此苹果所具有的独特之处及与其他苹果的区别性特征。3. 日期原则。一切事物都存在时间性，所以要注明所描述事物的"日期"，以取代静止的观察及指称方式。例如：德国1920、德国1935……德国19n。4. 连字符原则。一切分类都具有截断性，所以用连字符可表示相关类别或事件之间的联系性。例如：纳粹—德国等，以提醒人们语义本身不可分割，但在词语中却被割裂。5. 引号原则。词本身不是事物，所以在用词指称具体人或物时要加上引号。例如："浪漫主义"，"法西斯主义"，以提醒某些抽象术语对不同的人可能指不同的东西，要防止产生误解。

作为通用语义学的另一代表人物，切斯的思想主要来自柯日布斯基的论著以及奥格登与理查兹的《意义之意义》（1923）。切斯把这两本书中的语义学理论方法应用于社会政治方面，得出社会纷争起因于"词语的专横"。在专著《词语的专横》（*The Tyranny of*

Words, 1938）中，切斯呼吁有必要进行一场"语言革命"以拯救人类。尽管有人觉得夸大其词，然而从古到今，"话语权"一直存在。通用语义学更多地剖析的是语言的社会运用及其话语权，而不是一般语言学家关注的语言系统。通用语义学本质上就是一种"社会语义学"，柯日布斯基和切斯等似乎更像采用语义哲学方法分析日常语义的社会学家。

美国通用语义学鼎盛于20世纪60年代，70年代开始隐退。通用语义学的质疑态度和实用色彩，可能是它遭到冷落的原因。一些人甚至认为，该学派留下的仅仅是一些条条框框和"荒唐的实用"。如果客观地分析通用语义学的主导思想和具体方法，其贡献还是显而易见的。首先，通用语义学所倡导的"外延五法"和二十一条定律是一种所指语义理论，不仅注意到事物的静态复杂性，而且注意事物的动态复杂性，既有纵向聚合的描写，又有横向组合的说明。在语义系统分析中值得借鉴。其次，通用语义学的多值评价方法，促进了人们对世界多样性的认知。

虽然"语用学"（pragmatics）这一术语是莫里斯（C. W. Morris, 1901—1979）在《符号理论基础》（*Foundations of the Theory of Signs*, 1938）中首先提出的，但是通用语义学的实践非常重视语用，而"语言的社会运用"是促成现代语用学诞生的主要观念。尽管作为哲学理论的通用语义学流派逐渐衰落，但毫无疑问，一些基本思想方法已经渗透到许多领域，包括语言的语义学领域。乌尔曼提出的词语下定义的第二种方法即运用性定义，并且引用了切斯的话："要了解一个词的真正意义，必须观察人们用到这个词时如何行动，而不能听他如何解释这个词"（Ullmann 1962：58）。

三、翻译学领域的语义描写系统

20世纪40年代，美国形成以沃哲林（C. F. Voegelin, 1906—1986）、鲍林格（Dwight L. Bolinger, 1907—1992）和奈达（Eugene A. Nida, 1914—2011）等为代表的美国翻译学派，而在语义学研究方面，以奈达的贡献最为杰出。奈达的翻译理论可归纳为四个方面：1. 理论原则。所有语言都具有同等表达能力，而翻译的首要任务就是使读者看译文时一目了然。2. 翻译的性质。所谓翻译，是指从语义到文体在译语中用最切近而又最自然的对等语再现原语的信息，必须达到顺乎自然、切近、对等，尤其是语义对等。3. 翻译的标准。从社会语言学和语言交际功能的观点出发，翻译必须达到四个标准——通顺、达意、传神、读者对译文的理解相似。4. 语义分析。翻译的重要过程之一就是对原文进行语义分析，包括语法意义、所指意义和内涵意义的分析。

从20世纪40年代起，奈达从翻译学和人类文化学或民族语言学立场发表了一系列有关语义分析的论著，主要有《翻译问题中的语言学和人类文化学》（*Linguistics and Ethnology in Translation Problems*, 1945)、《语义要素的描写系统》(*A System for the Description of Semantic Elements*, 1951)、《试论翻译的科学》(*Toward a Science of Translatine*, 1964)和《意义的成分分析》(*Componential Analysis of Meaning*, 1975)等。其中,《语义要素的描写系统》包括四部分:1.语义难题的各种研究方法;2.同音异义词问题;3.描写意义的基础;4.语义单位。

首先,奈达回答了"布龙菲尔德难题":

> Some linguists insist that we are not ready for semantic studies, and that the only features which are of any real importance are the formal, structural ones. To this objection, we may make three replies: (1) the practical requirements of our work as linguists forces us to do something about semantics, (2) structural analyses, made on any practical level, must take meaning into consideration in the very definition of a morpheme as "a minimal unit of phonetic-semantic distinctiveness," and (3) there must be some describable relationships between the linguistic signals and the cultural features which are signalled. If this is not true, then speech is simply idle babbling. (Nida 1951:2)

某些语言学家坚持,我们还没有做好语义研究的准备,况且语言的真正重要特征仅仅是形式的、结构的。对于此种异议,我们可以做出三点回复:(1)作为语言学家,我们工作的实际需求迫使我们去研究语义;(2)实际层面上的结构分析,在对作为"语音—语义区别性最小单位"的形素进行确实界定时,必须考虑意义;(3)在语言符号与其所指的文化特征之间必定有可描述性联系。若非如此,那么言语只能是一派胡言。

关于描述意义的基础,奈达提出:

> The meaning of a form is describable in terms of the situations in which it is used, i. e. in terms of its ethnolinguistic environment. We may prefer to talk about cultural contexts or to describe stimulus-response behavior, but fundamentally we are describing the meaning of a form in terms of its ethnolinguistic distribution.
>
> The ethnolinguistic environment comprises two types of contexts: (1) linguistic and (2) non-linguistic (i.e. the bio-social environment, or "practical world"). Every form has a meaning derived from its linguistic context, and some forms have meanings which are describable almost wholly in terms of this linguistic context. (Nida 1951:4)

某一形式的意义,可以依据所使用的情境进行描写,即根据其民族语言的环境。

我们可能更想说根据其文化语境，或描写引起刺激—反应的行为。但从根本上来说，我们是在根据其民族语言的分布来描写某个形式的意义。

民族语言的环境包含两类语境：（1）语言学的；（2）非语言学的（即生物—社会环境的，或"实际世界的"）。每个形式都有来自其语言语境的意义，而且有些形式的意义描写几乎完全根据其语言的语境。

奈达强调的是：根据其文化语境描写引起刺激—反应的行为，或者根据其民族语言的分布来描写某个形式的意义，继承的是英国的意义语境论和马林诺夫斯基的人类语义学思想。

奈达对核心术语"义素"和"义位"做了说明：

For convenience we may identify a minimal feature of meaning based on the linguistic context as a *linguiseme*. This contrasts with an *ethnoseme*, which, as the name implies, identifies a minimal feature of meming based on the ethnological context. The simple term *seme* identifies any minimal feature of meaning and is relatable to *sememe* in the same general way as phone is to phoneme and as morph is to morpheme. (Nida 1951：5)

为方便起见，我们可将基于语言环境的最小意义特征称作语言性义素。与之相对的是民族性义素，顾名思义，即基于民族环境的最小意义特征。用来表示任何最小意义特征的"义素"（seme）这一简明术语，可以与义位（sememe）联系起来理解，正如phone（音素）与phoneme（音位）、morph（形素）与morpheme（形位）的普遍关系相同。

接下来，也是该文的重点，奈达（1951：6—13）讨论了9种语义单位。

1. 义素（The Seme）

A seme may be defined as (1) the meaning in a particular type of context of (a) a morpheme or (b) a formal part of a morpheme, or (2). a meaning implicit in the forms of a paradigmatic series. Semes of type 1 are overtly symbolized and those of type 2 are covertly indicated.

一个义素可以界定为：（1）特定语境类型中的（a）一个形位的意义，或者（b）一个形位的形式部分的意义；（2）隐含在聚合系列的形式中的一个意义。第1种的义素为显性表征，而第2种的这些义素为隐性指示。

2. 义素变体（Allosemes）

Allosemes are semes in their relationship to a specific sememe. Allosemes consist of allolinguisemes and alloethnosemes.

义素变体就是与某一特定义位相关联的几个义素。义素变体包括语言性义素变体与民族性义素变体。

3. 义位（Sememes）

A sememe consists of a class of semantically related semes, which constitute the meaningful components of (1) a morpheme, (2) a formal part of a morpheme (e.g. *sl* in *slip*), (3) a covert feature of a paradigmatic: series, or (4) a combination of (1) and (3) (i.e. in these situations in which a meaning is overtly symbolised in certain forms and covertly so in others.)

Sememes are of two basic types: (1) linguisememes and (2) ethnosememea. The total number of related linguisemes possessed by a form (or by a covert feature) constitutes the linguisememe of that form.

一个义位由一类语义上相关的义素组成，这些组成义位的意义成分是：（1）形位，（2）形位的任一形式部分（如slip中的sl），（3）聚合系列的隐性特征，或者是（4），即（1）与（3）的组合（也就是在这些情况中，其意义的某些形式是显性表征，而其他形式是隐性表征）。

义位分成两种基本类型：（1）语言性义位；（2）民族性义位。某一形式（或某一隐性特征）拥有的相关语言性义位的总数，构成该形式的语言性义位。

4. 结构义素（Episemes）

An episeme is the meaning of the grammatical relationship between morphemes. This is the so-called "meaning of the construction." In the combination *poor man* the first constituent *poor* describes the quality of the second, namely, *man*. The constructions *small watch, loud tie,* and *a angry aunt* have substantially the same episemes.

结构义素是形位之间的语法关系意义。这就是所谓"结构的意义"。在poor man（穷人）这个组合中，第一个成分poor（穷）描写的是第二个成分，也就是man（人）的性质。结构体small watch（小型手表）、loud tie（显目的领带）与angry aunt（生气的姑姑）具有基本相同的结构义素。

5. 结构义素变体（Alloepisemes）

Alloepisemes are episemes as they are related to an episememe.

结构义素变体就是实际上与某个语法单位意义有关的结构义素。

6. 语法单位意义（Episememes）

An episememe is a class of semantically related episememe (i.e. alloepisemes) which constitute the meaningful relationships between the immediate constituents of a construction.

一个语法单位意义就是一类语义上相关的语法单位意义（即其变体），它们组成一个结构的直接成分之间的意义关系。

7. 宏义素（Macrosemes）

A macroseme is the meaning of a linguistic structure which has more than one sememe and at least one episememe.

一个宏义素就是具有一个以上义位和至少一个语法单位意义的语言结构的意义。

8. 宏义素变体（Allomacrosemes）

Allomacrosemes are macrosemes as they are related to a particular macrosememe. There are two types: (1) allolinguimacrosemes and (2) alloethnomacrosemes.

宏义素变体是与一个特定的宏义位相关的宏义素。存在两种类型：（1）语言宏义素变体；（2）民族宏义素变体。

9. 宏义位（Macrosememes）

A macrosememe consists of a class of semantically related macrosemes which constitute a meaningful component of a structure having two or more sememes and at least one episememe.

Macrosememes are of two types: (1) linguimacrosememes, based upon the linguistic context and (2) ethnomacrosememes, based upon the nonlinguistic context.

一个宏义位由一类语义上相关的宏义素组成，这些宏义素组成一个具有两个或更多义位结构的有意义成分，其中至少有一个语法单位意义。

宏义位有两种类型：（1）语言宏义位，基于语言语境；（2）民族宏义位，基于非语言语境。

奈达撰写《语义要素的描写系统》的出发点是，在语义分析中常常遇到的部分困难，就是由于缺乏一个普遍接受的各种语义类型与层面的充分系统。以上这些建议，旨在通过指出语义要素的范围与类型及其可能的分类，至少部分弥补其不足性。

此后，奈达在《意义的成分分析》（1975）中提出成分分析的五步骤：1. 选择一组有共同对比特征的词；2. 尽量精确地说明这组词的所指对象；3. 确定说明意义对立的区别性成分；4. 用区别性成分解释各词；5. 全面说明区别性成分之间的关系以及分类符号。这些理论方法促进了语义学的发展。

第七节　美国语言学研究的语义转向

1937年，社会学家戴维斯和瓦尔纳发表《亲属关系的结构分析》（*A Structural Analysis of Kinship*），提出基元要素—矩阵图分析法。此为美国"成分分析"方法之先导。1954年至1955年，民族生态学的创始人康克林（H. C. Conklin, 1926—2016）在《哈努诺人与植物世界的关系》（*The Relation of the Hanunóo to the Plant World*, 1954）、《哈努诺人的色彩范畴》（*Hanunóo Color Categories*, 1955）中，对菲律宾哈努诺人的植物、颜色分类等进行认知语义范畴阐释。此为美国认知语义学之先导。

1956年，美国《语言》32号第1期上发表了两篇采用"语义分析/成分分析"方法的人类学研究论文，一篇是朗斯伯里（F. G. Lounshury, 1914—1998）的《波尼语亲属关系惯用法的语义分析》（*Semantic Analysis of the Pawnee Kinship Usage*），另一篇是古迪纳夫（W. H. Goodenough, 1919—2013）的《成分分析和意义研究》（*Componential Analysis and the Study of Meaning*）。

受人类学语义分析的影响，1963年，转换生成学派的卡茨（J. Katz）和福德（J. Fodor）在美国《语言》39号第2期上发表《语义理论的结构》（*The Structure of a Semantic Theory*）中，将语义分析理论和语义标记（语法标记）方法导入转换生成语法研究。作者在"引言"中提出：

> 我们可能探讨的问题是：自然语言的语义理论应该采用什么形式才能以最富启迪的方式，与通过描写性研究所提供的该语言的语义结构事实相适应？该问题在语义学发展的现阶段尤为重要，因为语义学缺乏关于自然语言中的语义和语义联系事实的认识，更缺乏适当的理论来组织这些事实，使这些事实系统化和概括化。哲学、语言学、语文学、心理学等诸多不同领域，都为自然语言的语义事实研究做出了很大贡献。诚然，任何一本好的词典能为这些事实容易地提供概略。但是现在，杂芜的事实导致无法看清它们的相互关系，同时，为阐明这些事实而提出的理论，总体上表述松散、解释和描写的成功力严重不足。（Katz & Fodor 1963：170）

实际上，作者并不了解传统语义学研究的若干成果，而只是根据当时美国知识界对语义学知晓的现状做出的判断。

在"语义理论的组成部分"，作者写道：

> 该理论的中心问题是，词典总是为一个词条给出更多的释义，比它在特定语境里

发生的事实要多，因为词典条目是该词在任何句中每一含义的特性描述。因此，投射规则的效应必须为句中的每个词选择恰当的含义，以便为这种句子的独特语法结构提供正确的解读。通过投射规则对语法和词典信息进行操作而得到指定的语义解释，说话者理解句子的能力务必包括以下方式：必须标明说话者能觉察到的语义歧义；当引发一个句子时，必须解释说话者的不规则直觉的来源；必须适当地涉及说话者知道的彼此释义的句子。（Katz & Fodor 1963：183）

作者讨论的中心问题，词语的意义只有在语境中才能确定，19世纪的语义学研究早已阐述。在"元理论"中，作者提出建构语法标记和语义标记的任务。

在语言学领域，为语义学建构明确的元理论有两个动机。第一，同样地，驱使我们探索某种独特语言的语义结构出于科学的好奇心，更不必说，我们对整个语系或所有语言语义结构的共同兴趣。因此语义学的元理论肯定是展现语义普遍性的一种理论。第二，对于相同的语言来说，选择不同的语义理论必须是地位稳定的标准，至于我们能所知的每种理论，应该与从流畅的本族语说话者那里可获得的证据相容。……如果我们建构的元理论能够包含从每个特定语义理论的词表中抽取出来大量语义标记，并且词典词条的形式和自然语言语义理论的规则都得到说明，那么这两种动机就都能得到满足。

在我们讨论词典条目和投射规则中，我们已经使用了语义标记，当然，仅为举例。然而，如果我们想象语义标记在假定的英语语义理论下运作，那么由元理论提供的大量语义标记将根据需要选出来，就像投射规则也需要以元理论方式指定形式。换而言之，语义标记是一种接受语义理论解释的理论构建，它是与原子、基因、化合价和名词短语同等的科学化结构。像［人类］或［颜色］这样的标记，不再是原来的英语单词，而是以之作为这一结构的代表。

语义学的元理论也必须展示语义学和语言学其他领域的关系。我们已经相当详细地讨论了语法规则和语义规则之间的联系。我们现在要考虑语法标记和语义标记之间的关系。（Katz & Fodor 1963：208）

总之，语法标记和语义标记有着不同的理论价值。语法标记标明的是符合语法规则与不合语法规则的其他语素串之间区别的形式差异，同时，语义标记把概念内容赋予符合语法规则的字符串，并且允许其成为真实言语交际的手段。这两种标记涉及不同种类的选择，并且表达语言结构的不同方面。我们有理由将语义标记视为理论结构，而与语法描写的标记加以区别。（Katz & Fodor 1963：210）

语义学的元理论是重要的科学设想。我们自2000年以来，通过十多年的长途跋涉，初步建立了语义元语言系统（李葆嘉 2013），并且进一步探索了普遍元语言系统（汉语、越南语、泰语、马来语、喀麦隆语、英语、俄语）。

1965年，乔姆斯基将语义规则引入转换生成语法，确立了句法、音位和语义三个规则系统的标准理论。但是坚持句法规则是基础，而语义规则和语音规则只是解释部分，从而形成所谓"解释语义学"。美国语言学界的"语言学研究的语义转向"由此拉开帷幕。此后，与乔姆斯基分道扬镳的一批学者，相继创立了格语法（1966）、生成语义学（1967）、齐夫语法（1970）、框架语义学（1977）和认知语义学（1983）等，美国语义学研究与国际语义学研究进入一个新的阶段。

表8–1 美国语义学沿革一览表

	作者	著作	主要观点	传承或身份
学术背景	韦伯斯特（N. Webster, 1758—1843）	《美国英语词典》（1828）	根据古希腊词lexikon，新造术语lexikonology（词汇学）。	美国语言教育家、辞典编纂专家。吉布斯语义学研究的来源之一。
形成及其发展	1.吉布斯（J.W. Gibbs, 1790—1861）	《论语言的主要观念》（1847）；《语文学研究：以英语为例》（1857）	首次将德语的Semasiologie译为semasiology。从观念学角度分析语言。产生于物质的心智或道德观念的发展，构成了语意学的重要部分。语意学建立在物质世界和心智世界的类推和相关之上。	受到法国观念学、韦伯斯特词典词汇学、德国语意学及贝克尔的影响。
	2.辉特尼（W. D. Whitney, 1827—1894）	《语言与语言研究》（1867）；《语言的生命与成长》（1875）	一、主要观点：1.语言是一种社会制度，其发展和变化基于人类行为法则。2.反对施莱歇尔和马克斯·缪勒的自然主义，又用"语言的生命和成长"的术语。3.研究演化的语言学属历史与文化科学。 二、语言变化的因素：1.为了成为适应性强的交流工具，语言的元素必须在意义和形式上具有弹性。2.语言变化和语源遗忘的前提是语言符号的任意性与惯例性。3.个体和社会是语言变化的两个主要动力。4.为了交际目的而使语言适用于意图，是人类行为的普遍法则，也是导致语言变化的主要因素。 三、语义变化的类型：限制和扩展。新词产生四种途径：使用和组合旧材料；俚语；借用；创造新词。	葆朴的学生。不认同"语义学"这一学科，无视德国语意学的研究。受布雷亚尔的影响。

续表

	作者	著作	主要观点	传承或身份
形成及其发展	3. 威廉斯（M. E. Williams）	译文《论词源学研究的原则》（1893）	将布雷亚尔的论文译为英文在《美国语文学会学报》发表。首次将法文Sémantique对译为Semantics。	
	4. 兰曼（C. R. Lanman, 1850—1941）	《映射的意义：语义学的一个观点》（1894/1895）	同时引用法国语义学和德国语意学。认为关注意义的历史发展和逻辑发展，对语言教学很有帮助。主张对词语的逻辑内容即意义的映射进行研究。论述了使词语获得第二个或后起意义的"映射"过程，其结果即"映射的意义"。	师从辉特尼。受布雷亚尔的意义映射和穆雷、布兰德利词义变化分析的影响。
	5. 莫里斯·布龙菲尔德（Maurice Bloomfield, 1855—1928）	"语意学"（semasiology）词条，收录《世纪词典和百科全书》（1895）；《同族词的联想与适应》（1895）	语义在所有方面都不如语音那么有规律，因此更值得关注的应是意义发展过程中的平行性。在极其多变的环境中，意义发展时常会出现重演的情况，由此进一步导致对心理原因的探索。	辉特尼的学生。受德国语意学的影响。
	6. 厄特尔（H. Oertel, 1868—1952）	《语言研究讲座》（1901）	一、对象和方法：1. 在词语和超越词语层面上研究语义现象。2. 从广义上区分两个研究领域：形式与意义，或词态学（词形和句法）与语义学。3. 采用心理学方法研究语义学。 二、词语元素和动态语义理论：提出"词语元素"（相当于语义特征）概念，词语及其元素的心理内容是动态变化的。处于语境中的词语元素的增强或减弱，是语义变化的真正原因。 三、四种语义变化类型：语义融合；语义分解；联想干扰；语义转移。此外，词语发生义变化时可能影响到其他词语，从而引发连锁反应。	辉特尼的学生。耶鲁大学教授。受斯坦塔尔、冯特、班纳利、里斯等的影响。把德法语义学介绍到美国。
	7. 伦纳德·布龙菲尔德（Leonard Bloomfield, 1887—1949）	《语言论》（1933）第九章讨论了"意义"	1.将意义界定为"说话人发出语言形式时所处的情境和听话人对此形式的反应"，颇有情境论的味道。2. 由于我们没有办法确定大多数词的意义并证明意义的稳定性，只好把语言的特殊性和稳定性作为语言研究的前提。目前的知识还不足以解析意义的复杂性。3. 为了给每个语言形式的意义下一个科学的准确定义，我们对说话人世界里的每一事物都必须有科学的精确知识。只有当某一语言形式的意义在我们所掌握的科学知识范围之内，才能准确地加以定义。4. 意义就是一个语言的义素——只有无所不知的通才，才能分析或者加以系统梳理。	形式描写主义的创始人。尽管他曾经提及，在语言研究中，语义不是用还是不用的问题，而是如何恰当地使用的问题，但是仍然难以掩盖其语义研究的"悲观情结"。

续表

	作者	著作	主要观点	传承或身份
形成及其发展	8. 柯日布斯基（A. Korzybski, 1879—1950）	《科学与健全的精神：非亚里士多德体系和通用语义学引论》（1933）	1. 着重研究语言使用者的神经机制和日常行为对语义做出的反应。2. 提出"外延五法"和二十一条定律的所指语义理论，注意到事物的静态复杂性和动态复杂性。3. "语言的社会运用"促成语用学诞生。其基本思想方法渗透到许多领域。	哲学家。受韦尔比夫人、奥格登与理查兹的影响。该学派代表人物有切斯等人。
	9. 戴维斯（K. Davis, 1908—1997）	《亲属关系的结构分析：亲属关系社会学导论》(1936)；戴维斯和瓦尔纳（W.L.Warner）《亲属关系的结构分析》（1937）	首倡亲属称谓的基元—矩阵图分析方法。要想获得亲属系统的知识，就必须借助不可缺少的符号手段的帮助。只有借助符号手段，才可以明确地表征亲属系统的范畴和次范畴。而一旦采用了范畴表征，就能写出任何一个亲属称谓的公式，并且概括出亲属系统的全部特性。	人类学家、社会学家。受社会学结构—功能主义创始人帕森斯的影响。
	10. 沃尔波（H. R. Walpole, 1905—?）	《语义学：词语及其意义的本质》（1941）	1. 语境三分论：符号语境、心理语境和物理语境。2. 赞成绝对的意义语境论。任一词语本身没有意义，而是在该词语以前所在的相关语境中与所有其他相关因素合在一起才有意义。3. 区分词语的指称变化、思想变化和符号变化。提出七种语义变化模式。	受奥格登与理查兹、韦尔比夫人、布雷亚尔、马林诺夫斯基的影响。
	11. 奈达（E. A. Nida, 1914—2011）	《翻译问题中的语言学和人类文化学》（1945）、《语义要素的描写系统》（1951）、《意义的成分分析》（1975）	1. 回答了"布龙菲尔德难题"：（1）作为语言学家，我们工作的实际需求迫使我们去研究语义；（2）实际层面上的结构分析，在对作为"语音—语义区别性最小单位"的形素进行界定时必须考虑意义；（3）在语言符号与其所指的文化特征之间必定有可描述性联系。2. 提出语义描写基础：某一形式的意义可以通过其所使用的情境进行描写。3. 提出9种语义单位。4. 提出语义成分分析的五步骤。	翻译学家。
	12. 朗斯伯里（F. G. Lounsbury, 1914—1998）	《波尼语亲属关系惯用法的语义分析》（1956）	对北美印第安人波尼语的亲属称谓，采用"语义分析"方法。	人类学家。
	13. 古迪纳夫（W. H. Goodenough, 1919—2013）	《成分分析和意义研究》（1956）	对西太平洋特鲁克岛上的密克罗尼西亚土著的亲属称谓，采用"成分分析"方法。	人类学家。
	14. 卡茨和福德（J. Katz & J. Fodor）	《语义理论的结构》（1963）	将语义成分分析导入生成语法。讨论了：共时语言描写减去语法等于语义；何为溢出语义理论的描写范围；语义理论的组成部分；语典条目的结构与评价；投射规则的组成部分。提出建立语义学的元理论（语义标记、语法标记）。	生成语法学家，促成乔姆斯基解释语义学的形成。

第九章

俄国传统的语义学研究

第六版

药材鉴定学的研究

尽管以往的西方（或欧美）语义学史研究皆未涉及俄国[①]学者，然而，俄国语言学史（包括语义学史）应是西方语言学史的一部分。俄国语言学家别列津（Ф. М. Березин，1930—2003）在《俄语语言学史》（История руского язы кознания，1979）中指出：

  俄国语言学是在与西欧，主要与德国语言学的紧密联系中发展起来的。在熟悉欧洲语言学理论的同时，俄国语言学家又根据俄国社会生活的精神需求加工这些理论，把语言的历史比较研究与研究自己的语言、社会、文化、历史等现象结合起来。……大约从19世纪70年代起，俄国语言学也开始对欧洲语言学的发展产生日益增长的影响。（Березин 1979：3，转引自郑述谱 2009：111—112）

在与西欧的历史关系中，德国对俄国的影响最大。罗曼诺夫王朝与德意志帝国历代通婚，到罗曼诺夫王朝后期，沙皇的俄罗斯血统只剩八分之一。18—19世纪的俄国，大多数贵族都会讲德语，许多大学用德语教学。德国语言学家的论述，常被俄国语言学论著引用。而一些俄国（包括俄国治下的波兰等）语言学家，如博杜恩、福尔图纳托夫、波克罗夫斯基等也赴德留学。凡此种种，推进了俄国的语言研究，进而发展成俄罗斯语言学理论。

第一节　俄国的语义学史研究概况

一、西欧语义学传入俄国的途径

维诺格拉多夫（В. В. Виноградов）在《俄国语言学史》（История русских лингвистических учений）中写道：

  19世纪下半叶，我国的语言学，在历史词汇学领域是走在西欧语言学前面的。正是我国学者，提出并以材料论证了词语意义变化规律的原则。（Виноградов 1978：182）

这一看法对19世纪的语义学史缺乏了解。1825年，德国莱斯格首创古典语意学；

[①] 本书行文通用"俄国、俄罗斯"，不刻意区分"沙俄（俄罗斯帝国）、苏联（苏维埃俄国）、俄罗斯（联邦）"，根据上下文自然采用。凡引文中原来使用"苏联"的仍保持原貌。

1879—1897年，法国布雷亚尔再造心智语义学。1870年和1877年，博杜恩已经关注和引进德国的"语意学"并纳入教学内容。1886年，博杜恩指导亚历山大罗夫撰写硕士论文《立陶宛民族诗人多纳利修斯的语言：语意学研究》(*Sprachliches aus dem Nationaldichter Litauens Donalitius, Zar Semasiologie*)。1892年，波克罗夫斯基访学西欧，接触到德国赫尔德根、保罗、魏格纳、施罗德以及法国达梅斯泰特尔、布雷亚尔等人的语义研究论著，回国后从事历史语意学研究。1895年在莫斯科大学做了题为《论语意学的方法》(*О Методах семасиологии*)的演讲；次年通过硕士论文《古典语言的语意学研究》(*Семасиологические исследования в области древних языков*)答辩。而此时，语意学已创立70年，已有一批德法语义学家论证了语义变化规律及其原因。

19世纪晚期的俄罗斯学者，侧重于词汇语义和历史语义研究，20世纪20年代以来，注重于应用研究（主要是词典编纂），致使语义学长期依附于词汇学和语法学，长期未形成独立的学科体系。20世纪50年代以来，受英美通用semantics的影响，苏联学界把俄语中另一个表示"语义学"的术语семантика（<法语sémantique）确定为"语义学"的专门术语，而把传统术语семасиология（<德语Semasiologie）用为"词汇语义学"（лексическая семантика）的同义术语。此后，俄罗斯学者在词汇语义学、句法语义学、逻辑语义学和符号语义学等领域多有建树，促进了当代语义学的发展。

二、俄国学者对语义学史的看法

迄今为止，一方面，俄罗斯语义学史一直不在西方语言学史家的视野之内，现有的三部西方语义学史著作（Gordon 1982, Nerlich 1992, Geeraerts 2010）皆未涉及；另一方面，俄罗斯学界对西欧语义学史也了解甚少。俄罗斯语言学家斯捷潘诺夫（Ю. С. Степанов, 1930—2012）曾把西方语义学的发展分为三个阶段：

> 第一阶段，语义学作为一门独立的学科诞生于19世纪后期，以洪堡特、斯坦塔尔、冯特、波捷布尼亚的学术思想为主导……。第二阶段，历史比较语言学阶段，把语义学看成语言学的特殊领域，用术语семасиология（语意学）或семантика（语义学）表达。语义学这一时期的特点是，引入具体历史比较研究的普遍规则和试图确立语义的历史规则。第三阶段，始于20世纪20年代，语义学与哲学、逻辑学、句法学等结合起来研究成为这一时期的特点，因此又被称为句法语义学或逻辑语义学时期。（Степанов 2002：439—440; 转引自孙淑芳 2012：60）

首先，斯捷潘诺夫未知语义学作为一门独立学科诞生于19世纪20年代，在其所谓第一阶段中，未见其创立者莱斯格及再造者布雷亚尔。其次，在其所谓第二阶段中，没有出现俄国语义研究先驱博杜恩、亚历山大罗夫、波克罗夫斯基。在其所谓第三阶段中，没有出现现代语义学三大理论（语义场、语义解析、语义关系）。最后，没有区分语言学的语义学与哲学的语义学、逻辑学的语义学。显而易见，这一划分反映了俄罗斯语言学界对西方语义学史缺乏了解。

根据检索，我们尚未看到关于俄罗斯早中期（1840—1960）语义学史研究的论著。维诺格拉多夫主编的《语言学概论》（*Введение в языкознание*），第二编由布拉霍夫斯基撰写（1953），论述语义学、词汇学、词典学和词源学，可惜没有中译本，因此无法了解其中的语义学内容。兹维金采夫的专著《语义学》（1957）同样未见中译本。

关于俄罗斯早中期语义学史研究的汉译文章也未见。1959年，阿普列祥（Ю. Д. Апресян）的《乌尔曼的结构语义学》（尚英译 1962），介绍的是英国乌尔曼的共时与历时词汇语义学。1974年，科索夫斯基（В. И. Косовский）的《语义场理论概述》（成立中译 1979）介绍的是德国语义学。此文据其《普通语言学》（*Общее языкознание*, 1974）第二章第三节译述。第一部分简介伊普森提出语义场概念，特利尔完善语义场理论；第二、三部分简介波尔齐希的句法场理论，以及魏斯格贝尔的语义场理论；第四部分论述的是语义场对确定词义的作用。在该文开始，科索夫斯基有这么一段话：

> 俄国古典语文学和普通语言学家波克罗夫斯基，在其早期著作《论语意学的方法》中，提出了一个重要原理，即客观现实中各物体间的联系决定了语言中相应词的联系。这个思想像一根红线贯穿在波克罗夫斯基的其他许多著作中，其中包括他在历史语义学方面的著作。他在《古典语言的语意学研究》绪论中谈道："……某个词的意义的历史，只有与其同义词，尤其是同属于一个概念范围的词一起研究时，我们才会理解。……一个语义过程涉及一类词。"（成立中译 1979：23）

显然，科索夫斯基未知，波克罗夫斯基提出的"概念范围"学说，建立在达梅斯泰特尔等人研究的基础上。"概念范围"可以看作语义场探索的萌芽，但是较之更详细的探索，在波克罗夫斯基（1895）之前已有许多学者涉猎。

德国学者具有研究语义类别词语的传统，在19世纪下半叶提出的"意义同源术语""概念域""概念组""跨语言词群"，以及"意义理论的系统研究"等观点，都可视为对语义场理论的早期探索。1795年，德国哲学家埃伯哈德（J. A. Eberhard, 1739—1809）在《德语一般同义词试析——高地德语中意义同源的哲学术语》（*Versuch einer allgemeinen deutschen Synonymik in einem kritisch——philosophischen Wörterbuche der sinnverwandten Wörter der hochdeutschen Mundar. Erster Theil*）中，论述了意义同源的哲学术语词群。1844年，德国语言学家弗洛因德（W. Freund, 1806—1894）在《关于语言比较词典编纂的构想》（Uber die Idee einer allgemeinen sprachvergleichenden Lexicographie）中，提出对不同语言指称相同事物词条的语义进行比较，即跨语言词群研究。1843—1844年，比利时裔法国学者查维在《词源的哲学探索》（Essai d'Etymologie philosophique）中，通过词汇语义比较试图提取语义基元，对基本词汇加以分类。1849年，德国比较语文学家福克斯（A. Fuchs, 1818—1847）在《罗曼诸语言与拉丁语的关系》（Die romanischen Sprachen in ihrem Verhältnisse zum Lateinischen）中提出，不同语言中的两个词不可能在意义上完全等同，因为各自的概念域绝不重叠，即每个词具有不同的各自"关系"（与其毗邻词的关系或与亲属词的关系）。1872年，德国比较语文学家阿贝尔（C. Abel, 1837—1906）在《关于"爱情"的老语言和新语言》（Ueber den Begriff der Liebe in einigen alten und neuen Sprachen）中，归纳了"爱情"这一复杂现象的新老词语的表达群。1879年，德国比较语法学家贝克特尔（F. Bechtel, 1855—1924）在《印度日耳曼诸语的感官知觉名词》（Ueber die Bezeichnungen der sinnlichen Wahrnehmungen in den Indogermanischen Sprachen）中，就感官知觉类名词进行了历史研究。1894年，德国比较语法学家布鲁格曼（C. K. F. Brugmann1849—1919）在《印欧语总体性概念的表述：词源的语意学调查》（Die Ausdrücke für den Begriff der Totalität in den indogermanischen Sprachen. Eine semasiologisch‐etymologische Untersuchung）中写道：意义理论的系统研究，要以表达观念的整体有序性作为分类原理，以便就每个概念或概念群（Begriffs-gruppen），通过尽可能多的语言形式检验其历史发展。

三、中国学者对俄国语义学史的简介

关于俄国语义学研究，中国学者有三本与之相关的著作。倪波和顾柏林的《俄语语义学》（1995）主要阐述了词的词汇意义、语义结构、语义结构系统性以及聚合与组合关系，没有涉及俄国语义学史。郅友昌主编的《俄罗斯语言学通史》（2009），其中第十五章语义学，简介了俄罗斯语义学的历史发展，而重点叙述的是俄罗斯当代语义学。赵爱国的《20世纪俄罗斯语言学遗产——理论、方法及流派》（2012），其中第十章语义学，对俄罗斯语义学的发展历程做了概述，重点也是叙述俄罗斯当代语义学，所涉俄国早中期语义学史资料零散。

与之密切的论文，只有孙淑芳的《俄罗斯语言语义学发展刍议》（2012）。该文第一部分梳理了世界语言学领域对意义问题的思考；第二部分论述了语义学的由来；第三部分阐述了俄语语义学术语семасиология与семантика的异同；第四部分以传统词汇语义学为主线，分析了西方语义学的发展，并简要描述了俄国词汇语义学的发展；第五部分叙述了20世纪70年代之后俄罗斯语义学的发展。主要论述的是西方语义学的发展及20世纪70年代之后的俄罗斯语义学发展。另外，郑述谱的《词汇研究——俄国语言学的靓点》（2009）和《俄国词典编纂的传统与新篇》（2012），围绕19世纪下半叶俄国词汇语义学的成果，简介波捷布尼亚和波克拉夫斯基[①]在词汇语义学和词汇学等方面的研究，以及20世纪70年代以后的词汇研究，并探讨了词汇研究成为俄国语义学领域靓点的原因，但对俄国早中期语义学史几无涉及。

俄罗斯语义学史研究薄弱的原因可能是：1. 俄罗斯早期语义学研究的文献难晓、难找；2. 俄罗斯中期语义学研究，因学科长期未曾独立而进展缓慢。要从事早中期俄罗斯语义学史研究，所面临的困难是可供参考资料太少。面对如此现状，我们首先基于俄罗斯词汇语义学、词汇学、语言学概论等论著的译文和译介，以及中国学者编纂的俄罗斯语言学史，初步建立俄罗斯语义学史的研究框架。然后寻找俄国语义学家的早期原著加以研读，改进框架。此处梳理的俄国传统语义学史：早期约指19世纪40年代至20世纪10年代，中期约指20世纪20年代至50年代。60年代以后的当代语义学史，不在研究范围之内。作为首次研究，也只能侧重于文献梳理、内容展示及提要述评，读者可能觉得引文太多。

第二节　俄国的早期语义学研究

俄罗斯的词汇语义研究，或可追溯到19世纪早期的词典编纂。达里（В. И. Даль，1801—1872）历时53年，编纂《大俄罗斯民间口语详解词典》（*Толковый словарь живого великорусского языка*）。沃斯托科夫（А. Х. Востоков，1781—1864）历时20年，主编四卷本《教会斯拉夫语与俄语词典》（*Словарь церковнославянского и русского языка*，1847）及两卷本《教会斯拉夫语词典》（*Словарь церковнославянского*，1858—1861）。这些应可视为俄国早期词汇语义研究的滥觞。

维诺格拉多夫在《词的词汇意义的主要类型》（1953）中，曾提及19世纪40年代俄罗斯学者研究语义的一些资料。

如 П. А. 普列特涅夫在给 Я. К. 格罗特的信（1845年9月29日）中谈到自己在大学中讲的课说："我要说明，语言中完全等同的词是没有的。因为每一个词在脑中所

[①] 即波克罗夫斯基（М. М. Покровский，1868—1932）。郑文中将其卒年误为1942年。

唤起的除了词汇意义，还有涉及有关的时代、人民、风土及生活的一些思想，我用 борода（胡子）和брада这样简单的例子就说明了这一点，борода这个词立刻给读者描绘出一幅庄稼汉、商人及神父时代的俄罗斯的画面，而брада却把我们每个人带到族长（犹太的）时代，带到东方民族的生活之中，就只因为这个词是从教堂书籍中记住的。根据上述观点，我创立了'论作品中为文学描写配上恰如其分的情调之技巧'这样一种重要理论。"① 以后，А. В. 尼基天科教授（在其1864年1月26日的日记中）也说："一个用得特别妙的辞藻就妙在它不仅准确表达了一定的思想，同时还使我们感觉出这一思想和其他一些多少与之有关却又不直接属于你所表达概念范围的思想之间的关系"。②（《俄语教学与研究》编辑室校译 1958：3）

当然，这些见解还不是专门的语义学研究。19世纪下半叶，在德国语意学和心理语言学的影响下，俄罗斯的语义研究才逐渐发展起来。

一、波捷布尼亚的词汇语义研究

波捷布尼亚（А. А. Потебня, 1835—1891），俄罗斯帝国时期的乌克兰语言学家。波捷布尼亚早年在哈尔科夫大学③历史语文学系学习法律、历史和语文学，1874年获得博士学位。1875年留校任教，后成为教授，当选为俄罗斯科学院通讯成员。其代表性论著有《思维与语言》（Мысль и язык, 1862）、《俄语语法阐释》（Из записок по русской грамматик, 1874；1899、1941年出版第三、第四卷）。

作为俄罗斯心理语言学派的奠基人，波捷布尼亚既受到洪堡特的人文语言学的影响，又受到赫尔巴特个体心理学的影响。根据旧的表象认识新的表象，从而形成新的概念和新的词语。通过深入阐释词在知识分类和系统化过程中的作用，波捷布尼亚提出词的语法范畴与民族精神活动相关联。作为俄罗斯词汇语义学的奠基人，波捷布尼亚关于词汇语义与思维关系的理论，集中体现在《思维和语言》中。围绕"词"的概念，他研究了词的内在形式、基本义和引申义、主观内容和客观内容，以及社会性、民族性等。

（一）概念要素与词的内在形式

波捷布尼亚认为，概念具有四个要素：发音、精神、精神本原和思维。

---

① 见《格罗特与普列特涅夫通信录》第二卷，圣彼得堡，1896年，574—575页。
② 见《俄罗斯掌故》（Русская старина），圣彼得堡，1891年4月号，第144页。
③ 哈尔科夫大学（1805）是乌克兰最早的大学，属于当时沙皇敕造的五所大学之一。其他四所是圣彼得堡大学、莫斯科大学、立陶宛的维尔纽斯大学和爱沙尼亚的塔尔图大学。

后来进入到人类文化生活的语言和精神，其实都源于"个体的心灵深处，即精神本原"。也就是说，"精神本原"是语言和精神产生、规范发展的起始源头。（Потебня 1976：67，转引自范丽君 2004：358）

波捷布尼亚自认为是洪堡特的学生。波捷布尼亚强调，词的"内在形式"是思维内容和意识之间的关系，词的"内部形式可以看作是一种在所有其他特征中占据优势的特征"（Потебня 1999：125，转引自信传艳 2008：27）。在词语形成之初，人们往往从所有特征中挑选最主要特征。这个特征就是人们要表达的本义即直接词源义，由此构成词的内在形式，但词还有其他特征。在交际过程中，人们总是选择适合的词义，词源义可能被遗忘。这些词也就失去了与原先最主要特征的联系，而成为包含自身意义的独立概念。

每一个词都突出三个因素：语音、概念和意义。同时，意义和概念之间存在着不平衡：意义总是比概念包含的意思多。因此，更宽泛的意义总在力求脱离较狭的概念（如защит"防御物"和щит"盾牌"）。因而意义和概念之间不一致，人们甚至会遗忘概念。（Потебня 1958，转引自高国翠、高凤兰 2010：14）

此处所说的"概念"相当于词源义。实际上，词语的"词源义"和词语中的"概念"，波捷布尼亚都称为词的"内在形式"。波捷布尼亚指出，"遗忘概念"是语言的发展规律。（Потебня 1999：143）这一观点来自德国斯坦塔尔（Steinthal 1860）的词源义遗忘说。词是概念和意义的单位，具有概括思想和发展思想的功能。一个词各种意义之间的联系具有派生性。词的社会历史性固定在其"内在形式"中。

（二）词义的基本义与引申义

波捷布尼亚区别了词的基本义（ближайшее значение）与引申义（дальнейшее значение）。他认为，语言学的研究对象是基本义，而引申义则是其他学科，主要是心理学的研究对象。

波捷布尼亚的这对术语ближайшее значение与дальнейшее значение，范丽君等译为"近义"和"远义"。根据信传艳（2008：7）的阐述，词的意义和词所表示的概念不同，因此波捷布尼亚区分了"语言意义"和"非语言意义"。一般而言，词的意义有两个方面，属于语言学范畴的叫做词的"最近意义"，而构成其他学科研究对象的另外意义叫作词的"更远意义"。当人们说出一个词时，只有词的最近意义才构成所表达思想的实际内容，也就是人们之间相互理解的基础。按照波捷布尼亚的观点，词的最近意义（或语言意义）是内在形式的意义，是属于民族的、交流双方都明白的意义。而词的更远意义（或非语言意义）是带有个人性质的，涉及个人—主观思想的意义。

根据相关论述，这对术语似乎译为"基本义"与"引申义"更合适。此外，在波捷布尼亚的论述中，这对术语不但与"基本义"和"引申义"，而且与"常用义"和"非常用义"关系密切。

> 词的意义指的是什么？语言学只是在已知的范围内考证词的意义，并未触及其本质的内容。语言学应该阐述各种没有界定的东西……内容方面，除了其他任何一个学科不研究的无可争议的内容之外，还应包含其他所有学科共有的东西。例如，提到"树"的意义时，我们会想到植物学，并借助因果连接关系解释所有的因果关系。而实际的情况是，人们根据词的意义会想出两种截然不同的东西，我们把属于语言学的那个称为本义，属于其他学科的词义称为引申义。人在说话时思维的内容就是词的本义。（Потебня 1976：19，转引自范丽君 2004：358）

据此论述，波捷布尼亚主张，基本义属于语言学，引申义属于其他学科。不过，波捷布尼亚的"基本义"似乎也指"常用义"。然而，在实际语言中，本义与常用义的关系至少有三种情况：1. 常用义就是本义（词源义）；2. 常用义是使用最多的引申义，本义却成为非常用义；3. 本义已经遗忘，人们知道的只是常用义。

（三）词义的客观内容和主观内容

波捷布尼亚认为，词是基于主观认识而建构的语言符号，词不是所指事物的本身，而是该事物在心灵中的反映。词的语义理解是主观化的个人行为。他援引洪堡特的观点：

> 谁也不能完全准确地、丝毫不差地理解说话人的意思……任何理解之中都有不理解的因素，任何一致的思维中都有分歧。（Потебня 1976：61，转引自范丽君 2004：358）

由此，两个人不可能赋予一个词完全相同的内容，也就是在交际过程中，双方不可能达到完全一致的理解。对交际双方而言：

> 任何的理解都是不完全理解，所有思想一致的同时都伴随着不一致。所以，一个词从一种语言翻译到另一种语言，意义不可能没有一定改变。即使两个词都可以修饰同一个事物或现象，两个词也不可能完全一致。（Потебня 1922：4，转引自高国翠、高凤兰 2010：14）

波捷布尼亚进一步提出，词具有客观内容和主观内容。

> 前者是词的最近的词源义，并总包含仅仅一个特征，即词的"近"义。后者是最

远的，并能够包含许多特征，即词的"远"义。如стол（桌子）可以有一系列特征，但词стол本身只泛指所有的桌子，不管它的形状、尺寸大小等。（Потебня 1958：32，转引自高国翠、高凤兰 2010：14）

波捷布尼亚所认为的词的客观内容，主要是历史承传的内容。同时认为，固定句式中的部分词义是一种社会性行为的结果，也属于词的客观内容。

> 每个人都是按自己的方式理解词的意义，但是，词的外在形式中渗透着不以人的意志为转移的客观因素。正是这个因素的存在，词语才有可能传承延续，词汇意义才会不断引申、变化。而单词的传承又从另一侧面说明这个词具有客观性意义。（Потебня 1976：106，转引自范丽君 2004：359）

与之相关，词义还有社会性和个体性，即词的社会内容和个人内容。

> 相互理解并不是将这个人头脑中的内容丝毫不差地移植到另外一个人的脑子里。其实际过程是，已经将思维与外部符号联系起来的A，借助词汇这个符号，使B产生与这个符号相应的内容。彼此相互理解就像用两种乐器弹奏同一支曲子，只是相似，不是全部一样。……这其中的差异说明，人们在完成理解的同时包含着不理解的因素，每个人都不可能走出自己的思维模式圈。（Потебня 1976：256，转引自范丽君 2004：358）

"两种乐器弹奏同一支曲子"，真是绝妙的比喻，揭示了语言交流与理解的特性。实际上，词义中的个人因素介入，可能导致民族共同体对新的派生意义的认可。

波捷布尼亚认为，符号意义的传统性，不仅与个体关联，而且也与社会联系。语言具有遗传性，可以把语言看成历史发展长河中永存的有机体现象。此外，波捷布尼亚不赞同语言是有意识、有目的之创造，提出"语言所具有的所有性质并不是依照人们的意志，而是由于自然的进化结果"（Потебня 1874，转引自信传艳 2008：30—31）。从其语言观中，可以看出语言有机体学说或语言自然进化论的影子。

（四）词义的民族性和个人性

波捷布尼亚认为语言是人类的活动形式，具有人类性、民族性和个人性。任何语言都是表达思想的符号体系。而语言的其他特性则属于民族的，因为实际上不存在任何一种所有语言都要遵守的语法范畴和词汇范畴。此外，言语思维活动具有个人性。

依据洪堡特语言是民族精神的外在表现，波捷布尼亚阐述了词义的民族性。不同语言之间存在的词义不等值。一种语言的词义不能包括另一种语言中相对应词的全部内容。反之，不同民族或社群之间能够相互交流理解，就是因为舍弃了词语中的民族性内容。

  语言作为认知能力的积极载体、民族进步的条件，是个体的思维外壳。人类通过世代劳动总结的真理还将世代相传，形成人类进步的精髓。但同时，人类责无旁贷地要将这种进步反馈到语言中，最后以文字或口头形式记载下来……（最终），一个个的词就成为 monumentum aere perennius（历史的见证）。（Потебня 1976：211，转引自范丽君 2004：359）

所有词语都是该民族语言的一部分，研究词义一定要考虑民族的历史文化和风俗传统。

  词汇的语义是固定的，词汇积聚、传承着一个社会、集体的意识……一个民族的词汇语义远远超出了词典中概括的内容。如果我们只研究词典中的词汇，就像研究动植物标本，许多派生的、活的东西就会被歪曲、误解。（Потебня 1976：464—466，转引自范丽君 2004：360）

对于一个民族内部的"个性化思维"与"民族客观性"，波捷布尼亚有进一步的阐述。

  说话人和受话人之间共有的客观存在隶属于他们的民族。换言之，一个词的本义（或近义）在每个人那里形成的数和质的差异都是个性化的。由于个性化的思维又产生更高级的、更合理的抽象思维形式，最终形成一种民族意识。所以，语言学的研究内容具有民族客观性。语言学研究范围的交叉，一方面是和纯个人的客观思维融合，另一方面是和已经上升为高级抽象阶段的科学思维融合。（Потебня 1976：20，转引自范丽君 2004：358—359）

波捷布尼亚努力将其语言学研究融入欧洲潮流，开拓了俄罗斯词汇语义学的道路。他的同事和学生继续这方面的研究，弗洛伦斯基（П. А. Флоренский, 1882—1943）发展了词汇意义的客观性和社会性观点，阐述了词汇的象征意义理论。

二、博杜恩引进并倡导语意学研究

  博杜恩·德·库尔特内（Бодуэ́н де Куртенэ́ / Baudouin de Courtenay, 1845—1929），波—俄语言学家，现代语言学理论的创始人。其祖先是法国贵族库尔特内家族，该家族源于卡佩王朝路易六世（Louis VI le Gros, 1081—1137）的支系，17—18 世纪之交移居波兰。

1866年，博杜恩在华沙高等学校历史语文学系斯拉夫语言专业获得硕士学位。进入彼得堡大学后，在斯拉夫学家斯列兹涅夫斯基（И. И. Срезневский，1812—1880）的指导下研究斯洛文尼亚语言文化。后由教育部选派出国进修，在布拉格大学跟随施莱歇尔学习比较语法，又到柏林大学进修梵语，与莱斯琴、布鲁格曼等结识。1867—1868年完成的《波兰语变格中类推作用的若干现象》（Некоторые случаи действий аналогии в польском склонении）得到施莱歇尔的赏识，作为博士论文提交给莱比锡大学，1870年7月通过答辩。另外，在斯列兹涅夫斯基的指导下，博杜恩1868—1870年完成《论14世纪以前的古波兰语》（О древнепольском языке до XIV столетия），获彼得堡大学比较语法硕士学位，1875年又以《列奇亚方言语音研究》（Опыт фонетики резьянских говоров）获彼得堡大学比较语法博士学位。

博杜恩先后任教于圣彼得堡大学（1870—1873）、喀山大学（1874—1883）、沙俄辖下的爱沙尼亚多帕特大学（1883—1893）、奥匈帝国辖下的波兰克拉科夫雅盖隆大学（1893—1899）以及圣彼得堡大学（1900—1918）。1887年

图9-1 博杜恩（Бодуэ́н де Куртенэ́）

选为克拉科夫科学院成员，1897年选为彼得堡科学院通讯成员。1918年回到独立后的波兰，1919—1929年任华沙大学名誉教授和比较语言学系主任。

博杜恩培养了一批杰出的语言学家，先后形成了喀山学派（1874—1883）、彼得堡学派（1900—1918）和华沙学派（1919—1929）。他的语言学理论影响了布拉格学派。在其一生中，用波兰文、俄文、德文、法文和意大利文撰写了300多篇论文。1963年，苏联科学院整理出版博杜恩的《普通语言学选集》（Избранные труды по общему языкознанию Бодуэн де Куртнэ）。

（一）关于语意学的一般看法

1870年，博杜恩在《奥古斯特·施莱歇尔》（Август Шлейхер）中介绍施莱歇尔的语法学四分，提及内涵科学（науку о функции）或意义关系科学（науку о значении и отношении）（Бодуэн 1963 Т. I: 41）。1877年，博杜恩的《1876—1877学年度详细教学大纲》（Подробпал программа лекций в 1876-77 уч. году）中已包括"词语的意义：语意学"（Значение слов, Семасиология），论及"意义转变"（Переходы значений）、"词根原始义的遗忘"（Забвение первоначального значения корня）等。（Бодуэн 1963 Т. I: 100）1881年，博杜恩在《斯拉夫语"比较语法"的若干章节》（Некоторые отделы «*сравнительной грамматики*» *славянских языков*）中写道：

  2) с точии зрения фонетическо—морфологической (семасиологической и синтаксической?): цельпая связная речь делител на предложепия или фразы знаменательные, предложепия на знаменательные слова, слова на морфологические слоги, или морфемы, морфемы на фонемы. (Бодуэн де Куртенэ 1963 Т. I: 124)

  2）从语音角度——形态学（语意学的和句法学的？）来看：连贯的语音分成句子或有意义的词组，句子再分成有意义的词，词再分成词形音节或词素，词素再分成音素。

1884年，在《斯拉夫语言世界述评，与其他印欧语言的联系》（*Обозрение славянского языкового мира*）中，博杜恩提及语意学与心理内容相联系，以及研究语言概念的语义特征的难度。

  Собственно языковое —это способ, каким звуковая сторона связана с психическим содержанием. Поскольку дело касается языковой формы, можно говорить здесь о морфологии или учении о формах в широком смысле (включая синтаксис); поскольку речь идет о самом психическом содержании, можно говорить **о семасиологии, или учении о значениях**.

  Наиболее целесообразною характеристикою языков была бы их характеристика по общим морфологическим **и семасиологическим** чертам. Однако при современном состоянии науки такая характеристика отдельных ариоевропейских язышов вообще и славянских в частности едва ли возможна. (Бодуэн де Куртенэ 1963 Т. I: 133)

  实际上，语言的方式是把语音与心智内容联系在一起。就语言的形式而言，我们可以就此论述形态学或广义的形式学说（包括句法）。因为我们正在谈论心理内容本身，我们就可以讨论**语意学或意义的学说**。

  语言的有效特色应体现在一般形态特征和**语意特征**方面。然而鉴于当前状况，一般来说，对独特的雅利安——欧洲语言的概念，特别是对斯拉夫语的概念进行这种描述几无可能。

1888年，博杜恩在《尼古拉·克鲁舍夫斯基的生平和科学著作》（*Николай Крушевский, его жизнь и научные труды*）中多次提到"语意学"，他指出克鲁舍夫斯基没有考虑"俗词源"和"类比"之间的差别，而俗词源属于语意学领域。

  При этом Крушевский не учитывает очень паашой чисто языковой разницы между так называемой «народной этимологией» и «аналотией», а именно то, что при действии «аналогию» морфологическая делимость слова уже дана, ...а при «народной этимологию» слова, подвергающееся изменению, ...так что только совершившийся процесс «Народной этимологии» снова оживляет это слово ясной морфологической делимостью и подсовывает ему «генетическое значение». «Народная этимология» касается значения слова и относится к области семасиологии; «аналогия» касается языковой формы и является предметом исследования морфологии слов. Именно на эту разницу Крушевский не обратил внимания. (Бодуэн де Куртенэ 1963 Т. I: 156—157)

同时，克鲁舍夫斯基并没有考虑到所谓"俗词源"和"类比"之间纯粹的语言差异，即在"类比"的作用下，词的形态可分性已被赋予……并且随着该词的"俗词源"可能发生变化……从而只有完成了"俗词源"过程，才能使该词在形态上具有明确的可分性并赋予其"起源的意义"。"俗词源"指的是词义，属于语意学领域；"类比"指的是语言形式，属于研究词语形态的学科。正是这种差异，克鲁舍夫斯基没有注意到。

博杜恩批评克鲁舍夫斯基（Н. В. Крущевский, 1851—1887）的博士论文《语言科学概论》（*Очерк науки о языке*, 1883）不够完整，包括没有重视语意学。

А что до синтаксиса и семасиологии, то Крушевский только мимоходом их касается. Наконец, о принципах классификации языков, о приидипах диалектологии, о разнице в развитии индивидуального языка и племенного, об эмбриологии и патологии языка и т. п. и т. д. мы не находим здесь даже упоминания. Как же можно подобную книгу назвать «очерком целого языкознания»! (Бодуэн де Куртенэ 1963 Т. I: 75)

至于句法学和语意学，克鲁舍夫斯基仅一笔带过。总之，我们甚至没有看到文中提及语言的分类原则、方言学原则，关于个体语言和部族语言发展的差异，以及语言胚胎学和病理学等等。这样的著作怎能称为"一部完整的语言科学概论"！

1889年，博杜恩在《语言学的任务》（*О задачах языковедения*）中进一步阐述语意学的学科特点。

Наконец, само психическое содержание, представления, связанные с языком и движущиеся в его формах, но имеющие независимое бытие, представляют собой предмет исследования отдельной части грамматики, а именно науки о значении, или семасиологии. Здесь мы исследуем отражение внешнего и внутреннего мира в человеческой душе за пределами языковых форм. (Бодуэн де Куртенэ 1963 T. I: 214)

总之，心智内容本身，即与语言相关并以其形式运作但独立存在的表征，是与语法研究分开的一个学科，即意义科学或语意学。在这门学科中，我们探索外在和内在世界在人类心灵中超出语言形式的反映。

博杜恩主张把心理学和社会学糅合在一起作为语言学的基础，语言是一个具有社会心理性的符号系统，是以意义、形式、语音等方面的关系联系在一起的统一体。语言系统的所有成分，无论是语音、形态还是语义，都可分为不同的组合类。

（二）语意学研究与类比联想

在《语言科学》（*Языкознание*, 1904）中，博杜恩将当时理解的"语法学"（相当于语言学）分为五个部分。

С объективно-психологической точки зрения грамматика распадается на следующие отделы: 1) звуковою стороной языка, как в ее преходящих проявлениях, так и в ее постоянной психической основе, занимается фонетика, фонология, звукоучение, распадающееся на несколько частей... 2) **семасиология (семантика), т. е. наука о значении** или об ассоцпациях внеязыковых представлений (идей) с представлениями строго языковыми; 3) морфология, или наука о строе языка в самом обширном смысле этого слова, распадающаяся на: а) морфологию в тесном смысле, т. е. науку о построении отдельных слов и словоподобных единиц языка, и б) синтаксис, т. е. наука о построении предложений и их сочетаний, равноак о связи слов в предложении и об их взаимной зависпмоетн; 4) лексикология или наука о словах п выраженпях самого разнообразного содержания и самого разнообразного объема; 5) этимология или наука о родстве и протсхожденпи слов п их частей. Этимология хотя бы только одного языка возможна лпшь тогда, когда она основывается на тюак называемой сравнительной грамматике. **В семасиологии п этимологии мы имеем дело единственно с ассоциациями представлений по сходству**, тогда как в трах остальных частях грамматиюг играют роль оба рода ассоциаций, как по сходству, так и по смежности. (Бодуэн де Куртенэ 1963 T. II: 100)

从客观心理学的角度来看，语法学可以分为以下几个部分：1. 语音学、音系学、语音教学是进行语音研究的几方面，既涉及语音的瞬间表现，也涉及语音的恒定心理基础……2. **语意学或语义学**（семасиология，семантика）**即意义的科学**，或语言之外的表征（观念）与严格的语言表述之间的联系。3. 形态学，或广义的语言结构科学，可分解为：a）狭义形态学，即研究单词和与词类似的语言单位的科学；b）句法学，即有关句子结构及其组合，以及句中单词连接及其相互依存关系的科学。4. 词汇学，即内容丰富和范围庞大的词汇和词组的科学。5. 词源学，即研究词语及其组成部分的关系和始源的科学。语言的词源研究，也只有在基于所谓比较语法的情况下才有可能。**在语意学和词源学中，我们仅仅考虑表征的类比联想**，而在语法的其余部分需要考虑两种，类比联想和邻接联想都在发挥作用。

在研究思路上，博杜恩认为语意学和词源学属于一类，主要基于类比联想进行研究。

（三）隐喻或寓意的词义变化

在《关于语言变化的一般原因》（*Об общих причинах языковых изменений*, 1890）中，博杜恩认为，语言变化与人的心理变化和生理变化密切相关，而只有个体才有心理过程和生理变化。因此，语言变化是在某一个体向另一个体传递语言概念的交际过程中发生的。具体而言，词语意义的变化通过隐喻或寓意方式实现。在这一过程中，该词语之前的特定意义常常被遗忘。

> В этом стремлении нашего мышления к абстракции состоит еще одно из побуждений к языковым изменениям, главным образом к изменениям так называемого значения путем метафоры или иносказания, путем абстрагирования значения слов как форм для понятий, одним словом, путем соединения, или ассоциации, представлений по сходству в определенном постоянном направлении.
>
> Так, например, слово *pojmować, pojąć* имело первоначально конкретное значение «хватать», «братъ», «забирать» и т. п.; затем, перенесенное в область слов, обозначающих процессы внутреннего мира, мира мозгового, психического мира, оно приняло абстрактное значение умственного «пониманию», «понятию». Слово *obowiązać* обозначало первоначально «обвязать» кого-нибудь ремнем или веревкой; с течением времени оно начало выполнять функцию слова, обозначающего моральную «обязанность», «связанность» словом или требованием обычая, «обязательство». ...
>
> При этом конкретное значение данного слова часто остается забытым и д.пя его выражения образуется новое слово или же применяется какое-нибудь другое, уже существующее. (Бодуэн де Куртенэ 1963 Т. I：227)

在我们思维的抽象性趋势中，有着另一种语言变化的冲动，主要通过隐喻或寓意来改变所谓的意义，借助于将词的意义抽象为概念形式来表达。简而言之，通过组合或联想，在某一特定的通常趋势上凭借相似性来表示。

因此，例如"pojmować"，"pojąć"最初的特定含义是"抢"、"拿"和"取"等。然后转移到表示内心世界、大脑世界、心智世界过程的词语域，获得了心智上的"理解""概括"的抽象意义。再如，"obowiązać"的最初含义是用带子或绳子"捆绑"一个人。随着时间的流逝，它开始履行表达要求或义务的职责，有了表示道德上的"义务""约束"等意义的单词功能。……

在这种情况下，赋予该词的特定意义经常被遗忘，并且为了表达原意而出现一个新的词，或者使用已有的其他词。

博杜恩进一步论述了意义变化中的词源遗忘，以及隐喻在语义变化中的作用。

В области изменений значения, являющихся результатом стремления н облегчению в самом языковом центре, можно указать, с одной стороны, на забвение этимологической связи далених по значению слов, на их разобщение (изоляцию) и, с другой стороны, на веяного рода иносказания, или метафоры.

Насколько метафора является средством мнемотехничесним, облегчающим при помощи ассоциации по сходству (соединение представлений по их сходству) запоминание слов, настолько же она при забвении этимологической связи слов, которые потеряли значимую связь, приобретает ясность, выразительность, психологическую убедительность. Слова становятся более определенными символами и не столь неустойчивыми, нан раньше, когда существовало еще живое ощущение их этимологической связи с другими словами. (Бодуэн де Куртенэ 1963 Т. I：240)

在意义变化的领域，这种变化是语言中心区自身抗争和救济的结果，一方面可以指出，意义上疏远的这些词，其词源联系已经遗忘，它们已经被隔离（孤立）；另一方面可以指出，这些获得新义的词属于寓意或隐喻的灵感激发类型。

在这一意义上，隐喻是一种记忆技术的手段，它通过类比联想（通过其相似性组合表征）帮助促进单词的记忆。当词源联系已经磨灭、之前的意义联系已经遗忘，类比联想使该词获得透明度、表现力和心理信服力。这些词变成更明确的表征，而不是像其早期那么不稳定，即人们对它们与其他词的词源联系依然具有鲜明的感觉。

意义的变化借助寓意或隐喻，与莱斯格（Reisig 1825）的观点一致。在词语意义变化过程中，词语最初的意义常常被遗忘，这是来自斯坦塔尔（Steinthal 1860）、布雷亚尔

（Bréal 1897）的看法。

（四）对语意学和词汇学的展望

1901年，在世纪之交，博杜恩在《语言学，或19世纪的语言学》（*Языкознание, или лингвистика, XIX века*）中提出，在布雷亚尔等人的努力下，语意学已经建立起来。

  семасиология (семантика) —наука о значении слов, т. е. о сочетании языковых и внеязыковых представлений; В последние годы на прочную основу встала наука о значении сдов или о сочетании языковых представлений с внеязыковыми, называемая семасиологией, или семантикой（работы Бреаля и других). (Бодуэн де Куртенэ 1963 Т. II：11)

  语意学（或语义学）——是词语意义的科学，即语言和超语言概念的结合；近年来，关于概念意义或语言表征与超语言表征相结合的科学，已经在坚实基础上建立起来，被称为语意学（семасиологией）或语义学（семантикой，见布雷亚尔等论著）。

博杜恩在此处首先将法语的sémantique译为семантика。面对即将到来的20世纪，博杜恩提出未来语言学需要解决的17个问题，其中第13和16个问题是：

  13. Ленеиология, или наука о словах, как отдельная ветвь грамматюш будет творением XX в.

  16. Этимологические и семасиологические исследования окажут огромное влияние на психологию и дадут ей совершенно новый материал для выводов и обобщений. (Бодуэн де Куртенэ 1963 Т.II：18)

  13. 词汇学或词语的科学，作为语法学的独立分支，将成为20世纪的创新点。

  16. 词源学和语意学研究将对心理学产生巨大影响，并将为其总结和概括提供全新的材料。

20世纪初期，博杜恩在《语言学导论》（*Введение в языковедение*, 1917）中讨论了"语义化和形态化"（Семасиологизация и морфологизация, Бодуэн 1963 Т. II：281—287）、"形态同化（类比）和语义同化"（Морфологическая ассимиляция («аналогия») и Семасиологическая ассимиляция, 291—293）。博杜恩还先后提出了语义研究的一些新概念：语义—形态词（Семасиологическо-морфологическое слово, Бодуэн де Куртенэ 1963 Т. I：78）、语义化（Семасиологизация, Бодуэн де Куртенэ 1963 Т. II：256）、语义同化（Семасиологическая ассимиляция, Бодуэн де Куртенэ 1963 Т. II：291, 285）等概念。在与语义相关的词汇学领域，博杜恩在彼得堡大学期间承担了《达理词典》第三版的增订

工作。基于社会发展增加了很多俄语新词,包括他在喀山时期记录的词语,力求反映言语活动中的社会变化。20世纪上半叶俄罗斯词汇学和词典编纂研究,推进了词汇学理论的发展,证实了博杜恩"词汇学……将成为20世纪的创新点"的预见。

在俄国语言学史上,博杜恩首先引进西欧语意学这门新学科并倡导意义科学的研究。对克鲁舍夫斯基不重视语意学的苛求,实际上反映了他希望其学生关注德法兴起的语意学。在克鲁舍夫斯基之后,博杜恩在喀山大学的另一个学生投入了语意学研究。

三、亚历山大罗夫的词汇语意学研究

亚历山大罗夫(Александр Иванович Александров / Alexander Aleksandrow, 1861—1918),俄罗斯语言学家、斯拉夫学家。他于1883年毕业于喀山大学历史和语言学院,1884年被派往多帕特大学(博杜恩离开喀山后,前往该校任教)学习梵文、德语和立陶宛语。1886年在多帕特获得比较语言学硕士学位。1886年秋任多帕特大学比较语言学助理教授。1886—1888年任哈尔科夫大学比较语言学和梵文助理教授。在此期间,继续攻读博士课程,1888年在多帕特大学获得斯拉夫语言学博士学位。

学业结束以后,亚历山大罗夫回到家乡喀山。1888—1911年先后任喀山大学比较语言学和梵文教授、斯拉夫语言学教授、喀山大学历史和语言学院院长。1911—1913年任喀山神学院教会斯拉夫语教授,后任喀山神学院院长。1914年,亚历山大罗夫被任命为圣彼得堡神学院院长。

图9-2 亚历山大罗夫(А. И. Александров)

(一)研究任务和参考书目

作为喀山学派的主要成员之一,亚历山大罗夫长期追随其导师博杜恩。博杜恩从19世纪70年代开始关注语意学,亚历山大罗夫1884年来到多帕特大学,博杜恩希望亚历山大罗夫从事该领域的研究。他们把选取研究语料的目光投向当时俄罗斯治下的立陶宛民族,亚历山大罗夫到波罗的海各省学习立陶宛语。立陶宛诗人多纳利修斯(Kristijonas Donelaitis, 1714—1780)是18世纪独特的人物之一。他根据古代英雄和说教史诗的素材,创作了立陶宛民族的独特史诗。亚历山大罗夫尝试用语意学方法研究多纳利修斯作品的词语,1886年完成其硕士论文《立陶宛民族诗人多纳利修斯的语言:语意学研究》(*Sprachliches aus dem Nationaldichter Litauens Donalitius, Zar Semasiologie*;简称"语意学研究")。他的博士论文《立陶宛语研究:名词性复合词》(*Litauische Studien, I. Nominal Zusammensetzungen*,

1888），进一步从语义—形态两方面研究立陶宛语复合词。

《语意学研究》用德文写作，除了前言（iii—vi），全文共71页，包括引论（§1—8）和正文三章（§9—67）。据我们查阅，该论文是俄国学者撰写的第一部语意学专著。亚历山大罗夫是这样界定"语意学"的：

> Die Semasiologie — die Lehre von der Bedeutung der Wörter - ist der bis jetzt am wenigsten bearbeitete Theil der Sprachwissenschaft, obgleich sie von allen Gebieten derselben, wie man annehmen sollte, am meisten allgemeines Interesse zu erwecken im Stande ist. Sie hat es zu thun mit der Untersuchung der Entstehung der Wörter, des Verhältnisses der äusseren Seite des Wortes, des Wortes, als einer Gruppe von Lauten, zu der inneren Seite, zur Bedeutung, sowie mit der allmählichen Entwickelung der Bedeutung derselben. (Aleksandrow 1886：6)
>
> 语意学——关于词义的学说——是迄今研究最少的语言学部分，尽管在所有领域中它都应能引起最广泛的兴趣。它不但涉及词源的考察，词的外在即词语作为一组语音，与其内在和意义的关系，而且涉及同义关系的逐渐发展。

在19世纪80年代，亚历山大罗夫提及的研究对象：词源、词语的意义和同义关系，还是传统语意学的热点，由此限定了该论文的研究任务。

> Die Aufgabe, die ich mir gestellt hatte, besteht in der philologischen Verarbeitung des hier gebotenen Materials. Den Anfang macht die semasiologische Betrachtung. In dem hier vorliegenden ersten Stücke handelt es sich um die volksetymologisch gebildeten Wörter, Schallwörter, Interjectionen, Partikeln und Metaphern, welche bei Donalitius vorkommen. (Aleksandrow 1886：iv—v)
>
> 我给自己设定的任务是对这里提供的材料进行语言研究，其研究从语意学的思考开始。这里我提交的是我工作的第一部分研究内容，包括多纳利修斯著作中出现的俗词源词、拟声词、感叹词、小词和隐喻。

> Ich wollte einen Beitrag zur litauischen Semasiologie, eine Sammlung des semasiologischen Materials liefern. Dabei aber sehe ich selbst ein, dass meine Arbeit in vielen Punkten an Ungenauigkeit, Unbestimmtheit· und sonstigen Mängeln leidet. Das hängt einerseits davon ab, dass diese Disciplin selbst, Semasiologie, verhältnissmässig sehr wenig bearbeitet wird und nicht viele Muster monographischer Arbeiten aufweisen kann, andererseits aber —und das wird wohl die Hauptsache sein— davon, dass ich in diesem

Gebiete nicht sehr bewanrlert bin und erst erste Schritte mache. (Aleksandrow 1886: iv—v)

我想为立陶宛语意学做出贡献，虽然目前仅是语义材料的汇集。但在这一过程中，我发现自己的工作在很多方面都存在不准确、不确定和其他缺陷。一方面，由于语意学这个学科本身，研究成果相对较少且没有更多的专题著作；另一方面——这可能是主要的——因为我在这方面不是很精通，只能迈出第一步。

Ich erlaube mir der Hoffnung Ausdruck zu geben, dass das zweite Stück meiner Arbeit viel besser ausfallen wird. In diesem zweiten Stücke möchte ich morphologische. syntaktische und die im ersten Stücke nicht berührten semasiologischen Eigenthümlichkeiten der Sprache unseres Dichters in Betracht ziehen, wie auch alles das zusammenstellen, was uns eine philologische Einsicht in diese individuell poetische Sprache, im Unterschied von der jetzigen litauischen Sprache in ihren verschiedenen Nuancen, gewähren kann. (Aleksandrow 1886: v)

我希望我工作的第二部分能更好一些。在第二部作品（博士论文——引注）中，我想要从形态学方面思考立陶宛诗人语言在句法语义上的特性，在第一部分中没有涉及，并将所有可以让我们对这种独特的诗歌语言从语言学上可洞察的内容汇集一处，以及辨析与当今立陶宛语不同的各种细微差别。

亚历山大罗夫认识到，语意学并非只针对词汇语义，句法语义上的特性也是语意学研究的对象。

亚历山大罗夫提及，语意学的研究成果相对较少并且没有更多的专题著作，他在前言中列出的参考书目是：1. 库尔沙特神父（Kurschat, Fr.）的《立陶宛语—德语词典》（*Litauisch-deutsches Wörterbuch*. Halle, 1883）。2. 安德森（K. Andresen）《论德国民间词源》（*Ueber die deutsche Volksetymologie*. 3.Aufl. Heilbronn, 1878）。3. 福斯特曼（E. Förstemann）《论德国民间词源》（Ueber die deutsche Volksetymologie. *Zeitschrift für vergl. Sprachforsch*. I. 1852：1—25）。4. 波特（A. F. Pott）《来自生活及其身体活动中的隐喻》（Metaphern, vom Leben und von körperlichen Lebensverrichtungen hergenommen. *Zeitschr. für vergl. Sprachforsch*. II. 1853：101—127）。5. 布雷亚尔（Michel Bréal）《语言的潜在观念》（*Les idées latentes du langage*. Paris, 1868）。6.卡洛维茨（J. Karłowicz）《民间词汇》（*Słoworód ludowy*. Kraków, 1878）。7. 斯列兹涅夫斯基（И. М. Срезневскій）《比较和解释词汇和语法的资料的动词部分》（Глагольныя часицы. Матеріалы для сравнительнаго и объяснительнаго словаря и грамматикн, I., *СПб*., 1852：334—336）。所列书目中词典五种，语义学论著只两种，由此局限了亚历山大罗夫对德法语义学的了解。亚历山大罗夫的论文导师是博杜恩，"感谢他在我整个学习期间（在喀山和多帕特）的指导以及他在语言学

领域给予的大量激励"。此外，他还从利奥·梅耶①教授和马辛博士②的讲座中受益匪浅。

（二）引论部分论述的三个方面

在引论部分，亚历山大罗夫主要论述了立陶宛语发展的主要特点，尤其是词汇语义发展的特点以及对立陶宛语词语的区别。

1. 立陶宛语词汇语义发展的特点

§ 3. Zu diesem qualitativen Wandel gesellen sich noch anders geartete Schwankungen, denen die Sprache in ihrem Wortbestande unaufhörlich ausgesetzt ist. Viele alte Worte der Sprache schwinden und neue treten an ihre Stelle. Mit neu erworbenen Culturobjecten bürgern sich auch neue Bezeichnungen ein. Denn kein Volk hat bisher auf allen Gebieten der Cultur allein durch sich selbst seine höchste Stufe zu erreichen vermocht, kein Culturvolk hat sich, so abgeschlossen auch sein Gebiet war, vollkommen allen äusseren Einflüssen entziehen können; vielmehr steht fest, dass, da die wichtigsten Culturerrungenschaften zu allen Zeiten von Volk zu Volk gewandert sind, ein um so lebendigerer internationaler Austausch stattagefunden hat, je verschiede11er die geistige Beanlagung und Productionskraft der einzelnen Völker war, und dass, je weniger ein Land durch natürliche Grenzen abgeschlossen, je enger die Berührung seiner Bewohner mit fremden Nationalitäten war, jene in Gebräuchen und Sitten, in Sprache und Lebensweise sich desto leichter Veränderungen unterzogen. (Aleksandrow 1886：3)

§ 3. 除了这种性质的变化（语音的变化——译注），还有另一种波动现象，语言在其词库中不断损失。语言中的许多旧词正在消失，而新词正在取而代之。对于新出现的文化事物，也会使用新的名称。因为迄今为止，没有一个人能独自在所有文化领域达到最高水平；也没有一个文明人，无论其领域多么封闭，能够完全避开所有外部影响。恰恰相反，可以肯定，由于最重要的文化成果一直在人与人之间迁移，国际交

---

① 利奥·卡尔·海因里希·迈耶（Leo Karl Heinrich Meyer，1830—1910），德国语言学家。早年在哥廷根和柏林大学接受教育。1862—1865 年任哥廷根大学教授，1865 年以后任多帕特大学比较语言学教授。著有《希腊语和拉丁语的比较语法》（*Vergleichende Grammatik der griechischen und lateinischen Sprache*, 1861–1865）、《哥特语》（*Die gothische Sprache*, 1869）等。

② 伦哈德·马辛（Leonhard Masing，1845—1936），波罗的海的德语语言学家。1863—1868 年在多帕特大学学习，曾到哥廷根和莱比锡大学学习。1880年任多帕特大学俄罗斯语言文学和斯拉夫语言比较语法副教授，1902年任教授。著有《塞尔维亚—克罗地亚语口音的主要形式以及希腊和梵语重音理论的引论》（*Die Hauptformen des serbisch-chorwatischen Accents nebst einleitenden Bemerkungen zur Accentlehre des Griechischen und des Sanskrit*, 1876）等。

流更为活跃，个人的智力倾向和创作能力就越发不同。国家的自然边界关闭越少，其居民与外国的接触就越密切，在风俗习惯、语言和生活方式中所经历的变化就越容易发生。

§ 5. Im Laufe der letzten vier Jahrhunderte steht die Entwickelung des litauischen Volksthums unter dem gesteigertem Drucke der Deutschen, Polen und Russen, was gleichfalls tiefe Spuren in der Sprache hinterlassen hat. In Folge des Umstandes, dass die gebildeten Gesellschaftsschichten im russischen Litauen sich die russische und polnische, im preussischen – die deutsche Sprache angeeignet haben, ist die litauische Sprache innerhalb des alten Sprachgebietes 1) jetzt nur noch auf die unteren Volksschichten beschränkt. Ohne jegliche äussere Hülfe, völlig ausser Stande irgendetwas für die Existenz und weitere Entwickelung ihrer Muttersprache zu thun, können die wenig gebildeten Bauern ihre wort- und formenreiche Sprache nicht in jedem Dialekte in der ursprünglichen Reinheit und Fülle bewahren. Der fremde Einfluss macht sich überall geltend. Er prägt sich, wie in dem Bau der Sprache selbst —in ihrer Phonetik, Morphologie und Syntax, —so auch nach der materiellen Seite hin aus, in der Bereicherung des Wörterbuches durch neue Wörter und Wendungen, die entweder der Sprache ursprünglich völlig fremd waren, oder aber nach fremden Mustern aus dem alten Sprachmateriale gebildet sind. (Aleksandrow 1886：4)

§ 5. 在过去的四个世纪中，立陶宛民俗的发展受到来自德国人、波兰人和俄罗斯人越来越大的压力，这也给该语言留下了深刻的印记。由此俄罗斯治下的立陶宛受过教育的社会阶层已经掌握了俄语和波兰语，而在普鲁士——德语的压力下，古老语言区域内的立陶宛语现仅限于较低的社会阶层。没有任何外来帮助，完全无法为母语的存在和进一步发展做任何事情，受教育程度低的农民无法将其每种方言中的丰富词汇保持其原来的纯洁性和丰富性。外国影响力无处不在，在其母语身上留下烙印。不但在语言本身结构——语音、形态和句法方面，而且也反映在材料方面，在字典中增加的新词和表达式，或者起初对于母语而言完全陌生，或者由旧语言材料根据外国模式形成。

§ 6. Jedes Wort der Sprache, jeder Ausdruck hat seine bestimmte Bedeutung, wie auch seine Geschichte, die sowohl für den Sprachforscher und Philologen, wie für den Kulturhistoriker von Wichtigkeit ist. Die Geschichte der Wörter und ihrer Bedeutungen verbreitet oft Licht, bisweilen in endgültig entscheidender Weise, über wichtige Fragen der

Geschichte der Civilisation. Einige Wörter und Ausdrücke führen zurück auf prähistorische Perioden, andere dagegen zeigen deutliche Spuren der Entstehung innerhalb des historischen Lebens der Völker. Von einigen solcher Wörter und Wendungen können wir mit Gewissheit behaupten, dass sie zn einer bestimmten Zeit und unter bestimmten Umständen entstanden sind. In vielen Fällen können wir deutlich erkennen, dass gewisse Wörter und Wendungen ausser Gebrauch kamen, zum Theil durch neue ersetzt wurden, weil sie veraltet und untauglich geworden waren, was vielleicht gleichzeitig mit dem Aussergebrauchkommen der betreffenden Gegenstände und Verhältnisse stattfand. Wir können auch sagen, dass ein gewisses Wort dadurch eine neue Bedeutungsschattirung erhielt, dass es zur Bezeichnung eines neuen Gegenstandes angewandt wurde. Einige Wörter und Ausdrücke sind auf gewisse Localitäten beschränkt; es lässt sich nachweisen, dass ein bestimmter Schriftsteller sie entweder geschaffen, oder ihnen eine besondere Bedeutung beigegeben hat, woraus sie in allgemeinen Gebrauch kamen. Es giebt Lieblingswörter und Lieblingsausdrücke ganzer Völker, Provinzen, Geschlechter, ganzer Gesellschaftschichten; es giebt Wörter und Ausdrücke, welche gewisse Richtungen wissenschaftlicher, politischer, philosophischer Schulen, einzelne Individuen, irgend einen Schriftsteller u. s. w. charakterisiren. Alles dieses bildet den Gegenstand der Semasiologie. (Aleksandrow 1886：4—5)

§ 6. 语言中的每个词、每个表达式都有其确定的意义及其历史，这对精通语言的人和语文学家以及文化历史学家都很重要。文字及其意义的历史，常常以明显的方式阐明文明史上的重要问题。有些文字和表达式可以追溯到史前时期，而另一些则清楚地表明了民族历史生活起源的痕迹。对于这样的词和表达式，我们可以肯定地说，它们是在一定时间和特定情况下出现的。在现在的许多情况中，我们可以清楚地看到某些词和表达式已不再使用，不同程度上被新词取代，因为它们已经过时和不合适，这可能与所论对象和情况同时发生而不再使用。我们也可以说，某个词通过被用来指代一个新对象而赋予了新含义。有些词和表达式一开始仅限于某些地区使用。这可以解释为，某个特定的作家创造了它们，或者赋予了它们以特殊含义，它们进一步得到广泛的使用。有些成为全民族、各省市、各家族、社会各阶层最喜欢的词和最喜欢的表达式；有些词语和表达式表征了科学、政治、哲学流派、与众不同的个人和某些作家等的取向。所有这些构成了语意学的主题。

2. 本土原生词和外来词

§ 8. Im Wortschatze jeder Sprache, so auch der litauischen, unterscheiden wir 1.

heimische Urwörter; darunter verstehe ich die Wörter, deren Ursprung in der arioeuropäischen Periode gesucht werden muss, welche weder entlehnt sind, noch als Schallwörter heutzutage empfunden werden. Diese zerfallen in a) Wörter, welche einen bestimmten Begriff bezeichnen und die Bedeutung desselben unverändert und fest bewahrt haben, b) Wörter, welche im Verlaufe der geschichtlichen Entwickelung eine andere Schattirung der Bedeutung oder eine völlig neue Bedeutung angenommen haben. Die Veränderungen sind nur im Gebiete der Bedeutung vor sich gegangen, die Form aber ist dieselbe geblieben. Dieser Process lässt sich in dem Ausdrucke metaphorische Entwickelung, Metapher zusammenfassen; 2. Lehn- oder Fremdwörter, welche auf ihren Wanderungen oft die merkwürdigsten Schicksale erfahren haben. Hieher gehören auch die Wörter, welche der Natur nachgeahmt sind; das sind die so genannten Schallwörter. (Aleksandrow 1886：6—7)

§8. 我们要对各种语言，包括立陶宛语的词汇进行区别。1. 本土原生词，我的意思是指必须在雅利安—欧洲语时期可以找到起源的词。这些词既不是借用的，也不是现代发音的词。它们可以区分成：a) 描述某个词项并保持其含义不变且稳定的词；b) 在历史发展过程中已有稍微不同含义或全新含义的词。变化只发生在意义中，其形式却保持不变。这个过程可以认为是隐喻表达的发展，此种现象概括为隐喻。2. 借用词或外来词，经常在其漂泊中经历最奇特的命运。模仿自然的词语也属此类，这些就是所谓的拟声词。

Eine besonders geartete Abtheilung im Wortschatze jeder Sprache, so auch der litauischen, bilden die Wörter, welche ihre Form der Volksetymologie verdanken, d. h. der Umbildung der Form fremder oder alteigener Wörter, in denen die Beziehung der Bedeutung zu den Lauten unklar geworden ist, mit Anlehnung an mehr bekannte. Hierher gehören auch diejenigen Wörter, in denen ausser der Form auch die Bedeutung volksetymologisch verändert worden ist. (Aleksandrow 1886：7)

此外，包括立陶宛语在内的每种语言的词汇还有一个特殊类别，由源于俗词源的词组成。也就是说，在更熟悉词的基础上，对音义关系变得模糊不清的外来词或古老词的形式进行重塑。该小标题中还包括那些除形式以外，俗词源的含义也发生变化的词。

亚历山大罗夫该论文的主题是对立陶宛民族诗人多纳利修斯作品中出现的俗词源词、拟声词和隐喻进行调查。

（三）《语意学研究》的主要内容

1. 关于俗词源词研究

第一章"由俗词源构成的词"，包括俗词源词列表对俗词源词的思考和解释。本章小结如下：

§ 22. Die Volksetymologie ist allerdings als ein wichtiger Faktor der Sprachbildung anzuerkennen, denn sie ist ein sich unwillkürlich und nothwendig vollziehender Sprachprocess. Veranlasst durch die Unbequemlichkeit, die dem Volke fremde oder ihm sonst unverständliche Worte bereiten, ist sie bestrebt allem ausländischen eine verwandte, heimische Färbung, den verblassten Formen ein neues verständliches Gepräge zu geben. Es ist der instinctive Trieb, ein fremdes etymologisch dunkles Wort und auch ganze Ausdrücke möglichst deutlich und leicht verständlich zu machen und von dem Standpunkte der eigenen Sprache aus zu erklären. Das ist die treibende Kraft der Umbildung gewesen. Die geringste Aehnlichkeit, der leiseste Anklang eines unverständlichen Lautcomplexes an ein dem Volksohre geläufiges Wort vermag eine Metamorphose des ersteren unter Anlehnung an das letztere hervorrufen. Auf ein im Sprachgefühle genauer entsprechendes Verhältniss der Beziehungen zwischen den neuentstandenen und den sie bedingt habenden Wortformen zu den mit den einen und den anderen je verknüpften Bedeutungen kommt es hier gar nicht an; es genügt, wenn nur das neugebildete Wort überhaupt ein der betreffenden (in unserem Falle: litauischen) Sprache eigenes lautliches Gepräge hat. Mag es auch den Anschein haben, als ob Laut und Begriff des neuen Sprachproductes sich nicht vollständig decken; Jedermann weiss aus dem täglichen Gebrauche, was es wirklich bezeichnet. Die Macht der Gewohnheit giebt ihm den Stempel der Richtigkeit und das genügt dem Sprachbewusstsein.(Aleksandrow 1886：18—19)

§ 22. 俗词源无疑是语言构成的一个重要因素，因为它是语言的一种无意识和必然性过程。由于外来词语，或人们因其他原因难以理解的词语会引起不便，俗词源努力为每件外来事物赋予本土色彩的联系，或者为褪色的形式赋予新的可理解印记。要使一个外来词源上模糊的词及其整个表达式尽可能的清晰易懂，从自己语言的角度加以说解出于本能的驱动。这一直是语言转移现象背后的驱动力。一个难以理解的语音组合与一个人们耳熟能详的单词音，即使两者之间只有微小的相似性、微小的语音相近，都可以促使前者基于后者而发生变形。新创造的词形与某一个或另一个相联系意义词形之间的适应关系，在此根本不重要。对于相关性语言（在我们例子中是立陶宛语）而言，只要新形成的词具有其母语的语音特征就足够了。新语言产品的语音和概念也可能看起来并不完全一致，但人人都从日常使用中知道其真实含义。习惯的力量给它打上了正确性印记，这对于语言的观念体系来说就足够了。

作者的主要结论是：俗词源有利于外来词的本土化，有利于古旧词的可理解性或语义透明化。

2. 关于拟声词研究

第二章"拟声词、感叹词和小词"，包括：一般类别的确定；A. 拟声词；B. 感叹词；C. 象征地表达语言活动的小词等。作者主要讨论的是拟声词。至于感叹词，它们出自我们不自觉的反射语音，这些语音是由情感引发的，即使没有任何交流的意图。它们不能与任何其他词联系，并且在它们中看不到任何语法范畴的痕迹。至于小词，在某种程度上是不可分割的。在立陶宛语中，它们多次出现在其他词和词组中。作为孤立的词，它们受到各种语音变化的影响。本章小结如下：

§ 36. Semasiologie der Schallwörter bietet uns folgendes dar. Die Grundbedeutung der Schallwörter kommt von den Geräuschen, welche in ihnen nachgeahmt werden; die Modificirung dieser Bedeutung aber hängt von den Kategorien, Typen ab, an welche sie angelehnt sind. So z. B. Verbum barszkinu bedeutet *einen klappernden Schalt verursachen* und ihrer Bedeutung nach gehört es zu dem Verbaltypus: R + Suff. -in- + Personalendung. Das Verbum barszku (*klappern*) folgt in morphologischer Hinsicht dem verbalen Typus R + Pers. - end. Substantiva, wie nurnejimas (das Murren), gehören morphologisch zu der Gruppe mit dem Suff.-imas.(Aleksandrow 1886：30)

§ 36. 拟声词的语意研究为我们提供了以下内容。拟声词的基本含义来自它们所模仿的声音。但是，对这个含义的修改则取决于它们所基于的类别或类型。例如，动词barszkinu 的意思是发出嘎嘎声，根据其含义属于口头语类型：词干+后缀in +人称结尾。动词barszku（咯咯作响）在形态学方面遵循口头类型：词干+人称结尾。再如名词nurnejimas（低微的流水声）在形态上属于带有后缀-imas 的一组。

§ 37. Die Schallwörter also sind Neubildungen, welche durch Opomatopöie entstehen. Indem sie in die Sprache aufgenommen werden, geben sie derselben einen neuen Vorrath, einen neuen Typus (Kategorie) von Wörtern, Benennungen für diese oder jene bereits bekannte Vorstellungen, indem sie sich hierbei in das allgemeine phonetische und morphologische System der Sprache einftlgen. Die Naturlaute werden auf diese Weise unter dem Einflusse der ihnen einigermassen ähnlichen in der Sprache bereits vorhandenen Laute reproducirt. (Aleksandrow 1886：30—31)

§ 37. 因此，拟声词是由声喻法产生的派生物。通过融入语言，它们被赋予语言的新存储，即一种新类别（范畴）的词。用于这样那样已知概念的措辞，因为它们适合语言的一般语音和形态系统。在与语言中已存在的语音有些相似的语音影响下，自然声音以此方式再现。

作者的主要结论是：拟声词的基本含义来自所模仿的声音，对这个含义的修改取决于它们所基于的类别或类型。拟声词必须适合该语言的一般语音和形态系统。

3. 关于隐喻研究

第三章"隐喻"，包括：概述；多纳利修斯语言中的隐喻；A. 动物和鸟类的拟人化及树木等的活化；B. 全景显示（描述）；1. 从意义本身来看包括：a) 谚语和奇特短语，b) 时间概念，c) 表程度和活动方式的副词，d) 名词和动词的多义现象，e) 专门的诗意表达和短语；2. 从意义发展来看分为：a) 从具体到抽象的转变，b) 其他情况，c) 来自日常生活的习惯、形象和条件等的诗意表达。本章小结如下：

§ 67. Der Mensch fasst, wie wir sehen, alles in der Welt, alle Theile des Makrokosmus von seinem menschlichen Standpunkte aus als Glieder eines Organismus auf, er personificirt, respective vivificirt alle Weltsubstanzen. Eine gewisse Aehnlichkeit der Erscheinung und Vorstellung giebt Anlass zur Assimilation in der Benennung und jede neue Assimilation ist sogleich eine Metapher, durch welche die Bilder aus der äusseren Welt in die Gedankenwelt übertragen werden. Die Metapher bildet nicht neue Wörter, sondern sie deutet die alten nur um, und daraus entwickeln sich verschiedene Variationen der Wortbedeutung im Sprachgebrauche. Wir ersehen aus allemdem, dass sich auf dem Gebiete der Semasiologie ähnliche Erscheinungen wiederholen, wie wir sie bei den Lauten und Formen der Sprache überhaupt kennen: Verschiebung, Assimilation, Verengung und Erweiterung. Die Wörter concreter, sinnlicher Bedeutung gehen allmählig in das Gebiet der Abstracta über. Der Uebergang vom Concreten zum Abstracten zeigt sich auch darin dass Nominal- und Verbalformen zu Adverbien, Präpositionen und anderen Partikeln werden. (Aleksandrow 1886：68—69)

§ 67. 正如我们所见，人类从有机体成员的立场理解世界的一切，即宇宙的所有部分，他通过人格化将全世界实体都依次赋予生命。表象和观念的某种相似性导致命名上的同化现象，每一个新的同化都同时是一个隐喻。通过这个隐喻，来自外部世界的意象被转移到思想世界中。隐喻不会创造新词，它只是重新解释旧词，这就导致了语言用法中的词义的不同变化。从这一切我们看到，在语意学领域，我们通常所知道的类似现象在语言的声音和形式中反复出现：转移、同化、缩小和扩大。具体的、感性的意义逐渐进入抽象领域。从具体到抽象的转变也表现在名词和动词形式变成副词、介词和其他小词。

作者的主要结论是：表象和观念的相似性导致命名的同化；隐喻只是重新解释旧词，导致语言用法中的词义变化；转移、同化、缩小和扩大是语义演变的四种常见现象。

从俄国语义学史来说，在博杜恩的指导下，亚历山大罗夫是采用西欧语义学理论进行词语研究的第一位俄罗斯语言学家，尽管对西欧理论了解不多，其研究尚为初步探索。从西方语义学史来看，该论文不仅是第一部以专人作品语言为研究对象的论著（19世纪的唯一），而且可能是第一部包含俗词源词研究的论著。就语义学视野中的隐喻研究而言，19世纪的专题论述，在亚历山大罗夫的这篇"隐喻"（1886）之前，是波特的论文《来自生活及其身体活动中的隐喻》（1853），在亚历山大罗夫之后，是布雷亚尔的《语义学探索》中的"十二章·隐喻"（1897）。

四、波克罗夫斯基的历史语意学研究

喀山学派涉猎语义领域十年之后，莫斯科学派（福尔图纳托夫学派）的学者也到西欧吸取新知。波克罗夫斯基（М. М. Покровский, 1868—1932），俄国历史语意学的创立者。1891年毕业于莫斯科大学，1892年留学西欧一年。1896年获硕士学位，1898年获博士学位。1901年被任命为莫斯科大学教授，1917年被选为俄罗斯科学院通讯成员。1929年当选为苏联科学院成员。波克罗夫斯基师从柯尔施（Ф. Е. Корш, 1843—1915）和福尔图纳托夫（Ф. Ф. Фортуна́тов, 1848—1914）。莫斯科学派主张历史地研究语言，只有在研究语言历史的前提下，这样的语言研究才是科学的。只有把这种语言与其原始语进行比较，语言历史的研究才有可能。任何一位印欧语语言学家，都应仔细探索共同印欧语在原始语时代解体前的历史现象。这些主张无疑受到保罗《语言史原理》（1880）的影响，保罗坚信语言学属于历史科学，语言的历史研究处于优先地位。

图9-3 波克罗夫斯基（М. М. Покровский）

波克罗夫斯基在波恩、巴黎、罗马留学期间，接触到德法语意学理论，确定了其硕士论文研究课题。基于希腊语、拉丁语、德语、法语和俄语等词语的历史对比，波克罗夫斯基在《论语意学的方法》（*O Memodax* семасиологии, 1895）、《古典语言的语意学研究》（Семасиологические исследования в области древних языков, 1896）中探索了语义研究方法及语义变化规律。两年后，波克罗夫斯基完成博士论文《拉丁语历史语法资料》（Материалы для исторической грамматики латинского языка, 1898），该论文第一部分是语意学，研究词语意义之间的转变；第二部分是形态学，研究不同词缀的构词方式。此外，波克罗夫斯基的语意学论文还有《语意学领域的几个问题》（Несколько вопросов в области семасиологии, 1897）、《有关词义变化的思考》（Соображения по поводу изменения значений слов, 1936）等。前文主要讨论了两个问题：第一个是语义变化与形态的关系，波克罗夫斯基肯定了词的语义变化方式常常决定形态发展，甚至成为构词规律；第二个是语义研究与心理的关系，波克罗夫斯基肯定了词的语义变化原因与心理有关。关于语义变化与形态的关系，博杜恩已经有所研究。关于语义演变与心理的关系，正是当时德法语言学的研究热点。在后文中，波克罗夫斯基阐述了社会阶层和某些职业的特定词在词义变化和新词形成中的作用，给语言带来了广泛的发展。可以说，这些特定词是民族语言概念的储备，日常生活现象可以用不同阶层和职业的特色概念来表达。关于词汇和语义研究与社会的关系，是19—20世纪之交法国社会学派关注的课题。20世纪20年代以来，以绍尔的《语言与社会》（Язык и общество, 1926）为代表，一些苏联语言学家尤为关注社会对语言变化和发展的影响。

我们主要基于《论语意学的方法》和《古典语言的语意学研究》，译介波克罗夫斯基的古典语意学或历史语意学成就。

（一）《论语意学的方法》译介

在论文答辩之前，波克罗夫斯基先在莫斯科大学做了《论语意学的方法》的演讲，介绍其研究的理论方法及其成果。

1. 语义演变研究的概念范围

波克罗夫斯基认为，语义演变有一定规律。他希望能提出新方法，厘清词语的潜在观念和范畴以及某些强制性规则。开篇即言：

> Дссертация, с обширной я выступаю на ваш суд, имеет своей задачей разобраться в обширной, до сих пор очень мало разработанной области семасиологических явлений языка, т. е. в истории значения слов. При всей сложности и кажущейся прихоливости этих явлений я осмеливаюсь утверждать, что они закономерны: что мы в состоянии определить условия совместной жизни слов и установить потенциальный запас значений, свойственных известным словам и их категорытию некоторых синтаксических законов, обязательных или, по крайней, годных для любого языка.

(Покровский 1959a: 27)

我的任务是要把语意学所包括的广泛知识研究清楚。但迄今为止,在语意学领域即历史语义研究方面提出的新方法很少。尽管语义具有复杂性、现象具有随意性,但我敢肯定,语义演变是有规律的。在日常熟知的语言条件下,我们要研究清楚词语的潜在含义和范畴,以及某些强制性规则,或者至少要揭示在任何语言中都适用的句法规则。

只有提出适当的方法才能解决实际问题,波克罗夫斯基由此提出词汇语义研究的"概念范围"。

Из теоретических и практических соображений я исследую слова по «сферам представлений», разумея под этим термином известные стороны нашего быта или группу однородных явлений внешнего или двуховного мира. Разбор всех слов, принадлежащих к данной среде, показывает, что их семасиологическая история зависит от известных немногочисленных условий; при этом, если эти условия находятся налицо не в одном только, но в нескольких языках, то история данных слов во всех этих языках одинокова. После этой работы исследователь может выйти за пределы только что изученной среды и поискать сходных условий в других областях народной жизни. Если он найдет эти условия, то он увидит, то подлежащие их влиянию слова подвергаются таким же семасиологическим изменениям, как и слова, непосредственно перд этим разобранные. (Покровский 1959a: 29)

从理论和实际的双重角度出发,我基于"概念范围"来研究词语。通过这些词语以了解日常生活中熟悉的、存在于我们内心或外部世界中的一系列同类现象。对处于同一环境中的词语进行分析,从而了解词义变化取决于哪些条件。如果这些条件不仅存在于一种语言中,而且存在于多种语言中,那么这些词的历史演变在这些语言中应是一致的。由此研究者可以跳出环境的局限,在人们生活的其他领域寻找类似条件。如果找到其他条件,则需要进一步阐明,在这些条件的影响下词汇语义如何发生了相应变化。

2. 时间、地点词的语义演变原则

基于词语的"概念范围",通过对希腊语、俄语、立陶宛语等语言的同类词语研究,波克罗夫斯基归纳了词义演变的三条原则。

第一条,形成时间词的农事或物候原则。在任何地方,当生活或外部条件具备,该对象或其动作与特定时间联系在一起,其名称用来表示时间。

Например, лат. *satio* значило 'посев' и 'время посева' (так как посев совершается в определенное время); идея времени настолько укрепилась за этим словом, что в романских языках оно обозначает 'время вообще': фр. *saison* 'часть года', 'удобное время', ит. диал. *sason* 'tempus', χρονος.

Или Напр., возьмем определенное время по птицам, точнее, по регулярно повторяющемуся вопределенное время прилету или петию птиц. В зтом случае различные народы употребляют, между почим, одну и ту же сокращенную синтаксическую формулу: вставать *до петухов* (до пения петухов), диал. вставать *в кочета*, ...у греков было выражениеπρο χελιδονων...'до ласточек' (т.е. 'до прилеталасточек', 'до наступления весны'). (Покровский 1959а: 30)

例如，拉丁语satio的意思是"播种"和"播种时间"（因为播种要在特定时间进行），由此时间观点强化了satio的意义，在罗曼语中意味着"一般时间"。比如，法语的saison（一年的季节、方便时）、意大利语方言的sason（期间），以及希腊语的χρονος（时间）。

再如，鸟儿鸣叫的固定时间，更确切地说，还有候鸟定期飞回来的时候。各个民族对这种情况都使用相同的简短句式："在公鸡之前起床"（在公鸡鸣叫前起床），方言有"在喔喔喔之前起床"……希腊人有这样的语句："在燕子之前"（即"在燕子飞来之前""春天到来之前"）。

第二条，形成时间词的天体位置原则。天体不仅在特定时间出现，并且也处于特定位置，由此天体位置的名称可能用来表示时间。

На почве отдельных языков мы найдем большое богатство частных определений времени, восходящих к принципу: достаточно отметить такие выражения, как «не есть ничего *до звезды*» (т. е. 'до появления звезды', 'до вечера'); per *caniculam* ὑπὸ τὸν χύνα 'во время пса' (т. е. 'в то время, когда появляется созвездие Пса', 'в самую жаркую часть лета'). (Покровский 1959а: 31)

在个别语言的基础上，我们会发现大量的特定时间词可以追溯到这个原则：这样的表达就足够了，比如"直到星星之前什么都没有"（即"在星星出现之前""直到晚上"）；"在狗的时间"（即"在猎犬座出现时""在夏天最热时"）。

第三条，形成地点词的相邻性概念联想原则。某种对象及其动作概念，基于历史文化或自然条件形成的所出现特定处所，其名称可能用来表示地点。

> Различные предметы торговли продавались каждый на определенной части афинской ἀγορά; поэтому название какого-либо из данных предметов обозначало также и место его продажи: τρέχ' εἰς τόν οἶνον, χαθήντο ἐν τοῖς οτεψανώρασι и пр. Возьмем nomina actionis, переходящие bnomina loci: слово гулянье бозначает процесс прогулки, но там, где прогулка происходит на определенном месте, там оно обозначает и место для гулянья…; то же надо сказать о слове выгон или о слове ловля в выражении « такой-то купец имеет свои ловли на Волге » и пр. (Покровский 1959a: 31—32)

各种商品都在雅典市场的特定地区出售，因此这些物品的名称也表示其销售地点：如：τρέχ' εἰς τόν οἶνον（走向葡萄酒），χαθήντο ἐν τοῖς οτεψανώρασι（在欧特萨诺斯迷了路）等。行为名词转变为地点名词的过程是：гулянье（行走）意味着"走路的过程"，但是行走会有特定地方，就会用гулянье指代那个地点……；"某商人在伏尔加河上有自己的地方"等表述中的выгон（放牧）或ловля（捕鱼）一词，也同样如此。

波克罗夫斯基提出，客观现实中各物体之间的联系，决定了语言中相应词语之间的联系。语义演变原则与自然条件和历史文化相关，研究语义现象需要关注民族心理和民族历史。

3. 语义演变研究的历史比较

该文最后强调，研究语义演变规律的最好方法是历史比较。不仅要与古典语言进行比较，而且要与其他民族语言进行比较。

> Семасиология какого—нибудь отдельного языка не мыслима без сравнения его с другими языками; тем более необходим сравнительный метод при занятиях семасиологией древних языков: только таким путем можно вдохнуть жизнь во многие запутанные, не всегда понятные, по-видимому, отжившие свой век обороты этих языков. Далее, мы убедились на примерах, что для понимания семасиологических явлений необходимо постоянно иметь в виду и психологию, и историю народа. Разумеется, такая кумуляция должностей может превышать силы отдельного исследователя. (Покровский 1959a: 32)

任何特定语言的语义研究，如果不与其他语言进行比较都是不可想象的。而在比较过程中，当然要有古典语言的参与。只有这样，才能给那些错综复杂、茫然无知的问题赋予生机。进一步而言，为了厘清语义现象，我们需要关注民族心理和民族历史的实例，尽管这样的知识积累可能超越研究者的个人精力。

（二）《古典语言的语意学研究》的前言导论

波克罗夫斯基的硕士论文《古典语言的语意学研究》（1896），除了前言和导论，主体部分分为三章。其后是附录和拉丁语词干构成研究。我们先根据前言和导论，译介作者研究的理论背景、研究方法和主要结论。

1. 理论背景和研究对象

波克罗夫斯基语意学研究的理论背景主要来自三方面：一是德国赫尔德根、保罗、魏格纳、施罗德①，以及法国达梅斯泰特尔、布雷亚尔等人的研究；二是基于对希腊—拉丁语形态、词法与其他印欧语形态之间关系的研究；三是受到其导师柯尔施心理语言学思想的影响，引发了他对语言的心理现象和语义变化的思考。

Основной целью данной работы объясняется и еще одна из ее особенностей: главный материал для нее был подобран из обоих классических языков, но я пользовался в широких размерах и другими индоевропейскими языками. В этом пункте я расхожусь с некоторыми направлениями, существующими в семасиологов Хердеген полагает, что только после создания семасиологии как грамматической дисциплины в отдельных языках можно перейти к индоевропейской дисциплине этого рода; наряду с явлениями, общими всем языкам, каждый язык имеет свои собственные, индивидуальные стороны, и потому семасиология, как специально латинская дисциплина, имеет полное право на существование. На это мы заметим, что при занятиях семасиологией нельзя ограничиваться только древними языками, т. е. такими языками, которых мы, так сказать, не чувствуем, потому что при этом условии мы никогда не застрахованы от искусственных и мертворожденных построений; тем более опасно ограничиваться каким-нибудь одним древним языком. В частности, сравнительный метод безусловно необходим при решении вопроса о том, какие семасиологические явления известного языка свойственны только ему одному. И вообще, если сравнительный метод приносит большую пользу при занятиях, напр. фонетикой, то тем более неизбежно его применение при занятиях новообразованиями по аналогии, синтаксисом и семасиологией, так как эти последние явления несравненнотруднее поддаются анализу, группировке и объяснению, чем явления

---

① 施罗德（Friedrich Schröder of Gebweiler，生卒年未详），德国语义学家，著有《希腊语中的词义研究》（*Zur griechischen Bedeutungslehre*. Programm des Gymn. In Gebweiler Nr. 508, 1893）、《语言发展的悲观主义》（Der Pessimismus in der Sprachentwicklung. *Deutsche Welt* 4. 1902，6—8）等。

фонетические. Одним словом, если исследователь синтаксически, семасиологических и тому подобных фактов известного языка освободит себя от справок в другие языки, то он в лучшем случае может представить тонкие наблюдения над отдельными подробностями или интересное собрание материала, но зато без общих выводов или же с общими выводами сомнительного достоинсва. В русской ученой литературе есть одна работа, принадлежащая профессору Ф.Е. Корш («Способы относительного подчинения»), которая ясно показывает, что при исследовании психологических, в частности синтаксических, явлений языка необходимо привлечение к делу всевозможных языков, не говоря уже о языках родственных. (Покровский 1959b: 65)

　　本文的主要目标还可以用另一特点来说明：其主要语料除了选自两种古典语言，我还大量使用了其他的印欧语言。在这方面，我不同意某些语意学家的研究方向。赫尔德根认为，只有在语意学作为个别语言的语法学科创造出来之后，才能转向印欧语言学科。与所有语言的共有现象一样，每种语言都有其独特的方面，因此语意学作为一门特殊的拉丁语学科，完全有存在的权利。对此我们注意到，在研究语意学时，人们不能将自己局限于古典语言，即那些可以说我们无法感觉到的语言。因为在这种情况下，我们永远无法免除人为的和死产的构造。将自己局限在一种古老语言中更加危险。尤其是，在确定一种已知语言的那些语意现象仅为该语言的特征时，比较方法无疑是必要的。一般来说，如果比较方法对语音研究有用，那么至少在基于类比产生的新事物研究中，又不可避免地把比较方法用于句法和语义研究，而后者在分析、分类和解释方面，要比语音现象难得多。简而言之，如果一个句法学、语意学的研究者分析已知语言的相似例子而脱离其他语言的参考，那么充其量也只能对个别细节细致观察，或者收集到一些有趣的材料，但是得不出一般结论，即使是值得质疑的结论。在俄语学术著作中，有一部柯尔施教授的作品(《主从关系的形成方式》)，它清楚地指明，在语言现象，特别是句法的心理研究中必须涉及各种语言，更不用说同族语言了。

　　波克罗夫斯基认为，语义变化一定有规律可循：一方面，语义变化与语言历史、民族历史直接相关；另一方面，语义变化与语义联想、词语联想直接相关。研究一种语言中的某种范畴划分与其同源语言相应范畴划分的共同相似点，对语义研究非常重要。

　　Эти занятия постоянно приводили меня к вопросу о психологических явлениях языка вообще и семасиологических в частности. Далее, специальное рассмотрение истории значения слов, принадлежащих к той или другой морфологической категории, постоянно ставило меня лицом к лицу с принципом семасиологической ассоциации или аналогии как с основойразделения известной морфологичес-кой категории на специальные, видовые группы; при этом приходилось наблюдать, что такое разделение известной категории в одном языке в общих чертах сходно с разделением соответствующей категории в других родственных языках; а это наблюдение наводило на мысль, что семасиологические явления не отличаются большим произволом, но что, наоборот, за ними скрываются какие-то законы; в свою очередь эта мысль подтверждалась чтением сочнненний, посвященных истории индоевропейских языков в связи с историей индоевропейских народов. Не дойдя до вопроса об ассоциации слов, сходных или прямо противоположных по значению, я встретился со специальными работами, так или иначе затрагивающими этот вопрос. Изучение этих рабцт поставило на очередь новые затруднения, которые окончательно убедили меня в том , что систематическое исследование морфологических категорий будет преждевременно до тех пор, пока семасиология вообще не станет на твердую научную почву. (Покровский 1959b: 63)

这些说法不断引导我思考一般语言的心理现象，尤其是语义的心理现象。此外，对属于一个或另一个形态范畴的词的意义历史的专门考察，不断使我面对作为将已知形态范畴划分为特殊词群基础的语义联想或类比原则；同时必须注意到，一种语言对某一特定范畴的划分与其他同族语言对相应范畴的划分，一般而言是相似的；这一观察表明，语义现象的区别并没有很大的任意性，恰恰相反，它们背后隐藏着一些规律；转而通过阅读有关印欧语言史及印欧民族史的文章，这一想法得到证实。在没有解决意义上相似或直接相反词语的联想问题情况下，我无意中看到一些专著以某种方式触及了该议题。这些问题的研究增加了新的难度，最终使我确信，在语意学完全获得坚实的科学基础之前，对形态范畴的系统研究还为时过早。

波克罗夫斯基试图解决前人未研究过的，其研究对象是具有同样心理特性的一组语义现象。

Однако не эти явления будут занимать нас в пределах настоящего исследования. Если еще одна группа явлений также психологического характера—явления семасиологические, к которым мы и перейдем окончательно. (Покровский 1959b: 73)

然而，这些（新生词）现象与本研究范围无关。如果还有一组现象也具有同样的心理特性，那就是语义现象，我们在最后将继续讨论。

波克罗夫斯基提出的理论，强调两点：一是通过对属于一种或其他形态范畴的词的历史意义的分析，可得出语义联想或类比原则；二是语意学研究不应仅限于古典语言，语义规律研究应适用于所有语言。

2. 历史语意研究的结论

（1）联想原则与词义相似因素联系密切

意义相似词语之间的相互联想原则，可以运用到形态范畴的分析中。

> Возьмем категорию nominum actionis на -ti-s、-lu-s、-ti-ō в латинском языке. Основное значение имен, принадлежащих к этой категории, --процесс действия. Но часть из них может обозначать также результат действия, часть—орудие действия, часть—место действия. Как распределяются такого рода оттенки? Это видно из следующих сопоставлений: *vestitus* значит не только 'процесс одевания', но и 'одежда' (nom. instrum.); такие же значения разделяют с ним *amictus*, *ornatus* и *indutus*, причем последнее можно рассматривать не только как nomen instrumenti (ввиду конструкции indui aliqua re), но и какnomen acti (ввиду конструкции induere, aliquid). (Покровский 1959b: 75)

以拉丁语包含-ti-s、-lu-s、-ti-ō的动作名称范畴为例。属于这类名词范畴的主要含义是动作的过程。但其中一些也能表示动作的结果，一些可表动作的工具，一些可表动作的地点。如何区分这些微弱的差别？可从以下比较中看出：拉丁语的vesitus不仅意味着"穿衣过程"的意思，还有"服装"（工具名词）的含义。与之共享相同两种含义的还有amictus（服装）、ornatus（佩戴）、indutus（穿衣）。后者不仅可视为工具名称（因为能与indui aliqua re结合），而且还可视为动作名称（因为能与induere、aliquid结合）。

（2）本义相同的词义通过相同途径产生

在许多语言中，相同的、相当原始的词义，虽然彼此独立，但是通过相同的方式产生的。

> Напрмер, многие конкретно-индивидуальные имена, отчасти nomina agentis, произошли из имен, обозначающих свойсво предметов, или из nomina actionis—через посредство собирательного значения, развившегося в этих последних.... Латинское custodia 'охрана', затем 'совокупность стражей' употреблено Овидием (Met.VIII, 674) об одном страже: unicus anser erat. minimae custodia villae. Средневерхненемцкое Dienest

обозначало 'служба' (Dienst), 'слуг' (Gesinde), слуга. Русское прислуга, первоначально, вероятно, nomen actionis (ср. заслуга, у-слуга), Через такие же стадии прошло, может быть, и слуга.Латинское custodia 'охрана', затем 'совокупность стражей' употреблено Овидием (Met.VIII, 674) об одном страже: unicus anser erat. minimae custodia villae. Средневерхненемцкое Dienst обозначало 'служба' (Dienst), 'слуг' (Gesinde), слуга. Русское прислуга, первоначально, вероятно, nomen actionis (ср. заслуга, услуга), Через такие же стадии прошло, может быть, и слуга.

Английское youth значит 'юность', 'юношество' (собир.), 'юноша' (по происхождению это такое же слово, как гот. junda, нем. Jugend, лат. juventa): ср. ст.-сл. юNota (собир. 'юность'), которое употреблялось как в собирательном значении, так и об отдельном лице. Русское и чешское сирота первоначально значило 'сиротство' (это значение еще сохранилось в чешском языке); промежуточная ступень – собирательное значение – сохранилось в литовском заимствовании из славянского – siratà и т. п. . (Покровский 1959b: 76—77)

例如，许多具体的个体名词，其中部分施事静词源于表示物体属性的静词，或来自动作行为的静词——在后者中，通过扩展形成集合义……拉丁语的custodia（保护），后来表示"护卫队"，奥维德 (Met. VIII, 674) 用来描述一名警卫：unicus anser erat. minimae custodia villae（这只唯一的鹅，村里最小的警卫）。中古高地德语Dienst指的是"服务""仆役、仆人"。俄语的прислуга（仆人们），原本可能是动作静词（比较：заслуга"功劳"，услуга"效劳"）。也许слуга（仆人）也经历了同样的阶段。

英语youth的意思是"青年""青年们［集合］""少年"（根据起源，与哥特语的junda、德语的Jugend、拉丁语的juventa是同一个词）。比较：教堂斯拉夫语юNota（青年们［集合］），既用作集合义，也用作个体义。俄语与捷克语的сирота（一个孤儿）一词，初始义为"孤苦伶仃"（仍保留在今捷克语中），作为中间阶段的集合义，仍然保留在立陶宛语中，这个词借自斯拉夫语的siratà，等等。

（3）历史文化变化相似则语义变化相似

如果几个民族的历史文化变迁相似，那么这些语言中的对应词也会发生类似的语义变化。

Нацелом ряде примеров можно показать, как в различных языках известные слова либо получают одно и то же новое значение, либо теряют одно из значений—в том случае, если для того и другого факта в данных языках были налицо одинаковые поводы.... Успехи цивилизации вводят в сознание народа новые понятия, новые представления. Эти новые приобретения народ очень часто обозначает в языке новыми словами или, в случае если представления эти пришли со стороны, словами, заимствованными из другого языка. Но в большинстве случаев народ не увеличивает своего лексикона и, несмотря на изменения, которым подверглись известные предметы и понятия, продолжает обозначать их прежними терминами. Понятное дело, что новое содержание представлений, связанных с подобным термином, будет существенно рзниться от старого. При этом весьма интересно, что соответствующие слова разных языков подвергаются сходным семасиологическим изменениям, если культурно-исторические изменения в жизни нескольких народов были сходны. (Покровский 1959b: 77)

许多例子可以用来说明不同语言中的已知词语如何获得相同的新含义，或者失去其中一个含义——在这种情况下，这些语言中的这两个事实存在相同的原因。……文明的成功给人们的心智带来了新的观念、新的思想。一个民族经常用新词来表示语言中的这些新获得，或者，如果这些观念来自外部民族，则用从另一种语言借来的词来表示。但在大多数情况下，这个民族并没有增加其词汇量，尽管某些对象和概念发生了变化，但他们继续沿用旧词语来指代它们。很明显，与该词语相联系概念的新内容将与旧词语相当不同。同时，非常有趣的是，如果几个民族的生活文化历史变迁是相似的，那么这些不同语言中的对应词也会发生类似的语义变化。

Возьмем слова алтын, грош и т. п. Каждое, в особенности серьезное, колебание денежного курса непременно отзовется на содержании представлений, связанных с этими словами. В настоящее время словом грош мы нередко обозначаем нечего совершенно ничтожное; или, напр., алтынником мы называем человека, стремящегося к мелкой прибыли или наживе. А между тем, напр., во времена царя Алексея Михайлоич (Уложение, гл. 24) поросенок однолетний или баран стоили по 5 алтын, а за 20 алтын можно было купить годовалого теленка, или свинью, или кормленного борова. (Покровский 1959b: 77—78)

让我们以алтын（三戈比铜币）、грош（两戈比铜币）等为例。货币汇率的每一次严重波动肯定会影响与这些词相关的概念内涵。现在我们经常用грош这个词来表示"毫无价值"；或如，我们称某人为алтышнник（发点小财、捞点好处）。同时，例如，沙皇阿列克谢·米哈伊洛维奇时期（《法典》24章）：一头一年大的小猪或公羊值5 грош，而20 алтын可以买到一头一年大的小牛，或大猪，或一头喂养的阉猪。

Сходную историю имело латинское *as*. Будучи первоначально фунтом меди, *as* в древние времена рассматривался за солидную денежную единицу, и, напр., 25 ассов были, по Закону XII таблиц, серьезным денежным штрафом. Но в конце республиканского периода, после различных реформ в монетном деле, словом *as* обозначалась самая ничтожная ценнрсть: Rumoresque senum severiorum omnes unius aestimemus *assis*, говорит Катклл и др. Ср. также фр. *sou*. (Покровский 1959b: 78)

拉丁语的αs（阿斯）具有相似的历史，αs的初始义为一磅铜，在古代被认为是一种可靠的货币。例如，根据法典第12条，25αs是一笔很大的罚款。但是在共和时代末期，货币经过各种改革后，αs一词表示最微不足道。卡特克尔说：脾气暴躁老头子的传闻一文不值。比较：还有法语的sou（苏，法国古代一种铜币；表"无价值之物"）。

Известно далее, что переход от весовой системы к днежной оставил сходные следы в различных языках, особенно в греческом и латинском. Прежние единицы веса с этого момента становятся вмемте с тем и днежными единицами; таковы лат. *libra, as*, греч. τάλαντον, δραχμή, οβελός, στατήρ. (Покровский 1959b: 78)

进一步了解到，从重量系统到货币系统的转变在不同语言中留有相似的痕迹，尤其是在希腊语和拉丁语中。以前的重量单位由此变成货币单位，有拉丁语的libra（利布拉）、αs（阿斯），希腊语的τάλαντον（塔兰佗）、δραχμή（德拉克马）、οβελός（欧沃罗）和στατήρ（斯塔特）。

Другой ряд терминов *торг* заимствован от обозначений *места* торга. В высшей степени интересно то, что торг у многих древних народов происходил на тех же открытых местах или площадях, на которых совершались важнейшие отправления общественной жизни—заседания веча, суд и пр. Поэтому для обозначения *торга* употреблялись слова, обозначавшие вместе с тем место нароных собраний, суда и т. д. Таковы: греч. ἀγορά, лат. *forum*; гот. *maϑl* (Marc. VII, 4 употреблено для перевода греч. ἀγορά в смысле 'рынок', но в других германских языках сохранилось старое значение 'народное собрание'); др.-нем. *hring* (по корню родственно с ст.-сл. *кржгг*) новонем. *Ring* также имело оба эти значения. То же, может быть, надо сказать и о русском *торг*:

судя по оборотам торговая казнь, торжественный, т. е. публичный и т. п., слово это в древнем языке могло обозначать не только 'рынок', но и 'публичное место'. Так было в древности. (Покровский 1959b: 79—80)

另外一系列词语，topr（交易集市）借用了"交易地点"之义。非常有趣的是，在很多古代民族中，topr（交易）发生在同样的露天场所或广场，在此进行最重要的公共生活——如重要大会、法律审判等的场所。从而为了表示"集市"，使用了同时表示公民大会、法律审判等地点的词。这些词有：希腊语的ἀγορά、拉丁语的forum、哥特语的maϑl（Marc. VII, 4，用来翻译希腊语的ἀγορά "集市义"，但在其他日耳曼语中保留了旧义"民众集会"）。古德语hring（其词根与古斯拉夫语кржгz同源）是新形式。Ring也有这两个意义。同样，对于俄语的topr（市场），或许也应这样说：从商业运作的成交量来看是郑重的，即公开的等等。该词在古代语言中不仅可以表示"市场"，还可以表示"公众场所"。古代情况就是如此。

Сопоставляя все вышесказанное, мы видим, что как новообразования по аналогии, так и семасиологическиеявления представляют много сходства друг с другом: и те у другие поддаются в одну категорию и затем имеют однаковую морфологическую судьбу, так и слова со сходным значением проходят сходную семасиологическую историю. Два или более языка получают одинаковое морфологическое новообразование при наличности одинаковых поводов к нему; при том же условии возникают и одинаковые семасиологические новообразования в различных языках. (Покровский 1959b: 80)

通过以上所有对比，我们可以看出，类比形成的新生物和语义表现之间相互存在许多相似之处：它们两者落入了一个范畴，从而具有相同的形态命运；并且具有相似意义的词语，都经历了相似的语义史。两种或更多种的语言因上述相同原因都能获得相同的新形态。在相同条件下，相同的语义新生物出现在不同的语言中。

波克罗夫斯基的这些成果，超越了之前的德国古典语意学，不但推进了欧洲古典语意学的进展，而且为俄罗斯历史语意学开辟了道路。我们在此后苏联时期一些学者的词汇语义演变研究中，可以看到与之类似的论述。

（三）《古典语言的语意学研究》的三章译介

第一章：意义相似或对立的与之间的联想原则

在第一章中，波克罗夫斯基提出，词和词义之间并不相互独立，而是不依赖于人的意识，相互联结为不同的语义范畴或类别。这类词有相似或平行的语义变化，并且在自身发展的历史中相互影响。同样，这类词可以出现在相似的句法组合中。（Покровский 1959b：82）

1. 语义演变的联想原理

这里的联想原理针对的是意义相似或相反的词，也就是近义词和反义词的联系关系。波克罗夫斯基认为，这种词义相似或相反的联想原理是语义演变的规律之一。

> Прежде всего очень интересные указания мы получаем из некоторых фактов фонетики и морфологии. Именно, слова, сходные или прямо противоположные по значению, могут иметь свои собственные формальные особенности; далее, одно из них может даже передать некоторые из свих звуков другому; наконец, если слово, принадлежавшее к известной семасиологической категории, почему- либо выходит из нее, то оно может вместе с тем утратить и формальные особенности этой категории. Ввиду принципиальной важности этих явлений для семасиологии, мы посвятим им особый, может быть, несколько длинный, экскурс.(Покровский 1959b: 83)

我们从语音和形态的一些事实中得到非常有趣的证据。首先，意思相近或直接相反的词可以有自己的形式特征。其次，其中一个词甚至可能将其自身的一些语音特点传给另一个词。最后，如果属于某个语义类别的某个词，由于某种原因脱离了该类，那么它就可能同时失去该类别的形式特征。有鉴于这些现象对语意学具有重要价值，我们将要进行较长篇幅的专门论述。

为了进一步加以论证，波克罗夫斯基梳理了亲属称谓、施事名词的语义演变对其他词产生的影响。

> (1) Имена родства и nomina agentis. И те и другие имеют общий суффикс –tor, -ter и т. д. Как известно, в этом суффиксе различались три вида: сильный –tōr, tēr, средний –tor, -ter и слабый –tr, -tar. Но самое чередование видов суффикса и распределение их по падежам у имен родства в отдельных языках иное, чем y nomina agentis: ср. , склонение греч. πατήρ и δοτήρ или лат. pater, materfrater с dator и др. : в то время как первые провели в склонении слабейшую форму основы -patr-, последние, сохранив, из двух видов суффикса –tōr и –tēr только –tōr, склоняются с сильнейшим видом –tōr-. Интересно при этом, что греч. φράτηρ 'член фратрии', отделившись по значению от πατήρ, μήτηρ, получило новое склонение dat. φράτερσι.(Покровский 1959b: 83)

（1）亲属称谓和施事名词。这两个类别与其他类别具有共同的后缀-tor、-ter等。众所周知，这一后缀扩展为三种类型：强型的-tōr、tēr，普通型的-tor、-ter，以及弱型的-tr、-tar。与施事名词相比，亲属称谓的同源后缀类型的交替和格的后缀类型的搭配，在某些语言中不一样。比较：如希腊语的πατήρ（父亲）和δοτήρ（给予者），或者拉丁语的pater（父亲）、materfrater（舅父）和dator（给予者）等的变格。此时，最初是对词干-patr-的弱型变格，最后的两种后缀-tōr和-tēr仅保留了-tōr，遵从了强型-tōr的变格。在这一情况下，值得注意的是，希腊语的φράτηρ（胞族成员）在意义上与πατήρ（父亲）、μήτηρ（母亲）区分开后，又获得了新的变格形式φράτερσι。

(2) Имена родсва в их отношении друг к другу и к другим именам. Еще в индоиранскую эпоху основа napāt-, napt- (ср. лат. nepōt-, nepti-s) получила некоторые формы по аналогии других имен родсва, как pitar-, mātar, svasar: ср. acc. др.-инд. náptāram, авест. naptārem при naptāem... . Так же объясненяется др.-инд. gen. pátyur 'мужа', gányur 'жены' (ср. pitúr, mātur); характерно при этом, что как только слово patis значит 'господин', а не 'супруг', то оно склонется правильно: gen. pates. (Покровский 1959b: 84)

（2）亲属称谓之间的关系以及与其他静词的关系。甚至在印度—伊朗语时期，词干napāt-、napt-（比较：拉丁语nepōt-、nepti-s）已通过与其他亲属称谓名词的类比获得一些形式，例如，pitar-、mātar、svasar。比较：古印度语náptāram，阿维斯陀语naptārem或naptāem……同样是在解释古印度语的pátyur（丈夫）、gányur（妻子）（比较：pitúr、mātur）。在这种情况下的特点是，patis的意思是"先生、绅士"，而不是"丈夫"，那么它的正确变格是pates。

(3) Nomina agentis и причастия. Причастия настояш\щего времени действительного залога могут субстантитивироваться и переходить в разряд nomina agentis. Как ни близки по значению обе эти сферы, но дереход из одноц в другую всегда сопровождается новым семасиологическим оттенком (ср. лат. vir amans patriam и amans patriae). И вот, в некоторых языках это семасиологическое изменение первоначальных причастий связывается с изменениями морфологическими. Так, в германских языках субстантивированные причастия сохранили следы старого согласного склонения, между тем как собственные причастия в однних из диалектов (в готском) распространяются через -en-, а в других именно (в западно-германских) через -io-. (Покровский 1959b: 84—85)

（3）施事名词和分词。分词的主动态现在时能够转化为名词，并且变成施事名词。无论两个意义域怎样近似，从一个意义域转变另一意义域，总会带有语义上新的细微差别（比较：拉丁语vir amans patriam和amans patriae）。所以在一些语言中，分词的最初语义变化与形态变化是密切联系的。如此，在德语中的名词化分词仍保留了旧有的辅音格变痕迹。与此同时，分词在一些方言中（如哥特语）是通过词干-en-的扩展，而在另一些方言中（如西部德语）则通过-io-。

2. 语义演变的研究方法

并不是所有的词都属于同类概念，波克罗夫斯基认为，只有当一些词之间可能产生联想时，才是同类概念。所以研究语义现象时，应该首先考虑这些词所属的概念域。

Еще один пример: греч. τάξις по аналогии с στάσις... стало обозначать не только способ расположения и устроентя войска, но также и место в боевом строю, Но на этом и оканчивается связь между обоими словами. ... Таких примеров можно набрать сколько угодно, но они не подорвут закона ассоциации, а только дадут очень важный в методологическом отношении вывод. А именно, оказывается, что στάσις и τάξις ассоциированы друг с другом постольку, поскольку они принадлежат к военному языку, т. е. к одному определенному кругу представлений; равнымобразом *momentum* и *pondus* связаны между собой лишь в пределах торгового языка; наконец, *statio* проходит сходную историю с *mansio* лишь постольку, поскольку оба слова не принадлежат к военному языку, а в военном языке *statio* комбинируется с словами этого языка, вдроде *vigiliae* и др. Таким образом, *слова ассоциируются друг с другом постольку, поскольку они принадлежат одной и той же сфере представлений*. Отсюда—существенное методологическое правило: при исследовании семасиодогических явленийй надо строго определять ту сферу представлений, к которой принадлежат изучаемые слова. Приняв эту, а правно и указанные выше меры предосторожности, мы наглядно убедимся в закономерности семасиологических явлений, будем ли мы изучать их в одном языке или в нескольких языках, хотя бы даже различных семейств. (Покровский 1959b: 91—92)

另一个例子，希腊语的τάξις（排列）可以与στάσις（停止）加以类比……开始不仅表示军队部阵和安排的方法，而且还表示在阵型中的位置。但这就是两个词的词尾之间的联想。……不能联想的例子，你喜欢收集多少就收集多少，但它们不会破坏联想原理，而只会给出一个非常重要的方法论上的结论。也就是说，原来στάσις（停止）和 τάξις（排列）可以相互联想，是因为它们属于军事语言，即属于一个特定的概念域。拉丁语的 *momentum*（片刻）和 *pondus*（重量），仅在商业语言中具有同等联想性。最后，拉丁语的 *statio*（固定处）和 *mansio*（住处）经历了一个相似的故事，只是这两个词都不属军事语言。而在军语中，*statio* 与语言中的这类词，如 *vigiliae*（值夜班）等结合。因此只要这些词属于相同的概念领域，它们就会相互联想。因此，一个必不可少的方法论规则是：在研究语义现象时，必须严格限定所研究的词属于的概念域。抓住这点，并正确地采取了上述预防措施，我们将清楚地看到语义现象的规律性，无论我们是用一种语言还是多种语言来研究语义现象，即使不同的语族也是如此。

不是孤立地研究一个词的语义变化，而是针对所属同一概念域的一些词研究语义变化并发现其规律，这是波克罗夫斯基一直坚持的方法论。

第二章：把词义相似或相反的联想原则用于形态研究

在第二章中，语义演变的联想原则不限于一般的词语研究，在印欧语言中，还可以运用于形态的演变研究。波克罗夫斯基首先写道：

> Еще во введении нам приходилось говорить о том, что в известной морфологической группе слов с одним и тем же суффиксом наблюдаются, кроме общего значения для всех слов этой группы, некоторые специальные оттенки значения. При этом опыт показывает, что не каждое слово этой группы может совмещать в себе все эти оттенки; наоборот, известный оттенок значения принадлежит только определенному разряду слов, связвнных между собою сходством или противоположностью в значении своих корневых частей. (Покровский 1959b: 115)

甚至在导论中，我们也不得不说，在具有相同后缀而已知形态相同的一组词中，除了该组所有词的一般意义之外，还观察到意义的一些特殊色彩。同时，经验表明，并不是该组的每个词都兼有这一切色彩；相反，某一意义的色彩只属于其中的某类词，它们通过词根部分的意义相似或相反而相互联系。

具有相同后缀或形态相同的一组词，一方面通过词根部分意义的相似或相反而相互联系，另一方面，其中的某类词还可能兼有一些特殊的色彩意义。

§ 1. Латинские существительные на –tā, -tāt(i), -tūt(i).

Эти существительные как в лвтинском, так и в других языках обозначают свойства, качествапредметов...; но часть их допускает также соббирательное значение, которое, как мы сейчас увидим, развивается при довольно определенных условиях. Древнейшими латинскими примерами этого собирательного значения являются: juventus в смысле 'молодежь', 'молодые люди'...; affinitas в смысле 'свояки', 'родственники' ... sodalitas... . Эти существителтные произведены от субстантированных прилагательных. Все собирательные имена с тем же самых суффиксом из более позднего периода латинского языка—либо синонимы к трем приведенным словам, либо образованы точно так же от конкретных существительных или субстантированных прилагательных. (Покровский 1959b: 115)

（1）以–tā、–tāt(i)、–tūt(i)结尾的拉丁语名词

这些名词，无论在拉丁语还是其他语言中，都表示对象的属性、品质……；但其中一些也具有集合义。正如我们现在看到的，它是在相当确定的条件下发展起来的。这种集合义的最古老拉丁语例子是：juventus "青年、年轻人"……，affinitas "连襟、亲戚"……，sodalitas "协会"……这些名词都源自实体形容词。拉丁语后期具有相同后缀的所有集合名词，或者是以上三个单词的同义词，或者由以相同方式由具体名词或实体形容词构成。

§ 2. Причастия настоящего времени действительного залога и nomina agentis.

Обе эти сферы довольно тесно соприкасаются друг с другом, и потому переход одной из них в другую представляет собою явление, хорошо известное из различных индоевропейских языков.Так, содной стороны, еще в индоевропейскую эпоху субстантивировались следующие причастия: др.-инд. ǧarant- 'ломкий, старый': греч. γέρων; сюда, далее, относятся названия «зуба»: др.-инд. dant-, dat-, греч. ὀδούς, ὀδών, лат. dens, лит. dant-ì-s, гот. tunϑ–us (инд.-евр. don't, dant...). С другой стороны, по-видимому, еще в индоевропейскую эпоху в nomina agentis на –tor, -ter различались две формы, из которых одна была преимущественно партиципиальной (др.-инд.*vásūni datā* «bona dans»), другая преимущественно субстантивной (*vasūnām dātā* «bonorum dator»...). Далее, известно, что в др. -инд. nomina agentis входили в состав сложной формы будущего времени, напр. bhavitasmi; сходное явление представляет лат. daturus sum и пр. (Покровский 1959b: 117)

（2）主动态现在分词和施事名词

这两个领域彼此密切相关，因此其中一个向另一个的过渡是各种印欧语言中众所周知的现象。因此，一方面，即使在印欧语时期，以下这些分词也得到证实：古印度

语ğarant-（易碎的、年老的）、希腊语γέρων（年长的）。此外，这里还有"牙齿"的名称：古印度语dant-、dat-，希腊语ὀδούς、ὀδών，拉丁语dens，立陶宛语dant-ì-s，哥特语tun、–us（印欧语dont、dant……）。另一方面，表面上看，即使在印欧语时期，在施事名词中也区分-tor、-ter两种形式，其中一种主要是参与式（古印度语*vásūni datā* "给货物"），另一种主要是实体性的（*vasūnām dātā* "供货者"……）。此外，已知在古印度语中，例如，施事名词是将来时复合形式的一部分，如：bhavitasmi（未来）。古拉丁语daturus sum（我将会给）反映了类似现象，等等。

§ 3.Nomina agentis и nomina instrumenti.

Эти две сферы, подобно предыдущим, также довольно близко соприкасаются друг с другом. Уже из современных языков видно, что не только nomina agentis могут употребляться в качестве nomina instrumenti, но и наоборот, имена с инструментальными суффиксами могут быть прилагаемы к обозначению одушевленных предметов; примерами посленего рода особенно богат русский язык: *объедало, опивало, подлипало, громило, прижимала, запевала* и мн. (Покровский 1959b: 121)

（3）施事名词和工具名词

这两个领域和上述领域一样，它们也彼此非常接近。从现代语言中已经看得很清楚，不仅施事名词可以用作工具名词，反之亦然，带有工具后缀的名词可以用于有生命物体的名称。此类例子在俄语中特别丰富，如：объедало（吃）、опивало（喝）、подлипало（卡住）、громило（殴打）以及прижимала（压制）、запевала（唱）等。

第三章：带有后缀的工具名词的三种转变方式

在第三章中，波克罗夫斯基认为带有后缀的工具名词主要表示动词的动作方式，其次才是表示动作的位置、过程和结果。这些工具名词在意义上存在不同的色彩或细微差别，因此首先要研究造成工具名词语义变化的原因。波克罗夫斯基归纳了工具名词的三种转变方式：1. 工具名词转变为施事的行为；2. 工具名词转变为施事行为的过程；3. 工具名词转变为施事的位置。

但是，这部分很难进行全面而充分的研究。波克罗夫斯基在结语中说明了其中原委。

Несмотря на все старания автора, эта последняя глава имеет вид скорее программы, чем систематического исследования. Это объясняется свойством того материала, с которым приходилось иметь дело. Уже на первых порах для автора выяснилось, до какой степени необходимо сопоставление инструментальных имен в классических языках с соответствующими именами других индоевропейских языков: только таким образом можно выработать точку зрения на данные явления и установить методы для их исследования. Но для систематической работы в этом направлении нет достаточного материала, так ка в лучшем случае исследовать может располагать только более или менее полным перечнем инсрументальных имен в отдельных индоевропейских языках без указания тех синтактических сочетаний, в которых эти имена встречаются. Понято, что при таком положении дела систематическая история значений инструментальных имен первышает силы одного исследователья. (Покровский 1959b: 149)

尽管作者尽了最大努力，然而这最后一章，似乎是系统的研究，不如说是一个大纲。这要归结于必须处理的材料的性质。起初，作者早已清楚需要在何种必要程度上将古典语言中的工具名词与其他印欧语言的相应名词进行比较：只有以这种方式才能发现关于这些现象的观点，并确定其分析方法。但是尚未有能对该方向进行系统工作的足够资料，因为充其量只能调查某个印欧语中或多或少的工具名词清单，而不可能指出这些名词出现的句法组合。不言而喻，在这种情况下，工具名词的意义系统历史已经超出一个研究者的能力。

由此可见，对印欧语系中多种语言的语义比较研究，尽管作者这里针对的是古典语言与其他印欧语言的工具名词比较，其任务重大。需要在多人研究的基础上，才可能进一步再进行综合或贯通研究。

（四）波克罗夫斯基语意学研究的特色

从理论上，波克罗夫斯基强调，不仅要从心理角度研究，还要从社会历史文化角度研究语义变化。语义联想或类比原则，就是语义变化的心理因素。语义联想和语义变化的基础，与人类心理活动与身体活动相关。

在方法上，波克罗夫斯基主张研究不同语言（亲属语言）中属于同一概念域内的一组词的意义。波克罗夫斯基提及，他的"同一概念域的词群说"是基于达梅斯泰特尔等人方法的改进。

При переходе к прямым аргументам разобрана та формулировка принципа ассоциации, которая дана у Дармстетер и у Шрёдер; этот разбор вызвал необходимость в методологических поправках. В силу важнейшей из этих поправок, в качестве примеров приводятся не отдельные слова, сходные или противоположные по основному значению, но группы слов, принадлежащих одной и той сфере представлений. (Покровский1959b: 80—81)

在给出直接论据的同时，分析达梅斯泰特尔和施罗德所提联想原则的表述方式，指出需要对其方法论进行修正的原因。最重要的修正理由是，所举例子不应是基本意义上相似或相反的单独词，而应是属于同一概念域的一群词。

波克罗夫斯基强调的是对一群词的研究，而不是单独的词。波克罗夫斯基提及，达梅斯泰特尔书中也有一组词的例子：

В книге Дармстетера есть и еще один пример (стр. 93), показывающий как целая группа слов, принадлежвщих к одному и тому же кругу представлений и, следовательно, ассоциируемых друг с дркгом, подверглась однородным семасиологическим имениям под влиянием перемен в культурно-исторической жизни народа. (Покровский 1959b: 88)

达梅斯泰特尔书中（93页）还有一个例子，展现了属于同一概念域并因此相互联系的一组词，如何在其民众的文化和历史生活的变迁影响下，经历了性质相同的语义变化。

施罗德的看法并不一致："现在尝试提出的规律：如果一个词的意义改变，那么这一改变将会扩展到与之词根相近的词和同义词中，但这一规律缺乏普遍性。"（Покровский 1959b：89）

作为俄罗斯的第一部历史语意学专著，波克罗夫斯基旁征博引，基于拉丁语、希腊语、梵语、法语、意大利语、西班牙语、德语、俄语等语言的分析，通过研究语义相关的系列词语的变化，总结出语义变化的规律，为印欧亲属语言的语义变化研究做出了贡献。

第三节　俄国的中期语义学研究

20世纪10年代以后，俄罗斯语言学界与国际语言学界联系中断。20世纪30年代以来，马尔的"新语言学说"占据苏联语言学界的统治地位，导致语言学研究境况恶化。此后又有一些语言学家被流放。俄罗斯语言学，尤其语义学研究走上曲折的道路。

一、彼什科夫斯基的词位和词义成分

彼什科夫斯基（А. М. Пешковский, 1878—1933）毕业于莫斯科大学，先后在第聂伯罗彼得罗夫斯基大学、莫斯科大学任教。彼什科夫斯基的主要著作是《俄语句法的科学阐释》（*Русский синтаксис в научном освещении*, 1914 / 1920 / 1928 / 1958）。初版中的语法体系反映了福尔图纳托夫的形态观点，第三版中则体现了波捷布尼亚的句法学思想及沙赫马托夫[①]的观点。

彼什科夫斯基认为，语法中最基本并且最难定义的概念是词和词组的形式。他反对将形式和意义机械割裂，而认为形式是意义功能观的集中体现。"词的形式范畴是联系意义的一系列形式，并在由形式组成的部分中具有自己的特征。"（Пешковский 1958：57，转引自赵爱国 2012：175）对于语言理解的研究，彼什科夫斯基的思路是从整体到部分，从意义到形式。

这里提及彼什科夫斯基，是因为张志毅、张庆云在《词汇语义学与词典编纂》（2007）、《词汇语义学》（2012）中介绍，彼什科夫斯基提出"词位"和"词义可以分解为独立成分"。

> 早在20世纪20年代，彼什科夫斯基就根据哈尔科夫语言学派代表人物波捷布尼亚和莫斯科语言学派代表人物福尔图纳托夫提出的词的相关学说，最先提出并使用了"词位"的概念，以消除词汇学研究中对词的概念分歧。"词位"概念的提出与运用，推动了词汇学的形式研究和功能研究，促进了词汇学理论的发展。（张志毅、张庆云 2007：236—237）

> 在19世纪20年代，洪堡特（1997：220）认为，"每个词都包含着某种无法再用词进一步区分的内容"。可是到了20世纪30年代以前，俄国学者别什科夫斯基（通常被译为"彼什科夫斯基"）提出，词义可以分解为独立的成分。（张志毅、张庆云 2012：23）

张先生此说未注出处，在其参考文献中也未见彼什科夫斯基的论著。如要深入研究，有待进一步寻找一手文献。

[①] 沙赫马托夫（А. А. Шахматов, 1864—1920），福尔图纳托夫的学生，1887年毕业于莫斯科大学历史语言系，留校任教。1894年调彼得堡大学。1910年任彼得堡大学教授。他在《俄语句法学》（*Синтаксис Русского языка*, 1925—1927）中提出心理交际学说，认为句子是心理交际行为的体现。

二、维果茨基的心理语义学研究

维果茨基（Л. С. Выго́тский / L. Vygotsky, 1896—1934）是心理学家，"文化—历史"理论的创始人。1917年毕业于莫斯科大学法律系和沙尼亚夫斯基大学历史哲学系，1924年到莫斯科心理研究所工作。1934年，在《思维与语言》（Мысль и Язык）第七章"思维和言语"中，从心理学角度阐述了语义学理论。

（一）词义是言语和思维的融合

思维和言语属于心理学研究范畴，其中心环节是思维与词的关系。脱离了语义的语音，则丧失了使它成为人类语言的语音特有属性；而脱离了语音的语义则变成了单纯的概念。因此从心理学角度，词的意义与思维和语言的关系十分密切。

> 词的意义代表了思维和语言的融合，以至于很难说清它是言语现象，还是思维现象。没有意义的词是空洞的声音，因此意义是"词"的标准，是词的不可缺少的组成部分。从这点上看，它可被视作一种言语现象。但是从心理学的观点来看，每个词的意义是一种类化或者一种概念。由于类化和概念不可否认地都是思维活动，因此我们可以把词的意义看作是一种思维现象。……词义之所以是一种思维现象，仅仅是就思维具体体现在言语之中而言；至于词义是言语现象，仅仅是从言语与思维相联结并由思维所启发的角度而言。因此词义是言语—思维现象，或者说是有意义的言语——言语和思维的联合。（李维译 1997：130—131）

既然词义是言语—思维现象，因此语言学家和心理学家都重视词的意义研究。

（二）内部言语的主要语义特性

维果茨基认为，内部言语是一种有其自身规律的特殊结构，与其他言语活动形式存在复杂的关系。在某种意义上，内部言语是外部言语的对立物。外部言语是思维向言语转化，是思维的具体化和客观表现。而对内部言语而言，该过程被颠倒过来，从言语转化成内在思维。在研究内部言语与思维的关系，以及研究内部言语与言语的关系之前，必须确定它们的特性和功能。由此，维果茨基提出内部言语的三个主要语义特性。

内部言语的第一个语义特性：词的意思比其意义更占优势。

> 第一个特征而且是基本的特征，词的意思（sense）比其意义（meaning）[①]更占

---

① 在本书第五章第二节论述波朗部分，我们将法文的sens译为"意思"，而将signification译为"意指"。

优势，这一区分要归功于波朗（F. Paulhan）。根据他的观点，一个词的意思是由该词在我们意识中引起的一切心理事件的总和。它是动态的、流动的、复合的整体，有着若干稳定性不等的区域。意义仅仅是意思区域中的一个最稳定和最精确的区域。一个词从它赖以出现的上下文中获得其意思；而在不同的上下文里，它就有可能改变其意思。

> 词从上下文中通过意思获得的多样性，是词义动力学（dynamies of word meaning）的基本规律。处于上下文中的一个词，要比处于孤立状态中的一个词多些词义和少些词义：所谓多一些词义，因为它获得了新的内容；所谓少一些词义，因为其意义受到上下文的制约。……一个词从句子中获得它的意思，句子从段落中获得它的意思，段落从书中获得它的意思，而书则从作者的全部著作中获得它的意思。（李维译 1997：159—160）

内部言语的第二个语义特性：词的黏合构造是表达复杂观念的普遍规律。

> 这是在某些语言中十分常见的组合构词法……在有些原始语言中，这种词的黏合是普遍规律。当若干词合并成一个词时，新词不仅表示复合观念，而且也指明包含在该观念中的所有独立要素。由于重点始终放在主要词根或观念上，因此这类语言容易理解。（李维译 1997：161）

内部言语的第三个语义特性：词义的结合和统一方式受不同规律支配。

> 词的意思结合和统一方式就是受不同规律支配的过程，这些不同的规律来自占支配地位意义的结合。当观察自我中心言语中把词统一起来的单一方式时，我们称之为"意思的注入"。这些不同词的意思彼此注入——字面上称作彼此"影响"——以至于把早先的意思也包容进去，而且修改了后来的意思。于是，在一本书中或一首诗中不断重现的一个词，有时吸收了书或诗中所包含的各种意思，并在某种程度上相当于著作本身。（李维译 1997：161）

维果茨基总结的词汇语义规律，即"在内部言语中，意思支配意义，句子支配词，上下文支配句子"。波朗在《心理双关语》（1897）中也曾提出，只有在包括其他词语的上下文中，该词才能获得确切的意义。（Paulhan 1897：898）上下文消除了其意义中的模糊性，或者选择了若干可能意义中的一个。

（三）词义的动态结构和功能分析

研究词义，应当采用功能分析法来研究思维过程中的词义作用。如果坚持词和意义之间是一种简单的联想关系，则不可能很好地解释词义的发展。

> 词义是动态结构，而不是静态结构。它们随着儿童的发展而变化；也随着思维功能的多样化而变化。
>
> 就其内在本质而言，如果词义是变化的，那么思维与词的关系也会发生变化。为了解那种关系的动力，我们必须用功能分析方法来补充我们的主要发生学研究方法，并考察思维过程中词义的作用。（李维译 1997：135）

在儿童习得语言的过程中，词义不但随着儿童的成长而发展，而且随着儿童思维功能的多样化而变化。

> 在掌握外部言语方面，儿童往往从一个词开始，然后联结两个词或三个词；稍后，儿童从简单句子发展到较复杂的句子，最终达到由一系列句子构成的连贯言语。……可是另一方面，在涉及词义时，儿童吐出的第一个词就是一个完整的句子。从语义角度来看，儿童从整体开始，从一个有意义的复合开始，此后才开始掌握一些独立的语义单位、一些词的意义，并将他先前尚未分化的思维分配给这些单位。（李维译 1997：136—137）

（四）语言交际能力与言语的词义分化

儿童语言交际能力与儿童言语的词义分化直接相关。在研究儿童言语发展过程中，首先要明确词义结构的特征，区分言语的语音和语义，区分指称和词义的不同。

> 言语两方面的融合即语义和发音的融合，随着儿童年龄的增长而开始分解，而且两者之间的差距日益增大。词义发展中的每个阶段都有这两个方面自身的特定相互联系。儿童通过语言进行交流的能力，直接与儿童言语和意识中的词义分化有关。
>
> 为了解这一点，我们必须记住词义结构的基本特征。在一个词的语义结构中，我们区分出指称（语词所指对象）和词义。……当我们比较儿童发展的初级、中级和高级阶段中这些结构和功能的关系时，我们发现了以下的发生学规律——开始时，只有主格功能存在；从语义上说，只有客观指称的存在；至于不受名称控制的词义和不受指称支配的词义，只是在以后才开始出现。（李维译 1997：140—141）

在儿童语言发生中，维果茨基发现：指称出现得最早，而不受指称支配的词义出现较晚。一方面，儿童交流能力发展直接与词义分化有关；另一方面，词义的发展在交流中才成为可能。

三、维诺格拉多夫的词汇—语义系统

维诺格拉多夫（В. В. Виноградов, 1895—1969），是沙赫马托夫、博杜恩和谢尔巴[①]的学生。1918年同时毕业于彼得格勒历史语文学院及彼得格勒考古学院。1919年获得硕士学位。1931年和1941年两次被流放。1944—1948年任彼得格勒大学语文系俄语教研室主任。1945年起任莫斯科大学语文系俄语教研室主任。先后担任苏联科学院语言学研究所所长（1950—1954）和俄语研究所所长（1958—1968）。

维诺格拉多夫秉承谢尔巴和沙赫马托夫的语言学思想，其研究涉及历史语音学、方言学、词汇学、词典学、成语学等领域。通过研究历史词汇学、俄语词汇学，维诺格拉多夫形成了相对完整的词汇学说。词汇学论文主要有《俄语历史词汇学的若干问题》（*О некоторых вопросах русской исторической лексикологии*, 1953）和《词的词汇意义的主要类型》（*Основые типы лексических значений слова*, 1953）等。其中，《词的词汇意义的主要类型》第一部分讨论关于"词的学说"，第二部分阐明词汇意义的主要类型。

（一）词汇意义与词汇—语义系统

1. 词汇意义结构的复杂性

维诺格拉多夫认为，词的"意义结构"不仅具有新内涵，而且含有旧内容。词义的种类和性质，在不同词汇意义结构中存在差别，但"词汇—语义系统"制约词义。

> 研究各种不同意义在一个词中相结合的方式和用词规律，使我们得出结论——并非所有词义的种类和性质都相同，在不同类型的词汇意义结构中有着质的差别。众所周知，词与现实有关，它反映现实，它绝不是脱离了该具体语言的"词汇—语义系统"而孤立表示自己的意义，而是作为这"词汇—语义系统"的一个血肉相连的组成部分来表示自己的意义的。（《俄语教学与研究》编辑室校译 1958：6—7）

通过列举《俄语详解词典》中的问题，维诺格拉多夫指出了对词义及其用法混淆不清，而这种现象影响了词汇研究。

> "词汇意义"一般理解为词的实物—物质内容，这种内容必须具有合乎该语言语法规则的一定形式，并且是该语言词汇全部语义系统的组成部分。一个词为社会固定下来的内容，可能是单一内容，也可能是以不同方式反映不同现实面而彼此又有内在联系的

[①] 谢尔巴（Л. В. Щерба, 1880—1944），博杜恩的学生。1916—1941年任彼得格勒大学（列宁格勒大学）教授。谢尔巴坚持心理主义语言观，对语言理论、普通语音学、实验语音学、语法学、词汇学、词典学等均有研究。

一整套内容，这一整套内容在该语言体系中取得语义上的联系。要想在词的结构中把这些五花八门的语义和实物的联系区分开或综合起来很困难。（《俄语教学与研究》编辑室校译1958：5—6）

维诺格拉多夫认为，词的意义取决于诸多要素。

> 词的意义，不仅取决于它和该词表示的概念的相应关系……还取决于该词所属词类和所属语法范畴的性质，取决于社会公认固定下来的使用范围，取决于为该语言特有的词义结合规律所支配的该词和其他词的具体词汇联系，取决于该词和其同义词乃至和一切意义与意味相近的词之间的语义上的相互关系，还取决于该词的感情色彩、修辞色彩。……在语言的系统中，词的"语义实质"不仅限于它所具有的那些意义，词往往还指出与其近似的词和词义，词表示出它和与它意义相对应或有联系的词的关系，从而反映出语言体系中词汇方面的其他环节。（《俄语教学与研究》编辑室校译1958：3）

这五个"取决于"以及"不仅限于"组成了"词汇—语义系统"的关系。这些关系通过各式各样在实物意义上有内在联系的词群（словесная группа）以及各种意义相同而意味不同的词群体现出来。

2. 习用范围的扩大和新词义的产生

维诺格拉多夫强调，要想彻底全面地追溯习用范围受限制的词义的历史，研究词的比喻用法特别重要。

> 比方когти（爪子）在19世纪初的俄罗斯文学中，被用作凶残的暴力和灾难性的专横统治的意象，它使许多词句也都随之而用于转义。在俄罗斯文学关于疾病、死亡、贫穷、忧愁、悲伤、各种痛苦（如痛苦的回忆）、盲目信仰、狂热、谎言、放荡，以及其他不好的自发的欲念、感情和现象都用когти一词作为比喻。
>
> 凡表示具体事物的词，其原来的指物本义核心如果还存在，这个词所产生的比喻形象一般也不会消失。（《俄语教学与研究》编辑室校译1958：5）

通过列举一些俄语词的意义发展过程，表明在词的习用范围扩大基础上也可能产生新的词义。

> 比方19世纪俄罗斯标准语中的кодекс（法典），其词义发展情况就是如此。20年代至40年代间，当俄罗斯先进知识分子中关于社会政治信念问题日趋尖锐时，кодекс就从法律术语圈子走进了世界观、生活道德和社会行为等问题中，习用范围扩

大了。……随着кодекс使用范围的日益扩大，逐渐形成了其习用范围受限制的词义。在现代《俄语详解词典》中，该意义确定如下："某种事物——规则、习惯、信念等——的常规的整个体系、总和"。（《俄语教学与研究》编辑室校译 1958：5）

由此得出，语义系统是语言结构的一个组成部分。语义系统和语音系统、语法结构或全部词汇一样，都能决定着语言的"质"。

3. 具体语言系统的语义基础

维诺格拉多夫提出，只有深入研究语言系统的语义基础，才可能理解同一词的各个意义相组合的特征和规则，才可能理解一词多义和数词同音异义之间的不同，以及一词多义和同音词之间的不同。

> 不深入研究具体语言系统的语义基础（семантические основы），就不可能弄清同一个词的各个意义相组合的特征和规则，就不可能弄清新词和新义的形成方法，不可能区别一词多义和同音词。词的意义范围可能很广，有时甚至不很明确。词（甚至许多科学术语）的意义领域中有一些"边缘"，有许多介乎两种词义范围间的细微含义（переходные оттенки）。（《俄语教学与研究》编辑室校译 1958：2）

4. 词汇—语义系统和核心词学说

维诺格拉多夫关于词的学说，集中体现为"词汇—语义系统"理论。通过俄语语料分析，维诺格拉多夫强调只有与词汇语义系统相联系才能弄清词的形式、意义及用法。

> 词不仅是一个或若干物体的"名称"，而且还表示"意义"，有时甚至表示一系列意义。在同一意义中，概括和综合了社会对于不同物体（或不同现象、行为、性质）的理解……。另一方面，词的意义或意味有差别的不同的词，可以用作同一物体的名称……。
>
> 这样，对于物体的新看法或新要领乃是在旧有语言材料基础上形成的，这种新看法具体表现为词义，变成该语言整个"意义结构"的一部分。每当一个新词义进入语言的词汇系统时，这一词义和语言复杂多变结构的其他部分也要发生相互关系。只有和语言的整个词汇—语义系统联系起来看才能决定——词这样一个身兼若干形式、意义及用法，既复杂而又完整的语言单位的范围究竟如何。（《俄语教学与研究》编辑室校译 1958：1—2）

与之相关，维诺格拉多夫还提出核心词的指名意义才直接通向现实，并且它是一连串相关同义词的基础。

在词汇所表示的全部意义的体系中，最容易分出来的是"指名本义"（прямое，номинатвное значение），它们可以说是直接指向现实的物体、现象、行为、性质（也包括人们的内心生活），并反映出社会对这些事物等的理解。指名本义是词的其他意义或用法的支柱，以及被全社会所公认的基础。（《俄语教学与研究》编辑室校译1958：7）

无论属于还是不属基本词汇，许多词都拥有一些分属不同类词汇的、以修辞色彩相区别的同义词。这些同义词有相当一部分没有直接的、自由的指名本义，而是通过语义上的基本词或核心词（опорное слово）来表示的。这一核心词的指名意义才直接通向现实，它是一连串相关同义词的基础。（《俄语教学与研究》编辑室校译1958：8）

（二）词汇意义的主要类型

词汇意义有四种主要类型，第一步先划分为不受限制的（自由）和受限制的两部分，第二步再将后者分为三类。

1. 不受限制的指名意义

基本词的指名意义极其稳定。这种意义可称之为自由词义。这种词义的作用一般不受狭小的习用范围的局限。指名意义的使用和联系范围，基本上相当于现实世界中各种物体、过程、现象本身之间的联系和关系。

一个词可能有好几个自由意义，它们都直接反映现实中不同的物体和现象。如шапка（帽子、大号标题）。然而，就基本指名意义的关系而言，其他的指名意义都是派生意义。这些指名意义的派生性，绝不可和比喻、形象化混为一谈。只要这些派生意义尚未脱离基本意义，就和基本意义还有对应关系，可以称为派生指名义。它们往往比基本指名意义狭窄些，更专门些。（《俄语教学与研究》编辑室校译1958：7）

2. 习用范围受限的词义

许多词义都严格地局限在限定的习用上下文中，只能依据历史上固定下来的习用范围来使用。或者说，许多词的某些意义只出现在一些严格限定的互相搭配的词组中，只出现在语义联系有限的狭窄圈子里。

词的"语义结构"中各意义的联系，以及在运用时词语相搭配和词义相搭配的方式，决定于该语言体系发展的语义上的内在规律。正是这些内在规律，包含着对词义结合规则及运用范围的某些限制，以及历史上产生这些限制的条件和基础。正因如此，在活用的词汇系统中，远非所有的词义都直接通向和直接反映周围现实。在这方面，语言是好几个世纪的产物。许多词义都局限在严格限定的习用上下文中，只能依据历史上固定下来的习用范围使用它们交流思想。

由此可见，许多词，或者说许多词的某些个别意义（大多是引申或同义性的）的搭配关系受到限制。这些意义只出现在与一些严格限定的词搭配的词组中，即只出现在语义联系有限的狭窄圈子里。……对一个词来说，具有几个不同意义往往意味着具有几组不同的、语义上有限制的搭配关系。大多数词义和词义的意味，都受制于该词的所处语言环境。（《俄语教学与研究》编辑室校译 1958：1）

3. 句法作用受限的词义

句法作用受限制的词义，主要是名词、形容词和副词的词义。

从语义角度看，句法作用受限的词义往往是对某种社会现象、社会特性、某种个人的物质形象化的典型概括……因此，它总被用作谓语、呼语、同位语或独立定语。或者，甚至最初是当必须在全社会所理解的各种评述特征的方式中，为某人、某物、某现象找到适当的评语时产生的一种对词的引申使用，并且常用比喻方式。（《俄语教学与研究》编辑室校译 1958：7）

4. 搭配方式受限的词义

还有一种更复杂的意义类型，它和以上三种词汇意义的关系并非简单对应，这就是搭配方式受限意义。

许多词汇意义和别的词的搭配形式都有一定限制，而且这种搭配形式不仅取决于这些词属于何种语法范畴（如动词属及物与否），也取决于这些词和那些具有固定结构的语义类别的联系。……然而，搭配方式受限的词义，在搭配范围上却不见得一定受限。……有一些词的词汇内容本身就要靠一定的搭配方式，才有可能显示出来，搭配方式受限的词义特点在这种词上表现得最明显。（《俄语教学与研究》编辑室校译 1958：8）

语义规律决定该词"语义结构"中各意义的联系和词义搭配方式。以上词汇意义的两种主要类型，即句法作用受限和搭配方式受限的词义，已经涉及句法语义研究。

（三）句法的语义结构研究

20 世纪中期以前的传统俄语句法学，对句子意义很少关注。维诺格拉多夫主编的《俄语语法》（*Грамматики русского языка*, 1952—1954），纠正了传统语法中的矛盾，导入了句法的语义结构研究。维诺格拉多夫认为,任何语言单位都是结构和意义的统一体,句法学既要研究句法结构,又要研究语义结构,纯粹的形式研究不可取。现代俄语句法学是基于维诺格拉多夫的句法理论发展而来的。从20世纪60年代,俄语语法一直沿着形式与意义相结合的道路发展。俄罗斯当代的功能主义学者,或多或少地受到维诺格拉多夫的影响。

总之,维诺格拉多夫基于"词汇—语义系统"理论,对词的意义结构研究以及词汇意义的分类,丰富了俄语词汇语义学理论,促进了语义学研究。

四、斯米尔尼茨基的音义联系约定论

斯米尔尼茨基(А. И. Смирни́цкий, 1903—1954),1924年毕业于莫斯科大学社会科学学院,致力于日耳曼语言研究,1926年进入莫斯科大学研究生院,所准备的英语史学位论文受到马尔主义的攻击。此后曾任莫斯科第一外语师范学院英语系主任。1935年成为研究北欧鲁纳铭文的首位俄罗斯学者。1940—1951年任莫斯科国立大学教授,先后兼英语系主任、罗曼和日耳曼语文学系主任。1950年任苏联科学院语言学研究所日耳曼语研究室主任。

20世纪50年代初,斯米尔尼茨基发表了《论词的问题:词的"分立性"》(К вопросу о слове Проблема «отдельности слова», 1952)、《论词的问题:词的"同一性"》(К вопросу о слове Проблема «тождества слова», 1954)、《词义》(Значение слова, 1955)等论文。斯米尔尼茨基生前想撰写一本关于英语词汇学方面的著作,但未及实现便离世了。他的学生,根据他在莫斯科大学和莫斯科第一外语师范学院的英语词汇学讲稿及其相关著作,编辑出版了《英语词汇学》(Лексикология английского языка, 1956)。该书介绍了词的分立性和词的同一性、探讨了词素分析的原则与方法以及关于词的变化模式研究。

(一)词义是事物在意识中的反映

在《词义》中,斯米尔尼茨基认为,词义的概念是语言学中最重要的概念之一。词义的问题不仅是词的问题,也是语言和思维之间的问题。为了研究词义是什么,斯米尔尼茨基认为,首先应排除与词义无关的因素。

> 无论如何都不容许毫无条件地接受那种相当流行的观点,以为词义不过是词和它所代表现实的一部分的联系。怎么可以把幻想或虚构出来的意义,说成是和现实的一部分发生的关系或联系呢?虽然现实中这些部分似乎已经由相应的词("女水妖""火星人"等——引注)表达出来,但是这些词的特殊之处,正是它们并不表示任何真实的东西。(赵爽译 1958:16)

何处才是词义的归宿——在词里还是在词外？他认为，词义不单纯是音组和内容之间存在的联系，而是一种更广泛的东西。

> 每个词都有特定的意义（或意义的体系），这是因为这个词的语音和某种东西有联系，不是因为这个语音和某种"内容"有一般的联系。由此可见，词义不单纯是音组和内容之间存在着的联系，而是一种更广泛的东西，它根据与其发生关系的东西而彼此分别开来。（赵爽译 1958：16—17）

斯米尔尼茨基认为，词义除了是词的语音与词以外的某种事物之间的联系之外，词义还应包括某种事物，那么这个词到底和什么事物或现象发生联系呢？

> 可是，如果和语音发生联系的事物或现象在意识中的反映是词义，那么很显然，无论如何不应该把词义看成只是语音和事物的简单的联系或关系。语音和事物现象的联系是通过该事物或现象在意识中的反映来实现的，但是反映本身并不是语音和事物的简单联系，而是意识的一定现象，首先是认识的一定形式。（赵爽译 1958：17）

斯米尔尼茨基的意思是：词义是事物或现象在意识中的反映。他又提出，词义不仅是与一定的语音有联系的事物或现象的反映，而且在来源和认识上也都有本质区别，但按其结构特点来说却是类似的心理现象。

> 如何证明上面所说的有关词义的定义对"女水妖""火星人"等也是正确的呢，正如上面所说的，谈不到语音和任何实在事物或现象的联系。这里没有像方才说的那种现实的反映。但是русалка（女水妖）、домовой（家神）、фавн（牧神）、марсианец（火星人）等词却都具有完全明确的意义。所以词义是一种比上面谈到的事物或现象的反映更广泛一些的东西。这样，词义应当理解为不仅是与一定的语音有联系的事物或现象的反映，而且也是虽然在来源上和认识上都有本质区别的，但按其结构特点来说却是类似的心理现象。这种心理现象是由现实的各种因素的反映构成的。而在上述的虚构中，即在表现出来的心理虚构中这些因素并不存在。于是，我们得出两种情况：
>
> 第一种 基本的：语音—意义—事物（现象）等
>
> 第二种 派生的：语音—意义
>
> 语音和意义永远并行，没有两者的统一就没有词。而词义和事物或现象，则不是在一切场合里都同时存在的，尽管它们的结合是主要的常见情形。而且另一种派生的情况（没有"事物"这个环节）才存在，是以第一种基本情况的存在为前提。（赵爽译 1958：17—18）

斯米尔尼茨基阐述了词义与"词的语音"以及"词的语音形象"之间的关系。他认为词义与"词的语音"之间的联系是第一性的；而词义与"词的语音形象"的联系是第二性的，即"词的语音形象"只是现实的物质的词之语音在意识中的反映而已。

（二）语音和意义的联系是约定的

斯米尔尼茨基还特别提到，词义不仅与词的语音（及形象）"联系着"，而且仿佛是词的结构"生了根的因素"。他强调，语音和意义的联系是约定的。

> 同时，对现象的本质来说，这种联系的约定性对语言的功能和发展有巨大意义。语音和意义的联系原则上是约定的，这对研究词义尤其重要，因为这种约定性使这种联系非常紧密和直接。
>
> 正是由于上述的联系约定性……因此词的语音和意义必须作为整体来掌握……。这样一来，就产生一种词的语音、语音形象和词义的结合；这种结合在说话人的意识中造成一种印象，认为这种联系是自然而然的、合情合理的，而且在实践中，这种联系为语音顺利执行其职能不可缺少。（赵爽译1958：19）

最重要的，斯米尔尼茨基不赞同符号的任意性原则，主张音义约定性是符号的一般原则，音义联系具有可解释性和可论证性。

> 词的语音（即语言形象）和意义之间的联系是约定的，这是体现在一切语言之中的一般原则。……但是与此同时，语言的存在和发展还建立在另一个原则上——语音和意义联系的可解释性和可论证性……
>
> 可解释性的原则就是：各个声音的结合意味着相应意义的合理结合，反之要使词义结合得合理，就要把与之相应的意义结合起来。就是说，一个在意义上是复杂言语片断的语音，可以用这言语片断表示的意义来解释，而在这个片断的整个意义中，可以分出组成这个片断的各个意义，也可以用在整个片断的语音中，分出的一些和意义有联系的语义来解释。（赵爽译1958：19—20）

总之，斯米尔尼茨基认为词义是事物、现象或关系在意识中的一定反映，语音不仅表达意义，也是词义产生、形成和发展不可或缺的。

（三）词的同一性理论

斯米尔尼茨基认为，"词是什么"应分为两方面：词的分立性和词的同一性。所谓词的分立性，指的是词除了词汇意义，还有语法意义，就是由于它有完整的语法定形性才具有分立性，跟词的组成部分（词素，即词干、词根、词缀等）区别开来。关于词的同一性，指的是同一个词有可能在不同场合下出现。但是还有同一个词形在不同场合出现，却是两个不同（虽然十分近似）的词。

斯米尔尼茨基进一步梳理了四种情形：

（1）词的各个语法形式的差异不牵涉词的核心意义——词汇意义，换句话说，不同的语法意义不能破坏一个词的同一性。例如（to）play、（he）plays、（he）played、playing等是同一个词。

（2）如果不仅是语法形式的差异，只有在下列情况下才可能是同一个词：（a）外部形式稍异而词汇意义相同（同词异体），例如：again [ə'gein]—again [ə'gen]（再一次）；……。（b）词汇意义稍异而外部形式相同(一词多义)，例如man（人）—man（男子）……仅仅外部形式或词汇意义一方面的局部差异不能分裂词的同一性，但是如果外部形式差异很大或含有不同的词根，即使词汇意义相同，也是两个词（同义词），例如railway（铁路）和railroad（铁路）。

（3）代表文体或方言差异的外部形式的局部不同不能破坏词的同一性，仅仅造成文体或方言异体，例如often（常常）—oft（常）是同词异体。意义的差异可以离开外部形式的差异而独立存在（同形异义或一词多义），而文体或方言色彩的差异则必须附丽于形式或意义的局部差异上。

（4）词类的分界是兼具词汇和语法两重性质的重大而深刻的分界，因此分属两个词类的词，即使外部形式一致，也不可能是同一个词。（林学洪译1957：330）

斯米尔尼茨基的词汇学观点有其特色，所采用的研究方法是对语言现象进行细密的分析和客观的解释，以确定语言单位在语言体系中的地位和功能。

五、兹维金采夫的词汇语义研究

兹维金采夫（В. А. Звегинцев, 1910—1988）曾在中亚大学、塔什干外语学院和莫斯科大学任教，曾任莫斯科大学结构语言学和应用语言学教研室主任。兹维金采夫的词汇语义学研究，集中体现在《语义学在语言各学科中的地位》（*Место семасиологин в кругу лингвистических дисциплин*, 1954）、《语义学》（*Семасиология*, 1957）和《普通语言学纲要》（*Очерки по общему языкознанию*, 1962）等论著中。

（一）坚持语义学从属于词汇学

在《语义学在语言各学科中的地位》中，兹维金采夫提出，19世纪和20世纪初的语义学研究内容局限于词义变化的分类和类型，语义学研究的是词汇意义，所以语义学应从属于词汇学,语义学与词源学和词典编纂学是相互辅助的关系。

> 语义学所研究的对象不是一般的语言意义,而是所谓的词汇意义,即客观存在的语言现象。语义学是从一定角度,即从意义方面来研究语言词汇的。如果说词汇学是全面研究词汇的,那么语义学则仅从一个方面,而且是从把词看作语言词汇单位的这一角度来研究词汇的,所以语义学是词汇学的一个组成部分,是从属于词汇学的。(方如英译 1955:77)

既然语义学的任务是研究词汇单位的意义方面,那么其研究范围是:

> 词汇意义的本质、词汇意义的类型、词汇的发展规律、词汇变化类型的分类、同义词、反义词、同音词及其他相关问题。(方如英译 1955:79)

照此观之,兹维金采夫并不了解德法语义学除了研究词汇意义,还研究句子意义。他所认为的语义仅是词汇语义,所谓"词汇学是全面研究词汇的,那么语义学则仅从一个方面",显得狭隘和偏执。就是这种错误看法,阻碍了语义学摆脱词汇学的附庸地位,在当时苏联成为一门独立分支学科。

(二)词义与概念的共同性和差异性

兹维金采夫的《语义学》是20世纪60年代以前苏联唯一题名"语义学"的专著。由于国内没有中文译本,我们难以了解其详。现依据其后出版的《普通语言学纲要》第五章"语言和思维"第三节"概念和词汇意义",介绍兹维金采夫的词汇语义学研究。

1. 概念形成的两个特点

兹维金采夫提出,概念的形成有两个特点:一是复杂思想的构思在不同语言的形式中进行,但最终形成同样的概念,也就是说,语言结构在概念形成中不可能起主导作用;二是概念的形成是通过语言形式进行的,概念作为对事物认识的总结,不一定只用一个词记载,也可以用其他语言形式和单位对之解释和描述。

> 但是语言在形成逻辑概念时,并非是这一紧张活动的直接"参与者",而仅仅是保证这一活动的"服务员"。换而言之,语言仅仅是思想的工具、手段,而不是思想的内容(连部分内容都不是)。
>
> 在长长的判断链条上,概念的形成是通过语言形式进行的。但是这一概念作为对事物认识的总结,并不一定只用一个词记载下来,尽管词的概括性本身为此提供了极为方便的条件,因而广泛地用于这一目的。(伍铁平、马福聚、汤庭国等译 1981:374—375)

兹维金采夫没有区别"作为思想工具的语言"与"作为思想内容的语言",才得出"语言仅仅是思想的工具、手段而不是思想的内容"的结论。然而,即使仅仅作为思想工具,语言也具有丰富的认知或思想内容。

2. 词义形成的三种力量

兹维金采夫提出,词义与概念之间既有共同性,又有差异性。共同性是指词义本质上是概括过程;差异性是指形成概念的有两种力量,即事物和思维。兹维金采夫强调,形成词汇意义的有三种力量:事物、思维和语言结构,但是在概念中不包含民族特色,语言结构不可能影响认识世界的过程。

> 可是思维(概念思维)总是体现在语言形式中,那么在概念形成过程中怎么可能排除语言因素呢?……据上文所论可以看出,在这个问题上,如果把语言结构特征这一因素放在第一位,那就必须承认概念中存在着民族特色。承认语言结构能影响认识世界的过程本身,因而也就必得承认语言中存在本杰明·沃尔夫所说的"超物理世界"属性。但是实际上这是根本不存在的。(伍铁平、马福聚、汤庭国等译 1981:374)

根据当代认知语言学关于范畴化的观点,概念系统和语言中确实存在"超物理世界"属性。凯伊和麦克丹尼尔(Kay & McDaniel)在《基本色彩词含义的语言学意义》(*The Linguistic Significance of the Meanings of Basic Color Terms*, 1978)中提出,色彩并不是纯粹客观的,色彩概念具有身体基础,焦点色是由人类的生物性决定的。划分色彩范畴基于人类的生物性,但是色彩范畴不仅仅是"世界本质+人类生物性",而是"世界本质+人类生物性+认知方法"的结果。这种认知方法具有模糊集合论的一些特征,并且增加了基本色彩范畴依据所处文化独特性的选择。认知存在民族性、文化性、社会性,因此概念和语言也就存在民族性、文化性、社会性。

兹维金采夫可能想不到,沃尔夫假说可以通过实验来证明。凯伊和肯普顿(Kay & Kempton)在《何为萨丕尔—沃尔夫假说?》(*What Is the Sapir-Whorf Hypothesis?*, 1984)中,设计了一种精细实验,来论证非语言认知中的差异与语言结构中的差异是相关的,以及非语言认知中的差异依赖于语言结构中的差异。该实验研究的是颜色域,所运用的语言是英语和塔拉乌马拉语(Tarahumara)。塔拉乌马拉语没有分别表示蓝色和绿色的词语,只有基本颜色词siyóname(青)。这一实验的思路就是设置两项非语言作业,并且具有最低程度的不同:在作业1中,有表示绿色和蓝色的名称以帮助讲英语的受试者;而在作业2中,出示的颜色名称不能帮助讲英语的受试者。如果英语和塔拉乌马拉语在颜色词上存在差异,这种"沃尔夫效应"就在下列情况中得以证实:1. 如果讲英语者在进行作业1时使用名称，而讲塔拉乌马拉语者不使用名称，并且如果由此导致双方在该作业中出现显著差异，那么这就是沃尔夫效应的初步证据。2. 如果这种差别在作业2中的执行中消失了，作业2与作业1的不同仅仅在于无法使用命名差异，那么沃尔夫效应就得到了验证。实验结果显示，至少在这一局限性很强的情况中，沃尔夫假说是正确的。

（三）词义的发展路径及其特点

1. 普通词的语义发展特点

在讨论概念与词义关系时，兹维金采夫认为，首先应该探讨"普通"词的意义发展。

> 有一类所谓的"普通"词……即没有术语意义，而只有词汇意义。这类词的特点是：它们的词汇意义……的发展，总是在一个词而且是这一个固定的词的范围内进行……这种情况对概括过程本身也做出了十分重要的修正，其原因是：作为概念形成基础的概括过程，要受语言结构的控制，要服从于该结构中占统治地位的语言规律，因而概念的原有本性服从于语言结构的要求。概念获得"结构性质"，并从逻辑范畴变成语言范畴。（伍铁平、马福聚、汤庭国等译 1981：378）

由于作为概念形成基础的概括过程受语言结构的控制，因此普通词在一个固定的词的范围内进行。

2. 表示同一事物的词的词义发展路径不同

在词汇意义的发展中，其概括过程与一定的词紧密相连，并在该词已有的词汇意义基础上进行。这一曲折过程，是一类事物向另一类事物转化的过程，即语义学的"转义"。兹维金采夫以俄语、德语和英语单词"桌子"为例，说明表同一事物的词义在不同语言中的发展路径不同。

先看俄语词стол（桌子），所走的第一条发展道路。

> 上面我们举过стол一词的意义的两种发展情况。第一种情况说明该词的意义，实际上是从与стлать（铺）一词有关的本来意义发展而来的……。（伍铁平、马福聚、汤庭国等译 1981：378）

第二种情况是摆脱了该词的具体词汇意义，随着概括过程中不断吸收的新事物而发生演变的过程。

> 这一过程是在一个词的范围内进行，并且摆脱了该词的具体词汇意义。随着概括过程中不断吸收越来越新的事物，该词发生演变。俄语中的стол，最初表示一切"铺摆"食物之处，后来又主要表示高出地面、更适合摆放食品之处。由此导致把高出地

面之处……归入该词的可能性。стол的最初词汇意义，就是这样促使概括过程朝此方向发展。同样，在其语义发展的以后各阶段，又使概括朝着新的方向发展。后来出现了专门摆放食物的家具，并固定使用стол。"桌子"也是高出地面的物体，但是"高出地面"的特征越来越退居次要地位，最后стол与基于这一特征的其他用法在意义上丧失联系。……桌子作为摆放食品地方的特征上升到首位，促使语义又向表食物方面发展，于是出现了"病号饭"……然而，现在的стол不仅是就餐的家具，而且还有其他多种用法。由此形成新的发展路线，如……"写字台"。后来又发生转义，如"住址查询处""订购处"等。（伍铁平、马福聚、汤庭国等译 1981：379—380）

再看德语词Tisch所走的第二条发展道路，其最初意义源于希腊语，以拉丁语的discus为中介。

德语Tisch（桌子）来自拉丁语的discus（盘子、大碗），而拉丁语的discus来自希腊语的δισχos（铁饼）。古德语Tisc既保留了拉丁语的这一含义，也用于"桌子"之意。……Tisc同时仍然用作指盘、碗。后来制造专用就餐家具时，Tisch便被固定用来指这种家具。其语义发展不像俄语стол那样，没有用来表示高出地面的物体。但在后期，德语的Tisch在一定程度上重复了俄语стол的语义发展途径，一方面用来表示饭食，另一方面用来表示各种桌子，如Arbeitstisch（工作台）……Spieltisch（牌桌）等。但是现代德语Tisch并没有俄语стол特有的某些用法，如"住址查询处""订购处"。（伍铁平、马福聚、汤庭国等译 1981：380）

接下来，再看看英语词table所走的第三条发展道路，其最初意义源于拉丁语，以法语为中介。

英语table（桌子）走的是第三条发展道路。该词以法语为媒介借自拉丁语tabula。古英语形式是tabule，后来是tabele，现代英语才是table。该词最初保存了拉丁语的意义，表示由某种硬质材料（石头、金属或木料）制成的板或牌。后来仍然表示"板"，但已是带有文字的板。直到英国中世纪时期，该词才开始用来表示下有脚架、上有平木板、用来陈放各种物品、安置座位，也可供进餐用的桌子。这样table便产生了饭桌的用法。同时也出现了一些转义，如"饭食""同桌吃饭的人"……。后来跟俄语和德语一样，table也开始表示各种桌子……但是与上述两种语言仍有区别：第一，该词保存了"写字板"这一原始意；第二，该词义有了进一步的发展，不仅用来表示写字板，而且用来表示板上写的内容。由此便出现了如下用法，如：the Lord's Tables（圣餐）……tables of weights and measures（度量衡表）等。（伍铁平、马福

聚、汤庭国等译 1981：380—381）

通过俄语、德语和英语"桌子"发展的例证，兹维金采夫提出，词义发展的差异受其语言结构差异的制约。语言结构的影响不仅反映为最初词汇意义的不同，而且也反映在受语言其他因素影响的变化过程之中。至于词义发展的共性，是由文化和历史的共同性、现实的共同性决定的，客观现实是所有语言现象形成中的主导因素。

3. 科学术语的发展演变

兹维金采夫认为，术语的特点是其"意义"是科学概念，语言体系对术语的生存、演变和发展不发生直接影响。术语随着它们所服务的科学的发展演变而变化。

古典哲学家用 атом（原子）这一术语表示一种概念，这一概念随着物理学的发展经历了许多次变化，直到成为现代物理学概念。在这一过程中，任何语言对"原子"这一概念及其意义的演变自然都没有发生过任何影响。许多语言都在使用这一术语（及诸如此类的术语），它好像是超乎语言之外的。语言结构用多种关系来约束它的要素，但纯术语的特殊本性却使它不受这种关系的约束。同时，术语极其明确清楚地表明，实际上只有两种力量参与逻辑范畴的概念的形成——事物和人们的意识。（伍铁平、马福聚、汤庭国等译 1981：375—376）

每个词都有其自己的历史，科学术语也不例外。科学术语在其历史长河中，也存在竞争，比如同义术语的确定或淘汰。此外，科学术语的借用，从一种语言进入另一种语言，仍然不免受制于新的语言系统。因此，兹维金采夫的观点显得有些片面。

总之，兹维金采夫坚持语义仅仅是词汇语义，语义学从属于词汇学，阻碍其成为独立分支学科。兹维金采夫提出了形成词汇意义的三种力量，但是在概念中不包含民族特色，语言结构不可能影响认识世界的过程。此外，论证了不同语言中表示同一事物的词，其词义发展路径不同；科学术语的发展演变超乎语言之外，不受语言结构关系的约束。

六、布达哥夫的词汇语义学理论

布达哥夫（Р. А. Будáгов, 1910—2001）是普通语言学家、罗曼语语言学家。1936年毕业于列宁格勒国立大学罗曼语言文学系，留校任副教授。1945年获语文学博士学位，1946年起任语言学教授。1952—2000年任莫斯科国立大学罗曼语言文学教授。

1953年，布达哥夫出版《语言学概论》（*Очерки по языкознанию*）。1956年，由吕同仑、高晶斋、周黎扬等翻译为中文出版。该书包括五章，涉及语义学的是第一章"语言的基本词汇和词汇"（4—116页）。第一章开头，布达哥夫就提出词汇学和语义学的各自研究对象。

研究词汇的语言学分科叫作词汇学（лексикология）。与词汇学密切联系，有专门研究词的意义和意义发生变化原因的语义学（семантика或семасиология）。（吕同仓、高晶斋、周黎扬译1956：8）

与兹维金采夫的看法相反，布达哥夫认为，尽管语义学与词汇学关系密切，但是语义学是语言学的另一分支学科。

（一）词的内部构造和词的意义

1. 通过历史分析揭示词的内部构造

布达哥夫指出，国外语言学家（指的是索绪尔）将语言的现状与语言的历史对立起来，他们否定词的结构的历史渊源，否认概念自身与表现该概念词形之间的联系。而通过分析历史，人们可以查明那些误以为不能解释的词的最初意义，因此不可以将语言的现状与历史割裂开来。只有通过分析语言的历史才能揭示词的内部形式，以及该词的最初意义与其词形之间的联系。

用现代俄语说话的人，可能不清楚сутки（一昼夜）和брак（结婚）这类词的内部构造。但是如果进行较为简单的历史分析，就不难揭示出其内部构造，以及最初意义与外形之间的联系性质。只要把брак（结婚）与брать（取来）加以比较，就能理解该词的最初意义。взять за себя（替自己取）、方言браться（互相取）、乌克兰语побратися（互相取），都是缔结婚姻、娶到家中、娶妻或出嫁之意。就сутки这个词的内部构造根据，也是很容易看出的。су和со通常表共处、结合、合并之意（比较супруг"配偶"、сотварищ"同事"、соавтор"合著者"），而词根тък在古俄语中是ткнуть，"插入""接合"之意。由此可见，сутки最初理解为一天一夜的合并，一天一夜合并起来形成一个整体。可见，现在我们认为不能说明的词，但在历史分析过程中就会显露出其构造根据。（吕同仓、高晶斋、周黎扬译1956：53）

2. 随着社会实践逐渐吸取新义

布达哥夫强调，词一旦产生，就会随着人的社会实践的发展变化而发展变化。在此过程中，许多词会获得复杂而抽象的意义。这些意义不是原有意义的总和，而是一种全新的系列。

许多现代语言中的我们认为仿佛是纯抽象的，而不以现实界和人的实际经验为转移的那些词，在历史上正是从这种实际经验和现实界中产生出来的。但是词一旦产生之后，在人的社会实践自身发展和变化过程中就开始发展、概括和改变其原来意义。词与决定这些词的现实界间的关系日益复杂，于是词就逐渐吸取新义。（吕同仓、高晶斋、周黎扬译 1956：58）

3. 词义多半取决于语言的民族特点

词在表示一种概念时就反映出多种多样的现实，为词提供了从一个意义转到另一个意义的多义性与可塑性。与兹维金采夫的看法相反，布达哥夫认为，词的意义多半取决于语言的民族特点。

> 词和概念之间存在着深切联系，却不可混为一谈。在同一个词中密切相互作用的不同意义，可能适合于不同的概念。……在一种语言中的某词的各种意义总合，与另一语言中相类似的词的各种意义的总合，通常并不一致。词的意义多半取决于语言的民族特点，而概念则有全人类的性质。这些概念是逻辑思维所固有的。（吕同仓、高晶斋、周黎扬译 1956：115）

4. 词的客观意义和主观含义

布达哥夫认为，除了基本意义，词还有客观意义和主观含义。

> 词的主观含义是在词的客观意义基础上发展起来的，而且依客观意义为转移。一个词的主观含义是暂时的、不稳定的。而客观意义却是使用这种语言的人们的整个群体都懂得的。（吕同仓、高晶斋、周黎扬译 1956：20）

俄罗斯早期语言学家波捷布尼亚已提出，词具有客观内容和主观内容。

（二）同音异义和同词反义

1. 同音异义词的三种类型

布达哥夫把同音异义词分为三种类型：词汇学的同音异义词、词法的同音异义词、句法的同音异义词。关于第一种、第二种的同音异义词。布达哥夫写道：

> 不难看出，同音异义词可能有不同的类型。开锁的ключ（钥匙）和作为"泉源"解的ключ，同属于一个词类（名词）；而作为数词的три（三），与动词тереть（擦）的命令式три（擦吧），彼此在语法上已经不是这样相近，它们属于不同词类。在后一种情况下，声音的符合完全视情况而定，所以任何人甚至都不会想到这类同音异义词之间会有意义上的联系。这类同音异义词在语法上不同类的情形，也帮助人们理解这类词在词汇上的独特性及意义上的独立性，而前一类型（属于同一词类）同音异义词

的语法同类情况，有时会像我们在下面看到的，使人们不得不去寻找这些词在意义上的联系。尽管就在后一种情况下，这种联系通常也是不会有的。（吕同仑、高晶斋、周黎扬译 1956：37）

第三种类型同音异义词即句法的同音异义词。

  第三类型……情形复杂一些。例如，现代俄语的技术术语中，有同样称为 газоход 的两个不同概念。一方面，газоход（烟道）是蒸气锅炉烟气通过的一部分。……另一方面，газоход（煤气船）是装有煤气发生炉，由煤气发动机提供动力的内河船（这个词是比照 пароход "轮船"、теплоход "汽船" 构成的）。газоход 在这里表示 "利用煤气行驶" 之意。因此，两个词虽然同为 газоход，但在含义上却完全不同，也就是同音异义词。（吕同仑、高晶斋、周黎扬译 1956：37—38）

布达哥夫提出，在通常情况下，就像词的多义性一样，语境会明确同音异义词的意义。但在许多场合，有些同音异义词会存在相互抵触的情况。这种现象的原因与语言的社会本质及词的历史意义有关。但是，为什么像 ключ（钥匙、泉）这类的同音异义词容易彼此共存，而像 диалектический（方言的、辩证法的）这类的同音异义词却相互 "抵触"？

  开锁的 ключ（钥匙）和作 "泉" 解的 ключ 这一类同音异义词，在上下文中从不抵触，因为这两个同音异义词中的这一个，与另一个在意义上毫无共同之处。ключ 这个词的任一同音异义都不比另一个同音异义 "更加强烈"，不会特别突出而成为主要意义，因而也就不会遮蔽另一个异义。（吕同仑、高晶斋、周黎扬译 1956：37）

  作为哲学术语的 диалектический（辩证的），与作为语言学术语的 диалектический（方言的）这两个词，并不是势均力敌的两个同音异义词，并不是像我们在 ключ 类型的异义词上所见到的那样两个独立的意义中心。在苏维埃时代每个受过教育的人的意识中，диалектнческий 无疑首先当作哲学术语来领会，当作我们世界观的最重要特征之一来领会。因此，当人们从 диалект（方言）一词构成 диалектический（方言的）时，因而构成哲学概念 диалектический（辩证法的）的同音异义词时，那么这个形容词的语言学意义尽管只是形容词 диалектический 的哲学意义的一个同音异义词（就是说，从形式逻辑来看，它们没有彼此依赖的必然关系，因为我们知道，同音异义词并没有共同的意义中心），可是实际上，从今天苏联语言学家对语言的实际了解来说，диалектический 这个词的语言学意义开始被引导到这个术语的哲学意义轨道上去了。同音异义词系列各有其独立意义中心的原则，因而也就遭到了破坏。（吕同仑、高晶斋、周黎扬译 1956：45）

在对该问题的进一步阐述中，布达哥夫认为，存在同音异义词之间相互抵触的原因，是有些同音异义词会固定在专门的、比较狭窄的领域以内，其中的一个意义可能比另一个意义更强烈，从而使得另一个意义难以凸显，所以产生了两个同音异义词之间的抵触。为了解决这个问题，新词由此产生了。虽然语言中存在多义词的解体和同音异义词的形成这类情况，但绝不是任何一个多义词都在"解体"，也不是所有同音异义词都有"抵触"。多义词的解体或同音异义词的抵触是语言社会发展的结果，是各个词在不同历史时期拥有不同含义、不同职能的结果。

2. 同词义项之间的反义

彼此具有对立意义的词，通常称为反义词。可是，不仅词可以是反义的，而且同一个词内部的各个不同意义也可以是反义的。

> 例如拉丁语的形容词altus，不仅表示"高"，而且也表示"深"。而动词tollere，不仅有"推举、提升"之意，而且也可理解为"排除、消灭"，例如西塞罗反对未当元首时的屋大维，其句子tollendum esse Octavium，可以解释成"应该推举屋大维"，也可解释成"应该排除屋大维"。在东斯拉夫各语言中，动词вонять是"发出臭味"之意，而在西斯拉夫各语言中则是"芬香"之意（参阅现代波兰语won"香气、芬香"）。вон在气味性质方面的中立意义，也可以很容易地在俄语的благовоние（香气）看出来（相对的词是зловоние"恶味"）。（吕同仑、高晶斋、周黎扬译1956：47）

正因为如此，所以反义词也和多义词、同义词以及许多其他词一样，都是从语言历史发展的各个阶段来说明语言特征的。

（三）词义的理解和词义的演变

1. 词义的理解与语境

大多数词都具有多义性，词的语境可以避免多义性引起的歧义。布达哥夫提出，依赖于上下文来解释词的准确意义有两种情况：一种是根据词所在的上下文就能明确词的意义；另一种是词的意义隐藏在语境中，需要理解相关所有表述才能理解其准确意义。

> 在教科书中，上下文通常指词所在体系中的语句。但是，这只不过是词依存于上下文的极简单情况。上下文的情况，往往可以在很久一段时间内隐藏着词的意义，而预定在全部叙述中才揭露出词的意义来。（吕同仑、高晶斋、周黎扬译1956：16）

布达哥夫的第二种情况，是维果茨基（1934）和波朗（1897）的另外一种说法。

布达哥夫认为有些词具有固定意义，这种意义与语境无关。

　　词在一定的词组中，时常具有一种固定意义，这种意义是从实践经验中以及在逻辑上排除其他各种意义而获得的。例如，当我们说критик со вкусом（有鉴赏力的评论家）时，我们是指"有很好鉴别力的"评论家（如戏剧评论家或音乐评论家），可是当我们抱怨说мясо с запахом（有气味的肉）时，我们是指плохой запах（恶劣的气味）。这并不是说，新鲜肉就完全没有气味，不过我们认为这种气味是"自然的"，因而我们就不去注意。可是一提到"气味"，不谈"自然的"气味，我们立刻就会说有"气味"，并且同时是指"恶劣的"气味。（吕同仑、高晶斋、周黎扬译 1956：16）

布达哥夫还提出，语境并不总是有助于理解词的意义，有时词的语境会使词的直接意义和譬喻意义之间发生抵触。

　　在某些情况下，上下文关系还会使同一个词的不同意义发生明显抵触。例如，1946年在列宁格勒曾出现国立音乐学院的广告："苏联人民演员瓦西里·伊万诺维奇·卡恰洛夫主演的文艺晚会（Литературные вечера）。20（晚上вечером）及21（白天днем）"。这方法闹了个笑话：вечер—днем（晚上—在白天）。其实，这方法接连提出了вечер这个词的两个意义：1. 指昼末夜初，一昼夜中的一部分的вечер（晚上）；2. 指音乐会晚场，或泛指音乐会意义的вечер（晚会、音乐会）。所以два вечера Качалова中的два вечера，是卡恰洛夫主演的两次音乐会（ва концерта）。在这个上下文关系中的вечер，已经脱离了"昼末夜初的、一昼夜中的一部分"的意义，十分接近于一种没有时间因素的"音乐会"的意义，使得这个词可以和一天中的任何一段时间发生关系。……总之，在这个例子里，вечер的两种意义，由于互相交错，便形成了词的直接意义和譬喻意义之间的特殊抵触。（吕同仑、高晶斋、周黎扬译 1956：14—17）

与前人的观点相比，布达哥夫关于词义理解与语境关系的看法更为深刻和全面。

2. 词义的演变原则

基于俄语同义词的演变，布达哥夫总结出词义的变化原则。

　　一个词归根结底是由最实际的现实和生活本身来决定的，而同时又依照自己发展的内部规律发生变化。例如，多义词内部的不同意义的分类、确定同义词之间多种细微的区别、意义的缩小与扩大的过程，以及词汇中的许多其他现象，多半是由语言发展的内部规律决定的。例如，语言中一旦出现了新词，而与新词存在同义联系的旧词就在其意义上发生相应变化。（吕同仝、高晶斋、周黎扬译 1956：113）

虽然布达哥夫意识到词的演变与现实和生活、语言发展的内部规律有关，但他没有讨论人的心理和意识的作用。此外，也没有给词的语义演变进行分类。

（四）同义词的同一概念标准

20世纪60年代，中国词汇学界关于判断同义词主要依据的"同一概念标准"，来自布达哥夫。布达哥夫提出：

> 由此可见，同义词的最主要作用，就在于它能表达概念的种种不同意味。……各种不同的同义词，各以不同的方式表达了概念的细微差别。在每一系列的同义词中，我们既看到一般，也看到个别：一般就是把一些同义词联系在一起，使其成为仿佛是代表含义广泛的一个概念的各种词，而个别就是使这一系列中每一个同义词都只能特指概念的某个方面，而所有同义词总起来则能从各个方面表达出一个概念的意义来。语言中精确选择过的同义词的多样性，正是语言的高度文艺水平的证明。而在口语中，如果掌握同义词，就能更精确地表达思想，更细致地去表现各种意味。（吕同仝、高晶斋、周黎扬译 1956：36）

同义词的最主要作用在于能表达概念的不同意味，不同的同义词以不同方式表达了概念的细微差别。很快，中国学者对此做出响应，甚至加以发挥，但是也有学者提出概念标准存在问题。王理嘉、侯学超指出：

> 根据概念的标准来确定同义词，就是从两个（或更多）词的意义中抽取一个共同的概念来。……同义词的范围……会随着各人对概念的不同理解而有所不同。（王理嘉、侯学超 1963：237）

张志毅则进一步提出：

> 把同一概念作为同义词的唯一根据，实际上就是用概念代替了词义。这样就导致在同义词研究中忽略词汇系统的界限，把不同词汇系统的"同一概念"的词当作同义词。这样还会排除词义大部分相同的这类同义词。（张志毅 1965）

布达哥夫的同义词，强调的是"它能表达概念的种种不同意味"，"各以不同的方式表达了概念的细微差别"。根据概念的标准来确定同义词，其前提必须概念明确，然而日常语言中的情况并非如此。一些近似的概念，也可构成同义词或近义词。

(五) 术语语义和成语语义

1. 术语的多义性是消减的

在第一章第二节"术语的特征"中，布达哥夫阐述了术语的特点及其形成方法。虽然词的多义性在一般词语中广泛存在，但在术语系统中其多义性是消减的。每个术语只能有一个意义，术语的多义性往往会互相妨碍与排斥。

> 在一般标准语言中，词的一个意义通常不妨碍其他意义而且与之同时存在。……科学术语中的多义性情形则与此不同。在这里，术语的不同意义往往互相妨害、排斥，而不容许同时存在。……在一般标准语言中，上下文能容易地排除多义性，所以就使词成为单一意义，不是模棱两可的。而在科技语言中的单义倾向，比起一般标准语言来更加显明和肯定，上下文无力去应付多义性。（吕同仑、高晶斋、周黎扬译 1956：21—22）

2. 整个词组决定该成语的意义

布达哥夫指出，成语或惯用语是一种不可分割的词组，整个词组决定该成语的意义，作为整体和统一的意义来理解。

> 甚至相似的成语，在各种语言中也有特殊的细微差别和特殊的构造。在表达"相互看着"这个同样观念的成语中，俄罗斯人用с глазу на глаз（眼对眼），法国人用tête à tête（头对头），英国人用face to face（面对面），德国人则用unter vier Angen（四只眼之间）。在这里，共同之处就是这类词组的不可分离性原则，以及上述每种语言都是以交谈双方的同类特征作为该成语的基础。但是在这种场合，俄罗斯人提到的是眼睛，法国人提到的是头部，英国人提到的是面孔，而德国人提到的则是两双眼睛。甚至可以肯定地说，任何人也不会有意识地来区别其中的任何特征，因为成语首先是作为整体和统一的意义来理解的。就像能从历史方面揭露词的内在形式一样，我们也能从历史方面揭露个别成语的形成条件。（吕同仑、高晶斋、周黎扬译 1956：94—95）

在研究成语时，有些外国语言学家不是说成语有绝对的民族独特性，就是说成语具有完全的民族无差别性，其实两种特性都存在。布达哥夫认为：

> 正因为这样，在研究各种语言中的成语的相异之点时，重要的是我们同时不要忘记各种语言之间（首先是同族语言）存在一定程度的共同点。
>
> 这种共同性可能由于语言发展的历史条件增多或减少。成语中的共同性最容易从整个意义中看出来……可是各种语言中这些意义的表现方式通常大有差别。在这里，

也像在词的内部形式上，取决于每种语言内在发展规律的差别性，以及民族语言表现方式的丰富性和多样化。（吕同仑、高晶斋、周黎扬译 1956：100—101）

成语的这种共同性与语言发展的历史条件相关。

（六）对索绪尔"语言是符号"观点的批判

在《当代语言学思想和流派斗争》（1978）第二章中，布达哥夫专门讨论了"符号—意义—事物（现象）"之间的关系，对索绪尔理论的基石"语言是符号系统"加以批判。全文分五部分，1. 符号—意义—事物相互关系问题的早期研究；2. 符号—意义—事物如何相互作用；3. 符号语言与示意语言；4. 意义范畴是最重要的语言范畴；5. 对词义的解释同对符号、意义和事物之间相互作用解释的两种对立观念。

1. 批评语言的符号性观念

与人们普遍接受"语言是符号"这一观点截然不同，布达哥夫在第一部分提出，"语言的符号性观念"使得民族语言及其语言学变得异常贫乏。

> 更为重要的是，语言的符号性观念使民族语言的性质异常贫乏，从而使语言学——关于这些语言的科学——异常贫乏。实际上……符号是物质的、被感知的东西（现象、动作），在认识和交际过程中作为其他物体的代表而出现，用来接受、保存、改造和传递信息。而词的意义是历史上形成的，词的声音是和物体或现象的反映之间的联系，这种反映产生在我们意识之中，并在词中获得表达。这样理解的符号和这样理解的意义之间的相互作用，便构成语言科学本身的灵魂。去掉语言科学这个最重要的相互作用，首先使语言学对象本身极端贫乏。（王德春译 1980：47—48）

索绪尔虽然提出符号具有能指和所指，但是他主张研究的是形式，而不是实体。索绪尔的语言符号系统仅仅表现为词语的聚合与组合关系，撇开了历史上形成的词义。因此，布达哥夫坚持，非语言的符号（信号）是物质的、被感知的东西，作为其他物体的代表而出现，而语言的符号——词的意义是历史上形成的。

2. 阐述语言的符号、意义和事物之间的关系

在第二部分，布达哥夫强调符号是单面的，而词是双面的。反对简单化地把语言定义为符号体系，语言的定义应包含符号、意义和事物之间的关系。布达哥夫通过列举法语、意大利语的例子，来解释三者之间如何相互作用，从而得出：整个"语言图景"不是符号本身，而是符号与意义和事物之间经常而深刻的相互作用。这决定着民族语言的词汇发展。

在14世纪前，法语poudre的意思是"灰尘"，而从发明火药起，poudre不仅用来称呼"灰尘"，而且用来称呼"火药"。poudre成了多义词。后来，poudre主要用来称呼"火药"，而原来的方言词poussiére进入标准语而称呼"灰尘"。这两个词及其意义分化过程十分缓慢，延续了几个世纪。在西班牙语和葡萄牙语中，"火药"和"灰尘"两个概念的区分也有类似情况。

然而，在意大利语的解决方法完全两样。意大利语polvere在现代也是多义。它既是"灰尘"，又是"火药"，既是"粉剂"，又是"骨灰"。

因而，在一些语言中用一个词（多义词）表达的东西，在另一些语言中可以用不同的词表达，即每个词（单义词）表达一个意义。

语言和思维的进步，不像通常认为的那样，仅仅归结为扩大它们的区分（分化）。这种进步还表现为深化语言和思维的概括（统一）能力。多义现象正是基于这一特点。有趣的是，在借用法语词poudre的一些语言中，该词却保留了多义性。如英语的powder，既表示"灰尘"，又表示"火药"，不用说还有其他意义（粉剂、扑粉）。因而，现代英语的powder，在语义上与现代法语词poudre不对应（保留的仅是历史联系），而与法语中曾经既表"灰尘"，又表"火药"的名称对应。与此相反，德语pulver随法语poudre之后，14世纪后专门用来称呼"火药"。

因此，如果把语言首先看作符号（语言是符号体系），那么比如说，要理解欧洲语言中怎样形成表达"灰尘""粉剂""火药"这些概念的名称是不可能的。与此相反，如果意识到，符号、意义和事物（现象）在语言中是怎样相关的（通常是复杂地，很少直接地），如果随时随地估计到民族语言中的符号不能脱离意义而存在，而意义经常与人们周围世界的事物（现象）相关，那么整个"语言图景"将是另一番景象。所以，不是符号本身，而是符号与意义和事物（现象）之间经常而深刻的相互作用，决定了民族语言词汇的发展。（王德春译 1980：48—49）

3. 批评符号任意性原则的虚假性

与斯米尔尼茨基（1955）不赞同符号任意性原则，提出音义联系具有可论证性一样，布达哥夫在第三部分进一步强调：任意性原则表面上看无可争辩，实际上是一个虚假原则。语言的性质比任何最复杂符号体系的性质更为复杂。

语言符号不可能是任意性的。因为正像我们知道的那样，语言符号只能存在于"符号—意义—事物（现象）"序列中。在这个序列中，符号与非语言现实相关。每一个别符号，既是个别的，又与语言中的其他符号接触。而通过其他符号的媒介，每一个别符号都与说话者和写作者的交际对象发生相互作用。语言符号的这种三重制约性赋予其全面的理据性。因此,语言符号任意性原则初看起来似乎无可争辩,而实际上是一个虚假原则。语言符号的理据性使一切自然(民族)语言,区别于为某些纯粹技术需要而建立的各种人工代码。(王德春译1980:50)

布达哥夫认为,语言符号的纯形式特征很重要,但是其语义特性则更重要。

> 虽然语言符号的纯形式特征(语言外壳)很重要,但更为重要的是语义特性。因为语义特性是由任何自然语言的基本功能——是社会上人们的交际工具,同时是表达思想和感情的工具——所决定的。(王德春译1980:50)

4. 主张意义范畴是最重要的语言范畴

在第四部分,布达哥夫认为意义范畴是最重要的语言范畴,而语言意义的特点,就在于意义范畴存在于符号—意义—事物之中。

> 无可争辩的是,意义范畴的确到处都有,或者几乎到处都是。在每门科学中,尤其在完全依靠交际、依靠表达人们思想感情方式的科学中,确定意义范畴的特点更为重要。而交际和表达思想感情的过程,甚至在抽象方面也不可能离开各种意义范畴。借口到处都有意义范畴,所以似乎应该把它排除出语言学,这不仅达不到目的,而且再次证明了这一范畴在任何民族语言中以及语言科学中的巨大比重。(王德春译1980:51)

5. 强调语言的反映现实和认知历史功能

布达哥夫在第五部分提出,对意义范畴是否是语言学的核心范畴存在两种对立的理论。

> 对词的意义的解释,与对符号、意义和事物(现象)之间的相互作用的解释,具有最直接的联系。这里也可分为两种对立的观念,在它们之间存在各种"中间"理论。其中一种理论认为,意义范畴是语言学核心的范畴;与之对立的理论则认为,意义范畴是非语言学或超语言学的范畴。在后一种情况下,语言处于认识过程之外,而关于语言和思维深刻相互作用的论题则失去任何意义。(王德春译1980:52)

布达哥夫指出,意义范畴一定与人类知识各领域和人的实际生活中其他各种意义发生相互作用。

> 区分语言学的意义和非语言学的意义,问题本身很复杂……。语言和语言科学中的意义范畴具有自己的特点,同时这种范畴,无论如何与我们实际生活中的意思范畴

相互联系、相互作用。

> 总之，语言学的意义范畴保留自己的特点，与人类知识各领域和人们实际生活中的其他各种意义发生相互作用……。并且概念越抽象、越一般，用来表达概念的词的感性形式就越具有更多意义。因此人们不仅自觉地对待个别科学的术语，而且自觉地对待更广泛存在的、具有抽象意义的词。（王德春译1980：52）

布达哥夫以拉丁语和诸罗曼语的名词testa（瓦罐）如何获得"头"的意义，以说明语义转化的过程。

> 在拉丁语和各罗曼语言中，人们熟知这样的语义转化：名词testa（瓦罐）在晚期拉丁文中获得"头"的意义，而拉丁语正统的词caput（头），在各罗曼语中几乎都没有把该意义保留下来。在这些语言中，"头"的名称大部分源于testa。关于瓦罐十分感性的表象，看来是很多罗曼语中头的名称词源的基础（法语tête、西班牙语testa、意大利语testa等）。……

> 隐喻的解释绝不是一切，而只是caput > testa相互关系语义链条中的一环。首先产生两个物体和表达它们的词之间的观照。说话者很久就意识到caput和testa之间的区别。在拉丁语注释中就直接这么解释：testa"头"或"瓦罐"。testa既与"头"相应，同时又与"头"对立（第一阶段）。然后，隐喻使这两个概念接近，随之也使这两个词接近（第二阶段）。此后，在有些上下文中，testa开始用来称呼"头"（第三阶段）。最后，不再依赖上下文，testa就是"头"（第四阶段）。（王德春译1980：52—53）

布达哥夫强调，语言不仅是表达体系，而且具有反映现实功能和认知历史功能。

> 在当代语言学中就存在两种基本观念并相互斗争着。对一种观念说来，语言仅仅是表达的体系；对另一种观念说来，语言不仅具有这种功能，而且具有反映现实的功能，具有与一般认知历史过程紧密联系的功能。第二种观念不仅补充第一种观念，而且与之在原则上不同，提出了语言的三种功能，突出了在符号与意义和事物（现实）的相互作用中来理解符号。语言不仅是形式表达体系，而且首先是每个民族的文化成果和财富。（王德春译1980：53）

与索绪尔将语言主体（语言的创造—使用者）和语言意义（语言负载的内容和使用目的）排除出语言系统不同，布达哥夫基于语言是每个民族的文化成果和财富，强调语言的表达功能、反映功能和认知功能。

七、阿赫曼诺娃的词义描写分析

阿赫曼诺娃（О. С. Ахманова, 1908—1991），莫斯科国立大学语言学系教授，致力于普通语言学、俄语词汇学、心理语言学和社会语言学研究。阿赫曼诺娃是斯米尔尼茨基的妻子，两人合作编纂《语言学术语词典》《俄罗斯同义词词典》《英—俄双解词典》《俄—英基础词典》等。在俄语词汇学领域，阿赫曼诺娃著有《普通词汇学与俄语词汇学概论》（Очерки по общей и русской лексикологии, 1957）。除了受到维诺格拉多夫词汇学思想的影响，其观点也与斯米尔尼茨基多有相似。该专著通过大量词汇资料分析，力图建立词汇学理论体系。第一部分（第一篇）探讨词汇学的一般理论，主要是语义问题；第二部分（第二至第五篇），分别从意义、语音和形态等方面研究词的演变，探讨词的同一性问题及词的修辞分类问题。春人的《〈普通词汇学与俄语词汇学概论〉简介》（1962）为我们提供了研究资料。

（一）词的界定与词义研究方法

阿赫曼诺娃论述了具有代表性的意义观，讨论了词义的性质、词义的民族性及其研究方法等问题。

1. 从语音和语义两方面界定词

关于意义与语言的关系，阿赫曼诺娃首先阐述了"表征论"和"功能论"的观点。

> 意义存在于语言单位之中，还是产生于每次运用语言之时？在这个基本问题上，历来有两种不同的观点：1. 语言及其单位是思想的体现，就能够表达思想，因而语言单位具有意义；2. 语言及其单位不是思想的体现，也就不能表达思想，因而本身不会含有意义，只不过在具体环境中触发或引起某种思想。前者通常称为"表征论"，代表人物首推索绪尔；后者通常称为"功能论"，如：加德纳（Gardiner）、布伊森（E. Buyssens）、布龙菲尔德（Bloomfield）等。（转引自春人1962：65）

功能论仅从语言功能出发，误以为语言单位本身不表意义。表征论承认语言表达思想，语言单位具有意义，却把语言和其他符号系统等同起来。这两派都因不了解语言和言语的相互关系而失之片面。查尔斯·巴利、彼什柯夫斯基和德罗舍夫斯基（W. Doroszewski, 1899—1976）都试图全面分析词对于语言和言语的双重关系，但未能从根本上说明词的实质。问题的关键在于，需要正确理解语言和客观现实的关系。

传统语言学往往从纯语言角度出发，忽视了词与逻辑、心理范畴的关系。而"语言心理学"主张从所有可能方面（包括语言心理过程）来认识语言的意义。苏联语言学界对语言与现实、语言与思维的相互关系，通常看法是语言反映现实，词表现客观事物。阿赫曼诺娃认为，语言不仅表达思想，而且是思想产生、形成和存在的必要条件。思维不能脱离语言，概念不能不体现在语言单位中，但对概念与词义是否一致的问题则有不同看法。一些逻辑学家和哲学家认为，词义与概念的内容是互相吻合的，而语言学家则大多认为两者不相等。阿赫曼诺娃同意后一种观点，提出要从语音和语义两方面说明概念与词的区别。

> 概念是从复杂多样的现象中概括抽象出来的，所以能反映客观事物。概念一定要通过语言材料——词才能表现出来，因此便构成了词的基本内容。作为具体语言的特殊现象，词只存在于独特的语音、语义体系之中。因此在具体语言中，概念总是和一定的物质材料——音组发生联系，这样便获得了具体语言的语音特征，同时又在特殊的语义体系中获得了具体语言的意义特征。（转引自春人 1962：65）

阿赫曼诺娃试图证明，表示相同概念的词在不同语言中不仅语音形式不同，语义也不完全相等。不过，她并未充分论证词义与概念的关系，甚至在分析不同语言的词义分歧原因时，也未涉及这一复杂理论问题。

2. 词义属于具体的语义体系

词义不但以客观事物为基础，同时又只能属于具体语义体系，因此便产生了不同语言中的词义共性和个性问题，从而需要正确理解词汇的民族特点。洪堡特和新洪堡特学派的学者基于客观唯理主义观点，提出语言是民族精神的表现，因此语言的差别反映民族思维和世界观的差别。现代美国语言学界的某些代表人物，尽管反对这一观点，却同样从唯理主义实证论和实用主义出发来解释语义的不同，因此仍然不能正确地解决这一问题。阿赫曼诺娃认为：

> 人们的思想和语言表现都是由客观事物决定的，这与唯理主义的理论根本不同。既然思维必须通过具体语言进行，就必定要利用这种语言世代积累起来的表达手段和经验，在此基础上形成并记录人们对世界的新认识。因此词义就产生了差异，形成各自的独特语义体系。举例说，俄语рука的意义一般指"由指尖到肩膀整个上肢"。同样的物体，在其他语言中分为两部分用两个词表示，这些词的意义与рука不同。如英语是hand（手）—arm（胳膊），法语是main—bras，德语是Hand—Arm等。由于不同语言所记录的客观现实是一致的，因此语义的分歧和个性只占次要地位，不会影响不同民族的相互理解和语言可译性。（转引自春人 1962：65—66）

阿赫曼诺娃肯定了客观事物的决定性、思维规律的共同性以及思维对语言的决定性，同时又提出语言在形成、组织思想方面的作用及其民族的历史继承性。

根据当代理论，语义并非单纯地受客观事物的决定，语义的形成是认知主体与认知对象的互动。而且不能片面强调所谓"人类思维规律的共同性"，固然人类具有基本相同的认知能力，但是应当充分认识到认知活动、认知过程及其成果的差异性，即体现在语言系统中的概念系统的差异性。俄语的рука指"整个上肢"，英语的hand指手，arm指胳膊，这就是不同概念系统的局部差异性。

3. 词典编纂的词义描写分析法

阿赫曼诺娃提及影响广泛的三种词义研究方法：一是美国语言学派提出的语义成分分析法；二是以研究具体语言独特的词义分布和相互关系为目标的语义场理论；三是西欧结构语言学派提出的语义研究法。根据作者的看法，这些方法几十年来并没有给词义研究带来显著成果，因此词典编纂学对描写分析词义就具有重要意义。阿赫曼诺娃强调：

> 对于词义必须进行科学的深入分析，每个词条都应是在调查研究词的意义体系、各种细致的含义和用法的基础上，经过分析得出的概括结论。确定词义内容时，基本根据是词与客观事物之间相互联系的性质，而其他的纯语言成分只是辅助因素。（转引自春人 1962：66）

阿赫曼诺娃强调的也就是另一种词义研究方法——词典编纂的词义描写分析法。而词汇语义研究与词典编纂密切结合，正是俄罗斯词汇语义研究的最大特色。

（二）词义的演变及其结果

与斯米尔尼茨基的观点一样，阿赫曼诺娃赞同词的同一性和词的分立性。《普通词汇学与俄语词汇学概论》第二大部分，主要讨论的就是词的同一性问题。所谓同一性是说词可以有各种性质的变体而仍不失统一和完整。研究词的同一性，就是研究词的形音义三方面的异变及其结果。

1. 一词多义和异词同音

一个音组即使表示两个以上明显不同的意义，如果同一性没被破坏仍是一个词，如果同一性被破坏就是异词同音。词义演变达到最高限度而失去同一性时，便会产生同音词。如果不对词义演变做具体分析，仅依据外部标志，在大多数情况下无法划分同音与多义的界限。况且一切外部的形式标志（构词标志、形态标志、句法标志），充其量也不过或多或少反映了词义的变化。所以应当从具体语言的语义体系出发确定同音词。

> 不同语言的词义发展各有其特殊规律。从意义角度研究词的同一性，不可从一般的抽象的词义理论出发，必须严格地从具体语言的语义体系出发。（转引自春人

1962：66）

在语音演变、形态演变和词义分裂等构成同音词的三条道路中，对俄语来说，通过形态演变形成同音词是最典型、最普遍的。除了理论阐述，阿赫曼诺娃还根据丰富的语言材料详细分析了俄语名词、动词、形容词、副词中的同音词类型，并试图探索具有形式标志的同音现象产生的原因及其规律。

2. 意义不变的词形异变

阿赫曼诺娃提出，词在形式方面的异变超过同一性的限度，便产生同义词。

> 在具体语言的某一发展阶段上，一个词可能有两种以上的语音和形态变体，如俄语中的ноль—нуль（零、零度），холостяцкий—холостецкий（单身汉的），закалять—закаливать（锻炼好、使之老练）。不同变体或者有新旧之分，逐渐汰旧留新，或者同时并存，而各具修辞特点。（转引自春人1962：67）

这种情形没有影响到词的同一性，而是一词的异音异形。倘若变体之间的微小区别促成了意义的分化，原词的同一性消失而分化为两个词。分化以后，两词的意义一般都比较接近，可称为同义词。换而言之，词形的异变，超过同一性的限度便产生同义词。

3. 词组成语化的词义演变

苏联语言学界大体上同意维诺格拉多夫所提出的语义原则——成语表示统一的完整的意义，它不是单词意义的简单总和。阿赫曼诺娃觉得这个原则过于一般化，她主张从词语与客观事物的关系上寻求答案，如果词组是作为一个整体去称谓客观世界中的某一个事物（概念），即相当于一个词的功能，那么这个词组就是成语。因此，应以词组的"称谓功能的完整性"作为成语的基本标志。

> 在特定的词组中，词的意义会发生变化，与其他词义逐渐溶合在一起，最后形成一个完整的新意义。在这个词义演变的过程中，词仍然保持着同一性，到演变过程结束时，词组凝结为成语，其中的词便同原来的词分裂而破坏了同一性。（转引自春人1962：67）

阿赫曼诺娃把成语看成词义融合演变的结果。其实，词组作为整体来称谓事物，正是因为它有了完整的意义，而单个词就丧失了独自反映事物的作用。这种说法与维诺格拉多夫的语义原则基本相同。

在谈到词义在成语化词组中的变化时，阿赫曼诺娃提出了一个值得重视的看法：词义在成语化过程中同时受到向心与离心两种力量的作用。一方面，词组中的每个单词在意上逐渐交融；另一方面，词组的完整新义又潜在分解到每个单词中去。

以делать из мухи слона（把苍蝇吹成大象。比喻毫无道理的夸张、小题大作）为例，这个成语里不仅由各词意义引申发挥构成了完整的新义，而且这个比喻的新义又分离潜化在муха和слон之中。所以муха有了"次要、微小"的潜在义，слон有了"重要、严重"的潜在义。因此才产生了活用成语的可能。譬如可以讲Если всех мух уничтожим, то из чего же слонов делать будем?（"要是我们把所有苍蝇都消灭掉，那还怎么造出大象来呢？"意为若"小题"都扔掉，又怎么"大作"呢？）。（转引自春人1962：67）

阿赫曼诺娃还根据编纂词典掌握的资料，研究了词组成语化的规律性，确定了在现代俄语中几种最普遍、最典型的词组转化的情形。

阿赫曼诺娃的研究特点是，基于词典编纂积累的丰富知识，以词的同一性理论和词汇语义体系为指导，研究词汇语义的民族性。

第四节　词汇学的特色与语义学的曲折

俄罗斯的词汇语义研究有着悠久传统。19世纪中期以来，一些学者已从不同角度研究俄语的语义。俄罗斯的早期研究，主要以亚历山大罗夫（1886）专类词汇语意学和波克罗夫斯基（1896）的历史语意学为代表。俄罗斯的中期研究，主要以维诺格拉多夫（1953）的"词汇—语义系统"学说和布达哥夫的"符号—意义—事物"学说（1953）为代表。语义研究与词典学和词汇学的密切联系，突出了词汇语义的应用研究，在促使苏俄形成独特词汇学的同时，也就导致语义学长期未能成为独立学科。

一、词汇学的特色及其影响

美国著名语言学家瓦恩莱希曾经写道：

关于苏联词汇学，对美国语言学家来说，最为惊疑的是竟然还有这样一门学科独立存在。在西欧与美国语言学里并没有这样的学科。在"描写语言学导论"或"现代语言学教程"这类教科书中，词汇学连提也不提。谈到语言词汇，作者仅限于几句即兴式的看法，而且连这一点也做得很不情愿。相反，在苏联教材中，词汇学却辟出实际上与语法学、语音学同等的地位。（*История советского языкознания. Москва: Высшояшкола*. 1988：233，转引自郑述谱2009）

1828年，美国词典学家韦伯斯特根据古希腊词lexikon新造lexikonology（词汇学）这一术语，但是在其理论方法上大力推进的却是俄罗斯学者。从20世纪40年代始，苏俄学者就在试图建立普通词汇学的基础上，对俄、英等多种语言的词汇展开研究，并对欧洲和中国词汇学研究产生了重要影响。

关于英语词汇学，除了斯米尔尼茨基的《英语词汇学》（1956）和阿诺德（Й. В. Арнольд）的《现代英语词汇学：学习指南》（*Лексикология современного английского языка: учебное пособие*, 1959），20世纪70年代以来，西方出版的以"词汇学"为题的专著，主要有波兰学者德罗舍夫斯基（W. Doroszewski）的《词汇学和符号学基础》（*Elements of Lexicology and Emiotics*, 1973）、德国学者汉森（K. Hansen）的《英语词汇学》（*Englische Lexicologie*, 1982）、莱普卡（L. Lepka）的《英语词汇学纲要：词汇结构、词汇语义学和构词法》（*An Outline of English Lexicology: Lexical Structure ,Word Semantics and Word Formation,* 1990）、法国学者图尼耶（J. Tournier）的《英语词汇学概论》（*Précis de Lexicologie Anglaise,* 1993），以及捷克学者贝尔尼克（J. Peprník）的《英语词汇学》（*English Lexicology,* 1998）等。

20世纪50年代，苏联语言学对中国语言学的影响十分明显。新出现的汉语词汇学引进苏联词汇学理论方法，结合汉语特点而形成研究框架。周荐、杨世铁在《〈汉语词汇〉对词汇学的贡献》（2006）中写道：

> 《汉语词汇》（吉林人民出版社，1956年）是孙常叙汉语词汇研究的代表作，也是我国第一部词汇学专著，它的出版标志着汉语词汇学的诞生。……作者借鉴当时苏联语言学研究的成果，结合汉语的实际，首次构建了一个汉语词汇研究的整体框架。……无论是二十世纪七八十年代的词汇学著作，还是九十年代的词汇学著作，抑或是近几年出版的汉语词汇学新著，体系上基本上没有超出孙常叙当初所设定的框架。（周荐、杨世铁 2006：10）

有些词汇学著作在20世纪80年代印行，但成稿可能在此前，其模仿痕迹难免。张永言的《词汇学简论》（华中工学院出版社，1982），不仅在结构体系上以阿诺德的《现代英语词汇学》（1959）为蓝本，而且译述了其中的大部分定义和理论阐述，甚至部分例子也来自该书。潘绍典（1991）认为是"抄袭"，不免言之过重。

由于苏联的影响，词汇学在中国发展起来，而语义学也未能及时成为一门独立学科。直到20世纪70年代引进西方现代语义学理论，80年代才有石安石的《语义研究》（1984）、贾彦德的《语义学导论》（1986）和伍谦光的《语义学导论》（1988）等著作陆续问世。

二、关于语义学的两派意见

俄罗斯语义学的曲折道路，与这一时期的社会背景相关。1917年以后，俄罗斯语言学界与国际语言学界的联系中断。随后，对大学人文诸系进行改组，语文系不再作为独立的教学单位，继承和发展俄罗斯传统学术被认为是"资产阶级的"。马尔（Н. Я. Mapp, 1865—1934）曾经对历史考古和语言研究做出重要贡献。但在此后，他试图要征服整个世界的语言学界，立誓要与俄罗斯语言学传统和国外语言学彻底决裂。20世纪30年代以来，马尔的"新语言学说"占据了统治地位，同时一批语言学家被逮捕或被流放。①

在1950年的苏联语言学大辩论中，斯大林说道：语义学是语言学的重要组成部分之一，词和语的含义方面在研究语言上具有重大意义。此后，维诺格拉多夫开始主编《语言学概论》，其中第二编由布拉霍夫斯基（Л. А. Булаховский, 1888—1961）撰写，包括语义学、词汇学、词典学和词源学各章。《语言学概论》第二编（Введение в языкознание, Часть 2, М.: Учпедгиз, 1953）出版以后，却遭到许多学者的批评，尤其是兹维金采夫。尽管兹维金采夫核实过，布拉霍夫斯基几乎完全根据维诺格拉多夫主编、集体编写的《语言学概论》教学大纲的第二编，但是兹维金采夫在《语义学在语言各学科中的地位》（1954）中，实际上推翻了布拉霍夫斯基的基本论点和做法。

> 不久前出版的Л. А. 布拉霍夫斯基的《语言学概论》第二编无疑有许多优点，但是对于语义学的任务，以及语义学与语言科学中的其他各部门、各学科之间的相互关系，谈得还是不十分清楚。特别是他的基本论点不能说很合适。看来，布拉霍夫斯基认为语义学是语言学中完全独立的一个部门（与形态学、词汇学等并列），认为它和词汇学关系最为密切。他是这样下的定义："语义学是语言科学中的一个部门，它研究词和词汇意义及这些意义的变化，语义学和语言学中的另一门学科，即研究语言词汇的词汇学具有密切的关系。"［注十一：《语言学概论》，教育书籍出版局，第七页］在材料的编排上，书中也强调了语义学的这种独立性，把语义学放在词汇学的前面，并且在全书中占了很大的篇幅。在布拉霍夫斯基的书里，语义学不仅占主导地

---

① 戈尔巴涅夫斯基著，杜桂枝、杨秀杰译：《世初有道——揭开前苏联尘封50年的往事》，北京：民主与建设出版社，2002年。

位，而且还贯穿在词汇学的那一章里（例如，在词的转义用法这一节）。这就模糊了材料分配的原则；而更为严重的是，模糊了学生对各别语言现象本质的理解。（方如英译 1955：76—77）

兹维金采夫坚持的是"词汇学"作为上位学科，语义学与名称学并列，作为其下位学科。语义学的研究任务是：

> 如上所述，语义学是研究词汇单位的意义方面。根据这一任务，语义学的研究范围包括：词汇意义的本质，词汇意义的类型，词义的发展规律，词义的变化类型的分类，同义词，反义词，同音词及其他相关问题。（方如英译 1955：79）

20世纪50年代初，苏联语言学界有两派意见，一派主张语义学独立为一门分支学科，另一派坚持语义学作为词汇学的下位分支。布拉霍夫斯基的做法，以及布达哥夫（1953）的观点反映了语义学学科独立的迫切要求，而兹维金采夫的看法则阻碍了语义学的发展。

与之相关，当时的通用语义学、语义哲学被打入唯心主义哲学流派，相当一部分苏联学者撰写了批判语义派、语义学的论著。60年代以来，俄罗斯语义学才走上独立发展之路。"莫斯科语义学派"开始萌芽，他们继承了波捷布尼亚、谢尔巴、维诺格拉多夫等人的思想，还吸收了美国语义学和德国配价语法的理论方法。20世纪60—70年代，茹科夫斯基（А. К. Жолковский）和梅里丘克（И. А. Мельчук）提出的"意思话语"模型，既包括了从意义到话语的生成能力，也包括了从文本到意义的分析能力。1967年，阿普列相在《俄语动词语义的实验研究》（Экспериментальное исследование семантики русского глагола）中，建立起俄语常用动词在"分布—转换"模式中的语义空间，体现了句法结构研究语义化的思路。1972年，阿普列相被苏联科学院俄语研究所开除，1974年完成的《词汇语义学：语言的同义手段》（Лексическая семантика—синонимические средства языка），直至1984年才出版。1985年，阿普列相重返苏联科学院，主持计算语言学研究室和理论语义学研究室。此后成为俄罗斯科学院成员。

随着莫斯科语义学派的发展，俄罗斯当代语义学终于走向国际（详见张家骅等合著《俄罗斯当代语义学》，2003）。

表9-1　俄国语义学沿革一览

	作者	著作	主要观点	传承或身份
学术背景	普列特涅夫（П. А. Плетнёв, 1792—1865）	1845年9月29日给格罗特的信	语言中没有完全等同的词。每个词在脑中所唤起的，除了词汇意义，还有涉及有关时代、风土人情的观念。	诗人和评论家，俄罗斯文学教授，圣彼得堡大学校长。
	尼基天科（А. В. Никитенко, 1804—1877）	1864年1月26日的日记	用得绝妙的辞藻，不仅能够准确表达一定的思想，同时还能感觉到该思想和其他一些不直接属于你所表达概念范围的思想之间的关系。	圣彼得堡大学俄罗斯文学教授。
形成及其发展	1. 波捷布尼亚（А. А. Потебня, 1835—1891）	《思维与语言》（1862）；《俄语语法阐释》（1874；1899、1941）	1. 词是音义统一体，由语音、概念和意义三部分组成。2. 区别了词的基本义与引申义。3. 词义的主观性和客观性，社会性和个体性有着必然联系。4. 词义具有民族性，研究词义要考虑历史文化和传统风俗。	俄罗斯心理语言学派、词汇语义学的奠基人。受洪堡特、赫尔巴特等的影响。
	2. 博杜恩（Бодуэн де Куртнэ, 1845—1929）	《奥古斯特·施莱歇尔》（1870）；《1876—1877学年度详细教学大纲》（1877）；《斯拉夫语"比较语法"的若干章节》（1881）；《语言学的任务》（1889）；《关于语言变化的一般原因》（1890）；《19世纪的语言学》（1901）；《语言科学》（1904）；《语言学导论》（1917）	1. 语言是意义、形式、语音的统一体。在语意学和词源学中仅考虑表征的类比联想。2. 语言变化在某一个体向另一个体传递语言概念的交际过程中发生。词语意义的变化通过隐喻或寓意方式实现。在这一过程中，该词语之前的特定意义常常被遗忘。3. 关于概念意义或语言表征与超语言表征相结合的语意学，已经在坚实基础上建立起来。词源学和语意学研究将对心理学产生巨大影响。词汇学将成为20世纪的创新点。4. 讨论了"语义化和形态化""形态同化（类比）和语义同化"，还提出了语义—形态词、语义化、语义同化等概念。	1870年、1877年将语意学引入俄国，倡导语意学研究。师从施莱歇尔、斯列兹涅夫斯基。受莱布尼茨、赫尔巴特、洪堡特、斯坦塔尔等的影响。
	3. 亚历山大罗夫（А. И. Александров, 1861—1918）	《立陶宛民族诗人多纳利修斯的语言：语意学研究》（1886）；《立陶宛语研究，第一部分：名词性复合词》（1888）	1. 用语意学理论研究立陶宛诗人多纳利修斯作品中的俗词源词、拟声词和隐喻词。区分了本土原生词和外来词。2. 俗词源有利于外来词的本土化，有利于古旧词的可理解性或语义透明化。隐喻只是重新解释旧词，由此导致词义变化。3. 转移、同化、缩小和扩大是语义演变的四种常见现象。4. 从语义—形态两方面研究立陶宛语的复合词。	师从博杜恩。吸收波特、布雷亚尔的理论方法。第一部以专人作品语言为对象的论著，第一部研究俗词源词的论著。

续表

	作者	著作	主要观点	传承或身份
形成及其发展	4.波克罗夫斯基（M. M. Покровский, 1868—1932）	《论语意学的方法》（1895）；《古典语言中的语意学研究》（1896）；《来自语意学领域的几个问题》（1897）；《拉丁语历史语法资料》（1898）；《有关词义变化的思考》（1936）	1. 基于达梅斯泰特尔等人的研究提出"同一概念范围的词群说"。2. 采用语义演变的历史对比法。通过对一种或其他形态范畴的词的历史意义的分析，可得出语义联想原则。语义规律应适用于所有语言。3. 语义变化规律，一方面与语义联想、词语联想直接相关，另一方面与语言历史、民族历史直接相关。要从心理角度和社会历史文化角度研究语义变化。	师从福尔图纳托夫和柯尔施。受保罗、赫尔德根、施罗德、魏格纳、达梅斯泰特尔、布雷亚尔的影响。俄罗斯历史语意学的创立者。
	5.彼什科夫斯基（A. M. Пешковский, 1878—1933）	《俄语句法的科学阐释》（1914, 1920, 1928）	1. 形式是意义功能观的集中体现。反对将形式和意义机械地割裂。2. 提出"词位"的概念。3. 提出词义可以分解为独立的成分。	受福尔图纳托夫、波捷布尼亚、沙赫马托夫的影响。
	6. 维果茨基（L. Vygotsky, 1896—1934）	《思维与语言》（1934）	1. 词义是言语和思维的融合：思维和言语属于心理学研究范畴，其中心环节是思维与词的关系。2. 内部言语的主要语义特征：（1）词的意思比其意义更占优势；（2）词的黏合构造是表达复杂观念的普遍规律；（3）词的意思结合和统一方式受不同规律支配。3. 语义理解的规律在内部言语中，意思支配意义，句子支配词，上下文支配句子。4. 采用功能方法研究思维过程中的词义作用，词义在交际中才能发展。	受波朗心理语义学研究的影响。
	7.维诺格拉多夫（В. В. Виноградов, 1895—1969）	《俄语历史词汇学的若干问题》（1953）、《词的词汇意义的主要类型》（1953）	一、词汇—语义系统：1. 语义系统是语言结构的组成部分。2. 只有深入研究语言系统的语义基础，才能理解同一个词各个意义的组合特征和规则以及一词多义和数词同音异义现象。只有与词汇—语义系统联系才能弄清词的形式、意义及用法。3. 核心词是相关同义词的基础。二、词汇意义的四种类型：1. 不受限制的指名意义；2. 习用范围受限的词义；3. 句法作用受限的词义；4. 搭配方式受限的词义。三、语义句法学：任何语言单位都是结构和意义统一体，句法学要研究句法结构和语义结构。	师从沙赫马托夫，受谢尔巴的影响。现代俄语句法学是从维诺格拉多夫的句法理论发展而来。

第九章 俄国传统的语义学研究 459

续表

	作者	著作	主要观点	传承或身份
形成及其发展	8. 斯米尔尼茨基（А. К. Смирницкий, 1903—1954）	《论词的问题：词的"分立性"》（1952）；《论词的问题：词的"同一性"》（1954）；《词义》（1955）；《英语词汇学》（1956）	1. 词义是事物、现象或关系在意识中的反映。2. 词义不仅是与一定语音有联系的事物或现象的反映，而且是心理现象。3. 语音和意义的联系是约定的。4. 同一个词有可能在不同场合出现，但仍具有其同一性。	批评索绪尔的符号任意性原则。
	9. 布拉霍夫斯基（Л. А. Булаховский, 1888—1961）	《语言学概论》第二编（1953）	论述了语义学、词汇学、词典学和词源学，将语义学作为专章置于首位。主张语义学独立为分支学科。	遭到兹维金采夫等的批评。
	10. 兹维金采夫（В. А. Звегинцев, 1910—1988）	《语义学在语言各学科中的地位》（1954）、《现代理论语言学的一些迫切问题》（1961）、《语义学》（1957）和《普通语言学纲要》（1962）	一、坚持语义学从属于词汇学：研究词汇意义的本质和类型、词汇的发展规律、变化类型以及同义词、反义词、同音词等。 二、概念特点及与词义异同：1. 形成概念的有事物和思维两种力量，形成词汇意义的有事物、思维和语言结构三种力量。2. 概念中不包含民族特色。 三、词义的发展过程与特点：1. 词义发展的差异受其语言结构差异的制约。词义发展的共性由文化和历史、客观现实的共同性决定。2. 科学术语的意义随着所服务学科的演变而变化。	反对将语义学确立为独立分支学科。反对沃尔夫假说。
	11. 布达哥夫（Р. А. Будагов, 1910—2001）	《语言学概论》（1956）；《符号—意义—事物（现象）》（1978）	一、主张语义学独立：语义学是研究词的意义及其变化原因的学科。 二、词的内部构造和词义：1. 只有通过分析语言的历史才能揭示词的内部形式。2. 词义多半取决于语言的民族特点。3. 客观意义具有稳定性；主观含义不稳定。4. 同义词具有同一概念标准，最主要作用在于能表达概念的不同意味。 三、词义理解与词义变化：1. 词义理解与语境相关。2. 词义变化不仅由历史发展决定，也由语言发展内部规律决定。 四、关于符号、意义与事物的观点：1. 符号任意性原则是虚假的。2. 意义范畴是最重要的语言范畴。3. 语言有反映现实和认知历史功能。	在《当代语言学思想和流派斗争》（1978）第二章中，专门讨论了"符号—意义—事物（现象）"之间的关系，对索绪尔理论的基石"语言是符号系统"加以批判。

续表

	作者	著作	主要观点	传承或身份
形成及其发展	12.阿赫曼诺娃（O. C. Ахманова, 1908—1991）	《普通词汇学与俄语词汇学概论》（1957）	1.词义属于具体的语义体系。2.强调基于词典编纂的词义描写分析法。3.词义演变达到最高限度而失去同一性便产生同音词。4.词在形式方面的变异超过同一性限度便产生同义词。	受查尔斯·巴利、彼什柯夫斯基、斯米尔尼茨基、维诺格拉多夫的影响。

第十章

现代语义学的第一块基石：
心智语义场理论

通常认为，20世纪30年代以前的西方语义学为传统语义学，其后的西方语义学为现代语义学。并且认为，当代现代语义学的第一个流派是"结构主义语义学"，这是将索绪尔的"结构主义"延伸至语义研究领域的结果。由此，也就带来三个问题：1. 语义场理论的形成背景是语言学的结构主义吗？2. 语义解析方法的形成背景是语言学的结构主义吗？3. 关系语义学的"系统意义"是建立在"结构意义"基础上吗？李葆嘉（2012）称之为"结构主义语义学的三个谜"。

现代语义学的第一块基石，无疑是20世纪20—30年代德国学者创立的语义场（语言场/词场）理论。根据文献梳理，德国学者伊普森（1924）首次提出语义场理论，特利尔（1931）提出聚合场，波尔齐希（1934）提出组合场，魏斯格贝尔（1939）进一步从理论上阐述。心智语义场的学术背景是新洪堡特主义、民族心理学思潮和格式塔心理场论。虽然特利尔、波尔齐希在一定程度上受到索绪尔的影响，但是心智语义场本质上是"新洪堡特主义语义学"，而非"结构主义语义学"。

1978年，周绍珩在《欧美语义学的某些理论与研究方法》中梳理了乌尔曼、奈达等关于语义场的定义，但未涉及该理论的形成过程及背景。此后，伍谦光（1988：94）提及："德国学者特利尔最早提出语义场理论。"贾彦德（1992：8）指出："语义场的理论并不是特利尔一个人提出来的，他以前就有人在一定程度上有了这一观念，他本人也并未使用semantics field这个术语。"贾彦德（1992：149）还提到，"语义场"借鉴了物理学中"场"的概念。2000年以来，张建理（2000）讨论了特利尔和波尔齐希的词义场理论，认为"显然受到现代语言学理论的影响"，主要是受到索绪尔"语言单位的值是同纵横轴上的其他语言单位相辅相成的，相参照而取得自己的值"思想的影响。

徐志民在《欧美语义学导论》中认为：

> 语义场思想主要来源于关于语言的结构观念和结构主义思潮，至少可追溯到洪堡特的某些论述，尤其是他的"世界图像"和"内部形式"的学说，与胡塞尔的现象学理论也有某种联系。其直接来源则是索绪尔语言理论中的系统论、"联想关系"、"价值"概念。特利尔就曾明确承认他的理论与两位伟大的先驱者——索绪尔和易卜生（即伊普森——引注）直接相关。（徐志民2008：72）

并且认为，在语义场理论成为较完整系统之前，"语义场"这一概念在哲学、心理学、语言学、词典编纂学领域里已经萌生。与之相同的论述，见于张燚（2002）的文章。经核查，张文的内容与徐志民《欧美语义学导论》（2008）第五章"语义场论"基本一致。就是易卜生（G. Ipsen）的外语名字"G. Ipen"，也与徐书误同。据张文的注释⑤⑥，"转引自徐志民教授《语义学讲义》"，可以推定张文内容来自徐志民《欧美语义学导论》的初稿《语义学讲义》。

2009年，彭彧梳理了特利尔和魏斯格贝尔的语言场研究线索，主要结论是：

> 特里尔（即特利尔——引注）对语言场的贡献在于第一次正式地提出了这一理论，指出了语言场的一些特性，并把共时研究和历时研究结合起来。魏斯格贝尔对语言场进行分类并举例说明，特别是加深了对德语的理解。（彭彧2009：42）

以上论述，比2000年以前的介绍有所丰富，但是其中有些说法无文献佐证，有些原始文献可能没有查阅。

第一节　心智语义场理论的形成过程

一、伊普森首倡语义场

伊普森（G. Ipsen, 1899—1984），德国心理学家、语言学家、社会学家、人口统计学家和哲学家，出生于奥地利的因斯布鲁克。1919年随其父卡尔·伊普森①迁居德国，进入莱比锡大学，1922年获莱比锡大学心理学博士学位。1926年任莱比锡大学社会学和哲学讲师，1930年任教授。1933年成为柯尼斯堡大学教授，主持哲学、教育心理学研讨会。

伊普森在大学期间就表现出跨学科兴趣，最初研究领域是格式塔心理学，试图在整体模型的背景下解决认识论问题。他拒绝法国的理性主义，而认同基于黑格尔和黎耳②民族文化的德国理想主义，试图把格式塔心理学作为增强德意志民族精神凝聚力的手段。其后探索语言学和语言哲学，而被特利尔称为"语义场"概念的发明人。

1933年，伊普森发表人口统计学和人口历史的论著，人口史家则称其为"历史—社

---

① 卡尔·伊普森（Carl Ipsen, 1866—1927），医学博士。1894年任司法医学研究所所长。1905—1906年任医学院院长。1908—1909年任大学校长。1909年成为维也纳最高卫生委员会委员，1919年成为哈雷德意志帝国科学院成员。

② 黎耳（W. H. Riehl, 1823—1897），文化民族学家，德国民俗学的创建人。1854年任慕尼黑大学国家经济学教授，1859年改任文化史教授。著有《民族自然史：德国社会政策的基础》（*Die Naturgeschichte des Volkes als Grundlage einer deutschen Sozialpolitik*, 1851—1869）。

会人口理论"的创立者，试图创建一个独特的"德国人口理论"。1937年加入国家社会主义德国工人党。1939年，作为比勒的继任者，任维也纳大学心理研究所所长。1945年起在因斯布鲁克隐居数年。1951—1961年任明斯特大学新创学科"社会调查和社会统计"研究中心主任。1959年退休后，在波恩大学的波罗的海研究所、空间研究和规划学院工作，1962—1965年执教慕尼黑大学。

1924年，伊普森发表《古代东方与印度日耳曼》（*Der alte Orient und die Indogermanen*）。这篇气势磅礴的长篇论文，包括六个部分：1. 地球生物的分布状况；2. 文明古国与干旱生态；3. 西欧史前和早前文化的共同基础；4. 印欧人通向东方的欧亚轨道；5. 东西方语言交会中的迁徙词痕迹；6. 古代东方地区的宗教运动。[①]在讨论"东西方语言交会中的迁徙词痕迹"中，为了将本族词与历史上通过外来语言文化瞬间接触而获得的迁徙词相区别，伊普森提出了语义场理论及其"马赛克模式"。

> Dises verzweigen sich weiterhin nach allen Richtungen und **wurzeln** fest im **gesanten Wortschatz**. Daraus läßt sich die Art alten Eigengutes in drei Richtungen erfassen: Erstlich liegt es stets in vollständigen Wortgleichungen vor. Auch wo die **Urwörter** verloren sind, läßt sich ihr alter Bestand meist aus innern Gründen nachweisen. Von einer vollständigen Gleichung aber ist zu verlangen, daß die Einzellaute gesetzmäßig vertreten sind, daß sie übliche Laute und Lautgruppen enthalten, daß ihre Überlieferung einhellig und fest sei, daß Akzent und Ablaut stimmen und die Ablautformen begründet sind, Ferner, die Eigenwörter stehn in einer Sprache nie allein, sondern sind eigeordnet in **Bedeutungsgruppen**; damit ist nicht eine etymologische Gruppe gemeint, am wenigsten um chimärische «Wurzeln» aufgereihte Wörter, sondern solche, deren gegenständlicher Sinngehalt mit anderen Sinngehalten verknüpft ist. Diese Verknüpfung aber ist nicht als Aneineinderreihung an einem Assoziationsfaden gemeint, sondern so, daß die ganze Gruppe ein «**Bedeutungsfeld**» absteckt, das in sich gegliedert ist; wie in einem **Mosaik** fügt sich hier Wort an Wort, jedes anders umrissen, doch so, daß die Konturen aneinanderpassen und alle zusammen in einer Sinneinheit höherer Ordnung auf-, nicht in einer faulen Abstraktion untergehen. Und drittens sind die wortformen, die Wortkörper gewissermaßen, dem geanten Wortschatz als einer Formenwelt (etymologisch) verhaftet. Dies erfüllt sich in zweierlei art; einmal inden sie zurückweisen auf den sprachlichen Bestand an Basen und Wortbildungen, zum andern so, daß sie selbst zu keimen beginnen und Neuwörter, Ableitungen, Zusammensetzungen eingehn

---

① 原文各节是序数，为便于把握文意，笔者在翻译过程中提炼了以上小标题。

und aus sich entlassen. (Ipsen 1924：224—225)

尽管**这些词**（本族词——译注）继续往各个方向引申，但却牢固地植根于**整体词汇**之中，由此这一古老的财产类型可从三方面来把握。首先，它始终具有完整的单词等值对应式，即使**原始词**已经丢失，通常凭借内部原因也可证明该词曾经存在过。一个完全的等值对应式需满足以下要求：某个音素，包含常见语音或音组的有规则出现，其传承关系一致而稳定；不但词重音或元音交替的对应，而且有元音交替的基础。其次，在一种语言中，合适的词从来不是无依无靠的，而是被分为不同的**意义组**。这并非意味着语源组，至少不是围绕想象的"根词"而排列的一组词，而是这些词的客观存在意义与其他词的意义有联系。但这种联系并不意味着一连串的关联，而是以整个群体的方式定义了一个"**语义场**"，该场本身就是结构化的。在这里，就像**马赛克**一样，一个词接一个词，每个词都有不同的描绘，但以轮廓的方式组成并全部融合在一个更高阶的意义统一体中，而非消失在松散的抽象中。最后，在一定程度上，词的形式就是词的本身，作为形式世界（词源）的一部分而隶属于共同词汇。这可以通过两种途径实现：一是这些词可以映射出基础成分和词语构成的语言清单；一是这些词本身也开始发芽，开枝散叶，造出新生词、派生词和复合词。

Die **wanderwörter** dagegen fallen zunächst schon dadurch auf, daß sie im Sprachschatz vereinzelt stehn; sie bleiben unfruchtbar, weil fremde Rassen unter sich nicht zeugungsfähig sind, und wurzellos, weil sie von außen herangeweht werden. Auch ihr Sinn ist nur lose und unscharf in Bedeutungsfelder eingefügt. Sodann sind Wanderwörter meist undurchsichtig; ihre Bildung widerstrebt den heimischen Typen order wird ihnen nur ungefähr angeglichen: eine gewisse Spannung bleibt fast immer erhalten. Kaum je entsprechen die Laute ia allen Fällen dem gesetzmäßig Geforderten. Das erklärt sich so: das Wanderwort, einer fremden Sprache entstammend, baut sich auf einer fremden Artikulationsbasis auf; seine Lautung ist schart geschliffen wie ein Grat; sie ist der andern Sprache unvollziehbar hart und widerspenstig. Darum gleitet die Lautung in die Betten und Führungen ab, welche der aufnehmende Sprecher ausgebildet hat. Das schwebende Gleichgewicht der Fremdlautung wird aber meist nach mehren Seiten von der Grathöhe abrutschen können, so daß vershiedne, nachbarliche Vertretung eines Wortelements ein Kennzeichen der **Wanderwörter** ist. Seine Aufnahme aber bedeutet jedenfalls einen Einbezug in die andre Sprache; daher die Typenangleichung, daher die Umstellung der Artikulation, daher auch die Neigung zu «volksetymologischer» Umgestaltung: das Neuwort sucht Anschluß an das Sprachgut der Wirtsprache. Damit ist ungefähr die Denkform umschrieben, die das Aufsuchen alter Wanderwörter begründet und leitet. (Ipsen 1924：225—226)

另一方面，显而易见，**迁徙词**最初零星地出现在一种语言的词汇中。因为外来词仅靠自身无法繁衍，它们没有能产性；因为是从外部带进来的，它们也难以生根。它们的词义也只是松散地、模糊地插入语义场。此外，迁徙而来的词通常不透明；它们的构词方式与本地的类型不一致，或者通过大致调整以适应本地类型：某种张力几乎总是存在的。不过，迁徙词的发音，也几乎无法在所有情况下都符合本族语固有的规则。这些现象说明，源于外来语的迁徙词要适应新语言的语音基础，其发音就像坚硬的棱石要遭到剧烈打磨一样。然而，进入不同语言的迁徙词，往往显得极其生硬且桀骜不驯。尽管其发音会尽量纳入所借用语言的原有框架和导轨中，但是在多数情况下，为了求得变化的平衡，外源词的发音有如从高处滑落的棱石，总有某个**词语元素**与所借用语言不尽相同，由此成为该迁徙词的标志。无论如何，迁徙词的接受都意味着要融入另一种语言；首先要通过一定变化适应本地构词类型，接着要在发音上的调整，然后再向"民俗词源"的方向转变——这个新来的词要与宿主语言之间发生语言上的联系。以上这些粗略描述，可以证明并指导寻找古老迁徙词的思考方式。

伊普森语义场理论的要点是：1. 在一种语言系统中，本族词有序排列于语意群之中。2. 意群中某个词的含义与另外一些词的含义之间存在联系，组成一个语义场。3. 语义场内部的成员如同一幅马赛克。加入语义场内的一个个词之间都有清晰的界限，但是每一界限之间都能互相配合。4. 语义场内的所有词组成一个符合更高规则的意义统一体。伊普森的语义场理论非常清晰。由此带来的问题是——伊普森为何能够提出语义场理论？

二、特利尔的语义聚合场

特利尔（J. Trier, 1894—1970），德国语言学家和中世纪德语专家，出生于医生家庭，早期求学经历不详，可能多年患病，1929年身体康复。1930年任明斯特的威斯特法伦威廉大学日耳曼语言学教授。1932年任德国语言学学会主席。1933年加入国家社会主义德国工人党，同年任威斯特伐利亚人种学委员会主席（1943年卸任）。1935年任特利尔大学校长。1956—1957年任明斯特大学校长。此后曾任哥廷根科学院成员、德国正字法规则专业协会主席。1950年参与创办曼海姆德语研究所，1968年被授予康拉德·杜登奖。

受伊普森"语义场"的启发，特利尔发展了语言场（以及词场）理论，著有《智力意义域的德语词汇：语言场的历史》（*Der deutsche Wortschatz im Sinnbezirk des Verstandes*：

Die Geschichte eines sprachlichen Feldes, 1931）、《语言场》（*Sprachliche Felder*, 1932）、《关于语言场的讨论》（*Das sprachlichen Feld: eine Auseinandersetzung*, 1934）、《语言场的老模式和新模式》（*Altes und Neues vom sprachlichen Feld*, 1968）等。

特利尔在《智力意义域的德语词汇：语言场的历史》的开篇写道：

> Kein ausgesprochenes Wort steht im Bewußtsein des Sprechers und Hörers so vereinzelt da, wie man aus seiner lautlichen Vereinsamung schließen könnte. Jedes ausgesprochene Wort läßt seinen Gegensinn anklingen. Und noch mehr als dies. In der Gesamtheit der beim Aussgrechen eines Wortes sich empordrängenden begrifflichen Beziehungen ist die des Gegensinns nur eine und gar nicht die wichtigste. Neben und über ihr taucht eine Fülle anderer Worte auf, die dem ausgesprochenen begrifflich enger oder ferner benachbart sind.
>
> Es sind seine Begriffsverwandten. Sie bilden unter sich und mit dem ausgesprochenen Wort ein gegliedertes Ganzes, ein Gefüge, das man Wortfeld oder sprachliches Zeichenfeld nennen kann. Das Wortfeld ist zeichenhaft zugeordnet einem mehr oder weniger geschlossenen Begriffskomplex, dessen innere Aufteilung sich im gegliederten Gefüge des Zeichenfeldes darstellt, in ihm für die Angehörigen einer Sprachgemeinschaft gegeben ist. Dies in einem inhaltlich zusammengehörigen Teilausschnitt des Wortschatzes— Eben dem Wortfeld— sichtbar werdende Gefüge ist also die äußere, zeichenhafte Seite der begrifflichen Aufteilung, die jener Begtiffskomplex, Begriffsblock, Begriffsbezirk durch und für die Sprachgemeinschaft erfährt. Die das Wortfeld, den Wortmantel, die Wortdecke mosaikartig zusammensetzenden Einzelworte legen— im Sinne ihrer Zahl und Lagerung —Grenzen in den Begriffsblock hinein und teilen ihn auf. (Trier 1973 [1931] : 1)[①]

在说话者和听话者的意识中，没有一个说出来的词像从语音隔离中推断出的那样如此孤立。任何一个说出来的词都暗示了与其相对的意义。不仅如此，在说出一个词时引发的所有概念关系中，相对意义的关系仅是其中之一，而且并非这些概念关系中最重要的。有大量的其他词出现在它的旁边和上层，这些词在概念上与所说的词的内涵更接近或者更远些。

这些词在其概念上的相互关联。它们与说出来的该词一起，形成一个结构整体，这种结构可称为词场或语言符号场。该词场以符号形式归属于一个具有不同程度封闭

---

① 本书引文依据特利尔《关于词场和概念场》（Über Wort-und Begriffsfelder. In L. Schmidt Ed. *Wortfeldforschung: Zur Geschichte und Theorie des sprachlichen Feldes*. Darmstadt: Wissenschaftliche Buchgesellscaft. 1973, S. 1—38），该文选自 Trier 1931：S. 1—26 u. S. 310—322，标题为选编者所加。

性的概念复合体，其内部划分体现在符号场的结构化结构中，并赋予某一语言社团中的所有成员。在词汇的局部选录中，这种结构变得清晰可见——这些词依据内涵准确地属于词场，作为概念划分的外在符号一面，这些概念复合体、概念集合或概念域需要经过语言社团体验的认可。一个个单词组成词场，覆盖其上的词就像马赛克那样——从其数量和存储意义上——在概念集合中设置其边界并分开。

在该文中，特利尔使用了"语言场"（Sprachlichen Feldes）、"词场"（Wortfeld）、"语言符号场"（Sprachliches Zeichenfeld）、"符号场"（Zeichenfeldes）以及"语言概念域"（Sprachlich-begrifflicher Felder）、"概念域"（Begriffsbezirk）等术语。

语言场的假设是：一种语言的词汇不是库存，也并非汇总，而是所有的词都处于相互关联之中。特利尔关于词场的比喻是——不是石头和柱子的堆砌建造了房屋，而是每块石头、每根柱子从建筑整体中才获得其功效。（Trier 1932：414）每一个体参与组成更高级别的单位，只能由整体决定个体的价值，要认识到词汇系统的这种"分与合"。特利尔认为，他在克服以前盛行的语义研究原子主义观点。

作为日耳曼语文学家，特利尔研究中世纪德语的智力词需要一种合适的方法，从而在洪堡特、伊普森的影响下发展了语言场理论，在其过程中接受了索绪尔的系统价值学说。但是索绪尔讲的是形式，而特利尔研究的是词语意义或索绪尔排除的实体；索绪尔主张与历史割裂的共时研究，而特利尔基于共时和历时的结合才能追溯词语的历史。特利尔的贡献不但在于发展了场理论，而且研究了一个专门的词场，迈出了在经验上证明词场学说的一步。当然，特利尔主要研究的是词汇语义的聚合场。

三、波尔齐希的语义组合场

波尔齐希（W. Porzig, 1895—1961），德国语言学家、印度日耳曼语专家。其父马克斯·波尔齐希（Max Porzig, 1865—1910）是德意志帝国最高法院法官。波尔齐希进入耶拿大学学习比较语言学，在索默尔（F. Sommer, 1875—1962）指导下研究古代拉丁语，并到慕尼黑和莱比锡大学学习，1921年取得耶拿大学博士学位。1922年任莱比锡大学讲师。1925年任伯尔尼大学教授，曾任伯尔尼国家社会主义德国工人党外事局负责人。1935年调任耶拿大学，1941年调任斯特拉斯堡帝国大学。1944年回到耶拿带领人民冲锋队。1945—1946年被盟军拘禁。1951年任美茵茨大学教授，直至退休。据罗杰·施密特（Rüdiger Schmitt）所撰"沃尔特·波尔齐希"（*Neue Deutsche Biographie*. Band 20, Duncker & Humblot, Berlin 2001），作为曾经信奉"激进民族社会主义"的波尔齐希，"甚至没有理由相信，他在1945年后会重新调整政治原则"，但此前"做过无政治倾向的语言学研究"。

波尔齐希著有《古代拉丁语假设语气未完成时的句法功能》（*Die syntaktische Funktion des Conjunktivus Imperfekti im Altlateinischen*, 1921）、《希腊和印欧语附加内涵的名称》（*Die Namen für Satzinhalte im Griechischen und im Indogermanischen*, 1942）、《语言的奇迹：存在的问题、方法和现代语言学的成果》（*Das Wunder der Sprache. Probleme, Methoden und Ergebnisse der modernen Sprachwissenschaft*, 1950）、《印欧语言的结构》（*Die Gliederung des indogermanischen Sprachgebiets*, 1954）。

1934年，波尔齐希在《基本意义关系》（*Wesenhafte Bedeutungsbeziehungen*）中提出，词项中存在一种"基本意义关系"，即语义搭配力，比如"名＋动"和"名＋形"之间的组合关系。波尔齐希列举了一些语义搭配实例：

> Es ist deshalb selbstverständlich, weil man gar nicht anders *gehen* kann als mit den *füßen*—der akrobat, der auf den *bänden geht*, widerlegt diese behauptung nicht, sondern er lebt davon, daß sie gilt —, nicht anders fahren ale mit einem wagen order—in anderer, aber wiederum eindeutiger situation—mit einem *schiff*, nicht anders *reiten* als auf einem *tier* bestimmter art. Es gehört also zum begriff oder wesen des *gehens*, mit hilfe menschlicher füße zu erfolgen — menschlicher füße, denn ein hund *geht* nicht über die straße, eine katze *geht* nicht auf einer mauer, sondern dafür wäre das verbum *laufen* anzuwenden.
>
> Solche bedeutungsbeziehungen zwischen wörtern, daß mit dem einen das andere implicite mitgesetzt ist, finden sich in der sprache in großer zahl. Wie das *gehen* die *füße* voraussetzt, so das *greifen* die *hand*, das *sehen* das *auge*, das *brören* das *ohr*, das *lecken* die *zunge*, das *küssen* die *lippen*. Es handelt sich dabei offenbar nicht um eine bloße consocation im sinne Sperbers, also darum, daß einem bei dem einen wort das andere leicht einfiele, sondern um eine beziehung, die im wesen der gemeinten bedeutungen selbst gründet. Ich nenne sie deshalb **Wesenhafte Bedeutungsbeziehung**. (Porzig 1973 ［1934］: 78)

> 由此这是顺理成章的事，因为除了用"脚"（füßen），你不能用其他方式走路——杂技演员用双手在地上移动与之并不矛盾，他们以此方式谋生。"开"（fahren）的只能是"车"（wagen）——或者在其他的明确语境里是"船"（schiff），否则也能"骑"（reiten）在某种动物背上。借助人脚实施的动作，这是"走"的概念和本质——这里指明的是人脚。因为狗不会在路上"走"，猫也不会在墙上"走"，对这些动物而言，常用的动词是"爬"（laufen）。

词与词之间的这种意义关系，即一个接一个的含蓄预设现象，可以在语言中大量找到。与"走"（gehen）必须以"脚"（füße）为前提一样，只能用"手"（hand）来"抓"（greifen），用"眼睛"（auge）来"看"（sehen），用"耳朵"（Ohr）来"听"（hören），用"舌头"（zunge）来"舔"（lecken），用"嘴唇"（lippen）来"吻"（küssen）。显然，这并不只是意义之间的关联，它意味着从其中的一个词可以轻易地联想到另一个，有一种植根于词语意义本身的关系，由此我把这种关系称为"基本意义关系"。

Demagegenüber soll nun hier versucht warden, die untersten glieder des bedeutungssystems rein als sprachlich vorhandene einheiten zu erfassen. Die elmentarste beziehung, die ein bedeutungsfeld möglicherweise noch bestimmen kann, ist offenbar die zwischen nur zwei wörtern. Man kann deshalb die wesenhaften bedeutungsbeziehungen im vorhin erwähnten sinne auch **elementare bedeutungsfelder nennen**. Wie sich von ihnen aus möglichkeir ergibt, höhere einheiten festzustellen, wird gelegentlich zur sprache kommen, bildet aber für diesmal keinen teil unseres themas. (Porzig 1973 ［1934］: 80)

我在这里试图考察的是意义系统中的最低成员，它们受制于现有语言的统一体。通过可能的场确定两个词之间的最基本意义关系，由此把上文提到的基本意义关系称之为**基本语义场**。而如何从它们的可能性确定更高级的统一体，并不在本文主题的范围之内，我偶尔会有所涉及。

这一"基本意义关系"即词汇语义之间的组合关系。词组成分之间不仅有形态语法联系，而且存在着语义搭配关系。不同的词语能够搭配，正是由于相互之间存在词汇的内在属性"基本意义关系"。波尔齐希关注的，相当于我们称之为的组合语义场（句法语义场）。特利尔的词汇语义场和波尔齐希的句法语义场相互补充，构成了完整的语义场理论。

四、魏斯格贝尔阐述场理论

魏斯格贝尔（J. L. Weisgerber, 1899—1985），德国语言学家和凯尔特学专家，新洪堡特学派的代表人物。魏斯格贝尔出生于梅茨。其父尼古劳斯·路德维希·魏斯格贝尔（Nikolaus Ludwig Weisgerber）是圣文森特（St. Vincenz）小学校长。1917年，魏斯格贝尔从圣阿努尔夫教会学校毕业后应征入伍。二战结束后，其家乡已重新归属法国。[①]

[①] 梅茨是法国东北部洛林地区的首府。1870年普法战争期间，法军在马斯拉图尔、圣普里瓦特和格拉沃格特等战役中连遭惨败，巴赞将军在梅茨投降，此地沦为德国的地盘。1918年，《凡尔赛和约》规定德国将占领的阿尔萨斯和洛林地区交还法国，梅茨重新成为法国领土。

1918年，魏斯格贝尔进入波恩大学，学习印欧比较语言学、日耳曼语言文学、罗曼语言文学和凯尔特研究。又到慕尼黑和莱比锡大学，在德国凯尔特学创始人图尔奈森（R. Thurneysen，1857—1940）的指导下，1923年获波恩大学文学院博士学位。1925年在波恩中学工作兼波恩大学讲师，其间完成教授资格论文《作为社会认识形式的语言》（*Sprache als gesellschaftliche Erkenntnisform*）。1927年任罗斯托克大学比较语言学和梵文教授。1938年任马尔堡大学普通语言学和印欧语言学讲座教授。1940—1944年负责法国西北部城市雷恩的布列塔尼语①广播节目，兼波恩莱茵地区历史研究所所长。二战期间，他的泛凯尔特观（pan-Celticist ideology）从理论上支持了德国发动的战争。1942年任波恩大学凯尔特研究和普通语言学讲座教授，直到1967年退休。1950年与同仁联合创办曼海姆德语研究所。

1927年，魏斯格贝尔发表《语义理论：语言学的迷途吗？》，讨论的主题包括：

1. 意义研究是语言学的未来使命
2. 语言内涵研究将得到应有重视
3. 语义研究需要深思熟虑且纵观全局 A.何为语义学？语义学研究什么？B.语义学的合理性及语义概念的价值；C.语义概念承载力的批判性研究；D.语义学的根本性失误；E.对逾越界限的思维错误辨析
4. 语义学与命名学
5. 语义学与概念学
6. 概念学与语义学、命名学的区别
7. 语义学、命名学和概念学在词汇系统中的定位

在这篇抨击德国传统语义学的文章中，魏斯格贝尔提出了一个诘难——语义学是否是语言研究的歧途，并且给出了令人烦恼的回答——语义学已经误入歧途。

魏斯格贝尔同意前辈的观点，语言的内涵研究与语音研究同样重要。但是他反问——传统语义学是否是研究语言内涵（Inhalt，而不是Bedeutung"意义"）的正确方法？为了回答这一问题，他还提出另一个问题——语义学是什么，并且想达到什么目的？魏斯格贝尔认为，语义学应附属于词典学和词源学，它的目标是比较、分类，以及对语义演变规律进行心理解释。但是，传统语义学从未以明确方式对"意义"的概念加以定义。那么，"意义"到底是什么？在传统语义学中，人们能够区分这个术语隐含的三种用法：1. "概

---

① 布列塔尼语（Brezhoneg）是法国西部布列塔尼民族的语言，是5世纪从不列颠迁到欧洲大陆的"海岛凯尔特语"。二战期间，德国占领法国后，反对将布列塔尼语"法语化"的赫门（Roparz Hémon，1900—1978）希望在德国支持下建立独立的布列塔尼国，推行其现代化的布列塔尼语。

念"意义；2. 与词语相联系的"表征"意义；3. "意义"包括概念内涵、附带意义和情感价值。而魏斯格贝尔认为，"意义"不是词语之外的东西，它仅仅作为词语的内在关系而存在。

总之，传统语义学犯了忽视意义关系特点的主要错误。魏斯格贝尔认为，意义是词语的语音内涵，换而言之，意义是"名称"和"概念"之间的关系。词语是语音形式或名称与内涵或概念之间的统一。只要概念是名称的意义，词义就是它们之间的关系。在词语与事物的关系中，词语才被视为一个整体。根据魏斯格贝尔的论述，这一观念不仅见于赫尔德的语言思考、卡西尔的语言哲学，而且也是洪堡特语言哲学的典型特征。

可以说，魏斯格贝尔的"名称"和"概念"这对术语，与索绪尔的"能指"与"所指"概念，某种程度上有相似之处。但是魏斯格贝尔以不同的方式使用"符号"这一术语，例如，他区分了词语的两个相关方面：指称（Bezeichnung）和意义（Bedeutung），其中指称作为符号的名称，是从概念角度来看的；意义是所指或概念，是从名称角度来看的。而名称和对象之间的关系被称为"命名"（Benennung）。问题在于，如果"意义"没有这种相关方面的概念，语义学能获得什么？既不能提供基于语义内涵的有关心理事实的信息，也不能提供心理规律的理论；既不能告诉我们语言现象的意义，也不能告诉我们语言在概念上的演变。总之，语义学离开了正路。但是语义学能做什么呢？魏斯格贝尔认为，最好是将语义学拉回其源头，再次降到作为词典学和词源学辅助功能的位置。

在魏斯格贝尔看来，由梅林格（R. Meringer, 1859—1931）、舒哈特（H. Schuchardt, 1842—1927）和道瑟夫（F. Dornseiff, 1888—1960）等发展起来的命名学（Bezeichnungslehre / Onomasiology），太过于把"事物"视为"在那里"的固定实体，仍不能完满解决意义的问题。关于意义的唯一可能的科学，就是他提出的概念学（Begriffslehre）。概念学的问题是如何直接界定"概念"，而不是直接指称"事物"。在某种程度上，解决这个问题的方法就是通过概念之间的关系来定义，它们彼此限定。总之，魏斯格贝尔认识到，一个词并不是孤立地存在于人们的意识之中，通常是与概念相近的词共同构成一个或一些具有某种结构、彼此相互关联的集合。

在20世纪30年代的德国，关于意义的这种新观点逐步占据主导地位。在"语义场"中，意义被词语之间的关系所界定，而不是由事物的指称、表征或其他外部标准来定义。与传统的"语义表象"相比，这个作为内部系统、关联现象的意义观肯定是一种改进。但是也付出了一定的代价，在意义和"事物意味"之间，在意义、理解和认知之间，在交际互动、语言使用者及其需求和行为之间的这些关系被忽略了，而这些关系只有在认知语义学中才得以重新发现。

1929年，魏斯格贝尔在《母语和精神培育》（*Muttersprache und Geistesbildung*）中提

出，母语决定人一生的精神格局，再次阐述了语言内涵之间相互决定的观点。因此，特利尔（1931）的著作出版后，场理论引起魏斯格贝尔的重视也就不足为奇。1939年，在《德语词汇的内涵结构》（*Vom Inhaltlichen Aufbau des Deutschen Wortschatzes*）中使用了术语"词场"（Wortfelde）并强调语义的"连接力"。

> 词场理论强调的是一种能够连接一群词语的"力"。在这种"力"的作用下，词语的内涵互相协调，组成意义理解的生存领域。（Weisgerber 1939：211）

其中的"意义理解的生存领域"（Begreifen eines lebensbereiches）这一提法，可能来自洪堡特（1836）的术语"意义域"（Bedeutungsbereich）。

魏斯格贝尔（1957：17）认为，通过词场研究，语言学才能落实到"它工作的真正中心"，即"对有自身规律的语言内涵加以研究"。1962年，魏斯格贝尔给出的"语言场"定义是：

> 一个语言场是……语言中间世界的一个片段，它通过在有机划分中共同作用的语言符号群的整体而得以建立。（Weisgerber 1962：100）

根据对场的划分可从一个或多个角度出发，魏斯格贝尔把语言场分成单层场和多层场。单层场根据构造形式，又可分为顺序划分、平面划分和深度划分。（Weisgerber 1962：177）

在对洪堡特思想的研究中，魏斯格贝尔应当接触到洪堡特的"意义域"观念，而促使其研究词场，应与特利尔论著的影响有关。不过，魏斯格贝尔志存高远，逐渐从对个别语言的研究转向普通语言学理论的构建，对词汇内涵研究具有重要价值的语义场理论，被包容在"语言的世界图景"理论之中。经过伊普森（语义场的清晰表述）、特利尔（词汇语义场）、波尔齐希（句法语义场）、魏斯格贝尔（对场理论的进一步阐述）等一批德国学者的努力，心智语义场理论在20世纪20—30年代的德国建立起来。

第二节 心智语义场理论的学术背景

所谓"心智语义场"，即基于心智主义而建立的语义场理论。这一理论形成的主要学术背景有：1. 洪堡特的"语言世界观"与新洪堡特主义的"中间世界论"；2. 赫尔德的民族精神论，拉扎鲁斯和斯坦塔尔的民族心理学；3. 韦特海默（M. Wertheimer, 1880—

1943）、苛勒（W. Köhler, 1887—1957）、考夫卡（K. Koffka,1886—1941）和克鲁格（F. Krueger, 1874—1948）的格式塔心理学及心理场论。

一、语言世界观与中间世界论

1876年，波特校订出版洪堡特的《论人类语言结构的差异及其对人类精神发展的影响》，并撰写长序《洪堡特和语言学》（*Wilhelm von Humboldt und die Sprachwissenschaft*）。1881年，斯坦塔尔整理出版《洪堡特语言哲学著作选集》（*Die Sprachphilosophischen Werke Wliheln von Humboldts*）。19世纪下半叶，许多语言学家都以洪堡特学说的继承者或追随者自居，除了波特、斯坦塔尔，还有施莱歇尔、波捷布尼亚、博杜恩和浮士勒等。尽管出发点不同，对洪堡特思想的理解也可能各取所需，但是就像波捷布尼亚所言："正是由于洪堡特将语言视为一种（创造）活动，视为精神的产物和思维的手段，才使得问题有可能转到心理逻辑方面来。"（姚小平1997译序：52）

心智语义场理论的萌芽，可以追溯至洪堡特的人文语言学思想。在《论人类语言结构的差异及其对人类精神发展的影响》（1836）中，洪堡特已经提出"意义域"（Bedeutungsbereich）这一概念。

> 唯有通过更细致的分析，我们才能清楚地看到，拥有不同**世界观**的民族特性映现在词的意义上。如前（本章开始）所述，一个词即使当作单纯表示概念的物质符号使用于具体场合，在不同个人的头脑中也难以引起相同的表象。因此，可以断定，每个词都包含着某种无法再依靠词进一步区分的内容，虽然总体而言，一些不同语言的词可以表示相同的概念，但它们绝不会是真正的同义词。严格地说，我们不可能用一种定义包括这些词，而是往往似乎只能指出它们在所属**意义域**中占据的地位。（姚小平译1997：220—221）

更为重要的是，洪堡特从理论上阐明了语言"世界观"。20世纪80年代以来，国内学者以"洪堡特语言世界观"为主题的论文很多，但都没有仔细或完整地引出其论述。现据姚小平所译《论人类语言结构的差异及其对人类精神发展的影响》（1997），将洪堡特关于语言"世界观"的论述逐一列出。

> 对于人类精神力量的发展，语言是必不可缺的；对于世界观（Weltanschauung）的形成，语言也是必不可缺的。因为个人只有使其思维与他人或集体思维建立起清晰明确的联系，才能形成对世界的看法。（姚小平译1997：24）

世界观即对世界的看法，世界观的形成离不开语言。语言的世界观建立在个人思维与群体思维的联系基础之上。

  如果可以设想，在某个民族形成的语言里，从人们对世界的看法（Weltansicht）中产生出最合理、最直观的词，而这些词又以最纯粹的方式重新表达了人们的世界观，并且依靠其完善形式而能极为灵便地参与思想的每一组合，那么，这一语言只要还稍微保存着自身的生命原则，就一定会在每个人身上唤醒朝着同一方向起作用的同一精神力量。（姚小平译 1997：48）

在民族语言中，人们从对世界的看法中产生词，而这些词又反过来表达了人们的世界观。

  没有语言就不会有任何概念，同样，没有语言，我们的心灵就不会有任何对象……任何客观的知觉都不可避免地包含主观成分，每一具有个性的人，无论说何种语言，都可以视为一种独特世界观的承担者。而个人世界观的形成，更多地是通过语言手段实现的。……词会借助自身附带的意义而重新成为心灵的客观对象，从而带来新的特性。在同一语言中，这种意义特性和语音特性一样，必然受到广泛类推原则的制约。而同一民族中影响该语言的是同一类型的主观性，由此可见，**每一语言中都会包含着一种独特的世界观**。（姚小平译 1997：69—70）

每个会说话的人都是一种独特世界观的承担者。个人世界观的形成，更多的是通过语言手段实现。每一语言中包含一种独特的世界观。

  一个民族如何通过语言意识进行思考，从语言起源上是无法推测的，而语言意识本身也许并不具备语音构成所需要的创造力量。一种语言的有机体在这些至关紧要方面所拥有的每一优点，最初都导源于**生动具体的、感性的世界观**。由于最崇高、最接近真相的创造力量，源于所有精神能力高度和谐的共同作用，而语言正是这些精神力量的最最完美的花朵，因此**感性的世界观**所造就的一切，很自然地会对语言产生反作用。（姚小平译 1997：183—184）

一种语言在民族精神上拥有的优点，最初都导源于感性的世界观。感性世界观造就的一切，自然地会对语言产生反作用。

  但是在有些民族中，我们只能从其语言个别要素窥测其民族精神特性。对于这样的民族，我们很难，甚至永远无法系统而完整地综述其精神特性。一般说来，这种描述相当困难，实际上只在一定条件下才可能完成，即一个民族的世界观在比较普及的文学中得到反映，并且基于言语的连贯性而积淀在语言之中。因为在连贯性言语中，无论具体要素的意义，还是不能直接用语法规则解释的要素搭配形式具有的细微差别，都包含着无限丰富的内容，而一旦把言语分析为单个要素，这种内容也就不复存在。在绝大多数情况下，一个词总是通过其上下文的联系才获得完整的意义。（姚小平译1997：202）

一个民族的世界观反映在比较普及的文学中，并且积淀在语言之中。

此前，洪堡特已经提出语言的世界观思想。1820年6月29日，洪堡特在柏林科学院宣读了《论与语言发展不同时期有关的比较语言研究》（*Üeber das vergleichende Sprachstudium in Beziehung auf die verschiedenen Epochen der Sprachentwicklung*），在该论文中论述：

> 透过思想与词的相互依存关系，可以清楚地看出，语言不只是表述已知真理的手段，更重要的是揭示未知真理的手段。语言的差异不是声音和符号的差异，而是世界观本身的差异。一切语言研究的根据和最终目的均在于此。可知事物的总和是一个有待人类精神耕耘的领域，它存在于所有语言之间，独立于任何语言，而人们只能以自身的认知和感知方式，即通过一条主观化道路接近纯客观的领域。（姚小平编译2001：29）

> 既然已经相当发达的意义系统无不拥有独特的世界观，那么，这些不同的世界观彼此之间，包括与所有可以想象的世界观之间，总体上一定存在某种关系。（姚小平编译2001：32）

不同的语言世界观之间，总体上一定存在某种关系。也就是个性与共性的关系。

洪堡特称之为的"比较语言研究"（Vergleichende Sprachstudium）或"比较语言学"，相当于现在所谓的"对比语言学"。

> 比较语言研究必须成为一门独立的、具有自身用途的和目的的探索，才有可能成功而可靠地揭示语言的特性，阐明各民族的发展和人类文化的形成。（姚小平编译2001：11）

洪堡特认为，对于了解个人、民族以及人类的全部精神活动，比较语言研究是一门不可或缺的学术。

这一语言的"世界观"，在20世纪20—30年代发展为新洪堡特主义的"中间世界"——语言介于主体与客体之间，把物质世界转变成精神财富，从而形成了人类文化、造就了民族的历史。创立语义场理论的一批德国学者，伊普森、魏斯格贝尔、特利尔、波尔齐希都是"新洪堡特主义"的代表人物。作为最有影响的魏斯格贝尔，引入了"中间世界"（Zwischen Welt）的概念，提出"如何通过语言组织经验"加以探讨的任务。建立在语言思维共同体之上的语言世界，不是现实世界的简单反映，而是蕴含了语言者对世界的认知。语言通过词汇和语法的组织经验手段，把现实世界转变为精神世界，（Weisgerber 1927）语言学的任务就是通过语言分析其世界观。词汇场是建立在各组互相联系、互相作用的语言符号结合基础上的"中间世界"的重要部分。在《德语词汇的内涵结构》（1939）中，魏斯格贝尔进一步阐述了这一思想。语言系统不同则"语言的世界图景"不同，魏斯格贝尔发表了《德语的世界图景》（*Vom Weltbild der deutschen Sprache*, 1950）。魏斯格贝尔等也试图涵盖语法，勾画系统的德语世界图景，从洪堡特的"内在形式"出发，提出建立"内涵语法"（Inhaltbezogene Grammatik），把语义作为语法层面区分和语法分析的标准。由此形成语言研究的四层面说：1. 词场（Wortfelder）；2. 词群（Wortstande）；3. 词类的思维路径（Denkkreise der Wortstarten）；4. 句子构造（Satzbauplane）。（姚小平 1997译序：55—56）

二、民族精神论和民族心理学

心智语义场理论的另一学术背景，是19世纪基于民族精神提出的民族心理学。一方面，德国的民族思维、民族精神研究具有深厚传统。赫尔德认为，我们在语言中思维，在语言中构筑科学。语言和思维密不可分，民族语言与民族思维、民族文学以及民族凝聚力紧密相关。

> 语言界定了人类认知的边界并赋予其形态……因此，每一个民族都是以其思维的形式在言语，并且以其言语的形式在思维。（Herder 1767：99—100）

黑格尔在《精神现象学》（*Die Phänomenologie des Geistes*）中也曾论及不同于个体精神的"绝对精神"。（Hegel 1807：65—66）这一绝对精神，即赫尔德"民族思维"的绝对化。而洪堡特（1836）则进一步揭示，语言是人们的一种精神创造，"民族的语言即民族的精神，民族的精神即民族的语言"。（姚小平译 1997：50）

另一方面，19世纪初，德国哲学家和教育学家赫尔巴特将"心理学"作为一门学科独立出来，创立了侧重于研究个体心理的表象心理学。此后，哲学家拉扎鲁斯（1851）基于"民族精神本质"提出"民族心理学"，与斯坦塔尔共同创办《民族心理学及语言学杂志》。斯坦塔尔（1855，1871）则深入探讨了历史、心理、民族和语言的相互关系，建立了心理语言学理论。此后，冯特（1900）也主张通过语言的分析去理解一个社会群体，一个民族的词汇和语法本身就能揭示该民族的心理气质。

纵观欧洲语言学史，赫尔巴特的表象心理学和斯坦塔尔的民族心理学，对19世纪下半叶到20世纪初期的语言学，无论是德法语义学研究，还是语音历史比较（青年语法学派），都产生了极其重要的影响。正是这一"语言学研究的心理转向"，直接孕育了现代语言学，即博杜恩（1871）首倡的社会—心理语言学。

关于心理学对德法语义学研究的影响，在相关章节中已有论述。这里主要追溯心理学对语音历史比较和普通语言学（及现代语言学理论）研究的影响。19世纪70年代，德国莱比锡大学的布鲁格曼、奥斯特霍夫等不满意传统历史比较方法，举起"青年语法学派"的革新旗帜。他们认为，人类语言的变化因素不外乎心理、生理两种途径。作为斯坦塔尔的学生，青年语法学派的理论家保罗（1880）阐述了从心理角度分析语言的方法。当然，保罗对民族心理学不甚满意，但从斯坦塔尔那里了解到赫尔巴特的表象心理学。赫尔巴特将观念的联结方式分为两种：一种是属于同一感官的观念联结；一种是属于不同感官的观念联结。保罗在《语言史原理》（1880）第五章中，对历史音变的类推规则做了与之类似的区分。保罗强调："心理因素是包括语言在内的一切文化活动的最重要因素，所以心理学是一种包括语言学在内的更高层次的文化科学所依赖的首要基础"。（转引自姚小平1993）

1870年到1887年，博杜恩提出了"现代语言学"的一系列核心概念和理论方法。博杜恩以赫尔巴特的表象心理学为基础，同时又吸收了斯坦达尔的民族心理学观点。博杜恩认为：将洪堡特的语言哲学思想和赫尔巴特的心理学运用于语言现象研究，即从民族精神和心理角度认识语言，才使语言学获得了其固有本质。（杨衍春 2010：81）博杜恩在《波兰语变格中类推作用的若干现象》中，第一次明确揭示了心理类推机制对语言变化的影响，而语音变化的类推规则正是青年语法学派的原则之一。博杜恩认为：他的观点与青年语法学派吻合，只能归功于他们语言观形成的共同基础，即斯坦塔尔著作的影响。

博杜恩认为，人类语言的本质完全是心理的，语言的存在和发展受纯粹心理规则的制约。人类言语或语言中的任何现象，同时又是心理现象。博杜恩的理论始终贯穿着一条线索：通过心理机制分析，对语言规则、语言功能和语言演变做出解释；明确主张把心理学和社会学糅合在一起作为语言学的理论基础，并提出语言学属于社会—心理科学。

三、格式塔心理学的心理场论

为了拯救古典物理学，英国物理学家法拉第（M. Faraday, 1791—1867）在1831年提出"力场"，此后，物理学的"场"得到进一步的发展。作为物质存在的一种基本形式，

"场"是某个物理量在空间中的一个区域内的分布。物理学的"场"对德国心理学产生了重要影响。1912年，德国心理学家韦特海默发表的《移动知觉的实验研究》，标志着格式塔心理学的创立。格式塔心理学试图用"场"来解释心理现象及其机制。苛勒在《静止和稳态中的物理格式塔》（*Die physischen Gestalten in Ruhe und im stationären Zustand*, 1920）序言中提出，人脑是具有场的特殊的物理系统。物理学是理解生物学的关键，而对生物学的透彻理解又会影响到对心理学的理解。考夫卡（1935）进一步阐述，世界是心—物的：观察者知觉现实的观念可以称作心理场（psychological field），被知觉的现实可以称作物理场（physical field），合起来就是心—物场（psycho-physical field）。

我们在伊普森这里，找到了语言学场论借自心理学场论的连接。1922年，伊普森以《关于格式塔概念：桑德平行四边形问题的讨论》（*Über Gestaltauffassung. Erörterung des Sanderschen Parallelogramms*）获得莱比锡大学心理学博士学位，其博士论文导师克鲁格是冯特在莱比锡大学教授职位的接任者。作为莱比锡大学格式塔心理学的代表人物，克鲁格认为，意识先具有完形性，在完形性感知的基础上再区分各个部分。作为语义场理论的创始者，伊普森无疑借鉴了格式塔理论。语义场借用了"场"理论，但并非直接从物理学中引入，而是借自格式塔的心理场论。

四、澄清索绪尔结构主义的影响

在19世纪下半叶到20世纪30年代的"语言学研究的心理转向"中，其枢纽人物，前有洪堡特的追随者斯坦塔尔，后有新洪堡特主义的代表人物魏斯格贝尔。魏斯格贝尔认为，语言不同则"语言世界图像"有所不同，由此可以"通过语言分析以揭示每个语言的世界观"，而语义场正好是其研究手段。基于学术背景，可以把德国学者构建的这一理论定名为"心智语义场"，本质上是"新洪堡特主义语义学"。

当然，索绪尔的结构主义对特利尔和波尔齐希有所启迪。特利尔在《智力意义域的德语词汇：语言场的历史》中曾经写道：

> Diese Vorzüge einer in der waagerechten Ebene eines als ruhend gedachten Sprachzustandes verharrenden Sprachbetrachtung nachdrücklich ausgesprochen zu haben, ist ein Verdienst der Genfer sprachwissenschaftlichen Schule. Ferdinand de Saussure hat deutlich Gemacht, daß das Wort —seinem Zeichenwesen entsprechend—in seinem Sinngehalt durch seine gleichzeitigen Nachbarn im selben Begriffsfeld bestimmt wird und daß die Wortforschung, soll sie methodisch ihrem Gegenstand entsprechen, mehr als bisher auf die waagerechten Beziehungen, auf die gleichzeitigen (synchronen) Gruppenbildungen

Wert legen muß.

  Dieser Forderung kann sie nur dadurch genügen, daß sie den sprachlichen Ausdruck ganzer Begriffsgruppen in seiner Gesamtheit untersucht, und solche Untersuchungen werden dem Saussureschen Gedanken von der strengen Trennung geschichtlicher (diachronischer) und gleichzeitiger (synchronischer) Betrachtung und dem Vorrang der letzteren das gemäßeste Gebiet fruchtbarer Auswirkung geben. (Trier 1973［1931］：11)

  强调在语言的静止状态维度上观察语言的这一优势，是日内瓦语言学派的贡献。费尔迪南德·德·索绪尔明确指出，单词（根据其符号学说）的意义，是通过与其同一概念域里同时存在的相邻词来决定的。如果单词与其客体具有系统的一致性，就必须比以前更多地注重横轴关系研究，必须重视同时（共时）存在的词群。

  只有从整体上考察整个概念群的语言表达才能满足这一要求，而这种考察更加富有成效，是来自索绪尔思想的严格区分历史（历时）和同时（共时）的考虑，并把后者置于首要地位，在最合适领域产生的影响。

  首先，提出共时研究并非索绪尔的首创。1871年，博杜恩提出语言的"静态"和"动态"研究；1880年，保罗分为"历史语法"和"描写语法"；1903年，狄特利希提出横截面的"共时语法"和纵向的"继时语法"；1908年，格拉塞列、马蒂区分共时语义学和历时语义学。其次，索绪尔的做法是割裂共时和历时研究。在《普通语言学教程》中，索绪尔强调：

  我们在研究语言事实时，第一件引人注目的事就是，对说话者来说，语言事实在时间上的连续是不存在的。摆在他面前的是一种状态（语言的现时态或静态——引注）。所以语言学家要了解这种状态，必须把产生这种状态的一切都置之度外，而不管历时态。他要排除过去，才能深入到说话者的意识中去。历史的干预只能使他的判断发生错误。（高名凯译 1980：120）

  然而，特利尔的思路却是——共时和历时研究相结合，通过从这一横截面到另一横截面跨越式发展的描述，给出某个词汇场的结构发展史。

  Die Forderung, dem ewigen Fluß des Werdens wissenschaftlich nahezukommen, bleibt in ihrer ganzen Wucht bestehen, und es erhebt sich nur die Frage, wie denn Feldbetrachtung und Betrachtung des Werdens zu vereinigen seien. Wenn nur im reinen Sein eines ruhenden oder als ruhend gedachten Sprachzustandes die Struktur von Feldern sichtbar wird, wenn nur hier sprachlich-begriffliche Gruppenbildungen und die Abhängigkeit der Wortbedeutungen voneinander überhaupt gesehen werden, so wird Geschichte nur möglich sein als komparative

Statik, d. h. als eine sprungweise von Querschnitt zu Querschnitt fortgehende, stets und immer von neuem das Gesamtfeld ins Auge fassende, zeitlich rückwärts und vorwärts vergleichende Beschreibung. Es wird von der Dichtigkeit der angelegten Querschnitte abhängen, wie hoch der Grad der Annäherung an den tatsächlichen Fluß des Werdens am Ende ist. Daß sie den Fluß nie ganz erfassen kann, diesen Mangel hat die angegebene Arbeitsweise mit jeder anderen, auch mit der rein geschichtlichen, vom Einzelwort ausgehenden gemein, und er kann ihr billigerweise nicht zum Vorwurf gemacht werden; um so weniger als sie einen Erkenntnisgegenstand hat und Möglichkeiten des Erkennens eröffnet, die von der Einzelwortforschung her unzugänglich sind. Auch Saussures nachdrückliche Warnungen vor einer Vermischung synchroner und diachroner Betrachtung schlägt sie nicht in den Wind, obwohl sie sich zum Wortlaut dieser Warnungen in offenbarem Widerspruch befindet. Saussure hat den Schritt nicht getan, der hier versucht wird: von Querschnitt zu Querschnitt springend die Strukturgeschichte eines Feldes zu geben. Es scheint, daß man nur auf diese Art dem Werden sein Recht geben kann, ohne der in jedem Querschnitt sich neu darstellenden eigengesetzlichen Ordnung des Seins Gewalt anzutun. (Trier 1973 ［1931］: 13)

在科学上，接近永恒流动变化过程的要求仍然存在，唯一的问题是如何将词场的观察和变化过程结合起来。如果词场的结构只在纯粹静止的语言状态中才能见到，如果在这种静止中才能看到语言概念的群体形成和词义之间的相互依存，那么历史也就仅成了可比较的静态分析，即从这一横截面到另一横截面跨越式发展的描述，并且总是一次又一次专注于词场的整体，在时间上前后比较。与变化过程实际流动的接近程度，最终取决于所创建横截面的密集度。事实上，变化过程的流动永远不能完全把握，这种缺陷与其他所有研究方式都是共同的。即使是纯粹的历史研究方式，从单个词出发，也不能合理地归咎于此；更何况词场的结构有其对象的知识，并开辟了单词研究无法获得知识的可能性。这种研究方式并没有忽视索绪尔对不要混淆共时与历时观察的强烈警告，尽管与这些警告的措辞明显矛盾。索绪尔没有采取这里尝试的步骤：给出某个词场从一个横截面跳跃到另一横截面的结构发展史。似乎只有通过这种方式，人们才能在不违反每个横截面中重新呈现的内在法则秩序的情况下，给出其正确的变化过程。

如果依据索绪尔的共时和历时割裂方法，特利尔的词汇场或结构发展史则无法建构。

早年特利尔虽然赞成索绪尔把共时置于首要地位，然而老年特利尔在《语言场的老模式和新模式》（*Altes und Neues vom sprachlichen Feld*）中却认为：

Saussures Cours de linguistique générale wurde mir früh bekannt und wichtig. Für die Klärung des Gedankens von der Interdependenz der Elemente verdanke ich dem Buche viel. Aber seinem Verbot, synchronische und diachronische Sprachbetrachtung zu verbinden, konnte ich mich nicht unterwerfen. Ich mußte mich ihm zu entziehen trachten. An der Unterwerfung hinderte mich meine Herkunft aus der historischen Onomasiologie und mein daraus folgendes Streben nach einer Geschichte ganzer inhaltlich zusammenhägender Wortkomplexe, nach einer historischen Synonymik. (Trier 1968: 15)

我很早就知道索绪尔的《普通语言学教程》，并且这本书对我很重要。我非常感谢这本书，阐释要素之间相互依存的观点。但是索绪尔反对将语言的共时和历时研究结合起来，我不能苟同。我不得不努力避开他的做法，考虑到历史名称的起源，以及我对内涵相关的复合词和历史同义词研究的追溯，我无法同意他的观点。

Die Feldlehre hat, da sie mit dem Gedanken der Interdependenz arbeitet, eine gewisse Verwandtschaft mit strukturalistischen Betrachtungsweisen. Aber mit einem extremen Strukturalismus, der aus Liebe zur Exaktheit die Inhalte ausklammert, hat sie nichts zu schaffen, da sie es eben auf die Inhalte absieht, um deretwillen ja die Sprache überhaupt da ist. (Trier 1968: 18)

词场理论，因为其研究结合了相互依存观，所以与结构主义方法有一定的关系。但是它与那种极端的结构主义无关，这种结构主义执着于所谓精确性，而将内涵排除在外。语言首先是为内涵而存在，因此词场理论专注于语言内涵。

此外，波尔齐希在《论基本意义关系》中写道：

Von vornherein ist klar, daß hier eine notwendige beziehung zwischen wörtern vorliegt, die a ussdiließlich durch die bedeutung hergestellt wird. Irgendeine etymologische verwandtschaft zwischen ihnen, so daß eins vom anderen oder beide von demselben dritten abgeleitet wären, ist nicht erforderlich. Was wir also vor uns haben, ist ein stück vom aufbau des systems der sprachlichen bedeutungen. Daß die bedeutungen einer sprache zu einem gegebenen zeitpunkt ein system bilden, wissen wir seit F. de Saussure. Eine sprachliche bedeutung ist überhaupt nur bestimmt durch den unterschied von und das verhältnis zu allen übrigen bedeutungen. Die große frage ist nun aber die nach dem genaueren aufbau dieses systems. Das aufzeigen dieses baus bildet zugleich die einzig mögliche, dafür aber durchschlagende widerlegung derjenigen, die am systemcharakter der sprache zweifeln. (Porzig 1934: 79)

从一开始就很清楚，词之间存在必然的联系，这种关系完全是通过意义来建立的。不需要它们之间的任何词源关系，例如一个词来自另一个词，或两个词都来自同一个第三者。因此，摆在我们面前的是语言意义系统结构的一部分。从索绪尔以来，我们就知道语言的意义会在特定时间阶段形成一个系统，语言意义仅由所有意义之间的差异和关系决定。现在最大的问题是这个系统如何来建立。这座建筑的展示也是对那些质疑语言系统性的人唯一可能的，但响亮的反驳。

索绪尔强调的是"语言是形式而不是实体"（高名凯译 1980：169）。波尔齐希理解的系统并非索绪尔的形式，而是如何建立语言的意义系统。

由此可见，特利尔赞成的是"要素之间相互依存的观点"，但是反对语言的共时和历时截然分开，反对将内涵排除在外的极端结构主义。而波尔齐希似乎并没有仔细阅读过《普通语言学教程》。

综上所述，德国学者所创立的语义场理论，本质上是新洪堡特主义语义学。通常认为"结构语义学理论是将索绪尔的结构主义延伸至语义领域而产生的"，是因为未查阅相关原始文献，不了解德国人文语言学思想、民族心理学思潮、格式塔心理学场论对19世纪下半叶到20世纪20年代语言学的心理转向所产生的重大影响，不了解现代语言学理论形成的复杂过程，以至于夸大了索绪尔"结构主义"的影响。（李葆嘉、邱雪玫 2013）

五、不可回避的时代思想背景

在此必须提及，作为欧洲著名大学教授或"德意志社会精英"，伊普森（1937年加入纳粹；其父是法医学家、国家科学院成员）、特利尔（1933年加入纳粹；其父是医生）、波尔齐希（伯尔尼、耶拿纳粹组织负责人；其父是政治家、国家最高法院法官）、魏斯格贝尔（用泛凯尔特主义从理论上支持德国的侵略战争，雷恩电台布列塔尼语节目广播负责人；其父为梅茨教会学校校长）都是国家社会主义德国工人党成员。换而言之，20世纪20—30年代在德国建立的"心智语义场理论"，还有其不可回避的思想背景——德意志民族主义，在纳粹那里推向极端民族主义。正如上文所述，伊普森拒绝法国理性主义，认同基于黑格尔和黎耳主张的文化民族思想的德国理想主义。伊普森试图把格式塔心理学（整体心理学）作为增强德意志民族精神凝聚力的手段；特利尔试图把语义场作为追溯德意志智力史的途径（选择"智力意义域"并非偶然）。换而言之，不仅语义场理论，就连格式塔心理学的形成和发展，也都离不开德意志民族主义的这一思潮。由此可见，整体心理学、心智语义场都是一次大战德国战败后寻求"民族复兴"的文化行为在心理学和语言学领域的反映。

极端民族主义是纳粹主义的重要组成部分。而在德意志民族主义和国家主义的发展过程中，黑格尔、叔本华、尼采等一批学者推波助澜，不但为纳粹主义营造了适宜的文化氛围，而且把对权威和领袖的崇拜哲学化，形成了国家至上和极权主义的国家哲学。作为民族主义者，黑格尔宣扬"国家主义"即"日耳曼民族主义"。在黑格尔那里，对德意志统一和复兴的渴望与民族主义结合一体。他把日耳曼民族视为优等民族、世界精神的完美体现，并且论证战争的合理性和必然性。黑格尔认为，历史发展的本原是民族精神，每一个时代都有某一民族负起引导世界到达辩证阶段的使命，在现代，这个民族就是德意志。具有世界历史性的个人，即其目标体现当代应发生辩证转变的那种英雄，他可能违犯平常道德而也不为过。在国家制度方面，黑格尔认为王权是普遍利益的最高代表，强调国家制度的整体性和有机性，反对分权理论。个人全部精神的现实性，只有通过国家才能实现。黑格尔还宣扬，不时发生战争是好事，而和平则僵化。国家之间的争端只能由战争来解决，因为国家之间处于自然状态，各国的权力在其特定意志中有其现实性，国家利益就是最高法律。道德与政治没有关系，因为国家不受平常道德约束。反之，战争却具有实际的道德价值或崇高意义。通过战争，人们才能理解现世财产的空虚无用；通过战争，国民不再热衷于各种规定的刻板状况而保证道德健康。①这些思想不仅影响了知识界，并且成为德国纳粹主义的思想基础。

在黎耳那里，德国民族学研究的历史倾向并不强烈，他的眼光还是停留在现实社会生活中。但在纳粹统治时期，为了满足独裁政府的意识形态需求，民族学研究转而刻意到古代文献中去为日耳曼文化的优越性和承续性寻找根据。当时有个著名的"语言岛"研究计划，探讨散居在巴尔干地区的德意志遗民的语言与古日耳曼语之间的关系，其目的就是要证明日耳曼民族的伟大性格和不屈不挠的生存意志。纳粹主义之所以得以猖獗，就是因为有一批德意志学者为之张目。

一方面，伊普森、特利尔、波尔齐希、魏斯格贝尔是德国理想主义和浪漫主义传统的追随者，即坚持理性和历史的兼容性；另一方面，他们没有从其时代的学术与政治氛围中摆脱日耳曼主义或凯尔特主义。历史就是如此。由此推论，之所以这段语义学史几乎无人问津或有所回避，可能就是因为这批语义学家都与纳粹有关。

然而，历史就是历史，并不因为研究者（二战后不久仍回大学任教和从事研究）有污点就砍去这段学术史——应当直面这段学术史。

---

① 黑格尔受到赫拉克利特（Heraclitus，前540—前470）的影响。赫拉克利特强调斗争才使世界充满生气，宇宙秩序是由逻各斯规定的。由此鄙视人类，"牲畜都是被鞭子赶到牧场上去的"。由此崇尚战争，"战争乃万物之王，使一些人成为神，使一些人成为人；使一些人成为自由人，使一些人沦为奴隶"。

第三节　心智语义场的两个经典模式

心智语义场有两个经典模式：一是伊普森（1924）提出的马赛克模式（mosaic image），一块片材只有置于整体背景上才能显示其价值，语义场中的词语像马赛克那样间隔并以清晰方式拼接成图；二是晚年特利尔（1968）提出的星光状模式（star-like conception），语义场包括核心区和边缘区，核心词放出的光束可能达到毗邻语义场。

一、关于伊普森提出的马赛克模式

早年特利尔（1931）接受的是马赛克模式：

> 词汇场内的某一词语被有特定位置的相邻词语所环绕，这个事实给出了该词语的概念特异性。就其相邻词语而言，这个特异性必须基于对词汇场的划分。把这个词语作为一块装饰片，放在更大的马赛克的确切位置上才能决定其价值。这个确切的位置，决定了词语划分的是在整体认知表征中的哪一具体部分，并对划分的这部分进行象征性表达。（转引自 Geeraerts 2010：54）

研究者发现，马赛克模式并不恰当。首先，这一比喻暗含马赛克覆盖了场的整个表面，即在词汇场中不缺任何一块片材。实际上，只要场内的部分成员的概念尚未词汇化，词汇场中就存在缺口。英语语义学家莱勒（A. Lehrer）在《语义场和词汇结构》（1974）中对英语中表烹饪概念的词语分析，显示该场中的词项空缺。例如，没有表"锅里没有油和水来烹饪食物""用油在火焰上烹饪食物"的词。因此人们放弃了"封闭系统"。（Geeraerts 2010：66）

其次，从马赛克比喻中可以推出——无论在内部还是外部，词汇场都可以清楚地加以描述，即词汇场中的词语，像马赛克片材那样以清晰缝隙隔开，又以同样清晰的方式连接起来。吉佩尔[①]在《靠背椅还是安乐椅？》（*Sessel oder Stuhl?*, 1959）中指出，概念之间的边界趋向于逐渐混合，因此要精确显示词汇场边界在何处终结实际上很难。通常只在词汇场的核心区域具有离散性，而在核心区域周围的过渡带，词汇场成员的资格就不易清楚界定。吉佩尔研究了德语的 Stuhl（靠背椅）和 Sessel（安乐椅）。利用各式各样椅子的视觉

---

① 吉佩尔（H. Gipper, 1919—2005），魏斯格贝尔的学生。曾任波恩大学和明斯特大学教授。著有《语言内涵研究的基石：对人文科学和自然科学交流的较新语言考虑》（*Bausteine Zur Sprachinhaltsforschung: Neuere Sprachbetrachtung im Austausch mit Geistes- und Naturwissenschaft*. Düsseldorf: Pädagogischer Verlag Schwann, 1963）。

表现，让几十个受试者对呈现给他们的坐具图片（图10-1）进行称名。结果显示，在Stuhl和Sessel的范围之间存在很多重叠。只有在少数情况下，不同受试者的称名结果才完全一致。同时，Sessel的场结构和Stuhl的场结构并非完全是任意的，称名模式表现为图中所设想的方式。下部内圈中是那些只能或近乎只能被称为Sessel的坐具。内圈周围是通常被称为Sessel，但也可以范畴化为Stuhl的一些坐具。上部内圈划定的是只能或近乎只能称为Stuhl的坐具，内圈周围是通常被称为Stuhl，但也可以范畴化为Sessel的一些坐具。位于上下之间的那排坐具，其名称尤其模糊，被称为Sessel或Stuhl都不占明显优势。

在词汇场构造中，处于核心区域的构成范畴典型，但作为一个整体，范畴内的所有成员不可能像核心成员那样清晰界定。Sessel和Stuhl典型成员之间的差异，在某种程度上仅是功能差异。如果着眼于舒适度，Sessel似乎更合适；如果着眼于实用性，Stuhl似乎占优势。在某种程度上，语言是人们强加给现实的一个结构。如果坚持马赛克模式，词汇场理论存在很大矛盾。（Geeraerts 2010：68）

图10-1　靠背椅还是安乐椅图示

晚年特利尔在《语言场的老模式和新模式》中，回顾了语言场理论的发展。

  Ich suchte nach einer kurzen handlichen Benennung dessen, was mir vorschwebte. Da bot sich mir der von Günther Ipsen 1924 gebrauchte Ausdruck Feld (er sagt Bedeutungsfeld) an. Ipsen sah es mit seinem Feld auf eine besondere Frage, nämlich auf das Verhältnis von Erbgut und Wandergut im Wortschatz ab, ein Gesichtspunkt, der nicht im Mittelpunkt meines eigenen Strebens stand. Auch war Ipsens Feldbegriif imwesentlichen statisch. Dennoch war mir sein Ausdruck Feld eine große Hilfe, ja er wirkte auf mich wie eine plötzliche Erleuchtung. (Trier 1968：14)

  我试图为心中想到的情况找到一个简洁方便的名称。我想到君特·伊普森1924年用过的表述"场"——他说的是语义场。伊普森用其"场"考虑一个特殊问题，即词汇中的"传承词"和"迁徙词"之间的关系,这方面不是我努力的重点。并且伊普森的场概念本质上也是静态的。尽管如此,他所表述的"场"仍然给我很大帮助,对我来说,就如同醍醐灌顶。

Nur das Dynamische, das Moment des Wandels und des Werdensschien mir bei Ipsen nicht genügend zu seinem Recht zu kommen. Daher drängte sich mir sehr früh unter dem Worte Feld ein ganz anderes Bild in den Vordergrund, nämlich das Bild der im Rennen liegenden Pferde, das Feld der Pferde, die in Raum und Zeit zum Ziel rennen und zwischen denen die gegenseitigen Stellungsverhältnisse und damit Stellenwerte sich unaufhörlich verschieben. Ich sah es ja ab auf das Weitereilen eines gegliederten Ganzen durch die Zeit und zugleich auf die dabei sich verschiebenden Lage Verhältnisse innerhalb dieses Ganzen. (Trier 1968: 14)

在我看来,伊普森只是没有描述清楚动态场及其变化发展的过程。于是另一幅画面又呈现在我眼前,就是奔跑中的马,"马"的场。这些马在时间和空间上跑向终点,它们之间的相互关系和位置也在不断变化。人们看到的是整体的衔接移动,而我关注的是这个整体在时间中不断变化的位置关系。

Kommen wir auf Ipsen zurück. In seinem Feldbegriff steckt das Bild eines Puzzle-Spiels. Die Wörter seines Feldes legen sich mit ihren verschieden geformten Inhaltskonturen genau passend aneinander wie die Steine des Puzzlespiels. Jede Wortumrandung ist durch die Randgestalt der Nachbarn bestimmt. Dasselbe Bild hatte Richard Moritz Meyer schon 14 Jahre vorher gebracht. Er sagte 1910: "…daß jede vorhan dene Bezeichnung die übrigen mitbestimmt, wie in einem Zusammensetzspiel jedes Steinchen die Lage aller anderen mitentscheidet." (Trier 1968: 16)

让我们回到伊普森。他的"场"概念好比马赛克拼图游戏,其中的词语就像拼图的碎片一样,内涵的轮廓由不同方式形成,又恰当地镶嵌在一起。每个单词的边界都是由前后相邻的词语决定的。早在伊普森之前14年,理查德·莫里茨·迈耶就提出过类似的假设,他在1910年说:"……每一个现存名称都共同决定了其他名称,就像在装配游戏里,每一小块零件都决定了其他零件的位置。"[1]

---

① 德国语言学家理查德·迈耶(Richard Moritz Meyer, 1860—1914)在《意义系统》(*Bedeutungssysteme*, 1910)中强调"词语像军阶那样有序集合"。"装配游戏"的比喻反映了词汇场的看法,但是没有引进"场"概念。

Als ich Ipsens Ausdruck Feld übernahm, habe ich trotz der Einkreuzung des Bildes vom Feld der Pferde beim Rennen diese Vorstellung von den scharf aneinanderpassenden Wortkonturen nicht ausdrücklich korrigiert. Ich muß mir diese Unterlassung zum Vorwurf machen. Manchen nicht notwendigen Tadel hätte ich der Feldlehre ersparen können. Ich denke an Einwände von Els Oksaar. Die Sprachen arbeiten ja i. a. Mit injunktiven Wortinhalten (Ingriffen) nicht mit disjunktiven Inhalten (Umgriffen). Das Bild der scharf sich aneinanderlegenden Wortumran dungen ist daher zu ersetzen durch ein Miteinander sternförmig aus strahlender Kerne, die so zueinander liegen, daß die äußersten Strahlen spitzen eines Kerns zwischen die Strahlenspitzen der benachbarten Kerne eingreifen oder eingreifen können. Der Gedanke der wechselseitigen in haltlichen Abhängigkeit der Glieder im Feld bleibt auch nach der Korrektur ganz in seinem Recht. (Trier 1968：16)

当我接受伊普森的"场"这个表达时，尽管我把"场"和奔马的画面联系在一起，但是我并没有修改这一"完美契合的内涵轮廓"的观点。我得批评我的疏忽大意，我本可以避免给场理论带来不必要的瑕疵。我想到埃尔斯·奥克萨尔[①]曾对我的观点提出的异议，她认为，语言研究的应是所排除的词语内涵，而不是所涵盖的词语内涵。词语的紧密镶嵌状态，可以用向外扩散的一组星光状体来代替，它们的排列顺序是：该词场的最外围扩散端与毗邻词场的星光状体扩散端相互衔接。经过这样的修改，词场中的成员在内涵上相互依存的观点仍然有据可循。

Freilich, das müssen wir zugeben: der Ausdruck Feld ist immer eine Metapher. Es gibt strenge Leute, die aus der Wissenschaftssprache jede Metaphorik verbannen wollen. Aber der metaphorische Prozeß liegt tief im Wesen der Sprache, ist eine Voraussetzung ihrer Leistung überhaupt. Es würde einen großen Aufwand schwer verständlicher Neubildungen erfordern, wenn wir die Bilder aus dem Tempel weisen wollten, und wer weiß, ob diese Kunstwörter nicht ihrerseits tief versteckte Metaphern enthielten.Wir vertrauen darauf, daß es der Metapher Feld so ergeht wie allen Metaphern, daß sie schließlich verblaßt, daß schließhch niemand mehr an die Herkunft, sondern alle nur an das denken, was wir unter der Fahne Feld wirklich tun. (Trier 1968：16—17)

当然，我们也必须承认，"场"的表述只是隐喻，严格的人可能想把隐喻的每

[①] 奥克萨尔（Els Oksaar，1926—2015），其父母是爱沙尼亚人，她在瑞典长大，在德国开始学术生涯。1953年获波恩大学博士学位，1958年获斯德哥尔摩大学博士学位。长期担任汉堡大学普通语言学教授。主要从事儿童语言学、语言习得的调查。奥克萨尔提出，就像不同的语言以不同的方式表达相同的思想，不同文化以不同方式表达相同的交流形式。

种意象都从科学语言中驱逐出去。但是隐喻的过程，本质上还是深深植根于语言中。归根到底，这个过程是它能发挥功效的前提。如果我们想要让这些隐喻的意象完全消失，就需要耗费巨大力气创造新词，而新词又往往让人难以理解。况且谁又知道，这些人造新术语中有没有隐藏很深的隐喻呢？我们坚信，这个"场"隐喻和所有隐喻一样，其意象最终都会逐渐消失，没有人还会记得其来源。能够记得的只是，我们为"场"这个目标做过什么。

  Da die Feldlehre es mit den Sprachinhalten und deren Verschiedenheit oder Wandel zu tun hat, stand sie von ihren Anfängen an in der Nähe der Gedankengänge von Leo Weisgerber. Weisgerber war ihrem Entstehn hilfreich und hat später mehr als irgendein andrer ihren Ausbau gefördert. Er hat die Auswüchse ihres anfänglichen Übereifers beschnitten und das Feld seinerseits in ein Feld aller Kräfte der Inhaltssicherung von Wörtern hineingestellt und der Feldlehre damit eine glaubhafte methodische Stelle angewiesen. Wir sehen nun das Feld als einen Mitspieler im Zusammenspiel aller inhaltssichernden Kräfte. Wir können etwas aussagen über die wechselnden Machtverhältnisse zwischen diesen Kräften. An den verschiedenen Weltstellen sieht das Gewichtsverhältnis zwischen den inhaltssichernden Kräften verschieden aus. Die Wirksamkeit des Feldes ist daher auf die verschiedenen Räume des Wortschatzhauses ungleich verteilt, und nicht an allen WeltsteUen kann Feldbetrachtung gleichmäßig förderliche Ergebnisse erwarten. Je stärker menschliche Setzung die dingliche Vorgegebenheit über wiegt, um so größer sind die Aussichten der Feldbetrachtung. So etwa formuliert es Helmut Gipper in sachlicher Übereinstimmung mit Hans Schwarz. Es müssen nicht immer Bereiche hoher Abstraktion sein. Lehrreich sind schon die verschiedenen Raffungen, die verschiedenen Zusammenfassungen des einzeln und an sich Konkreten zu höheren Einheiten. Aufschlußreich ist z. B. der Vergleich zwischen der mittelhochdeutschen und der neuhochdeutschen Einteilung der Tierwelt. Besonders ergiebig freilich bleiben die Bereiche höherer Abstraktion, und nicht zufällig hat die Feldlehre im Wortschatz des menschlichen Selbstverständnisses ihre ersten Versuche gewagt. (Trier 1968：17)

  场理论与语言内涵及"场"的多样性和变化性有关，而场理论从一开始就来自魏斯格贝尔的观点，他对场理论的形成贡献颇大。而且后来，他在促进场理论发展方面的贡献也是首屈一指的。他摒弃了起初过分热心人士的弊端，把"场"置于具有保障所有词语内涵力量的场之中，以此给场理论一个可信的、有法可循的地位。如今，我们把场理论看作可以保障所有参加游戏的一员的词语内涵的力量，由此可以讨论改变这些力量之间的权力关系。在世界上的不同地方，我们看到的内涵保障力量之间的权力关系也不尽相同。因此场的作用就在于，把词汇这个屋子加以不平均的划分，划分大小不同的房间。而且场的研究并不可能在任何地方都带来好的结果。如果把人类的规定性与物质的预先给定性进行比较，那么就会发现，人类的规定性越是占上风，场的研究前景就越好。赫穆·吉佩尔和汉斯·施瓦兹[①]客观地一致得出了这样的观点。意义域不一定非要高度抽象，不同的概括、各种的要点以及高度统一的具体内涵已经具有启发性。同样存在启发意义的还有，如中古高地德语和新高地德语对动物划分的比较。当然，更有用的还是属于更高层次的抽象域。毋庸置疑，场理论在基于人类认知的词汇研究中，勇敢地迈出了一步。

特利尔肯定了伊普森提出的语义场理论对自己的启发，但是不无遗憾地说到，当时没有能纠正伊普森的瑕疵。由此提出，词语吻合和界限清楚的马赛克镶图模式应该被星光状模式所取代。

二、关于特利尔提出的星光状模式

在特利尔提出星光状模式之前，捷克语言学家迪沙奇科（Otto Ducháček, 1910—1993）已在《现代法语的美丽概念域》（*Champ conceptuel de la beauté en Français moderne*, 1959）中用图示法对星光状场进行形象化说明。在现代法语中，"美丽概念场"的核心区域，含有beau（美丽的）及形式上相关的一批词，被放射到毗邻概念场的光束所包围，并能从毗邻场中借用词语。由此显示，"场"不是一个可以简单划定明确边界的区域，而是从一个核心到另一核心的语义连续统。（Geeraerts 2010：68）

图10-2以简化方式体现了"美丽概念场"星光状分析的局部。该场的核心词是beau（美丽的）、beauté（美丽的）、embellissement（美化的）、bellissime（美丽的）、s'embellir（变美的）。从圆圈的上方中端，顺时针方向看图。第一组包括divin（极好的）、déesse（女神的、美女的）、céleste（奇妙的）、divinité（美的）。第二组包括charmant（妩媚的）、ensorcelant（优雅的、动人的）、merveilleux（迷人的、出色的）、féerique（仙境的、梦幻的、神奇的）、magie（魔法的、有魔力的）。第三组包括séduisant（有魅力的）、séduction（有诱惑力的）。第四组包括mignon（玲珑的）、gracieux（优雅的）、aimable（可亲的、亲切的）、amour（可爱的）。第五组包括harmonieux（悦耳

[①] 吉佩尔（H. Gipper）和施瓦兹（H. Schwarz）合著《语言主题研究参考手册》（*Bibliographisches Handbuch zur Sprachinhaltsforschung*. Köln und Opladen: Westdeutscher Verlag, 1962）。

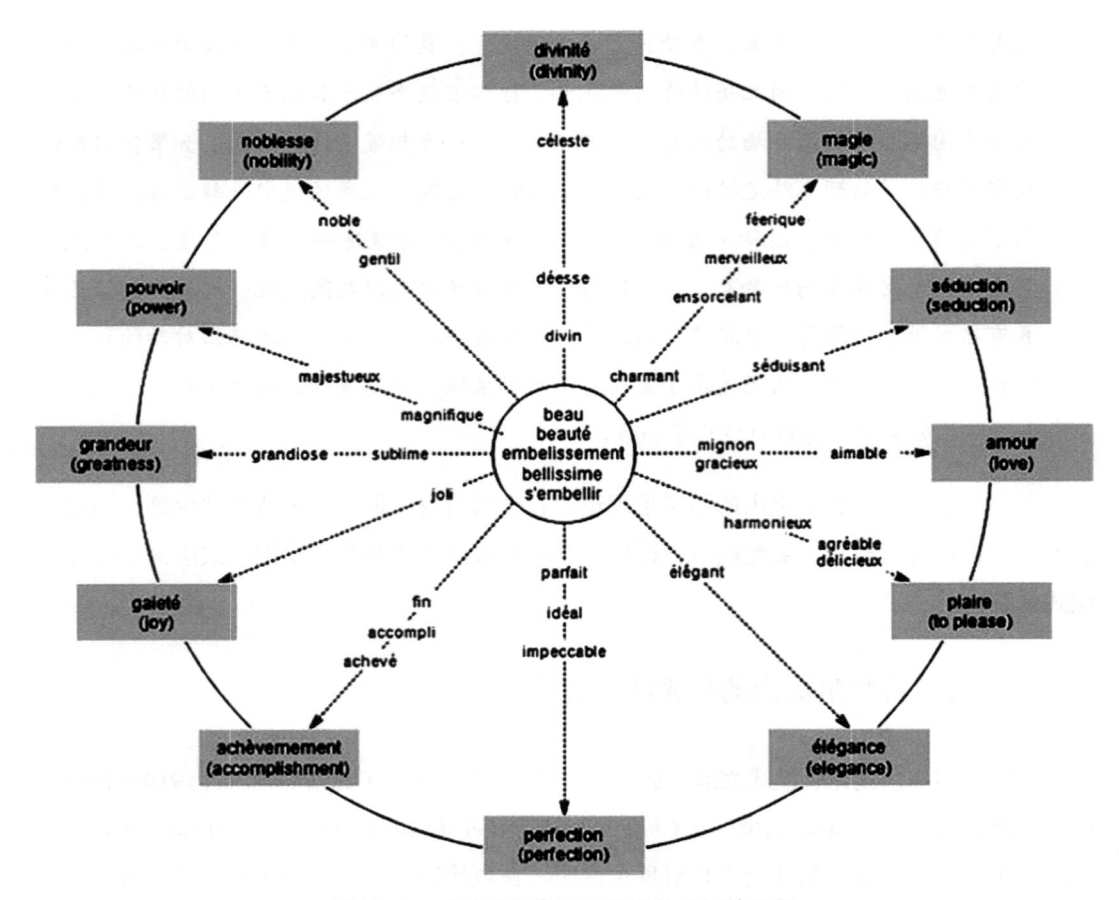

图10-2 "美丽概念场"星光状分析的局部

的)、agréable(惬意的)、délicieux(美味的)、plaire(喜欢的、中意的)。第六组包括élégant(漂亮的)、élégance(优雅的)。第七组包括parfait(圆满的、完美的)、idéal(理想的)、impeccable(极好的)、perfection(完美的)。第八组包括fin(实现的)、accompli(完成的)、achevé(成功的)、achèvemement(完成的)。第九组包括joli(漂亮、悦耳的)、galeté(喜悦的)。第十组包括sublime(崇高的)、grandiose(壮观的)、grandeur(宏伟的、壮丽的)。第十一组包括magnifique(豪华的)、majestueux(雄伟的)、pouvoir(有能力的、有权的)。第十二组包括gentil(客气的、亲切的)、noble(高贵的)和noblesse(高雅的)。

这些表达概念"美丽"的特殊词语,有些可能源于"魔法概念场",有些可能源于"喜爱概念场"。在星光状图中,词项与核心的距离反映了其所处位置是核心还是外围。对于美丽概念场而言,接近核心概念的词语,其表达"美丽"概念的意义比源于毗邻场的词源义显得更重要,其中有些词语与其词源义的联系已经消失。在 charmant(妩媚的)

中，"有魔力的、有（魔术师）魅力的、有诱惑力的"等概念义已潜隐到背景中，凸显的是"优雅的、动人的"的含义。与之不同，在féerique（仙境的、梦幻的、神奇的）和ensorcelant（优雅的、动人的）等外围词例中，源于魔法概念场的"仙灵"和"巫女"概念义仍在发挥作用。

当然，主张边界清晰的倡导者可以提出边缘词兼属两个概念场。像merveilleux（迷人的）之类的词，在魔法场中有"神奇、奇妙、超自然力的"等的词面意义，而在美丽场中突出的含义是"出色的"。虽然某一词形在这两个场中都出现，但是两个意义分别只属于一个场。据此，美丽场和魔法场仍可分清。确实，一些词形可以同时分属两个场，或者处于两者之间。例如，noble（高贵的）指"高级的、优雅的"，不仅是"美丽"的一个下位词，而且是与nobility（贵族气质）这个概念相联系的一个词。作为贵族气质的典型特征，不管是从字面义还是比喻义，noble都可理解为一种"美丽"。作为美学意义上的特征，"美丽"就是具有noble那样的高贵气质。与之相似，achevé（成功的）不仅传递美学意义上的完美无缺，而且也能反映受过教育和富有艺术素养的无可挑剔。既然在美学意义上，achevé可以分别表达特定含义上的"美丽"和"成功"，那么它也就可以同时兼属两个概念场的成员。由此可见，概念场之间的界限模糊性是由语言事实本身构成的，而模糊性会在词汇语义研究中发挥重要作用。（Geeraerts 2010：65—69）。

无论马赛克模式还是星光状模式，主要缺陷都是平面模式。前者表现的是词汇语义场内部的离散—匀质状态，后者表现的是词汇语义场内部的核心—边缘状态。这些都是语义场中的局部状态。总体而言，语义场是一个纵横交错的立体网状，而且节点大小不一、网眼疏密有别，甚至存在若干漏洞。（李葆嘉 2007：294）

在新洪堡特主义语义学那里，往往把语义场、语言场、词场（词汇场）等都当作同义或近义术语使用。此后的学者，乌尔曼（1973：23—33）将语义场划分为词汇场（lexical field）和联想场（associative field）：前者是"与一定的言语使用范围相适应、紧密结成一体的词汇部分"，而后者是"围绕一个词的联想网络"。莱昂斯（1977）则区别了概念场（conceptual field）和词汇场（lexical field）：前者是语义层面上的概念结构，而后者是涵盖某一概念场的词项集合。涵盖概念场的词项集不仅由词构成，也可能包含固定短语等，而当一个词汇场不能彻底涵盖其概念场时就会出现"词汇缺口"。由此，莱昂斯还区分了词汇场和语义场：前者的词项集只包括单词，而后者的词项集包括单词和短语。格兰迪（R. Grandy）在《为语义场辩护》（*In Defense of Semantic Fields*，1987）中强调，称为"语义场"更恰当。首先，语义场由词项对比集构成，而对比集的构成则基于对语义内涵理解的共同直觉。其次，对比集所包含的语言单位，不仅是词单位，也包括词组单位。最后，语义场范围的大小可根据研究目的和用途而定。巴萨娄（L.W. Barsalou）在《框架、概念和概念场》(*Frames, Concepts and Conceptual Fields*, 1992）中则提出，语义场既是词汇语义系统，也是基于概念的关系场，因此建议称为"概念场"。

　　根据语义语法学理论，语言学家研究的是包括语义词类和语义句法的一体化语义场。虽然其基本操作是对语义实体和形式标记、聚合关系和组合关系的解析，但是其最终目标指向话语结构的生成。在这种趋势下，解析性的语义场（语言场）理论也就蜕变为生成性的语义网络理论。（李葆嘉 2002，2007，2013b）

第十一章

现代语义学的第二块基石：语义解析方法

现代语义学的第二块基石是语义解析方法。美国流派通常称之为"成分分析"（componential analysis），法德流派通常称之为"义素分析"（seme analysis），秉承词汇语义可解析为若干"基元"，其哲学基础是源远流长的原子论—基元观。20世纪30年代，美国社会学家戴维斯（1936, 1937）采用"基元要素"和矩阵图分析亲属称谓，其背景是美国社会学的结构—功能主义。20世纪60年代，法德语义学家的"义素分析"，其背景则是欧洲语言学的结构—功能主义。美国流派的驱动是"要想获得亲属系统的知识，就必须借助符号手段的帮助"；法德流派的需求是"词汇场理论要用词汇语义的区别性对立功能来补充"。从而，前者强调词义的"成分/构成性"，而后者强调词义的"要素/特征性"。

20世纪70年代末，语义解析方法引进中国。周绍珩（1978：11）介绍："这种词义分析方法，早在五十年代就为美国的人类语言学家所采用。"伍谦光（1988：90）说："语言学、逻辑学和哲学领域用义素分析来研究语义已有较长历史。"贾彦德（1992：44）提及："义素分析法受到音位学中区别性特征分析方法的启示。"

关于较详的学术背景，见于刘谵辰和徐志民的论述。刘谵辰（1988：68—71）论述了欧美语义分析方法受人类学和音位学的影响。美国的成分分析受人类学的影响，1956年，古迪纳夫、朗斯伯里等人类学家率先（？）[1]对亲属词做了系统的语义成分分析。美国语言学家兰姆（S. Lamb）、奈达、卡兹和福德等，很快注意到人类学家使用的成分分析，20世纪60年代初开始引入语言研究。虽然奈达（1964）的方法还存在着模仿痕迹，但是比人类学家提出的更系统。而欧洲的义素分析法则是20世纪60年代，在音位分析法的影响下形成的。法国鲍狄埃、格雷马斯以及德国考赛里乌都注意到音位的区别性特征和义素之间有许多相似之处。

徐志民（2008：88）对"语义成分分析"形成和发展线索梳理的要点是：1. 在语言学范畴的语义研究中，最早（？）提出成分分析问题的是叶尔姆斯列夫（Hjelmslev 1943）。2. 美国人类学家朗斯伯里、古迪纳夫等，最先（？）在20世纪50年代从人类语言学角度采用成分分析法研究亲属名词之间的关系。3. 在20世纪60年代，以法国的鲍狄埃、格雷马斯和美国的卡茨、福特为代表的一批语言学家，在欧美两地对词义成分分析法做了相当深入的研究。4. 语义场理论是语义成分分析的来源之一，语义成分也就是语义场中的对立成分；成分分析显然也受到音位分析方法的启发，因为语义成分也就是将语义剖析至最小成分而得出的区别性特征。

这些介绍给人留下的困惑是：1. 古迪纳夫和朗斯伯里所采用的成分分析法，是否就是

---

[1] 标注问号，表示对此说法质疑。

美国语义分析流派的源头？ 2. 美国语义分析流派的学术背景，是否就是语言学的结构主义？ 3. 成分分析法和义素分析法的异同何在，在语义解析上各有何种驱动和需求？

第一节 词汇语义解析的思想渊源

就西方学术思想史而言，试图寻找"基元"的思想，可以追溯到古希腊时代。以泰勒斯（Thalês，前625—前547）的元素论为发端，直到德谟克利特（Demokritos, BC 460—BC 370）才最终创立原子论。作为不可分之物，原子在虚空中彼此结合而衍生万物。有这样一种说法，"只求局部、不讲整体"的原子主义来自原子论，20世纪初学界对原子主义感到不满才提出结构主义。根据19世纪的论著，这个"原子主义"是指单独研究一个词。实际上，原子论包括三个核心概念：原子—组合关系—结构体，其目的在于寻求基于一定组合关系而构成各种结构体的原子。只要不是死死盯住"原子"不放，同时关注原子之间的"关系"，也就可以意识到，原子论与结构主义存在共通之处。

一、音素论、原子论和概念基元

如果进一步探源，古希腊原子论则脱胎于前15世纪闪米特字母中包含的"音素论"，而"音素论"则源自古埃及文字中的"离素原则"。中世纪文法学家普利西安（Priscian, 512—560）在《文法原理》（*Institutiones Grammaticae*，525）中曾揭示了原子论与音素论的相似性。

> 正如原子聚合产生了形形式式的各种事物，语言的音素则组成了就像某种有形实体一样的清晰言语。（Priscian 1855：6）

由有限的音素构成无数词语的语音，依据"离素原则"解析出来的音素就是语音的基元，20多个字母就可记录某一语言中的所有词语的音组。前15世纪，人类历史上最早的闪米特字母表（以腓尼基字母为代表）形成。前9世纪，腓尼基王子卡德摩斯（Cadmus）把字母带到古希腊，此后辗转传入古罗马。随着罗马帝国的扩张，拉丁字母流播欧洲。语音系统是封闭性的，其要素相对简单；语义系统是开放性的，其要素非常复杂。直到17世纪，在西方理性主义以及东西方语言文化的交流中，欧洲学者才萌发了探寻概念基元或语义基元的设想。

一方面，法国哲学家笛卡尔（R. Descartes, 1596—1650）和帕斯卡（B. Pascal, 1623—1662）等都考虑过"概念基元"。1662年，阿尔诺（A. Arnauld, 1612—1694）和尼柯尔（P. Nicole, 1625—1695）在《逻辑或思维的技艺》（*La Logique ou L'Art de Penser*）中提及词语界定中的"不可定义的基元"。

> Ie dis de plus qu'il seroit impossible de definir tous les mots. Car pour definir un mot on a necessairement besoin d'autres mots qui designent l'idée à laquelle on veut attacher ce mot; & si l'on vouloit encore definir les mots dont on se serait ferui pour l'explication de celui-là, on en aurait encorebesoin d'autres, & ainsi à l'infini. Il faut donc necessairement s'arrester à des termes primitifs qn'on ne definisse point. (Arnauld & Nicole 1662：106—107)
>
> 我还要说，定义所有的词是不可能的。因为要定义一个词，我们必须用其他词语表达我们想要附加于该词的想法；如果我们仍然想定义我们用来解释它的那些词语，我们会考虑到其他词，以至于无穷无尽。因此，无法避免停止在那些不可定义的基元上。

另一方面，在当时欧洲人的心目中，遥远而古老的中国文化载体是神秘的中国语文。面对如此奇特而繁复的汉字，西欧汉学先驱试图找到一条学习捷径。17世纪70年代，德国学者穆勒（A. Müeller, 1630—1694）、门采尔（C. Mentzel, 1622—1701）等相继提出"中文之钥"（Clavis Sinica），一时成为欧洲汉学界的热点。对中国文化充满兴趣的莱布尼茨认为，既然语言是人类理智的镜子，那么就有可能创立一份"人类思维字母表"，即从自然语言中寻求最小基本概念或语义基元，并把这一希望寄托在"中文之钥"研究上面。德国学者的"中文之钥"灵感，来自中国字典的部首（当时传入欧洲的是张自烈编撰的《正字通》，分为214部首）。汉字的"部首"为东汉许慎（58—147）所创，《说文解字》以540部首统领9353个汉字。其《后叙》曰：

> 其建首也，立一为耑。方以类聚，物以群分。同条牵属，共理相贯。杂而不越，据形系联。引而申之，以穷万原。毕终于亥，知化穷冥。

540部首虽据文字字形（义符或类符）而立，其本质却是上古汉语的"字形基元"或"语义基元"。通过字音联系，部首不但反映了字形系统，而且反映了字形背后的语义要素系统。汉魏以降，随着字体楷化及字义变迁，这一语义要素系统的局部趋于模糊，部首的语义标记功能更多地蜕变为检字功能。不过，借助部首对学习汉语字词仍然可以起到提纲挈领、就简驭繁的引导作用。归根结底，汉字的系统性来自语义的系统性，语义的系统性来自认知的系统性，认知的系统性来自对象世界的系统性。当然，这些崇尚中国语言文化的西欧汉学家，不可能对中国文字、语义之学的理解如此深刻，但是他们至少感觉到，借助"中文之钥"有利于掌握汉语字词，甚至可以作为从自然语言中寻求最小的基本概念的基础。

二、义位、义素和内涵形素

尽管17世纪的西欧理性主义者、汉学家都曾关注过"意义基元"，但是并未进一步展开词汇语义的要素研究。直到1908年，瑞典语言学家诺伦在《我们的语言》（*Vårt språk*, 1903—1924）中，才首次提出"义位"（sémème）这一概念。1913年，丹麦语言学家尼洛普在《法语语法学史卷四：语义学》中，尝试探讨法语的词汇语义特征分析。20世纪30年代，比利时语言学家布伊森（É. Buyssens，1910—2000）受人类语言学和心理主义的影响，导入"义素"（sème）这一概念。后来被法国语义学家采用，其含义是"一个词的意思并非不可分割的单元，在整个词汇中可以发现相同的义素"。

1943年，叶尔姆斯列夫（L. Hjelmslev, 1899—1965）在《语言理论导论》（*Omkring sprogteoriens grundlæggelse*）①中提出，与语音表达平面可以分析出数量有限的最小语音要素一样，语义内涵平面也可以通过替换法析出数量有限的"内涵形素"（éléments de contenu）。由此，可能借助数量有限的内涵形素来描写数量无限的语符。比如，"母马"可析为："马"+"阴性"，"公牛"可析为："牛"+"阳性"。内涵形素说可能受到布拉格结构—功能学派的影响，叶尔姆斯列夫也是该学派的外围成员。具体而言，内涵形素说可能受到特鲁别茨柯依（N. Trubetzkoy, 1890—1938）的启发。他在《音位学原理》（*Grundzüge der Phonologie*, 1938）中提出音位特征对立分析的思想。此前，他已经发表《音位描写指南》（*Anleitung zu phonologischen Beschreibungen*, 1935）等一系列论文。

第二节 基于社会结构—功能的美国流派

当今语言学界熟知的是20世纪60年代，卡茨和福德（1963）将美国人类学家的"成分分析"导入转换生成语法研究。如果拘泥于就语言学自身谈语言学史，从逻辑上似乎可以推定，成分分析法接受了布拉格学派的音位分析理论或结构音系学模式的影响。不过，由此产生的第一个质疑是——为什么法德语言学家的义素分析晚于美国人类学家的成分分析呢？根据学术地缘影响的距离度，应当是法德语言学家便于接受布拉格学派的影响，而实际上却是美国人类学家的语义成分分析在先。由此产生的第二个质疑是——美国人类学家

---

① 英译本 *Prolegomena to a Theory of Language*. Baltimore: Indiana University Publications in Anthropo.

的语义成分分析法从何而来?

一、关于古迪纳夫的成分分析

通常提到的是1956年美国《语言》32号上同期发表的两篇人类学研究论文,朗斯伯里的《波尼语亲属关系惯用法的语义分析》与古迪纳夫的《成分分析和意义研究》。前者是对北美印第安人波尼语的亲属称谓研究,后者是对西太平洋特鲁克岛上的密克罗尼西亚土著的亲属称谓研究。古迪纳夫在对特鲁克语亲属称谓进行语义分析时,使用了9个字母来标记9个特征:1. A=参照(自己);2. B=辈分(B1长辈,B2同辈,B3晚辈);3. C=性别(C1男性,C2女性);4. D=与母系成员的对称性关系(D1对称,D2不对称);5. E=与自己性别的异同(E1同性,E2异性);6. F=血统(F1血亲,F2姻亲);7. G=长幼(G1年长,G2年幼);8. H=母系或父系(H1母系成员,H2父系成员,HI不属于这两者);9. J=旁系或直系(J1直系,J2旁系)。依据这些特征标记,可以定义特鲁克语的亲属称谓。例如:semenapej(基于自我的父系长辈称谓)定义为AB1C1J1;jinenapej(基于自我的母系长辈称谓)定义为AB1C2J1;mwaani(基于女性自我的同胞兄弟或堂兄弟),定义为AB2D1E2F1C1;pwiij(基于女性自我的同胞姐妹或堂姐妹),定义为AB2D1E1。长期以来,古迪纳夫和朗斯伯里的成分分析法是否首创,可谓不解之谜。只是看到美国社会学家戴维斯在20世纪30年代,利用"基元要素"(primary elements)和矩阵图分析澳大利亚中部原住民阿兰达人亲属称谓的研究才揭开了这一谜底。

二、戴维斯的基元要素和矩阵图分析

戴维斯(K. Davis, 1908—1997),1936年获哈佛大学社会学博士学位,曾任胡佛研究所研究员、美国社会学协会主席与人口学会主席,20世纪最杰出的社会科学家之一。戴维斯善于将人口学、统计学、人类学和社会学的分析结合在一起,在理论上深受其师帕森斯(T. Parsons, 1902—1979)的影响。作为社会学研究的结构—功能主义创始人,帕森斯在伦敦大学求学期间(1924),听过英国人类学家马林诺夫斯基的课程,深受人类学的功能主义影响,从而创立了社会学的结构—功能主义。

1936年,戴维斯在哈佛大学完成博士论文《亲属关系的结构分析:亲属关系社会学导论》(*A Structural Analysis of Kinship: Prolegomena to the Sociology of Kinship*),该专著在1936—1980年再版8次。1937年,戴维斯和瓦尔纳(K. Davis & W. L.Warner)在《美国人类学》杂志上发表《亲属关系的结构分析》(*A Structural Analysis of Kinship*),其中"亲属符号系统"这一节中提出:

So far as can be judged, the central tradition in kinship theory has reached a point where it must devote some attention to a purely internal analysis. It is therefore our intention, if we can, to advance a step farther along the path indicated by Kroeber in his categorical study. We are interested in formulating the principles upon which kinship rests and upon which any intrinsic classification of concrete systems must accordingly be based. (Davis & Warner 1937：291)

由此判断，亲属关系理论的核心传统，已经到了必须把精力投入纯粹内部分析之时。因此，如果可以，我们的目的是沿着克罗伯范畴研究的道路向前迈进。我们的兴趣是基于其他语言的亲属关系以及具体系统的固有分类，以制定公式化原则。

Kinship is a concept that touches two levels of phenomena. On the one hand it refers to a relatively fixed biological structure, on the other to a relatively variable social pattern based on this biological structure. Hence the place to look for universal elements is on the biological plane. Then an endeavor can be made to find out how these elements are used to build the different concrete sociological structures represented by terminologies. For this purpose it will prove necessary to describe the nature of kinship terms and to invent a symbolic apparatus for the convenient representation of categories. (Davis & Warner 1937：292)

亲属关系这一概念涉及两个层面的现象：一是相对固定的生物结构；一是基于生物结构而相对多变的社会模式。既然寻找亲属关系的一般基元之处就在于生物平面，那么就要努力发现这些基元如何被用于构建通过命名表现的不同的具体社会结构。为此，描述亲属称谓的性质并发明一种便于表示范畴的符号手段看来很有必要。

Language symbolizes only a part of reality, selecting various elements and putting them together to form an experiential world. In studying terminological systems it is therefore important to know what elements are left out and what elements included, and on what principle. We know that every kinship nomenclature embodies only a part of the actually existing biological structure, that it seizes upon certain elements of the biological organization and ignores others in constructing a socially experienced world. In this way terminology bridges the gap between the biological and the sociological levels.

Not every terminology, however, selects the same elements. Different nomenclatures employ different principles of selection. Here, then, is the basis for a comparative typology of kinship systems. It is our belief, along with Professor Kroeber, that the elements selected are precisely the categories of relationship. The manner in which a terminology selects and combines these categories into a coherent conceptual whole is the thing that differentiates that system from other systems. (Davis & Warner 1937: 298)

语言符号仅仅是现实的一部分，选择不同基元并把它们组合在一起以形成经验世界。因此，在研究称谓系统中，知道排除或包含哪些基元并依据什么原则十分重要。我们知道，每个亲属称谓仅仅体现了实际存在的生物结构的一部分。在构建社会的经验世界中，人们充分利用了生物组织中的某些基元，并忽略了其他基元。以这种方式，亲属称谓弥合了生物和社会平面之间的差别。

但是并非每个称谓都选择相同的基元，不同的专门称谓有不同的选择原则。在此，这是亲属关系系统的比较类型学基础。我们相信，沿着克罗伯教授的研究道路，所选择的基元就是亲属关系的精确范畴。通过任一称谓的选择和把这些范畴组成一致性概念整体的方式，以适合于区分该系统与其他系统的差别。

In analyzing terminologies with reference to the way they represent the biological categories, the really important questions are: How many categories of relationship does each term in the nomenclature express? How many categories does the system as a whole rely upon? How does the system combine the categories and subcategories on which it does rely?

An indispensable aid in gaining this knowledge is some sort of symbolical apparatus by which the categories and subcategories may be represented. Once this is achieved it is possible to write the formula of any kinship term, to sum up the characteristics of an entire system. With this in view the following set of symbols has been adopted. (Davis & Warner 1937: 303—304)

根据所代表的生物范畴方式，分析称谓中的关键问题是：每个称谓表达了多少种关系范畴？作为一个整体，这个系统依赖于多少范畴？这个系统如何与所依赖的范畴和子范畴联系？

要想获得亲属系统的知识，就必须借助不可缺少的符号手段，才可以描述亲属系统的范畴和次范畴。而一旦采用符号手段就能写出任何一个亲属称谓的公式，并且概括出亲属系统的全部特性。为此我们制定了以下一套符号。

（1）Birth-Cycle = C（辈分）

上辈=Ca（自我以上）；下辈=Cd（自我以下）；辈分总数，上辈加上下辈= Ca+d；代= Ca−d（从上辈分数减去下辈分数，即使没有包含在已知计算结果的准确数字中，其不同结果也可以推知）；上代= Ca−d=+；下代= Ca−d=−；从自我的任一方向的某一代=C a−d=+。

（2）Birth-Order = O（长幼）

兄弟姐妹系列中的次序=On；兄姐= Oo；弟妹= Oy。注意：O常用在自我作为成员之一的兄弟姐妹系列中，它对证明在此系列中确定存在于哪一代很有用，比如 Oya；或者对这个 O 与谁比较的辈分关系不计，比如 Oy。

（3）Sibling-Link= L（兄弟姐妹链）

兄弟—兄弟= L♂♂；姐妹—姐妹= L♀♀；兄弟—姐妹= L♂♀；与兄弟姐妹的性别相同= Lu；与兄弟姐妹的性别不同= La。注意：这里的性别范畴看上去与兄弟姐妹链的范畴混淆，但是它要表明的是与其他关系类型稍有不同的性别范畴。有时更便于用它来表示作为另一范畴符号的一部分。已知兄弟姐妹关系标记= Lw；未知兄弟姐妹关系标记= Lx。

（4）Sex = S（性别）

自我性别=Se；自我性别为男性= S♂e；自我性别为女性= S♀e；相关亲戚的性别= Sr；相关亲戚的性别为男性=S♂r；相关亲戚的性别为女性= S♀r；中间亲戚的性别= si；一致的= Siu；交互的= Sia；全部男性的= S♂iu；全部女性的= S♀iu；男性的、女性的等等= S♂♀♀i；与自我性别一致的= Si（ue）。

（5）Procreative-Union = U（姻亲）

（a）当处于连接线时= U。注意：当定位于亲戚关系连接线上时，作为表示"姻亲的符号，U应当位于公式中实际存在于连接线上的婚姻联盟的点上。当它用来指明与谁存在可能或事实婚姻关系时，用Uw来表示，它应当一以贯之，并常用小符号加以调整。（b）当指明与谁存在婚姻关系时= Uw，与自我= Ue；与男性亲戚= Uk；与非男性亲戚=Ux；可能的= Up；与我可能的等等=Upe。(Davis & Warner 1937：304—305)

作者讨论了称谓表意的积极方式或消极方式，以及称谓中包含的正面意义或负面意义，也就相当于语义特征分析中的正负值。

But note that a term can be definite in two ways. It may state that a person has a certain kind of relation to Ego; on the other hand it may imply just as definitely that he does not have this kind of connection with Ego. In other words a term may be definite in a **positive way** or in a **negative way**, Both the positive and negative meanings are important. The term father is of course negative with regard to L and U. It asserts merely that the relative is not connected to Ego by these units. Yet this negative meaning contained within the term serves to place father with regard to these categories just as definitely as the positive meaning places him with regard to the other two categories, C and S. In other words in locating a person in the kinship structure, negative and positive meanings are of equal importance. (Davis & Warner 1937: 306)

但是要注意的是：一个称谓可能用两种方式表明其意。一方面，它可能表明某人对自我而言存在的某种关系；另一方面，它也可能明确地意味某人与自我没有任何关系。换而言之，一个称谓可能从**正面方式**或**负面方式**加以明确，而这两者都很重要。就L和U而言，英语称谓father（父亲）当然采用的是消极方式。这仅仅表明，该亲属与自我不借助这些单元连接。然而，称谓father包含的否定意义，根据这些范畴也足以定位"父亲"，与根据积极意义的两个范畴C和S确定的位置一样明确。换而言之，一个人在亲属关系结构中的定位，消极意义和积极意义同样重要。

It often happens that the positive meaning contained in a term is exactly the same as the **positive meaning** contained in a homologous term in another system; yet due to a difference in the **negative meaning**, the two terms are totally different. Thus our term father is definite in a positive manner, as shown by the following formula: CaS♂r. The term for "father" in Kariera, mama, expresses exactly the same positive formula: CaS♂r. Yet the two terms are utterly different. The English father is a descriptive term according to our definition, while the Kariera mama is a classificatory term. The difference thus lies in the negative meanings. (Davis & Warner 1937: 306)

经常发生的是，某个称谓中包含的**肯定意义**，与另一系统中的相应称谓包含的正面意义一样，然而由于**否定意义**中的差异，导致这两个称谓迥然不同。因此，就积极方式而言，英语的称谓father是明确的，如公式所示：CaS♂r。卡里拉语的mama（父亲），以同样的积极方式准确表达了公式CaS♂r。然而，这两个称谓完全不同。根据我们的定义，英语中的father是一个描述称谓，而卡里拉语的mama是一个类别称谓，其区别在于否定意义。

作者还讨论了亲属关系称谓的系统性，只有基于整个称谓知识才能写出一个亲属关系称谓公式，也就相当于某个意义域的系统性，或相互规定性。

But the preliminary spade-work of symbolic analysis is not easy. Before writing the formula of a kinship term one must already know something about the entire terminology. Kinship terms, being parts of systems, have scarcely any meaning when considered apart from other terms. (Davis & Warner 1937: 307)

但是符号分析的起初探索并不容易。在写出一个亲属关系称谓公式之前，必须事先了解整个称谓知识。当某个亲属关系称谓从其他称谓中分离出来时，作为系统的一部分，几乎可能拥有任何意义。

在"分析亲属关系系统的建议方法"这一节中，作者写道：

> When this procedure has been followed the stage is prepared for the final analytical work. It is easy to glance down the formulae columns and note which categories are consistently definite, which consistently indefinite. It is often possible to write the formula for the average term in a system, and inevitably basic differences between systems reveal themselves. (Davis & Warner 1937：307—308)

这一过程已为随后的最终分析工作做好准备。浏览下面的公式栏目，很容易发现哪些类别始终是明确的，哪些始终是不明确的。通常可以为某一亲属系统中的普通项目写出其公式，以及在其系统中所显示的必然基本差异。

下面列出的是澳大利亚中部原住民阿兰达人（Arunta）的称谓系统（部分）。

表11-1　戴维斯等关于阿兰达人的称谓关系分析

1	2	3	4	5	6	7	8	9	10
Fixd number	Term number	Native term	English equivalant	Female speaking	Complete formula	Categories definite	Categories indefinite	Distance from Ego	Unit distance
1	1	Kate	Father		$C^{a-d=1}S^{(iu)(r\delta)}U^2$	$C^{a-d}S^{ir}U$	$C^{ad}LS^e$	$C+$	$1+$
2	2	Maia	Mother		$C^{a-d=1}S^{(iu)(r♀)}U^2$	$C^{a-d}S^{ir}U$	$C^{ad}LS^e$	CS^a+	$2+$
3a	3	Itia	Elder brother		$C^{a-d=0}S^{(iu)}U^{6/18}$	$C^{a-d}LS^iU$	$C^{ad}L^wS^{er}$	$C+$	$1+$
3b			Younger brother						
4a	4		Elder sister						
4b			Younger sister						
5	5	Pala	Husband		$C^{2a/2d/0}S^{ie}U^{9/Ego}$	$C^{2a/2d/0}S^iU$	$C^{ad}LS^{er}$	$2CS^a+$	$3+$
6	6	Noa	Wife		$C^{a-d=0}S^{iar♀}U^{3/Ego}$	$C^{a-d}LS^{ir}U$	$C^{ad}L^wS^e$	$4CS^a+$	$5+$
7	7	Allra	Son	21	$C^{a-d=-1}S^{iu}U^{15/71}$	$C^{a-d}S^iU$	$C^{ad}LS^{er}$	$C+$	$1+$
8	7		Daughter	21					
9	9	Aranga	Father's father		$C^{a-d=±2}S^{iu}U^5$	$C^{a-d=±}S^iU$	$C^{ad}LS^{er}$	$2C+$	$2+$
10	10		Father's mother						
11	11	Tjimia	Mother's father		$C^{a-d=±2}S^{ia}U^{12}$	$C^{a-d=±}S^iU$	$C^{ad}LS^{er}$	$2CS^a+$	$3+$
12	12	Ebmana	Mother's mother		$C^{±2a±2d±2d}S^{ia}U^{49}$	$C^{±a±d±d}S^iU$	$C^{ad}LS^{er}$	$2C+$	$2+$

说明：Fixed number，编号；Term number，称谓序号；Native term，当地称谓；English equivalent，英语等值；Female speaking，女性说话；Complete formula，完整公式；Categories definite，肯定范畴；Categories indefinite，不定范畴；Distance from Ego，从自我距离；Unit distance，单元距离。

可以认为，该图表就是亲属称谓基元要素分析的矩阵图。

论文结尾总结如下：

Linguistic Devices

In so far as primary terms are used outside the immediate family, it is a safe guess that these terms are classificatory. If there are many of them, it is probable that immediate relatives are merged with extended kin. Finally, if a system is composed almost totally of combined terms made up of primary elements, it is in all likelihood a descriptive system, but if it is composed of combined terms made up of categorical elements, it is likely to be classificatory. (Davis & Warner 1937：313)

语言机制

至于把基本称谓用于直系亲属之外的其他家族对象，可以推定，这些称谓也是分类意义上的。如果所用的基本称谓很多，那么直系亲属的称谓与扩大的家族称谓就有可能融为一体。总之，如果这一亲属系统几乎都可以由基元要素组合的称谓构成，那么该系统总体上可能是一种描写性系统，但是如果这一亲属系统由范畴要素组合的称谓构成，那么该系统则有可能是分类意义上的系统。

有了这一套"基元要素"并且符号化，就可能用简便格式，如矩阵图、定义公式来准确地描写亲属称谓。戴维斯的亲属称谓基元—矩阵图（定义公式）分析方法（1936），比特鲁别茨柯依的《音位学原理》（1938）要早两年，比叶尔姆斯列夫的《语言理论导论》（1943）要早七年。显而易见，亲属称谓基元分析法的形成与音位对立分析法、内涵形素说无关。

三、词汇语义分析的天然切入口

虽然20世纪30年代以前，欧洲语言学家已经萌发了语义分解的设想，但是最早从事这方面操作性实践的却是美国社会学家，继而才是美国人类学家、翻译学家。之所以语义解析方法，首先在社会学／人类学的研究领域出现，是因为合适的对象催生相应的方法。对社会学／人类学研究而言，至关紧要的是，亲属称谓具有两个明显特点：一是系统的封闭性，一是语义要素的有限性。正是这两个特点，才使"亲属语义场"成为"语义成分分析"的典型对象，或词汇语义分析的天然切入口。

综上，亲属称谓基元分析法或语义成分分析法的学术背景，植根于美国社会学的结构—功能主义。尽管社会结构—功能理论属于广义的结构主义，但是毫无疑问，美国学者的基元分析法或语义成分分析法并非来自欧洲语言学的结构—功能主义。我们可以把戴维斯、古迪纳夫、朗斯伯里等人称为"美国语义学派"或"美国成分分析流派"。实际上，语义分析方法只要具备两个条件就可能自发产生：一是基元要素观，二是矩阵图（定义公式）。基元要素或基元观在西方早已形成，至于矩阵图也就是普通数学知识。由此可见，即使没有结构主义，照样也可以自发形成语义分析方法。当然这并非说，戴维斯的亲属称谓基元分析法不存在美国社会学的结构—功能主义背景。

第三节 基于语言结构—功能的法德流派

基于语言学结构—功能主义的语义解析方法，主要是法德学者建立起来的。鲍狄埃、格雷马斯、考赛里乌等提出，在词汇场中可以析出由功能对立加以区别的"词汇要素"（lexical elements）。

一、鲍狄埃的语义分析

法国语言学家鲍狄埃（B. Pottier），1944年毕业于巴黎语音研究所。1949年毕业于巴黎大学高等实验研究院。1955年获得博士学位。1955—1958年任波尔多文学院讲师和教授。其后任斯特拉斯堡大学、巴黎第三大学、巴黎第四大学教授。1972年创办法国国家科学研究院印第安语言文化研究中心。

20世纪60年代以来，鲍狄埃在《迈向现代语义学》（*Vers une Sémantique Moderne*，1964）、《面向词典的定义语义学》（*La Définition Sémantique dans les Dictionnaires*，1965）以及《普通语义学》（*Sémantique Générale*，1992）等论著中，发展了词汇语义分析理论。鲍狄埃认为，词的所指由义位及其语义特征组成，同时主张功能词也包含语义内涵，并试图建立用元语言对词典中的词项进行释义的语义理论。鲍狄埃将一个词位（lexème）界定为由义子（sèmes）组成的一个义位（sémème）。义子（即义素）是词位所指的区别性特征，与"语义成分"是意义的构成要素有所不同。

表11-2　鲍狄埃法语家具词汇场的坐具子场表[①]

特征 坐具	s1 人坐	s2 单人	s3 腿子	s4 靠背	s5 扶手	s6 硬材
siège	+					
chaise	+	+	+	+	−	+
fauteuil	+	+	+	+	+	+
tabouret	+	+	+	−	−	+
canapé	+	−	+	+	+	+
pouf	+	+	−	−	−	−

这一坐具子场的上义词是siège（坐具），下义词包括chaise（装饰椅）、fauteuil（扶手椅）、tabouret（凳子）、canapé（长条椅）和pouf（高圆垫）。作为对该词汇场界定的词项或者上义词，siège的地位是宽泛词位，所包含的意义是宽泛义位。宽泛义位可以落实到该场中的任何一个下位词的义位上。上义词siège只刻画其共同特征s1（人坐），要在不同特征化的下位词之间加以进一步的区分，就需要增加其他区别性特征（s2—s6）。除了表示实体特征的义子，鲍狄埃在词汇语义分析中还增加了与组合关系有关的三种义子：1. 涉及语法功能描写的功能义子（fonctèmes），比如词类；2. 涉及组合关系语义限制的类别义子（classèmes），比如eat（吃）需要一个"有生性"的主语和一个"及物性／可食"的宾语；3. 涉及词汇语义联想的潜在义子（virtuèmes）。

二、格雷马斯的语义分析

格雷马斯（A. J. Greimas, 1917—1992），立陶宛裔法国语言学家、符号学家，出生于俄罗斯的图拉（Toula）。1936—1939年在法国格勒诺布尔（Grenoble）学习。1944年就读于法国巴黎大学，1948年获得博士学位。在语言学家布鲁诺（C. Bruneau, 1883—1969）的指导下完成博士论文，主要是对时尚词汇的静态分析。1949年任埃及亚历山大大学文学院法语讲师。他逐步放弃词汇研究，认为不适合构建语义场。后信奉索绪尔的结构主义，试图建立统一的社会科学方法论。1958年、1960年先后任教于土耳其安卡拉、伊斯坦布尔大学。1962年任法国普瓦捷（Poitiers）大学语言学教授。1963—1964年在巴黎语言计量研究中心工作。曾任国际符号学协会秘书长。

格雷马斯的代表作有《结构语义学：方法研究》（*Sémantique structurale: recherche de méthode*, 1966）、《意义论：符号学测试》（*Du sens: essais sémiotiques I*, 1970）等。格雷

[①] 转引自吉拉兹《欧美词汇语义学理论》（李葆嘉、司联合、李炯英译），世界图书出版公司2013年，88页。

马斯认为：1. 所有意义系统的语义都是一样，图像所指和语言所指没有什么不同；2. 语义学能够有效地研究语义在话语中的各种表现；3. 语义学不是语言学的一个组成部分，而就是语言学本身；4. 句法分析以语义结构为基础。

格雷马斯深入分析了意义的基本结构，如义征、义征丛、义征系统、义征与义位的关系、意义的表达步骤等，又将义征分为具象义征、抽象义征、情意义征，这些分类使义征形成不同层面上的类聚，体现了义征的系统性。格雷马斯同样关注元语言理论，试图建立以元语言为工具的词义分析系统。

当然，作为符号学家的格雷马斯，更为关注的是话语分析。他把句法关系看成语义化的结果。在句子范畴内，词具有一个稳定的义征轴，在发生语义效果时再添加上下文义征；在上下文义征不变的情况下，句子成为几种义征兼容的组织。义征轴和上下文义征通常不变，使得语义层面保持同一性。几个句子信息表现出来的同一性意味着意义的整体连贯性，正是这种连贯性，才使人们对一般句子和歧义句的理解成为可能。

三、考赛里乌的语义分析

考赛里乌（E. Coșeriu, 1921—2002），罗马尼亚裔德国语言学家，德国图宾根语义学派的代表人物，生于罗马尼亚的弥海勒尼（Mihaileni，今属摩尔多瓦）。早年求学于罗马尼亚雅西（Iași）。1940年移居意大利，获得哲学和语言学博士学位。其后生活在罗马、帕多瓦和米兰。1951—1958年移居南美乌拉圭首都蒙得维的亚（Montevideo），任乌拉圭共和国大学语言学教授。1963—1991年任德国图宾根大学罗曼语语言学讲座教授，1980—1983年曾任罗曼语语言学会会长。

考赛里乌的学术思想深受法国功能学派的影响，曾编辑出版法国功能学派代表人物马尔丁内的论文集《功能句法研究》（*Wilhelm Fink Verlag. München*, 1975）。考赛里乌的语义研究论著有《语言理论与普通语言学：五项研究》（*Teoría del lenguaje y lingüística general: cinco estúdios*, 1962）、《关于历时结构语义学》（*Pour une sémantique diachronique structurale*, 1964）、《词汇结构与词汇教学》（*Structure lexicale et enseignement du vocabulaire*, 1966）。考赛里乌（1964）指出，词汇场理论要用词汇语义的区别性对立功能来补充。通过七个连续性划分步骤，考赛里乌（1962）确定了词汇语义的分析对象是系统意义（bedeutung），而不是指称意义（bezeichnung），这一构想可以看作是运用结构主义对词汇语义进行描写的努力。

通过法德学者的努力，基于语言学结构—功能主义的语义解析方法在20世纪60年代建立起来。我们可以把他们称为"法德语义学派"或"法德义素分析流派"。

作为一股学术思潮，在20世纪30年代，结构主义并非仅存在于语言学领域。词汇语义解析方法的形成，存在不同学术领域的结构主义背景。美国成分分析流派基于社会学结构—功能主义的亲属分析理论；法德义素分析流派基于语言学结构—功能主义的音位分析理论。美国成分分析流派的驱动是"要想获得亲属系统的知识，就必须借助某种符号手段的帮助"（Davis 1937）；法德义素分析流派的需求是"词汇场理论要用词汇语义的区别性对立功能来补充"（Coșeriu 1964）。通过以上对比分析，才能明白：美国流派的语义分析为什么强调词汇语义的"成分／构成性"，而法德流派的语义分析为什么强调词汇语义的"要素／特征性"。由此可见，学术背景不同、研究需求不同，语义解析的术语及其意蕴则有所不同。

语义分析方法的形成过程及其学术背景，比心智语义场理论要复杂，因此语义分析基本单位的术语也就较为复杂。除了基元要素（primary element）、语义成分（semantic component）、内涵形素（éléments de contenu）、词汇要素（lexical element）等这些术语，同义术语还有义子（sème）、义素（seme）、语义原子（semantic atom）、语义特征（semantic feature）、语义标记（semantic marker）等。语义场理论和义征分析法，引导语义研究逐步走上了系统化和形式化的道路。

第十二章

现代语义学的第三块基石：关系语义学理论

第十二章 现代语义学的第三块基石：关系语义学理论

现代语义学的第三块基石是关系语义学理论。自周绍衍（1978）介绍现代语义学理论以来，中国学者熟悉的是语义场理论、语义解析法，但对关系语义学（relational semantics）不甚了解。吉拉兹提出：

在基于结构主义"意义"概念提出的总体路线中，出现了多种理论和描述方法，其中最著名的主要有三种：词汇场理论、语义分析和关系语义学。（Geeraerts 2010：52）

在对关系语义的讨论中，首先要考虑的主要是"系统意义"（sense）的关系。（Geeraerts 2010：81）

语言学关系语义学的"关系语义"与逻辑学的"Kripke semantics"（也叫"关系语义"或"框架系语义"）不同，后者是美国哲学家和逻辑学家克利普克（S. A. Kripke）在20世纪50年代晚期和60年代早期建立的模态逻辑语义学。

关系语义学的"关系语义"与"语义关系"也有所不同。作为一个广泛的概念，"语义关系"既包括词项单位之间的语义关系，即"词汇语义关系"，也包括句法范畴之间的语义关系，即"句法语义关系"。但是，关系语义学的"关系语义"属于前者，并且关系语义学并非囊括词项单位之间的所有语义关系，仅限于几种特定的"系统意义"之间的关系。

"关系语义学"也不等同于"结构语义学"，尽管结构语义学可能以"关系语义"作为研究对象，比如莱昂斯的《结构语义学》，但是结构语义学并非只研究"关系语义"，比如格雷马斯的《结构语义学》。通常所认为的"结构语义学"，包括语义场理论和义素分析法，而将"关系语义"研究纳入聚合语义场。姑且认为，"关系语义"是指反映词汇系统内部的"价值"，词语之间相互制约的同义、反义、上下义、部分—整体义等几种特定关系的语义，为进一步明确，"关系语义学"可称为"词汇结构关系语义学"。20世纪60年代，莱昂斯将其推到了前台，并且像语义成分分析法那样，也通过生成语法汇入了理论语言学的主流。

石安石（1984）曾介绍过莱昂斯的一些语义研究观点，比如，将词语聚合关系分为三种基本类型（包含、排斥和交叉），并结合汉语将这三种关系与可传递和不可传递关系进行了对应研究，但没有提及这是"关系语义学"的内容。徐志民在《欧美语义学导论》第七章《词义关系》中，介绍了克鲁斯（1986）关于词项聚合关系的四种基本类型（同一、包含、交叉、全异）（徐志民2008：110）。在论述转换语义学和结构语义学存在交叉关系时，提及"转换语义学范围内的分解法和公理法，跟结构语义学语义场论和词汇关系分析等是有关联的"。（徐志民 2008：14）。

作为现代语义学主要理论之一的"关系语义学"，中国语言学界尚未从理论上引起重视。我们需要回答：1. 关系语义学的形成过程及其学术背景是什么？2. "关系语义"或"系统意义"的本质是什么？"系统意义"与"指称意义"存在怎样的联系？3.基于形式结构主义的关系语义场理论，与心智语义场理论有何异同？

第一节　形式结构主义的关系语义学

20世纪50年代以来，英国的一批学者发展了现代语义学理论，其中具有代表性的是莱昂斯（Sir John Lyons, 1932—2020）。他在1956年成为剑桥大学博士生，其导师是古典语言学家西德尼·艾伦（W. Sidney Allen, 1918—2004）。1957年，莱昂斯到美国耶鲁大学访学一年。1958年转伦敦大学亚非研究所，受到罗宾斯的指导。1961年获得博士学位。1961—1964年在基督学院任教。1964—1984年任爱丁堡大学和苏塞克斯大学语言学教授。1985年任剑桥大学三一学院教授，1995—2000年任三一学院院长。

莱昂斯的《结构语义学》（*Structural Semantics*, 1963）比格雷马斯的《结构语义学》（*Sémantique Structurale*, 1966）要早三年，也许是以"结构语义学"命名的最早专著。通常认为，莱昂斯基于索绪尔的结构主义，首先导入"系统意义"（sense）和"系统意义关系"（sense relation）概念，试图建立关系语义学。

索绪尔（1916）曾经提出：

　　词既然是系统的一部分，就不仅具有一个意义，而且特别是具有一个价值。……在同一种语言内部，所有表达相邻概念的词都是互相制约着的。（高名凯译 1980：161）

　　语言是形式而不是实体。（高名凯译 1980：169）

换而言之，词汇语义包括两方面：一是反映词与外部世界关系的"意义"（指称意义、实体意义）；一是反映词汇系统内部关系的"价值"（系统意义、形式意义）。

有趣的是，莱昂斯的前辈弗斯是批评索绪尔形式结构主义的。到了20世纪60年代，弗斯的学生罗宾斯、罗宾斯的学生莱昂斯，却信奉索绪尔的形式结构主义。其实，语言的系统性思想并非出自索绪尔（1916），在洪堡特、布雷亚尔那里早已提出。19世纪70年代，博杜恩提出语言是一个符号系统，其学生克鲁舍夫斯基在《语言科学概论》（1883）中将语言系统划分为语音、语义、形态三个子系统，并且提出词语的联想理论。

> 我们说出来的句子并不是一个孤立的概念，而是由整体上的一组概念构成的代替物；如果一个人只能想象出一些零散的词语，那就谈不上掌握和使用语言。词语是靠"类比联想"和"邻接联想"相互联系，由此生成词族或词系以及词列。语言不是别的事物，而是一套符号系统。（转引自赵爱国 2012：64）

克鲁舍夫斯基关于语言符号系统的类比联想（ассоциация по сходству）和邻接联想（ассоциация по смежности）理论，也就是所谓组合关系和聚合关系的来源。而索绪尔在第一次讲授普通语言学课程（1907）时，才开始讨论联想关系和句段关系。

吉拉兹（2010）指出，在语义学领域，首先提出"系统意义"研究的并非莱昂斯，而是考赛里乌。考赛里乌（1962）强调，语义分析的对象应当是词的"系统意义"（德文 Bedeutung，英文 systematic meaning），而不应是"指称意义"（德文 Bezeichnung，英文 referential meaning）。考赛里乌通过七个连续性的划分步骤，确定了词汇语义分析的研究对象。第一步，划分语言之外的现实和语言自身，把语言自身作为研究对象；第二步，在语言自身中排除元语言，把目标语言作为研究对象；第三步，在目标语言中，坚持共时研究优先于历时研究；第四步，俗语和谚语之类的固定表达加以排除；第五步，词汇语义分析应当针对同质的研究对象，即在空间、阶层、语体上无差异的功能性语言上；第六步，在功能性语言的内部，研究的对象是鲜活系统，而不是规约系统；第七步，语义分析的对象是词的系统意义，而不是指称意义。考赛里乌（1964）进一步认为，词汇场理论要用词汇语义的区别性对立功能来加以补充。依据结构—功能主义，考赛里乌明确排除了词汇的联想场，只承认由严格对立的词项，如"老—幼、日—夜"这样的词项所构成的词汇场，而且指出，在对此类词项进行语义分析时要避免指称意义的描写。（Geeraerts 2010：77—78）

虽然莱昂斯（1963）没有提及考赛里乌，但是强调描写词汇语义的对立关系无疑是对考赛里乌理论的扩展。为了与特利尔关于"意义"的宽泛概念加以区分，莱昂斯使用了"系统意义""意义关系"此类概念。莱昂斯在《结构语义学》中认为：

> It seems to me that many of the difficulties experienced by semanticists in the treatment of **meaning-relations** such as synonymy or antonymy are of similar nature, being caused by their view of 'meaning' as prior to these relations. Such scholars as Trier and Weisgerber, it is true, have developed a theory of semantics which implies the priority of the meaning-relations, but, as we have seen, by framing their theory in terms of an a priori conceptual medium, they have considerably weakened the force of their arguments. I consider that theory

of meaning will be more solidly based if the meaning of a given linguistic unit is defined to be the set of (paradigmatic) relations that the unit in question contracts with other units of the language (in the context or contexts in which it occurs), without any attempt being made to set up 'contents' for these units. This should mark as one of the principal theoretical points that is being made in the present work. (Lyons 1963: 59)

在我看来，语义学家在对待**关系意义**，如同义或反义时遇到的许多困难其实性质类似，似乎是由"意义"先于它们关系的观点造成的。特利尔和魏斯格贝尔等学者提出的语义学理论，实际上已经暗示意义关系在先，但是正如我们看到的，根据先验观念的手段为其理论设立框架，他们则在相当程度上削弱了其观点的力量。如果把某个特定语言单位的意义界定为正在讨论的单位与其他语言单位（在其出现的语境或上下文中）相互制约的（聚合）关系集合，而没有为这些单位制造"内涵"的任何企图，我认为，意义理论将会建立在更坚实的基础上。这应该成为当前工作的主要理论目标之一。

为了证明特利尔等人的语义场理论已经暗示"意义关系"在先，莱昂斯在《语义学》中引出特利尔（Trier 1934: 6）的以下论述：

一个词的价值（geltung），只有在与其毗邻词语和对立价值相互联系时才能确定。一个词只有作为词汇整体的一部分才能获得"词义"（sinn），因为只有处于场中的词才有"意义"（Bedeutung）。（Lyons 1977: 251）

莱昂斯认为，特利尔此处的Bedeutung指的是"系统意义"。

1968年，莱昂斯在《理论语言学导论》（*Introduction to Theoretical Linguistics*）中写道：

The question 'What is the sense of x' … is methodologically reducible to a set of questions, each of which is relational: Does sense-relation R hold between x and y? （Lyons 1968: 444）

"x的系统意义是什么"这个问题……在方法论上可以简化为一系列问题，其中每个问题都是关系性的——x和y之间拥有系统意义关系R吗？

莱昂斯认为，描写词语内涵的传统的宽泛"意义"，不是语言结构的某种内在东西，而是属于指称或百科知识层面上的东西，而结构主义感兴趣的，应当是语言结构内部的"系统意义"。

后来，莱昂斯（1977）把具有特定含义的"系统意义"与"具体意义"之间的区别，与语义学和语用学之间的区别联系起来。他的设想是，语义学负责把词语所包含的不依赖语境的系统意义，处理为语言结构的一部分，而语用学负责处理词语在特定话语中所体现的、依赖于情境的具体意义。实际上，所有的词汇语义都是基于语境中的语义的概括，只是有些是常用语境语义（在人们记忆中积淀的、习以为常的语义关系），而有些是特殊语境语义（在具体情境中唤起的、需要识别的语义关系）。因此，莱昂斯这样的划分并没有价值，在实际操作中纠缠不清。

第二节 系统意义关系的常见类型

在莱昂斯之后，对系统意义关系加以探讨的是英国语言学家克鲁斯（D. A. Cruse）的《词汇语义学》（*Lexical Semantics*, 1986）。莱勒（1988）评价，该书对词语关系的详尽分析，为结构语义学和自然语言词汇结构研究提供了坚实基础。墨菲（Murphy 2003）认为，英国结构语义学的代表作就是莱昂斯的《语义学》和克鲁斯的《词汇语义学》。克鲁斯曾任曼彻斯特大学普通语言学系高级讲师，讲授语义学、语用学和心理语言学，还著有《语言的意义：语义学和语用学导论》（*Meaning in Language: An Introduction to Semantics and Pragmatics*, 2000），合编《词汇学：词和词汇性质和结构的国际手册》（*Lexicology: An International Handbook on the Nature and Structure of Words and Vocabularies*, 2002, 2005）等。

在汪榕培、顾雅云编译的《八十年代国外语言学的新天地》（1992：109—66）中有《词汇语义学》部分章节的汉译。董秀芳在《词汇语义学》（2009）的"《词汇语义学》导读"一章中对该书有相当详细的介绍。克鲁斯的专著对词汇语义关系进行全面描写，对语义实例做出精细分析。全书共十二章，包括：词汇语义的语境研究法、词汇单位的组合界定、词汇单位的聚合和句法定界、词汇关系引论、词汇架构、分类关系、整体部分关系、不分枝的层级、反义词（分为三章）、同义词等。现就几种常见的系统意义关系，即同义关系、反义关系、上下义关系、整体—部分关系加以述评。

一、同义关系

同义关系和反义关系，本是传统词汇学研究的主要内容。同义关系是不同词语之间的语义等同（或近似）关系。完全同义关系意味着同义词具有相同的意义范围，在所有相关语境中可以相互置换，而总体上不改变整个句意。

克鲁斯认为，同义词在主要意义特征上相似，但在附带意义特征上却不同。这些附带意义特征，涉及蕴含、预设、选择、搭配、语域、风格和方言等。实际上，无论确认同义词具有相同的意义范围，还是辨析近义词之间的细微差别，都要涉及词汇的指称意义。也就是说，同义关系基于词汇指称意义的内涵描写。

二、反义关系

如果说同义关系是基于指称意义的相似性联想，那么反义关系则是基于指称意义的相反（或相对）性联想。

克鲁斯对反义关系的分类如下：

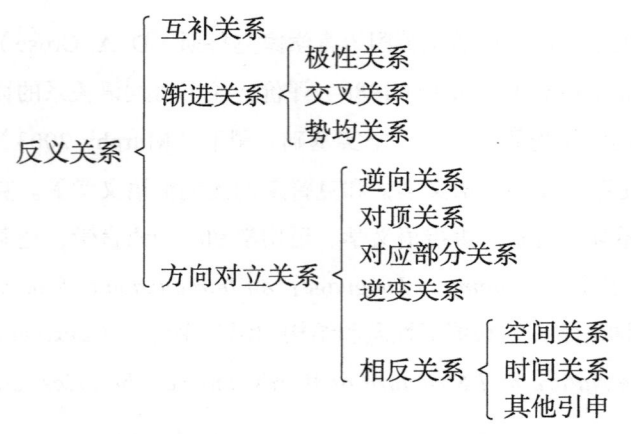

```
              ┌ 互补关系
              │              ┌ 极性关系
              │ 渐进关系 ┤ 交叉关系
              │              └ 势均关系
反义关系 ┤
              │              ┌ 逆向关系
              │              │ 对顶关系
              │ 方向对立关系 ┤ 对应部分关系
              │              └ 逆变关系
              │              ┌ 空间关系
              └ 相反关系 ┤ 时间关系
                             └ 其他引申
```

克鲁斯把反义关系分为三大类，而吉拉兹（Geeraerts 2010：80—91）讨论的反义关系主要包括五类：蕴含关系反义、非对称关系反义、互补关系反义、视角关系反义、反向关系反义。吉拉兹进一步提出，尽管习以为常的反义关系似乎符合结构主义的对立理论，但是在实际话语中，梅廷杰（Mettinger 1994）却发现了许多"非习以为常"或"非系统"的反义关系现象，它们在具体情境中被唤起。例如：

（1）oral（口腔的）— rectal（肛门的）

例（1）是在量体温的情景下出现的对立关系。这种语境性对立关系，在语篇中其实很常见。又如：

（2）listening（听）— looking（看）

（3）romance（浪漫故事）— real life（现实生活）

（4）scholarship（学术工作）— domesticity（家庭生活）

进一步考察发现，依据不同特定语篇的具体理解，某个词可能具有不同的对立关系。如：nature（自然）在某一语境中与art（艺术）对立，而在另一语境中却与civilization（文明）对立。

由此可见，词汇语义对立关系的理解依赖于百科知识和语篇情境，而不是纯粹形式结构和语言知识。换而言之，所有的反义关系，都涉及对一个对等的真实世界情境或语言知识中的视角转换问题。关系语义本质上是基于指称意义的内涵描写。

三、上下义关系

词语之间的上下义关系基于人们对事物的分类，上义词相当于"统称"，下义词相当于"类称"，所以也称为"分类关系"。

克鲁斯提出的上下义关系如下：

$$\text{上下义关系} \begin{cases} \text{分类关系（自然项）} \begin{cases} \text{民俗分类} \\ \text{科学分类} \end{cases} \\ \text{非分类关系（命名项）} \end{cases}$$

克鲁斯用"是一种（is a kind of）"与"是一个（is a）"的格式，把"分类关系"与"非分类关系"区别开来，并且建议只对"是一种"的情况进行分类关系研究。在克鲁斯看来，能够进入"A X is a kind / type of Y"这一格式的，X和Y之间就有分类关系，X就是Y的一个类。作为一种可分支的层级结构，分类关系的特点是：母子节点之间是上下位关系，姐妹节点之间是不相容关系。分类关系中的词项是"自然项"，既包括自然物种，也包括人工制作物。

传统词汇学认为，上义词在界定中发挥重要作用，分析性定义由"种+属差"组成。这一定义模式，既是语义场理论的基础之一，也是语义特征分析的基本原则之一。与同义、反义关系一样，上下义关系也并非词语之间的纯粹形式结构关系，而是词语在具体理解即指称意义中的种属关系。

克鲁斯认为，并不是所有的上下义关系都能构成分类关系。如：

（1）? A queen is a type of monarch.（? 女王是一种君王。）

（2）? A kitten is a type of cat.（? 小猫是一种猫。）

（3）? A waiter is a kind of man.（? 侍者是一种男人。）

在克鲁斯看来，monarch与queen，cat与kitten，man与waiter之间都存在上下义关系，但是它们都不能进入分类关系的鉴别格式，因此不具有分类关系。需要提醒的是，克鲁斯认为的这种"非分类"的上下义关系，同样也是基于事物的指称意义，尤其是事物的不同特征。比如，"女王"突出的是女性特征，"小猫"突出的是年龄或形体特征，"侍者"突出的是职能特征。

实际上，事物的分类并非像克鲁斯所设想的那样一清二楚。猫科动物大约有35种，关于猫的分类法（参见《百度百科》），比较流行的有四种类型：

1. 据品种：纯种猫和杂种猫。【品种类】
2. 据毛长：长毛猫和短毛猫。【体毛类】
3. 据产地：西方品种和外来品种。【产地类】
4. 据环境：家猫和野猫（两者之间并无严格界线）。【饲养类】

基于日常认知，猫的分类方法可以进一步梳理如下：

1. 据外貌特征

1.1 据形体：大猫、小猫【命名项】

1.2 据毛色：黑猫、白猫、狸花猫（狸猫）、虎斑猫（豹猫）【自然项／民俗分类】

1.3 据毛形：长毛猫、短毛猫、卷毛猫、无毛猫（斯芬克斯猫）【自然项／民俗—科学分类】

1.4 据耳朵：折耳猫、卷耳猫【自然项／民俗—科学分类】

1.5 据尾巴：短尾猫【自然项／民俗—科学分类】

2. 据生理特征

2.1 据年龄：小猫、老猫【命名项】

2.2 据性别：公猫、母猫【命名项】

2.3 据品种：纯种猫、杂种猫【自然项／民俗—科学分类】

3. 据生活特征

3.1 据饲养：家猫、野猫【命名项】

3.2 据生态：沙漠猫、森林猫【自然项／民俗—科学分类】

3.3 据产地：埃及猫、波斯猫、英国猫、美国猫、暹罗猫、东方猫、喜马拉雅猫【自然项／民俗—科学分类】

其中，哪些是猫的自然项或物种分类，哪些是猫的命名项或非物种分类，需要鉴别。另外，自然项的物种，还要区别民俗分类和科学分类。到底是民俗的品种分类，还是生物学意义上的物种分类难以把握。更重要的是，生物分类不仅是一项科学活动，历史、文化、物种保护、社会伦理等因素都对其产生一定的影响。

就制造物而言，比如提琴（西洋擦弦乐器），大致可分为小提琴（violin）、中提琴（viola）、大提琴（violoncello／viola da gamba）、低音提琴（contrabass），它们之间有很多相似之处，但是存在体积、音色、弹奏方式及功能的差别。制造物的命名和分类，基于日常感知和行业知识，属于自然项还是命名项并非一清二楚。

可以看出，克鲁斯的所谓"非分类关系"，强调的是事物的特征性；所谓"分类关系",强调的是事物的品种性。而这一品种性,同样基于事物的多种特征。其实,根据品种特征的"分类关系",只是"上下义关系"中的一个特例。这种"品种特征",就生物而言,需要基于生物学分类;就制造物而言,需要基于外形和功能等特征的分类。因此,克鲁斯提出的"民俗分类"与"科学分类",在实际操作中邈然难定。日常语言的使用者并非都是科学家,日常语言的使用和理解更非建立在科学知识谱系的基础上。在日常语言的词汇语义关系研究中,除了那些与日常感知相近的,或者已经日常化的科普知识,要避免套用"科学分类"。语义学家并非生物学家,词汇语义研究并非科学术语研究。因此,把上下义关系分为自然项的"分类关系"和命名项的"非分类关系"没有价值,因为日常语言词汇中的所有上下义关系,都是基于日常感知的特征分类关系。

四、部分—整体关系

基于日常感知和经验,人们都知道事物通常由若干部分构成整体,或者整体可以分解为若干部分。克鲁斯(1986)区分了具体物体与非具体实体的整体—部分关系(克鲁斯的表述是整体在前,部分在后),前者是典型的整体—部分关系,后者是不典型的整体—部分关系。另外,还有类似于整体—部分的集合—成员关系。一种是团体—成员关系(group-member),比如"团队、陪审团"有很多成员;一种是种类—成员关系(class-member),比如"神职人员、贵族"有自己的成员。团体有共同的目的,种类有共同的特征。还有一种是聚合—成员关系(collection-member)。聚合的一般都是无生命事物,比如"树"是"森林"的成员。还有一种物体—成分之间的关系,当整体是不可数名词时,部分可称为成分或配料,如"酒精"是"葡萄酒"的成分,"面粉"是"面包"的配料;当整体是可数名词时,部分可称为材料,如"玻璃杯"的材料是"玻璃"。而当整体是不可数名词,而组成部分是离散颗粒时,可称为物质—颗粒关系(substance-particle),如"沙"和"沙粒"。克鲁斯的区分,大体如下:

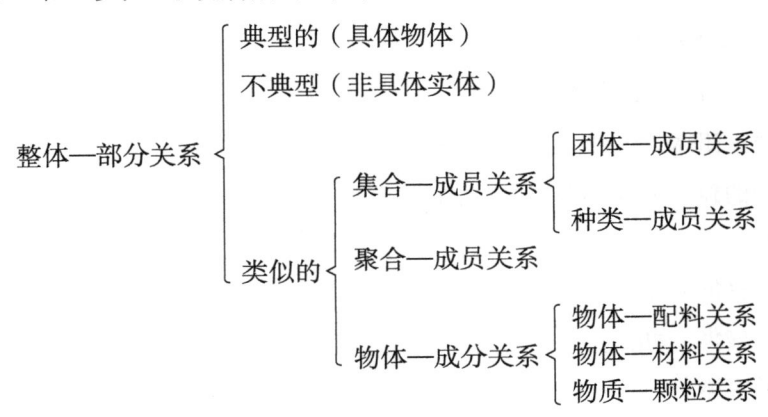

```
                  ┌ 典型的(具体物体)
                  │ 不典型(非具体实体)
                  │              ┌ 团体—成员关系
整体—部分关系 ┤    ┌ 集合—成员关系 ┤
                  │    │          └ 种类—成员关系
                  └ 类似的 ┤ 聚合—成员关系
                       │          ┌ 物体—配料关系
                       └ 物体—成分关系 ┤ 物体—材料关系
                                    └ 物质—颗粒关系
```

如果说上下义关系总体上是特征区别关系，那么部分—整体关系总体上也就是"组构关系"。我们对组构关系的分析如下。

1. 构件—整体关系

键盘—电脑［构件—整体／用具］

大门—房子［构件—整体／建筑］

首都—国家［构件—整体／建制］

场次—戏剧［构件—整体／作品］

骨骼、肌肉、血管—人体［构件—整体／解剖］

构件是可以分离的独立实体。

2. 配件—主件关系

把手—大门［配件—主件／建筑］

纽扣—褂子［配件—主件／衣服］

配件是可以分离的独立实体。

3. 分解—整体关系

袖子—褂子［分解—整体／衣服］

壶把／壶嘴／壶盖—茶壶［分解—整体／用具］

手指／手掌／手腕—手［分解—整体／肢体］

头部／躯干／四肢—人体［分解—整体／物体］

分解物并非可以独立的实体，与整体的其他部分连在一起。

4. 成员—阶层关系

公爵／伯爵—贵族［成员—阶层／身份］

主教／神父—神职人员［成员—阶层／职业／宗教］

成员是处于阶层中的独立实体。

5. 成员—团体关系

士兵—军队［成员—团体／军事］

陪审员—陪审团［成员—团体／法律］

队员—团队［成员—团体／组织、运动、演出］

成员是处于团体中的独立实体，可以退出团体。

6. 个体—聚集关系

树—森林［个体—聚集／植物］

沙—沙滩［个体—聚集／物质］

个体是可以独立的实体。

7. 成分—物体关系

酒精—酒［成分—物体／食物］

成分并非可以独立的实体，与整体的其他部分混合在一起。

8. 材料—物体关系

木头—木门；玻璃—玻璃杯［材料／质料—物体／用具］

高粱—酒；面粉—面包［材料／原料—物体／食物］

酱油—红烧肉［材料／配料—物体／食物］

材料原是可以独立的实体，制作为物体后不可再独立。

9. 流程—事件关系

付款—购物［流程—事件／交易］

流程是事件中的一个环节。

显而易见，整体—部分关系也并不是词语之间纯粹的形式结构关系，而是指称意义中的实体组构关系。

第三节　系统意义关系的联想本质

一、系统意义并非独立于指称意义之外

所有的形式结构主义者，总是设想有一种可以脱离实体（而不是依附于实体）的纯粹形式。关系语义学家提出系统意义独立于指称意义之外，也就是设想在语义层面上存在一种纯粹的形式描写，而实际上并没有这种可以脱离实体的形式结构关系。就词汇语义而言，"指称意义"与"系统意义"之间的区分，远没有形式结构主义所认为的那样明显。（Geeraerts 2010：80—91）

划分以上几种常见的系统意义关系，都会要求辨析所涉词语之间的内涵即指称意义。比如，要确定"手指"与"手"之间存在部分—整体关系，首先必须辨析"手指"和"手"的指称意义：

手指［+人体］［+四肢］［+上肢］［+手的前端］［+长条形］［+分叉］［+指甲］［+弯曲］

手　［+人体］［+四肢］［+上肢］［+臂的前端］［+椭圆形］［+手掌］［+手

指］［+把持］

然后才能够确定"手指"是"手"的一部分。

"整体—部分"的表达方式,是基于人的历史认知过程,先知道整体,后区别部分;而"部分—整体"表达方式,是基于人的日常表达习惯,先提及部分(焦点),后涉及整体(背景)。人们常说"指头是手的一部分",而不常说"手的一部分是指头";人们常说"乌鸦是一种聪明的鸟",而不常说"一种聪明的鸟是乌鸦"。

二、系统意义的纯粹结构描写并不存在

关系语义学无法提供不必诉诸百科知识或语言使用,就能建立系统意义的方法,因此也就不可能全面实现为意义提供形式结构主义描写的理想化目标。恰恰相反,"关系描写"正是基于"内涵描写"才能进一步归纳所谓"系统意义"。既然需要系统意义以外的其他因素来确定词语的含义,那么就不可能用系统意义的"关系描写"取代指称意义的"内涵描写"。由此可见,语义关系的分析既无法、也无须做到把指称意义的描写与关系语义的描写截然分开。

所谓意义之间的对立关系,与其说是积淀在心理层面上的词汇语义结构的稳定性,不如说是以百科知识和情景知识为背景,在语境上加以归纳的结果。换而言之,词汇语义的形式结构不具有独立性,系统意义只是基于词汇语义的某种特定关系语义。词汇语义关系的研究,没有必要割裂系统意义与指称意义的血肉相连。从更大范围来说,形式结构主义框架中的任一理论方法,都没有,实际上也无法在语言知识与百科知识之间做出明确的划分,因为我们所认识的世界就是语言中的世界。

三、系统意义是特定语义关系的心理联想

心智语义场强调,一种语言中的词语聚合为若干语义场,有一种"心智力"把这些词语联系在一起。这种心智力既包括基于体验所形成的事物或现象的指称意义,也包括基于联想所形成的特定关系意义(主要是同义、反义、上下义、组构义)。而关系语义学试图把后者加以放大,并且试图撇开指称意义来研究关系意义。

实际上,无论指称意义还是系统意义,都是基于词汇语义的心理联想。指称意义的联想基础是人们对事物的外形与功能等特征的认知。比如"凳子、椅子、沙发",其共同特征是用来坐的用具,而不同特征在于"凳子"没有靠背,"椅子、沙发"有靠背。"椅子、沙发"的不同特征在于,前者是硬座,后者是软席。系统意义的联想基础则是人们基于指称意

义对词语语义关系的评价。比如，不同词语所指称事物具有同一性，则存在同义关系；不同词语所指称事物具有排斥／相反／相对性，则存在反义关系；不同词语所指称事物具有种属／类属性，则存在上下义关系；不同词语所指称事物具有组构性，则存在部分—整体关系。考赛里乌（1962）排斥词汇语义的联想场，只承认由严格对立的词项所构成的词汇场，却没有意识到，像"老—幼、日—夜"这样的对立性词项，也是基于事物的相反或相对关系的联想结果。

四、与系统意义类似的其他词汇语义关系

既然承认部分—整体关系是系统意义关系，与之类似的其他语义关系应该怎么办？比如，在"烹饪—饭菜"之间存在"动作—成事"关系，在"作曲家—音乐"之间存在"施事—作品"关系。如果把这些语义关系也都纳入，那么"系统意义关系"可能就需要重新界定。因此，关系语义学家通常不把"烹饪—饭菜""作曲家—音乐"这样的语义关系识别为系统意义关系，而认为它们之间涉及的是指称实体之间的关系。

根据聚合—组合理论，词汇语义之间包含两种关系：一种是聚合关系，另一种是组合关系。如果把组合关系也纳入词汇系统意义关系，那么词汇语义关系与句法语义关系在某些方面势必混同。因此必须区别：1. 可以直接构成句法结构的语义关系，属于句法语义关系；2. 不可直接构成句法结构的语义关系，才属词汇语义关系。"烹饪"与"饭菜"可直接构成句法结构（例如：他在烹饪饭菜），属于句法语义关系；而"作曲家"与"音乐"不可直接构成句法结构，属词汇语义关系。如果做出这样的区分，词汇语义关系也不仅有同义、反义、上下义、部分—整体关系这几种。由此可见，常见的系统意义只是人们熟知的，或者关系语义学家专门研究的指称意义关系中的几种特例。

实际上，系统意义或关系语义也是语义场研究的一部分，即基于特定关系语义联想的语义场类型，如同义语义场、反义语义场、上下义语义场、部分—整体义语义场等。为了与新洪堡特主义的"心智语义场"加以区别，可以把关系语义学研究的语义关系称为"关系语义场"。

以三大基石为主的现代语义学，是对西方传统语义学的反思与丰富。首先是心理学场论的引入，关注基于心智的语义关系研究（词语聚合及其在历史上的变迁；词语组合主要是习惯用法的组合）；其次是基于基元理论和结构—功能理论，借助语义解析方法丰富了语义场理论（从词语含义研究细化到语义要素或特征解析，通过义素异同揭示语义关系）；再次是基于形式结构主义提出关系语义，对典型的语义联想场的形式结构分析，实际上也就是形式关系场。

20世纪60年代，随着"语言学研究的语义转向"，在解释语义学之后，生成语义学突出了词汇语义和句法语义的联系，而认知语义学则基于认知活动，探索语义的形成过程及其特点。在新的旨趣下，当代语义学重返传统语义学的一些主要研究内容。

第十三章

西方语义学传入中国的路径

与西方学者不同，中国古代学者直面的是汉语的基本结构单位实字和虚字，两千多年前就形成了传统语义学。中国语义学的发达具有得天独厚的条件：汉字保留了造字时的本源痕迹及音义流变线索。"六书"表面上是造字之法，实际上凭借文字符号包含了语言符号与对象世界之间的认知语义关系。"秦汉语言学四大名著"都是词汇语义之书：《尔雅》是字义聚合之书，《輶轩使者绝代语释别国方言》是词义比较之书，《说文解字》是汉字音义系统之书，《释名》是语源探索之书。（李葆嘉 1998：207）。世界上没有一个国家，语义学研究如此源远流长，语义学论著如此丰富渊博。

西方"语义学"学科直到1825年才建立。19世纪末，莱斯格、布雷亚尔先后创立的这门关于"意义的科学"，在英、美、俄等国流播开来。与之相比，西方传统语义学（包括符号语义学）传入中国的时间要晚得多。1930年，西方传统语义学通过三条路径传入中国："师辟伯Bedeutungslehre→章士钊"的德国本土路径；"安藤正次semantics→王古鲁"的日本中介路径；"瑞恰慈significs→李安宅"的英人来华路径。或仅提学科名称，或介绍不成系统，或并非"语言的意义学"，对中国语言学界几乎未有触动。1947年，高名凯引进法国语义学理论方法并应用于汉语语义变化研究，西方传统语义学才真正传入中国语言学界，这就是"布雷亚尔sémantique→高名凯"的法国本土路径。现代语义学的语义场理论、语义解析方法等，20世纪60—70年代才断断续续传入中国。借鉴西方理论方法的汉语语义学研究，80年代才逐步展开。

第一节 "师辟伯Bedeutungslehre→章士钊"的德国路径

章士钊（1881—1973），湖南善化人，政治活动家、语言学家、教育家。1903年5月任上海《苏报》主笔，发表反清文章被查封。同年冬与黄兴等组织华兴会，从事反清活动。1905年密谋刺杀广西巡抚失败后流亡日本，入东京正则学校学习英语。同时用学会的英文文法在实业女校讲解《古文词类纂》，其讲稿整理为《初等国文典》（商务印书馆改名为《中等国文典》，1907年出版）。1908年，章士钊入英国阿伯丁大学学习法律、政治，兼攻逻辑学。1924—1926年，先后任北京国民政府司法总长、教育总长和政府秘书长。1928

年遭南京国民政府通缉，携眷出游西欧，直至1930年回国。

在旅居德国期间，章士钊对弗洛伊德（S. Freud, 1856—1939）的精神分析学说深感兴趣，而弗洛伊德欣赏师辟伯的语义情感分析，由此章士钊用文言译述了师辟伯的《影响语言变化的情感原因》（*Über den Affekt als Ursache der Sprachveänderung*, 1914）。1930年，其书题名《情为语变之原论》由上海商务印书馆出版。章士钊是用文言译述，与原文内容不对齐。我们首先查询师辟伯的《影响语言变化的情感原因》，找到包含Bedeutungslehre一词的句子。

> Unter solchen Umständen stellt die Lehre von den iu der Sprache zum Ausdruck kommenden Assekten （"Dynamologie"）ein wichtiges Gebiet der Sprachwissenschaft dar, das allerdings bisher zum schweren Schaden dieser Wissenschaft, besonders der Bedeutungslehre, stark vernachlässigt worden ist. (Sperber 1914：85)

在这种情况下，用语言表达自身的最佳学说（"语力学"）代表了语言学的重要领域，但迄今为止，这一重要领域却被严重忽视，这就对语言学，特别是语意学相当不利。

师辟伯该书是为了修正布雷亚尔的表达需求意志论，提出表达需求不仅包括交流思想的理性考虑，也可能被无意识的心理刺激所触发，由此情感表达也是语义变化的主要原因之一。除此以外，书中还涉及保罗（章士钊译为"包尔"）语义研究的历史取向、冯特（章士钊译为"冯德"）语义研究的心理取向等。

一、《情为语变之原论·译序》简述

《情为语变之原论》为中国学者最早翻译的一部西方语义学专著，将当时的德国语意学研究介绍到中国，在20世纪中国语义学史上占有显著地位，而以往中国语言学史鲜有介绍。现将章士钊《情为语变之原论·译序》录出并加按语，以见章士钊翻译之旨趣。

> 自心解诞存以还，专门之家，竞取其法施于本科，而语学允为显闻。师辟伯者，语家之雄，独先闻风而起，讲求心语沟通之道。愚始不知有氏，见茀罗乙德（弗洛伊德——引注）引以为重，始索其书读之。书皆小册，约四五种，盖以心解移治文史，事近于创。前贤所遗著录，不当于用，师氏徐徐阐发，得尺计寸，似犹有谦让未遑之意。而为说则入深出显，动中人情。当世知言之士，兹非学派未同，谊不并存。每叹其无以易也。

心解，古义"心中领会"。李贽《答耿中丞论淡书》："是以古之圣人，终其身于问学之场焉，讲习讨论，心解力行，以至于寝食俱废者，为淡也。" 章士钊此处的"心解"为"心理解析"，即相当于"心理学"。师辟伯并非最早引进心理学方法，而是最早主张语义的情感分析；师辟伯并非把心理解析移用于研治文史，而是用于分析语义变化。章士钊认为师辟伯学说深入浅出，不可更改，实夸张之词。

  抑愚读此，犹有深感。吾国小学，凤称夐绝，清儒所为，大有后无来者之概。然而墨守六书，矜为秘要，得固在此，失亦随之。以六书止于分别部居而已，足极逻辑之能，未必尽吐文始之要。况转注之争，千载犹无定论乎！夫语言者，类依文化进程而有变。人生何世，不免染于时俗之务。其弊往往以今意释古言，执后义驳曩诂，出入错迕，治益见棼。又况国重礼教，儒泥经训，凡字义之未合于是，犹且明知而故削乎。

章士钊认为中国传统小学的六书原理，不可能阐明文字的起源，语言基于文化进程和伴随时代而变化。批评中国传统研究，或用今释古，或拘古不化。

  中土孤处东陆，学无比核，世间通理，未由谙晓。许宗彦之言天，可云笃矣，然太阳之义，时已大明。宗彦犹一依本邦故书，详考行度，君子嘉其志，尤不能不惜其劳。科学如是，语言类推，盖语言之异而同，同而异，连谊之复，莫与伦比。此非博稽广证，实无豁然贯通之效可期。穆勒曩言，不兼解数国语，即一国语亦不解，理与清儒谓不治众经，不能治一经盖同。惟清儒治众经，而未尝治众语，底滞忽生，莫资勘验，事倍功半，无怪其然。今则车书大通，与世接矣。若今日之儒，犹复拘墟成法。胶漆故训，工夫之可惜，将较许氏益甚。

章士钊认识到世界上的普适性学理，只有通过对比考核才能知道，即主张中西文化的交流，并以许宗彦的天文研究为例，说明语言学研究要基于广博核查和广泛考证。特别是中国学术要与世界接触交流，引进新方法。许宗彦（1768—1818），嘉庆四年己未科进士，官至兵部车驾司主事，居官仅两月，即以亲老辞归。精天文、历算，用西洋推步法自制浑金球，探求地球公转自转规律，曾观测到天王星。德裔英国学者缪勒，通晓德法英梵多种语言。

  愚早岁失学，中更政事，《说文》未暇精讨，无本之业，宁敢放言。惟语学由博反约之理，心解考文最当之故，弥所服膺，无能自秘，兹编之译，聊为笃学之士审问明辨一助云尔。师氏（师辟伯——引注）维也纳人，今任德意志科仑大学教授。

民国十八年五月　章士钊时在德意志格廷根

章士钊强调语言学由博反约的道理，用心理解析研究语文最为恰当。希望翻译出来，有助于学人使用。师辟伯是瑞典人，早年在瑞典乌普萨拉大学求学，后到德国科隆大学任教。章士钊强调要认识到世界上的普适性学理，只有通过对比考核才能知道，而翻译《情为语变之原论》的用意，就是希望引进西方学术的新方法，沟通心理与语言的研究。

二、《情为语变之原论》所涉"语意"

《情为语变之原论》其正文中所涉"语意"内容，今钩稽如次：

试仍取"欲死"一义思之，令明语意$_1$变迁，究为何等？

包尔之《文史通义》，亦胪列"欲死"等字，谓是"制限句中一部之语意$_2$"。其说曰：恶者恶也。原字本储恶意。得比恶意更强。如恶毒、恶魔、恶作剧是。（章士钊译1930：28）

"包尔之《文史通义》"，即保罗的《语言史原理》（1880）。其中，"语意$_1$"指短语意义；"语意$_2$"指句读（短语，后多音节词）之某一成分（例中为语素）之意义。

准是以论，语意$_3$迁移，各不同范，若冶于一炉而治之，殊未为当。凡考语言文字，徒拘墟于逻辑之律，勉为条贯。心得将亦与包氏同。须知搜求语意$_4$，由流及源，著其蓄变，纳于纲目，诚逻辑之所有事。然于真实之语学，固未见有何开益也！

包氏一派，墨守逻辑。冯德曾痛驳之，其言曰："绳语义于逻辑，心因全归闇淡。"此透宗之言，吾无以加。盖包氏所贡于吾徒者。亦将诸般语变，分别部居而已。其故安在，未遑论列也。（章士钊译1930：30）

此"语意$_3$"指历史变化之语义。此"语意$_4$"指语言单位之语义。"语义"即"语意"之讹借。另，"语学"即"语言学"，"语变"即"语言变化"。

吾所立义。于师特克莱如何，请并连类及之。彼之言曰。"欲明语意$_5$，当以文脉为宗。即散着之字而刻求之，无当也。"说之有理，固已。然遵师氏之道而往，吾人应尽之职如故。杂厕字音中之情变，所当乙乙抽之，仍不可懈。如文句间字谊忽移，惟着重于情，始能诠释。（章士钊译1930：35）

"师特克莱"即德国语义学家斯托克莱因（J. Stöcklein）。此"语意$_5$"，指联系上下文脉考察之语义。另，"字谊"即"词义"。

以例证之，曰："父之冠"，父为偏次。父带之字，次于冠上，故曰偏次。语意$_6$

固明。(章士钊译 1930：42)

此"语意₆"指"短语意义"。

章士钊之译述，已出现"语意""语义""字谊""语变""语学"等术语。现将"语意"诸义项梳理如下：

（1）词素之意　多音节词中的某一词素的意义。如：恶毒、恶魔、恶作剧的"恶"。
（2）短语之意　短语的意义。如：欲死、父之冠。
（3）语境之意　联系文脉所考察的语义。如：欲明语意。
（4）一般之意　语言的一般意义。如：须知搜求语意，由流及源，著其蕃变。
（5）变化之意　历史变化的意义。如：语意迁移，各不同范。

此外，相关术语亦罗列如次：

（1）字谊　字义或词义。如：如文句间字谊忽移，惟着重于情，始能诠释。
（2）语意　语言的意义。亦作"语义"，如：绳语义于逻辑，心因全归闇淡。
（3）语变　语意的变化。如：亦将诸般语变，分别部居而已。
（4）语学　语言学。如：然于真实之语学，固未见有何开益也！

此德国本土路径，受章士钊译述对象《情为语变之原论》之限，所引进为语义研究观与分析例。设若章氏译述师辟伯之《语意学引论》，则为学科理论方法之系统译介也。然译述者志趣在于心理分析，而非语意研究。唯觉其分析对之有助，方有此译述之冲动。由此决定，此种传入对中国语言学界几无影响矣。

第二节　"安藤正次semantics→王古鲁"的日本中介路径

该路径中的日本不属于西方国家，只是考虑到日本从西方引进，中国从日本引进，所以称之为"日本中介路径"。完整的表达是："（欧洲）semantics→安藤正次'意味论'→王古鲁"路径。

日本语言学家安藤正次（あんどうまさつぐ，1878—1952），曾任台北帝国大学总长、文部省国语审议会会长。主要著作有《言语学概论》（早稻田大学出版部1927）、《国语学概说》（广文堂1929）、《国语学通考》（六文馆1931）等。1926年，安藤正次到欧洲访学期间吸收新知，即撰《言语学概论》，介绍当时西方研究，Semantics（日译"意味论")由此传入日本。

一、王古鲁将semantics译为意义学

王古鲁(1901—1958)名钟麟,字咏仁,号古鲁,江苏常熟人。1920年赴日,次年考入东京高等师范学校研究科。1926年学成归国,历任北京女子师范大学讲师及金陵大学、北京大学、中央大学、辅仁大学教授,以及广西教育厅编译处处长、河南《新中华日报》编辑。王古鲁早年研究英国文学及语言学,后专攻中国古典小说和戏曲。1938—1941年,王古鲁再度赴日,任日本东京文理科大学讲师。归国后任北京图书馆秘书主任。20世纪50年代任北京师范大学教授。

1930年,王古鲁参照安藤正次《言语学概论》所编译的《言语学通论》出版。在第一章第三节"言语学建设前"中,王古鲁将semantics汉译为"意义学":

> 经了上述诸学者的努力而建设的言语学,各方面得到适当的后继者:如马克斯密拉(Max Müller)、辉忒尼(W. D. Whitney)、范纳(Karl Verner)、拉普(K. M. Rapp)、勃累斯道尔夫(J. H. Bredsdorff)、斯维德(H. Sweet)、斯基德(W. W. Skeat)、苏秀尔(F. de Saussure)、勃隆飞德(L. Bloomfield)、耶斯潘荪(O. Jesperson)等。同时言语学亦随了其他学术的部门的研究之进步,益加发达了。心理学的发达,影响及于本质的方面之研究甚大,意义学(semantics)的成立,谁也不能否定是受了它——心理学——的影响。(王古鲁1930:33)

德裔英国学者Max Müller现译马克斯·缪勒,美国学者Whitney现译辉特尼,德国学者Verner现译维尔纳。拉普(K. M. Rapp, 1803—1883)是德国语言学家、古罗马文化学家。勃累斯道尔夫(J. H. Bredsdorff, 1790—1841)是丹麦语言学家。英国学者Sweet现译斯威特。斯基德(W. W. Skeat, 1835—1912)是英国语言学家。瑞士学者Saussure现译索绪尔,美国学者Bloomfield现译布龙菲尔德,丹麦学者Jesperson现译叶斯柏森。在《言语学通论》中,"意义学"只出现了这一次,提及的是该学科受到心理学的影响。

该书第四章"言语之本质"中,涉及"意义"的论述有两处。一处在第二节"言语与思想"中讨论"言语却并非即是记号"时:

> 这样地看来,音声对于思想所有的关系为记号的,这就是言语的音声的变化与意义的变化有可能性的原因。因为它们的关系为记号的,所以记号的外形便是生了变化,只要联想的内容不变,仍旧可以用为表示与以前同一的内容之记号的。
>
> 然而我们必须看清楚,言语虽则确是用音声的记号来表现思想的现象,但是言

语却并非即是记号。换言之，我们不能抛了思想而谈"言语"的。那种单是音声的结合，不伴意义的音声的记号，并不是言语。准是而言，言语不能离却思想而能存在的。（王古鲁1930：144—145）

此处的"意义"，其含义是言语的意义。

另一处在第三节"言语与文字"中讨论"形义音三者关系"时：

所以埃及的象形文字、中国的古代文字，虽则都是用☉来表示太阳的，可是所用来表现他的言语及语音都是相异的。中国人总是用中国语来读它，而埃及人总是用埃及语来读它，久而久之，字形、语义与语音三者逐变为有不可分离的关系了。那么因时代变迁的结果，字形虽稍少有变化，只要不失语义与语音之联络那个程度的变化，无论如何，这种关系是继续着的。便是语义有转用的时候，语音的关系，仍旧继续着的。就中国文字之例来看，"日"的字形，原从绘画的☉蜕变来的，然而原意仍旧不变。便是从太阳的原意转用计算时间的"日"的意义时，原来的结合也是不更变的。（王古鲁1930：164—165）

此处的"语音"指"字音／词音"，此处的"语义"指"字义／词义"。此处的"意义"也指"字义／词义"。

二、雷通群将semantics译为意义学

雷通群（1888— ？），广东台山人，教育史专家。清末留学日本，在东京高等师范学校学习，毕业后赴美国斯坦福大学教育学专业深造。回国后历任北京政府教育部视学、北京法政专门学校教师、国立音乐学院讲师等。1930年，到厦门大学教育学院任教，讲授"教育社会学"等。

1931年，雷通群将《言语学概论》译为《言语学大纲》出版，也用"意义学"对译semantics。

言语学之门径，既自上述诸人启之，更得后世学者绍述，或得他种科学之助，而研究之范围益广。自心理学盛行，言语学之本质的研究大受影响，由此而生"意义学（sematics）"，及公认"类推律"，为研究上之原则。历史的研究与比较的研究，在言语学上既占一大势力；而心理学的研究，又形成一种新势力，德国心理学大家冯德（Wundt）对于言语学贡献极大也。至于声音方面之研究，亦大发达，专门家接踵而起，言语学之面目更焕然一新矣。（雷通群译1931：23）

文中sematics误，应为semantics。除了意义学受到心理学影响，雷通群的翻译还提及语义研究的"类推律"。

安藤正次的《言语学概论》，并未把semantics作为一门新的分支学科加以专章介绍。换而言之，他所了解的西方语义学仅仅浮光掠影。此日本路径传入的仅是学科术语，由此也就决定，对中国语言学界几无触动。

三、张世禄、蓝文海从英语翻译semantics

至于从英国语言学论著中直接翻译semantics这一术语，则在七年之后。1930年，英国语言学家弗斯出版《言语》（*Speech*, London: Ernest Benn）一书。1937年，语言学家张世禄（1902—1991）、翻译家蓝文海（生卒年不详）将此书译为《语言学通论》（Firth译为"福尔"）出版。

在第二章"书写的语词和口说的语词之研究"中，张世禄、蓝文海把semantics译为"意义学"：

> 什么是人们所说的、人们所听的，以及人们做这些事是在什么的境况和经验的种种关系当中的，凡属这种研究是适合于语言学的范围。有人或者把语音学限于音读，而用意义学（semantics）这个名词作为意义的研究。无论如何，语音的专门研究是必需的。我们应用语音学，能够把所听的和所读的或听说的，以及两者和境况的联系彼此都发生关系，并且应用一种科学的符号把观察所得制成满意的记录，语音的记号对于记录器械的研究发音的结果，也是必需的。（张世禄、蓝文海译1937：15—16）

此处，作者弗斯关注的主要是语音学，意义学只是作为对衬学科提及，并无进一步阐述。

该书第五章标题是"意义问题"。其中涉及"意义"的论述，一处是"意义"的形成和使用。

> 最简单的正常语言境界当中，至少包含着二个人，例如你对一个人说"注意"（Look out!）这两个语词是刺激反应的动作……但是，在这个直接关系以外，发言者对于关系者和听受者也须"表示"他的态度。他的感情也可以鼓励他，将他的同伴包括在他所预期为他们二人的一种行为形式之内。因之要得到口说语词的"意义"并不是一件容易的事。"意义"至少包含着四种事情——直接关系，对于关系人的态度，对于所说的人的态度，以及目的。它也依据于集团习惯的表达作用。（张世禄、蓝文

海译 1937：52—53）

> 外国人……他们有时应用在字典中相当于某种意义的新奇语词以为娱乐，可是这种语词不发生社会作用，因此，就给本地人一种可笑的"意义"。……对于一个外国发言者的别一种困难，是本地人的简短经济的语辞，需要一种和本地人一样的读音，才可使这些语词具有他们完全的"**意义**"。（张世禄、蓝文海译 1937：55）

此处的"意义"指语词的"意义"。而"最简单的正常语言境界当中，至少包含着二个人"，"'意义'至少包含着四种事情——直接关系，对于关系人的态度，对于所说的人的态度，以及目的。它也依据于集团习惯的表达作用"，则是基于布雷亚尔和加德纳意义学说的阐明。

另一处是讨论"意义与内在语言"。

> **意义**问题的另一方面乃是关于"内在语言"（inner speech）的。当一八七九年时，班恩（Bain）和李博特（Ribot）曾经发表意见，以为在诵读和追忆一个语句时，我们感觉到器官的震跳。"每一种明显的知觉是伴着隐藏的调节的"。稍后爱虬（Egger）和潘来特（Ballet）怀疑这句话，而相信是"心理上的"作用……（张世禄、蓝文海译 1937：56）

根据上文"在诵读和追忆一个语句时"，此处的"意义"指语句的"意义"。

张世禄、蓝文海的"意义学"翻译，因为原著中没有对这一学科理论方法的系统阐述（弗斯1935年才发表《语义学技艺》），因此同样在中国语言学界波澜不惊。

第三节　"瑞恰慈significs→李安宅"的英人来华路径

在"语言的意义学"传入的同时，英国的"符号的意义学"也来到了中国。1930年，英国文艺学家瑞恰慈（I. A. Richards, 1893—1979，今译理查兹）来到清华大学任教，在《清华学报》上发表了英文论文 *The Meaning of "The Meaning of Meaning"*（《〈意义之意义〉的意义》）。

一、瑞恰慈阐述符义学

在该文开始，瑞恰慈阐述了符义学（significs）或记号学（sytbolism）的背景。

> 天资聪颖的韦尔比夫人曾侍奉维多利亚女王，她提醒我们哲学家、心理学家和语言学家要关注这些现象。她经常见到一些严肃讨论往往变成词语之争，使她深信语言常常诱人误入歧途，而想要思想深刻，十分需要一门像符义学（SIGNIFICS）或记号学（SYTBOLISM）这样的新学科。只是接触她所倡导观点的人们，很少有人能够理解"什么是她说的意义"。在少数能够理解的人之中，莫过于剑桥麦达林学院富有才华和前途无量的古典学者奥格登先生。（Richards 1930：12）

作为《意义之意义》（1923）的两位作者，奥格登与理查兹皆深受韦尔比夫人的影响。

在该文最后几段中，瑞恰慈阐述了翻译中的意义研究及其价值：

> 如今看来，历史与其他一般文献很可能迫切需要重视意义模式（the modes of meanings）研究的学科，而不是像以往那样认为没有必要。显而易见，文学的一切比较工作都需要该学科——特别是翻译中遇到的问题。研究模糊性表达的专家，没有不对翻译文本加以质疑的，即使是同源语言。更不用说像汉语和英语这样明显不同的语言，更加迫切需要利用现代逻辑与心理分析，就双方的资料直接比较研究。汉语和英语的这一比较审视，必定促进意义理论（the theory of meaning）的发展，应当对心理学有重要贡献，并且可以大大降低单方面的误译风险。……
>
> 这一比较研究工作，至少需要三位学者紧密合作：一位是中国学者，擅长公允地体察中国思想的精妙，特别是指出中国哲学里常见的模糊之处；一位是译者，对两种语言资料游刃有余，且善于界定，具有质疑以往类似译文的学养；第三位是精通意义的学人，能在讨论过程中，对观察到的语言现象加以分析、概括和分类。这些工作涉及诸多方面的才能、资质和造诣，似乎不可能集于某人一身。然而，要探讨将来可能出现的中西思想关系的实质问题，则非具备这些条件不可。唯一可能的办法，就是有组织地合作。
>
> 凭借逻辑—心理理论的更多帮助，可能极大地提高语言学家的能力，就像科学给医药学带来巨大帮助一样。特别在如今，语言学家尤其需要得到帮助。世界上的两大思想系统终于密切接触了，而介于两者之间的就是话语表达。任何习惯于交谈、有感知的人，都认识到话语是微妙的靠不住的工具。欲使话语更可靠并克服歧义，其必由

之路便是改进和增强批判性训练，使我们更多地了解话语的运作原理，以更能够消除其含糊与困惑。这一俯瞰汉语和英语的比较理论，从实用上说，它就是意义研究（the study of meaning）的"意义"。（Richards 1930：15—16）

瑞恰慈任教清华期间，时在燕京大学工作的李安宅为其思想所吸引。

二、李安宅编译《意义学》

李安宅（1900—1985），河北迁西县人，著名人类学家。1924年入燕京大学社会服务研究班学习。1926年毕业后留校任社会学系助教，并在社会学系学习。1929年毕业后任燕京大学国学研究所编译员。1932年任北京农学院社会学讲师。1934年赴美国加利福尼亚大学伯克莱校区、耶鲁大学人类学系读人类学。1936年回国，任燕京大学社会学系讲师、副教授。1941年任华西协和大学社会学系主任、教授。1947年任美国耶鲁大学研究院人类学系客座教授。1947年赴英国考察和讲学。1956年任教西南民族学院。1962年调任四川师范学院外语系。

与理查兹接触以后，李安宅对意义学深感兴趣。参照理查兹与一些西方学者的论著，编译了一本《意义学》（原名为《意义学尝试集》，见李安宅 1990：29），1934年在商务印书馆出版。

1990年，《意义学》（收入李安宅《语言·意义·美学》第二编）重版。在"自序·意义学与科学"部分，李安宅介绍了意义学的形成背景。

> 一种正确的思考方法是什么，它要怎样去看语言与文字呢？这等问题不得完满解答，不会有真正自觉的科学；所谓科学，特别是与心理内容有关系的科学，便都只在语言文字障碍里暗中摸索。
>
> 解决这等问题，需要正在创立的一门科学，即所谓"意义逻辑"或"意义学"——意义逻辑或意义学乃是真正自觉的科学所必需的基础。（李安宅 1990：33—34）

在"语言与思想之部·绪论·语言意识"中，李安宅说明了意义学的研究价值。

> 卫生学是延长寿命与维持健康的；意义学（或语言与思想之研究）便是延长知识年龄、维持思想健康的东西。现在在语言文字障碍里摸索很久才得到的高深知识，一变便是家常日用的常识。你说语言意识所给我们的贡献该有多么大！（李安宅 1990：43）

在"语言与思想之部·绪论·意义学与文法及逻辑"中，李安宅阐述了意义学的研究内容。

> 研究语言文字的，不是已有文法与逻辑吗？干吗还要什么新的语言意识或意义学呢？这话是因为不明了文法所给我们的恶影响与一般所谓逻辑的现状。
>
> 文法弄到极处也不过变成修辞学……注重文法的人，都是牺牲了思想意向来凑合文法，有如"削足适履"。意义学则不然，对于一句话，一篇文章，它要研究所陈述的是什么。对于所陈述的东西有什么态度，对于听者或读者有什么态度，具有什么希望。换一句话说，意义学所要研究的是：我们想着什么的时候，心理过程是怎么样？我们说的时候与听的时候又怎么样？总括一句话，意义学要问语言与语言所要尽的使命到底相适不相适？
>
> 论到一般所谓逻辑，一方面，形式逻辑是死板的，是语言以内的把戏。……至于实际研究思想的逻辑则因专注于思想，很少工夫注意到语言与思想的关系。如欲逻辑包括这项题目，只好另辟一途，叫做"意义的逻辑"——那便是意义学。（李安宅 1990：43—45）

在"意义学技术之部·语言用途的分析"中，李安宅阐述了意义学的研究重点。

> 所谓研究语言，一般的意义，便是听了读了一段话，断定话的意义是什么。这样说，一切批评家、一切读者与听者都是作这一套功夫。然这不是意义学所要作的功夫，不是意义学研究语言的意义。意义学所要作的功夫，是切实精密地研究语言怎样活动，能尽什么功用，传递哪种意义；各种意义的互相关系是怎么样，语言能尽使命做需要的条件是什么，最易走错的歧途是什么，校正语言所需要的又是什么，什么样的方法才有可能。（李安宅 1990：85）

在"意义学技术之部·意义"中，作者分析了当时研究"意义"的16种不同的方法，并从语言所造的假东西、语言随时的滥用、心理过程和心理反应的不同，阐述了这些方法。

总之，李安宅把意义学等同于"语言意识""意义的逻辑"，把研究对象确定为"想—说—听"的心理过程，把研究重点确定为语言怎样活动、各种意义的互相关系等。

综上，在1930年西方语义学传入中国的三条路径中，符号意义学传入的英人来华路径反响最大，出现了《意义学》这样的编译专著。尽管"符号意义学"与"语言意义学"属于相关学科，但不可混为一谈。在西方语义学传入中国的过程中，符号意义学的传入只是一条附线。

第四节 "布雷亚尔sémantique→高名凯"的法国路径

高名凯（1911—1965），理论语言学家，福建省平潭县人。1931年秋考入燕京大学哲学系，1935年毕业后升入燕京大学研究院哲学部学习。1936年受燕京大学派遣，赴法国巴黎大学攻读语言学博士学位（导师马伯乐）。1941年回燕京大学国文系任助教，1942年任北平中法汉学研究所研究员。1945年起任燕京大学国文系教授兼系主任。1952年起任北京大学中文系教授，兼语言教研室主任。

留法期间，高名凯曾参加巴黎语言学学会，有机会接触到学会早期负责人布雷亚尔的《语义学探索》（该书1897出版后，1899年再版，1904年出增订版，1908、1911、1913、1924年多次重印）以及梅耶、房德里耶斯的语义学研究思想。

一、高名凯的《中国语的语义变化》

高名凯的研究重点是汉语语法学，唯一的一篇语义学论文就是1947年发表的《中国语的语义变化》。该文引进了布雷亚尔的语义学理论（把法文sémantique译为语义学），并用于汉语语义变化的研究。

> 现代语义学当以柏利亚尔（Breal）氏为鼻祖。"语义学"一词就是他的发明，他曾在所著 *Fssai'snr la Semantigne*（即《语义学》）一书里把语义的变化归纳为几个原则，后人多半都沿袭他的说法。我们不妨先就他的说法来解释中国语的语义变化情形。伯利亚尔氏认为语义变化有三种律则，即现今语义学家所谓的语义三律。
>
> 一、**紧缩律**（Law of Rertrictiun） 紧缩律的意思就是说意义的范围缩小了：最初所指的是广泛的，后来因为和范围之内的特殊分子发生联想，就把这指示大范围的语词应用在指示其中一分子之上，于是就起了语义的变化。用逻辑的术语来说，就是由全至偏的变化（From Jeneral to particular）。
>
> 二、**扩张律**（Law of Extension） 这是和紧缩律相反的。紧缩是由全至偏，扩张却是由偏至全，就是把从前指示特殊事务的语词应用在普通的同类事物上。
>
> 三、**替换律**（Law of Replacement） 替换就是互相交替的意思，本来是甲音甲义和乙音乙义的两个语词，现在却变成了甲音乙义和乙音甲义的两个语词了。替换作用有个条件即两个语词必是属于同类的，或是对立的。（高名凯1947：58—60）

文中的柏利亚尔（Breal），即布雷亚尔（Bréal）；"柏利亚尔所著 *Fssai'snr la Semantigne*"（法文的排版错误），即布雷亚尔的 *Essai de Sémantique*。还有 Law of **Rertrictiun**，应为 Restriction；From **Jeneral** to particular，应为 general。

在该文最后一段，高名凯阐述了语义变化的一般原则及其脱节律：

> 总之，语义的变化都是依照联想作用而在理性情意的影响之下发生出来的。如果我们可以用一个更广泛的原则来概括一切的话，我们可以说语义的变化都是依据"脱节律"进行的。每一个观念都可以在理性式情意的影响之下和其他的观念联结起来，成为连锁，当这连锁"脱节"的时候，其中一端的意义就跑到另外一端上面去，而保留其本来的发音。这是语义变化的一般原则，可以解释一切的趋向、一切的现象。（高名凯 1947：61）

遗憾的是，这篇中国现代语义学研究的开拓性论文，《高名凯语言学论文集》（商务印书馆1990）、《高名凯文选》（叶文曦编选，北京大学出版社2010）皆阙如。

二、王力列出的词汇演变三种方式

在高名凯之前，王力（1900—1986）在《中国语文概论》（商务印书馆，1939年；修改版更名为《汉语讲话》，文化教育出版社，1955年）第四节"古今词汇的演变"中，列出古今词汇演变的三种方式。

> 无论任何语言，其古今词汇的演变，都可分为三种方式：（甲）缩小式、（乙）扩大式、（丙）移动式。
>
> （甲）缩小式，例如法语 sevrer，出于拉丁 separare，原是"使分离"的意思。无论使任何物分离，都用得着这动词。后来它的意义范围渐渐缩小，末了，只指使婴儿与乳分离而言，等于汉语所谓"断乳"。（乙）扩大式，例如英语 triumph，出于拉丁 triumphus，原是"凯旋"的意思（指堂皇的凯旋仪式），后来它的含义渐渐扩大，可以泛指一切胜利而言。（丙）移动式是概念与词的相配关系发生移动。例如法语 bouche（口），出于拉丁语 bucca，原是"颊"的意思。从"颊"转到"口"，所以叫做"移动式"。当然，缩小与扩大也往往由于移动，但移动却不一定就是缩小或扩大。（王力 1985：642—643）

虽然王力未注明这三式的出处，但是据其举例可以看出，来自法国语义学家。1927—1931年，王力赴法国巴黎大学留学，其导师是布雷亚尔的再传弟子房德里耶斯。房德里耶斯的《语言：历史语言学概论》(1923)的第三编是"词汇"，在第二章"词语怎样改变了意义"中区分了语义演变的三种主要类型：意义的限定、扩大和替代。王力文中没有出现"语义学"这一分支学科的术语，并且称"古今词汇演变的三种方式"，将其视为词汇学的研究方式，因此尚未引进西方语义学学科。

三、傅东华《文法稽古篇》中的"语意"

与"语义学"（語義學）的名称相关，贾洪伟（2012b）认为，"1939年傅东华在'文法稽古篇'中谈及'语义'问题（1939：31），为国内首次采用'语义'这一译名"。查阅傅东华《文法稽古篇》（1939a，《东方杂志》第三十六卷第二十号，21—29页）、《文法稽古篇续》（1939b，《东方杂志》第三十六卷第二十一号，29—38页），皆未见"语义（語義）"一词。

《文法稽古篇续》（傅东华1939b：30—31）的第五部分为"释词"，此"词"即"虚字"。傅东华曰："余谓词虽不为義，而非无意。"（傅东华1939b：30），则其所用"義"为实在之义，"意"为意指、意味之义。虚字虽然没有实在含义，但是并非没有意指。傅东华曰：

> 气者，凡语言皆送气者也，而气之长短缓急，则亦有关于**语意**焉。……皆词以籍气以别**语意**者也。（傅东华1939 b：30）

此言虚字的"气之长短缓急"，表达不同的语言意味。傅东华又曰：

> 至于**词意**之虚实隐现，则又可等而分焉。（傅东华1939 b：30）
> 一曰"助词"，此于诸词中意最实而现，其存其废，有关乎**句義**之详略、轻重，若反正者也。（傅东华1939b：31）

"词意"，即虚字的意指，据此可以将虚字分类。"句义"，即句子的含义，助词的意指与句义相关。

据此，"傅东华在'文法稽古篇'中谈及'语义'问题（1939：31），为国内首次采用'语义'这一译名"，查无实据。而据我们所见的语言学文献，作为语言学术语，"语义"一词，在章士钊（1930：30）的"绳语义于逻辑，心因全归闇淡"、王古鲁（1930：164）的"便是語義有转用的时候，语音的关系，仍旧继续着"等论述中都早已出现。

贾洪伟（2012b）的这一考证，被段满福的博士论文（2013）引用：

> 注［151］据现有文献，最早提出"语义"是傅东华的《文法稽古篇》（1939：

30），而后高名凯于1947年和1948年二文中正式提出"语义学"这一学科术语，为50年代语义术语的正名奠定了基础，参见贾洪伟（2012a：58）和贾洪伟（2012b：12）二文。（段满福 2013：109）

段满福（2013：203）参考文献中列出的是："傅东华（1939），文法稽古篇，《东方杂志》（21—22）：21—38"。傅东华的《文法稽古篇》分两期连载，各有页码：文法稽古篇，《东方杂志》36卷20号，21—29页。文法稽古篇续，《东方杂志》36卷21号，29—38页。

综上所述，1. 西方语义学传入中国的德国本土路径，章士钊（1930）只是觉得心理分析对语文分析、语意分析有帮助，引进的主要是研究观与举例分析，还不是系统的学科理论。2. 西方语义学传入中国的日本中介路径，王古鲁（1930）、雷通群（1931）介绍的仅是学科术语"意义学"，而缺学科理论方法的介绍。张世禄、蓝文海（1937）从英文《言语》中引入的"意义学"，同样如此。3. 西方符号意义学传入中国的英人来华路径反响较大，催生了李安宅的《意义学》（1934）。以上这三条路径，由于仅提学科名称，或介绍不成系统，或并非"语言的意义学"，对中国语言学界未有触动。4. 只有通过法国本土路径，高名凯（1947）才将西方语义学理论方法用于汉语语义变化研究。据所见文献，术语"语義（语义）""语学（语意学）"最早见于章士钊的译述（1930），术语"语义学（语义学）"最早见于高名凯的论文（1947）。

当时传入中国的西方语义学，还是属于传统语义学的范围。作为现代语义学的理论方法，20世纪20和30年代德国语言学家建立的心智语义场理论，30年代美国社会学家学者建立的语义解析方法，长时间未引起中国语言学界的关注。

20世纪60年代初，尚英（1962）所译阿普列祥《乌尔曼的结构语义学》（1959），以及李锡胤（1963）《介绍乌尔曼新著〈语义学〉》的文章，才提及语义场学说。唯所介太简，反响亦微。直到20世纪70年代末，周绍珩在《欧美语义学的某些理论与研究方法》（1978）中以专节"义素分析法的广泛应用"和"关于语义场的理论"介绍，中国语言学界才对西方现代语义学有了更多了解。20世纪80年代，借鉴该理论方法的现代汉语语义学研究才逐步形成。

中国语义学的宝库是源远流长、博大精深的训诂学，然而其精华，西方学者几乎一无所知。只有将中国传统训诂学与西方语义学理论方法深度结合，才能推进世界语义学的发展。

14

余论

路漫漫其修远兮

>>>

西方语义学的形成及其发展道路，曲折而漫长；探索西方语义学史的道路，漫长而曲折……

作为后来者，我们的探索，是在西方语义学史探索先驱戈登（1982）、聂利奇（1992）和吉拉兹（2010）基础上的再出发。显而易见，没有这个基础，我们的探索无从起步。而正是有此基础，尽管我们搜集了80多种历史上的语义学原著，但是仍然必须借重这些重要的二手资料。换而言之，有必要引用、转述他们首次探索或后续研究的若干成果（也许我们的看法不尽相同），尤其是那些我们尚未寻觅到一手资料的部分成果。

更重要的是，既然是再出发，沿着我们绘制的新的路线图（尤其是增加了美国传统、俄国传统各一章；设置了现代语义学的基石三章），在探索的旅途中也就会所见有异、所感不同，也就会有新的发现和特定的体会。

一、语义学史的忽视原因

在《欧洲语义学理论》导论的开始，聂利奇就提出了一个重要问题——为什么语义学史研究被忽视？聂利奇认为有四点原因：1. 语义学是一个相对较晚出现的学科。2. 语义学的主题过于宽泛。3. 传统语义学的温柔形象与现代语义学的刚强形象形成鲜明对比，而这种温柔形象可能致使语言学史家对之不屑一顾。4. 决定性的因素是，19世纪是历史比较语言学的世纪，学者们专注于语音定律，语义学自然不可能引起关注。（Nerlich 1992：1—2）

李葆嘉（2013）提出：一门学科只有发展到一定阶段，在历史自觉的驱动下，才会产生反思自身沿革的学术史研究。所谓"一定阶段"，指该学科研究已有丰富成果和传统；所谓"历史自觉"，指该学科学者具有清醒的学术传承和总结意识。"史"是对"学"拉开一定距离的审视。语义学在19世纪上半叶产生，19世纪下半叶走向繁荣，因此语义学史研究似乎应在20世纪上半叶出现。

然而，长期以来，特别是20世纪60年代西方重视语言学史研究以来，西方语义学史研究却不在语言学史家的视野之内，究其原因有四。

第一，20世纪30年代到60年代中期，语义研究被排斥。具体而言，西方语言学的人本主义传统在20世纪出现了"三道裂隙"。

第一道裂隙是**形式结构主义**，索绪尔（1916）强调：

> Unité et fait de grammaire ne se confondraient pas si les signes linguistiques étaient

constitués par autre chose que des différences. Mais la langue étant ce qu'elle est, de quelque còlté qu'on l'aborde, on n'y trouvera rien de simple; partout et toujours ce mème équilibre complexe de termes qui se conditionnent réciproquement. Autrement dit, *la langue est une forme et non une substance* (voir p. 157). On ne saurait assez se pénétrer de cette vérité, car toutes les erreurs de notre terminologie, toutes nos façons incorrectes de désigner les choses de la langue proviennent de cette supposition involontaire qu'ily aurait une substance dans le phénomène linguistique. (Saussure 1916：168—169)

如果语言符号不是由差别构成的，那么单位和语法事实则不会相合。但是语言的本质就是如此，无论你如何研究，你都会发现并不简单。随时随地都是相互制约的要素之间的这种同样的复杂平衡。换而言之，语言是形式而非实体（参见157页）。人们未能充分地洞察这个真相，我们术语学中的所有错误，我们表述语言中事物的所有不正确方式都来自这个无意识假设，即在语言现象中存在实体。

第二道裂隙是**形式描写主义**，布龙菲尔德（1933）认为：

Since we have no way defining most meanings and of demonstrating their constancy, we have to take the specific and stable character of language as a presupposition of linguistic study. (Bloomfield 1973：114)

由于我们无从界定大多数意义并显示其稳定性，我们必须把语言的明确性和稳固性作为语言学研究的前提。

The meanings—in our example, the sememes of a language—could be analyzed or systematically listed only by a well-nigh omniscient observer. (Bloomfield 1973：162)

意义——在我们的例子中，就是一种语言的义素——只有几乎无所不知的洞察者，才能加以分析或系统列出。

而海里斯（1951）在结构分析中则绝对排斥语义。

第三道裂隙是**形式生成主义**，乔姆斯基（1957）主张：

I think that we are forced to conclude that grammar is autonomous and independent of meaning, and that probabilistic models give no particular insight into some of the basic problems of syntactic structure. (Chomsky 2002：17)

我认为，我们不得不下此结论，即语法是自治的且独立于意义，并且概率模型对语法结构的一些基本问题没有特别的洞察。

这三次形式主义思潮，冲击了人本主义语言观和语义学研究传统。直至20世纪60年代中期出现"语言学研究的语义转向",才向西方语义学传统或人本主义逐步回归。

第二,语义系统十分复杂,语音、语法等研究相对简单而便于操作。语义学的研究难度导致对语义学史研究望而生畏。

第三,研究西方语义学史需要做大量基础工作,早期文献难以搜集且涉及多种语言。

第四,研究语义学的学者包括各种专业背景的学者。语义学史研究需要哲学、历史学、文化学、社会学、心理学、符号学等跨学科知识。

实际上,即使有胆量投身于语义学史研究,也仍然面临诸多困难——可谓"五难"。1. 难晓。首先是资料,尤其是一手文献。关于语义学史的重要人物、重要论著,仅凭一般的论文、语言学史专著等所知甚少。长期以来,仅有的两本西方语义学史专著(Gordon 1982,Nerlich 1992),国内无人介绍。没有路线图,从何跋山涉水?2. 难找。即使知道19世纪到20世纪上半叶的一些语义学论著题目,也难以找到文本。多年来,我们在网站上搜到一些19世纪的文献。网络上无法获取的,只有到国外图书馆去找。关于语义场理论的德语文献,是孙晓霞博士从德国科隆大学获取的。波克罗夫斯基的论著是陈秀利博士、黑龙江大学孙敏庆博士请俄罗斯学生在莫斯科拍摄的。3. 难读。获取的文献有英语、德语、法语和俄语的,中间还夹杂希腊文、拉丁文等。这些论著的翻译,务必要有团队合作。4. 难懂。在翻译过程中,不但专业性强,而且知识面广,要翻译成文不易。即使译成中文,要读懂这些文献还要下一番功夫。5. 难通。要将一篇全文读通,难;要做到不同论著内容的沟通,更难;要做到德、法、英、俄不同语言的语义学研究传统的融会贯通,难上加难。这"五难",不懂外语的学者固然有,懂外语的学者也同样难免;不仅中国学者这样,西方学者也同样如此。仅就"难读"而言,外国学者的几部语义学史(Gordon 1982,Nerlich 1992,Geeraerts 2010),就皆未涉及俄语文献。研究西方语义学史的基础工作就是先要编译《西方语义学论著选译》。没有学术团队的支撑,这么艰难的项目无法完成。

二、语义学史的主线梳理

文献研读固然辛苦,但寻绎发展主线更费心神。基于新见资料(尤其是一手资料),勾画西方语义学的形成和发展轨迹,务必依据主线梳理—群体考察模式。

从古希腊时期到18世纪,欧洲自有散见于哲学、逻辑学、词源学、文献学、词典学中的语言意义研究。然而,由于面对的是屈折型语言,古代语言研究关注的多为形态与词源。16世纪以来,语言热点集中于语言的起源分化或亲缘历史比较。19世纪20年代,德国语言学家莱斯格如此感慨:

> 迄今为止,能够科学地阐明语法学理论的只是少数学者。不同学派的纲要囿于局

部的语言知识，毫不足怪，致使目前的语法学仍然缺少一个组成部分。（Reisig 1839［1825］：18）

依据人类纯粹理性，基于哲学—历史取向，莱斯格首创"语意学"这门学科。通过哈泽、赫尔德根的继续探索，形成了德国传统语意学的三代传承。19世纪下半叶的德国语意学，转向心理取向研究、交际—理解取向研究。斯坦塔尔创立语言心理学，魏格纳从语言交际学切入，魏兰德尔立足于语言理解，保罗则基于语言演变原理。19世纪下半叶的法国，布雷亚尔以心理学思潮为背景，凸显语言心智规律的研究取向，再造"心智语义学"。在1897年，终于出版了多次打算放弃的《语义学探索》。此后，梅耶、查尔斯·巴利接受社会学影响，波朗、罗德特吸收心理学方法。格拉塞列提出共时语义学、历时语义学及比较语义学的三分法，而马蒂则提出描写语义学、遗传语义学和普通语义学。

与德法先后涌现语义学研究热潮相比，当时的英美研究相对滞后，俄国尚处于边缘状态。在海峡那边，英国的词语意义研究可以追溯到17世纪末。哲学家洛克提出符意学，但沉寂了一个多世纪。关于意义的研究，19世纪的英国先后使用过三个术语。首先，19世纪30年代，斯马特（1831, 1855）发展了洛克的符意学，受斯图尔特影响，提出具有英国特色的"意义语境观"。其次，19世纪70年代，赛斯（1873）引进德国语意学。再次，韦尔比夫人倡导符意学（1896），其女卡斯特夫人所译《语义学探索》（1900）出版，法国语义学进入英国学界。

在大洋彼岸，美国学者接触西欧语意学始于19世纪中期。耶鲁大学教授吉布斯（1847）首次导入德国Semasiologie。此后，同样是耶鲁大学教授的辉特尼，虽然在普通语言学研究中涉及意义变化，并且其《语言的生命》（1875）影响了法国语义学研究，但是他从未使用过Semasiology这一术语，并不认同这门新学科。尽管如此，1893年，威廉斯在翻译布雷亚尔的《论词源学的研究原则》中，把 Sémantique译为英语Semantics。直到1894年辉特尼去世后，他的学生才公开使用了Semasiology和Semantics。1894年12月，兰曼在美国语文学会上宣读"映射的意义"。1895年，《世纪词典和百科全书》第八卷收录了莫里斯·布龙菲尔德撰写的Semasiology词条。辉特尼的另一位德国学生厄特尔，则在《语言研究讲座》中介绍欧洲语义学成果。然而，20世纪30年代至50年代，美国语言学界的语义研究式微。有趣的是，莫里斯·布龙菲尔德关注语义研究，而其侄子伦纳德·布龙菲尔德却排斥语义研究，虽然伦纳德·布龙菲尔德在莱比锡大学进修的导师布鲁格曼，晚年对语义学研究越来越感兴趣。然而，伦纳德·布龙菲尔德并没有接受欧洲语义学传统，而是走向另一条道路——语言的形式（分布与替换）描写。与美国语言学界排斥语义研究不同，在哲学、社会学、人类学和翻译学领域仍然有一些学者从事语义研究。直至20世纪60年代，卡茨和福德将"成分分析"导入生成语法研究，美国语言学界的"语言学研究的语义转向"才拉开帷幕。

俄国学者的词汇语义研究，可追溯到19世纪早期的词典编纂。作为词汇语义研究的先驱，波捷布尼亚用哲学和心理学理论研究词汇语义。喀山学派首先接触到西欧语意学。19世纪70年代，博杜恩介绍并倡导语义学及词汇学研究。在其指导下，亚历山大罗夫完成了《语意学研究》（1886）。十年后，莫斯科学派的波克罗夫斯基完成了《古典语言的语意学研究》（1896）。20世纪上半叶，尽管俄罗斯学者在词典编纂和词汇语义研究领域坚持不懈，然而语义学的学科地位直至20世纪60年代才得以确立。

纵观西方语义学史，其研究旨趣大体上可归纳为三种取向：第一种是历史取向（包括逻辑、哲学取向），凸显的是以往积淀的语言知识，侧重于历史语义研究，必然涉及历史精神和古典文本，由此已含有心理和语境研究；第二种是心理取向（包括认知、理解取向），凸显的是不断变化的概念认知，侧重于语义演变的心智规律研究，也就离不开人类社会和语体风格，由此已含有情景和风格研究；第三种是语境或情境取向（包括社会、行为取向），凸显的是交际意图的话语行为，侧重于语义演变的情境或行为机制研究，自然更强调实时会话中的语旨和语效。

三、语义学史的开拓推进

（一）莱斯格创建语意学的渊源

关于莱斯格创建语意学这门新学科的直接学术渊源，聂利奇只提到本哈迪的修辞研究。

> 至于莱斯格从哪里接受的影响，人们只能推测，但莱斯格提及的本哈迪《语法学》（1801，1803）可能是其来源之一。
>
> 从莱斯格到特伦奇、保罗和布雷亚尔，贯穿语义学理论的另一主题是关于同义词的分化。在法国，这一研究可追溯到18世纪研究同义词的许多论文，其中最重要的也许是吉拉德的《法语的准确性》（1718）。对莱斯格把"同义词学说"纳入意义研究的确切来源，则更加难以追溯。
>
> 在导论中我谈到，要发现莱斯格语法学中的修辞转向的来源相当困难。然而，莱斯格提供了一条线索，他在第一卷18页提到本哈迪。在施利本—兰格与哈罗德（1988）近期发表的一篇文章中，详细分析了本哈迪的《语法学》（1801，1803）。根据英文摘要，本哈迪一方面"拥有丰富的普遍语法和修辞学知识，另一方面还继承

了德国唯理主义（康德、费希特）和浪漫主义"，并且他"基于交际活动与会话概念，提出了一个很有价值和令人信服的理论"。（1988：81）显而易见，我对莱斯格的阐述，与兰格与哈罗德所阐述的关于本哈迪观点之间存在惊人的相似。（Nerlich 1992：22）

与聂利奇不同，我们采取两种方法："学术氛围考察法"和"作者文本研读法"，追溯莱斯格创建语意学这门新学科的直接学术渊源。

首先，通过考证提出"古典学和阐释学的哈雷氛围"（学术语境）。1825年，德国哈雷大学的古典语言学教授莱斯格首创关于意义的学科。哈雷大学能够成为催生"语意学"的摇篮，因为它是当时德国古典学和阐释学的中心。现代古典学创始人费里德里希·沃尔夫长期在此担任教授。从莱斯格语意学研究的哲学—历史取向中，可以看出沃尔夫对语法的理解、历史的理解和哲学的理解的三种区分对之有所影响。诠释学之父施莱尔马赫早年在哈雷大学求学，后任哈雷大学神学教授。诠释学的语义分析和施莱尔马赫的历史情境"心理重建"方法，对莱斯格不无影响。语法和修辞学家本哈迪早年在哈雷大学学习哲学。莱斯格从其《语法学》中接受影响有迹可循。其次，研读莱斯格《语意学或语意科学》文本，揭示其创立语意学的"三个直接源头"：第一个是意大利语文学家和词典编纂家福尔切利尼的拉丁词语研究；第二个是德国文学史家和博学者莫霍夫的修辞学研究；第三个是意大利学者瓦拉、德国学者辛古拉留斯和苟克冷纽斯等学者的同义词研究。

聂利奇提出的"要发现莱斯格语法学中的修辞转向的来源相当困难""对莱斯格把'同义词学说'纳入意义研究的确切来源，则更加难以追溯"，（Nerlich 1992：22）其实，在莱斯格的《语意学或语意科学》中包含着蛛丝马迹。

（二）布雷亚尔语义学探索的价值

对《语言的心智规律：语义学简述》（1883）加以译介和述评，因为这是布雷亚尔第一次公开提出sémantique的演讲。对《语义学探索·旨趣》进行译介和述评，是为了理解布雷亚尔的探索心态。对《语义学探索》全书的章节摘要和述评，是为了介绍其中的精要。该论著不仅是当时最为深刻而详尽的语义学研究（词汇语义、句法语义）成果，而且具有普通语言学的价值，其内容涉及功能、隐喻认知、主观化、语法化、语境、语用等。这部集成之作，不仅是19与20世纪之交语义学研究的丰碑，而且仍然可视为当代语言学研究的指南。

（三）意义语境论的形成发展轨迹

在19世纪中期以前，德国语意学奠定了该学科的理论基础，法国语义学发展出新的理论方法。英国斯马特也提出了"意义语境论",但是未能引起英国语言学家的足够关注。直至19世纪末到20世纪30年代,在多种学术背景中,"意义语境论"才日益彰显。这一阶段的研究者都是非语言学专业的,如心理学家斯托特、符号哲学家韦尔比夫人、人类学家马林诺夫斯基、古埃及学家加德纳、符号学家奥格登与理查兹等,这批"兼职语义学家"围绕语境论发展了各自的理论方法。其中,马林诺夫斯基和加德纳受到德国学者魏格纳"情景"说的影响。从20世纪30年代以后,语言学专业的学者,如信奉马林诺夫斯基的弗斯、崇拜理查兹的沃尔波以及弗斯的学生韩礼德进一步发展了"语境论"或"情境论"。纵观这一时期的英国语义学,无论是专业研究,还是交叉研究,其主线都是"意义的语境论"。

(四)首次探索美国语义学史

聂利奇把美国学者辉特尼,及其学生厄特尔(德国学者)的语义研究纳入英国语义学研究。其实,他们只是在用英文描述语义研究,或者用英文把德法语义学介绍到美国,与英国传统的语义学没有学理关系。聂利奇这样处理,盖因未专门搜集美国语义学史资料,或囿于其书名《欧洲语义学理论》。

基于我们搜集的文献,本书专设第八章"美国传统的语义学研究"。首先,追溯德法语义学两次传入美国的史实。其次,揭示辉特尼并不认同语义学这门学科。辉特尼去世后,他的三位学生,兰曼(1894)、莫里斯·布龙菲尔德(1895)、厄特尔(1901)才公开发表语义学论著。另外,吉布斯、辉特尼都是耶鲁大学教授,兰曼、莫里斯·布龙菲尔德和厄特尔都是耶鲁大学博士。可以认为,美国的语义学源于德法,成长于耶鲁。在第八章第六节"语义悲观情结和其他领域的语义研究"中,揭示了形式描写主义的"语义悲观情结",论述了通用语义学的崛起,以及社会学、翻译学等领域的语义研究。

(五)首次探索俄国语义学史

戈登(1982)、聂利奇(1992)、吉拉兹(2010)的语言学史研究,皆不涉及俄罗斯,而俄罗斯学者似乎也从未做过俄国传统语义学研究的系统梳理。

作为第一篇论述俄国语义学研究史的长文,第九章"俄国传统的语义学研究"的初稿曾提交第八届全国语义学学术研讨会(2015年11月)。[①]该文首次把俄国语义学史分为早期和中期。早期研究阶段,重点介绍亚历山大罗夫、波克罗夫斯基的研究。中期研究阶段,

---

① 该会议由黑龙江大学俄罗斯语言文学与文化研究中心与南京师范大学语言科技研究所联办。应邀出席的国际语义学家有:俄罗斯的阿普列相(В. Апресян)高级研究员和什梅廖夫(А. Шмелёв)教授,比利时的吉拉兹(D. Geeraerts)教授,澳大利亚的高达德(C. Goddard)教授(因故未能抵达,委托中国访问学者李炯英代为宣读大会主题报告)。

重点介绍斯米尔尼茨基的词汇语义研究、维诺格拉多夫的"词汇—语义系统"学说，以及布达哥夫的词汇语义学思想。

俄罗斯早中期语义学研究的特点是，语义研究与词典学、词汇学（包括成语学、术语学）等密切联系。语义研究与词典学的密切联系，促使俄罗斯学者突出词汇语义的应用研究。语义研究与词汇学的密切联系（或者说包含在词汇学中），导致语义学迟迟未能成为独立分支学科。20世纪50年代开始纠正对语义学的错误认识，此后俄国语义学才逐步走上新的发展之路。

（六）揭开"结构主义语义学"之谜

第十章到第十二章阐述了现代语义学理论方法的来由，揭开了"结构主义语义学"之谜。通常认为，"结构语义学理论是将索绪尔的结构主义延伸至语义领域而产生的"。形成这种想当然印象的原因，是没有研读原始文献，不了解德国人文语言学、民族心理学、格式塔心理学对19世纪下半叶到20世纪20年代"语言学研究的心理转向"所产生的影响，更不了解现代语义学理论形成的实际过程，以至于盲目夸大索绪尔形式结构主义的影响。

现代语义学的第一块基石，是20世纪20年代至30年代德国学者创立的心智语义场理论。本研究从五方面阐述心智语义场理论的学术背景：1. 语言世界观与中间世界论；2. 民族精神论和民族心理学；3. 格式塔心理学的心理场论；4. 澄清索绪尔结构主义的影响；5. 不可回避的时代思想背景。创立语义场理论的德国学者都是新洪堡特主义的代表人物。最关键的是，我们在伊普森这里找到了语言学场论借自心理学场论的连接。

现代语义学的第二块基石是语义解析方法。20世纪30年代，美国社会学家戴维斯首先采用"基元要素"和矩阵图分析亲属称谓，其背景是美国社会学的结构—功能主义。20世纪60年代，法国鲍狄埃、格雷马斯和德国考赛里乌的"义素分析"，其背景是欧洲语言学的结构—功能主义。美国流派的驱动是"要想获得亲属系统的知识，就必须借助某种符号手段的帮助"；法德流派的需求是"词汇场理论要用词汇语义的区别性对立功能来补充"。前者强调词义的"成分／构成性"，而后者强调词义的"要素／特征性"。

现代语义学的第三块基石是关系语义学理论。提出"系统意义"的先导是考赛里乌（1962），强调描写词汇语义对立关系。使用"意义关系"这一概念的是莱昂斯（1963），而对系统意义关系加以更多探讨的是克鲁斯（1986）。通过辨析发现：1. 系统意义并非独立于指称意义之外；2. 系统意义的纯粹结构描写并不存在；3. 系统意义是特定语义关系的心理联想。实际上，系统意义或关系语义也就是语义场研究的一部分，即基于特定关系语义联想的场类型。为了与"心智语义场"区别，可以把关系语义研究称为"关系语义场"。

以往所言"19世纪是比较语言学的世纪",其实受了汤姆逊、裴特生论著的影响。实际上,19世纪语言学发展至少存在两条主线:一条是语音演变研究(17—18世纪亲属比较的继续),另一条是语义演变研究(19世纪的新学科)。西方语义学的诞生与古典学、阐释学的哈雷氛围有关,与传统语源学、修辞学和词典编纂紧密联系,其成长得益于语文学、哲学、生物学、心理学、社会学、符号学和人类学,而其成熟标记是交际语义学和理解语义学的形成。另外,还有一条主线是关于语言科学(Bernhardi 1805, Heyse 1856, F. M.Müller 1864, Sayce 1880)和普通语言学(Vater 1801,Humboldt 1810—1811、1827—1829,Бодуэн 1771、1876,Gabelentz 1891),促使一系列分支学科涌现,并孕育了"现代语言学理论"(Бодуэн 1771),为20世纪语言学提供了深厚基础。

所谓现当代语义学的新理论——语境(Stewart 1810, Smart 1831, Sayce 1880, Wegener 1885, Stout 1891, Wellander 1917, Malinowski 1920)、认知隐喻(Reisig 1825, Smart 1831, Heyse 1856, Darmesteter 1886, Svedelius 1891, Bréal 1897a)、心理(Steinthal 1855, Hecht 1888, Бодуэн 1889, Roudet 1921)、形式和功能(Bréal 1866)、静态和动态(Бодуэн 1871, Grasserie 1908, Marty 1908)、社会(Бодуэн 1871, Sayce 1875, Paris 1887, Meillet 1906, Grasserie 1909, Nyrop 1913)、语法化(Bréal 1883、1897a, Leumann 1927)、话题—说明(Wegener 1885, Stout 1891)、主观性(Bréal 1897a)、核型或语意域(Stout 1891, Paulhan 1897, Erdmann 1900, Gardiner 1932)、话语行为(Malinowski 1920)……皆植根于这些往昔的语义学或语言学论著之中。

语义学史是一门开放型学科,前贤筚路蓝缕,然不可能毕其功于一役。本研究丰富了西方语义学史的研究框架,纠正了前人研究的失误,弥补了前人研究的疏漏,拓展了语义学史研究的视野。……也许,有人希望增加一章,专门讨论传统—现代语义学对现当代语言学的影响。然而,我们的论述已经相当冗长,对当代语言学的影响已跨入另一领域。[①]

学术史专著要给读者留下质疑和思考的空间,有兴趣的同道会自寻其中乐趣……

---

① 有兴趣的读者,可以参见李葆嘉《当代语言学新理论:植根于往昔语义学论著中》,"英汉语比较研究会第二期一带一路英汉语言、文化、翻译跨学科研习班"讲座,新疆大学外国语学院,2018年7月20日。简本题名《当代语言学理论的追溯》,载于《华东师范大学学报》2021年第6期。对20世纪早期以前的语义学理论对现当代语言学的影响,做了初步讨论。

参考文献

一、中文文献

岑麒祥. 1958. 语言学史概要［M］. 北京：科学出版社.

陈秀利. 2012. 莫斯科语义学派的同义词释义理论与方法研究——以《最新俄语同义词词典》为例［D］. 南京：南京师范大学文学院.

［英］D. A. Cruse. 2009. 词汇语义学［M］. 董秀芳，导读. 北京：世界图书出版公司.

丁建新. 2000. 语法家之梦——"词汇作为最精密的语法"研究述评［J］. 现代外语（4）：431—438.

段满福. 2013. 法国现代语言学思想（1865—1965）及其对中国语言学的影响研究［D］. 北京：北京外国语大学英语学院.

春人. 1962. 《普通词汇学与俄语词汇学概论》简介［J］. 外语教学与研究（2）：65—67.

常宝儒. 1994. 波铁布尼亚[①]其人其说［J］. 外语教学与研究（3）：67—68.

范丽君. 2004. Потебня的词汇语义理论［J］. 当代语言学（4）：357—360.

冯志伟. 1987. 现代语言学流派［M］. 西安：陕西人民出版社.

傅东华. 1939a. 文法稽古篇［J］. 东方杂志（36：20）：21—29.

傅东华. 1939b. 文法稽古篇续［J］. 东方杂志（36：21）：29—38.

高国翠，高凤兰. 2010. 波铁布尼亚的语言哲学观［J］. 外语学刊（5）：11—15.

高名凯. 1947. 中国语的语义变化［J］. 天文台（1：2）：57—61.

高名凯. 1990. 高名凯语言学论文集［C］. 北京：商务印书馆.

贾洪伟. 2012a. 苏联语义学思想在中国：历史反思［J］. 中国俄语教学（1）：11—15.

贾洪伟. 2012b. "语义学"称谓考［J］. 语言与翻译（2）：25—30.

贾彦德. 1986. 语义学导论［M］. 北京：北京大学出版社.

贾彦德. 1992. 汉语语义学［M］. 北京：北京大学出版社.

蒋勇敏. 2010. 《俄语词典学》评介［J］. 中国俄语教学（2）：88—93.

［英］John I. Saeed. 2000. 语义学［M］. 吴一安，导读. 北京：外语教学与研究出版

---

① 波铁布尼亚即波捷布尼亚（А. А. Потебня, 1835—1891）。

社：F16—F44.

［英］John Lyons. 2000. 语义学引论［M］. 汪榕培，导读. 北京：外语教学与研究出版社：F13—F30.

胡壮麟. 1991. 功能主义纵横谈［J］. 外国语（3）：5—12+4.

胡壮麟，朱永生，张德录. 1989. 系统功能语法概论［M］. 长沙：湖南教育出版社.

李安宅. 1934. 意义学［M］. 上海：商务印书馆.

李安宅. 1990. 语言·意义·美学［M］. 成都：四川人民出版社.

李葆嘉. 1998. 中国当代音韵学［M］. 广州：广东教育出版社.

李葆嘉. 2001. 理论语言学：人文与科学的双重精神［M］. 南京：江苏古籍出版社.

李葆嘉. 2002. 汉语元语言系统研究的理论建构及应用价值［J］. 南京师大学报（社会科学版）（4）：140—147.

李葆嘉. 2007. 语义语法学导论：基于汉语个性和语言共性的建构［M］. 北京：中华书局.

李葆嘉. 2008. 中国转型语法学：基于欧美模板与汉语类型的沉思［M］. 南京：南京师范大学出版社.

李葆嘉. 2012. 结构主义语义学之谜［R］. "纪念索绪尔逝世100周年暨索绪尔研究在中国学术研讨会"报告. 长春：东北师范大学外国语学院.

李葆嘉. 2013a. 词汇语义学史论的壮丽风景［J］. 江苏大学学报（1）：1—14.

李葆嘉. 2013b. 现代汉语析义元语言研究［M］. 北京：世界图书出版公司.

李葆嘉. 2013c. 近现代西方语言学史论的三张图［C］//第五届当代语言学国际圆桌会议论文集. 南京师范大学：176—191.

李葆嘉. 2014. 爱丁堡之谜：蒙博多的语言进化论和进化模式［R］. "第十五届中国当代语言学国际研讨会大会"主题报告. 哈尔滨：黑龙江大学.

李葆嘉. 2015.《欧洲语义学理论》译序：学然后知不足［C］//第八届全国语义学学术研讨会会议论文集. 南京师范大学：122—152.

李葆嘉. 2018. 当代语言学新理论：植根于往昔语义学论著中［R］. "英汉语比较研究会第二期一带一路英汉语言、文化、翻译跨学科研习班"讲座. 乌鲁木齐：新疆大学外国语学院.

李葆嘉. 2021. 论家族相似性、原核意义论、原型范畴理论的语义学来源［J］. 北华大学学报（2）：13—32.

李葆嘉，刘慧. 2014. 从莱斯格到布雷亚尔：十九世纪西方语义学史钩沉［J］. 外语教学与研究（4）：483—496.

李葆嘉，刘慧. 2016. 论西方语义学史研究［J］. 南京师范大学文学院学报（1）：145—156.

李葆嘉，刘慧. 2018. 西方语义学传入中国的路径［J］. 汉语学报（1）：2—11.

李葆嘉，邱雪玫. 2013. 现代语言学理论形成的群体模式考察［J］. 外语教学与研究（3）：321—336.

李瑞. 2015. 布雷亚尔《语义学探索》导读［C］//第八届全国语义学学术研讨会会议论文集. 南京师范大学：220—236.

李锡胤. 1963. 介绍乌尔曼新著《语义学》［J］. 语言学资料（1）：18—21.

林学洪. 1957. 斯米尔尼茨基：英语词汇学［J］. 西方语文（3）：327—332.

林枳敏. 1943. 语言学史［M］. 上海：世界书局.

刘慧，李葆嘉. 2014. 关系语义：基于指称意义的特定关系联想［J］. 南京师范大学文学院学报（2）：139—150.

刘慧，李葆嘉. 2015. 布雷亚尔之谜：澄清语义学史上的一些讹误［J］. 山东外语教学（3）：8—20.

刘慧，李葆嘉，祁曼婷. 2015. 俄罗斯语义学史：1840—1960［C］//第八届全国语义学学术研讨会会议论文集. 南京师范大学：155—219.

刘谧辰. 1988. 义素分析综述［J］. 外国语（2）：68—71.

刘润清. 1995. 西方语言学流派［M］. 北京：外语教学与研究出版社.

沐莘. 1988. 推荐一部富有创见的语义学书——浅评杰·利奇的语义学［J］. 上海外国语学院学报（1）：80+65.

倪波. 1986. 俄语语义学研究的对象与任务［J］. 中国俄语教学（1）：14—19.

倪波，顾柏林. 1995. 俄语语义学［M］. 上海：上海外语教育出版社.

潘绍典. 1991. 抄袭——一种不良的学风［J］. 现代外语（2）：62—63+19.

彭彧. 2009. 论特利尔和魏斯格贝尔对语言场理论的贡献［J］. 北方论丛（6）：42—45.

祁曼婷. 2017. 波克罗夫斯基的语义学研究［D］. 南京：南京师范大学文学院.

青禾. 1986. В．В．维诺格拉多夫［J］. 中国俄语教学（1）：61.

邱雪玫，李葆嘉. 2016. 语义解析方法的形成过程及其学术背景——揭开"结构主义语义学"的第二个谜［J］. 江海学刊（3）：121—130.

饶宗颐. 1984. 尼卢致论（Nirukta）与刘熙的《释名》［J］. 中国语言学报（2）：49—54.

沈家煊. 2001. 语言的"主观性"和"主观化"［J］. 外语教学与研究（4）：268—

275.

石安石. 1984. 语义研究［M］. 北京：语文出版社.

石安石. 1993. 语义论［M］. 北京：商务印书馆.

束定芳. 2000. 现代语义学［M］. 上海：上海外语教育出版社.

孙淑芳. 2012. 俄罗斯语言语义学发展刍议［J］. 外语学刊（6）：58—62.

孙晓霞，李葆嘉. 2014. 心智语义场理论的形成过程及其学术背景——揭开"结构主义语义学"的第一个谜［J］. 外语学刊（2）：35—44.

王德春. 1978. 对苏联语言学十年情况的两点补充［J］. 语言学动态（5）：27—29.

王古鲁. 1930. 言语学通论［M］. 上海：世界书局.

王理嘉，侯学超. 1963. 怎样确定同义词［M］. 语言学论丛（五）. 北京：商务印书馆.

王力. 1985. 王力文集（第3卷）［M］. 济南：山东教育出版社.

卫志强. 1990. 兹维金采夫（1910—1988）［J］. 国外语言学（2）：45—47.

伍谦光. 1988. 语义学导论［M］. 长沙：湖南教育出版社.

谢启昆. 1789. 小学考［M］. 树经堂初刻本嘉庆二十一年（1816）.

信传艳. 2008. A. A. 波捷布尼亚的语言观［D］. 长春：吉林大学外国语学院.

徐志民. 1990. 欧美语言学简史［M］. 上海：学林出版社.

徐志民. 2008. 欧美语义学导论［M］. 上海：复旦大学出版社.

许国璋. 1991. 许国璋论语言［M］. 北京：外语教学与研究出版社.

许力生. 2006. 语言学研究的语境理论构建［J］. 浙江大学学报（4）：158—163.

杨彬. 2011.《词汇语义学理论》评介［J］. 山东外语教学（4）：108—112.

杨衍春. 2010. 博杜恩·德·库尔德内语言学理论研究［M］. 上海：复旦大学出版社.

姚小平. 1993. 索绪尔语言理论的德国根源［J］. 外语教学与研究（3）：27—33+80.

姚小平. 1995. 西方的语言学史学研究［J］. 外语教学（2）：1—7.

姚小平. 1996. 西方人眼中的中国语言学史［J］. 国外语言学（3）：39—48.

姚小平. 2001. 语言学史研究诸方面——罗宾斯《语言学简史》（1997）读后［J］. 外语教学与研究（4）：284—290.

姚小平. 2011. 西方语言学史［M］. 北京：外语教学与研究出版社.

殷红伶. 2015. 乌尔曼《语义学》简介［C］//第八届全国语义学学术研讨会会议论文集. 南京师范大学：237—244.

殷红伶，李葆嘉. 2021. 论英国学者的语义学简史研究［J］. 外语学刊（3）：8—16.

于鑫. 2008. 关于俄罗斯当代语义学——也谈莫斯科语义学派［J］. 俄语语言文学研究（2）：41—48.

张家骅，彭玉海，孙淑芳，李红儒. 2003. 俄罗斯当代语义学［M］. 北京：商务印书馆.

张建理. 2000. 词义场·语义场·语义框架［J］. 浙江大学学报（人文社会科学版）（2）：112—117.

张燚. 2002. 语义场：现代语义学的哥德巴赫猜想［J］. 新疆师范大学学报（1）：95—98.

张永言. 1982. 词汇学简论［M］. 武汉：华中工学院出版社.

张志毅. 1965. 确定同义词的几个基本观点［J］. 吉林师大学报（1）：62—80.

张志毅，张庆云. 2001. 词汇语义学［M］. 北京：商务印书馆.

张志毅，张庆云. 2007. 词汇语义学与词典编纂［M］. 北京：外语教学与研究出版社.

赵爱国. 2012. 20世纪俄罗斯语言学遗产——理论、方法及流派［M］. 北京：北京大学出版社.

赵世开. 1989. 美国语言学简史［M］. 上海：上海外语教育出版社.

郑述谱. 1988. Lexicography的两种不同定义［J］. 辞书研究（4）：13—19.

郑述谱. 2009. 词汇研究——俄国语言学的靓点［J］. 外语学刊（5）：108—112.

郑述谱. 2012. 俄国词典编纂的传统与新篇［J］. 辞书研究（1）：43—53.

郑友昌. 2009. 俄罗斯语言学通史［M］. 上海：上海外语教育出版社.

郑友昌，侯丽红. 2007. 维诺格拉多夫及其语言学思想［J］. 解放军外国语学院学报（3）：12—16.

周荐，杨世铁. 2006.《汉语词汇》对词汇学的贡献［C］//汉语词汇学第二届国际学术讨论会暨第六届全国研讨会论文集. 长春：吉林大学，10—12.

周绍珩. 1978. 欧美语义学的某些理论与研究方法［J］. 语言学动态（4）：11—19.

二、中译文献

阿普列祥. 1962. 乌尔曼的结构语义学［J］. 尚英，译. 语言学资料（12）：32—35.

安藤正次. 1931. 言语学大纲［M］. 雷通群，译. 上海：商务印书馆.

博杜恩·德·库尔特内. 2012. 普通语言学论文选集［M］. 杨衍春，译. 桂林：广西师范大学出版社.

布达哥夫. 1956. 语言学概论［M］. 吕同仑，高晶斋，周黎扬，译. 北京：时代出版社.

布达哥夫. 1980. 符号—意义—事物（现象）（苏联《当代语言学中的思想和流派斗争》第二章）［J］. 王德春，译. 国外社会科学文摘（6）：47—53.

布龙菲尔德. 1980. 语言论［M］. 袁家骅，赵世开，甘世福，译. 钱晋华，校. 北京：商务印书馆.

房德里耶斯. 1992. 语言：历史语言学概论［M］. 岑麒祥，叶蜚声，译. 北京：商务印书馆.

福尔（即弗斯）. 1937. 语言学通论［M］. 张世禄，蓝文海，译. 上海：商务印书馆.

格雷马斯. 2001. 结构语义学［M］. 蒋梓骅，译. 天津：百花文艺出版社.

戈尔巴涅夫斯基. 2002. 世初有道——揭开前苏联尘封50年的往事［M］. 杜桂枝，杨秀杰，译. 北京：民主与建设出版社.

洪堡特. 1997. 论人类语言结构的差异及其对人类精神发展的影响［M］. 姚小平，译. 北京：商务印书馆.

洪堡特. 2001. 论与语言发展不同时期有关的比较语言研究［C］//洪堡特语言哲学文集. 姚小平，编译. 长沙：湖南教育出版社，11—33.

杰弗里·N·利奇. 1987. 语义学［M］. 李瑞华，王彤福，杨自俭，穆国豪，译. 上海：上海外语教育出版社.

吉拉兹. 1990. 词汇语义学史略［J］. 汪榕培，译. 外语与外语教学（2—3）：10—14，29—36.

吉拉兹. 2013. 欧美词汇语义学理论［M］. 李葆嘉，司联合，李炯英，译. 北京：世界图书出版公司.

康德拉绍夫. 1985. 语言学说史［M］. 杨余森，译. 武汉：武汉大学出版社.

科索夫斯基. 1979. 语义场理论概述［J］. 成立中，译. 语言学动态（3）：23—25.

罗宾斯. 1997.《简明语言学》［M］. 许德宝，胡明亮，王建明，译. 北京：中国社会科学出版社.

聂利奇. 2020. 欧洲语义学理论1830—1930：从语源论到语境性［M］. 李葆嘉，刘慧，殷红伶，译. 北京：世界图书出版公司.

帕尔默. 1984. 语义学（第一部分"研究语言意义的科学"）［J］. 周绍珩，译述. 国外语言学（1）：1—13+55.

裴特生. 1958. 十九世纪欧洲语言学史［M］. 钱晋华，译. 北京：科学出版社.

沙夫. 1979. 语义学引论［M］. 罗兰，周易，译. 北京：商务印书馆.

师辟伯. 1930. 情为语变之原论［M］. 章士钊，译. 上海：商务印书馆.

斯米尔尼茨基. 1958. 词义［J］. 赵爽，译. 语言学译丛（2）：15—20.

索绪尔. 1980. 普通语言学教程［M］. 高名凯，译. 岑麒祥，叶蜚声，校注. 北京：商务印书馆.

汤姆逊. 1960. 十九世纪末以前的语言学史［M］. 黄振华，译. 北京：科学出版社.

汪榕培，顾雅云，编译. 1992. 八十年代国外语言学的新天地［M］. 沈阳：辽宁教育出版社.

维果茨基. 1997. 思维与语言［M］. 李维，译. 杭州：浙江教育出版社.

维诺格拉多夫. 1958. 词的词汇意义的主要类型［J］.《俄语教学与研究》编辑室，校译. 俄语教学与研究（2—3）：1—9，15—28.

乌尔曼. 1965. 描写语义学和语言类型学［J］. 曾冲明，译. 语言学资料（6）：20—22+12.

兹维金采夫. 1955. 语义学在语言各学科中的地位［J］. 方如英，译. 外语教学译丛（3）：73—81.

兹维金采夫. 1990. 苏联语言学之路［J］. 卫志强，译. 国外社会科学（9）：23—28.

兹维金采夫. 1981. 普通语言学纲要［M］. 伍铁平，马福聚，汤庭国，等，译. 北京：商务印书馆.

三、外文文献

Aarsleff, H. 1967. *The Study of Language in England 1780—1860*［M］. Princeton: Princeton University Press. Rpt. London: Athlone Press, 1983.

Aleksandrow, A. 1886. *Sprachliches aus dem Nationaldichter Litauens Donalitius, Zar Semasiologie*［M］. Dorpat: Schnakenburg's Buchdruckerei.

Anroux, S. 1989. *Histoire des idés linguistiques. Tome. I. La naissance des métalangages en Orient et en Occident*［M］. Liège-Bruxelles: Mardage.

Arnauld, A. & C. Lancelot. 1662. *La Logique ou L'Art de Penser*［M］. Paris: Iean Guignart.

Arrivé, M. 1986. *Linguistique et psychanalyse*［M］. Paris: Méridiens-Klincksieck.

Austin, J. L. 1961.The Meaning of a Word［A］, In: *Philosophical Papers*. Oxford: Oxford University Press.

Baldinger, K.1980. *Semantic Theory*［M］. Oxford: Basil Blackwel.

Bally, C. 1905. *Précis de stylistique; Esquisse d'une méthode fondée sur l'etude du français moderne*［M］. Genève: Eggimann.

Bally, C. 1909. *Traité de stylistique française*［M］. Genève: Georg. Rpt. 1951.

Bally, C. 1932. *Linguistique générale et linguistique française*［M］. Bern: Francke. Rpt. 1965.

Bally, G. 1924. *Psychologische Phänomene im Bedeutungswandl* [M]. Bern: Haupt.

Barsalou, L. W. 1992. Frames, Concepts and Conceptual Fields [A]. In A .Lehrer, & E . Kittay Eds., *Frames, Fields, and Contrasts: New Essays in Semantic and Lexical Organization*. NJ: Lawrence Erlbaum Associates.

Becker, K. F. 1827. *Organism der Sprache als Einleitung zur deutschen Sprachlehre* [M]. Fankrfurt: Ludwig Reinherz.

Benary, K. A. A. 1834. Wissenschaft der Grammatik. Ein Handbuch zur academischen Vorlesungen, sowie zum Unterricht in den höheren Klassen der Gymnasien von J. C. Staedler. Berlin 1833. Verlag von Bechtold und Hartje [J]. *Jahrbücher für wissenschaftliche Kritik* 9. S. Juli. 65—69; 10. Juli. 73—75.

Benfey, T. 1869. *Geschichte der Sprachwissenschaft und Orientalischen Philologie in Deutschland Seit dem Anfange des 19. Jahrhunderts mit eim Rückblick auf die früheren Zeiten* [M]. München: Cotta' schen Buchhandlung.

Березин, Ф. М. 1979. *История русского языкознания* [M]. Москва: Высшая школа.

Bernhardi, A. F. 1801—1803. *Sprachlehre* (2 Bde.) [M]. Berlin; Duncker & Humblot.

Bernhardi, A. F. 1805. *Anfangsgründe der Sprachwissenschaft* [M]. Berlin: Heinrich Frllich.

Berry, M. 1977. *An Introduction to Systemic Linguistics* [M]. London: Batsford.

Bloomfield, L. 1933. *Language*. New York: Henry Holt. Rpt. 1973. London: Allex & Unwin Ltd.

Bloomfield, M. 1895a. Semasiology. *Century Dictionary and Cyclopedia* [Z]. Vol. 8, p. 5481.

Bloomfield, M. 1895b. On Association and Adaptation in Congeneric Classes of Words [J], *American Journal of Philology* 16, p. 409—434.

Бодуэн де Куртенэ. 1963 [1870]. Август Шлейхер[A]. *Избранные труды по общему языкознанию*. Москва: Издательство Академни Наук СССР, Т. I, С. 35—44.

Бодуэн де Куртенэ. 1963 [1871]. Некоторые общие замечания о языковедении и языке[A]. *Избранные труды по общему языкознанию*. Москва: Издательство Академни Наук СССР, Т. I, С. 47—77.

Бодуэн де Куртенэ, 1963 [1876]. Программа чтений по общему курсу языковедения в применении к ариоевропеиским языкам вообще, а к славяиским в особенности[A]. *Избранные труды по общему языкознанию*. Москва: Издательство Академни Наук СССР, Т. I, С. 47—77.

Бодуэн де Куртенэ. 1963 [1877]. Подробпал программа лекций в 1876-77 уч. году [A]. *Избранные труды по общему языкознанию*. Москва: Издательство Академни Наук СССР, Т. I. С. 88—107.

Бодуэн де Куртенэ. 1963 [1881]. Некоторые отделы «сравнительной грамматики» славянских языков [A]. *Избранные труды по общему языкознанию*. Москва: Издательство Академни Наук СССР, Т. I. С. 118—126.

Бодуэн де Куртенэ. 1963 [1884]. Обозрение славянского языкового мира [A]. *Избранные труды по общему языкознанию*. Москва: Издательство Академни Наук СССР, Т. I. С. 127—138.

Бодуэн де Куртенэ. 1963 [1888]. Николай Крушевский, его жизнь и научные труды [A]. *Избранные труды по общему языкознанию*. Москва: Издательство Академни Наук СССР, 1963. Т. I: 146—202.

Бодуэн де Куртенэ. 1963 [1889]. О задачах языкознания [A]. *Избранные труды по общему языкознанию*. Москва: Издательство Академни Наук СССР, Т. I: 203—221.

Бодуэн де Куртенэ. 1963 [1890]. Об общих причинах языковых изменений [A]. *Избранные труды по общему языкознанию*. Москва: Издательство Академни Наук СССР, Т. I. С. 222—254.

Бодуэн де Куртенэ. 1963 [1901]. Языкознание, или лингвистика, XIX века. Перевод с польск [A]. *Избранные труды по общему языкознанию*. Москва: Издательство Академни Наук СССР, Т. II. С. 3—18.

Бодуэн де Куртенэ. 1963 [1904]. Языкознание [A]. *Избранные труды по общему языкознанию*. Москва: Издательство Академни Наук СССР, Т. II. С. 96—117.

Бодуэн де Куртенэ. 1963 [1917]. Введение в языковедение [A]. *Избранные труды по общему языкознанию*. Москва: Издательство Академни Наук СССР, Т. II. С. 246—293.

Виноградов, В. В. 1978. *История русских лингвистических учений* [M]. Москва: Высшая школа.

Bopp, F. 1836. *Vocalismus oder Sprachvergleichende Kritiken* [M]. Belin : Nicolaischen Buchhandlung.

Bréal, M. 1863. Hercules et Cacus, études de mythologie comparée [A]. *Mélanges de mythologie et de linguistique*. Paris: Hachette. 1877, p. 1—162.

Bréal, M.1866. De la forme et de la fonction des mots [J]. *Revue des cours littéraires de la France et de L'étranger*5, p. 65—71.

Bréal, M.1868. *Les idées latentes du langage*［M］. Paris: Hachette.

Bréal, M. 1879. La science du langage［J］. *Revue scientifique de la France et de l'étranger* 43, p. 1005—1011.

Bréal, M. 1883. Les lois intellectuelles du langage: fragment de sémantique［J］. *Annuaire de l'Association pour l'encouragement des études grecques en France* 17, p. 132—142.

Bréal, M. 1887a. L'histoire des mots［J］. *Revue des deux. mondes* 82: 4, p.187—212.

Bréal, M.1887b.Comment les langues réparent les points faibles de leur grammaire［J］. *Sciences philologiques et historiques* 73, p. 233—239.

Bréal, M. 1893. On the Canons of Etymological Investigation［J］. Trans. by Miss Edith Williams. *Transactions of the American Philological Association* 24, p.17—28.

Bréal, M. 1897a. *Essai de Sémantique (science des significations)*［M］. Paris: Hachette.

Bréal, M.1897b. Une science nouvelle:la sémantique［J］. *Revue des deus mondes* (15juin.), p. 807—836.

Bréal, M. 1900. *Semantics: Studies in the Science of Meaning*［M］. Trans. by Mrs. H. Cust. London: William Heinemann.

Bréal, M. 1991. George Wolf Ed. *The Beginnings of Semantics: Essays, Lectures, and Reviews*［C］, California: Stanford University Press.

Bréal, M. 1995. P. Desmet & P. Swiggers Eds. *De la grammaire comparée à la sémantique: textes de Michel Bréal publiés entre 1864 et 1898*［C］. Leuven: Peeters.

Brugmann, K. 1895. Anzeige of Brugmann (1894)［J］. *IF Anzeiger* 5, p.17—19.

Carnoy, A. J. 1927.*La science des mots: traité de sémantique*［M］. Leuven: Editions Universitas.

Chaignet, A. Ed.1875. *La philosophie de la science du langage étudiée dans la formation des mots*［M］. Paris : Didier.

Chase, S. 1938. *The Tyranny of Words*［M］. New York: Hurcourt' Braceand Company.

Chevallet, A. d'Abel de. 1853—1857—1858. *Origine et formation de la langue française* (3 Vols.)［M］. Paris: J. B. Dumoulin.

Chávée, H. 1849. *Lexiologie indoeuropéenne*［M］. Paris: Franck.

Chávée, H. 1878. *Idéologie lexiologique des langues indoeuropéennes*［M］. Paris: Maisonneuve.

Chiss, J. L. 1985. La stylistique de Charles Bally: de la notion de « sujet parlant » à la théorie de l' énonciation. *Langages* 77, p. 85—94.

Chomsky, N. 1957. *Syntactic Structures* [M]. Berlin / New York: Mouton de Gruyter. Rpt. 2002.

Chomsky, N. 1987. Language in a Psychological Setting [J]. *Sophia Linguistica: Working Papers in Linguistics* 22, p. 1—73.

Ciureanu, P. 1955. Lettere inedite di Michel Bréal, Gaston Paris e Émile Littré [J]. *Convivium*. July—Aug., p. 452—466.

Collins, A. M. & M. R. Quillian. 1969. Retrieval Time from Semantic Memory [J]. *Journal of Verbal Learning and Verbal Behavior* 8, p. 240—247.

Collinson, W. E. 1925. Review of Wellander (1917), Sperber (1923), Falk (1920) and Hatzfeld (1924) [J]. *Modern Languages Revue* 20, p. 101—106.

Conklin, H. 1954.T*he Relation of the Hanunóo to the Plant World* [D]. Ph. D Dissertation in Anthropology, Yale University.

Conklin, H. 1955. Hanunóo Color Categories [J]. *Southwestern Journal of Anthropology* 11, p. 339—344.

Coşeriu, E. 1962. *Teoría del lenguaje y lingüística general: cinco estúdios* [M]. Madrid: Gredos.

Coşeriu, E. 1964. Pour une sémantique diachronique structurale [J]. *Travaux de linguistique et de littérature* 2, p.139—186.

Coşeriu, E. 1966. Structure lexicale et enseignement du vocabulaire [A]. *Actes du premier Colloque international de linguistique appliquée*. Nancy: Faculté des Lettres, p. 175—217.

Darmesteter, A. 1886.*The Life of Words as Symbols of Ideas* [M]. London: Kegan Paul.

Darmesteter, A. 1887. *La vie des mots étudiée dans Leurs significations* [M]. Paris: Delagrave.

Darwin, C. R. & A. R. Wallace. 1858. Darwin (46—53) I. Extract from an unpublished Work on Species, consisting of a portion of a Chapter entitled, On the Variation of Organic Beings in a State of Nature; on the Natural Means of Selection; on the Comparison of Domestic Races and True Species, [1844]; II. Abstract of a Letter from C. DARWIN, to Prof. ASA GRAY, Boston, U.S., September 5th, [1857]; Wallace (53—62) III. On the Tendency of Varietie to Depart Indefintely from the Original Type [J]. In: On the Tendency of Species to Form Varieties; and on the Perpetuation of Varieties and Species by Natural Means of Selection. *Zoological Journal of the Linnean Society* 3, p. 46—62.

Darwin, E. 1794. *Zoonomia; or, the Laws of Organic Life Part I* [M]. London: J. Johnson.

Darwin, E. 1803. *The Temple of Nature; or, the Origin of Society* [M]. London: J. Johnson.

Dauzat, A. 1910. *La vie du langage* [M]. Paris: Librairie Armand Colin.

Dauzat, A. 1912. *La philosophie du langage* [M]. Paris: Flammarion.

Davis, K. 1936. *A Structural Analysis of Kinship: Prolegomena to the Sociology of Kinship* [D]. Harvard University. Published by Arno Press, Salem, New Hampshire. 1980.

Davis, K & W.L. Warner. 1937. A Structural Analysis of Kinship [J]. *American Anthropologist* 39, p. 291—313.

Delesalle, S.1988. Antoine Meillet et la sémantique [A]. In: S. Auroux Ed., *Antoine Meillet et la linguistique de son temps. Special issue of HEL* 10: 2, p. 25—36.

Delesalle, S.1990. Raoul de la Grasserie: Son statut et son rôle dans la linguistique au tournant du siècle [A]. In: H-J. Niederehe & K. Koerner Eds., *History and Historiography of Linguistics. Vol. II, Amsterdam-Philadelphia: Benjamins*, p. 677—688.

Dilley, R. Ed. 1999. *The Problem of Context* [C]. New York: Berghahn Books.

Dittrich, O. 1903. *Grundzüge der Sprachpsychologie Erster Band, Einleitung und allgemeinpsychologische Grundlegung* [M]. Halle a. S.: Max Niemeyer.

Ducháček, O. 1959. Champ conceptuel de la beauté en Français moderne [J]. *Vox Romanica* 18, p. 297—323.

Durkheim, D. É. 1895. *Les règles de la méthode sociologique* [M]. Paris: Félix Alcan.

Eichhorn, J. C. 1807. *Geschichte der neuern Sprachenkunde. Geschichte der Litteratur von ihrem Anfang bis auf die neuesten Zeiten* [M]. Göttingen: Vandenhoeck und Ruprecht.

Erdmann, K. O. 1900. *Die Bedeutung des Wortes. Aufsätze aus dem Grenzgebiet der Sprachpsy- chologie und Logik* [M]. Leipzig: Haessel. 2. Aufl. Leipzig; Avenarius. 1910.

Fawcett, R. P. 1980. *Cognitive Linguistics and Social Interaction: towards an integrated model of a systemic functional grammar and the other components of an interacting mind* [M]. Heidelberg: Julius Groos and Exeter University.

Firth, J. R. 1935. The Technique of Semantics [J]. *Transactions of the Philological Society for 1935*, p. 36—72. Rpt. in Firth 1957, p. 7—33.

Firth, J. R. 1951. Modes of Meaning [J]. *Essays and Studies of the English Association* 4, p. 118—149. Rpt. in Firth 1957, p.190—215.

Firth, J. R. 1957. *Papers in Linguistics, 1934—1951* [C]. London: Oxford University Press.

Firth, J. R. 1968 [1952]. Linguistic Analysis as a Study of Meaning [A]. Frank R. Palmer Ed., *Selected Papers of J. R. Firth 1952—1959*, London & Harlow: Longmans Green.

p. 12—26.

Fröhlich, A. 1926. Der gegenwärtige Stand der Bedeutungslehre [J]. *Zeitschrift für Deutschkunde* 40, p. 323—328.

Гагкаев, К. Е .1957. *Курс лекций по истории языкознания* [M]. Одесса: Одесский гос. Университет им. И. И. Мечникова.

Gabelentz, G. von der. 1891. *Die Sprachwissenschaft, Ihre Aufgaben, Methoden und bisherigen Ergebnisse* [M]. Leipzig: Weigel.

Gardiner, A. H. 1921—1922.The Definition of the Word and the Sentence [J]. *The British Journal of Psychology* 12, p. 352—361.

Gardiner, A. H. 1932. *The Theory of Speech and Language* [M]. Oxford: Clarendon Press.

Gardiner, A. H. 1934. Discussion on Linguistic Theory [J]. *Transactions of the Philological Society for 1934*, p. 97—98.

Garnett, R. 1835. English Lexicography [J]. *Quarterly Review* 54. p. 294—330.

Geckeler, H.1971. *Strukturelle Semantik und Wortfeldtheorie* [M]. München: Fink.

Geeraerts, D. 1988. Cognitive Grammar and the History of Lexical Semantics [A]. In Brygida Rudzka-Ostyn Ed., *Topics in Cognitive Linguistics*, Amsterdam: Benjamins, p. 647—677.

Geeraerts, D. 2010.*Theories of Lexical Semantics* [M]. Oxford: Oxford University Press.

Gibbs, J. W. 1857 [1847]. *On Cardinal Ideas in Language* [A]. In Gibbs 1857, p. 17—20.

Gibbs, J. W. 1857. *Philological Studies: with English Illustrations* [M]. New Haven: Durrie & Peck.

Giessen, H. W. 2010. *Michel Bréal-ein bibliografischer Überblick* [OL]. http://www.xn-michel-bral- gesell-schaft-jfc. de/Dokumente/Bibliographie-Nov2010.pdf.2010. [2014-08-16].

Gipper, H. 1959. Sessel oder Stuhl? Ein Beitrag zur Bestimmung von Wortinhalten im Bereich der Sachkultur [A]. In H. Gipper Ed., *Sprache, Schlüssel zur Welt: Festschrift für Leo Weisgerber*, Düsseldorf: Schwann, S. 271—292.

Godel, R. Ed.,1957. *Les Sources-manuscrites du Cours de linguistique générale de F. de. Saussure* [M]. Genève: Librairie Droz.

Gomperz, H. 1905, 1908. *Weltanschauungslehre: Ein Versuch, die Hauptprobleme der allgemeinen theoretischen Philosophie geschichtlich zu entwickeln. und sachlich zu bearbeiten*(2. Bde.) [M]. Jena-Leipzig: Diederichs.

Goodenough, W. H. 1956. Componential Analysis and the Study of Meaning [J].

Language 32, p. 195—216.

 Gordon, W. T. 1982. *A History of Semantics* [M]. Amsterdam / Philadelphia: John Benjamins.

 Grandy, R. 1987. In Defense of Semantic Fields [A]. In E. Lepore Ed., *New Direction in Semantics*. London: Academic Press.

 Grasserie, R. de La.1899. Des mouvements alternants des idées révélés par les mots[J]. *Revue Philosophique* 48, p. 391—416, p. 495—504.

 Grasserie, R. de La. 1908. *Essai d'une sémantique intégrale* [M]. Paris: Leroux.

 Grasserie, R. de La. 1909. De la sociologie linguistique [J]. *Monatsschrift für Soziologie* 1, p. 725—745.

 Greimas, A. 1966. *Sémantique Structurale : Recherche de Méthode* [M]. Paris: Larousse.

 Greimas, A. 1970. *Du sens: Essais Sémiotiques* [M]. Paris : Seuil.

 Haase, F.1874, 1880 [1840]. *Vorlesungen über lateinische Sprachwissenschaft* [M]. Bd. I. Einleitung und Bedeutungslehre1. Teil, hrsg. v. Friedr Aug Eckstein. Leipzig: Simmel, 1874. BD. II. Bedeutungslehre 2. Teil, hrsg. v. Hermann Peter. Leipzig: Simmel, 1880.

 Hall, R. A. 1951—1952. Amarican Linguistics. 1925-50 [J]. *Archioum Linguisticum*, Vol.6, p.101— 125; Vol. 4, p.1—16.

 Halliday, M. A. K. 1961. Categories of the Theory of Grammar [J]. *Word* 17, p. 241—292.

 Halliday, M. A. K. 1973. *Explorations in the Functions of Language* [M]. London: Edward Arnold.

 Halliday, M. A. K.1978. *Language as Social Semiotic: The Social Interpretation of Language and Meaning* [M]. London: Edward Arnold.

 Halliday, M. A. K. 1994. *An Introduction to Functional Grammar* [M]. London: Edward Arnold. 1st edn. 1985.

 Halliday, M. A. K..& C. M. I. M. Matthiessen. 2004. *An Introduction to Functional Grammar* [M]. 3d edn. London: Edward Arnold.

 Harris, R. 1951. *Methods in Structural Linguistics* [M]. Chicago: University of Chicago Press.

 Harris, R. & T. J. Taylor. 1989. *Landmarks in Linguistic Thought. The Western Tradition from Socrates to Saussure* [M]. London: Routledge.

 Hasan, R. 1987. *The Grammarian's Dream: Lexis as Most Delicate Grammar* [A]. In

M.A.K. Halliday & R. P. Fawcett Eds., New Developments in Systemic Linguistics: Theory and Description. London: Pinter, p.185—211.

Hecht, M.1888. *Die griechische Bedeutungslehre. Eine Aufgabe der klassischen Philologie* [M]. Leipzig: Teubner.

Heerdegen, F. 1875. *Ueber Umfang und Gliederung der Sprachwissenschaft im Allgemeinen und der lateinischen Grammatik insbesondere*[M]. Erlangen: Deichert.

Heerdegen, F. 1878. *Ueber Ziele und Methoden der lateinischen Semasiologie*[M]. Erlangen: Deichert.

Heerdegen, F. 1881. *Ueber Historische Entwicklung lateinischer Wortbedeutungen*[M]. Erlangen: Deichert.

Heerdegen, F. 1890. *Grundzüge der lateinische Bedeutungslehre* [M]. In Reisig 1890, p. 39—154.

Hegel, G. W. F. 1807. *Die Phänomenologie des Geistes* [M]. Bamberg und Würzburg: Joseph Anton Goebhardt.

Henry, V. 1887. Review of Darmesteter 1887 [J]. *Revue critique d'histoire etde littérature* 15, p. 282—285.

Henry, V. 1888. Review of Regnaud 1888 [J]. *Revue critique* 10, p.181—186.

Henry, V. 1896. *Antinomies linguistiques* [M]. Paris: Alcan.

Herder, J. G. 1767. *Fragmente über die neuere deutsche Literatur* [M]. Frankfurt: Riga.

Hermann, E. 1925. Review of Sperber 1923 [J]. *Anzeiger für Deutsches Altertum und Deutsche Litteratur* 54, S. 187—188.

Hey, O. 1891. *Doppelformen und Bedeutungsdifferenzierung im Lateinischen* [M]. München: Diss.

Hey, O. 1892. Semasiologische Studien [J]. *Jahrbücher für Classische Philologie.* Suppl.18, S. 83—212.

Hey, O. 1894. Review of Schmidt 1894 [J]. *ALL* 9, p.143—146.

Heyse, W. L. 1856. *System der Sparachwissenschaft* [M]. Berlin: F. Dünmler.

Hjelmslev, L. 1961 [1943]. *Prolegomena to a Theory of Language* [M]. Trans. by F. J. Whitfield. Madison: University of Wisconsin Press.

Hudson, R. A.1971. *English Complex Sentences: An Introduction to Systemic Grammar* [M]. Amsterdam: North-Holland.

Humboldt, W. von 1836. *Über die Verschiedenheit des Menschlichen Sprachbaues und Ihren*

Einfluss auf die Geistige Entwicklung des Menschengeschlechts［M］. Berlin: Druckerei der Königlichen Akademie der Wissens- chaften.

Humboldt, W. von 1905［1820］. Über das vergleichende Sprachstudium in Beziehung auf die verschiedenen Epochen der Sprachentwicklung[A]. *Wilhelm von Humboldts Gesammelte Schriften*, Band IV, Berlin: B. Behr's Verlag, S. 1—34.

Humboldt, W. von 1907［1827—1829］. *Über die Verschiedenheiten des menschlichen Sprachbaues*[A]. *Wilhelm von Humboldts Gesammelte Schriften*, Band VI, Berlin: B. Behr's Verlag, S. 111—302.

Humboldt, W. von 1973［1810—1811］. Thesen zur Grundlegung einer allgemeinen Sprachwissenschaft[A]. M. Böhler hrsg., *Wilhelm von Humboldt. Schiften zur Sprache*, Stuttgart: Philipp Reclam, S. 12—20.

Hutton, J. 1788［1785］. Theory of the Earth; or an Investigation of the Laws Observable in the Composition, Dissolution, and Restoration of Land upon the Globe［J］. *Transactions of the Royal Society of Edinburgh* 1: 2, p. 209—304.

Hutton, J. 1794. *An Investigation of the Principles of Knowledge and of the Progress of Reason, From Sense to Science and Philosophy*［M］. Edinburgh: Strahan & Cadell.

Ipsen, G. 1924. Der alte Orient und die Indogermanen［A］. In J. Friedrich & J. B. Hofmann et al. Eds. *Stand und Aufgaben der Sprachwissenschaft – Festschrift für Wilhelm Streitberg*. Heidelberg: Winter. S. 200—237.

Jespersen, O.1922. *Language, Its Nature, Development, and Origin*［M］. London : George Allen & Unwin.

Katz, J. & J. Fodor. 1963. The Structure of a Semantic Theory［J］. *Language* 29, p. 170—210.

Kay, P. & C. McDaniel. 1978. The Linguistic Significance of the Meanings of Basic Color Terms［J］. *Language* 54: 3, p. 610—646.

Kay, P, & W. Kempton. 1984. What Is the Sapir-Whorf Hypothesis?［J］. *American Anthropologist* 86: 1, p. 65—79.

Koerner, E. F. 1978. *Toward a Historiography of Linguistics. Selected Essay*［M］. Amsterdam: John Benjamins B.V.

Koffka, K. 1935. *Principles of Gestalt Psychology*［M］. London: Lund Humphries.

Korzybski, A. 1933. *Science and Sanity: An Introduction to Non-Aristotelian Systems and General Semantic*［M］. London: International Non-Aristotelian Library Publishing Company.

Köhler, W. 1920. *Die Phzsischen Gestalten in Ruhe und im Stationären Zustana* [M]. Erlangen: Weltkreisverlag.

Kroeber, A. L. 1909. Classificatory Systems of Relationship [J]. *Journal of the Royal Anthropological Institute of the Great Britain and Ireland* 39, p. 77—84.

Kronasser, H. 1952. *Handbuch der Semasiologie* [M]. Heidelberg: Winter.

Lakoff, G. 1987. *Women, Fire, and Dangerous Things* [M]. Chicago: University Of Chicago Press.

Lamarck, J.-B. 1809. *Philosophie zoologique* [M]. Paris: Detu.

Lanman, C. R. 1895. Reflected Meanings: A Point in Semantics [J]. *Transactions of the American Philological Association* 26, Appendix, p.11—15.

Lazarus, M. 1884 [1856—1857]. *Geist und Sprache. Eine psychologische Monographie* [M]. Berlin: Dümmlers Verlagsbuchhandlung.

Lazarus, M.1865. Einige synthetische Gedanken zur völksychologie [J]. *ZfVPs* 3, S. 1—94.

Leech, G. 1974. *Semantics: The Study of Meaning* [M]. Harmondsworth: Penguin.

Lehmann, H. 1884. *Über den Bedeutungswandel im Französischen* [M]. Erlangen: Deichert.

Lehrer, A. 1974. *Semantic Fields and Lexical Structure* [M]. Amsterdam: North-Holland.

Lehrer, A. 1988. Lexical Semantics by D. A. Cruse [J]. *Journal of Linguistics* 24: 1, p. 203—207.

Leibniz G W. 1666. *Dissertatio de arte combinatoria* [M]. Lipsiae: Fick u. a..

Lepschy, G. 1994. *History of Linguistics (Vol. I): The Eastern Traditions of Linguistics* [M]. London and New York: Longman.

Leumann, M.1927. Zurn Mechanismus des Bedeutungswandels [J]. *IF* 45, S. 105—118.

Littré, E. 1863. *Histoire de la langue française: Etudes sur les origines, I'etymologie, la grammaire, les dialectes, la versification et les lettres au moyen áge* [M]. Paris: Didier.

Locke, J. 1700 [1690]. *An Essay Concerning Human Understanding* [M]. London: Awnsham and John Churchil. [The fourth edition, with large additions.]

Lounshbury, F. G. 1956. A Semantic Analysis of the Pawnee Kinship Usage [J]. *Language* 32, p. 158—194.

Lyell, C. 1830—1833. *Principles of Geology* [M]. London: John Murray.

Lyons, J. 1963. *Structural Semantics* [M]. Oxford: Basil Blackwel.

Lyons, J. 1968. *Introduction to Theoretical Linguistics* [M]. Cambridge: Cambridge University Press.

Lyons, J. 1977. *Semantics* [M]. Cambridge: Cambridge University Press.

Lyons, J. 1982. Deixis and Subjectivity: Loquor, ergo sum? [A] In: R. J. Jarvella & W. Klein Eds., *Speech, Place, and Action: Studies in Deixis and Related topics*. Chichester and New York: John Wiley & Sons. p.101—124.

Lyons, J. 1995. *Linguistic Semantics: An Introduction* [M]. Cambridge: Cambridge University Press.

Malinowski, B. 1920. Classificatory Particles in the Language of Kiriwina [J]. *Bulletin of the School of Oriental Studies* 1: 4, p. 33—78.

Malinowski, B. 1923. The Problem of Meaning in Primitive Languages [A]. Supplement to C. K. Ogden & I. A. Richard. *The Meaning of Meaning*. London: Routledge & Kegan Paul, p. 296—336.

Malinowski, B. 1935. *Coral Gardens and Their Magic. A study of the methods of tilling the soil and of agricultural rites in the Trobriand islands. Vol. II: The Language of Magic and Gardening* [M]. London: Allen & Unwin.

Martinet, A. 1955. *Économie des Changements Phonétiques* [M]. Berne: A. Francke.

Martinet, A. 1960. *Éléments de linguistique générale* [M]. Paris: Aarmand Colin.

Marty, A. 1908. *Untersuchungen zur Grundlegung der allgemeinen Grammatik und Sprachphilosophie* [M]. Halle: Max Niemeyer.

Mauro, T. de 1972. *Ferdinand de Saussure, Cours de linguistique générale, Édition critique par Tullio de Mauro* [M]. Paris: Payot.

Meillet, A.1893. Les lois du langage. I. Lois phonétiques. II. L'analogie [J]. *Revue internationale de sociologie*, Vol. 1, p. 311—321; Vol. 2, p. 860—870.

Meillet, A. 1905—1906. Comment les mots changent de sens [J]. *L'Année Sociologique* 9, p. 1—39. Rpt. in: *Linguistique historique et linguistique générale* 1, Paris: Champion, 1921, p. 230—271.

Meillet, A. 1906. L'état actuel des études de linguistique générale, Leçon d'ouverture du cours de Grammaire comparée au Collège de France lue le mardi 13 février 1906 [J]. *Revue des Idées* 3, p. 296—308. Rpt. in: *Linguistique historique et linguistique générale*1, Paris: Champion, 1921, p. 1—18.

Meringer, R. 1909. Wörter und Sachen [J]. *Germanisch-Romanische Monatsschrift* 1,

S. 593—598.

Meringer, R. 1912. Zur Aufgabe und zum Namen unserer Zeitschrift [J]. *Wörter und Sachen* 3, S. 22—56.

Mettinger, A. 1994. *Aspects of Semantic Opposition in English* [M]. Oxford: Clarendon Press.

Meyer, R. M. 1910. Bedeutungssysteme [J]. *Zeitschrift für vergleichende Sprachforschung* 43, p. 352—368.

Miller, R. A. 1975. The Far East [A]. In H. Aarsleff, R. Austerlitz, D. Hymes, E. Stankiewicz eds., *History of Linguistics*, Vol. 2. Berlin, Boston: De Gruyter Mouton, p.1213—1264.

Monboddo, Lord J. B. 1773, 1774, 1786, 1787, 1789, 1792. *Of the Origin and Progress of Language* (6 Vols.) [M]. Edinburgh: J. Balfour; London: T. Cadell.

Morhof (Morhofen), D. G. 1682. *Unterricht von der deutschen Sprache und Poesie, deren Uhrsprung, Fortgang und Lehrsätzen: Wobey auch von der reimenden Poeterey der Außländer mit mehren gehandelt wird* [M]. Kiel: Reumann.

Morhof (Morhofi), D. G. 1688—1692. *Polyhistor, sive de auctorum notitia et rerum commentarii: qvibus praeterea varia ad omnes disciplinas consilia et subsidia proponuntur* [M]. Lübeck: Böckmanni.

Mounin, G. 1967. *Histoire de la linguistique des origines au XXe siècle* [M]. Paris: Universitaires de France.

Murphy, M. L. 2003. *Semantic Relations and the Lexicon* [M]. Cambridge University Press.

Murray, J. A. H. Ed. 1884. *A New English Dictionary On Historical Principles; Founded Mainly on the Materials Collected by The Philological Society.* Vol. I A and B. Part I: A. By J. A. H. Murray. Oxford: Clarendon Press. [Preface to Volume I by Murray.]

Murray, J. A. H. 1900. *The Evolution of English Lexicography* [M]. Oxford: Clarendon Press.

Müller, F. M. 1864. *Lectures on the Science of Language*: Delivered at the Royal Institution of Great Britain in April, May, & June 1861 [M]. London: Longmans, Green.

Nerlich, B. 1992. *Semantic Theories in Europe, 1830—1930: From Etymology to Contextuality* [M]. Amsterdam: Benjamins Pub. Co.

Nida E. A. 1945. Linguistics and Ethnology in Translation Problems [J]. *Word* 1, p. 194—208.

Nida E. A. 1951. A System for the Description of Semantic Elements [J], *Word* 7, p. 1—14.

Nida E. A. 1964. *Toward a Science of Translatine* [M]. Leiden: Brill.

Nida E. A. 1975. *Componential Analysis of Meaning* [M]. The Hague: Mouton.

Nyrop, K. 1913. *Grammaire historique de la langue française, Vol. IV Sémantique* [M]. Copenhagen: Gyldendalske Boghandel Nordisk Forlag.

Oertel, H. 1902. *Lectures on the Study of Language* [M]. New York: C. Scribner's Sons, London: Edward Arnold.

Ogden, C. K. & I. A. Richards, 1923. *The Meaning of Meaning. A Study of the Influence of Language upon Thought and of the Science of Symbolism* [M]. London: Routledge & Kegan Paul.

Osgood, C. E. et al. 1957. *The Measurement of Meaning* [M]. Urbara, Illinois: University of Illinois Press.

Paul, H. 1880. *Principien der Sprachgeschichte* [M]. Halle: Max Niemeyer. [2nd edn. 1886, 3rd edn. 1898, 4th edn. 1909, 5th edn. 1920.]

Paul, H.1888. *Principles of the History of Language* [M]. Trans. by H. A. Strong, from the 2nd edn., London: Sonnenschein.

Palmer, F. R. 1976. *Semantics: A New Outline* [M]. Cambridge: Cambridg University Press.

Paris, G.1868. Review of Schleicher 1868 [J]. *Revue critique d'histoire et de littérature* 2, p. 241—244.

Paris, G.1887. La vie des mots. Review of Darmesteter 1887 [J]. *Journal des savants 1887*, février. 65—77; mars. 149—156; avril. 241—249. Rpt. *Mélanges linguistiques. Fasc. II: Langue française*, p. 281—314. Paris: Champion, 1906.

Paris, G.1888. Review of Littré 1888 [J]. *Revue critique* 26, p. 411—413.

Parret, H. 1974. *Discussing Language* [M]. Berlin: De Gruyter Mouton.

Paul, H. 1880. *Principien der Sprachgeschichte* [M]. Halle: Max Niemeyer. 2nd edn. 1886, 3rd edn. 1898, 4th edn. 1909, 5th edn. 1920.

Paul, H.1888. *Principles of the History of Language* [M]. Trans. by H. A. Strong, from the 2nd edn., London: Sonnenschein.

Paulhan, F.1897. Psychologie du calembour [J]. *Revue des deux mondes* 1: 42, p. 862—903.

Paulhan, F.1927. La double fonction du langage [J]. *Revue philosophique*104, p. 22—73.

Paulhan, F.1928. Qu'est-ce que le sens des mots? [J]. *JPs* 25, p. 289—329.

Pedersen, H. 1924. *Sprogvidenskabens i det Nittende Aarhundrede: Metoder og Resultater* [M]. København: Gyldendalske Boghandel.

Покровский М.М. 1897. Несколько вопросов в области семасиологии [J]. *Филол. обозрение*, т.12, кн.I, С. 57—99+194.

Покровский, М. М. 1898. *Материалы для исторической грамматики латинского языка* [D]. Докторская диссертация.

Покровский, М. М. 1959а [1895]. О Методах семасиологии [A]. М. М. Покровский. *Избранные работы по языкознанию*. Москва: Изд-во. С. 27—32.

Покровский, М. М. 1959b [1896]. Семасиологические исследования в области древних языков [D]. М. М. Покровский. *Избранные работы по языкознанию*. Москва: Изд-во, С. 62—170.

Покровский, М. М. 1959в [1936]. Соображения по поводу изменения значений слов [A]. М. М. Покровский. *Избранные работы по языкознанию*. Москва: Изд-во, С. 62—170.

Pott, A. F. 1853. Metapher, vom Leben und von körperlichen Lebensverrichtungen hergenommen [J]. *Kuhn's Zeitschrift für vergleichende Sprachforschung* 2, S.101—127.

Pott, A. F. 1859—1876. *Etymologische Forschungen auf dem Gebiete der indogermanischen Sprachen unter Berücksichtigung ihrer Hauptformen: Sanskrit; Zend-Persisch; Griechisch Lateinisch; Littauisch-Slawisch; Germanisch und Keltisch* [M]. 6 Bde. 2. Aufl. in völlig neuer Umarbeitung. Lemgo & Detmold: Meyer'sche.

Pott, A. F. 1876. Wilhelm *v* on Humboldt und die Sprachwissenschaft [A]. Einleitung zu '*Ueber die Verschiedenheit des menschlichen Sprachbaues*'. Berlin: Calvary, S. V-ccccxxl.

Pottier, B. 1964. Vers une Sémantique Moderne [J]. *Travaux de linguistique et de littérature* 2, p. 107—137.

Pottier, B. 1965.La Définition Sémantique dans les Dictionnaires [J]. *Travaux de linguistique et de littérature* 3, p. 33—39.

Pottier, B. 1992. *Sémantique Générale* [M]. Paris: Presses Universitaires de France.

Porzig, W. 1934. Wesenhafte Bedeutungsbeziehungen [J]. *Beiträge zur Geschichte der deutschen Sprache und Literatur* 58, S. 70—97. Rpt. In L. Schmidt Ed. *Wortfeldforschung: Zur Geschichte und Theorie des sprachlichen Feldes*. Darmstadt: Wissenschaftliche Buchgesellsaft. 1973. S. 79—103.

Priscian. 1855. *Prisciani Institutionum Grammaticarum*［M］. Ex Recensione, Martini Hertzii. Lipsiae: B. G. Tkubneri.

Read, A. W. 1948. An Account of the Word 'Semantics'［J］. *Word* 4: 2, p. 78—97.

Regnaud, P. 1888. *Origine et philosophie du langage ou principes linguistiques indo-européennes*［M］. Paris: Fleischbacher.

Regnaud, P. 1898. Review of Bréal (1897)［J］. *Revue de linguistique et de philologie comparée* 31. p. 60—67.

Reisig, C. K. 1839［1825］. *Professor K. Reisig's Vorlesungen über die lateinische Sprachwissenschaft (abgehalten ab 1825)*［M］. Hrsg. mit Anmerkungen von Fiedrich Haase. Leipzig; Lehnhold.

Reisig, C. K. 1890［1825］. *Lateinsche Semasiologie order Bedeutungslehre*［M］. Neu bearbeitet von F. Heerdegen. Benlin: Verlag von S. Calvary & Co..

Reisig, C. K. 1972［1825］. *Semasiologie order Bedeutungslehre*［M］. Laszlo Antal Ed., *Aspekte der Semantik, Zu iher Theorie und Geschuchte 1662—1970*. Frankfurt: Athenäum Verlag.

Richards, I. A.1930. *The Meaning of "The Meaning of Meaning"*［J］,《清华学报》6: 1, p. 11—16.

Richards, I. A. 1936.*The Philosophy of Rhetoric*［M］. New York & London: Oxford University Press.

Robins, R. H. 1971. Malinowski, Firth, and the "Context of Situation"［A］. Edwin Ardener Ed., *Social Anthropology and Language*. London: Tavistock, p. 33—46.

Robins, R. H. 2001. *A Short History of Linguistics*［M］. Bloomington and London: Indiana University, 北京：外语教学与研究出版社.［1st edn. 1967, 2nd edn. 1979, 3rd edn.1990, 4th edn.1997.］

Rosch, E. 1973. Natural Categories［J］. *Cognitive Psychology* 4, p. 328—350.

Rosch, E. 1975. Cognitive Representations of Semantic Categories［J］. *Journal of Experimental Psychology: General* 104, p. 192—233.

Rosch, E. & Capolyn B. Mervis 1975. Family Resemblances: Studies in the Internal Structure of Categories［J］. *Cognitive Psychology* 7, p. 573—605.

Rosenstein, A.1884. *Die psychologischen Bedingungen des Bedeutungswechsels der Wörter*［M］. Danzig: Kafemann.

Rosetti, A. 1943. *Le mot: esquisse d'une théorie générale*［M］. Bucharest: Institutul de lingvistică română. 2e éd. rev., Copenhague: Einar Munksgaurd, 1947.

Roudet, L. 1921.Sur la classification psychologique des changements sémantiques [J]. *JPs* 18, p. 676—692.

Saussure, F. de. 1916. *Cours de Linguistique Generale* [M]. Paris: Librairie Payot.

Sayce, A. H. 1874. *The Principles of Comparative Philology* [M]. London: Trübner. 4th edn. 1892.

Sayce, A. H. 1880. *Introduction to the Science of Language* [M]. London: Kegan Paul.

Schlegel, A. 1832. *Réflexions sur l'étude des langues asiatiques adressées à Sir James Mackintosh suivies d'une lettre à M. Horace Hayman Wilson* [M]. Bonn, Paris: Maze.

Schleicher, A. 1863. *Die Darwinsche Theorie und die Sprachwissenschaft* [M]. Weimar: H. Böhlau.

Schmidt, B. 1984. *Malinowskis Pragmasemantik* [M]. Heidelberg: Winter.

Schmidt, K. 1894. *Die Gründe des Bedeutungswandels; Ein semasiologischer Versuch* [M]. Berlin; Druck von A.W. Hayn's Erben.

Schuchardt, H. 1912. Sachen und Wörter [J]. *Anthropos: Internationale Zeitschrift für Völker-und Sprachenkunde* 7, S. 827—839.

Schwietering, J.1925. Schriften zur Bedeutungslehre [J]. *Anzeiger für deutsches Altertum* 44, S. 153—163.

Shapiro, F. R. 1984. First Uses of the English Words Semantics and Semasiology [J]. *American Speech* 59: 3, p. 264—266.

Smith, E. E. & D. L. Medin.1981. *Categories and Concepts* [M]. Cambridge: Harvard University Press.

Smart, B. H. 1831. *An Outline of Sematology:Or an Essay towards Establishing a New Theory of Grammar, Logic and Rhetoric* [M]. London: J. Richardson.

Smart, B. H. 1839. *Beginnings of a New School of Metaphysics* [M]. London: J. Richardson.

Smart, B. H. 1855. *Thought and Language: An essay having in view the revival, correction and exclusive establishment of Locke's philosophy* [M]. London: Longman, Brown, Green & Longmans.

Smith, W. 1816—1819. *Strata Identified by Organized Fossils* [M]. London: William Smith.

Sperber, H. 1912. Über den Einfluß sexueller Momente auf Entstehung und Entwicklung der Sprache [J]. *Imago* 1: 5, S. 405—453.

Sperber, H. 1914. *Über den Affekt als Ursache der Sprachveänderung*: *Versuch einer dynamologischen Belrachtung des Sprachlebens*［M］. Halle: Niemeyer.

Sperber, H. 1923. *Einführung in die Bedeutungslehre*［M］. Bonn-Leipzig: Schroeder.

Springer, O. 1938. Probleme der Bedeutungslehre［J］. *The Gernianic Review* 17, S.159—174.

Steinthal, H. 1855. *Grammatik, Logik und Psychologie; Ihre PrinZipien und ihr Verhältnis zueinander*［M］. Berlin: Ferd. Dümmler.

Steinthal, H. 1860. *Charakteristik der hauptsächlichsten Typen des Sprachbaus*［M］. Berlin: Ferd. Dümmler.

Steinthal, H. 1858. Zur Sprachphilosophie［J］. *Zeitschrift für Philosophie und philosophische Kritik* 32, S. 68—95.

Steinthal, H. 1871. *Einleitung in die Psychology und Sprachwissenschaft*［M］. Berlin: Ferd. Dümmler.

Steinthal, H. & M. Lazarus.1860. Einleitende Gedanken über Völkerpsychologie, als Einladung zu einer Zeitschrift für Völkerpsychologie und Sprachwissenschaft［J］. *ZfVPs* 1, S.1—72.

Степанов, Ю. С. 2002. Семантика［A］Большой энциклопедический словарь. Языкознание. Москва: Изд-во «Боль-шая Российская Энциклопедия».

Stern, G. 1926. Review of Wellander (1917), Falk (1920), Sperber (1923)［J］. Litteris : an international critical review of the humanities III. Stockholm : Norstedt.

Stern, G. 1931. *Meaning and Change of Meaning, With special reference to the English language*［M］. Göteborg; Elanders Boktryckeri Aktiebolag. Rpt., Bloomington & London; Indiana University Press, 1968.

Stewart, D. 1810. On the Tendency of Some Late Philological Speculations［A］. *Philosophical Essays*. Edinburgh: George Ramsay and Company, p. 147—204.

Stout, G. F. 1891.Thought and Language［J］. *Mind* 16, p. 181—197.

Stöcklein, J.1897. *Untersuchungen zur Bedeutungslehre*［M］. Inaugural-Dissertation. München: Baeck.

Stöcklein, J. 1898. *Bedeutungswandel der Wörter; Seine Entstehung und Entwicklung*［M］. München: Lindaursche Buchhandlung.

Svedelius, C. 1891. *Étude sur la sémantique*［M］. Uppsala: Josephsons Antikvariat.

Tesnière, L. 1959. Éléments de syntaxe structurale[M]. Paris : Librairie C. Klincksieck.

Thomas, R. 1894—1996. Ueber die Möglichikeiten des Bedeutungswandels I.［A］. *Bayrische Blätter für das Gymnasialschulwesen*, 1894, Bd. 30, S. 705—732; 1896, Bd. 32, S. 1—

27.

Thomsen, V. L. P. 1902. *Sprogvidenskabens historie: En kortfattet Fremstilling* [M]. København: G. E. C. Gad.

Tobler, L. 1860. Versuch eines Systems der Etymologie. Mit besonderer Rücksicht auf die Völkerpsychologie [J]. *ZfVPs* 1: 5, S. 349—387.

Trench, R. C.1889 [1851]. *On the Study of Words* [M]. Revised by A. L. Mayhew. New York: A. C. Armstrong.

Trench, R. C. 1860. On Some Deficiencies in Our English Dictionaries [J]. *Transactions of the Philological Society*, Part II, p.1—70.

Trier, J. 1931. *Der deutsche Wortschatz im Sinnbezirk des Verstandes:Die Geschichte eines sprachlichen Feldes, Bd I: Von den Anfängen bis zum Beginn des 13. Jahrhunderts* [M]. Heidelberg: Carl Winter.

Trier, J. 1973 [1931]. Über Wort-und Begriffsfelder [A]. Rpt. In L. Schmidt Ed., *Wortfeldforschung: Zur Geschichte und Theorie des sprachlichen Feldes*. Darmstadt: Wissenschaftliche Buchgesellscaft, 1973, S. 1—38. 该文选自Trier 1931: S. 1—26 u., S. 310—322.

Trier J. 1932. Sprachliche Feldes [J]. *Zeitschrift für deutsche Bildung* 8, S. 417—427.

Trier, J. 1934. Das sprachliche Feld: eine Auseinandersetzung [J]. *Neue Jahrbücher für Wissenschaft und Jugendbildung*10, S. 428—449.

Trier, J. 1968. Altes und Neues vom sprachlichen Feld [A]. *Duden-Beiträge zu Fragen der Rechtschreibung, der Grammatik und des Stils* 34, S. 9—20.

Tucker, G. H. 1996a. Cultural Classification and System Networks: A Systemic Functional Approach to Lexis [A]. In M. Berry, C. Butler, R. Fawcett, G. Huang Eds., *Meaning and Form: Systemic Functional Interpretations*. Norwood, New Jersey: Ablex, p. 533—565.

Tucker, G. H. 1996b. So Grammarians Haven't the Faintest Idea: Reconciling Lexis-oriented and Grammar-oriented Approaches to Language [A]. In R. Hasan, C. Cloran & D. Butt Eds., *Functional Descriptions: Theory in Practice*. Amsterdam: John Benjamins, p. 145—178.

Tucker ,G. T. 1998. *The Lexicogrammar of Adjectives: A Systemic Functional Approach to Lexis* [M]. London: Cassell Academic.

Ullmann, S. 1957. *The Principles of Semantics* [M]. Oxford and Glasgow: Blackwel and Jackson.

Ullmann, S. 1962. *Semantics: An Introduction to the Science of Meaning* [M]. Oxford:

Basil Blackwel.

Ullmann, S. 1973. *Meaning and Style: Collected Papers by Stephen Ullmann* [M]. Oxford: Basil Blackwel.

Vater, J. S. 1801. *Versuch einer allgemeinen Sprachlehre* [M]. Halle: Rengerschen Buchhandlung.

Vendryes, J. 1921. *Le langage; Introduction linguistique à l'histoire.* [M]. Paris: Albin Michel.

Виноградов, В. В. 1978. *История русских лингвистических учений* [M]. Москва: Высшая школа.

Vinson, J. 1897. Review of Henry 1896 [J]. *Revue de linguistique et de philologie comparée* 30: 3, p. 185—195.

Voegelin, C. F. 1952. Review of Methods in Structural Linguistics, by Z. S. Harris [J]. *Journal of American Oriental Society* 72, p. 113—114.

Vossler, K. 1904. *Positivismus und Idealismus in der Sprachwissenschaft: Eine sprachphilosophische Untersuchung* [M]. Heidelberg: Winter.

Vygotsky, L. 1962 [Russian version 1934]. *Thought and Language* [M]. Trans. by Gertrud Vakar and Eugenia Hanfmann. Cambridge, Mass.: MIT Press.

Wallace, A. R. 1855. On the Law Which Has Regulated the Introduction of New Species [J]. *The Annals and Magazine of Natural History, Including Zoology, Botany, and Geology* 16, p.185—196.

Walpole, H. R. 1941. *Semantics. The Nature of Words and Their Meaning* [M]. New York: Norton,

Wegener, P. 1885. *Untersuchungenüber die Grundfragen des Sprachlebens* [M]. Halle a.d.S.; Niemeyer. Rpt. Amsterdam Philadelphia: Benjamins, 1991.

Wegener, P. 1921. Der Wortsatz [J]. *IF* 39, S. 1—26.

Weisgerber, L. 1927. Die Bedeutungslehre—ein Irrweg der Sprachwissenschaft？[J]. *Germanisch- Romanische Monatsschrift*15, S.161—183.

Weisgerber, L. 1929. *Muttersprache und Geistesbildung* [M]. Gottingen: Vandenhoeck und Ruprecht.

Weisgerber, L. 1939. Vom Inhaltlichen Aufbau des Deutschen Wortschatzes[A]. In *Die volkhaften Kräfte der Muttersprache.* Frankfurt am Main: M. Diesterweg, S. 12—33. Rpt. In L. Schmidt ed., *Wortfeldforschung Zur Geschichte und Theorie des sprachlichen Feldes.* Darmstadt:

Wissenschaftliche Buchgesellscaft, 1973. S. 193—226.

Weisgerber, L. 1950. *Vom Weltbild der deutschen Sprache* [M]. Düsseldorf: Pädagogischer Verlag.

Weisgerber, L. 1957. Sprachwissenschaftliche Methodenlehre [J]. *Deutsche Philologie im Aufriss* 1, S. 1—38.

Weisgerber, L. 1962. *Grundzüge der inhaltbezogenen Grammatik* [M]. Düsseldorf: Schwann.

Welby, V. Lady. 1896. Sense, Meaning, and Interpretation [J]. *Mind* 5: 17, p. 24—37. *Mind* 5: 18, p. 186—202.

Welby, V. Lady. 1903.*What is Meaning? Studies in the Development of Significance* [M]. London & New York: Macmillan.

Wellander, E.1917—1921. *Studien zum Bedeutungswandel im Deutschen* [M]. 1 Teil, Uppsala: Edv. Berlings Boktryckeri; 2—3 Teil, Uppsala: Lundequistska Bokhandeln.

Werner, H. 1954. Change in Meaning: A Study of Semantic Processes through Experimental Data [J]. *The Journal of General Psychology* 29, p. 181—208.

Wertheimer, M. 1912. Experimentelle Studien über Das Sehen Von Bewegung [J]. *Zeitschriftfür Psychologie* 61, S. 161—265.

Whitney, W. D. 1867. *Language and the Study of Language: Twelve Lectures on the Principles of Lnguistic Science* [M]. New York: Scribner, Armstong.

Whitney, W. D. 1872. Steinthal on the Origin of Language [J]. *North American Review*114, p. 272—308.

Whitney, W. D. 1875. *The Life and Growth of Language: An Outline of Linguistic Science* [M]. New York: Appleton; London: King.

Whitney, W. D. 1892. *Max Müller and the Science of Language: A Criticism* [M]. New York: Appleton.

Whitney, W. D. Ed. 1889—1891. *Century Dictionary and Cyclopedia* [Z]. New York: The Century Co..

Whitney, W. D. & B. E. Smith Eds. 1895—1897. *Century Dictionary and Cyclopedia* [Z]. New York: The Century Co.

Wittgenstein, L. 1986 [1953]. *Philosophical Investigations, Philosophische Untersuchungen* [M]. Third edition of English and German Text with Index, Oxford: Basil Blackwel.

Wundt, W. 1885. Die Sprache und das Denken [A]. *Essays.* Zweite, erweiterte Auflage, S. 269—317. Rpt. Leipzig: Engeirnann, 1906.

Wundt, W. 1900. *Völkerpsychologie; Eine Untersuchung der Entwicklungsgesetze von Sprache Mythus und Sute* (Bd.1, 2. Die Sprache) [M]. Rpt. Leipzig: Engelmann, 1922.

Wundt, W. 1911. Sprachwissenschaft und Völkerpsychologie [J]. *IF* 28, S. 205—219.

Zauner, A. 1903. Die romanischen Namen der Körperteile: eine onomasiologische Studie [J]. *Romanische Forschungen* 14, S. 339—530.

Zipf, G. K.1949. *Human Behavior and the Principle of Least Effort: An Introduction to Human Ecology* [M]. Cambridge: Addison-Wesley Press.

《西方语义学论著选译》目录

一、传统语义学

［1］Reisig, C. K. 1890 ［1825］. *Lateinsche Semasiologie order Bedeutungslehre.* Neu bearbeitet von F. Heerdegen. Benlin: Verlag von S. Calvary & Co.; 莱斯格《语意学或意义科学》，李葆嘉、张文雯、刘慧译。

［2］Gibbs, Josiah Willard 1857 ［1847］. On Cardinal Ideas in Language，In: *Philological Studies: with English Illustrations.* p.17-20. New Haven : Durrie and Peck；吉布斯《论语言的主要观念》，李葆嘉、刘慧译。

［3］Bréal, M. 1883. Les lois intellectuelles du langage : fragment de sémantique. *Annuaire de l'Association pour l'encouragement des études grecques en France*, 17: 132—142, Paris : Hachette；布雷亚尔《语言的心智规律：语义学简述》（参校英文版），李葆嘉、张默、刘慧译。

［4］Bréal, M. 1893. On the Canons of Etymological Investigation. Translated by Miss Edith Williams. *Transactions of the American Philological Association*, 24: 17—28；布雷亚尔《论词源学研究的原则》，刘慧、李葆嘉译。

［5］Bréal, M. 1897. Une science nouvelle : la Sémantique. *Revue des deux mondes.* p. 807—836；布雷亚尔《一门新的科学：语义学》，待译。

［6］Bréal, M. 1897. Idée de ce Travail，In: *Essai de Sémantique (science des significations).* Paris: Hachette，p. 807—836；布雷亚尔《语义学探索：意义的科学》（研究旨趣），李葆嘉、刘慧译。

［7］Lanman, C. R. 1894/1895. Reflected Meanings: A Point in Semantics. *Transactions of the American Philological Association*, vol. 26, Appendix. I. Proceedings of the Special Session, Philadelphia, PA., December, 1894: 11—15（英）；兰曼《映射的意义：语义学的一个观点》，刘慧、李葆嘉译。

［8］Aleksandrow, A. 1886. *Sprachliches aus dem Nationaldichter Litauens Donalitius, Zar Semasiologie.* Dorpat: Schnakenburg's Buchdruckerei；亚历山大罗夫《立陶宛民族诗人多纳利修斯的语言：语意学研究》，李葆嘉译。

［9］Покровский, М. М. 1895. О Методах семасиологии. *М. М. Покровский. Избранные работы по языкознанию*. Москва: Изд-во, 1959: 27—32；波克罗夫斯基《语意学的研究方法》，陈秀利、李葆嘉译。

［10］Покровский, М. М. 1896. Семасиологические исследования в области древних языков. *М. М. Покровский. Избранные работы по языкознанию*. Москва: Изд-во, 1959: 63—170；波克罗夫斯基《古典语言的语意学研究》，祁曼婷、李葆嘉译。

二、心智语义场

［1］Ipsen, G. 1924. Der alte Orient und die Indogermanen. J. Friedrich et al. Eds. *Stand und Aufgaben der Sprachwissenschaft-Festschrift für Wilhelm Streitberg*, p. 200—237. Heidelberg: Winter；伊普森《古代东方和印度日耳曼》，李葆嘉、陈静琰、蒋婷、张蜻译。

［2］Weisgerber, L. 1927. Die Bedeutungslehre—ein Irrweg der Sprachwissenschaft? *Germanisch- Romanische Monatsschrift* 15：161—183. Heidelberg: Winter；魏斯格贝尔《语义学——语言学的歧途吗？》，李葆嘉、张文雯译。

［3］Trier, J. 1931.Über Wort-und Begriffsfelder. Lothar Schmidt. Ed., *Wortfeldforschung- Zur Geschichte und Theorie des sprachlichen Feldes*. p. 1—38, 1973. Darmstadt: Wissenschaftliche Buchgesellscaft；特利尔《论词汇场与概念场》，胡裕、李葆嘉译。

［4］Porzig, W.1934. Wesenhafte Bedeutungsbeziehungen. *Beiträge zur Geschichte der deutschen Sprache und Literatur* 58：70—97；波尔齐希《论基本意义关系》，李葆嘉、张文雯译。

［5］Trier, J. 1968. Altes und Neues vom sprachlichen Feld. *Duden-Beiträge zu Fragen der Rechtschreibung, der Grammatik und des Stils* 34：9—20；特利尔《语言场的老模式和新模式》，李葆嘉、张文雯译。

三、语义解析法

［1］Kroeber, A. L. 1909. Classificatory Systems of Relationship. *Journal of the Royal Anthropological Institute of the Great Britain and Ireland* 39：77—84；克罗贝《亲属关系的分类体制》，司联合、李葆嘉译。

［2］Davis, K. & W.L.Warner. 1937. A Structural Analysis of Kinship. *American Anthropologist* 39：291—313；戴维斯和瓦纳尔《亲属关系结构分析》，刘慧、李葆嘉译。

［3］Nida, E. A. 1945. Linguistics and Ethnology in Translation Problems. *Word* 1：194—208；奈达《翻译问题中的语言学和人类学》，李炯英、李葆嘉译。

［4］Nida, E. A. 1951. A System for the Description of Semantic Elements, *Word* 7：1—14；奈达《语义元素的描写系统》，殷红伶、李葆嘉译。

［5］Nida, E. A. 1964. Toward a Science of Translating. Review by: H. Schnelle. Foundations of Language 5（3），1969: 445—448；《评〈面向翻译的科学〉》，司联合、李葆嘉译。

［6］Lounshbury, F. G. 1956. A Semantic Analysis of the Pawnee Kinship Usage. *Language* 32：158—194；朗斯伯里《波尼语亲属关系惯用法的语义分析》，朱炜、李葆嘉译。

［7］Goodenough, W. H. 1956. Componential Analysis and the Study of Meaning. *Language* 32：195—216；古德纳夫《成分分析和意义的研究》，朱炜、李葆嘉译。

［8］Katz, J. & J. Fodor. 1963. The Structure of a Semantic Theory. *Language* 39：170—210；卡茨和福德《语义理论的结构》，李炯英、李葆嘉译。

［9］Pottie, B. 1964. Vers une Sémantique Moderne. *Travaux de linguistique et de littérature* 2：107—137；鲍狄埃《迈向现代语义学》，待译。

［10］Pottie, B. 1965. La Définition Sémantique dans les Dictionnaires. *Travaux de linguistique et de littérature* 3：33—39；鲍狄埃《面向词典的定义语义学》，待译。

四、关系语义学

［1］Coşeriu, E. 1962. *Teoría del lenguaje y lingüística general: cinco estúdios*. Madrid: Gredos；考赛里乌《语言理论与普通语言学》，待译。

［2］Lyons, J. 1963. *Structural Semantics*. Oxford: Basil Blackwel；莱昂斯《结构语义学》，刘慧、殷红伶、刘林、李葆嘉译。

［3］Coşeriu, E. 1964. Pour une sémantique diachronique structurale. *Travaux de linguistique et de littérature* 2：139—186；考赛里乌《关于历时结构语义学》，待译。

［4］Coşeriu, E. 1966. Structure lexicale et enseignement du vocabulaire. *Actes du premier Colloque international de linguistique appliquée*. p. 175—217；考赛里乌《词汇结构与词汇教学》，待译。

五、语义学史论

［1］Ullmann, S. 1962. Introductory, In: *Semantics: An Introduction to the Science of*

Meaning. p. 1—10. Oxford: Blackwel；乌尔曼《语义学史简述》，殷红伶、李葆嘉译。

［2］Gordon W. 1980. The Beginning of Semantic Theory. In: *A History of Semantics*, p. 1—10. Amsterdam: John Benjaminsp；戈登《语义学理论的起源》，刘慧、李葆嘉译。

［3］Nerlich, B. 1992. Introductory, In: *Semantic Theories in Europe, 1830-1930: From Etymology to Contextuality*, p. 1—27. Amsterdam: J. Benjamins；聂利奇《欧洲语义学理论1830—1930：从语源论到语境性·导论》，李葆嘉、刘慧译。

人名汉译表

A

Aarsleff, Hans　阿尔斯莱夫
Abel, Carl　阿贝尔
Ackermann, Paul　阿克曼
Allen, Debbie　戴比·艾伦
Allen, W. Sidney　西德尼·艾伦
Amirova（Амирова）, T. A.　阿米洛娃
Ampère, Jean Jacques　安培
Andresen, K.　安德森
Anroux, Sylvain　奥鲁
Antal, László　安塔尔
Aristotle　亚里士多德
Arnauld, Antoine　阿尔诺
Austin, John Langshaw　奥斯汀

B

Bachmann, Armin　巴赫曼
Bain, Alexander　贝恩
Baldinger, Kurt　巴尔丁格
Bally, Charles　查尔斯·巴利
Bally, Gustav　古斯塔夫·巴利
Balzac, Honoré de　巴尔扎克
Barsalou, Lawrence W.　巴萨娄
Bechtel, Fritz　贝克特尔
Becker, Karl Ferdinand　贝克尔
Beelen, Jan Theodoor　贝伦
Benndorf, Otto　本道夫
Benary, Albert Agathon　班纳利

Benfey, Theodor　本费
Benoist, A.　伯努瓦
Benveniste, Émile　本维尼斯特
Bergaigne, Abel　贝盖格涅
Bergson, Henry　柏格森
Bernard, Claude　伯纳德
Bernays, Jakob　伯奈斯
Bernhardi, August Ferdinand　本哈迪
Bernstein, Basil　伯恩斯坦
Berry, M.　贝利
Binet, Alfred　比奈
Bloomfield, Leonard　伦纳德·布龙菲尔德
Bloomfield, Maurice　莫里斯·布龙菲尔德
Boas, Franz　博厄斯
Bolinger, Dwight L.　鲍林格
Bolling, George M.　博林
Bonnet, Charles　邦尼特
Bopp, Franz　葆朴
Böckh, Philipp August　伯克
Bradley, Henry　布兰德利
Bredsdorff, Jakob Hornemann　勃累斯道尔夫
Bréal, Michel　布雷亚尔
Bruchmann, Kurt　布鲁赫曼
Brugmann, Karl　布鲁格曼
Bruneau, Charles　布鲁诺
Burnouf, Eugène　布尔诺夫
Buyssens, Éric　布伊森
Bücheler, Franz　布谢勒

Bühler, Karl   比勒

C

Calepino, Ambrogio   卡莱皮诺
Carnoy, Albert Joseph   卡努瓦
Carroll, John. B.   卡罗尔
Carus, Titus Lucretius   卢克莱修（全名：提图斯·卢克莱修·卡鲁斯）
Casacchia, Griorgio   卡萨齐
Cassirer, Ernst   卡西尔
Cato   卡托
Catullus   卡图卢斯
Chaignet, Antheime Edouard   谢涅特
Chase, Stuart   切斯
Chavée, Honoré Joseph   查维
Chevallet, Albin d'Abelde   舍瓦莱
Chomsky, Avram Noam   乔姆斯基
Cicero   西塞罗
Cingularius, Hieronymus   辛古拉留斯
Classen, Johannes   克拉森
Clédat, Léon   克莱达特
Cohen, Marcel   科恩
Coleridge, Samuel Taylor   柯勒律治
Collinson, William Edward   柯林森
Comte, August   孔德
Condillac, Étienne Bonnotde   孔狄亚克
Conklin, Harold Colyer   康克林
Coşeriu, Eugen   考赛里乌
Cruse, David Alan   克鲁斯
Curtius, Georg   库尔提乌斯

D

Darmesteter, Arsène   达梅斯泰特尔（达尔梅司脱）
Darwin, Charles Robert   查尔士·达尔文
Darwin, Erasmus   伊拉斯谟·达尔文
Davis, Kingsley   戴维斯
Dauzat   杜若
Delbrück, Bertold   德尔布吕克
Demokritos   德谟克利特
Descartes, René   笛卡尔
Desmet, Piet   德梅
Diez, Friedrich Christian   迪茨
Dittrich, Ottmar   狄特利希
Dionysius Thrax   狄奥尼修斯
Donelaitis / Donalitius, Kristijonas   多纳利修斯
Dornseiff, Franz   道瑟夫
Doroszewski, Witold   德罗舍夫斯基
Dubois, Jean   杜布瓦
Ducháček, Otto   迪沙奇科
Dumarsais, César Chesneau   杜马尔赛
Durkheimm, Emile   杜尔凯姆
Dziatzko, Karl Franz Otto   齐亚茨科

E

Eberhard, Johann August   埃伯哈德
Eckstein, Friedrich August   艾克斯坦
Eichhoff, Frédéric Gustave   艾希霍夫
Eichhorn, Johann Gottfried   艾希霍恩
Erdmann, Karl Otto   埃德曼
Ernesti, Johann Christian Gottlieb   埃内斯蒂

F

Facciolati, Jacobo　法乔拉第
Faraday, Michael　法拉第
Fawcett, R. P.　福赛特
Fillmore, Charles　菲尔默（菲尔墨）
Firth, John Rupert　弗斯（福尔）
Fodor, Jerry Alan　福德
Forcellini, Tennisspieler Egidio　福尔切利尼
Förstemann, E.　福斯特曼
Franzoni, David　弗兰佐尼
Frege, Friedrich Ludwig Gottlob　弗雷格
Frei, Henri　弗雷
Freud, Sigmund　弗洛伊德
Freund, Wilhelm　弗洛因德
Fröhlich, Armin　弗勒利希
Fuchs, August　福克斯

G

Gardin-Dumesnil, Jean-Baptiste　加尔丹-杜迈尼
Gardiner, Alan Henderson　加德纳
Garnett, Richard　加尼特
Geckeler, H.　盖克勒
Geeraerts, Dirk　吉拉兹
Geiger, Lazarus　盖革
Geldner, Karl Friedrich　格尔德纳
Gerber, Gustav Eduard　盖尔巴
Gesenius, Wilhelm　格塞纽
Gibbs, Josiah Willard　吉布斯
Giessen, H.W.　吉森
Gipper, Helmut　吉佩尔
Girard, Abbé Gabriel　吉拉德
Goclenius, Rudolph　苟克冷纽斯
Goethe, Johann Wolfgang　歌德
Gomperz, Heinrich　贡珀茨
Goodenough, Ward Hunt　古迪纳夫
Gordon, W. Terrence　戈登
Grandy, Richard E.　格兰迪
Grasserie, Raoul de La　格拉塞列
Greenough, James Bradstret　格里诺
Greimas, Algirdas Julien　格雷马斯
Grimm, Jacob　雅各布·格里姆
Grimm, Wilhelm　威廉·格里姆
Gröber, Gustav　格罗伯
Grygiel, Marcin　格里吉尔
Gubernatis, Angelo de　古贝纳蒂斯
Guiraud, Pierre　吉罗

H

Haase, Friedrich　哈泽
Hadley, James　哈德利
Hagen, Hermann　哈根
Hall, Robert Anderson　霍尔
Halliday, Michael A. Kirkwood　韩礼德
Hallig, Rudolf　哈利格
Hansen, Klaus　汉森
Harris, James　哈里斯
Harris, Zellig Sabbettai　海里斯
Hasan, Ruqaiya　哈桑
Hatzfeld, Helmut Anthony　哈茨菲尔德
Havet, Louis　哈维特
Hayakawa, S. I.　早川一荣
Hecht, Max　赫克特
Heerdegen, Ferdinand　赫尔德根

Hegel, Georg W. Friedrich　黑格尔
Helbig, Wolfgang　赫尔比希
Henry, Gabriel　加布里埃尔·亨利
Henry, Victor　维克特·亨利
Heraclitus　赫拉克利特
Herbart, Johann Friedrich　赫尔巴特
Herder, Johann Gonttfried　赫尔德
Hermann, Eduard　爱德华·赫尔曼
Hermann, Gottfried　戈特弗里德·赫尔曼
Herzog, Marvin I.　赫尔佐格
Hey, Oskar　海伊
Hésychius　赫希其俄
Hjelmslev, Louis　叶尔姆斯列夫（叶姆斯列夫）
Hovelacque, Abel　奥夫拉克
Hudson, R. A.　哈德森
Humboldt, Wilhelm von　洪堡特
Hume, David　休谟
Husserl, Gustav Albrecht　胡塞尔
Hutton, James　哈顿
Hübner, Emil　休布纳

I

Ihne, Wilhelm　伊内
Innis, Robert E.　因尼斯
Ipsen, Gunther　伊普森
Irvine, William B.　欧文
Itkonen, Esa　伊特柯宁

J

Jahn, Otto　雅恩
James, William　詹姆斯

Jespersen, Otto　叶斯柏森（耶斯柏森）
Johnson, Samuel　约翰逊
Jones, Sir William　琼斯
Joos, Martin　朱斯

K

Kant, Immanuel　康德
Karlgren, K. B. J.　高本汉
Karłowicz, J.　卡洛维茨
Katz, Jerrold Jacob　卡茨（卡兹）
Kay, Paul　凯伊
Kempson, Ruth M.　肯普森
Kempton, Willett　肯普顿
Kittredge, George Lyman　基特里奇
Kleparski, G. A.　克勒帕斯基
Knobloch, Clemens　克诺布洛赫
Koerner, E. F. K.　克尔纳
Koffka, Kurt　考夫卡
Korzybski, Alfred　科日布斯基
Köhler, Wolfgang　苛勒
Kripke, Saul Aaron　克利普克
Kronasir, G.　克罗纳斯尔
Kronasser, Heinz　克罗纳瑟
Krueger, Felix　克鲁格
Kurschat, Fr.　库尔沙特神父

L

Labov, William　拉波夫
Lachmann, Karl　拉赫曼
Lady Welby-Gregory　韦尔比夫人
Lakoff, George　莱考夫（莱可夫）
Lamarck, Jean-Baptiste　拉马克

Lamb, Sydney　兰姆
Lanman, Charles Rockwell　兰曼
Landgraf, G.　兰德格拉夫
Lazarus, Moritz　拉扎鲁斯
Leech, Geoffrey Neil　利奇
Lehmann, Heimbert　莱曼
Lehrer, Adrienne　莱勒
Leibniz, Gottfried Wilhelm　莱布尼茨
Lepka, Leonhard　莱普卡
Lepschy, Giulio　莱普奇
Lersch, Laurenz　莱尔希
Leskien, August　莱斯金
Leumann, Manu　琉曼
Littré, Emile　利特雷
Locke, John　洛克
Lorenz, Ottokar　洛伦兹
Lounshury, Floyd Glenn　朗斯伯里
Lucret　鲁克雷特
Lyell, Charles　莱伊尔
Lyons, John　莱昂斯

M

Malinowski, Bronislaw　马林诺夫斯基
Malmqvist, Goran　马悦然
Marty, Anton　马蒂
Martinet, André　马尔丁内
Masing, Leonhard　马辛
Maspero, Henri　马伯乐
Mathesius, Vilém　马泰休斯
Matoré, George　马托莱
Mayhew, Anthony Lawson　梅休
McDaniel, Chad　麦克丹尼尔

Meillet, Antoine　梅耶（梅叶）
Mentzel, Christian　门采尔
Meringer, Rudolf　梅林格
Mettinger, Arthur　梅廷杰
Meyer, Leo Karl Heinrich　利奥·迈耶
Meyer, Richard Moritz　理查德·迈耶
Miller, Roy Andrew　密勒
Minerva　密涅瓦
Monboddo, James Burnett Lord　蒙博多
Mond, Robert Ludwig　蒙德
Montague, Richard　蒙塔古
Morhof, Daniel Georg　莫霍夫
Morris, Charles William　莫里斯
Mounin, Georges　穆南
Mrs Henry Cust　亨利·卡斯特夫人
Murphy, M. Lynne　墨菲
Murray, James Augustus　穆雷
Müeller, Andreas　穆勒
Müller, Karl Otfried　奥特弗里德·缪勒
Müller, Friedrich Max　马克斯·缪勒

N

Nerlich, Brigitte　聂利奇
Nicole, Pierre　尼柯尔
Nida, Eugene A.　奈达
Nietzsche, Friedrich Wilhelm　尼采
Noreen, Adolf　诺伦
Nyrop, Dane Kristoffer　尼洛普

O

Oertel, Hanns　厄特尔
Ogden, Charles Kay　奥格登

Oksaar, Els 奥克萨尔
Ol'chovikov, B. A. 奥尔乔维科夫
Osgood, Charles E. 奥斯古德
Osthoff, Hermann 奥斯特霍夫

P
Palmer, Frank Robert 帕尔默
Paris, Gaston 帕利斯
Passy, Paul 帕西
Parkin, David 帕金
Parret, Herman 帕雷特
Parsons, Talcott 帕森斯
Partridge, Eric 帕特里奇
Pascal, Blaise 帕斯卡
Passow, Franz 帕索
Paul, Herman 赫尔曼·保罗
Paul, Jean 让·保罗
Paulhan, Frédéric 波朗
Pedersen, Holger 裴特生（彼德生）
Peirce, Charles Sanders 皮尔斯
Peprník, Jaroslav 贝尔尼克
Percival, James Gates 珀西瓦尔
Peter, H. 彼得
Pollak, H. 波拉克
Porzig, Walter 波尔齐希
Postgate, John Percival 波斯盖特
Pott, August Friedrich 波特
Pottier, Bernard 鲍狄埃
Priscian 普利西安
Proclus 普洛克鲁斯

Q
Quintilian, Marcus Fabius 昆体良

R
Rapoport, Anatol 腊波波特
Rapp, Karl Moritz 拉普
Read, Allen Walker 里德
Regnaud, Paul 勒尼奥
Reisig, Christian Karl 莱斯格
Ribbeck, Johann Carl Otto 吕贝克
Ricci, Matteo 利玛窦
Richards, Ivor Armstrong 理查兹（瑞恰慈）
Richardson, Charles 理查森
Ries, John 里斯
Riese, Alexander 里泽
Ritschl, Friedrich Wilhelm 里奇尔
Robins, Robert Henry 罗宾斯
Rosch, Eleanor 罗施
Rosenstein, Alfred 罗森斯泰因
Rosetti, Alexandre 罗塞蒂
Roth, R. von 罗斯
Roudet, Léonce 罗德特
Rozhdestvenskij, Ju. V. 罗兹德斯特文斯基

S
Sacy, Silvestre de 萨西
Saeed, John I. 萨伊德
Salisbury, Edward Elbridge 萨利斯伯里
Sallust, S. 萨勒斯特
Sapir, Edward 萨丕尔
Saussure, Ferdinand de 索绪尔

Sayce, Archibald Henry　赛斯
Schaank, S.H.　商克
Scheller, Johann C. Friedrich　席勒
Schelling, F. W. J. von　谢林
Schmalz, Joseph Hermann　施迈茨
Schlegel, August　奥古斯特·施莱格尔
Schlegel, Friedrich　弗里德里希·施莱格尔
Schleicher, August　施莱歇尔
Schleiermacher, Friedrich　施莱尔马赫
Schmalz, Joseph Hermann　施迈茨
Schmidt, Karl　卡尔·施密特
Schmitt, Rüdiger　罗杰·施密特
Schmitter, Peter　施密特尔
Schopenhauer, Arthur　叔本华
Schräder　施拉德
Schrevelius, Cornelius　施雷韦留斯
Schröder, Friedrich　施罗德
Schuchardt, Hugo　舒哈特
Schwarz, Hans　施瓦兹
Schweighaeuser, Jean Geoffroy　施维豪斯尔
Schwietering, J.　施魏特英
Sebeok, Thomas A.　西比奥克
Sechehaye, Albert　薛施霭
Sethe, Kurt Heinrich　泽特
Shapiro, Fred R.　夏皮洛
Skeat, Walter William　斯基德
Smart, Benjamin Humphrey　斯马特
Smith, Adam　亚当·斯密
Smith, William　威廉·史密斯
Smith, Benjamin Eli　本杰明·史密斯
Sommer, Ferdinand　索默尔
Sommerfelt, Alf　索默费特

Spargo, J. W.　斯帕戈
Sperber, Hans　师辟伯
Springer, Otto　施普林格
Staub, Friedrich Rudolf　斯托布
Stefanini, J.　斯特法尼尼
Steinthal, Heymann　斯坦塔尔
Stern, Gustaf　斯特恩
Stewart, Dugald　斯图尔特
Stout, George Frederick　斯托特
Stöcklein, Johann　斯托克莱因
Stuart, Moses　斯图厄特
Sturtevant, Edgar H.　斯特蒂文特
Suchier, Hermann　苏切尔
Svedelius, Carl　斯维德琉斯
Sweet, Henry　斯威特
Swiggers, Pierre　斯威格

T

Tacitus　塔西佗
Taine, Hippolyte　丹纳
Tarde, Gabriel　塔尔德
Tassy, Garcin de　塔西
Tesnière, Lucien　特斯尼埃
Télémaque　忒勒玛科斯
Thalês　泰勒斯
Thomas, Robert　托马斯
Thomsen, Ludwig Peter　汤姆逊
Thucydides　修西得底斯
Thurneysen, Rudolf　图尔奈森
Tieck, Sophie　索菲·蒂克
Tobler, Johann Ludwig　托布勒
Tooke, John Horne　图克

Tournier, Jean　图尼耶
Tracy, Destutt de　特雷西
Trigault, Nicolas　金尼阁
Trench, Richard Chenevix　特伦奇
Trier, Jost　特利尔
Tucker, Gordon H.　图克尔
Turgot, Anne Robert Jacques　杜尔哥

U

Ullmann, Stephen　乌尔曼
Ulysse　奥德修斯
Urmson, J. O.　厄姆森

V

Vahlen, Johannes　瓦伦
Valla, Laurentius　瓦拉
Varro, Marcus Terentius　瓦罗
Vendryes, Joseph　房德里耶斯
Verner, Karl　维尔纳
Vinson, Julien　文森
Voegelin, Charles Frederick　沃格林
Volpicelli, Franz Kühnert Zenone　武尔披齐利
Vossler, Karl　浮士勒

W

Wallace, Alfred Russel　华莱士
Walpole, Hugh R.　沃尔波
Ward, James　沃德
Warner, W. L.　瓦尔纳
Wartburg, Walther von　瓦特堡
Weber, Albrecht Friedrich　韦伯
Webster, Noah　韦伯斯特
Weekley, Ernest　魏克利
Wegener, Philipp　魏格纳
Weinreich, Uriel　瓦恩莱希
Weisgerber, Johann Leo　魏斯格贝尔
Weiss, Albert P.　韦斯
Wellander, Erik　魏兰德尔
Wells, Herbert George　威尔斯
Werner, Heinz　维尔纳
Wertheimer, Max　韦特海默
Wheeler, Benjamin Ide　维勒
Whibly, Charles　惠布利
Whitney, William Dwight　辉特尼
Whorf, Benjamin Lee　本杰明·沃尔夫
Wierzbicka, Anna　魏尔兹比卡
Willard, Samuel　威拉德
Williams, Miss Edith　威廉斯
Windisch, Ernst Wilhelm Oskar　温迪施
Wittgenstein, Ludwig　维特根斯坦
Wolf, Friedrich August　费里德里希·沃尔夫
Wolf, George　乔治·沃尔夫
Wundt, Wilhelm　冯特

Y

Yāska　雅士卡

Z

Zauner, Adolf　祖纳
Zipf, George Kingsley　齐夫

俄文人名

Александров, Александр Иванович (Alexander Aleksandrow) 亚历山大罗夫

Апресян, Юрий Деренико́вич 阿普列相

Арнольд, Ирина Владимировна 阿诺德

Ахманова, Ольга Сергеевна 阿赫曼诺娃

Березин, Федор Михайлович 别列津

Бодуэн де Куртенэ (Baudouin de Courtenay) 博杜恩·德·库尔特内

Будагов, Рубен Александрович 布达哥夫

Булаховский, Леонид Арсеньевич 布拉霍夫斯基

Виноградов, Виктор Владимирович 维诺格拉多夫

Востоков, Александр Христофорович 沃斯托科夫

Выготский, Лев Семёнович (Lev Vygotsky) 维果茨基

Гагкаев, Казань Егорович (Kazan Egorovič Gagkaev) 加卡耶夫

Гроте, Я. К. 格罗特

Даль, Владимир Иванович 达里

Десницкая, Агния Васильевна 德希尼兹卡亚

Жолковский, Александр Константинович 茹科夫斯基

Звегинцев, Владимир Андреевич (B. A. Zvegintsev) 兹维金采夫

Крущевский, Николай Вячеславович 克鲁舍夫斯基

Кондрашов, Николай Андреевич 康德拉绍夫

Корш, Федор Евгениевич 柯尔施

Косовский, В. И. 科索夫斯基

Марр, Николай Яйовлеич 马尔

Мельчук, Игорь Александрович 梅里丘克

Никитенко, Александр Васильевич 尼基天科

Пешковский, Александр Матвеевич 彼什科夫斯基

Плетнёв, Пётр Александрович 普列特涅夫

Покровский, Михаил Михайлович 波克罗夫斯基

Потебня, Александр Афанасьевич 波捷布尼亚

Смирницкий, Александр Иванович 斯米尔尼茨基

Срезневский, Измаил Иванович 斯列兹涅夫斯基

Степанов, Юрий Сергеевич 斯捷潘诺夫

Срезневскій, И. М. 斯列兹涅夫斯基

Трубецкой, Николай (Nikolay Trubetzkoy) 特鲁别茨柯依

Флоренский, Павел Александрович 弗洛伦斯基

Фортунатов, Филипп Фёдорович 福尔图纳托夫

Чикобава, Арнольд Степанович 契科巴瓦

Шахматов, Алексей Александровин 沙赫马托夫

Щерба, Лев Владимирович 谢尔巴

Шор, Розалия Осиповна 绍尔

Яхонтов, Сергей Евгеньевич 雅洪托夫

后 记

　　人生就是流水账。一个专题完成以后，就要梳理一下。有人曾问我，小学生如何才能写好作文。我的回答是，作文的基本功就是会记流水账，对某一日常生活、事件、事物按照时间或观察顺序逐一记录。想象力是与生俱来的，而记账的功夫却是需要训练的。精神病院走廊，一个患者看到有人将香烟头随手摔落在地，脱口而出："一颗烟头溅起九个太阳！"然而，你要患者描述一天发生的事或者一件事的来龙去脉，则不可能有条有理。条理性才是理性思维、逻辑思维的基础，人们最缺乏的并非想象力，而是需要训练的条理性。与之类似，研究学术史就是梳理历史上的学术流水账。这些年，我就是翻翻陈芝麻烂谷子，记记流水账……

　　《失落的西方语义学史：重建恢宏画卷》终于完成，作为一个团队协作的长线课题，从2002年算起，迄今已经20年。

一、前期探索

　　李葆嘉《语义语法学导论》由中华书局于2007年出版。其中第一章"语义学研究的学术背景"（25—84页），涉及语义研究导源于意义研究、现代语义学的形成与发展、当代语义学的主要特点。

　　李葆嘉《现代汉语析义元语言研究》由世界图书出版公司于2013年出版。在引论"语义分析与语言知识工程"（1—134页）中，阐述了现代语义学的三块基石：语义场理论、语义特征分析法以及关系语义理论。

二、基础工作

　　2012年2—8月，李葆嘉、司联合、李炯英合译吉拉兹的《欧美词汇语义学理论》，由世界图书出版公司于2013年出版。

　　2014年3月—2015年6月，李葆嘉、刘慧、殷红伶合译聂利奇的《欧洲语义学理论》，2016年8月交稿，由世界图书出版公司于2020年出版。

　　2013年10月—2016年12月，李葆嘉主持编译《西方语义学论著选译》（选文32篇），合作翻译的有刘慧、殷红伶、孙晓霞、祁曼婷、陈秀利、司联合、李炯英、朱炜、胡裕、张默，以及张文雯、陈静琰、蒋婷、张靖等。

2013年—2019年，李葆嘉陆续建成"西方语义学原著文库（1800—1960）"（包括德、法、英、俄语等文献80多种）。

三、发表论文

2010年—2021年，围绕西方语义学史研究发表论文20篇。

1. 李葆嘉《莫斯科语义学派：语义元语言研究》，载《君子怀德：古德夫教授纪念文集》，南京师范大学出版社，2010年。

2. 陈秀利、李葆嘉《莫斯科语义学派语义元语言在同义词词典中的应用》，载《扬州大学学报》2011年第3期。

3. 李葆嘉《结构主义语义学之谜》，"纪念索绪尔逝世100周年暨索绪尔研究在中国学术研讨会"演讲，东北师范大学外国语学院，2012年12月。

4. 李葆嘉《词汇语义学史论的壮丽风景》，载《江苏大学学报》2013年第1期。

5. 李葆嘉、邱雪玫《现代语言学理论形成的群体模式考察》，载《外语教学与研究》2013年第3期。

6. 李葆嘉《近现代西方语言学史的三张图》，载《第五届当代语言学国际圆桌会议论文集》（南京师范大学印行），2013年10月。

7. 孙晓霞、李葆嘉《心智语义场理论的形成过程及其学术背景——揭开"结构主义语义学"的第一个谜》，载《外语学刊》2014年第2期。

8. 刘慧、李葆嘉《关系语义：基于指称意义的特定关系联想——揭开"结构主义语义学"的第三个谜》，载《南京师范大学文学院学报》2014年第2期。

9. 李葆嘉、刘慧《从莱斯格到布雷亚尔：十九世纪西方语义学史钩沉》，载《外语教学与研究》2014年第4期。

10. 刘慧、李葆嘉《布雷亚尔之谜：澄清语义学史上的一些讹误》，载《山东外语教学》2015年第3期。

11. 李葆嘉《学然后知不足　知不足而再学：〈欧洲语义学理论1830—1930〉译序》，载《第八届全国语义学学术研讨会论文集》（南京师范大学印行），2015年11月。

12. 刘慧、李葆嘉、祁曼婷《俄罗斯语义学史初探：1840—1960》，载《第八届全国语义学学术研讨会论文集》（南京师范大学印行），2015年11月。

13. 殷红伶《乌尔曼〈语义学〉简介》，载《第八届全国语义学学术研讨会论文集》（南京师范大学印行），2015年11月。

14. 邱雪玫、李葆嘉《语义解析方法的形成过程及其学术背景——揭开"结构主义语义学"的第二个谜》，载《江海学刊》2016年第3期。

15. 李葆嘉、刘慧《论西方语义学史研究》，载《南京师范大学文学院学报》2016年第1期。

16. 祁曼婷《波克罗夫斯基的语义学研究》，南京师范大学文学院语言学及应用语言学专业硕士学位论文，2017年6月。

17. 李葆嘉、刘慧《西方语义学传入中国的四条路径》，载《汉语学报》2018年第1期。

18. 李葆嘉《当代语言学理论：植根于往昔语义学著作之中》，"英汉语比较研究会跨学科研习班"讲座，新疆大学外国语学院，2018年7月。

19. 李葆嘉《论家族相似性、原核意义论、原型范畴理论的语义学来源》，载《北华大学学报》2021年第2期。

20. 殷红伶、李葆嘉《论英国学者的语义学简史研究》，载《外语学刊》2021年第3期。

四、修改书稿

本书底稿是刘慧的博士学位论文《西方语义学史探索》，2016年11月通过答辩。刘慧勤奋好学，中专学的是自动化，工作后自考英语本科；继而攻读心理学、教育管理学硕士；2011年又在职攻读语言学博士学位。刘慧当时在国际文化教育学院工作，论文选题初定"全球化背景下的国际学生汉语教育研究"，进行了一段试探性研究后，觉得资料搜集不易，出国调查似无可能，难免流于泛泛而论，于是改为"西方语义学史探索"。主要考虑我在这方面已有积累，而刘慧的知识背景是英语和心理学。从2013年起，经过一年多钻研，2014年12月重新开题。又花费两年时间，在团队协作基础上完成论文，其中艰辛可知。

然而，作为专著出版，尚需继续琢磨。2018至2019年，我陆陆续续地逐章修改，主要是修改译文、调整体例、补充资料。2020年3—7月，我集中精力做第二次修改，除了反复通读和修改全稿，主要是核实文献、编写附录，并请殷红伶通读全稿。2021年3—7月，我再次集中精力做第三次修改，全面改写、核实细节。

要展示如此恢宏的历史画卷，修改如同爬行，特别是引文，要逐一核对几十本发黄的外文原著，要反复斟酌我们的译文。因为涉及多种外语，要在不同语言之间来回跳转，尤感费力费神。全文七十多万字，爬行一次，再爬行一次……反反复复，爬行几十次……劳顿之余，时生感慨，要完成一部西方语义学史，难啊！人还能坚持，但电脑主板累坏了。换上新的笔记本电脑，从7月12—27日，用office朗读工具通读书稿，刊正讹误，最终完稿。然而总有不足，从2021年12月中旬至2022年1月上旬，又做了进一步修改和增删，尤其是把所有原著引文重新译改一遍。保持在电脑中的版本，已有40多个。

尽管穿越时空、爬罗剔抉、殚精竭虑，涉及200多种外文原著，然而本书仍为一部纲要，一些部分尚可进一步展开，而不是像现在这样走马观花。实际上，有一些值得呈示的论著，我们尚未译为中文，而未译为中文则难以细细品味……

作为本书引论的部分初稿，曾题名"论西方语义学史研究"投稿给某期刊编辑部，2015年5月三审，认为选题质量上不太适合。审稿专家的意见是：

> 题目是有关"西方语义学史研究"，但不够集中，较多谈论了"西方语言学史"以及"中国语言学史"研究问题。就传统来说，西方的语言研究自始与逻辑密不可分，一般语言学史肯定会及此，这就是语义；在中国，文字和训诂是传统语文学的两个重要分支，而那就是和语义紧密相关或以语义为旨归的，或者说就是语义学，中国语言学史离此不成立。若要说现代意义上的语义学，那正是因为它现代才有，且至今也不成熟，一般语言学史少有所及。

"西方语义学史"是"西方语言学史"的一部分，故拙稿从"西方语言学史"切入。西方的语言研究与逻辑研究相关，但"逻辑"并非"语义"，零散的语义研究也并非意味着已创立这门"意义的科学"。2014年，我们已刊《从莱斯格到布雷亚尔：十九世纪西方语义学史钩沉》，揭示了西方传统语义学的形成过程。该专家认为"现代意义上的语义学……至今也不成熟，一般语言学史少有所及"，其隐含义盖为"谈不上有专门的西方语义学史研究"。从莱斯格创立这门"意义的科学"以来，19世纪至20世纪上半叶出版的若干西方语义学论著，研读者鲜有，仅有的两三部西方语义学史专著，知之者少矣。闭目塞听，此之谓也！当然，我们的探索并非就此却步不前。

万事开头难，开头后更难！尽管多年来充满好奇，东游西逛，笔耕不辍，但我的座右铭却是——凡事，量力而行，尽力而为，适可而止。历经近二十年撰成的这部专书，或许可称为"路引"——希冀为后来者提供进一步研究的线索。

参与排版稿审校的，除了我和殷红伶，还有孙道功教授的研究生：张婷婷、朱梦瑶、李晓雨、王炎、曹紫阳、朱佳乐、田虹粉、戴辰，在此谨致谢忱！

冬腊午夜，万籁俱寂。搁笔之余，欣然打油：

> 开卷通四海，闭门入深山。
> 周游蓝欧美，冥想绿江南。
> 苦读知未学，潜心喜补残。

一花一世界，一书一尘寰。

集每句首词，即开卷周游／苦读一花，闭门冥想／潜心一书。集每句末词，即四海欧美／未学世界，深山江南／补残尘寰。

是为后记。

东亭　李葆嘉　谨识

2021年7月草于天目湖涵田半岛

2022年1月9日修订